Björneborgs Stads Historia...

J. W. Ruuth

BJÖRNEBORGS STADS
HISTORIA

AF

J. W. RUUTH.

UTGIFVEN PÅ BJÖRNEBORGS STADS BEKOSTNAD.

HELSINGFORS,
FINSKA LITTERATURSÄLLSKAPETS TRYCKERI,
1897.

Företal.

Frågan om åstadkommandet af en historia öfver Björneborgs stad väcktes redan 1889 inom Stadsfullmäktige af pastor Reinh. Grönvall, hvarpå undertecknad våren 1891 åtog sig arbetets utförande mot ett honorar af 6,000 mark [1]), äfvensom under förbehåll af minst fyra års arbetstid. Då emellertid under nämda tids förlopp, och medan redaktionsarbetet redan i hufvudsak var slutfördt, tillkommit en hel mängd nytt material, anhöll jag om ytterligare ett års tid för att kunna i texten införa erforderliga tillägg och rättelser. I mars 1896 förelåg arbetet slutligen färdigredigeradt och öfverlemnades till granskning åt herrar professorer M. G. Schybergson och J. R. Danielson, hvilka däröfver afgåfvo ett godkännande utlåtande. Tryckningen påbörjades hösten 1896 å Finska litteratursällskapets tryckeri i Helsingfors och har sedan dess oafbrutet härtills fortgått.

Då Björneborgs stads historia nu öfverlemnas till allmänheten är det för mig en kär pligt att frambära min tacksägelse till alla de personer, hvilkas hjelp och råd jag haft att tillgå vid arbetets utförande. Främst har jag härvid att ihågkomma nyligen aflidne arkivarien vid svenska riksarkivet d:r E. W. Bergman, som med ospard möda underlättat mina forskningar vid nämda arkiv. I stor tacksamhetsskuld står jag ock till kommunalrådet Edv. Avellan, som till mitt förfogande stält sina rikhaltiga utdrag och anteckningar ur Björneborgs stads kyrkoböcker, och därjämte meddelat mig många värdefulla upplysningar särskildt beträffande förhållandena i staden under dess senaste tidsskede. Äfven får jag uttala min erkänsla för de sakrika meddelanden jag — särskildt i afseende å arbetets biografiska del — erhållit af vicehäradshöfdingen Vilho Selin, som därjämte lemnat mig fullständigt material till tabellen öfver släkten Selin. Muntliga

[1]) Af sagda kapital egde undertecknad genast lyfta en summa af 500 mark, hvaremot resten innestod till manuskriptets aflemnande. Under tiden tillföll mig emellertid årligen räntan å 5,500 mark efter 5 procent.

upplysningar och meddelanden hafva dessutom kommit mig till del af herrar: senator K. E. F. Ignatius, bokhandlaren O. Palander, rådman G. A. Sohlström m. fl. Korrekturläsningen har värkställts af mig med biträde af fil. lic. Th. Dillner, hvars råd jag äfven haft att tillgå i frågor rörande språket, kontrollering af särskilda i texten ingående sifferuppgifter o. s. v.

Hvad de arbetet närslutna bilagorna beträffar, lida särskildt de biografiska meddelandena rörande stadens tjenstemän äfvensom de genealogiska tabellerna ställvis af ojemnheter och luckor, hvilka, delvis i följd af bristande källor, ej kunnat undvikas. Några till intagning afsedda tabeller (släkterna Achander, Moliis o. a.) hafva alls icke stått att bringas i det skick att de kunnat publiceras.

Angående kartbilagorna, hvilka samtliga blifvit gjorda å F. Tilgmanns officin i Helsingfors, må nämnas att 1895 års stadsplan blifvit intagen efter stadsingenören F. J. Lindströms konceptkarta, hvilken sedermera granskad och rättad blifvit af staden särskildt till tryck befordrad. De i texten ingående porträttplanscherna hafva blifvit utförda å hr. Rich. Bongs atelier i Berlin, med undantag af kommerserådet A. Ahlströms, som blifvit gjord af xylografen A. Th. Nordgren i Helsingfors, hvilken äfven tecknat sigillerna.

Helsingfors, i december 1897.

J. W. Ruuth.

Innehåll.

Illustrationer.

Rättelser:

Sid. 387 rad 20 uppifrån } står: *Keckoniuska,* läs: *Kekoniska.*
„ 388 „ 6 „ }
„ 391 „ 10 „ }
„ 439 „ 1 nedifrån „ 1792 „ 1892.

I släkt Björnberg uppgifves pastor *Adrian Gabr. Björnberg* såsom g. m. *M. H. Tallroth,* skall vara: g. m. *Emerentia Cecilia Lydén.*

Inledning.

„Telje" och Ulfsby.

Den stad, hvars öden vi gå att i det följande skildra, har, — för så vidt vi icke inskränka vårt ämne endast till en beskrifning af senare tiders Björneborg, utan taga i betraktande äfven dess äldre föregångare — sedan urminnes tider haft sin främsta betydelse såsom det omgifvande landskapets, Satakuntas, hamn och hufvudort. Också har stadens utveckling i äldre och senare tider städse varit beroende af detta landskaps natur- och kulturförhållanden öfver hufvud. Särdeles gäller detta beträffande den äldre medeltiden, då en stads uppkomst och tillvaro, om möjligt i ännu högre grad än hvad under någon senare period varit fallet, måste betingats af den omgifvande landsortens behof af ett naturligt och väl beläget bytescentrum. Under olika namn och på särskilda ställen har denna stad i sanning, lik ett känningsmärke, burit vittne om de förändringar det vestfinska landskapet, så i afseende å landets gestaltning som i afseende å befolkningens utbredning och kultur, under seklernas lopp genomgått.

Innan vi gå att med ledning af dunkla medeltida traditioner uppsöka de tidigaste spåren af den stad i Satakunta, hvilken varit det nuvarande Björneborgs första föregångare, böra vi alltså främst erinra oss, huru väsentligen olika förhållandena i detta landskap så i geografiskt som kulturelt hänseende i äldre tider voro, i jämförelse med hvad de senare varit. Med kännedom däraf att den finska vestkusten höjer sig något öfver en meter på hundra år[1]), kunna vi väl tänka oss den tid, då större delen af landet nedanom Kumo,

---

[1]) Ignatius, Finlands Geografi I, 87.

hvarest vattenhöjden nu står 30 meter öfver hafvet, ännu var betäckt af saltsjöns vågor. Sjelffallet stod ock vattnet i de ofvanom nämda ort belägna sjöarna och åarna högre än nu, i följd hvaraf det då äfven var möjligt att längs den väldiga floden, som genomskar landskapet, idka skeppsfart till långt upp i landet belägna trakter, hvilka numera icke sjöledes hafva någon kommunikation med hafvet.

Satakuntas äldre naturförhållanden.

Flerfaldiga fynd af skeppsvrak, som i senare tider påträffats ej mindre i Luvia än i Kumo elfdal, på ställen belägna långt bort från närmaste vatten, bevisa till fullo att lastade skutor ifrån hafvet fordom kunnat flyta långt upp i landet, där nu hårdvallsmark och jordhöjder finnas. Därjämte förmäler en gammal tradition, som fortlefvat intill våra dagar, att engång flodfarare från hafvet kommit upp ända till det nuvarande Karkku. Lammais, i våra dagar den största och stridaste forsen nedanom Kumo, med en vattenhöjd af 7 $^1/_2$ meter öfver hafsytan, oberäknadt åbräddarna, hvilka i Nakkila öfverhufvud resa sig omkr. 12 meter öfver vattenspegeln, torde ännu vid vår tideräknings början hafva varit blott en åmynning, hvarest floden utgjöt sig i en ansenlig hafsvik, som då betäckte större delen af slättmarkerna i nuvarande Ulfsby och Nakkila. Också påträffas i strandbräddarna vid Lammais mäktiga lager af lera, innehållande lemningar af snäckor, tillhörande arter, som ännu fortlefva i Östersjön. Först under århundradenas lopp sjönk vattnet småningom, en mängd segelbara mynningsarmar och fjärdar bildade sig, hvilka äfven de i sin tur åter efter seklers tillvaro skulle försvinna. Och i likhet med hufvudfloden voro ock landskapets öfriga vattendrag då för tiden vida vattenrikare och mäktigare än nu. Det mellanliggande landet fylldes till största delen af väldiga skogar, rika på villebråd, och ödsliga moar, betäckta af en mager vegetation.

Sådana voro landskapets naturförhållanden, under en tid, hvilken väl ligger utom gränserna för nu föreliggande skildring, men hvilken dock så till vida måste här tagas i betraktande, som i densamma äro att söka de yttersta betingelserna för lokaliseringen af de äldsta befolkningscentra, äfvensom den däraf beroende möjligheten af det första stadssamhällets uppkomst i dessa nejder.

Dess äldsta bebyggare.

Hvad för folk i dessa aflägsna tider här brutit bygd, hör icke till vår uppgift att afgöra; därom äro åsikterna delade, i det en del forskare, på grund af här påträffade fornfynds likhet med de i Skandinavien funna, förutsatt tillvaron af en germanisk-skandinavisk folkstam, medan andra åter antaga att här redan i uräldsta tider existerat en befolkning af finsk ras, hvilken haft samma kultur, som den skandinaviska. Alltnog — de rika fynden, som gjorts i Kumo elfdal, bestående i stenredskap, bronssaker och talrika föremål från äldre järnåldern, ådagalägga att alla dessa förhistoriska perioder här haft sina representanter. Dessa synas hafva bott i glesa kolonier företrädesvis vid flod och sjöstränderna, medan de mellanliggande skogsmarkerna genomströfvades af Lappar.

Isynnerhet har Kumo socken varit en rik fyndort, häntydande på att denna trakt sedan uräldsta tider varit en centralort för landskapet. Särdeles har man där påträffat talrika fynd från senare järnåldern, hvilken anses hafva börjat omkring år 800 e. K. Denna period sammanfaller ock med den tid, då våra förfäder först antagas hafva invandrat i landet.

Af Finnarne utbredde sig Tavasterne ifrån sina boplatser i det inre af landet öfver kustlandet mot vester intill Bottniska viken. På hvilka vägar denna inflyttning skett kan icke närmare utredas. Måhända har kolonisationen, såsom man möjligen kunde sluta af de väsentligen olika dialekter, som äro rådande i Öfre och Nedre Satakunta, på olika vägar och under olika tider sökt sig fram till elfdalen, bildande redan från början tvänne af hvarandra oberoende bosättningsområden — ett öfre, vid Kulovesi och Rautavesi sjöar, och ett nedre vid elfvens mellersta lopp, i nuvarande Kumo, Kjulo och Eura. Vare sig härmed huru som helst, säkert synes dock vara att de nya inbyggarena i början nedsatte sig endast i sjelfva elfdalen, hvars äldre befolkning antingen drog sig undan eller, gles som den var, småningom sammansmälte med invandrarne. Det inre af Satakunta äfvensom kusttrakterna förblefvo ännu öde och obebodda, fortfarande ett tillhåll för kringströfvande Lappar. Finnarnes inflyttning.

Det dröjde dock icke länge förrän dessa ödemarker blefvo tagna i besittning af de nya kolonisterne. Upplandsboarne ströfvade vidt omkring i obygderne, jagade i de på villebråd rika skogarna, fiskade i inlandets sjöar och kommo på dessa färder slutligen ned till de aflägsna fiskelägena vid hafvet. Från trakterna vid Kulovesi, det gamla Sastamala, om hvilka det ännu i början af 1600-talet stundom hette att de voro belägna „uppe i Tavastland", ledde en stråtväg mot vester till Satakuntas nordliga kusttrakt, hvarest ännu i våra dagar minnet af dessa upplandsboarnes kustfärder fortlefver i namnet Sastmola. Från Hvittis banade sig likaledes inlandsbyggarne en mödosam väg genom ödemarkerna norrom Kumo elf ned till den kusttrakt, som sedan dess kallats Hvittisbofjärd. Korteligen, hela landet norr om Kumo elf ända till Österbottens gräns blef sålunda de nykomne „Tavasternes erämark", — ett namn, som vi ännu återfinna på kartor från 1600-talet såsom betecknande just denna trakt med undantag endast af det senare bebygda kustområdet.

Från den tavastländska bosättningens nedre område — Eura och Kumo — hade inlandsboarne ännu lättare att färdas ned åt „sjösidan". Euraboarne kommo sålunda längs den efter dem benämda ån till kusttrakten vid dess mynning, Euraåminne. Kumoboarne åter hade för sig sjelfva hufvudfloden och dess mynningsarmar, bland dem Lattomerifjärden, möjligen ock en ännu sydligare, hvilken i uräldsta tider synes gått från Lammais till Luvia-viken, och hvaraf minnet intill våra dagar bevarats i namnet Hämeenjärvi, betecknande en på vattendelaren emellan Kumo elf och Eura å belägen liten insjö, den där väl i tiden utgjort en del af denna Tavasternes gamla farled ut till sjös [1]).

Kusttrakternas bebyggande.

När sedan befolkningen tillväxte och särdeles sedan den svenska eröfringen tillfört kusttrakterna deras forna svenska befolkning, uppstod så småningom nya byar vid flod- och hafsstränderna, stundom på ställen, som förut varit betäckta af vatten. Många fiskelägen bildade ock med tiden egna byalag. Alla dessa nybyggare yrkade nu på sin del i de forna allmänningsmarkerna nere vid kusten med deras rika fiskelägen. Då därjämte upplandsboarne fortfarande häfdade sin äldre rätt, uppstod dessa parter emellan egotvister och råstrider, som varade sekler igenom, lemnande genom de därunder tillkomna domstolsförhandlingarna ett rikt material till belysande af landets äldre bosättningsförhållanden. Sålunda finna vi t. ex. Karkkuboarne ännu i slutet på 1500- och början på 1600-talet tvista med Norrmarks, Påmarks och Sastmolaboar om sina gamla „urfjäll" vid Norrmarksåns och Karvianjokis stränder. Hvittisboarne lågo likaså i delo med inbyggarene i Norrmark rörande fiskerier och erämarker, som delvis voro belägna långt inom sistnämda sockens nuvarande gränser.

Kumoboarnes förhärskande ställning i nedre elfdalen.

Framgångsrikast synas dock Kumoboarne uthärdat i denna kamp mot nederbyggarenas inkräktningar. Längs den segelbara floden kunde de lättare, än deras grannar i inlandet, med förbigående af nybyggarne vid elfmynningen, upprätthålla sina förbindelser med kusten. De synas länge haft sina fiskelägen på Inderö, som i äldre

[1]) Denna farled gick antagligen öfver det numera uttorkade Leistiläjärvi till Luvia-sjöarna och Hämeenjärvi och därifrån ned till den hafsvik, hvilken då ännu betäckte en stor del af nuvarande Luvia-slätten. I den sträckning, där denna farled skulle gått, påträffas ock ännu i Nakkila en mängd jätterösen, häntydande på att dessa numera jämförelsevis afsides belägna trakter redan i äldre tider varit bebodda och trafikerade.

tider kallades „Kumbo ö“ (nämd 1419) och vid Kumnäs, d. v. s. Kumonäs. Ännu 1420, sedan såväl Hämeenjärvi- som Lattomerifjärdarna med deras äldre utlopp redan grott igen, finna vi dem tvista om fiskevattnet med Eura- och Luvia-boarne, hvilka sistnämda nu tilldömas sina „inbundna“ vikar och strömmar. Ännu 1527, sedan Ulfsby socken redan existerat i mer än tvåhundra år, idka Kumoborna opåtaldt laxfiske i Ulfsby-viken. Ja, ännu 1621 tilldömas särskilda Kumobyar — från Villiö och Sonnila började till och med Torttila och Birilä — deras urgamla fiskevatten vid Anttoora och Väkkärä holmar, hvarjämte äfven Grootila by tillförsäkrades dess urminnes häfd på notvarpen i Grootila vik i elfmynningen. Samtidigt gjorde Birkkala by sina anspråk gällande på Bastuskärs holme, Kukonharja by sina på Kahaluoto o. s. v. Korteligen — från Kumo ända till yttersta hafsbandet, fran Hvittisbofjärd ända till gränserna af Luvia och Eura göra Kumoboarne anspråk på företräde framför alla andra på grund af att de varit de första som brutit bygd uti elfdalen.

Under de aflägsna tider, då landskapets geografiska och etnografiska förhållanden voro sådana som ofvan skildrats, — då en icke ringa del af våra dagars nedre Satakunta ännu var betäckt af hafvets vågor, ur hvilka endast här och där några steniga skär och nakna sandreflar höjde sig, beredande den menskliga kulturen det första fotfästet, vare sig sedan att denna representerades af inlandets fiskare eller af främmande nybyggare, — och då den väldiga floden ännu beredde en ypperlig farled ända till hjertat af landskapet, var det ock naturligt att Kumo skulle blifva den tavastländska kolonisationens geografiska och politiska centralort. Såsom sådan framträder det ock tidigare än någon annan ort i Satakunta ur den förhistoriska tidens dunkel. Om dess betydelse i nyssnämdt hänseende vittna nämligen ännu i dag de gamla grafvarna på Kalvomäki, den uråldriga tingsplatsen på Käräjämäki och de gräsbevuxna lemningarne af fornborgen på Harolaön. Sjelffallet var det ock sedan uråldriga tider en medelpunkt för handeln, vare sig sedan att denna från det inre af landet och Tavastland sökte sig ned till Bottenhafvet, eller tvärtom från sjösidan banade sig uppåt. Detta intygas bland annat af de fornfynd, som 1870 och 1879 gjordes i Äimälä by, hvarvid påträffades tvenne s. k. kufiska mynt, härrörande från tiden 850—1050 e. Kr., då sådana mynt med handeln kommo upp till norden. Kumo landskapets centralort.

Traditionen förmäler ock att i Kumo i äldre tider funnits en handelsplats eller stad, der utländingar bedrifvit sin köpenskap. „Telge“.

Vexionius, hvilken, för så vidt vi funnit, är den förste, som omtalar detta, meddelar i sin „Epitome“, 1650, att i Ylistaro by i Kumo fordom funnits en gammal, sedermera ödelagd finsk stad. „Ängar och skogar“ — tillägger härvid författaren med tanke på de förändrade förhållandena, — „grönska nu i de trakter, där fordom skeppen haft en öppen väg“. Fortelius framhåller dertill, i sin De initiis Biörneburgi, 1732, att nämda by varit berömd i de gamlas fabler, och han säger sig därjämte hafva hört, att den af gamla tidens människor på finska språket kallats „Teljän kaupunki“. P. A. Gadd, i sin disputation om Björneborgs läns mineralhistoria, 1792, benämner staden „Öster Telge“. Andra hafva ansett den varit en utflyttning från Södertelje i Sverige. På dessa och dylika meddelanden grunda sig synbarligen ock Porthans uppgifter rörande den gamla Kumostaden, hvilka ingå i Tunelds geografi af år 1794.

Biskop Henrik i Kumo.

Det gamla Telge skulle enligt traditionen varit beläget vid nuvarande Ylistaro by, på udden där för närvarande biskop Henriks monument står. Det var nämligen till denna kända handelsplats Finlands förste apostel styrde sin väg, då han efter landstigningen vid Aura å bedref sitt missionsvärk i landet. Äfven detta biskopens besök på orten häntyder på dess betydelse både såsom centrum för en talrik befolkning och såsom hamnplats. Man har ock antagit att biskopens resa till Kumo skett sjöledes upp längs floden. Då den gamla runan gifver biskopen namnet „Hämeen Heinirikki“, Tavastlands Henrik, synes den därmed afse just hans värksamhet i Kumoelfdalen, som dåförtiden ännu var en del af Tavastland.

Traditionen låter honom i detta hedniska land bygga de första kyrkorna, tillsätta de första presterna, med ett ord grundlägga den första kristna församling. Man har ock skäl att antaga att biskopens värk i Kumo elfdal, ehuru han sjelf föll ett offer för Lallis tygellösa hämdlystnad, likväl blef beståndande, för att sedan under de stormiga tiderna under biskop Thomas gå nya faror till mötes. Ty just denna af biskop Henrik grundlagda församling måste väl påfven Gregorius IX hafva afsett, då han år 1237, uppmanande till korståg mot Tavasterne, säger att detta folk väl fordom blifvit bragt till den kristna tron, men att denna Guds kyrkas plantering nu af hedningarne, med djefvulens tillhjälp, var nära att helt och hållet utrotas ur Tavastland [1]). Omhöljande hvad som finnes qvar af den anspråkslösa medeltida byggnad, hvarest Finlands och Satakuntas första apostel säges hafva predikat under sin vistelse i Kumo, reser sig i

[1]) Porthan, Sylloge monumentorum sid. 37.

våra dagar St. Henriks monumentet, — ett minnesmärke, som därjämte är egnadt att leda åskådarens tanke tillbaka till den tid då här uppå udden stod vår stads första föregångare.

Portus Tavastorum.

Nyare forskare hafva framstält vägande skäl för antagandet att svenska krönikans „Tavasternes hamn", „portus Tavastorum", där Birger Jarl skall hafva landstigit under sitt korståg mot Tavasterne, också vore att söka om ej här, så åtminstone någonstädes vid Kumo elfs mynning [1]). Denna åsigt synes ock vinna stöd af allt hvad man hittills känner rörande den tidens förhållanden öfver hufvud. Satakunta, hvars namn första gången framträder i urkunderna år 1331, var, såsom af det föregående framgår, ovedersägligen ett tavastländskt kustlandskap. Norr om Kumo elf sträckte sig ju de s. k. Tavasternes erämarker — så benämda ännu under långt senare tider — ända ned till hafskusten, hvarest de äldsta kända svenska nybyggena i ett bref af konung Birger från år 1303 omnämnas såsom anlagda i Tavastland. Biskop Henriks dödsruna, hvilken på grund af sin ålder, i afseende å skildringens trovärdighet för så vidt det gäller de däri förekommande yttre lokalbestämningarna, nära nog kan anses ega giltigheten af en urkund, synes gifva vid handen att också södra delen af landskapet då ännu ansågs såsom en integrerande del af Tavastland. Och detta kustlandskap stod onekligen i den lifligaste förbindelse med inlandet. Namnen Kumo, Birkkala och Rengo — kända ur birkkarlarnes historia — betecknade s. a. s. hufvudpunkterna på en af landets dåförtiden viktigaste trafikleder, längs hvilken man sjöledes kunde hjälpa sig upp en god del af vägen till det innersta af det nuvarande Satakunta. Därifrån ledde, vidare uppåt, banade vägar och spångar, från by till by, följande vattendragen åt, ända tills man kom till den tavastländska stammens uräldsta boplatser i landet, uppe vid Vanajavesi och Päijänne. Någon svårighet att begagna sig af denna väg var det väl ej för en medeltida här, bestående af några hundra ryttare och några tusenden till fot, vana som den tidens människor voro, att utan anspråk på synnerligen goda kommunikationer tillryggalägga långa distanser.

Traditioner om Birger Jarl.

Att närmare bestämma platsen för „portus Tavastorum" är emellertid numera icke möjligt. Utan att därför närmare ingå på det vanskliga spörsmålet om Birger Jarls landstigningsplats, vilja vi här endast anföra ett par traditioner, hvilka, om de också icke

[1]) K. F. Ignatius. Ett ytterligare inlägg i frågan om Birger Jarls tåg emot Tavasterne. Hist. Ark. IX.

ega synnerligt värde såsom historiskt bevismaterial, dock förtjena att ihågkommas såsom redan i äldre tider upptecknade af män, intresserade för ortens lokalhistoria. Enligt E. Ekbom, som skref sina anteckningar om staden i början af detta sekel, hade i äldre tider i något borgarhus i staden funnits en gammal handskrifven krönika, som bl. a. innehöll den tradition, att Birger Jarl med sitt amiralskepp skulle stött på grund å den nuvarande Hampusbacken invid Björneborg och i sin hetta därstädes låtit hänga befälhafvaren Hampus, hvaraf backen skulle fått sitt namn. Att traditionen i den form, som den gamla krönikan angifvit, ej kan vara tillförlitlig, framgår emellertid redan däraf att namnet Hampus, såvidt kändt är, ännu ej var brukligt under medeltiden. Fortelius känner ej heller till — eller omnämner åtminstone icke — denna tradition, men han tror sig i dess stället veta att Birger Jarl någon tid vistats i dessa trakter och här utfört ärofulla bedrifter, samt att han vanligen anses hafva varit „Ulfsby stadens upphofsman".

Tyskarnes handelsfärder till Kumo.

Men huru det nu än förhåller sig med frågan om Portus Tavastorum, det säkra är att den gamla handelsplatsen i Kumo därjämte varit ett emporium ej allenast för Satakunta, utan ock endels för Österbotten och Tavastland [1]). Att denna stad ock varit besökt af hanseatiska handelsmän, som med sina skutor seglade upp för floden, synes framgå af namnet „Saksankivi", hvarmed betecknades en sten, på hvilken Tyskarne fordom skola upplagt sina varor. Denna sten finnes ej mera kvar, men skall varit belägen vid nordvestra hörnet af Tulkkila bron [2]). Uppfärden för floden, som med tiden blef allt stridare, måste ej varit den lättaste. De främmande handelsmännen stakade sig sannolikt i korta dagsresor småningom upp till det slutliga målet för sin resa. Särdeles synes de många strömmarna gifvit anledning till uppehåll och tvungit flodfararne till raster, hvilka de sökte tillgodogöra sig genom att bjuda ut sina varor åt inbyggarne i omnejden. Traditionen utpekar också flere platser där Tyskarne sålunda handlat, t. ex. Saksankorva, en liten

[1]) Äfven den arabiske geografen Edrisi, som lefde omkring 1150 vid konung Rogers af Neapel hof, omtalar en stad som låg vid stranden i Tavasternes land. Omöjligt är icke att — därest Edrisis skildring öfverhufvud afser Finland — denna stad, som han kallar Daghwata, vore identisk med traditionens Telge. Åtminstone synes uppgiften om Daghwatas läge, hvilket bestämmes såsom liggande 200 arabiska (= 40 finska) mil från en i Estland belägen stad Anhu, något så när passa in på afståndet emellan det sistnämda landet och Kumo elfdal. Enligt den lärde morens berättelse var Daghwata en stor och blomstrande stad.

[2]) Suomi, 1860, sid. 189.

holme i Ruskela fors, Kyrkholmen vid Anola, Orjanpaasi vid Äimälä, där ännu i senare tider visats en i klippan fäst järnring, som tjenat till fartygens fastgörande på den tid, då man ännu seglade upp till Kumo, m. fl.[1]). Men i medeltiden tog man det ej så noga med efterlefnaden af det gamla ordspråket: „tid är pengar", och de tyske handelsmännen gåfvo sig lugnt till tåls, tills deras last så småningom blef realiserad. Fingo de den ej att gå åt i sjelfva Kumostaden, stakade de sig ytterligare upp för floden och kommo så till Saksankivi i Pahdinki fors nära intill Kakkulais by, hvilken enligt traditionen fordom kallats „Hahlon kaupunki", äfvensom till den i Huivoonkoski fors belägna, redan omnämda borgön, hvilken att döma af där gjorda fynd därjämte synes varit en handelsplats. Och blefvo de ej af med sina varor under sommaren, stannade de i landet såsom „gäster" vintern öfver eller längre, om så behöfdes, och återvände först sedan hela det på skutan medförda lagret blifvit utsåldt. Ladan, där den helige Henrik, enligt traditionen, predikade för den församlade menigheten, och hvilken nu är öfverbygd af det förut nämda monumentet, har möjligen ursprungligen tjenat såsom handelsbod. Härpå synes den omständigheten tyda, att man där under golfvet funnit medeltida vigter från 1200-talet[2]).

Hvad handeln med Tavastland och Österbotten beträffar, förmedlades den hufvudsakligast af de s. k. „birkkarlarne", hvilket namn sannolikast betecknar ett slags landsköpmän, som företrädesvis egnat sig åt den vinstgifvande handeln med Lapparne. De företogo för detta ändamål vidsträckta resor i landets nordliga lappskogar, uppsökte deras kringirrande innebyggare, och tillbytte sig deras produkter mot allehanda varor, som de medförde. Återkomna till sina hemorter, föryttrade de dem sedan åt tyskarne. De blefvo genom denna handel vanligen mycket rika, synnerligen sedan de af konung Magnus Ladulås erhållit uteslutande privilegium på skatteuppbörden bland Lapparne. Enligt traditionen prålade de i lysande drägter: buro höga mössor, utsirade med olikafärgade prydnader och kantade med guld- och silfverbårder, samt voro iförda rockar, smyckade med röda band och skimrande guldsömmar.

Kumos handel på Österbotten och Tavastland.

För öfrigt känner man ganska litet om den af birkkarlarne och andra landsköpmän förmedlade inlandshandeln. Då traditionen för-

[1]) Reinh. Saml. VIII, 40.

[2]) Hvad sjelfva rummet för öfrigt beträffar förmäler traditionen att de öfre stockvärken flere gånger brunnit af vådeld, men att de nedre ständigt förblifvit oskadade och ännu äro desamma som funnos där redan på apostelns tid.

lägger en urgammal handelsplats till Harju by i Birkkala, och kändt är att Björneborg, som ärfde gamla Teljes handel, långt senare hade rättighet till marknad vid nämda by, synes det troligt att också köpmännen från Kumo plägade resa ditupp, sålunda dragande till sig den tavastländska handeln. Härifrån, ifrån Birkkala, utgingo åter, enligt traditionen, birkkarlarne för att upptaga skatten af Lapparne och kolonisera Österbotten, hvars handel på detta sätt, åtminstone till en del, kom att gå genom staden i Kumo. Sammanställningen af namnen Kumo, Birkkala och Rengo, hvilken förefinnes i birkkarlarnes historia, synes, såsom redan nämdes, häntyda på den riktning, hvari handeln fordom sökte sig fram. Från dessa hufvudstationer förgrenade sig de af birkkarlarne befarna vägarna upp till Österbottens och Lapplands aflägsnaste bygder. Om Kumoboarnes deltagande i handeln på Österbotten vittnar för öfrigt också den omständigheten att, då tvisten angående Uppsala och Åbo biskopsdömens nordliga gränser skulle afgöras år 1374, hördes angående dessa gränsers sträckning gamla män, utom från Ulfsby och Birkkala, också från Kumo.

Stadens öfriga näringar. Hvad slutligen handtvärksnäringarna i den gamla staden angår, så veta källorna om dem intet att förmäla, såvida man ej vill betrakta Gunno „sadhlamestare“ såsom en sista representant för dess yrkesidkare. Han var af allt att döma en förmögen man, som bl. a. 1324 genom testamente kommit sig till Vesunti gård långt uppe i Tavastland. Öfverlefvande stadens flyttning, synes han till sin dödedag bott i Kumo, där han jämte sin hustru Cecilia år 1357, tryckt af ålder, „senio pergravatus“, testamenterade sina gods till Åbo domkyrka „ad honorem beatae ac gloriosae virginis Mariae ac beati Henrici“ [1]). Men hans konst dog icke bort med honom. Kumo elfdal var ännu på Gustaf Vasas tid känd för sina ypperliga bältare och sadelmakare. Möjligen hade kunskapen i detta handtvärk från Satakuntas gamla centralort spridt sig äfven till landsorten, utvecklande sig där i bondbyarna till en icke ringa grad af fullkomlighet.

Såsom vigtiga näringar för Kumostadsboar i medeltiden måste ihågkommas äfven jordbruket och fisket. Ylistaro-åkrarna gåfvo väl redan då ypperliga skördar, och fisket, såväl det som bedrefs i flodmynningen på Kumbo-ö, som ock laxfisket uppe i elfven, lemnade väl redan då orten en af dess eftersöktaste handelsvaror.

Dess utseende. Huru staden för öfrigt såg ut, därom saknas naturligtvis all kännedom. Med undantag af St. Henriks lada finnes numera intet

[1]) Svartboken, sid. 106.

kvar, som kunde gifva oss en föreställning om dess utseende [1]. Väl säger Rudenschöld i sin relation af år 1738, att ännu dåförtiden några rudera af densamma stodo att ses invid Ylistaro by, men hvari de bestått angifver han icke närmare. Det troliga är att den med sina gråa stugor och bodar mer liknade en medeltida bondby än en stad i vår tids mening. Men de utländske „gästerne“, de i sina pittoreska drägter stoltserande birkkarlarne, samt möjligen en och annan landskunnig yrkesmästare, gåfvo lifvet i densamma en prägel af den mångskiftande brokighet, som i allmänhet kännetecknade de medeltida stadssamhällena.

Borgen i Kumo.

Ett stycke nedanom staden låg ett slott, som möjligen härrörde ända från tiden för kristendomens införande i dessa trakter, ehuru det ej i handlingar nämnes förr än år 1367. Det låg på en ö i elfven, emellan Äimälä och Forsby byar, hvilken ö ännu den dag som är kallas „Linnaluoto“. På grund af allmogens klagan befallde konung Albrekt 1367 att borgen skulle nedrifvas och uppföras på annat ställe där den vore mindre betungande för landet. Ännu i början af detta århundrade skola tydliga lemningar efter borgen funnits på holmen, och ännu på 1860-talet tyckte man sig där skönja spår efter gamla vallar och grafvar. Man har där ock i äldre tider funnit hvarjehanda krigsmaterial, såsom spjutspetsar, malmkulor af en knytnäfves storlek m. m., äfvensom mynt [2]. Antagligt är för öfrigt att det gamla Kumoslottet, åtminstone till en väsentlig del, var uppfördt af trä. Det var ett blockhus efter tidens sed, hvarifrån en mindre trupp kunde hålla i tygel det omgifvande landet och beherska segelfarten på floden.

I skydd af denna borg, hvars gråa trämurar afspeglade sig i den kringflytande elfven, hade staden i Kumo väl kunnat känna sig säker för fientliga anfall och möjligen under de nya förhållanden, som danades genom Birgers korståg, gå en ny utveckling till mötes, därest icke andra kraftigare värkande orsaker betingat dess undergång. Allt färre blefvo med tiden de tyska skutor, som lade till vid stadens strandbodar, allt sällsyntare företeelser blefvo därstädes de främmande „gästerne“ och de myndige birkkarlarne. Några „härdrängar“ från den närbelägna borgen, sålänge den ännu stod

[1] Invid Nappari hemman i Ylistaro har man väl funnit några forngrafvar och i en under detta hemman liggande beteshage har ock anträffats ett bronssvärd och sköldbucklor, men huruvida dessa fynd haft någon gemenskap med den forna staden är osäkert.

[2] Reinh. saml. VIII, 44.

kvar, och några fogdetjenare från kungsgården i Kumo voro snart de enda personer af någon betydelse, som ännu sågos på dess öde gator.

Under århundradenas lopp hade nämligen elfven fortsatt sitt omdaningsarbete, på samma gång som den finska kusten småningom hade höjt sig. Det slam vårfloden årligen medförde hade afsatt sandbankar nere i hafsviken och skjutit den landfasta kusten längre ut. Vid elfvens utlopp, som redan var långt ifrån Lammais, bildade sig ett deltaland af holmar, samtidigt som strömmarna blefvo allt stridare i den inom allt högre bräddar inklämda elfven. Seglatsen upp till Kumo blef allt besvärligare, och det vardt slutligen en nödvändighet att flytta staden närmare till flodmynningen. Björneborgs första föregångares, Kumo-stadens, tid var ute.

Flodfartens upphörande på Kumo elf.

För att kunna ungefärligen bestämma tiden för denna flyttning, vore det af intresse att helst närmelsevis få utredt, vid hvilken tid elfven blifvit omöjlig för vidare flodfart upp till Kumo. Detta låter sig emellertid icke göra, synnerligen som flodfararne sannolikt ännu länge efter det strömmarna redan börjat försvåra kommunikationen, medelst drejling af farkosterna visste att passera dem. Den enda upplysning, som rörande den forna segelfarten på Kumo elf ur handlingarna står att vinnas, inhemtas ur ett dombref af år 1347 angående laxfisket i Lammais ström, i hvilket det säges att där „ingen skeppsled må förtagas upp eller ned att fara" [1]. Häraf kan man således sluta, att det då ännu var möjligt att färdas upp för strömmen med fartyg. Och att med skeppsled här afses en farled för större farkoster och icke blott för båtar, med hvilka man enligt Rudenschöld ännu 1738 kunde ro upp och ned i forsen, framgår tydligen däraf, att år 1584, vid Kumotinget, dömdes — „såsom tillförene dömdt är" — att kungsådran, hvarest djupaste vatten var, skulle hållas öppen „till 6 alnar båtled och skeppsled till 12 alnar" [2]. Man gjorde således i medeltiden, — ty de tidigare domar, hvilka tingsrätten åberopade, måste väl antagas hafva varit från denna tid, då ännu fråga kunnat vara om en verklig skeppsled i elfven — noggrann åtskilnad emellan skeppsled och båtled. Och att de ifrågavarande äldre domarna afsett en farled, som gått upp ända till Kumo kyrka, framgår ovedersägligen däraf, att häradsrättsutslaget af år 1584 fälldes just på grund däraf, att några fiskeri-egare „med deras fiskevärk stängt djupaste vatten för dem som bo nedan för kyrkan".

---

[1]) Svartboken, sid. 80

[2]) Nedre Satak. dombok 1584 $^{1}/_{8}$. Kumo ting.

Af ofvanstående framgår således att en „skeppsled att fara upp och ned" ännu 1347 omtalas i Lammais ström, och af 1584 års dom synes derjämte, att denna skeppsled, som ledde upp till Kumo kyrka, var tillräckligt bred för att tillåta de största medeltidsskutor att obehindradt färdas i elfven. Men, såsom ofvan antydts, torde strömmen redan vid denna tid väsentligen försvårat uppfarten, så att farleden då mera endast undantagsvis, om ens alls, begagnades. Den gamla skeppsleden fastställdes väl i senare domar och omtalas sålunda ännu 1584, men detta skedde mera på grund däraf, att man ej ville förändra, hvad som i äldre tider en gång för alla blifvit bestämdt, än på grund af föreliggande värkliga förhållanden. Enligt vår mening måste det redan i början på 1300-talet hafva varit ytterst svårt att med fartyg komma högre upp än till Lammais. Den breda viken invid denna by synes ock under senare medeltiden hafva tjenat såsom den yttersta ankarplatsen för de skutor, som i undantagsfall seglade uppför floden. Man har där funnit fartygsvrak, och en järnring för fartygens fästande har varit inslagen i en af strandklipporna vid viken. År 1414 ålade biskop Magnus sina arrendatorer i Öfre Sastamala (= Karkku) bl. a. att årligen göra en resa med släda från Sastamala till Lammais, hvarifrån varorna sannolikt sedan skulle afhemtas med fartyg. Också vet traditionen berätta att skepp i forna tider plägat ankra vid Lammais [1]).

Vid den tid då segelfarten ännu var möjlig till Lammais, men ej mer till Kumo, befann sig elfvens utlopp vid nuvarande Gammelby. I samma bref af år 1347, som ofvan nämdes, förbjudes äfven att „forfiske göra innan åminne eller utan". I ett senare bref af år 1412 [2]), bestämmes närmare läget af detta åminne, i det att däri förbjudes „allt fiskande utanför kyrkholmen i åminnet". Den kyrkholm åter, hvarom här är fråga, måste enligt ett dombref af år 1453 ovilkorligen identifieras med Ligholmen eller Liikis, på

[1]) Att man ännu under långt senare tider plägade med båtar fara upp för elfven till Lammais, och möjligen ända till Kumo, finna vi däraf att prosten Gabriel Arctopolitanus 1679 lät tillsäga dem, som voro honom påskpenningar skyldiga, att de skulle „för sin gäld komma och ro honom till Lammais", samt att rådman Adrian Gottleben år 1694 under „sin framresa till Kumo" med sin båt rastade vid Viikala och Birilä. På 1600-talet fördes ock kronans laxfisk i regel med båt ned från Lammais till Björneborgs hamn. Slutligen må nämnas, att man i äldre tider högre upp vid elfven begagnade sig af samma sätt att färdas ner för forsarna, som ännu praktiseras i Norra Finland. 1554 nämnes i Tyrvis en Jons „koskenlaskija".

[2]) Svartboken, sid. 245.

hvilken Ulfsby äldsta kyrka stått [1]). Här mynnade elfven ut i en väldig hafsvik, hvars tvänne hufvudfjärdar, Ulfsby-viken och Lattomeri, omslöto den ö, på hvilken Björneborgs stad senare skulle resa sig [2]).

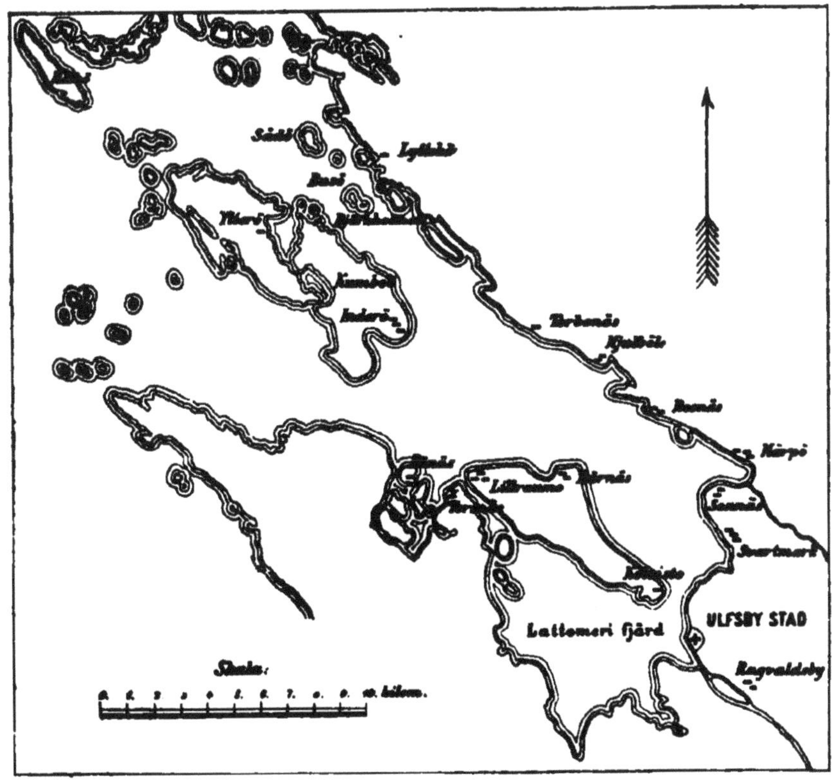

Kumo elfs mynning omkr. år 1400. (Enl. A. Vahlroos). Fennia III, N:o 9.

Stadens flyttning.

Då nu alltså, såsom ofvan nämdes, de naturliga betingelserna för uppfarten till Kumo redan i början af 1300-talet måste hafva

---

[1]) Arv. Handl. V, 11.

[2]) Ofvanstående uppfattning beträffande vattenförhållandena vid elfvens utlopp på 1300-talet, till hvilken man ovilkorligen måste komma vid ett noggrant studium af förhandenvarande källor, öfverensstämmer ock med det resultat, hvartill hofrådet A. Vahlroos kommit i sin i Fennia publicerade uppsats rörande Kumo elfs utlopp omkr. år 1400. Dock torde möjligen tiden för det vattenstånd, som å den Vahlrooska kartan angifves med grön färg, kunna skjutas något längre tillbaka, enär bl. a. Friby by, som å nämda karta faller inom det af vatten betäckta området, redan nämnes år 1449.

varit de minsta möjliga, har man ock skäl för antagandet att staden just vid nämda tid torde hafva flyttats ned till elfmynningen. Måhända bidrog till stadens förflyttning också den omständigheten att kusttrakterna, hvilka förut varit öde och obebodda, endast tidtals besökta af inlandets fiskare, småningom vunnit en fast befolkning. I korshärarnas spår hade nämligen — såsom man antager — följt den svenska kolonisation, hvaraf spår ännu förefinnas i Satakuntas kusttrakter, och hvilken i äldre tider af allt att döma icke varit begränsad till det närmaste strandgebitet[1]). Då därjämte en mängd finska byalag uppstått vid elfvens nedre' lopp, hade sålunda kusttrakterna småningom genom den nya odlingen stigit i betydelse. Kumo var ej mer, i samma mån som förut, centrum för landskapet. De nya förhållandena betingade också en ny förläggning af platserna för nejdens kommersiella och sociala lif. Sålunda uppstod, sannolikt senast under de första årtiondena af 1300-talet, Ulfsby stad såsom det gamla Teljes efterträdare.

Då man hittills i allmänhet antagit att Ulfsby stad daterar sig från den tid, då konung Albrekt utfärdade sitt privilegiibref för densamma, eller från år 1365, har man helt säkert ansenligt reducerat tiden för dess tillvaro. Redan ett flyktigt betraktande af den tidens sparsamma urkundskällor gifver nämligen ovedersägligen vid handen, att Ulfsby redan före ofvannämda år betraktats såsom stad.

Första gången Ulfsby — då ännu under sitt äldre namn Liikis — nämnes i handlingarna, är år 1311, då Åbobiskopen Ragvald utfärdar bref om en kyrkas anläggande därstädes. Vid pass tjugu år senare, år 1332, aflåter biskop Bengt ett nytt bref om en stenkyrkas uppförande i Liikis, hvaraf man kan sluta, att orten redan då måste nått en viss betydelse[2]). 1347 ändtligen — således samma år som den gamla skeppsleden ännu omtalas — framträder för första gången med säkerhet namnet Ulfsby i häfderna, och det på ett sätt, som otvetydigt visar oss, hvilken förändring handelsförhållandena i

---

[1]) Sålunda voro t. ex. Påmark och Klåsmark (Lassila), ehuru belägna långt uppe i den tavastländska erämarken, utan tvifvel ursprungligen svenska nybyggen. Därom vittnar, förutom å dessa orter förefintliga svenska lokalbenämningar, äfven traditionen, som å hvardera orten anger Svenskar såsom de första inbyggarene. Hvardera byn räknades också ännu på 1500-talet till den s. k. „svenska tionderätten". Arantila bys gamla svenska namn Arnäs, som förekommer i urkunder fr. 1500-talet, häntyder på att också denna ort blifvit koloniserad af Svenskar. Flere andra, synbarligen dock finska byar, hade i äldre tider också svenska namn t. ex. Nakkila Nackeby, Villilä Villby.

[2]) Fortelius. De initiis Biörneburgi, sid. 11.

elfdalen sedan biskop Henriks tid undergått. Då gifver nämligen konung Magnus Ulfsby byamän rättighet till hållande af årlig marknad i Kumo [1]). Ulfsby framträder således såsom en hufvudort för handeln i dessa trakter, Kumo endast såsom dess privilegierade marknadsplats. Följande år, 1348, utfärdade konung Magnus ånyo ett bref till förmån för Ulfsbyboarne, hvaraf, för så vidt vi rätt lyckats tolka den synbarligen högst felaktiga afskrift som af detsamma finnes i behåll, synes framgå att orten då uttryckligen benämnes stad. Det talas nämligen i brefvet om landsboar, som fara „väldeliga", d. v. s. med våld, „från staden, utan att göra byamännen någon rätt", och mot hvilkas excesser konungens fogdar borde lemna de sistnämde skydd [2]). År 1355 omtalas slutligen en stadsbo med benämningen „civis", d. v. s. borgare, hvilket äfven häntyder på att det samhälle bemälde person tillhörde måste varit en stadsmenighet [3]).

Men utom af urkundernes vittnesbörd kunna vi äfven af andra omständigheter sluta, att Ulfsby stad är äldre än man antagit. De gamla, delvis ännu ganska väl bibehållna grafstenarna, som finnas i Gammelby kyrka, och hvilka sannolikt blifvit dit öfverflyttade från dess äldre föregångare, gifva onekligen vid handen att i närheten af dessa gamla kyrkor funnits ett jämförelsevis förmöget samhälle, hvars medlemmar haft råd att anskaffa dessa för den tiden rätt kostsamma minnesvårdar. Den samvetsgranne forskaren Grönblad uppgifver att han i Gammelbykyrkan funnit en grafsten med inristadt årtal „1290" [4]). Denna grafsten, som sålunda varit en af de äldsta man känner i vårt land, finnes oss veterligen icke mera till. Men ännu kan å en af de kvarvarande stenarna tydligen läsas årtalet 1313. Enligt uppgift skall där dessutom funnits stenar från åren 1318 och 1321, hvarjämte en af de bäst bibehållna, nedlagd öfver en Arnoldus Stolte, daterar sig från år 1345. En sådan mängd af dyrbara monument, som, oss veterligen, icke från denna tid finnes i någon annan kyrka

---

[1]) Svartboken, sid. 79. 1347 utfärdar äfven biskop Hemming bref om begrafningsplatsens i Ulfsby invigning. — År 1350 meddelar samma biskop bref om 40 dagars aflat för dem som besöka Ulfsby kyrka. Se Fortelius. 1352 räknas Ulfsby bland de regala pastoraten. $^{10}/_{1}$ 1348 skall ock kon. Magnus bekräftat Ulfsby byamän i besittningen af en äng (Grönblads anteckningar).

[2]) Afskrift i F. S. A. bl. städernas acta, Björneborg, efter en kopia i Svenska riksarkivet. De ord som hänföra sig till ofvanstående lyda: „somlike män, som a landeno boär, hvilke som bystene wartä i tere stat, fara väldelikä bort aff statenom, them ängen rät giörande".

[3]) Svartboken, sid. 102. „Andreas, dictus vari, civis jn Hulsby".

[4]) Grönblads Miscellanea i F. S. A., sid. 121.

i landet, icke ens i Åbo domkyrka, torde näppeligen annorlunda kunna förklaras, än genom antagandet att Ulfsby stad, i en eller annan bemärkelse, redan då existerat. Äfven namnen å stenarna häntyda — för så vidt de numera kunna dechiffreras — därpå att deras bärare i lifstiden varit borgare, och att den ort, där de lefvat, varit en stad.

Men man gjorde i medeltiden skilnad emellan städer, „civitates", och köpingar, „villae forenses", och det är möjligt att Ulfsby till en början räknades till de senare. Dess innevånare benämnas ock i 1300-talets handlingar vanligen „villani" eller byamän, — ett uttryck som dock ingalunda får tolkas såsom afseende befolkningen i en landsby. Ty ordet „by" i äldre svenskan betecknade äfven stad, och ännu långt in på 1600-talet användes i Björneborg ordet byaman liktydigt med borgare. Att Ulfsby åtminstone såsom församling funnits till redan på 1200-talet, därom vittnar såväl den lokala traditionen, hvilken talar om äldre kyrkor än den 1311 anlagda, som ock ofvannämda gamla grafsten från år 1290; och om vi äfven icke kunna skänka full tillit till den af Fortelius antecknade uppgiften, att Ulfsby stad haft Birger Jarl att tacka för sin uppkomst, måste vi emellertid hålla för säkert att denna ort existerat såsom stad åtminstone från början af 1300-talet.

Ulfsby stads privilegier.

Året 1365 har, enligt vår mening, i Ulfsby stads historia sin betydelse endast därför, att från detsamma daterar sig det första för staden utfärdade privilegiibref, som till vår tid bevarats. Ingenting hindrar nämligen antagandet, att dylika bref utfärdats äfven tidigare, ehuru de ej kommit till eftervärldens kännedom. Konung Albrekt meddelade genom sitt bref borgarene rättighet att begagna sig af den s. k. „Byarkö-" eller köpstadslag, som hans morbror, konung Magnus, tidigare utfärdat för städer, „civitates", och köpingar, „villae forenses", i riket [1]). Därmed hade han möjligen förbättrat de vilkor, under hvilka staden existerade, men kan icke anses hafva lagt grunden till densamma.

Stadens belägenhet och byggnadssätt.

Såsom den plats, där den nya staden stått, uppgifves ett ställe vid elfstranden beläget ungefär $^1/_2$ kilometer öster om nuvarande Gammelbykyrka, och på Storgårdsåkern visas ännu i en backe grus och tegelstenslemningar, som traditionen förmäler vara kvarlefvor af det gamla Ulfsby. Enligt vår tanke sträckte staden sig dock längre

---

[1]) Kon. Albrekts bref, dat. „apud castrum Aboense, 1365, feria sexta proxima post festum beatæ Agathæ virginis", finnes i sin helhet aftryckt i Porthans chron. sid. 272.

vesterut, än man härtills antagit. År 1634 tillförsäkras nämligen kapellanen herr Bertil i Ulfsby tomtrum i Gammelbyn, där kyrkoherdens fägård tillförene stått och — heter det — „de som andel i den täppan hafva, där bemälte fägård stått, skola under samma tomt mista hvar efter sin del, eftersom samma täppa är af gamla stadstomter gjord“. År 1653 stadfästes denna dom under ytterligare framhållande af att denna tomt blifvit bestämd till kapellanstomt, emedan den är gjord af gamla orefvade stadstomter [1]). Häraf synes således, att det ställe, där kapellansbolet står invid kyrkan, äfven legat inom sjelfva stadsområdet, och då vi i det följande skola finna att till stadsmenigheten räknades också Storgårds-egarene äfvensom en mängd skattebönder, så är det troligt att nuvarande Gammelby icke allenast i afseende å sitt namn utan ock i afseende å sitt läge bevarar minnet af den forna staden.

Det gamla Ulfsby, såsom stad betraktadt, måste vi för öfrigt tänka oss såsom bestående af små, ett eller par rum omfattande stugor af trä, hvilka i de tätare bebygda kvarteren möjligen stodo med ändan mot gatan [2]). I stället för fönster af glas, som i anseende till denna varas dyrhet ännu voro sällsynta, brukades väl här, såsom eljes under medeltiden, dels skjutbara luckor, dels pergamentsrutor. Stranden torde, i likhet med hvad senare var fallet i Björneborg, varit tätt bebygd med strandbodar och båthus. Att staden ock haft ett torg, framgår af 1548 års tiondelängd, uti hvilken nämnes en borgare „Torg Erik“, sannolikt så kallad, emedan han hade sin gård invid torget. Kyrkan uppfördes, sedan den äldre på Liikis holmen uppbrunnit genom vådeld, år 1429 af gråsten i götisk stil med hvalf af holländska tegel. Särskilda prelater utfärdade detta år aflatsbref för dess återuppbyggande, såsom biskopen i Åbo, biskopen i Libau, ärkebiskopen i Lund, hvilken lofvade 40 dagars aflat åt alla dem som hjälpte till vid nybyggnaden eller ihågkommo templet med „klenodier“ och dyrbarheter, äfvensom åt dem, som därstädes besökte messan, både för de där begrafnas själar och enligt romerska kyrkans sed vid kyrkklockans ljud i den sena aftonväkten (ad serotinam campanae pulsationem) trenne gånger knäböjde i andäktig bön [3]).

Angående näringarna i Ulfsby känner man knappt mera än om dem i Telje. Det synes som om beröringen med utlandet skulle

---

[1]) Se Satak. domböcker; Ulfsby ting $^{16}/_{5}$ 1625, $^{25}/_{11}$ 1625, $^{28}/_{11}$ 1634, $^{7}/_{11}$ 1653.

[2]) Så var åtminstone delvis fallet ännu i 1500-talets Björneborg.

[3]) Alla dessa bref omnämnas af Fortelius, hos hvilken det sistnämda brefvet finnes tryckt i sin helhet.

företrädesvis förmedlats af främlingar, som på orten afsatte sina varor, och hvilkas inflytelse också torde invärkat på handtvärksnäringarna och stadslifvets utveckling öfverhufvud, äfvensom att borgaresamhället ännu i väsentlig mån varit baseradt på den urgamla modernäringen, jordbruket. Det inhemska borgerskapet saknade kanhända ännu insigt och medel för att i afseende å handel ställa sig på egen fot, och fästades därför af gammal förkärlek vid de fäderneärfda åkrarna. Vi skola emellertid taga förhållandena i närmare skärskådande.

I afseende å handeln, lefde det gamla Ulfsby i den mäktiga tyska Hansans tid. Från Lübeck, från Danzig, från Riga kommo de främmande köpmännen till de nordiska städerna, där de antingen köpslagade endast en kortare tid såsom „gäster", eller ock slogo sig ned för alltid. I det senare fallet blefvo de så att säga naturaliserade, och deras ättlingar bildade på grund af sitt språk och sin bildning likasom en skild klass bland borgerskapet. I de flesta nordiska städer var sålunda en stor del, ja ofta nog en öfvervägande del af borgerskapet tyskt. Tyska borgmästare och tyska rådmän hafva under den tidigare medeltiden styrt de svenska och finska stadssamfunden och bibragt det inhemska borgerskapet de första begreppen om borgerliga näringars rätta bedrifvande. Utländsk handel.

„Tysk" och „köpman" voro därför också synonyma ord, och i Kumo-elfdalen har — såsom vi sett — dessa främlingars minne, fäst vid särskilda ställen, där de vid sina besök plägade upplägga sina varor, bevarats genom traditionen till våra dagar. I Ulfsby synas de redan tidigt hafva slagit sig ned och införlifvats med borgerskapet. Namnen Herbo(rt) Wiperenworde, 1313, Arnoldus Stolte, 1345, Vrodhe fr. 1370-talet, hvilka finnas inristade på de gamla grafstenarna i kyrkan, äro synbarligen alla af tyskt ursprung, Wiperenworde sannolikt samma som Wipperfördh, ett namn som bars af en hanseatisk slägt, hvilken på 1300-talet var förgrenad i Lübeck, Reval och Stockholm. Genom sina relationer på de stora hanseatiska handelscentra voro dessa Ulfsbyborgare lättare, än deras finska gelikar, i tillfälle att tillgodose ortens behof af utländska varor: salt, linnekläder, kopparkärl, oljor o. s. v. Härmed vare dock ingalunda sagdt att icke också en ock annan af de finska borgarena redan tidigt, följande sina tyske medbröders exempel, skulle vågat den äfventyrliga färden öfver det af sjöröfvare vimlande hafvet. På sina enmastade, odäckade skutor seglade de öfver Östersjön till de „kejserske städerne", om hvilkas prakt och rikedom de helt visst åt sina hemmavarande grannar kunde berätta lika vidunderliga historier, som senare tiders sjömän haft att förtälja om Ostindien och Australien.

Först i slutet af medeltiden, och enkannerligen först genom Gustaf Vasa, vidtogs den nordiska handelns emancipation från utländingarnes förmynderskap. Då led det emellertid redan mot slutet med Ulfsbys utländska handel. För att det nationella handelsståndet skulle blifva tillräckligt starkt och mäkta med utredande af skepp, som med förbigående de tyska orterna skulle våga sig på hafven utom Sundet, ansågs det nödigt att endast vissa större städer, såsom Stockholm och Åbo, skulle få handla på utrikes ort. De mindre däremot skulle idka sin köpenskap endast inom riket; städerna vid Bottniska viken, bland dem också Ulfsby, endast i Stockholm och Åbo. Ja — man ansåg t. o. m. slika små orter alldeles obehöfliga och tanken väcktes på deras upphäfvande och invånarnes förflyttning till rikare handelscentra [1]).

Den 10 Aug. 1502 förbjöd den äldre Sten Sture, som tidigare till det inhemska borgerskapets höjande bestämt att endast hälften af städernas råd skulle få besättas af tyskar, samtliga städer vid Bottenhafvet, bland dem också Ulfsby, att drifva handel på Lübeck, Danzig, Reval och andra utländska städer. Deras borgare skulle med sin köpenskap endast besöka Stockholm och Åbo, „emedan vi alla yttermera bestånd hafva af Stockholm, än af de andra förenämda små städerna“ [2]). Sedan Svante Sture 1504 åter tillåtit staden handel på Danzig, Reval, Riga och andra utrikes orter [2]) stadfäste han emellertid redan följande år detta sin företrädares förbud. 1512 medgaf väl Sten Sture den yngre, emedan „Ulfsbyborgarene i dessa förenämda år hafva falth stor skada“, staden åter frihet att segla på Danzig, Riga och Reval samt andra utrikesorter t. o. m. med fisk och smör [3]); ett medgifvande som han 1515 förnyade, „för deras fattigdoms skull“ [4]). Men redan 1527 befallde Gustaf Vasa, enligt herre-

[1]) Redan i början af 1400-talet var det åtminstone tidtals förbjudet för utländingar att segla nordvart förbi Åbo in i Bottniska viken. När några Revalenser år 1428 det oaktadt med sina skutor passerade norrut genom skären, lät befälhafvaren på Åbo slott gripa dem, och magistraten dömde dem till varornas förlust och 40 markers böter, „emedan de handlat emot rikets rätt och städernes privilegier“. Urk. B. VII sid. 537 och 538.

[2]) Afskr. bl. stadens acta. Bref, dat. Åbo slott, på S. Peders dag ad vincula 1504.

[3]) D:o d:o. Bref, dat. Kumogård, S. Mathæi apostoli & evangelistæ dag 1512. Utförsel af ätande varor var då eljes förbjuden.

[4]) Afskr. bl. stadens acta. Bref, dat. Sastamala, in profesto S. Dorotheæ virginis et martyris 1515.

mötets i Västerås öfvervägande, Ulfsby och Raumo köpmän att aflägga den handel de plägat bruka på de tyska städerna, och endast besöka „våra inrikes köpstäder Stockholm och Åbo, för att vår stad Åbo måtte komma sig före igen“, — en befallning, som han 1531 förnyade [1]). Väl medgaf han ännu ett par gånger, åren 1543 och 1549 [2]), Ulfsbyboarne för deras „trång och nöd“ skull den utländska handeln, men endast för en sommar i sender, och då borgarena 1550 anhöllo om samma rättighet för det året, svarade konungen helt kort, att han ännu icke „betänkt sig på saken“. Det var ett hårdare öde han redan planerade för staden, om hvilket vi i det följande skola få tillfälle att närmare orda.

Men om utrikeshandeln till en god del varit förmedlad af inflyttade främlingar, kunna vi antaga att de genuina Ulfsbyborgarena dess mera begagnade sig af de staden förunnade rättigheter att handla inom landet. Med afseende å denna inlandshandel hade Ulfsby en dubbel uppgift. Ulfsby var Satakuntas hamn och hade öfvertagit gamla Teljes roll såväl i afseende å handeln med eget landskap som med Tavastland. Redan 1347 medgaf konung Magnus Ulfsby byamän rätt att med sina handelsvaror (mercimonia) idka handel vid Kumoby årligen från den 13 januari till påsk [3]). Möjligen var det denna rättighet Bengt Algotsson fråntog staden, men hvilken konung Magni son, konung Erik, återgaf densamma 1357 [4]). Befrämjandet af handeln med kringliggande landskaps inbyggare afsågs väl ock med Åbo landtständernas förslag, år 1547, att Ulfsby och Raumo skulle medgifvas rättighet till hållande af en allmän marknad tvänne gånger om året [5]). Då, såsom ofvan nämdes, traditionen förmäler att vid Harju by i Birkkala funnits en handelsplats, som t. o. m. varit äldre än sjelfva Telje, och då vi tillika veta att staden Björneborg senare därstädes haft en s. k. privilegierad marknad, kunna vi ock taga för gifvet att äfven Ulfsbyköpmännen plägat där handla med inlandsboarne från Öfre Satakunta och Tavastland, ehuru därom icke särskildt finnes nämdt i handlingarna.

Inlands- och Tavastehandeln.

Men Ulfsby var ock — såsom det i äldre tider sades — „en gränseort emellan Satakunta och Österbotten“, och då sistnämda landskap ännu icke egde någon köpstad utan endast hamnplatser, blef

Norrbottens handeln.

---

[1]) Grotenfelt. Suomen kaupasta, sid. 53.

[2]) F. S. A. Städers acta. Bref, dat. Stockholm, $^{18}/_{4}$ 1543. Grotenfelt. Suomen kaupasta, sid. 54.

[3]) Svartboken, sid. 79. Brefvet, dat. Åbo slott, $^{3}/_{8}$ 1347.

[4]) Messenius. Scondia illustrata, I, sid. 18.

[5]) Arv. Handl. II, sid. 262.

Ulfsby äfven Norbottens närmaste och kanske mest trafikerade handelsplats. Redan 1361 gifver konung Magnus borgarena tillstånd att göra affärer (negociaciones mercaturas) i Norrbotten [1]). Denna rättighet förnyas af konung Albrekt 1365 [2]), samma dag han gifver staden dess privilegier. Ännu Gustaf Vasa bibehöll Ulfsby vid den norrbottniska handeln, ehuru han inskränkte de därvarande laga hamnarnas antal till fyra: Torneå, Uleå, Kemi och Ijå.

Denna Norrbottens handel var af synnerlig betydelse för staden. Ulfsbyboarne sammanträffade däruppe i norden med Birkkarlarne, som afläto åt dem dyrbara pelsvärk, äfvensom med Karelarne från Hvitahafstrakten och Kexholms län, hvilka på urgamla handelsvägar, längs sjöar och floder, sökte sig ditupp, medförande sitt lands tillvärkningar och varor, såsom vadmal, lärft, hampa, filtar o. a. Stundom glömde borgarene att desse Karelare egentligen voro främlingar, som ej egde rätt att utsträcka sin handel utom Österbottens gränser, och voro dem följaktige och behjälplige, när de företogo sig att sjöledes midt igenom Sveriges rike föra sina varor allt ända till Reval och andra utrikes orter. Sjelfve konung Albrekt, stadens gynnare och befordrare, måste samma år, då han gaf staden köpstadsrätt och stadfäste dess handel på Norrbotten, förbjuda borgarene vid lif och gods, att föra, följa eller någorledes hjälpa Karelarne „vårt rike i Sverge till storan våda och eder sjelfva till stor skada“ [3]).

De österbottniska hamnar, som af Ulfsbyboarne flitigast besöktes, voro Mustasaari och Pedersöre. I regeln gjorde de borgare, som egnat sig åt denna handel, tvänne resor om sommaren ditupp. Sedan de lagt till med sina skutor, upplade de sina varor och förrättade sina inköp antingen å däcket eller uti ett särskildt hus på stranden. I det senare fallet sades att de „höllo bod“, och måste de därför erlägga särskild „bodeskatt“. 1550 höllo sålunda trenne Ulfsbyhandlande bod i Mustasaari och likaså trenne i Pedersöre. Huru vinstgifvande denna österbottniska handel var, finna vi däraf att borgarena äfven under sin exil i Helsingfors oaktadt vägens längd fortsatte med de häfdvunna resorna. Sålunda besökte t. ex. Halte Staffan från Ulfsby år 1550 Pedersöre och, såvida han är densamme som Staffan Andersson i Ulfsby, äfven Mustasaari hamn. 1554 besökes åter Mustasaari af Helsingforsborgaren Staffan Andersson, 1555 af Staffan Träfot från Helsingfors och 1556 af Staffan Halte i Helsingfors, hvilket allt är en och samma person [4]).

---

[1]) Arv. Handl. II, sid. 3. Brefvet, dat. Konungsnäs, 3/6 1361.

[2]) Arv. Handl. I, sid. 6. Brefvet, dat. vid Åbo slott, 11/2 1365.

[3]) Vaaranens saml. af Städers acta.

[4]) F. S. A. 4541: 38; 4553: 33 v; 4566, 17. — Fontell: Valan.

Om vi i allmänhet känna ytterst litet om Ulfsbys handel, veta vi ännu mindre om de öfriga näringarna, som utgjorde grunden för det borgerliga lifvet i den gamla staden. Att handtvärkare af olika slag funnits i staden, måste tagas för gifvet, ehuru därom ej särskildt finnes nämdt uti urkunderna. Först under stadens allra sista tid skymtar i handlingarna fram en och annan representant för något yrke, såsom 1548 Jons smed och Erik sämskmakare, 1550 Nils skräddare, 1554 Bertil korgmakare, men det är ock allt hvad man i det afseendet får veta. Något tydligare framstår däremot jordbruket, såsom borgerlig näring betraktadt. I räkenskaperna från 1500-talets förra hälft nämnas ofta s. k. jordebönder eller „skattebönder i Ulfsby stad“ [1]). Enligt 1540 års jordebok voro de inalles 22. I tiondelängden från år 1548 [2]), — den enda räkenskap af detta slag som finnes i behåll — hvarest hela borgerskapet är upptaget, införas de under särskild rubrik: „bönder i Ulfsby“. Bland dem nämnes särskildt Olof Spinck och en Göstaf Finckes landbo, bägge åboar på Storgården, hvilken således också räknades till staden [3]). I en skatteförklaring från den tiden heter det att desse „köpmän“ fått sin jord — som inalles utgjorde trenne röker — i rätt arf efter sina förfäder och utgjorde däraf årligen kronans skatt [4]). Det uppgifves ock att de (1540) hade 39 kor, 12 ungnöt, 29 får och 12 hästar. Dessa borgare, som utgjorde i det närmaste en tredjedel af stadsbefolkningen, voro således samtidigt „jordebönder“ och „köpmän“. Att de dock voro det förra i högre grad än det senare, torde kunna antagas för säkert. Till dessa borgare-bönders klass hörde flere af stadens förnämsta slägter, såsom Budde och Spincke, och den bildade likasom en motsats till de element af utländsk härkomst, som funnos representerade inom det öfriga borgerskapet.

Handtvärk. Jordbruk.

På hvilket sätt stadens styrelse var organiserad, kan icke mera i detalj utredas. Allt hvad vi veta är, att på det officiella lifvets område ett nytt kulturelement bröt sig fram liksom förenande de båda olika nationella grupperna inom stadens befolkning. Det var den medeltida civilisationen, latiniteten, som här gjorde sig gällande, åtminstone för så vidt det gälde språket, på hvilket stadens äldsta urkunder äro affattade. Konungarnes frihetsbref, de enskilda bor-

Styrelsen.

---

[1]) F. S. A. 1968, 45 v.

[2]) F. S. A. 1935, 34.

[3]) Jöran och Peder Svärds „sätegård i Ulfsby stad“ nämnes ock i ett köpebref af 1465, dat. Ulfsby onsdagen näst efter S. Calixti dag.

[4]) Afskr. i F. S. A.

garenas köpekontrakter, inskriptionerna å grafstenarna affattades under den äldre medeltiden städse på latin. Staden, såsom uppkommen af en bondby, kallades i offentliga urkunder vanligen „villa“, borgarena, ifrån handelsmannen, „mercator“, ända ned till landbonden, „colonus“, kallades „villani“, d. v. s. byamän, eller „cives“, borgare. I spetsen för „civitas ulsbycensis“, — såsom staden kallas i sigillet, som afbildar ett dubbelt W, i medeltida latinet användt såsom initial i stället för U — stodo åtminstone på 1400-talet tvänne borgmästare „consules“. Rådmännen, hvilkas antal icke är kändt, kallades åter „proconsules“. Alla dessa benämningar, egentligen härstammande från den klassiska romartiden, hade först upptagits af de sydeuropeiska stadssamfunden och sedan, under latinets allherskande välde,

Ulfsby stads sigill.

trängt sig upp äfven till norden. Först sedan nationalandan under Engelbrekt och Sturarne börjat vakna, finna vi under medeltidens sista århundrade rikets språk, svenskan, småningom allt mera träda i stället för latinet i urkunder, som röra staden.

Af Ulfsby stads styresmän känna vi för öfrigt endast fyra borgmästare, nämligen Tomas Pettersson och Anund Nilsson, hvardera nämd år 1427, äfvensom Mikel Larsson, nämd 1541, och Morten Olsson, nämd 1551 och 1552. Endast en rådman har af oss påträffats i handlingarna: Laurencius Pappi, „proconsul ulsbycensis“ år 1511.

Innevånar-antal, utskylder, m. m.

Innevånar-antalet i staden kan, för dess sista tid, ungefärligen beräknas med ledning af 1548 års tiondelängd, som upptager 50 borgare och 7 bönder, hvilket, efter 5 personer per borgare, skulle gifva en totalbefolkning af omkring 275 à 300 personer. Bland slägtnamn förekomma Sundergelt (1550), — hvars bärare Markus Sundergelt möjligen från Tyskland kommit öfver först till Stockholm och sedan till Ulfsby, sålunda varande den sista af dessa „Saksor", som spelat en så stor roll i stadens tidigare historia, — Budde, Bulder, Fordel, Geth, Glomse, Hvitkop, Priss, Selle, äfvensom Kiusa, Lavilainen, Nurkka, Pappi, Ruski o. s. v. [1]). Den från staden utgående skatten utgjorde år 1387, då Åbo län förlänades åt Jakob Djekn, 40 mark [2]), — år 1413, enligt Bures utdrag ur konung Eriks af Pommern jordebok, 20 mark [3]); — och i början af 1500-talet: 100 ℳ i stadga, förutom tomtöresskatten: 2 ℳ 2 öre, äfvensom jord- och boskapsskatten af jordebönderne: 10 ℳ. Härvid är dock att märka att Gustaf Vasa, som tidigare förlänat Kumogårds län, hvartill staden hörde, åt sin svåger, grefven af Hoija, efter dennes fall vid den nya skattläggningen år 1540 höjde jordeskatten till 18 mark, hvarjämte staden skulle utgöra tre gingärdslass hö och en mindre laxränta.

Ulfsbyborgmästaren
Morten Olssons sigill.

Ulfsbyborgaren
Erik Olssons sigill.

Till kyrkan, som under medeltiden var den andra stora räntetagaren, betalades tionde i penningar, 1548 omkr. 50 öre, äfvensom matskotts-, komåls- och näbbskattsmör — 1556 tillsammans omkr. 10 L℔ smör; — osäkert dock om med dessa uppgifter, af hvilka för resten de, som röra smörräntan, synas hänföra sig endast till jordebönderne, afsågs annat än den till kronan reducerade andelen af det katolska presterskapets forna inkomster [4]).

Hvad sist och slutligen det kommunala och sociala lifvet i Ulfsby beträffar, visar oss tillvaron af medeltidsgillen att man där, likasom annorstädes i den civiliserade världen, kände behofvet af att i associationens hägn söka ett skydd gentemot tidens allt fördärf- *Det sociala lifvet i Ulfsby.*

---

[1]) 1548 års tiondelängd, 1540-talets jordeböcker o. s. v.
[2]) Styffe. Bidrag till Skandinaviens historia I, sid. 196.
[3]) Hausen. Bidrag I, 2, sid. 305. Åbo erlade 600 ℳ.
[4]) F. S. A. 1935, 34 v. och följ.

vande split och tvedrägt, som syntes respektera endast svärdets lag. Till ömsesidigt bistånd och under skyddet af ett gemensamt helgon förenade sig också här grannarne i dessa socialt-religiösa föreningar, som äro så karaktäristiska för medeltiden. Det äldsta medeltidsgille man känner i Finland är St. Gertruds gille i Ulfsby, hvars stuga, „curia“, nämnes redan 1347. Naturligtvis fans i staden ock ett S. Olofs gille, hvilket troligen härleder sin uppkomst från stadens äldsta tider, ehuru det i handlingarna omnämnes först 1556.

Olofsgillet.

Ja — detta gille måste antagas haft en särskild betydelse för orten, hvars äldsta kyrka bar namn efter det helgon, hvilket gillet egnat sin dyrkan. Hvarje år på Olofsdagarna, 29 juli och 3 augusti, samlades helt säkert också här gillesbröderne till festligt samkväm, hvarvid upplästes namnen på alla gillesbröder och systrar, som voro vid lif, medan presten i korkåpa och skrud, svängande rökelsekaret i ena handen, stänkte vigdt vatten rundt om i huset. Man drack en skål till den hel. Olofs minne och sjöng gillesångerna „requiem“ och „de profundis“ under det gillets ljus brunno i tennstakarna på det stora bordet. Hvarje gillesmedlem förband sig vid sitt helgons namn att hjälpa och styrka den andra till lag och rätt inom och utom landet. Blef gillesmedlem sjuk, hemtades honom välfägnad från gillets källare, och vid hans frånfälle bekostade gillet själamessor och ledsagade den aflidne till hans sista hvilorum [2]).

Ulfsbys betydelse.

Om vi här ännu engång kasta en hastig återblick på hvad som ofvan anförts om gamla Ulfsby — dess tyska köpsvenner, prålande i tidens drägt, hvari den ena rockärmen kunde vara hvit medan den andra var svart, och iförda den röda „hättan“ eller mössan långt hängande ned öfver ryggen, — dess i hemväfda vadmalskläder klädda jordebönder, ättlingar af dem som först brutit bygd i det tillandade deltat vid elfvens mynning, — dess latinkunnige skrifvare, „scribae“, som väl slutade såsom stadens välbestälde styresmän, — dess Olofs-stuga, där ingen fick underlåta att buga

---

[1]) Sådana gillen funnos äfven i landsbygderna och förekommo särdeles talrikt just i Kumo elfdal, ett bevis på denna landsdels urgamla kultur och dess betydelse såsom handelsväg. D:r Bomansson har upptecknat ej mindre än 6 sådana: St. Gertruds Gille i Ulfsby 1347, gillestugan i Sambu by i Hvittis 1487, 1488, 1489, gillestugan i Koivisto i Ulfsby 1556, gillestugan i Svartsmark 1556, gillestugan i Ulfsby (S. Olofs gillestuga) 1556 (1557), gillestugan i Kumo 1500. Till dessa kunna vi ytterligare foga en, nämligen gillestugan i Villilä by, i Nakkila, 1492 (Nedre Satak. dombok 1652; Kumo ting, fol. 494 v.).

[2]) Om Olofsgillet, se Hans Hildebrands medeltids gillena i Sverige i Hist. Bibliotek. Ny följd. I, 1. — Ulfsby nuvarande kyrka heter S. Johannes.

sig inför den helige Olofs bildstod, som stod i hörnet af den stora salen, — dess götiska gråstenskyrka med sitt hvalf af holländska tegel och sina sandstensgrafvar; — så hafva vi i sanning för oss bilden af ett litet medeltida samhälle i hela dess rikedom på vexlande företeelser. Ulfsby var, så oansenligt det än förefaller för ett modernt öga, på sin tid en af den vesterländska kulturens yttersta förposter i norden, och har såsom sådan, så litet man än känner om denna stad, fyllt ett icke oviktigt blad i vårt lands historia.

Nya tillandningar.

Men snart var det ute med Ulfsbys tid. Vi hafva redan sett huru regeringen på 1500-talet börjat inskränka stadens utrikeshandel. Men också andra omständigheter hade redan förändrat vilkoren för dess existens. I åminnet utanför Ulfsby hade bildat sig holmar, likasom det förut bildat sig sådana nedanom Telje och likasom det i en framtid skulle komma att bilda sig dylika nedanom Björneborg. Midt emot kyrkan hade uppstått en holme, Telmisaari, något nedanom staden en sandholme, som gafs åt Ulfsby klockaren och därför kallades Klockarsand, Kalf- eller Kalaholmen, som nämnes första gången 1481, äfvensom ytterligare tvänne holmar därutanför, längre nere sannolikt också redan Varvouri och Storsand. Lattomeri farleden, som sannolikt under Ulfsbys första tider ännu var den af staden företrädesvis trafikerade, hade helt och hållet tillandat vid Friby, hvilken såsom by nämnes redan 1449. Staden hade väl vid den norra farleden både fiskelägen och holmar, tjenliga till ankarplatser, såsom Räfsö och Busö, men uppfarten till sjelfva staden blef småningom allt besvärligare.

Danska kriget.

Härtill kom ännu det danska kriget, som blef ytterst olycksbringande för staden. Dess fartyg blefvo uppbragta af fiendtliga kapare och sjöröfvare[1]), och slutligen blef äfven staden sjelf hemsökt af fienden med plundring och brand[2]). När detta skett vet man icke med säkerhet, men att det varit före år 1512 finner man af Sten Stures uttryck i hans detta år gifna frihetsbref, hvari det heter att staden under de förledna åren fått vidkännas stora skador[3]).

Stadens förfall.

Efter dessa olyckor kunde staden icke mera komma sig upp, utan förde ett småningom aftynande lif, medan regeringen ömsom förbjöd, ömsom tillstadde dess utrikeshandel. Samtidigt gingo de gamla institutionerna, som karaktäriserade lifvet i denna medeltids-

---

[1]) Tegel, Kon. Gustaf I:s historia, I, sid. 140.

[2]) Tegel, Kon. Gustaf I:s historia II, sid. 169.

[3]) F. S. A. Björneborgs stads acta. Bref, dat. S. Mathæi apost. et evang. dag 1512.

stad, under. Reformationen hade tystat messorna i templet, förjagat gillesbröderne från deras stuga och förflyttat deras kittlar och tennstakar till kronans visthus. Medan sålunda minnena från fordom försvunno det ena efter det andra, fingo Ulfsbyborgarene — hvilkas handel regeringen alltmer började anse såsom varande af ytterst ringa värde, mogen att skjutas undan till förmån för andra vigtigare bytescentra — erfara att deras roll i historien var utspelad.

Planer rörande stadens flyttning.

Redan 1547 afgaf ett finskt ständermöte i Åbo, bestående af några adelsmän och prester samt ett antal Åbo- och möjligen äfven några Viborgs-borgare ett utlåtande, hvari föreslogs att innevånarne från Ulfsby och Raumo skulle förflyttas till Åbo och Viborg. Konungen godkände dock icke denna gång förslaget, ehuru Åbo borgerskap genom en särskild deputation påminde därom, och ehuru riksrådet understödde detsamma. Men ett par år senare, då Gustaf sjelf beslutit sig för att anlägga en stor handelsstad vid finska viken, dit den ryska handeln skulle dragas, upptog han till förmån för den nya staden samma plan. Om våren 1550 uttalar han denna sin afsigt i seglationsordinantien, och den 20 augusti samma år skrifver han till Henrik Klasson (Horn) och Nils Boije i Finland, att han ansåge likast vara att Ulfsby och Raumo borgare skulle flytta till Helsingfors, såsom påtänkt varit. „Dock synes oss“, tillägger han, „ännu rådligt vara att I till öfverflöd ännu betänken saken rätt, hvad hellre båda de förenämda städerna eller ock endera, eller ock några af de bästa borgarene af dem båda, dit flytta skola“ [1]).

Från vår tids ståndpunkt betraktadt, skulle ett sådant påbud — om det alls kunde tänkas möjligt — synas utgöra en yttring af hänsynslös despotism. Att utan vidare ålägga fredliga medborgare att lemna hus och härd och flytta med gods och bohag till ett öfver fyratio mil aflägset nybygge, påminner för mycket om förhållanden, möjliga i de fornasiatiska envåldsstaterna, för att kunna tänkas hafva passerat i ett europeiskt samhälle i nya tidens början. Men efter dåtida betraktelsesätt lät dock ett sådant projekt mycket väl realisera sig. För det första kändes efter medeltidens regellöshet behofvet af en ordnande konungamakt så starkt, att man villigt ansåg sig böra följa dess anordningar. För det andra låg den nya handelspolitiken, hvilken afsåg den inhemska handelns befrielse från utländskt förtryck, så att säga i luften, begriplig för alla. Och för det tredje lefde den tidens borgare med sitt i bästa fall ganska ringa

---

[1]) Grotenfelt. Suomen kaupasta, sid. 54. — F. S. A. Vaaranens samling. Arv. Handl. VII, sid. 323.

bohag, bestående i något kläder och lösören af enklaste slag, på vida rörligare fot än vår tids trafikanter, så att en flyttning i sjelfva verket ej kräfde af dem så stora uppoffringar, som man kanske vore frestad att föreställa sig.

Såsom det ofta går med öfverhetliga påbud, blef äfven nu den kungliga befallningen verkstäld med yttersta stränghet. Att de stackars borgarena, hvilka sålunda helt plötsligt blifvit försatta inför en framtidsfråga af omätlig bärvidd, ej synnerligen brådskade på med sin afresa, kan man sannerligen icke förtänka dem. Ursäktligt var ju ock att en och annan, som fann hela sin ekonomi bragdt ur gängorna, ej kunde underlåta att gifva uttryck åt sina känslor, „straffande", såsom Nils Hofvare, „K. M:ts befallning" och utropande att nu rådde „jute lag". Men när konungens påbud 1551 förnyades, fick man lof att foga sig i det oundvikliga. Borgarenas största bekymmer var att i en hast få indrifna sina hos bönderne utestående fordringar. Höga öfverheten ansåg sig emellertid böra härutinnan bispringa dem på det kraftigaste. Då på våren, fastlagstiden, lagmansting hölls i Ulfsby, dömdes där att alla borgare i Ulfsby „skulle blifva betalte, af hvilken hellst dem skyldig är, efter Kongl. Maj:ts bref och befallning". Likaså dömdes vid lagmanstinget i Euraåminne, den 11 februari 1551, Ulfsby och Raumo borgare „all deras vitterlig gäld af Euraåminne socken eller hvar hellst de dem skyldiga äro, efter Kongl. Maj:ts bref och befallning".

Flyttningen till Helsingfors.

Efter all sannolikhet skedde utflyttningen delvis redan 1551, om ock den hufvudsakliga affärden uppsköts till sommaren 1552. Ty ännu för detta år uppföres skatten för Ulfsby stad i räkenskaperna, men icke mer för följande år. Om hösten utdömdes vid Kjulo ting förre Ulfsbyborgaren Olof Nilssons tillgodohafvande af särskilda gäldenärer, hvarvid han nämnes boende i Helsingfors. 1553 och följande år besöktes Mustasaari hamn af flere kände Ulfsbyboar, som nu kallas borgare i Helsingfors, såsom Markus Sundergelt, Per Olsson, Morten Olsson, Per Selle, Staffan Andersson.

Huru lifvet för de utflyttade gestaltade sig i Helsingfors, hör ej till ämnet för denna beskrifning. Några Ulfsbyborgare synas dock hafva vunnit ett visst anseende på den nya orten. Knut Bulder blef rådman och Markus Sundergelt byfogde i Helsingfors.

Men knappt hade våra borgare blifvit husvarma i sina nya förhållanden, innan de åter skulle flytta. Ty Gustaf Vasa hade emellertid kommit på andra tankar. Dels lär Helsingfors ej tillfullo motsvarat hans förhoppningar, dels torde den gamle konungen påverkats af sin son, den nyss utnämde unge hertigen af Finland, Johan, som ej kunde vara nöjd med de ödelagda städerna i sitt furstendöme.

Borgarenes återkomst.

Alltnog det var lika lätt att befalla Ulfsbyboarne att återvända, som det varit att skicka dem åstad. I början af sommaren år 1556 fingo alltså Ulfsby och Raumo borgare uppmaning att återvända till sina förra boplatser igen. Denna befallning behöfde ej upprepas tvänne gånger. 1557 seglade de fleste hem igen.

Stadens aftynande.

Hertig Johan, som ifrån första början fattat en synnerlig förkärlek för Ulfsby, hade först haft för afsigt att ålägga Raumoboarne att äfven nedsätta sig på denna ort. Men han synes snart hafva öfvergifvit denna plan och i stället börjat tänka på en ny flyttning af sjelfva Ulfsby. Knappt ett år hunno borgarena se sig om i sina gamla hem, innan de öfverraskades af en ny flyttningsorder. Markus Sundergelt, Olof Nurkka, Morten Olsson, Staffan Andersson och alla deras gelikar, som nyss hemkommit från exilen i Nyland, stodo återigen inför nödvändigheten af en ny utvandring. Och de kände på sig att det denna gång gällde för alltid. Deras stad däruppe vid elfven erbjöd ej mera någon utsigt till utveckling och syntes äfven efter innevånarnes återkomst förblifva en död ort. Såsom redan nämdes, ljödo inga messor mer i den gamla kyrkan, uppstämdes inga gillessånger mer i det af en hårdhändt regering plundrade gilleshuset, och rökelsen hade för alltid slocknat i det gyllene karet. Medeltiden med dess lif och sträfvanden var slut och med den äfven Ulfsby stad.

Det behöfdes en ny grund, en ny mark att bygga på för att det skulle blifva ett nytt lif utaf; och Ulfsby, som i mer än 200 år varit Satakuntas stapelort, skulle träda tillbaka och gifva vika för en ny anläggning, bättre egnad att tillgodose en ny tids fordringar.

Första kapitlet.

Tiden från 1558 till 1641.

Stadens grundläggning och första stapelrättens tid.

1558—1641.

Hertig Johan.

Det var om sommaren 1556, som den unge Vasafursten, hvilken skulle blifva Björneborgs stads grundläggare, för första gången besökte bygderna vid Ulfsby. Ännu en yngling i den ålder, då framtiden hägrar som ljusast, hade han nyss af sin fader, konung Gustaf, blifvit utnämd till hertig af Finland och gjorde nu s. a. s. sin Eriksgata i sitt furstendöme. Vi måste tänka oss honom vid denna tid såsom en yngling med Vasaslägtens kända drag, den höga pannan, den slutna munnen och den själfulla blicken, allt likväl ännu förmildradt af ungdomens vekhet. Född i slutet af år 1537 var han nu i sitt nittonde år.

Vi veta för öfrigt intet angående detta hans första besök i Ulfsby, men det synes sannolikt att traktens säregna natur, den mäktiga elfven med dess grönskande deltaland, omgifven som den var af de bördigaste åkerfälten i hela hertigdömet, icke förfelat att göra intryck på den unge hertigen. Han kunde här uti den invid staden belägna kungsgården Ulfsby finna en fristad, sådan furstar gerna söka långt borta från sina hufvudstäder. Nästan hvarje vår, vid den tiden då naturen beredde sig för sommarens lif, och elfven afkastade vinterns bojor, besökte hertigen, som äfven han drömde om en friare värksamhet och ett dådkraftigare lif, detta sitt älsklingsresidens för att där tillbringa några veckor [1]).

[1]) Hertig Johan vistades på Ulfsby gård utom våren 1556 äfven våren 1558 (af honom därstädes daterade bref finnas åtm. för tiden $^{18}/_{3}$—$^{8}/_{4}$), våren 1559 (där dat. bref finnas åtm. för tiden $^{24}/_{2}$—$^{21}/_{3}$), samt våren 1563 på Björneborgs gård (dat. bref åtm. för tiden $^{12}/_{3}$—$^{9}/_{4}$). Enligt en uppgift i Reinholmska samlingen skulle han ock någon tid om våren 1557 uppehållit sig i Ulfsby, en uppgift som synes bekräftas däraf att enl. räkenskaperna i F. S. A. „18 v. N. herris hester i 16 vekur“ därstädes detta år utspisades.

Hertig Johans hof på Ulfsby gård.

Sålunda finna vi honom efter tvänne år åter där, omgifven af hertigdömets yppersta ädlingar. Vi kunna med ledning af i behåll varande inventariilängder göra oss en föreställning om den lyx, som utvecklades vid det hertigliga hofvet, under dess besök på Ulfsby gård. Den stora herresalens väggar voro behängda med tapeter och väggbonader af röd och gul rysseväf, samt prydda med taflor föreställande scener ur den heliga skrift, Petrus vandrande på vattnet, Kristi födelse, den förlorade sonen o. s. v. Bredvid dessa värk af flandrisk konst, funnos där ock anspråkslösare taflor, målade af en inhemsk konstnär, Mr Henrik målare, äfvensom några s. k. ryssetaflor, hvilka ej framstälde något motiv alls, utan endast färger i olika sammanställningar. Borden voro öfvertäckta med dukar af holländskt lärft, insydda med rödt, grönt och svart silke samt vid bården „knutna med vipsor", hållna i hvitt och svart. Bordsservisen, som enligt tidens sed för det mesta bestod af tenntallrikar och tennkannor, var till en del ett minne af Gustaf Vasas kyrkoplundringar, härstammande dels från Ulfsbyprestens kistor dels från Euraåminne kyrkovisthus. Bakom brokiga förhängen stodo sängarna öfvertäckta med vepor och ryor, tecknade än med hvita och svarta, än med röda och hvita, än med blåa och gula tärningar. Om vi härtill lägga några värdesaker af guld eller silfver, de flesta sannolikt afsedda för hertigens eget bruk, hafva vi en bild af denna medeltida lyx, i hvilken den moderna renässansen höll på att göra sitt inträde, en lyx sådan man i våra dagar stundom kan finna t. o. m. i månget välmående allmogehem [1]).

Ehuru hertigens lif, under hans vistelse på Ulfsby, syntes företrädesvis egnadt åt hvilan och nöjet, glömde han dock icke heller politiken. Antingen han nu värkligen redan umgicks med planer på ett framtida brödrakrig, eller eljes ansåg den politiska ställningen fordra ett skydd för hertigdömet mot angrepp från sjösidan, alltnog han hade fattat beslutet att här anlägga en befäst ort, och då han icke i det flacka Ulfsby fann passande läge för en sådan, kastade han sina blickar på den „höga sandåsen" norr om Bärnäs by. Platsen syntes honom utan tvifvel vara för det afsedda ändamålet den lämpligaste i hela nejden.

Elfmynningen på 1550-talet.

Nedanför åsen svallade den öppna hafsviken, i hvilken ännu intet tecken syntes till de nuvarande ängsholmarna. Så långt ögat

[1]) Särskilda inventariilängder för Ulfsby och B:borgs gårdar af åren 1558—60. Se t. ex. F. S. A. 2010, 2043, 2100 m. fl. — Förteckning öfver taflor å Ulfsby gård. F. S. A. 2043; 21.

nådde, sträckte sig den blåa fjärden mot nordvest, där endast en liten enstaka holme, Lotsöre, stack upp ur vågorna. Från denna hafsvik förgrenade sig inåt landet tvänne fjärdar, omfattande Bärnäslandet i norr och vester. Den nordliga, kallad Härpöviken, betäckte med sitt vatten en stor del af de nuvarande Rosnäs-ängarna, och gent emot åsen syntes där trenne i rad liggande grupper af grön-

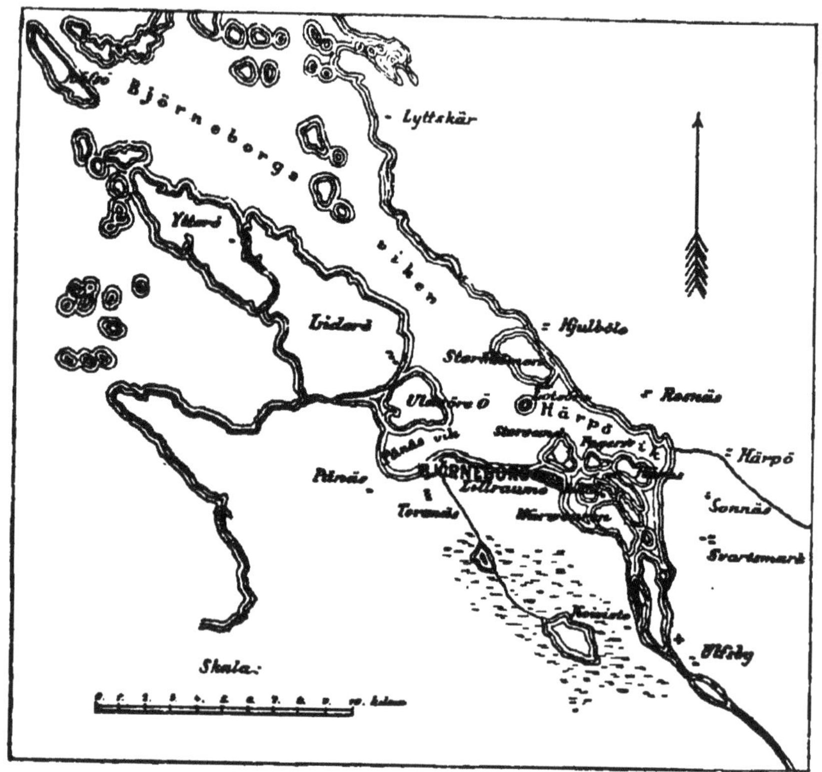

Kumo elfs mynning vid tiden för stadens grundläggning.
(Kartan uppgjord med ledning af uppgifter i äldre handlingar).

skande sandöar [1]). Den vestliga fjärden, kallad Pänäsviken, sträckte sig utöfver hela den emellan Pänäs- och Lill-Raumo byar befintliga

---

[1]) Dessa voro: Storsand, nämdt redan på 1550-talet och då bestående af tre eller fyra mindre holmar; Fagersand, några ängsklippor, som motsvarade en del af nuvarande prestgårdsängarna, och hvilka redan 1570 af kon. Johan donerades under prestebolet, samt Härpsand, hvilket tagits under kungsgården från Härpö by.

slätten [1]). Emellan sistnämda by och Torsnäs utmynnade i denna vik en ström, som ledde vattnet ut från det gamla Lattomeri. Denna forna farled synes väl ända sedan början af 1400-talet varit underkastad en raskt fortgående tillandningsprocess, men utgjorde ännu en ofantlig sumpmark, fylld af bottenlösa gölar och otillgängliga mossar [2]). Den kallas väl redan 1573 „kärret“, men denna benämning synes främst afsett dess sanka stränder, enär de ännu kvarvarande öppna vattnen långt senare kunde kallas „insjöar“. Öster om Bärnäslandet utbredde sig Herreviken, då ännu en väldig fjärd, i hvars yta man såg Ulfsby kyrka afspegla sig i fjärran [3]).

Sådana voro stadens närmaste omgifningar på hertig Johans tid. Alla tillandningar till trots var Bärnäslandet ännu så godt som en ö. Dess sandås, nära nog den enda fasta mark i den labyrint af vikar, flodådror, kärr och vassbevuxna stränder, hvilka då för tiden utgjorde Kumo elfs mynning, beherskade i sanning infarten till Satakunta och var sålunda utan tvifvel ett ypperligt ställe att befästa.

Traditioner om »Björneborg» från medeltiden.

Möjligen hade här ock redan tidigare någon mindre borg varit belägen. Antydningar saknas nämligen icke, hvilka göra ett sådant antagande troligt. År 1679 sade rådmannen Per Mill inför häradsrätten i Ulfsby, att konungsgården, som låg invid staden, var äldre än den sistnämda och „af ålder vorden kallad Björneborgs kungsgård“. Då det emellertid är kändt att kungsgården faktiskt daterade sig från samma tid som staden, så kan den tradition, som låg till grund för ofvannämda yttrande, icke omedelbart afse densamma. Man måste antaga att folkminnet här med kungsgården förvexlat någon annan anläggning, hvilken „af ålder“ legat på samma plats. Namnet Björneborg, hvilket ock, enligt hvad Mill trodde sig veta, var äldre än staden, angifver tillfyllest att denna anläggning varit en borg [4]).

[1]) Vester om denna vik låg Ulasöre ö, nämd redan 1460, och bortom den Inderö, då ännu i likhet med Ytterö kringflutet af vatten.

[2]) 1420 dömdes Luviaboarne sina „inbundna strömmar fria för Kumoboarne“, hvaraf kan slutas att det utlopp Lattomeri i äldre tider synes haft genom Viasvesi då redan grott igen. 1460 utstakade Peder Svärd rågångar emellan Inderö, Pänäs, Torsnäs och Lill-Raumo byar, hvilkas marker fordom haft naturlig begränsning genom breda sund och fjärdar, men hvilka nu i följd af tillandning höllo på att gå ihop.

[3]) Gent emot Girstensudd, nuvarande Varfsudden, låg en liten holme Skrifvarholmen, så kallad emedan den blifvit anslagen till lön åt häradsskrifvaren, och invid den Aittaluoto, som fått sitt namn däraf att kronans tiondebodar voro där belägna. Varvouri skildes ännu från fastlandet genom en ådra, som utmynnade i Herreviken.

[4]) Fortelius.

Egendomligt är ock att såväl i hertig Johans fundationsbref för staden, som i andra handlingar från dess grundläggningstid, densamma vanligen omtalas såsom anlagd och liggande „vid Björneborg“. Ja, stundom begagnades t. o. m. på tal om kungsgården samma uttryck [1]). Häraf kunna vi således också sluta, att på stället tidigare funnits en befäst plats, hvars namn sedan öfvergick till de nya anläggningarna, kungsgården och staden [2]). För sistnämda antagande talar ock en ännu i Töfsala fortlefvande märkelig tradition. Den förmäler nämligen att fordomtima Nordboar ända från Björneborgsön, eller kanske hellre Borgön — „Porin saaresta saakka“ — plägade besöka de gamla marknaderna i Töfsala [3]). Uttrycket Borgön leder oss ovilkorligen tillbaka till medeltiden, då Bärnäslandet, där Björneborgs stad senare anlades, ännu var kringflutet och kunde kallas ö. Man måste således antaga att där funnits en borg, som gifvit anledning till det betecknande namnet. Intet skäl föreligger heller att betvifla traditionens riktighet. Ty Bärnäslandet — vare sig nu att där fans en borg eller icke — synes under senare medeltiden varit en mycket besökt hamn- och handelsplats, därifrån Nordboarne på sina färder söderut väl kunnat begifva sig vidare ända till Töfsala. Fortelius säger att — enligt somligas förmenande — på det ställe, där den nuvarande staden står, befunnit sig en gammal handelsplats, „som varit den första begynnelsen till senare tiders Björneborg“. Han återger därjämte ett rykte att den skulle härrört från Karl VIII Knutssons tid, och då efter någon förnäm man vid namn Björn blifvit kallad Björneborg [4]). Lemna vi åsido namnets härledning, hvars riktighet numera icke kan ledas i bevis, kvarstår såsom ett faktum att äfven Fortelius hört

[1]) Man sade ock t. ex.: „hustru Kirstin Nelsdotter boende vedh Biörneborgh“, (Närpes tings dombok, 1587), „Marcus Trääfoth borgher wedh Biörnebårgh“ (Ulfsby tings dombok 1587) o. s. v. Den 3 aug. 1560 hölls ting med allmogen i Ulfsby socken „på herregården ved BiörnBorgh“. Stundom användes ock uttrycket „på Björneborg“, hvilket äfvenledes synes uppkommit däraf, att tidigare en värklig borg funnits på stället. T. ex.: „är arbetat vid tegelladan på Björneborg“; se 1558 års räkenskaper, 2041; 20 v.

[2]) Anmärkas må ock att Rosenback, som skref i slutet på 1700-talet, en gång kallar den ås, på hvilken staden var grundlagd, „Borgnäsåsen“, ett namn, som — därest det härstammade från folkets mun, och ej blott var en uppfinning af författaren — otvetydigt synes antyda att därstädes någon gång funnits en borg.

[3]) Reinh. saml. X, 30. „Taivassalon markkinoilla Pohilaiset kävivät aina Porin saaresta saakka“.

[4]) Fortelius.

en tradition, hvari namnet Björneborg förknippats med minnet af en äldre handelsplats på Bärnäsön. Då därjämte en gammal anteckning uppgifver, att Ulfsby stad fordom i viken utanför Bärnäs haft en ypperlig hamn för sina skepp, och vi dessutom hafva all anledning antaga att här vid elfmynningen sedan uråldriga tider handel bedrifvits, särdeles af dem, som voro stadda på resa till eller ifrån det aflägsna Norrbotten och icke gåfvo sig tid att vika in till den uppe i landet belägna staden, kunna vi ej heller annat finna än att ofvanberörda tradition synes vara högst sannolik. Men — såsom redan ofvan nämdes — antaga vi engång traditionens riktighet, måste vi också antaga tillvaron af en medeltida borg, hvilken funnits å Bärnäsön före stadens anläggning.

Och vi göra detta så mycket hellre, som därmedels lätteligen kunde förklaras, huruledes Björneborgs namn i finskan ännu i dag återgifves med blott Pori, d. ä. borgen. Äldre än sjelfva staden har denna namnform sannolikt begagnats redan i medeltiden. Ty om ock namnet Björneborg — vare sig nu att det härledts från dopnamnet Björn eller har någon gemenskap med det urgamla byanamnet Bärnäs, Björnnäs [1]), — skulle användts redan under medeltiden, såsom ju synes framgå såväl af rådman Mills yttrande som ock af den af Fortelius antecknade traditionen, så öfverensstämmer det dock fullkomligt med äldre tiders bruk att man talade blott om borgen, då man afsag ett för alla i trakten väl kändt fäste, som därjämte efter Kumoslottets rasering väl var det enda i hela landskapet. Att den finska namnformen ock haft sin motsvarighet i svenskan, framgår till fullo af ett gammalt lagmansdombref af år 1585, där det på tal om en skeppsgärd, som skulle upptagas i Björneborg, säges att den uppbars „vid borgen“ [2]). Förekomsten af detta ut-

---

[1]) Hvad härledningen af namnet Björneborg beträffar, hafva äldre häfdatecknare därom hyst mycket afvikande meningar. En tradition har upptecknats, enligt hvilken detsamma skulle gifvits den nyanlagda staden med anledning däraf att de första inbyggarne vid rödjandet af backen, där rådhuset nu står, påträffat ett björnide. Att vid denna tolkning fantasin fått fritt spelrum, behöfver knappt påpekas. Möjligt är att byanamnet Bärnäs, Björnnäs, i hvilket personnamnet Björn, Bern, Bärn, ingår (liksom t. ex. Pär i Pärsnäs, Pänäs), gifvit anledning till att också borgen och sedermera staden kallats Björnborg, Björneborg, stundom ock i äldsta tider skrifvet Bärnborg.

[2]) Se Nedre Satakunta dombok för 1585, som ingår i Ikalis dombok för nämda år. Det heter där i ett lagmanstingsdombref af den 16 februari 1585, gifvet i Kumo, att fogden i Nedre Satakunta Staffan Eriksson uppburit 80 daler för Kongl. Maj:ts skeppsfrakt „vid borgen“. Ur räkenskaperna finner man att fogden upptagit dessa penningar af några borgare i staden, vid hvars strand

tryck i en så sen tid, då ingen borg mera fans, och då stadens officiella namn redan borde varit allmänt vedertaget, visar oss blott huru gamla, sedan äldre tider använda uttryck kunna rotfästa sig i språkbruket och understundom begagnas, äfven sedan de förhållanden, som gifvit anledning till desamma, redan försvunnit. Talet om borgen, som i svenskan var brukligt ännu i slutet på 1500-talet, och den till vår tid öfverkomna finska benämningen Pori förutsätta sålunda, enligt vår mening, ovilkorligen tillvaron af en borg, till hvilken de ursprungligen hänfört sig.

Men huru det än må hafva varit, antingen det funnits en äldre borg uppå Bärnäsåsen eller icke [1]), det säkra är att hertig Johan nu hade för afsigt att befästa densamma. Ett slott af sten skulle nu kröna den dominerande höjden vid elfvens mynning. Med en raskhet kännetecknande för slägten grep han värket an. Först flyttades kungsgården från Ulfsby till den nyutsedda platsen.

Björneborgs kungsgård bygges.

Hertigen lät på åsens östliga sluttning, ungefär där stadens kyrka står, uppföra en korsbyggnad af trä. Att den nya byggnaden varit ett storvärk för sin tid, finna vi af räkenskaperna, som meddela att fogden utom c:a 1000 skattedagsvärken, därtill använde 50 timmermän i 717 dagar mot kontant betalning, och detta endast under ett år, 1559 [2]). Likt kärnan i en medeltida riddareborg omgafs den stora korsbyggnaden af en komplex af mindre hus, dels nyuppförda, dels hitflyttade från Ulfsby gård, såsom svenne- och hingstridarestugorna, hvardera afsedda för hertigens militäriska följe, fogde- och borgarestugorna, upplåtna åt gårdens civila betjening och främmande gäster, äfvensom af en mängd byggnader, hänförande sig till den inre ekonomin, såsom „stegerhus“, badstuga, fiskarestuga, tunnbindarestuga, smidja, stall, hönsgård etc. Redan på den tiden kallades ock den nya karaktärsbyggnaden på Björneborgs gård af det vid slik prakt ovana folket för „slottet“, och efterföljande slägten

det kungliga skeppet låg förankradt under våren år 1584. Också framgår ur handlingarna att nämda fartyg skulle utrustas på hela Nedra Satakunta härads bekostnad. Det kallas i brefvet „häradsskepp“.

[1]) I händelse nu, såsom vi antagit, en borg tidigare funnits vid Bärnäs, är det troligt att den blifvit förstörd redan före 1522, alldenstund densamma icke nämnes i det sagda år utfärdade förläningsbrefvet för Severin Norrby, hvilken tvärtom ålägges att „slå ett blockhus två mil ut från Ulfsby“. Möjligen hade borgen, som kanske är identisk med det 1395 nämda Aborch, förstörts af Danskarne, den tid de seglade upp för elfven och uppbrände Ulfsby stad.

[2]) F. S. A. Nils Birgerssons räkenskaper på Ulfsby gård pro anno 1559. 2066, 15 v. och följ.

talade ännu århundraden senare, då det hertigliga residenset härjadt af eld och tidens tand redan fallit sönder, och endast svaga rester af grundmurarna stodo kvar, med vördnad om hertig Johans stora „palais“ [1]).

Hertig Johans planer att anlägga ett slott.

Men i hertig Johans planer intog den nya kungsgården, med sin „borggård“ och sitt höga stakett, endast en underordnad plats i förhållande till hvad han egentligen afsåg. Han ville se en värklig borg resa sig på höjden af backen. När den engång skulle spegla sina tinnar i den nedanför rinnande floden, då skulle, tänkte han väl, tiden vara kommen för förvärkligandet af de planer, han bakom fadrens rygg redan smidde med de polska sändebuden, hvilka han nu i brist på bättre kvarter inlogerade hos Mortens Olssons enka i Ulfsby stad (1558). Väldiga massor af stenar hemtades, under åren 1559 och 1560, det förra året ensamt 2014 ¼ lass [2]), rundt omkring från hela länet, från Ulfsby och Euraåminne, från Kjulo och Närpes, ja ända från det aflägsna Öfra Satakunta, och man var ytterst mån om att ej förlora någon af de präktiga hällarna, som med möda uppbrutits på landsbygden. 1560 dömdes Olof Josefsson i Masia att böta 3 mark, utan nåd, „för det han tog en sten, som vår nådige herres dagsvärksfolk uppbrutit hafver och olofvandes fört den bort såsom sin egen sten“.

Men innan hertigen, som alltmer insnärjde sig i en farlig politiks irrgångar, hunnit ens påbörja uppförandet af det nya fästet, hvilket sannolikt skulle blifvit en värdig medtäflare till sina grannar vid Aura-å och Vanajavesi, hade hans hertigdöme redan störtat ihop. De stenar, som ej åtgått till grundmurarna på den nya gården, 1050 ½ lass, blefvo nu liggande kvar på backen, som från den tiden kallades „slottsbacken“. En del af dem fans kvar ännu vid branden år 1801, bärande intill detta sekel ett i sitt slag märkeligt vittne om hertig Johans ungdomsdrömmar. Numera hafva också de sista blifvit begagnade för stadens behof, platsen är redan bebygd med stora stenhus och sjelfva namnet slottsbacken för länge sedan glömdt.

Alla hertig Johans ungdomsdrömmar skulle dock ej härjas af ett lika oblidt öde. I skyddet af sina skapelser, den nya kungsgården och det blifvande slottet, ville nämligen hertigen se en ny stad uppstå i stället för det gamla Ulfsby, som efter den danska plundringen och utflyttningen till Helsingfors ej mera kunde komma sig för på sin förra plats. Ett värk för freden och ej för kriget

---

[1]) F. S. A. Stadens besvär 1723, § 15.

[2]) F. S. A. Nils Birgerssons räkenskap på Ulfsby gård pro 1559 2066; 73.

står denna hertig Johans skapelse, sedan både slott och kungsgård försvunnit, ensam kvar på kullen, bärande vittne såväl om sin grundläggares skarpblick, som om den hos mänskliga samhällen inneboende kraften, i följd af hvilken de, äfven utan alla värn och trots alla svårigheter, likväl kunna motstå tidens skiften och utveckla sig, såvida de äro af behofvet påkallade och grundlagda på för dem lägliga platser.

Det var för att få detta värk i gång, som hertig Johan under sin vistelse i Ulfsby, den 8 mars 1558, utfärdade sitt bekanta fundationsbref för Björneborgs stad, hvari det heter: „att efter vi för godt ansedt att en fast köpstad vid sjösidan måttc uppbygd blifva och vi i Ulfsby ingen lägenhet att befästiga finne, så hafva vi afsedt en annan plats vid Björneborg. Fördenskull hafva vi undt och efterlåtit, såsom vi ock nu med detta vårt öppna bref unna och efterlåta, allom dem, som lust hafva dit att flytta och där vid förbemälte Björneborg bygga och bo, en fri köpmanshandel efter Sveriges beskrifna lag. Desslikes unne och efterlåte vi hvarjom och enom som strax nu dit flyttar från Ulfsby eller hvadan de helst nu eller framdeles komma kunna, för samma deras flyttning frihet a dato litterarum i 10 års tid för all tunga och alla de utskylder, som de utgöra borde, så att de uti allo måtto emellertid fria vara skole, med mindre Sveriges rike blifver anfäktadt med krig eller andra oroligheter“. Stadens fundationsbref.

Att Ulfsbyborgarena emellertid icke med odelad glädje helsade det nya påbudet, finna vi af deras senare hos konung Erik inlemnade klagoskrift. Framtiden syntes dem osäker, då fundationsbrefvet ej lofvade någon annan ersättning för hvad de förlorade i tomter och åkrar, än tio års frihetstid, äfven denna beroende af politikens oberäkneliga vindkast. Vi kunna därför med säkerhet antaga att flyttningen ej gått synnerligen raskt och att gamla Ulfsby, „gammel staden“, „gammel byn“, länge nog stod kvar och täflade med sin nya rival. Länge finna vi ock densamma ännu nämd i tidens handlingar, jämte Björneborg; stundom stå hvarderas namn tillsammans såsom om de hänfört sig till en och samma stad.

Men småningom började dock den nya staden blifva en värklighet, och Ulfsbyborgarena, sannolikt inseende fördelarna af dess läge, förfogade sig den ena efter den andra till Bärnäsbacken, flyttande med sig hus och hem. Traditionen har bevarat minnet af de första gårdar som bygdes. De skulle hetat „Hakuri“, timmermans, „Paturi“, smedens, „Kynäs“, stadsskrifvarens, „Tiku“ eller „Stiku“, badarens. Ännu omkring 1780 skall det funnits en ria af gammal De första gårdarna.

furu, hvilken blifvit vid stadens grundläggning uppförd, och ännu 1830 har en annan ria begagnats, som efter det den varit tiondeboda i „gamla staden", i slutet af förra århundradet blifvit flyttad till den nya.

Det enda man för öfrigt vet om belägenheten och omfånget af den nybygda staden är att det nya rådhuset enligt traditionen uppfördes ungefär på samma plats där det nuvarande rådhuset står, samt att en tomt, som hertigen år 1563 gaf åt sin följeslagare Henrik Korpolais, år 1703 sades ligga utom den dåvarande staden. Häraf synes framgå att 1500-talets stadsplan åtminstone åt något håll sträckte sig utöfver de gränser staden senare hade. Möjligt är ock att den nybygda staden — ehuru den i hufvudsak torde inskränkt sig till fyrkanten, som bildas af nuvarande första och andra stadsdelarna, — likväl i början hade en något större omfattning än senare. Detta antagande skulle väl öfverensstämma med den uppfattning, man erhåller vid skärskådande af tidens handlingar, af hvilka öfver hufvud synes framgå, att Björneborg i slutet af 1500 och början af 1600-talet varit både folkrikare och större än det var mot slutet af sistnämda seklet.

Hertig Johans sista besök i Björneborg.

Några år förgingo nu i lugn och ro, och borgarena fingo än en gång, år 1563, fröjda sig åt sin unge furstes närvaro. Han åtföljdes nu af sin polska gemål, Katarina Jagellonika, och en lysande svit af inhemska och utländska män. I sina kostbara burgundiska drägter med de stora krusade halskragarne och de vida stoppade puffärmarna voro dessa representanter för den tidens eleganta moder helt säkert föremål för småstadsborgarenas häpnande beundran. Kring midjan buro de öfver sina tätt åtsittande sammetsrockar dyrbara bälten, prydda med inläggningar i guld och silfver. De voro i sanning någonting att se på för borgarena, hvilka utanför sina låga boningar åskådade de furstliga kavalkaderna, som drogo genom staden. Hertigen hade nära kungsgården låtit rödja sig en jagtpark, „jägabacka" [1]), där han med sitt följe kunde hängifva sig åt tidens mest gouterade sport. Att han äfven ifrade för vetenskap och konst, är nogsamt kändt, och vi vilja blott såsom exempel på den frikostighet, han visade studiernas idkare, nämna att han under denna sin vistelse i Björneborg begåfvade några studenter, hvilka sannolikt befunno sig i hans omgifning, med förläningar af spannmål och prestgäll. I hertigens följe sågos också sannolikt för första gången vid Kumo elfs stränder några representanter för nya tidens

[1]) F. S. A. 2114, 38.

vetande, såsom en läkare, en apotekare o. s. v. En stråle af söderns renaissance trängde sålunda fram ända till vår kulna nord.

Men freden blef ej långvarig, och innan året 1563 ännu gått till ända hade brödrakriget brutit löst, och Björneborg, obefäst som det förblifvit, tvangs af konung Eriks härförare, Jöns Kurck och Nils Boije, att ej allenast uppsätta 25 ryttare till den kungliga arméns förstärkning, utan att äfven sända proviant ej mindre till belägringshären vid Åbo, än till en afdelning soldater, hvilken från Raumo skulle öfverföras till Sverige.

Stadens första tider.

Allt stod nu på spel för borgarena, ty det fans ingen garanti för att den segrande kung Erik skulle finna sig manad att godkänna sin fientlige broders skapelser. En ny flyttning hägrade för dem såsom en ödesdiger möjlighet. Därför vände de sig i en ödmjuk skrifvelse till konung Erik, $^{10}/_{9}$ 1564, och framhöllo i följande ordalag sina bekymmer: „vi fattige undersåter äro med många boflyttningar ofta betungade, först efter Eders käre herr faders befallning nödgades vi flytta — Gud känne oss fattige till föga nytta och gagn — ifrån Ulfsby och till Helsingfors, där vi i 6 år bodde och sedan genom samma H. K. M:ts befallning till Ulfsby igen, där vi icke ett år rätteligen besittande blifva kunde, utan genom hertig Johans befallning måste oss hit till Björneborg boföra. Och ändock högbemälte hertig Johan med sitt bref och privilegium försäkrade att vi visse och faste på denna stadsens rum vara skulle, dock efter sådan tillsägelse kraftlös är och Eders Majestät, såsom tillbörligt är, rätteligen tillhörer, därför bedja vi fattiga undersåter att Eders K. M. värdigas för Guds skull anse vår oftare boföring och nådeligen stadfästa denna vår stads plats och rum, efter man ingenstädes bättre lägenhet kan finna och denna Satakunta landsände icke utan någon stad vara kan“. Därjämte anhöllo de om privilegier för sin stad äfvensom om vederlag för det mulbete, de mistat i Ulfsby, och om rättigheten att få under staden bibehålla Räfsö och en femtedel af Ulasöre, hvilka af gammalt legat under Ulfsby.

Dess privilegier.

Konung Erik, måhända blidkad af den beredvillighet, hvarmed Björneborg under brödrakriget ställt sig hans anhängares befallningar till efterrättelse, gaf nu staden dess första privilegier, „enär — såsom hans ord lyda — Björneborgs innevånare oss lofvat, tillsagt och med svuren ed sig förpligtat hafva att de och alla deras efterkommande vela och skola vara oss och våre rätta efterkommande hulda och trogna och i alla måtto biståndige, enär och hvar som behöfvas kan, och aldrig låta sig ifrån oss eller dem skilja eller förföra hemligen eller uppenbarligen, antingen af inländskom eller utländskom, i hvad stånd de helst vara kunna". Privilegiebrefvet, som är dateradt på Stockholms slott d. 10 dec. 1564, innehåller i elfva punkter: tillåtelse för staden att bruka köpstadslag såsom andra köpstäder i riket; tillsägelse om fri handelsrätt så inrikes som utrikes; förläning till mulbete af den del af Bärnäs egor, som icke äro tillförene lagda under Koivisto ladugård, desslikes af Räfsön, sammaledes af en femtedel af Ulasöre, som förut lydt under Bärnäs; skydd emot adelns och andras olagliga köpenskap; försvar emot våldgästning; förbud emot förköp; förbud för borgare att samtidigt innehafva burskap i utländsk stad; försäkran om egen domsrätt och att borgarenas egendom icke utan laga dom finge af kronans tjenare i beslag tagas; löfte om olaga hamnars och landsköps förhindrande; förbud mot främlingars vistande i staden med mindre de vunnit burskap; samt — sist och slutligen — förbud att öfverfalla borgmästare och råd med hugg och slag. Dessa stadens privilegier blefvo sedermera särskilda gånger förnyade och delvis förbättrade, af konung Johan $^{24}/_{3}$ 1576, af konung Sigismund $^{24}/_{3}$ 1594, af Karl IX $^{1}/_{8}$ 1604, samt af Gustaf II Adolf $^{25}/_{10}$ 1617 och $^{14}/_{4}$ 1625 [1]).

Handeln. Sedan staden sålunda erhållit sina privilegier och särskilda gånger fått dem stadfästa och förbättrade, synes den under det första århundradet af sin tillvaro småningom arbetat sig upp till en

---

[1]) I det första af dessa nya privilegiebref tillägges staden, utom de förut nämda donationerna, äfven Hvetenskär, äfvensom „så mycket af Lattomeri, som ligger ifrån Koivisto gärdsgård och tvärt öfver mossan i fullt söder från staden". I sjunde paragrafen förbjudes därjämte all våldgästning i staden, hvilken i stället skall vara förpligtad att hålla allmänt härbärge för de vägfarande.

I konung Sigismunds privilegier efterlåtes staden äfven Birkskär och Busö, som förr hafva legat under Bärnäs.

Det vidlyftigaste af stadens privilegiebref är Karl IX:s, dateradt den $^{1}/_{8}$ 1604, och innehållande inalles 14 punkter. De tre nya paragraferna, som tillkommit utöfver konung Eriks privilegiebref, innehålla: att staden tillerkännas trenne marknader, en om Bartolomei tid i Björneborg, en om kyndelsmessotid i Birkkala och en om Laurentii i Lammais; att den till sitt eget bästa får använda de tomtören, som i staden falla; samt att under stadens skola skulle lyda Ulfsby, Kjulo, Tyrvis, Kumo och Närpes socknar. Dessutom innehåller paragrafen rörande förbud för adelsmän och andra att idka landsköp äfven en befallning till fogden att afhysa alla landsköpmän, som finnas i Närpes, Kumo och Ulfsby, dessa dock obetaget att flytta in till staden och där drifva laga köpenskap. Tredje paragrafen rörande mulbetet har alldeles samma lydelse som i Erik XIV:s bref, hvadan donationen af Lattomeri, som ingår i konung Johans bref af år 1576, h. o. h. är utesluten. Ej heller nämnas hvarken Hvetenskär eller Birkskär och Busö i detta viktiga stadfästelsebref af stadens privilegier.

Konung Gustaf Adolfs bref af den $^{25}/_{10}$ 1617 och den $^{14}/_{4}$ 1625 äro slutligen endast kortfattade konfirmationer på stadens förut erhållna privilegier.

för den tidens förhållanden icke så alldeles obetydande grad af välstånd. Detta uppsving baserade sig hufvudsakligen på en jämförelsevis omfattande handel. Arfvinge till det gamla Ulfsby hade Björneborg under de gynsammare förhållanden, som beredts den nordiska handeln genom Gustaf Vasa, öfvertagit sin föregångares kommersiella förbindelser med Tyskland, hvarjämte den till sitt inhemska handelsgebit kunde räkna såväl Norrbotten som Tavastland.

De förmögnare borgarena — de voro i regeln samtidigt handelsmän, redare och skeppare — seglade med sina „kreijare" vanligen en eller två gånger om året till de hanseatiska städerna, Danzig, Lübeck, Stralsund, Rostock och Greifswald. Också besökte de stundom de baltiska hamnarna, särdeles Riga och Hapsal, sannolikt också Reval. På de utländska orterna afyttrade de sedan sina laddningar, mestadels bestående af smör och hudar samt de eftersökta norrlandsprodukterna: skinnvaror, tran, tjära och lax. Äfven bräder utfördes stundom. De utländska varorna, som vid skeppens återkomst lossades på tullbryggan i staden, — präktiga tyger, såsom „engelskt" och „görliskt", färdiggjorda klädesplagg, brabantska „hättor", spetsar, hattar, bälten och pungar af olika slag, allehanda husgeråds- och hembehofssaker, norenbergska knifvar, synålar, för att icke tala om saltet, renska, franska och spanska vinerna, braunschweiger mumman „sundiska mjödet" och „taffelbieret", tyska äpplena, valnötterna o. s. v., — gåfvo en egendomlig halft medeltida, halft modern prägel åt det merkantila lifvet vid stranden, där tullnären åtföljd af sin skrifvare i sina längder noggrant förtecknade de olika persedlarna [1]). Utländska köpsvenner, särdeles tyskar från Lübeck och Danzig, voro då för tiden icke sällan sedda gäster i staden, och en senare häfdatecknare, Keckonius, som i slutet af 1600-talet skref en kort beskrifning öfver Björneborg, förmäler att äfven holländare ofta besökte orten, ehuru vi ej ur handlingarna funnit några uppgifter, som skulle intyga riktigheten af hans påstående [2]).

Utrikeshandeln.

---

[1]) Bland varor som år 1600 införts från Lübeck nämnas äfven böcker, hvilkas värde antecknas till 13 daler.

[2]) Dessa och följande uppgifter äro för det mesta hemtade ur tulllängderna, af hvilka för Björneborg finnas i F. S. A. för 1583—85 (blott för 1583 fullständig längd), 1600 (fullst. längder), 1611 jemte slutet af 1610 (fullst. längder), i svenska kammararkivet för 1589 (blott accis och hästetull), 1590 o. 1591 (utförsel-längder), 1593 (slutsummorna för utförseln), 1615—17 (fullst. längder). På 1500-talet stod Björneborgs tullnär under „tullnärens i Finland" (1583) och sedermera under tullnärens i Åbo (1590—91) öfverinseende. Stadens tullnär kallas ock på denna tid stundom tullskrifvare.

rrbottens andeln.

Nära nog lika betydande, som seglationen på Tyskland, var på den tiden för staden den s. k. Norrbottenshandeln. I privilegiebrefvet af år 1564 stadfäster konung Erik stadens köpstadsrättigheter bl. a. af orsak att — såsom han säger — den var „de landsändar Österbotten och Satakunta till stor nytta och fördel". Före anläggningen af de österbottniska städerna var nämligen Björneborg, på den finska sidan af Bottenhafvet, den närmaste hamnen för direkt utförsel af de norrbottniska och lappska varorna, hvilka i medeltiden grundlagt birkkarlarnes makt och rikedom. Också utrustades flertalet af de fartyg, som utgingo ur Björneborgs hamn, till seglats på de österbottniska hamnplatserna Mustasaari, Pedersöre, Kemi och Torneå. Sedan konung Johan III 1583 medgifvit att tullen för de norrlandsvaror, som borgarena uppköpt för att föra till Stockholm eller utrikes, till undvikande af olägenheter och missbruk skulle uppbäras i Björneborg och ej i Stockholm, uppgjordes af stadens tullnär särskilda „norrlandslängder", hvilka, delvis ännu i behåll, belysa denna handels art och natur. De förnämsta importvarorna voro tran, skinnvaror, „samfång" och „gråvärk", samt tjära och lax; de mest besökta hamnarna Pedersöre och Mustasaari, ehuru andra också tidt och ofta anlöptes. Äfven Norrbottensbönderna plägade sjelfva med sina varor segla till Björneborg, på hvars tullbrygga sålunda möttes den pelsbebrämade „bottnekarlen" och den i fotsid mantel klädde tyske köpsvennen.

nds- och tchandeln.

Hvad sist och slutligen handeln med landtmännen i Satakunta och inlandet beträffar, hade staden, enligt privilegierna af år 1604, erhållit rättighet till trenne årliga marknader, af hvilka en skulle hållas Bartolomei dag i självfva staden, en Laurentii tid i Lammais, och en under kyndelsmessan i Birkkala [1]). Denna sistnämda, som hölls i Harju by, var utan tvifvel egnad att draga till staden den tavastländska handel, som förut gått genom Telje och Ulfsby. Också finnas i äldre handlingar några, om äfven glesa uppgifter, som bevisa att Tavasterna fortfarande med sin köpenskap sökte sig ned åt Kumo elfdal och dess stapelstad. Sålunda pligtfäldes år 1561 en dräng för det han bedrifvit „förköp och lockat Tavasten ut ifrån Per Sälle". Ännu långt senare heter det att några borgare köpt ett parti lin af Tavastboar i staden; och man torde öfverhufvud få antaga att då lin nämnes bland stadens exportartiklar, detta härstammade från Tavastland, såsom t. ex. det parti lin, som en tysk

[1]) Hertig Karl hade redan 1602 medgifvit Björneborgsboarne rättighet till hållande af en marknad, förutom i staden, äfven i Birkkala.

köpsven år 1583 skulle utföra. Ett bevis på den tavastländska handelns fortfarande betydelse för orten hafva vi otvifvelaktigt också däri, att stadens hufvudgata — den enda, hvilken, för så vidt kändt är, då redan bar särskildt namn, — kallades „Tavastgatan“. Den nämnes redan 1563, således endast några år efter stadens anläggning, och löpte, i likhet med dess namne under senare tider, tvärs igenom staden i öster och vester.

För öfrigt synes staden under denna dess första blomstringsperiod, hvad handeln med landsbygden beträffar, i ett afseende t. o. m. varit lyckligare ställd än i våra dagar. Det ser nämligen ut som om kommunikationen öfver elfven redan varit säkerställd genom en stående bro. Denna var väl icke belägen invid sjelfva staden, men låg ej heller långt därifrån, nämligen vid Kråkfotsholmen. Vi erhålla nämligen ur 1626 års häradstingsdombok för Ulfsby socken den märkliga upplysningen att där då funnits en „landsbro“, d. v. s. en bro som det ålåg hela landskapet att underhålla, gående öfver holmens öfversta ända. Då, för såvidt vi funnit, den på elfvens norra strand löpande landsvägen i äldre tider varit jämförelsevis mera trafikerad, än den på dess södra strand, kunna vi lätteligen inse hvilken fördel för stadens handel med inlandet bereddes genom denna för tiden betydande anläggning [1]).

Eljes började äfven handeln med landtmannen alt mera att antaga de former, som sedan under den följande tiden skulle sättas i system. Redan nu voro s. k. förköp och landsköp förbjudna. 1573 pligtfäldes Henrik Kyröläinen till 40 ℳ för det han bjöd 5 mark för ett timber gråvärk, ehuru en annan redan lofvat 4 mark, som var „stadens pris“. 1562 fäldes Henrik Simonsson för det landsköp han bedrifvit i Närpes, och 1572 ett par borgare äfvenledes för landsköp i Kumo och Hvittis [2]). 1638 förbjödos, enligt landshöfdingens skrifvelse, borgarena „att draga på landet med sin köpenskap“, utan Handeln med landtman.

[1]) Se Ulfsby häradstingsdombok 22/6 1626, där det heter: „Blef beslutadt åt Påmarck och Clossmarckz boar skola hvar efter sin skat och öretall Byggia och vedh macht holla iblandh andra socknemän Landzbron emillan St[r]andh Jöns och inne moth Krockfoth öfwerste Enden“. — Däraf att endast dessa tvänne byar, som sannolikt tredskades att utföra sin andel i byggnadsarbetet, nämnas i dombrefvet, synes som om de andra redan fullgjort sin skyldighet och bron således då varit i det närmaste färdig. I alla händelser torde den icke länge funnits till, enär den ej vidare omtalas i handlingarna. Möjligen förstördes den redan tidigt af någon häftig vårflod.

[2]) I privilegierna, särdeles i de af 1604, fjärde §, förbjudes landsköp, särdeles af landsköpmän i Närpes, Kumo och Ulfsby, äfvensom i sjette paragrafen förköp „hvarmed icke får ses genom fingrärne“.

skola bönderna föra sitt gods till staden och hålla det tre timmar på torget. Ej heller fick någon stadsbo, under förevändning att han bodde på landet, där bedrifva handel, sina medborgare till förfång. 1636 pålades särskilda stadens köpsvenner och gäster, som bo å landet, att flytta in till staden, — „hvar det icke sker, skola de förvärka allt sitt gods under staden“ [1]). Ju längre tiden led, dess flera förordningar utfärdades rörande handelns reglementerande. Dess flera blefvo äfven försöken från borgarenas sida att slingra sig undan deras bestämmelser, dess flera frestelserna att med falskhet bedraga tulltjenstemännen och andra myndigheter, som egde öfvervaka att lag och ordning iakttogos i handel och vandel. Därom vittnade nogsamt de tidt och ofta förekommande varubeslagen, som värkstäldes, enär borgarena icke läto vederbörligen anteckna sin in- och utförsel, därom vittnade äfven de falska måtten, vinmåtten och salttunnorna, som tidtals spikades på kåken — „androm till varnagel“.

Också finner man redan svaga tecken antyda början af den kamp om privilegier och handelsområden, som under följande tidehvarf skulle blifva så betecknande för städernas handel. Då Jöran Klemetsson år 1562 i sin ifver utropade Åboborgarena „till tjufvar för alnen“, hvarpå en af dessa svarade med att gifva Björneborgs borgmästare och råd „fanen i våld“, och då Jakob Skinnare i hettan slog „vackafinnen“ Matts Persson från Nykyrka en blånad i hufvudet, voro dessa vredesutbrott likasom de första omedvetna förpostfäktningarna i den strid emellan staden och dess södra grannar, som skulle räcka in i vårt århundrade.

Statistiska uppgifter rörande export och import.

Innan vi lemna vår framställning om handeln, vilja vi ur den tidens tullängder anföra några statistiska uppgifter, som äro egnade att närmare belysa handelsförhållandena sådana de voro för trehundra år tillbaka. År 1593 utfördes från Björneborg till Tyskland: 58 tunnor lax, 5 lisp. gäddor, 46 tunnor och 9 lisp. smör, 5 lisp. talg, 572 stycken hudar och skinn af särskilda slag, 1,130 stycken „gråvärk“, 1,725 stycken harskinn, några utter- och räfskinn, 71 fat tran, 93 t:nr tjära, 28 1/2 famnar ved och 12 1/2 tolft eller 150 stycken bräder. 1583 importerades — från Danzig med 7 och från Lübeck med ett skepp — 112 läster 14 t:nr salt, 4 t:nr mjöd, 6 5/8 åmar vin, 2 fat öl, 42 kannor bränvin, 1 tunna honung, 84 lisp. hampa, 12 alnar „engelskt“, 17 stycken 19 alnar „görliskt“, 2 stycken „pik“, 1/2 bult 12 alnar lärft, 2 stycken „bomerskt“, 2 ris papper, 10 dussin

[1]) Stadens dombok 19/11 1636.

filthattar, 13 1/2 dussin knifvar, 11 1/2 dussin pungar, 26 1/2 dussin olika sorters bälten, samt dessutom mindre partier stålbågar, hakor, harpesträngar, tennskedar, nålhus, nålar, utanlås, krut och krutflaskor m. m. Äfven inhemtades d. å. 6 st. hästar. Värdet af hela denna import utgjorde 2,732 daler 9 öre [1]).

Från Norrbotten importerades samma år 37 åmar 14 lisp. tran, 6 t:nr 14 lisp. smör, 1/2 t:na lax, 6 t:nr tjära, 30 stycken hudar, 64 timber 28 stycken „samfång" och 2 decker harskinn. Följande år infördes från samma handelsgebit utom olika partier af nyssnämda varor äfven 2 1/2 timber gråvärk och 9 1/2 timber „samfång" samt 3 1/2 t:nr fjädrar. Dessa år besöktes följande hamnar i Norrbotten: Kalajoki, Karleby, Kyro, Lappo, Lohteå, Mustasaari, Närpes, Pedersöre och Torneå.

Några uppgifter rörande varuomsättningen på marknaderna i Lammais och Harju finnas icke att tillgå, hvadan ingen möjlighet är att konstatera, i hvilken mån Björneborg profiterade af upplandshandeln på tavastländska sidan.

Hvad den i Björneborg uppburna tullens belopp beträffar, föreligger en icke ringa svårighet i afseende å dess bestämmande för en längre serie af år, beroende detta dels därpå att det sällan finnes längder för samma år både för utförseln och införseln, dels därpå att tullsatserna och uppbördssätten under tidernas lopp ansenligen förändrades. Vi vilja emellertid här anföra några siffror för att i någon mån belysa äfven denna fråga. Importtullen för år 1583 utgjorde omkring 71 daler, hvartill ytterligare kom Norrlandstullen, omkr. 36 daler, således tillsammans omkring 107 daler [2]). Utförseltullen åter angifves för år 1590 till omkr. 166 daler [3]). Dessa summor häntyda således på att totala tulluppbörden, under 1580 och 1590-talen, kunde stiga till ungefär 275 daler. Året 8/9 1610—9/10 1611 säges tulluppbörden „efter gamla och nya tullordningen hafva stigit till sammanlagdt omkr. 759 daler" [4]). Enligt tullnären Herman Skrous räkenskaper utgjorde åter den oafkortade tulluppbörden vid Björneborg 1615 311 daler, 1616 131 daler, 1617 128 daler, 1618 245 daler och 1621 332 daler. Skulle man på grund af ofvannämda siffror våga

Tulluppbördens belopp.

---

[1]) Uppgifterna hemtade ur ofvan nämda tullängder. Raumos införsel värderades d. å. till 1,674 1/2 daler.

[2]) Tullen utgjorde 2 1/2 procent af den införda varans antagna värde. Se Dillner, Finlands handel under tiden 1570—1622, pag. 95.

[3]) Tullen utgjorde omkr. 5 procent af varans antagna värde. Se a. a. p. 111.

[4]) I denna summa ingår, förutom 1611 års tulluppbörd, äfven intägten för en del af seglationen om hösten 1610.

draga en allmän slutsats beträffande tulluppbördens belopp under ifrågavarande period, torde den i medeltal hafva varierat emellan 200 och 300 daler årligen.

Stadens handelsflotta.

Angående sjöfarten må ytterligare tilläggas att till Tyskland på 1580- och 1590-talet i regel gingo omkr. 7 à 8 fartyg, till Norrbotten 10 à 12. I början på 1600-talet förmärkes ett aftagande i utrikeshandeln, i det den då mera förmedlades endast af 3 à 4 fartyg. Äfven må nämnas att Lübeck nu framträder såsom den af björneborgska skeppen mest trafikerade orten, medan Danzig i slutet på 1500-talet i detta afseende haft försteget. Hvad stadens handelsflotta under nu föreliggande period beträffar, finnas därom endast ofullständiga uppgifter. På 1570-talet synes stadens största fartyg varit Per Mickelssons „storskepp", som hade 12 mans besättning. De öfriga skeppen voro, enligt en förteckning af år 1572, följande åtta: Morten Henderssons och Peder Sälles skutor, hvardera om 30 läster, Matts Jakobssons och Olof Mortenssons, hvardera om 20 läster, Nils Larssons skuta om 14 läster, Staffan Anderssons om 12, herr Jons kyrkoherdens om 10, och Henrik Nurkkas om 8 läster[1]). Af dessa voro de fyra förstnämda detta år „ärnade till Tyskland", Nils Larssons och Staffan Anderssons skutor åter voro stadda på färd till Viborg med gärden. Förteckningen synes icke vara alldeles fullständig, enär samtidigt par tre andra skutegare nämnas i stadens handlingar. Sålunda hade åtminstone Påval Olsson, Henrik Kyröläinen och Per Olsson nämda år hvar sitt fartyg. En förteckning på borgare, som år 1576 förde kronans gods till Stockholm, upptager 12 eller 13 namn, hvilka delvis äro aldeles andra, än de som ingå i 1572 års års skeppsförteckning. Det synes sålunda troligt att sammanlagda antalet fartyg i Björneborg, afsedda för utrikes-sjöfarten äfvensom för Norrlandsseglationen, under 1570- och 1580-talen uppgick till omkring 20.

Då vi här afsluta vår öfversigt öfver Björneborgs handel under denna den första stapelrättens tid, kunna vi ej undgå att, vid en jämförelse med de summor, som fylla vår tids tullängder och handelsförteckningar, finna huru ytterst blygsamma ofvananförda siffror i sjelfva värket äro. Men de voro dock stora för sin tid, och det var främst handeln som då för tiden, likasom fallet är i våra dagar, utgjorde stadens styrka och kraft.

[1]) Förteckningen ingår i en „räkenskap öfver mantal på Biörneborgz gårdh, Cumå gårdh och Koivistå Ladegårdh themi 16 martii anno 72" i F. S. A.

Men om också handeln var den utan all jämförelse mest betydande bland stadens förvärfskällor på den tiden, nådde dock äfven dess öfriga näringar redan under denna period en icke ringa grad af utveckling. Så var förhållandet främst med handtvärken.

Kronans industriella inrättningar.

Några industriella inrättningar funnos ännu icke i staden, såvida man undantager kronans „tegelsal" och „skeppsgård". Den förra nämnes redan i hertig Johans tid och tillvärkade då tegel för den under byggnad varande kungsgårdens behof. Skeppsgården eller, såsom den ock kallades, „Björneborgs skeppsvarf" inrättades år 1572. Å detsamma bygdes under åren 1572—1609 särskilda fartyg för flottans räkning, såsom t. ex. „Björneborgs galejan 1572—1573, „Björneborgs barken" 1580, „Björneborgs kraveln" 1581—1583 m. fl. Varfvet hade särskild höfvidsman och en fast arbetspersonal af omkr. 60 man. Längre bort ifrån staden voro dessutom belägna par tre andra „kronans värk", nämligen salpetersbruket å Mull- eller Koivistoholmen samt såg- och tullkvarnarna vid Ruhade [1]). Ehuru ingen af dessa inrättningar egentligen hörde staden till, voro de dock egnade att i sin mån öka rörelsen i densamma. De medförde ock direkt nytta för borgerskapet, hvilket hade rättighet att mot erläggande af tull begagna sig af kvarnarna vid Ruhade och sannolikt äfven mot hyra kunde betjena sig af kronans tegelbruk och skeppsvarf, åtminstone på tider, då de ej arbetade för kronans räkning.

Handtvärk.

Men om ock staden för egen del ännu icke hade att uppvisa några industriella inrättningar, så synes den däremot på de egentliga handtvärksnäringarnas område gjort raska framsteg. Då man ännu i slutet af 1500-talet, för hvarje gång ett fönster skulle insättas, måste införskrifva glasmästare från Stockholm eller Åbo [2]), enär någon sådan då ännu icke fans å egen ort, upptaga 1630-talets mantalslängder redan en dylik yrkesidkare såsom boende i staden. Äfven nämnas därstädes mot slutet af perioden tvänne guldsmeder, hvilka att döma af deras förmögenhetsförhållanden synas varit rätt framstående representanter för yrket. Däremot torde man månsta antaga att mäster „Hans seijerbyggare", d. ä. urmakare, som år 1635 vistades i staden, var inkallad från Åbo, eller annorstädes ifrån, för att uppsätta tornuret i klockstapeln. Han förekommer nämligen icke förr

[1]) Salpetersbruket omtalas, för så vidt vi funnit, första gången år 1604, men synes upphört med sin värksamhet vid periodens slut. Ruhade sågkvarn, som bygdes redan 1558, äfvensom den därinvid belägna tullkvarnen, som synes härrört från ännu äldre datum, blefvo hvardera förstörda af vårfloden, den förra redan år 1587, den senare år 1602, och nämnas sedan icke vidare i handlingarna.

[2]) F. S. A. 2387, 60 v.

eller senare i stadens handlingar, och kan således näppeligen varit å orten bosatt. Af allt synes emellertid att handtvärksidkarena på den tiden nog hade sin utkomst i staden, och handlingarna utvisa äfven att de utgjorde en icke ringa del af det burarättegande borgerskapet.

Några säkra statistiska uppgifter rörande handtvärkarnes antal under denna period kunna emellertid här icke meddelas. Några officiella längder öfver yrkesidkare uppgjordes icke då för tiden ännu, såsom fallet varit under senare århundraden, och mantalslängderna, som väl upptaga en mängd personer med olika yrkestitlar, kunna ej heller anses fullt tillförlitliga, enär det synes berott på mantalsskrifvarenes godtycke huru nogranna de i detta afseende ville vara. I brist på andra källor vilja vi emellertid med ledning af sistnämda längder angifva några siffror, hvilka med så mycket större skäl kunna anses åtminstone i det närmaste återgifva värkliga förhållandet, som de vinna stöd ur spridda uppgifter från andra håll.

Handtvärkarnes antal.

Redan år 1600 funnos, enligt en från detta år härrörande längd öfver stadens tomter, inalles 18 handtvärkare bland gårdsegarnes antal. Några af dessa tomter voro väl öde och deras egare sålunda möjligen aflidna eller icke arbetsföra, men då man i stället kan antaga att i staden också funnos några handtvärksmän, som ej innehade tomt och gård, så torde det uppgifna antalet hellre vara för lågt än för högt. De i nämda längd upptagna handtvärkarne voro: sex skomakare, tre skräddare, tvänne guldsmeder, tvänne skinnare samt en snickare, hampspinnare, smed, tunnbindare och skeppsbyggmästare. I andra längder från den tiden nämnas dessutom murmästare, slagtare, sadelmakare, af hvilka yrken staden hade åtminstone en representant för hvarje. Vi kunna således med temlig tillförlitlighet antaga att staden i slutet på 1500- och i början på 1600-talet räknade omkring ett tjugutal yrkesidkare.

Och att antalet under 1600-talets trenne första årtionden ytterligare ökats med ett tiotal finna vi ur 1639 års mantalslängd. I densamma upptagas nämligen 28 handtvärkare — 7 skomakare, 5 skräddare, 4 snickare, 4 smeder, 2 hofslagare, samt en guldsmed, en svarfvare, en glasmästare, en murare, en beltare och en skutbyggare. Då på 1620- och 1630-talen äfven nämnes en sadelmakare och 1642 en sämskmakares enka, hade staden således vid denna tid äfven haft representanter för dessa yrken [1]). Vi kunna således antaga att staden

[1]) Anmärkas bör väl att af de i 1639 års mantalslängd angifna 28 yrkesidkarena fem voro enkor, hvarjämte en skräddare uppföres såsom „gammal", men då i de flesta fall enkorna fortsatte männens rörelse och den nämda skräddaren

vid periodens utgång hade omkring 30 handtvärkare inom olika yrken, ett antal icke obetydligt för sin tid, och hvilket under närmast följande period skulle jämt aftaga för att ej åter uppnås förrän under „nyttans tid" vid medlet af 1700-talet.

Angående de förhållanden och vilkor, under hvilka handtvärkarne då för tiden arbetade, gifvas endast sparsamma underrättelser. Vi finna dock att en början till den disciplin, som under senare tider kännetecknade det yrkesmässiga arbetet, redan gjorde sig gällande, om ock några skrån eller någon sammanslutning emellan yrkesidkarne ännu icke synes existerat i staden. Det var magistraten, som under denna tid ännu ensam öfvervakade handtvärksindustrin och ordnade dess idkares görande och låtande. Den pligtfälde handtvärkarne för försumlighet och bedrägeri i deras embete, den förbjöd dem att begifva sig på arbete till landsorten, och den bestämde priserna på deras tillvärkningar. 1565 fäldes sålunda Morten Gullsmed till 40 marks vite för det han „förfalskat eller besvikit sitt handtvärk och embete". 1631 blef af borgmästare och råd „förbjudet att skomakare, skräddare och smeder ingalunda finge begifva sig på landet att arbeta, utan böra de bruka sitt embete i staden, och där landtmän dem kunna behöfva, då må de besöka dem i staden och där låta dem arbeta till sitt behof". „Den däremot gör skall böta 20 eller 40 mark". Att förbudet ej stannade blott vid hot finna vi däraf att ännu samma år Henrik skomakare dömdes till 20 ℳ „för det han dragit till landet att skogöra". 1631 bestämde ock borgmästare och råd att skomakarne i staden skola sälja ett par manfolks skor för 3 mark penningar, ett par kvinfolks dito för 20 öre „och därefter barnaskor efter som de äro stora till". „Ho annorledes säljer, skall hafva förvärkat skorna, och böte därför efter som förmäldt är i det 19 kapitlet i köpmålabalken". Gjorde åter skomakaren arbete hemma hos borgarena skulle de bekomma för ett par skor i arbetslön 1 ½ öre o. s. v.

Det yrkesmässiga arbetet.

Till handtvärkarenas klass räknades på den tiden äfven de näringsidkare, som tillgodosågo stadens behof af mat och dryck, såsom slagtare, ölbryggare, brännvinsbrännare, gästgifvare o. s. v., och af hvilka en del framdeles blefvo accis underkastade. Äfven de voro redan på denna tid, åtminstone under periodens sista skede, stälde under sträng kontroll. 1631 påbjöds att de af borgerskapet, som

---

hos sig hade en fullvuxen son, som sannolikt förestod fadrens värkstad, torde någon synnerlig minskning af totalantalet yrkesidkare ej få medgifvas, helst troligt är att en och annan handtvärkare blifvit i längden införd utan angifvande af hans yrkestitel och således icke kunnat tagas med i beräkningen.

vilja sälja öl, skola sälja en kanna godt öl för 5 öre och sämre öl för 4 öre kannan, och utnämdes stadsfogden jämte en annan person att märka kannorna med stadsens märke, „efter de gamle kannor, som förut märkta äro“[1]). 1634 fäldes särskilda personer till 3 mark för det de emot detta förbud sålt en kanna öl för 6 öre, och dessutom en till 3 daler kopparmynt åt de fattiga, för det han sagt „fanen tacke dem såväl de öfrige som de nedrige“, — d. v. s. såväl högre som lägre myndigheter — „som sådant pålagt“ [2]).

Om nu, såsom vi sett, de egentliga stadsmannanäringarna, handel och handtvärk, under denna tid nått en efter förhållandena icke obetydande utveckling, så gäller detta i ännu högre grad om jordbruket och de därmed samhöriga näringarna, hvilka städse i Björneborg intagit ett viktigt rum bland stadens förvärfskällor. En hastig blick på stadens dåtida egoförhållanden äfvensom på det sätt, hvarpå staden tillgodogjorde sig sin jord, är egnad att öfvertyga oss därom.

Stadens donationsjord.

I fundationsbrefvet af år 1558 ihågkoms staden ej ännu med någon jordbesittning, och oaktadt hertig Johans däri gifna försäkran att ersätta borgarena för den jord, som de förlorat i Ulfsby, stannade allt för den tid han var hertig vid blotta löftet. Marken såväl inom som utom staden var fortfarande kronan tillhörig, så när som på ett par tomter, hvilka hertigen 1563 gifvit sina följeslagare Simon Korpolais och Per Svensson till evärdelig besittning[3]).

Därför anhöllo borgarena 1564 att konung Erik skulle behjärta deras armod, „emedan man icke på denna sandbacken eljes bo kan, utan hvar af oss en ko eller två hafva kunde“, och donera åt staden den del af Bärnäs, som ej ännu blifvit lagd under Koivisto, äfvensom Räfsö holme och en femtedel af Ulasöre ö, hvilka hvardera tidigare lydt under Ulfsby. I sina privilegier för staden af den 10 dec. 1564 förordnade också konungen bl. a. att Björneborgs innevånare skulle hafva och bruka till mulbete och utrymme den del af Bärnäs egor, „liggande hardt vid staden, som icke äro tillförne lagda under Koivisto ladugård, desslikes och Räfsö samt en femtedel af Ulasöre“. Då Johan blifvit konung stadfäste han denna donation i sitt privi-

[1]) Stadens dombok 7/1 1631.

[2]) Stadens dombok 4/4 1634. — Enligt en förordning af 1634 skulle en kanna brännvin säljas för 6 mark. Samma år sattes Henrik Larsson till stadsens gästgifvare och några år senare (1639) förordnades, enligt drottningens utgifna mandat om taverner, gästgifvare och formän i städerna, Matts Persson och Markus Larsson till formän.

[3]) Per Svenssons fribref var dat. 9/4 1563; Simon Korpolais' den 12/4 1563.

legiebref af den 24 mars 1576, förbättrande den ytterligare med Hvetenskär eller Tahkoluoto, hvilken holme äfvenledes förut underlydt Ulfsby, äfvensom med den del af „Lattomeri, som ligger ifrån Koivisto gärdesgård och tvärt öfver mossan, i fullt söder från staden“. Åtta år senare, den 28 april 1584, upplät han äfven till evärdelig ego under Björneborgs stad „alla de tomter, som oss och kronan med rätta tillhöra och förbenämda våra undersåter i samma stad nu nyttja och bruka, så att de härefter måga uppbära, behålla och vända till stadens gagn och bästa all den tomtöre, som de härtill varit pliggiga att gifva oss och kronan“. Till allt detta, hvartill ock enligt en lagmansdom af år 1585 skulle räknas en tolftedel af Lill-Raumo by, lade konung Sigismund, i sina privilegier af år 1594, ytterligare holmarna Busö och Birkskär, hvilka i likhet med Räfsö och Tahkoluoto fordom tillhört Ulfsby. Karl IX:s privilegiebref af 1604 stadfäste ytterligare dessa donationer, dock utan att vidare nämna hvarken Lattomeri eller Tahkoluoto, ej heller Busö och Birkskär.

Utom dessa i privilegiebrefven nämda områden och holmar, synes staden på eget bevåg också tagit i besittning Sandudden, nuvarande Kivins, äfvensom Sådö utanför Lyttskär. Då därjämte Lotsöre räknades till Bärnäs bys tillhörigheter, innehade staden sålunda alla mera betydande holmar och skär, som lågo invid farleden emellan densamma och Räfsö.

Det donerade stadsområdet, som, hvad Bärnäs-egorna beträffar, i jordeböckerna uppfördes för tre mantal och 12 öres skatt, synes ock redan tidigt med vissa råmärken blifvit afskildt från kringliggande grannbyars egor [1]). Men huru det nu än förhöll sig med den tidens råläggningar, det säkra är att det då för tiden vanliga samfällighetsbruket, äfvensom den högt respekterade gamla häfden, att ej tala om de sedan 1570-talet började nya tillandningarna i viken nedanom staden, gjorde alla råmärken mer eller mindre illusoriska. *Osäkerhet beträffande rårna.*

Åren 1585 och 1586 hade rån fastställts emellan staden och Lill-Raumo by, hvilken skulle få inhägna sin enskilda jord „från sin åkersgård till Ulasöre sund utmed sjön utom en tolftedel, som Bärnäs hafver inne med den“. Staden åter skulle hafva sin hägnad „utmed sjön in på Ulasöre ön, så nu som tillförene“. Men dessa äfven eljes

[1]) Redan 1573 nämner borgerskapet, då det anhåller om Lattomeri, stadens rår och rör, inom hvilka — heter det — denna äng, som växt af kärret, till halfparten ligger. 1638 åberopas, i anledning af en med kronan uppkommen egotvist, stadens råbref, som välborna fru Margareta till Kankas skall hafva, och hvilket hon enligt bref af $^{11}/_{4}$ 1620 lofvat förskaffa staden antingen in originali eller i kopia, — ett löfte som dock synes förblifvit ofullgjordt.

temligen oklara bestämmelser blefvo till sin kraft och värkan ansenligt förringade genom tillägget att Bärnäs och Raumo skulle hafva äng och mulbete samfäldt, på grund hvaraf t. ex. stadsboarne ej på sin mark fingo, detta samfällighetsbruk till förfång, upptaga några nya åkrar och täppor [1]. — På Koivisto sidan åter begagnade staden samfäldt med ladugården skogsmarken som sträckte sig söder om kronans hagar ända bort till Lattomeri. Häraf följde att knappt ett århundrade hunnit förflyta efter stadens grundläggning och de tre första generationerna följa hvarandra i grafven, innan man sväfvade i fullkomlig ovisshet om, huru de gamla rårna blifvit lagda, och hvem den ifrågavarande skogsmarken, som i vidd knappt gaf efter stadens eget gebit, egentligen tillhörde. — Äfven på Lattomeri-sidan rådde stor osäkerhet beträffande rår och egor. Först under periodens allra sista tid, $^{6}/_{10}$ 1640 och $^{3}/_{4}$ 1641, bestämdes Honkaluoto till en hufvudrå emellan staden och dess grannar. Men äfven detta bidrog föga till sakernas båtnad, ty borgarena hade långt därförinnan förskaffat sig af Kumoboarne och Ulfsby öfverbyggarne rättighet till löftägt, pärthygge och timmerfällning i den väldiga allmänningsskogen, som sträckte sig bort ända till Euraåminne sockens gränser. Denna rättighet gaf framdeles anledning till många tvister och rättegångar med nämda socknemän, särdeles som den ställdes i sammanhang med den invecklade frågan om eganderätten till fiskevattnet i Tahkoluoto skärgård. — Här hade nämligen förhållandena gestaltat sig därhän att staden, oaktadt den egde holmarna, icke kunde erhålla disposition af det invid dem sedan hedenhös idkade lönande strömmingsfisket, hvilket Kumoboarne och Ulfsby öfverbyggarne på grund af gammal häfd fortfarande förbehöllo sig allena, menande dessutom att stadsboarne, mot den rättighet de hade i allmänningen, afsagt sig all delaktighet i detta fiske. Lägga vi till alla nu nämda invecklade egoförhållanden ännu den osäkerhet som rådde beträffande eganderätten till de nya tillandningar, som ett par decennier efter stadens grundläggning började höja sig öfver vattenytan i viken nedanom densamma, så finna vi nogsamt att stadens territorialhistoria redan under denna dess första period hade att uppvisa flere frågor, som i sig dolde månget frö till framtida strider.

Jordbruk. Men då dessa strider ej ännu under den period, vi nu hafva att behandla, kommo till utbrott, eller åtminstone icke vunno någon större betydelse, kunde stadsboarna odeladt egna sig åt exploiterandet af sin nya egendom.

---

[1]) Nedre Satak. Dombok, Ulfsby ting $^{13}/_{1}$ 1585 (se vol. Ikalis dombok 1585).

Det synes som om staden, hvilken redan 1564 kommit i besittning af en del af Bärnäs bys egor, likväl ännu under tjugu års tid fått undvara denna bys åkerjord [1]). Bärnäs egorna.

Den tidens räkenskaper, t. ex. tiondelängden af år 1570, upptaga nämligen ännu trenne åboar såsom egande hemman i Bärnäs, och i jordeböckerna nämnas åtminstone intill 1585 i byn en åbo, hvars hemman var i bruk, medan de två andra hemmanen uppföras såsom öde. Af en häradsdom, daterad den 13 febr. sistnämda år, framgår dessutom att Bärnäs by, som då hade äng och utmark samfäldt med Lill-Raumo, väl upplåtit sina förra ängar under staden, men behållit sin gamla åker „fritt inne med staden, för staden oplatsadt" [2]). Då staden sålunda ej hade några åkrar, upptogo borgarena åt sig sådana på mulbetet. Men härvid stötte de på motstånd från Lill-Raumoboarnes sida, hvilka ej ville tillåta att det gemensamma mulbetet skulle minskas. Följande år, 1586, då råförhållandena reglerades emellan staden „å Bärnäs bys vägnar" och Lill-Raumo by, förliktes parterna så att de skulle samfäldt hafva mulbete, „så nu som tillförene, och alla stadsens olagliga täppor, som äro på stadsens mulbete upptagna, skulle nederlagda varda och om intet blifva". Dock skulle undantag från sistnämda bestämmelse göras till förmån för „de goda män, som af ålder bott och bygt hafva i Ulfsby, samt med deras föräldrar, hvilka skulle njuta denna förmån framför dem som nykomne äro".

Men snart synes äfven det enda återstående hemmanet i Bärnäs hafva råkat i ödesmål, och jorden tillföll så staden. I 1589 års skatteransakning heter det nämligen om Bärnäs by att den „är allt slätt öde och nu lagd till ladugård (d. v. s. mulbete) inunder Björneborg". Ej heller nämnes byn härefter vidare i jordeböckerna annorlunda än i afkortningen såsom till staden donerad. I Sigismunds privilegier af år 1594 heter det ock uttryckligen och helt annorlunda än i de föregående privilegiebrefven: „att staden må hafva till allmänneligt mulbete och inrymme Bärnäs bys åker, som är till 12 öre land, hvilken ligger öde, efterty ängarne därifrån äro tagna till Koivisto ladugård".

[1]) I privilegiebrefvet af 1564 heter det endast, att staden må hafva och bruka till mulbete den del af Bärnäs egor, liggande hardt vid staden, som icke äro tillförene lagda under Koivisto ladugård, och samma uttryck återfinnes i 1576 års privilegier. Ifrån Bärnäs egor hade emellertid afskilts för att läggas under ladugården endast ängsmark och mulbete, men inga åkrar. Följaktligen kunde ej heller staden genom ofvannämda bref tilldelas någon åkerjord.

[2]) Nedre Satak. dombok (i vol. Ikalis dombok), Ulfsby ting $^{13}/_{2}$ 1585.

Bärnäs-åkrarna.

De åkrar, som sålunda kommo i stadens ego, utgjordes af par och tjugu tunnland jord. Rudenschöld säger i sin relation (1738) att staden bekommit 22 tunnland åker, och enligt magistratens uppgift af år 1783 utgjordes „de gamla Bärnäsåkrarna af circa 20 tunnlands utsäde". Åkrarna voro tvänne, stora och lilla Bärnäs-åkern, liggande utanför Malmen, på hvardera sidan om den smala väg, som från staden ledde till Lattomeri. Dessa åkrar bibehöllo alltid karaktären af ett värkligt kommunalland. Deras tegar „fördeltes" årligen, vanligen på Valborgsmesso-rådstugudagen, bland borgerskapet. 1629 heter det t. ex. „blef af borgmästare och råd utnämde män att jämka Bärnäs-åkertegar borgerskapet emellan", och 1633: „utsågs män att bese och åtskilja åkerstycken vid Malmen" [1]).

På mulbetet upptagna åkrar.

Men utom Bärnäs-åkrarna funnos på stadens mark äfven andra åkrar, som af borgarena odlades under helt andra betingelser och vilkor. Vi hafva redan nämt de täppor, som borgerskapet upptagit på sitt mulbete, och af hvilka en del såsom olagliga år 1585 utdömdes. Det är dock troligt att den gamla förlikningen med Lill-Raumo ej länge iakttogs, utan att borgarena fortfarande såväl begagnade sig af sina äldre rödjningar som ock upptogo nya. Dessa åkrar betraktades icke såsom borgerskapets tillhörighet, utan såsom de enskilda personers egendom, hvilka dem upptagit och odlat. Ehuru detta sätt att använda stadsjorden var egnadt att beröfva staden ej allenast dispositionsrätten öfver dess jord utan äfven ansenliga inkomster, fick det emellertid till en början opåtaldt passera och vann sålunda helgden af gammal häfd. Om den närmare tillgången vid denna inkräktning visste rådmännen Indrén och Kellander, år 1749, att meddela: „att de första invånarne lära fått tillstånd af publicum till att upptaga af skogvuxen mark eller annan åtkomst vissa andelar sig till nyttjande, hvilka sedermera gått i arfskifte, köp eller byte man och man emellan, utan att publicum tillfallit något i kassan" [2]). Vissa af dessa åkrar och ängar blefvo genom häfd så fästade vid särskilda tomter i staden, att de ansågos lyda under desamma och ej kunna från dem skiljas. Sålunda hembjödos 1638 åt förra egarenas slägtingar till inlösen alla de ödestomter, som voro i staden, „såväl som de åkrar och ängar, som därunder lyda", — med tillägg „att där slägten ej inom trenne år vill dem besitta, då skola samma tomter, såväl som åkrar och ängar, kännas under staden".

Privat inkräktning af stadsjorden.

[1]) Stadens dombok $^{4}/_{5}$ 1629 och $^{19}/_{8}$ 1633.
[2]) Stadens dombok $^{11}/_{6}$ 1749.

Stadens tomter.

Likaledes gick det också med stadstomterna, för hvilka inga tomtören erlades, oaktadt staden enligt konung Johans bref af år 1584 egde rätt att sådana i kronans ställe uppbära, och ehuru i staden icke fans flera fritomter, än de två, nämde regent såsom hertig år 1563 donerat åt Henrik Korpolais och Per Svensson [1]). Tomterna voro således alldeles skattefria. Endast vid deras första öfverlåtelse åt egaren upptogs för stadskassans räkning en afgift, som möjligen till en början var något hög, eftersom Nils Larsson från Masia år 1570 på skämt kunde säga åt en beltare Nils Hendersson från Sarkoila by i Öfra Sastamala socken, att han icke skulle hafva råd att bygga och bo i Björneborgs stad, „förty att de skulle anamma af dem, som där bygga vilja, för hvar aln tomt 4 öre penningar" — ett skämt, som emellertid ansågs så förnärmande för staden, att Nils Larsson för sina „okvädingsord" dömdes till 40 marks böter [2]). Öfverlåtna i enskild ego voro stadstomterna frångångna staden, och man ansåg att de ej ens såsom öde blifna mera kunde af densamma utan vidare återtagas. Därför skaffade sig magistraten redan år 1616 af konungen rätt att, — därest egaren eller hans slägt ej inom år och dag bebygde sin tomt eller försålde den åt någon, som ville densamma bebygga —, indraga den under staden igen, och då detta bref förkommit genom vådeld, anhölls 1634 om förnyad stadfästelse på denna rättighet [3]).

Ifrågasatt reduktion.

En slik inkräktning, som sålunda öfvergått stadens jord och egendom, stred helt och hållet mot stadsjordens ändamål, synnerligen som den lemnade tillfälle åt främmande, såsom kronans tjenstemän och de närbelägna byarnas bönder, att lägga sig till åkrar och ängar vid staden. Den väckte också redan tidigt vederbörandes uppmärksamhet; — redan Gustaf II Adolf resolverade 1615 att landshöfdingen och magistraten skulle draga försorg om att stadsjorden, enligt privilegierna, skulle komma borgerskapet till nytta. Men icke desto mindre fick den privata ockupationen fortgå till stort men för stadskassan.

Åkerskatten.

Följderna af detta förhållande blefvo så mycket kännbarare, som staden år 1624 ålades att utgöra 60 tunnor spannmål i åkerskatt och därtill ännu 1638 tionde af sina åkrar med 20 tunnor, hvartill ännu kommo de redan 1627 pålagda boskapspenningarna. Staden sökte åtskilliga gånger blifva befriad från åkerskatten, helst

[1]) L. c.
[2]) F. S. A. 2239, 125 v.
[3]) Kristinas registratur $^{20}/_{8}$ 1634.

en sådan skatt ej var vanlig i andra finska städer, som hade donerad jord. Men oansedt den 1625 erhållit konungens bref på att blifva bibehållen vid sina förra rättigheter, uttogs gärden det oaktadt till borgerskapets stora missnöje.

Magistraten utsträckte då skyldigheten att deltaga i åkerskattens erläggande, ehuru denna skatt främst ansågs böra gravera Bärnäs-åkrarna, äfven till innehafvarena af de „vreter och täppor, som blifvit upptagna på stadens svinevall“. En följd häraf synes emellertid varit att en hel mängd stadsboar lemnade sina åkrar öde, så att åkerskatten t. ex. på 1630-talet kunde upptagas endast med omkring 40 tunnor, hvaremot circa 20 tunnor blefvo resterande, enär ungefär en tredjedel af åkrarna befunnos öde och osådda [1]).

Åkerarealen. Häraf, och då åkerskatten upptogs med 20 kappar för tunnlandet, oafsedt om det var öde eller odladt, samt tiondet med 8 kappar för odladt tunnland, kan man sluta till att staden vid periodens slut — förutom humle- och kryddgårdar — egde inalles omkring 90 tunnland åker, hvaraf dock i regel 15 à 20 tunnland lågo i ödesmål. Detta öfverensstämmer ock ungefärligen med uppgifterna i utsädeslängderna, som upptaga utsädet till 60 à 70 tunnor. Stadens åkerareal hade sålunda under periodens förlopp mer än fyrdubblats, ett under dåvarande förhållanden särdeles gynnsamt resultat.

Boskapsskötsel. Äfven åt boskapsskötseln synes borgerskapet då för tiden egnat synnerligt intresse. Boskapsstocken var efter förhållandena mycket stor, i afseende å vissa kreatursslag t. o. m. större än nu. Sålunda antecknas t. ex. år 1600 i staden 50 hästar, 49 oxar, 325 kor, 202 kvigor och stutar, 202 får, 250 svin och 17 getter och bockar, äfvensom 1638 93 hästar, 12 föl, 67 oxar, 294 kor, 113 kvigor och stutar, 400 får, 73 svin och 8 getter [2]). Denna borgerskapets rikedom på boskap är egnad att så mycket mer väcka förvåning, som stadens ängsmark då för tiden var ganska obetydlig, inskränkande sig så godt som uteslutande till Lattomeri. Ty ängsholmarna funnos då ej ännu till, åtminstone ej annorlunda än såsom undervattensgrund, hvilka just höllo på att tillanda. Hästarna, ungboskapen och fåren höllos därför sommartid ute på holmarna i skären, och bristen på betesmark i stadens närhet ersattes därigenom att man af kronan hyrde de närmast liggande holmarna och hagarna.

---

[1]) F. S. A. 2577, 53.

[2]) Uppgiften rörande boskapsstocken för år 1600 är hemtad ur en detta år uppgjord förteckning öfver borgerskapets tomter och lösa egendom; se F. S. A. 249. För 1638 finnes särskild boskapslängd.

Fiske.

Sist och slutligen var ock fisket, såväl det som bedrefs i elfven, som ännu mer strömmingsfisket i skären, en af borgerskapets viktigare näringskällor. Kapellholmen i Tahkoluoto skärgård var sedan urminnes tid centralpunkten för en mängd fiskelägen, Pakari, Pihlava, Kallio o. s. v., vid hvilka sommartiden talrika skaror af fiskare samlades ända från Ulfsby och Kumo. Egentligen hade dessa fiskelägen nu bort tillfalla borgerskapet, som ju erhållit holmarna i donation. Men Ulfsby- och Kumoboarne, hvilka ända sedan medeltiden haft häfd på så godt som alla notedrägtsställen i skären, afstodo ej från sina rättigheter äfven till fisket vid stadsholmarna, från hvilket de slutligen alldeles utestängde stadsboarne. Dessa började nu att idka eget strömmingsfiske vid Räfsö, hvilken då för tiden alldeles obebodda holme för öfrigt begagnades endast till sommarbete för stadens hästar, utom att en och annan borgare stundom brände sig en sved vid brynet af dess stora skog.

Vi afsluta emellertid här vår öfverblick af stadens näringar under dess första period. Till fyllest torde af ofvanstående framgått att borgerskapet med omtanka och icke utan framgång utvecklat de hjälpkällor, som stodo detsamma till buds. Det återstår oss nu att kasta en blick äfven på de institutioner, som representerade den andliga odlingen, och vi skola härvid finna att äfven på kyrkans och skolans område då rådde lifaktighet och sträfsamt arbete.

Kyrkliga förhållanden.

»Björneborgs stads kyrkosocken».

Beträffande de kyrkliga förhållandena är främst att anteckna, att staden jämte omgifvande landsort redan nu, om också endast för en kortare tid, afskiljdes från Ulfsby till eget pastorat. Härmed var sålunda redan för 300 år tillbaka realiserad en tanke, hvilken ånyo upptagits först i våra dagar. Möjligen stod inrättandet af stadspastoratet i samband med folkmängdens tilltagande i den uppåtgående handelsstaden. Att den björneborgska kyrkoförsamlingen, i anseende till medlemmarnes antal, icke var så alldeles obetydlig, kunna vi nämligen finna af de dimensioner man i slutet på 1580-talet tänkte sig för den nya stenkyrkan, som då var föreslagen att byggas i staden. Enligt konung Johans bref af $^{11}/_{1}$ 1589 skulle nämligen denna uppföras „80 alnar lång och 35 alnar bred“ [1]). Troligt är äfven att planen till detta för tiden ansenliga byggnadsföretag — som sedan emellertid icke blef realiseradt — just föranledts genom det nya pastoratets inrättande, hvilket sannolikt skett kort därförinnan, eftersom öfverbyggarena i Ulfsby redan på nyåret 1588 intygade, att de hvarken „begärt sig under Björneborg“ eller ville skiljas från

[1]) Hist. Ark. IV, sid. 169.

sin kyrkoherde, herr Erik [1]. Sin förste egne pastor synes staden emellertid erhållit först två år senare, då konung Johan 7/7 1590 utnämde herr Jacob Henrici till kyrkoherde i Björneborgs stad och socken, eftersom han „förnummit att där skall vara en passelig församling såväl af svenske som finske“ [2]. Men — såsom redan antyddes — det nya pastoratets tid varade icke länge. Ty redan 27/11 1599 anhöll Björneborgs borgerskap af hertig Karl att „den som kan förestå deras skolestufva också måtte blifva deras kyrkoherde, såsom ock att Ulfsby socken, som för några år sedan blef åtskild, måtte igen sammanblifva, efter som tillförene af ålders varit hafver, hvilket skulle lända kronan, dem och socknen till stor nytta och gagn“. Den 8/7 1602 resolverade hertigen i följd häraf att, „eftersom borgarena begärt herr Erik i Ulfsby till deras själasörjare, enär den de nu hafva — möjligen ofvannämda Jakob Henrici, hvilken lefde åtminstone ännu år 1600 — icke kan sig med dem förlika, så må herr Erik blifva deras kyrkoherde och skolmästaren behålle sedan skolan och Ulfsby socken“ [3]. Oaktadt det af ordalagen i sistnämda resolution ser ut som om hertig Karl ännu afsett att bibehålla den af konung Johan införda sockndelningen, framgår emellertid af andra handlingar att de båda pastoraten ifrån och med just detta år åter äro förenade till ett, hvilket de förblifvit ända till våra dagar, då å nyo beslut fattats om stadens med därtill hörande landsförsamlings afskiljande till eget pastorat.

Skolan. Stadens äldsta skola var anlagd sannolikt redan vid stadens grundläggning, ehuru den nämnes första gången år 1562. Den synes till en början, att döma af lärarens löneförmåner, 3 läster spannmål, hafva varit en högre pedagogi, men blef i sådant fall snart förändrad till en lägre dylik, eftersom lönevilkoren, åtminstone sedan 1590, voro ansenligt förminskade, utgörande endast en läst [4]. Skolehuset var en enkel „skolestufva“, hvars inredning sannolikt bestod af några bänkar af simplaste slag. Eleverna, som för det mesta voro

[1]) Nedre Satak. dombok; Ulfsby ting 13/3 1588 (Se vol. Ikalis dombok 1588).

[2]) F. S. A. 2461, 207. Till denna Björneborgs stads kyrkosocken räknades då för tiden de tvänne nedra fjärdingarna af Ulfsby socken, omfattande byarna: Påmark, Klåsmark, Norrmark, Södermark, Hjulböle, Torsnäs, Raumo, Källfjärd, Ytterö, Inderö, Sastamala, Ytterby, Kasaböle, Ryssby, Hvittisbofjärd, Ytterby, Lytteböl, Torbonäs, Bredvik, Kumnäs. Se F. S. A. 2432; 34 v. — Möjligen hade herr Jakob redan tidigare förestått det nya pastoratet, eftersom herr Jakob i Björneborg nämnes redan 1589. Se F. S. A. 164.

[3]) F. S. A. Björneborgs stads besvär 27/11 1599. Där ingår ock kopia af hertigens svarsbref.

[4]) Hist. Ark. II, sid. 145.

barn till fattiga bönder, husmän och huskvinnor, plägade allhelgonadagen, och sannolikt äfven vid andra högtider, gå omkring i staden och sjunga framför borgarenas portar, hvarvid de erhöllo någon liten allmosa. Äfven synes det hört till tidens sed, att de fattiga djeknarna tidtals blefvo ihågkomna med någon hjälp från det rika öfverflöd, som låg hopadt i den närbelägna kungsgårdens visthus. Sålunda utdelades åt dem t. ex. 1596 vid Björneborgs gård 6 kannor fogdeöl, $^{1}/_{2}$ lisp. bröd, 1 fårkropp och ett skålp. ljus [1]). De voro därjämte ofta utsatta för ödet att midt under sina studier blifva ryckta från skolbänken, än för att föras till något kungligt embetsvärk, där det behöfdes skrifvare, än för att engageras hos någon af traktens adelsmän i egenskap af handsekreterare eller „stylister“. Biskop Juusten säger i ett bref af år 1566 att tvänne djeknar från Björneborgs skola blifvit tagna till konungens kansli [2]), och med anledning af adelsmäns och andra kungliga tjenstemäns vedertagna osed att utan vidare bortföra elever från skolan, såg sig slutligen rektorn Ericus Laurentii nödsakad att anhålla om konungens skydd. I följd häraf gaf konung Johan III, $^{14}/_{10}$ 1590, ett försvarsbref för Björneborgs skola, „förbjudande alla i hvad stånd och kall de helst vara kunna att göra samma djeknar i förbenämda skolestufva något förfång eller men“ [3]).

Tvisten om djeknesocknarna.

I samma bref förunnade konungen därjämte åt skolan „till djeknegång“ Närpes och Kumo socknar, i hvilka fattiga skolarer enligt tidens sed under ferierna kunde samla sin nödtorft för vintern. Dessa socknar, som förut legat under katedralskolan i Åbo, men hvilka ytterligare tillförsäkrades Björneborgs skola såväl genom Karl IX:s bref af år 1602, som genom denne konungs staden år 1604 förunnade privilegier, gåfvo nu anledning till en långvarig tvist emellan de båda läroanstalterna. Rektorn vid Åbo skola Joakim Stutæus föreslog först ett utbyte i så måtto, att Björneborgarena skulle godvilligt återgifva Kumo och Närpes åt Åbo skola, mot att i stället erhålla Tavastkyrö och någon annan socken. Men borgmästare och råd svarade $^{14}/_{8}$ 1614 att, ehuru de eljes ej hade något emot ett sådant byte, det dock ej stod i deras magt att förändra något i Kungl. Maj:ts privilegier, „gifna synnerligen på pergament“. Domkapitlet i Åbo, som funnit att borgmästare och råd i Björneborg genom sina listiga råd och stämplingar så bedrifvit saken, „att

[1]) L. c.
[2]) Arv. Handl. 6, sid. 341.
[3]) Leinberg, Handlingar rör. skolväsendet. Tredje saml., sid. 14.

socknarna blifvit införda bland deras privilegier"[1]), lät emellertid igenkalla dem under Åbo skolstuga och sände till dem Åboskolarerna på djeknegång. Till och med eleverna i Åbo skola togo sig saken an och vände sig med en besvärsskrift till rikskanslern Axel Oxenstjerna. De klagade att deras urgamla lärovärk emot all rättvisa och billighet blifvit utsatt för angrepp af Björneborgarne, dessa oroliga människor, hvilka sålunda söka göra skäl för sitt ödesdigra namn (nomini suo ominoso satisfacere annitentibus). Listigt och slugt vilja de under skenet af sina stadsprivilegier undertrycka Åbo skola, denna „mater religionis ipsorum", från hvilken de bekomma sina lärare och prester och vid hvilken deras abcdarier enligt skolordningen måste fullända sina studier innan de kunna „tjena till ministerium" [2]). Slugare än lodjuret och vaksammare än Argus speja de blott efter tillfälliga fördelar, icke betänkande att, om Åbo skola efter deras önskan skulle förfalla, så skulle ock deras egen ungdom komma att gråna i barbariets mörker [3]). Huru striden slutligen afgjordes framgår icke med full klarhet ur handlingarna. Ännu 1618 anhöll Domkapitlet hos Oxenstjerna, att andra ej må tillåtas rycka undan Åbo skola dess socknar, „såsom Björneborgs borgare ofta orättvisligen tillbjuda" [4]), men i sina besvär af år 1634 klagar åter Björneborgs stad „att bispen i Åbo tagit deras skola ifrån några socknar, som framfarna konungar under densamma privilegierat hafva".

Skolan hotad med undergång. Den björneborgska skolan, hvars elever — såsom nämdes — skulle frekventera Åbo katedralskola, förr än de kunde tjena såsom lärare eller prester, var för sin tid en anstalt af icke ringa betydelse [5]). Den „goda pedagogin" räknade på sista tiden af sin tillvaro omkring 70 elever och besöktes af ungdom ända från Österbotten, hvilket landskap då för tiden i afseende å sina andliga behof, likaväl som i afseende å handeln, var närmast hänvisadt till Björneborg. Med bitter smärta erfor därför borgerskapet att stadens skola, i likhet med andra småskolor, vid gymnasiets i Åbo inrättning år 1630 skulle till detta förlora sitt underhåll, och att äfven eleverne,

---

[1]) Leinberg. Handlingar rörande finska kyrkan och presterskapet. Första saml., sid. 388. Också Ulfsby, Kjulo och Tyrvis voro skolan privilegierade.

[2]) Leinberg. Handlingar rörande skolväsendet. Tredje saml., sid. 26—28.

[3]) Si ex ipsorum voto nostra schola labascat, senescet ipsorum juventus in barbarie.

[4]) Leinberg, Handlingar rörande skolväsendet. Tredje saml., sid. 29.

[5]) Att eleverna från Björneborgs skola skulle fortsätta sina studier vid Åbo skola ses, förutom af ofvannämda Åboskolarernes och domkapitlets bref, äfven af K. R. Melanders uppsats i Hist. Ark. XIII, sid. 93.

af hvilka dock icke ens tiondedelen hade råd till en slik flyttning, skulle begifva sig till Åbo. Framhållande hurusom „deras stad var en gammal stad och ifrån dess skola komne många vällärda och förståndiga män, som till ministerii embeten och världsliga kall brukade äro“, anhöllo borgarena „att dess fattiga ungdom fortfarande skulle få hos dem, såväl som annorstädes sker i riket, i Guds fruktan och hans rätta kännedom blifva upplyst och tuktad“ [1]). Också förblef skolan — möjligen underhållen af staden — i värksamhet ända till 1640, då här inrättades en trivialskola, som snart skulle blifva en af landets bästa läroanstalter.

Till denna pedagogi hänför sig ock det ringa man vet om stadsboars deltagande i tidens stora religiöst-politiska strider, i det hvardera af de då för tiden kämpande kyrkliga riktningarne, protestantismen och katolicismen, synes haft representanter antingen bland skolans lärare, eller ock bland personer, som där inhemtat sitt första vetande. Kyrkoherden Martinus Olai, som också var skolmästare i staden, synes varit en ifrig lutheran och förlorade år 1578 sitt underhåll, „efter han icke ville taga emot liturgiam“ [2]). Björneborgaren Gregorius Clementis, sannolikt elev af stadens skola, blef senare en känd papist, som besökte såväl jesuitskolan Collegium germanicum i Rom, där han inskrefs 1578, som ock jesuitseminariet i Olmütz, dit han flyttade år 1583 [3]). Också den i det föregående ofta nämde Markus Sundergelts son Olaus, som sannolikt äfven han gjort sina första studier i sin fädernestads läroanstalt, blef sedermera jesuit och erhöll såsom sådan 1580 i Olmütz uppdrag att skrifva en finsk grammatik, så att romerska katekesen skulle kunna öfversättas till finskan [4]).

Lutheraner och »papister».

Af hvad vi nu i korthet anfört om stadens kyrkliga och skolförhållanden, hafva vi funnit att också åt dem egnats tillbörlig uppmärksamhet, såväl från stadsboarnas som äfven från myndigheternas sida. Härom vittna tillfylles den till förmån för staden gjorda socknedelningen äfvensom det intresse, hvarmed den tidens skolfrågor om-

[1]) F. S. A. Björneborgs stads besvär (1630 1. 1631).

[2]) Svenska Riksarkivet. Samlingen Biographica. Örneram, Hans Ragvaldsson.

[3]) Alopæus. Borgå gymnasii historia, sid. 19. Se ock K. G. Leinbergs uppsats om finska studerande i jesuitkollegier i Hist. Ark. XI, sid. 173. Gregorius Clementis var sedan, 1585, i fem månader rektor vid Viborgs skola. Om honom har Rachlitzius följande verser:

Gregorius Björnburgensis Papista magister
Clementis menses quinque lycea regit.

[4]) Hist. Ark. XI sid. 173.

fattades af borgerskapet. Den andliga odlingens sak var icke glömd, vid sidan af tidens materiella sträfvanden. — För att förfullständiga redogörelsen för stadens allmänna tillstånd under slutet af 1500- och början af 1600-talet hafva vi endast att tillägga, att också behofvet af de hjälpmedel, som afsågo den allmänna nödens lindrande, då synes varit behörigen tillgodosedt.

Helso- och fattigvård.

Helso- och fattigvården, af hvilkas tillbörliga handhafvande ett stadssamhälles välbefinnande i så hög grad är beroende, var redan under ifrågavarande tid, af allt att döma, föremål för såväl stats- som stadsmyndigheternas särskilda omsorg. Att i staden funnits läkare eller såsom de då kallades „barberare“ eller „bardskärare“, hvilka kunde tillhandagå med hjälp vid sjukdomsfall, framgår däraf, att år 1573 en borgare dömdes att betala „bardskärarelön“ för en person, som han genom misshandel ådragit ohelsa [1]). Men staden synes också redan tidigt anlagt ett särskildt härbärge för de sjuke och orkeslöse. Åtminstone redan 1595 nämnes denna stadens sjukstuga, för hvilken borgerskapet då anhöll om hjälp af kronan. Också bestämde hertig Karl, $^{27}/_{8}$ samma år, „lönerna för Björneborgs hospital“ [2]).

Björneborgs hospital.

Eget hus torde dock denna inrättning bekommit först något senare. Ty under sin vistelse i Björneborg skref hertigen, $^{10}/_{2}$ 1602, till fogden i Nedra Satakunta att han skulle uppmana hvarje borgare att hemta en stock och två bönder tillsammans en dylik till den blifvande hospitalsbyggnaden [3]). Men antingen nu huset icke kom till stånd, eller det möjligen förstördes i branden 1603, — alltnog år 1606 uppdrog konungen ånyo åt befallningshafvanden på Åbo slott att låta bygga en sjukstuga i Björneborg „med 24 personers årliga kost“, äfvensom att fordra af fogdarna underhåll för densamma [4]). Enligt Kongl. Maj:ts bref och patent skulle de fattige i hospitalet bekomma bidrag till sitt underhåll af uppbörden i Nedra Satakunta; och den $^{23}/_{5}$ 1615 kvitteras häraf bl. a. 5 tunnor såsom uppburna [5]). Af det stående statsanslaget äfvensom af ofvanuppgifna antalet platser synes framgå, att det björneborgska hospitalet varit en för sin tid icke så alldeles obetydlig anstalt.

---

[1]) F. S. A. 2259, 155 v.

[2]) Särskilda kvittenser finnas äfven i behåll, hvilka sjukstugans föreståndare, Eskil Olsson, 1603 och de följande åren gifvit för diverse varor, som blifvit levererade till hospitalet i Björneborg.

[3]) Vaaranen, I, sid. 269.

[4]) F. S. A. 2467, 104. Bref, dat. Stockholm $^{9}/_{4}$ 1606.

[5]) F. S. A. 2521, 138.

Emellertid synes hospitalet ånyo drabbats af ödet att förstöras genom vådeld. 1621 ålades nämligen Ulfsby socknemän att framföra till Björneborg „timmer, näfver, bräder och hvad mer som till en fattigstufva eller hospital kan behöfvas, och hvilken staden skall med sin omkostnad uppsätta låta, dit alla fattiga och spotelska skola inkomma“ [1]). 1634 anhöll därjämte borgerskapet om nytt anslag för sin sjukstuga, enär de fattiga nu, sedan ett kungabref, som tillförsäkrade dem om ett årligt underhåll af 6 tunnor spannmål och 6 lisp. kött, förkommit genom vådeld, icke mera hade något att lefva af. Sista gången vi funnit „Björneborgs hospital“ omnämdt är $^{4}/_{1}$ 1639, då en Karlsmarksbonde ådömdes en pligt, hvaraf två delar skulle tillfalla nämda inrättning [2]). Såsom hospitalsföreståndare eller, såsom de på denna tid kallades, „de fattigas förmyndare“, nämnas Eskil Olsson 1603, Henrik Mickelsson 1615 och Matts Tysk 1629 [3]).

I dagligt tal, man och man emellan, torde hospitalet benämts „Danviken“, ett namn, som upptagits efter den stora fattig- och sjukvårdsanstalt, som konung Gustaf Vasa år 1551 inrättat i Stockholm, och hvilken var liksom en moderanstalt för alla dylika inrättningar i riket. Från denna benämning åter härrörde tvifvelsutan namnet Danviken, Danviksstranden, hvarmed ännu i slutet på 1700-talet betecknades elfstranden närmast intill Karjaranta, där således detta hospital, efter all sannolikhet, varit beläget [4]).

Stadens styrelse.

Öfverblicka vi nu hvad ofvan blifvit anfördt om stadens tillstånd under ifrågavarande period, framstår i sanning det nyss anlagda Björneborg — med dess temligen omfattande handel, dess idoga handtvärksstånd, dess med framgång idkade landtmannanäringar, dess „kyrkosocken“ och „goda pedagogi“, samt dess hospital — såsom en raskt uppåtgående stad, väl värd den uppmärksamhet, som — åtminstone till en början — synes kommit densamma till del från regeringens och andra myndigheters sida. Vi veta väl icke i huru hög grad stadens dåvarande styrelse medvärkat till den utveckling, staden efter sin grundläggning haft så i ett som annat afseende. Men troligt är att också den i detta hänseende icke varit utan sina

---

[1]) Nedra Satak. dombok; Ulfsby ting $^{6}/_{12}$ 1621.

[2]) D:o d:o d:o, Ulfsby ting $^{4}/_{1}$ 1639.

[3]) F. S. A. 2446: 50, 2521, 138, och 2568, 42.

[4]) Se Stadens dombok $^{12}/_{4}$, $^{26}/_{4}$ 1777 och $^{24}/_{9}$ 1781. Också Åbo hospital kallades stundom Danviken, såsom framgår af en uppgift i domboken för S. Mårtens ting af den $^{26}/_{8}$ 1652: att predikanten vid Åbo Danvik, hr Andreas Henrici, på de fattiges vägnar enligt ett riksdrotsens bref af den $^{24}/_{4}$ 1651 skulle få bärga hö å en 4 öres skatt i S. Mårtens socken.

förtjenster, om ock stadsförvaltningen på grund af det borgerliga lifvets enkelhet, ännu rörde sig i föga utvecklade former. Staden, hvilken sannolikt redan af hertig Johan erhållit till vapen ett krönt björnhufvud med nämde regents devis: „Deus protector noster“, hade väl ända till 1646 tvänne borgmästare — den ene sedan 1625

Björneborgs stads sigill.

vanligen kallad „viceconsul“ eller „underborgmästare“ — och 12 män samtidigt i rådet [1]). För så vidt vi endast föreställa oss den värkan åsynen af en så talrik magistrat hade på menigheten, som väl sällan kom att tänka på de ringa lönerna, hvilka gjorde den största möj-

[1]) Se stadens domböcker från denna tid. Sista gången vi funnit tvänne borgmästare, Henrik Tomasson och Johan Berntsson, samtidigt i rådet är $^{7}/_{3}$ 1646. Sista gången åter, då alla tolf rådmännen af oss påträffats samtidigt sittande i rätten, är $^{11}/_{2}$ 1646.

liga arbetsfördelning inom stadsstyrelsen nödvändig, kunde ju en så manstark representation af den municipala myndigheten stundom förefalla borgerskapet nog så imponerande, men detta hindrade ingalunda att förhållandet emellan de styrande och de styrda ännu var temligen patriarkaliskt.

Till kurians sammanträden, af hvilka på 1500-talet Valborgs- och Tomasmesso-rådstudagarna, hvarvid stadens ekonomi förehades, voro de viktigaste, egde borgerskapet eller — såsom det den tiden ännu sades — „allmogen af Björneborgs stad“ fritt tillträde. Rätten, af hvars medlemmar knappt en enda torde egt någon juridisk underbyggnad, dömde efter gamla stads- och landslagen eller, där dessa ej syntes gifva stöd för något utslag, efter Moseböckerna, gamla konstitutioner och sedvänjor. 1625 dömdes Matts Couhi för stöld till lifvet „efter 3 kap. tjufvabalken“, där det heter, „hvilken man för tjufnad ej förr varit gripen, far han stjäla, för mindre må han ej hänga än en mark eller marks värde“ [1]). 1635 dömdes en person godtgöra ett sedlighetsbrott efter Exodus 22 kap. och Deuteronomion 22 kap. med 80 ℳ [2]). 1633 dömdes Matts Larsson för vidskepelse och trolldom „att stånda sitt straff enligt 2 Mosebok 20 kap. 3 v., item 22 kap. 18 vers och efter 3 Moseb. 20 kap. och 27 v. samt efter Johannes Uppenbarelsebok 21 kap. och 8 v.“ [3]). 1642 dömdes en kvinna, som förtalat en annan, efter „Magni Laduläses konstitution“ till 9 mark treskiftes och dessutom „att slå sig sjelf på munnen och gå baklänges ut genom dörren, det hon ock gjorde“ [4]). Äfven vissa ända från hedendomen nedärfda rättsbruk kommo ännu stundom till heders vid lagskipningen, såsom förvisning, edgärdsmän och mansbot. 1613 „afvistes Jöran Bökare staden för sina missgerningars skuld såsom ock för tjufnad, enär han afhändt Mårten Mattssons hatt, handske och ärmkläde“ [5]). 1633 frigjorde sig en hustru från anklagelsen för äktenskapsbrott genom 12 dandekvinnors ed [6]). Ännu långt senare förmådde borgerskapet en kvinna, hvars son blifvit dräpt, att mottaga förlikning i penningar af dråparen [7]).

Rättskipning.

Vid målens behandling vände sig rätten ofta till den samlade menigheten, som sålunda kunde invärka på utslaget, än fällande,

---

1) Stadens dombok $^{22}/_{8}$ 1625.
2) D:o d:o $^{29}/_{12}$ 1635.
3) D:o d:o $^{19}/_{8}$ 1633.
4) D:o d:o $^{5}/_{12}$ 1642.
5) D:o d:o $^{28}/_{4}$ 1623.
6) D:o d:o $^{20}/_{12}$ 1633.
7) D:o d:o $^{26}/_{3}$ 1674.

än, hvilket oftast hände, friande — såsom t. ex. 1639, då en inhysing i Bärnäs gården, som stulit en gris och därför enligt 11 kap. i tjufvabalken dömts att mista huden, „förskonades på gemene mans begäran och sattes för samma sak till dödgräfvare, eftersom pestilentian vid samma tid började grassera i staden“ [1]). Då borgmästaren Melker Larsson 1621 blifvit af Erik gullsmed anklagad för „skällsord“, „frigjorde hela stadens invånare honom“, hvarjämte käranden, som ådömts böter, förskonades „genom godt folks förbön“ [2]).

Den nära beröring, i hvilken allmänheten sålunda stod till sin närmaste öfverhet, gjorde sannolikt också sitt till att hos den minska respekten för densamma. Redan i stadsprivilegierna var förutsatt att borgmästare och råd icke alltid skulle hafva så goda dagar, eftersom där utlofvades dem skydd mot våld och oförrätt. Och att detta skydd nog behöfdes, visa oss otaliga fall, då stadsstyrelsens representanter blefvo utsatta för scener af mindre trefligt slag. 1562 dömdes en person för det han hårdragit borgmästaren Per Mickelsson, 1573 en annan för det han slagit rådman Kyröläinen [illegible]n blånad, „det är närbot“, för att ej tala om de fall då oförrätten inskränkte sig till några glåpord, såsom då en part inför rätta sade sig gifva borgmästaren „fanen på ögonen“, eller titulerade en rådman till „Reinike Fuchs“, en annan till „vetterlig padda“ o. s. v.

Om sålunda äran att sitta i rådet ej alltid var så synnerligen stor, var ej heller lönen någon inkomst att tala om. Borgmästare och råd hade då för tiden ej annan lön än, enl. 22 kap. i konungabalken, sin andel af sakörena, af hvilka t. ex. 1571 i staden föllo inalles 182 mark, hvaraf 60 mark tillkommo borgmästare och råd, 6 mark hvardera borgmästaren, 4 mark hvarje rådman. Det öfriga gick till tveskiftes emellan konungen och staden [3]). Huruvida magistraten ännu ens hade något anslag i åker och äng, är osäkert och finnes åtminstone ingenstädes antydt. Att vederbörande för slik lön icke voro synnerligen intresserade af sitt värf, som ju ändock måste göra ansenligt intrång i deras näring, var ganska naturligt, och tidt och ofta måste därför rättens ledamöter med 3 marks böter påminnas om att vara på sin plats, „när tredje gången var ringdt med rådstuklockan“ [4]).

---

[1]) Stadens dombok $^{28}/_{6}$ 1639.

[2]) D:o d:o $^{14}/_{8}$ 1621.

[3]) F. S. A. 2239: 151 v. och följ.

[4]) Stadens dombok $^{24}/_{4}$ 1622, $^{1}/_{4}$ 1633, $^{4}/_{4}$ 1634, $^{19}/_{12}$ 1636 m. fl. Af stadens öfriga tjenstemän må nämnas by- eller stadsfogden, stadsskrifvaren, som därjämte var kassör, kämnären, och stadstjenaren, hvilka alla, förutom en ringa lön i penningar, hade frihet från vissa utlagor. — [$^{8}/_{5}$ 1625 sattes Simon Larsson till kämnär; $^{14}/_{1}$ 1633 nämnes Matts Markusson som sådan. Se stadens domböcker].

Hvad sjelfva borgerskapet angår, känna vi föga om dess sträfvanden och lif under denna tid. De burarättegande borgarenas antal synes utgjort omkr. 80 à 90. Att borgerskapet också redan på denna tid var militäriskt organiseradt, finna vi däraf, att år 1625 i handlingarna omtalas en stadsfänrik, Hans Andersson. — Slägtnamn begagnades ännu sällan. Stadens borgmästare, rådmän och största affärsmän hade i regeln icke slägtnamn, utan uppkallades blott med dopnamnet jämte därtill fogadt fadersnamn, såsom t. ex. Per Mickelsson, borgmästaren, Matts Jakobsson, på 1570-talet stadens förmögnaste man, känd för sin handel på Lübeck. Om man undantager gårdsnamnen, hvilka samtligen äro finska, upptagas i 1637 års mantalslängd inalles omkring 36 slägtnamn, hvaraf 17 svenska och lika många finska, samt ett par tyska. Af svenska må anföras: Bock, Bökare, From, Gröp, Hypping, Kock, Lång, Möller, Prisse, Skaffars, Skratte; af finska Hartikka, Hoppoinen, Humalainen, Karhu, Keisari, Liikainen, Pustari, Päiväinen, Pääskyinen, Rotkus, Sassi, Soroinen, Torniolainen, Vrangi; af tyska Horwandt, Schultze. Borgerskapet.

Öfverhufvud voro sederna på den tiden ännu enkla, stundom t. o. m. kärfva. I de borgerliga husen, äfven i de förmögnaste hemmen, rådde den största anspråkslöshet. Möblemanget utgjordes i regel af några bord, bänkar och skåp, uti hvilka sistnämda familjens dyrbarheter, för det mesta bestående af några silfversaker, förvarades. Endast undantagsvis nämnas „takdräkter“ af blå och röd „rysseväf“, hvilka hängdes framför de grofhuggna väggarna och sålunda gjorde tjenst såsom tapeter. Oftare är det däremot tal om „sängeryor“ och „bänkedynor“, hvilkas förekomst i ett hus dock redan häntydde på burgna förhållanden. Man finner af handlingarna att äfven de enklaste husgerådssaker då för tiden stodo högt i pris, och exempel finnas att en yngre medlem i en familj, som vid arfskifte bekommit en silfverbägare eller en kopparkittel, gerna unnade den äldre hela gården och tomten. Sedernas enkelhet.

I följd af sedernas råhet förekommo ofta slagsmål, icke sällan med dödlig utgång. Sålunda beskyldes Erik Andersson Knape 1625 för att hafva varit vållande till rådman Enok von Esens död, i det han vid något krakel hade kastat honom i bröstet med ett „ennestop“ [1]). 1637 bröt sig en fridstörare in i en fredlig borgares hus och förde där ett sådant oväsende, att husegaren med sin familj måste flykta ut i staden till två nätter, af fruktan att hemma blifva mör-

[1]) Stadens dombok $^{12}/_{11}$ 1625.

dad [1]). Dobbel och spel nämnas också redan såsom inrotade ovanor, hvilka förorsakat mångens ruin [2]).

Stadens yttre.

Staden hade år 1574 blifvit indelad i fyra kvarter. I norr, vid elfstranden, lågo kyrkokvarteret, där kyrkan och rådstugan voro belägna, äfvensom slottskvarteret, kring backen, där hertig Johan tänkt uppföra sin borg. I söder åter, åt Bärnäs-sidan, befunno sig Malm- och torgkvarteren, det förra, som var det största, i sydvest, och det senare i sydost, åt Kungshagstrakten. Gårdarna hade — såsom ännu är fallet t. ex. i Raumo och Nådendal — särskilda namn i likhet med hemmanen på landet. Sålunda nämnas t. ex. gårdarna Haistila, Karhula, Köyliäinen i kyrkokvarteret, Housula och Masia i slottskvarteret, Bondila, Filppula, Flickala, Hakuri, Paavola, Pumpula i torgkvarteret, Kattilus, Kellari, Kynäs, Lautila, Paturi, Pikilä, Pyttylä och Santala i Malmkvarteret [3]).

Stadens yttre stod för öfrigt i fullkomlig harmoni med den enkelhet, som ännu rådde i de borgerliga husen. Endast ett par offentliga byggnader utmärkte sig genom sin relativa storlek, mer än genom sina arkitektoniska företräden, framför de omgifvande grannhusen. Sålunda utgjordes möjligen rådhuset, där det stod dominerande högst på Bärnäsåsen, redan nu af ett tvåvåningshus, hvars nedra botten troligen inrymde det i den tidens handlingar ofta omtalade stadshäktet, eller såsom det då hette „stadens gömma och kista". Den stora stenkyrkan, hvarmed konung Johan 1589 ärnat pryda staden, hade — såsom redan nämdes — stannat vid blotta planen. Men träkyrkan, öfver hvars stora ingångsdörr fans uppsatt en rödaktig sten med inhugget årtal 1558, var försedd med „seijarvärk", d. v. s. tornur, och sannolikt äfven med orgel, tvänne lyxartiklar som på den tiden endast förmögna samhällen hade råd att bestå sig [4]).

---

[1]) Stadens dombok $^{18}/_{11}$ 1637.

[2]) D:o d:o $^{18}/_{4}$ 1631.

[3]) Dessutom nämnas följande gårdar utan angifvande af kvarteret, där de lågo: Kissala, Kleemola, Konstila, Kurnala, Mangoinen, Ojala, Porola, Rantala och Riisilä, hvarförutom äfven de såsom slägtnamn förekommande Lassila, Mäkelä, Ravola, Sippola, Torvola och Vävylä egentligen torde varit gamla gårdsnamn.

[4]) $^{9}/_{2}$ 1635 nämnes i domboken „M Hans Seijerbyggare", d. v. s. urmakare, som dock ej synes bott i staden, eftersom han ej finnes i mantalslängderna. Möjligen vistades han på orten för att uppsätta eller reparera kyrkouret. — 1631 begärde en Håkan Persson, „orgelkarl" eller „organist", tillåtelse att upptaga ett hemman i Sastmola. Då det är föga troligt att någon landskyrka ännu var försedd med orgelvärk, och då Sastmola, så att säga, hörde till Björneborgs landsort, är det antagligt att bemälde „organist" var från staden, hvars kyrka sålunda kan antagas haft ett dylikt instrument.

På dessa undantag när var staden af allt att döma för det mesta bebygd med låga trähus och pörten, framför hvilka stundom en liten grönskande „mullbänk“ prydde utansidan mot gatan. Gatorna voro lika krokiga, som gårdarna irreguliera; och lägga vi härtill, att hela elfstranden, med undantag af de ställen där bryggor funnos, var tätt bebygd med strandbodar och notehus, kunna vi föreställa oss att 1500-talets Björneborg för ett modernt öga ingalunda skulle erbjudit någon synnerligen tilldragande bild, — särdeles som de ofta återkommande befallningarna om gödselhögars bortskaffande från gatorna och om uthusens och ladugårdarnas „byggande in på gårdarna“, samt de lika ofta förnyade förbuden mot grisars och suggors utsläppande i staden äfvensom emot gropars gräfvande på torg och gator, gifva vid handen att den tidens stadsboar ännu icke hunnit synnerligen långt i begrepp om ordning och skick. Icke ens kungsgården erbjöd mera det vördnadsbjudande intryck, som under sin första tid. Fogden med sitt följe kunde ej fylla alla de stora byggnaderna, af hvilka därför en del stodo öde och öfvergifna, ett föremål för stadsungdomens okynne, så att man redan 1577 fann säkrast vara att engagera en vakt, som egde „akta på gården, att ingen skulle bruka skalkhet mot Kongl. Maj:ts hus“ [1]).

Men trots detta anspråkslösa yttre, var Björneborg emellertid — såsom redan framhållits — en rätt välmående stad. I afseende å folkmängd och förmögenhetsförhållanden intog den i slutet på 1500-talet ett betydande rum bland Finlands städer. Det är således på sin plats att vi äfven egna sistnämda förhållanden tillbörlig uppmärksamhet.

Stadens innevånarantal synes under perioden varit i jämt och starkt tilltagande. Man har beräknat att Björneborg några år efter dess grundläggning, år 1564, hade omkring 400 innevånare. På grund af 1571 års sölfskattslängd, som upptager 88 borgare och 7 gäster, har man anslagit totalsumman af innebyggarne vid den tiden till omkring 700, ett tal, som hellre torde vara för lågt än för högt, enär i längden upptages endast det egentliga borgerskapet, hvaremot den talrika befolkningen af kronans och adelns tjenare samt andra personer, som bodde i staden med sina familjer, h. o. h. är därifrån utesluten. Taxeringslängden af år 1600, för den s. k. 50:nde penningsskatten, upptager 144 inbyggare, boende på 130 tomter, hvarjämte 36 tomter uppgifvas såsom öde. Beräknar man på hvarje hushåll

Folkmängd.

[1]) F. S. A. 2297, 6. — Se för öfrigt rörande ordningen i staden domböckerna, t. ex. $^{14}/_{8}$ 1561, $^{11}/_{4}$ 1632, $^{21}/_{1}$ 1633, $^{17}/_{1}$ 1652, $^{8}/_{11}$ 1653, $^{6}/_{11}$ 1655.

5 $^1/_2$ personer, skulle innevånarantalet då varit 792 eller — jämt taget — omkring 800 personer [1]).

Till en ännu högre siffra kommer man med ledning af mantalslängderna. Dessa, som börja år 1634, upptaga från och med detta år till och med år 1640 resp. 464, 470, 364, 405, 443, 443 och 555 personer, eller i medeltal omkr. 450 personer. Antaga vi att den mantalsskrifna befolkningen utgjorde 45 procent af hela innevånarantalet, få vi en befolkningsnumerär af omkring 1,000 personer. 1640 års mantalslängd, som synes blifvit noggrannare uppgjord än andra dylika längder på den tiden, gifver oss den högsta siffra, som öfver hufvud under 1600-talet förekommer i mantalslängderna, nämligen 555 personer. Skulle man få lägga detta tal till grund för beräkningen, skulle totalsumman af befolkningen stigit ända till omkr. 1,200 personer. Då det emellertid är vanskligt att på grund af ett undantagsfall draga allmänna slutsatser, måste vi hålla oss till en medeltalsberäkning och antaga att stadens innevånarantal i början på 1600-talet torde utgjort emellan 900 och 1,000 personer, möjligen hellre något mer än mindre [2]). I slutet på 1500-talet var Björneborg således, i afseende å innevånarantalet, landets tredje stad, och i början på 1600-talet, sedan det öfverflyglats af Helsingfors, den fjärde.

Förmögenhetsförhållanden.

Om borgerskapets förmögenhetsvilkor under slutet af 1500-talet får man en ungefärlig föreställning med ledning af 1571 års sölfskattsregister. Hela borgerskapets, d. v. s. 88 borgares och 7 gästers, sammanlagda förmögenhet, i guld, silfver, koppar, tenn och köpmans-

[1]) Till i hufvudsak samma resultat komma vi med ledning af 1616—19 års sölfskattslängder, hvilka dock synas utvisa att befolkningen något öfversteg sistnämda tal. År 1616 t. ex. taxerades först 89 hjonelag, af hvilka hvarje torde kunna anses representerat i medeltal 5 $^1/_2$ personer, hvadan totalsumman häraf blefve 490 personer. Därnäst uppföras 16 köpsvenner, dels enklingar, dels ogifta, samt 9 enkor, på hvilka 25 hushåll torde böra beräknas 3 personer på hvarje, inalles således 75, hvilket lagdt till nyssangifna summa gifver oss en befolkning af 565 personer. Härtill komma ytterligare 32 drängar och 46 pigor samt en såsom „bråttfelling" antecknad person, hvarigenom totalsumman stiger till 644 taxerade. Men dessutom funnos i staden 30 borgare och borgareenkor, hvilka för sin fattigdoms skull gingo fria från taxeringen, men hvilkas hushåll dock äfven torde böra beräknas till omkr. 3 personer hvarje, hvarjämte de ur längden h. o. h. uteslutne kronans och adelns tjenare med deras familjer väl ock måste anses hafva utgjort en befolkning af inemot 100 personer. Totalsiffran för stadens folkmängd skulle således år 1616 hafva utgjort något öfver 800 personer.

[2]) Till jämförelse må här ock nämnas att år 1571 Åbo stads befolkning beräknats hafva utgjort 2,800 personer, Viborgs 1,700, Helsingfors' 560, Raumos 620 o. s. v. Åbos innevånarantal antages i början af 1600-talet (1609) hafva utgjort något öfver 4,000 och på 1640-talet omkr. 5,400.

varor, beräknades till 20,564 mark, hvilket ger ett medeltal af 219 mark för resp. borgare. Den rikaste mannen i staden på den tiden var en Matts Jakobsson, hvars förmögenhet i det närmaste tio gånger öfversteg detta medeltal. Närmast honom kommo Nils Larsson och Markus Pålsson med en förmögenhet af resp. 1,407 och 1,168 ½ mark [1]). Inalles hade 26 borgare en förmögenhet, som öfversteg ofvannämda medeltal af 219 mark, och 68 en som understeg detsamma, hvarjämte en borgare, stadens guldsmed, antecknades för just denna summa. Man har ansett att förmögenheten i Björneborg var jämnare fördelad än i någon annan stad i Finland på den tiden [2]).

Stadens förmögnaste män.

En annan längd från år 1600 kompletterar i någon mån ofvanstående siffror. Det är den förut nämda 50:nde pennings-längden [3]). Enligt densamma uppskattades totalvärdet af borgerskapets ofvan angifna förmögenhet till omkr. 22,520 mark, hvarutöfver taxerades c:ca 2,200 lod silfver. De rikaste männen i staden voro nu, i början på 1600-talet, Per Ersson med en taxerad förmögenhet af inemot 1,000 mark, och Eskil Olsson, hvars tomt, boskap och handelsvaror uppskattades till omkr. 900 mark. Staden hade inalles 166 tomter värderade till 1,750 ½ daler eller omkr. 7,000 mark [4]), däraf 130 bebygda till 5,860, och 30 öde till 1,140 mark. Den högst värderade tomten steg till 70 daler (= 280 mark), den lägst värderade till 1 daler (4 mark).

Efterse vi åter hvaruti en Matts Jakobssons och en Per Erssons förmögenhet bestod, skola vi finna huru mycket olika förhållandena då för tiden voro mot hvad de nu äro. Matts Jakobsson egde i ädla och oädla metaller följande poster: ett och tre kvart stycke renska gyllen, 133 lod silfver, 550 mark penningar, 3 dalerstycken, ett lis-

---

[1]) Tio borgares förmögenhet varierade emellan 1,000 och 500 mark, fjorton antecknas för en förmögenhet af emellan 500—200 mark, 31 för en dito af emellan 200—50 mark, och 36 för mindre än 50 marks förmögenhet.

[2]) Då emellertid vid skattetaxeringen 1571 i Björneborg icke alldeles samma skatteobjekt synas hafva blifvit värderade, som annorstädes, och dessutom såväl fasta egendomen som boskapen h. o. h. här uteslutits från beräkningen, torde en jämförelse med förhållandena i andra städer vara temligen vansklig, hvarför vi ock här afstå från en dylik.

[3]) Då äfven denna längd lemnar obeaktade särskilda förmögenhetsposter, såsom reda penningar, fartyg, lösöre m. m., fås icke heller på grund af densamma några fullt exakta uppgifter rörande borgerskapets totalförmögenhet. Men då denna, den s. k. 50:nde pennings-längden, i alla fall uppgifver värdet å borgerskapets såväl tomter, som boskap och handelsvaror, kunna vi icke — om den ock i noggrannhet synes stå efter 1571 års register — lemna densamma h. o. h. obeaktad.

[4]) En svensk daler utgjorde nämligen då 4 svenska mark.

pund tenn, 17 marker messing och 6 dito koppar. I hans visthus fans ett lager af hudar och skinnvaror, färdiga för export, en decker[1]) elghudar, 6 st. ox- och lika många kohudar, 7 st. kalfskinn, några decker lamskinn, bockskinn och getskinn, samt dessutom ett upplag pelsvärk, bestående i följande persedlar: $^{1}/_{2}$ utterskinn, 2 stycken röda räfskinn, 2 stycken aspemårdskinn, 2 stycken mänckskinn och ett dito hermelinskinn, oberäknadt 12 „timber" harskinn, 8 timber „samfång" och 5 stycken s. k. „klockevärk". Härtill lågo ännu i hans boda särskilda varor, sannolikt äfven afsedda för utförsel, såsom 1 $^{1}/_{2}$ tunna smör, 6 fat tran, en decker gäddor, 1 $^{1}/_{2}$ lispund braxen, 8 lisp. humla och 2 tunnor tjära. Se där tillgångarna hos stadens största affärsman då för tiden. Allt detta gods representerade emellertid en då för tiden högst respektabel förmögenhet af mer än 2,050 marks värde.

Stadens rikedom på Norrlands-varor.

Hans granne och medtäflare på förmögenhetsskalan Nils Larsson bestod sig ett icke stort mindre lager af ungefär samma varor, hvarjämte han äfven synes idkat trävarurörelse, efter som han hade på stapel 3 tolfter bräder, och därtill 20 klofvar näfver. För samma slags varor, bland hvilka äfven stundom nämnas bäfverskinn, taxerades 1571 också alla öfriga borgare; skilnaden emellan de taxerade låg endast i kvantiteten af de uppskattade varorna. Det fans i staden, såsom vi häraf finna, ett öfverflöd på Norrbottens- och inlandsvaror på den tiden.

Per Ersson åter, som i början på 1600-talet framträder såsom stadens största skattdragare, egde en gård och tomt värd 40 daler. I hans stall stodo tre hästar och i hans ladugård 12 kor och tre oxar, hvarförutom till hans boskapsdrift hörde 10 st. får och lika många svin. I hans visthus förvarades ett osåldt spannmålslager, belöpande sig till 9 $^{1}/_{2}$ tunna. Hans förråd af silfver beräknades utgöra 184 lod. Såsom handelsvaror åter uppföras: 4 fat tran, 1 tunna smör, $^{1}/_{4}$ tunna lax, 14 tunnor tjära, 3 $^{1}/_{2}$ decker kohudar, 1 decker bockskinn, 3 decker kalfskinn och 12 lisp. torra gäddor. Vid en jämförelse emellan Matts Jakobssons och Per Erssons lager faller genast i ögonen, att den senare icke mer bestod sig något sortiment af pelsvaror, såsom hans föregångare en mansålder tidigare hade haft. Samma observation gäller i allmänhet också de öfriga handlande, som uppgåfvo sina lager för taxeringen år 1600. Endast en och annan låg inne med några fat tran och några timber gråvärk. Det ser således ut såsom om tillförseln från Norrbottens skogar redan

[1]) En decker = 10 st.; ett timber = 40 st.

börjat aftaga och borgarena söka efter ersättning för sin export uti egen ladugård.

Från vår ståndpunkt sedda te sig i sanning ofvannämda förmögenheter högst oansenliga, likasom ock den tidens affärsmän, som rörde sig med det minsta möjliga kapital och als icke lågo inne med några värdepapper, förefalla högst obetydliga. Men hvarje tid skall mätas med sin egen måttstock. Penningens värde var då för tiden vida större än nu. Amerikas guld- och silfvergrufvor hade ännu icke hunnit fylla gamla världen med sina skatter och göra penningen åtkomlig för hvar man. Lönerna betalades för det mesta in natura, och handeln bestod till en stor del ännu i olika varors utbytande mot hvarandra [1]). Ofvanstående summor, som förefalla oss små, voro således stora för sin tid. Den man, som hade i sitt lager någon tunna tjära eller några tolfter bräder à 2 mark, kunde redan tänka på att slå sig på affärer. Ur denna synpunkt representerade ock Björneborgs borgerskaps taxerade förmögenhet ett ingalunda obetydligt kapital, som nogsamt bar vittne om stadens välmåga [2]).

Med anledning af stadens betydelse var det ock vid slutet af perioden (1641) påtänkt att upphöja densamma till rang och värdighet af residensstad för ett nytt landshöfdingedöme, hvilket skulle omfatta Öfra och Nedra Satakunta samt Vemo härader. „Staten" var redan färdig, lydande på 5987 d:r s:mt. Då den till landshöfding påtänkte Melkior v. Falkenberg just vid denna tid vistades i staden, fann han den vara — såsom han uttryckte sig — „god nog i sig sjelf". Han undanbad sig emellertid det honom erbjudna uppdraget, enär han där skulle blifvit för mycket „skild från sina gelikar", och emedan han ej kunde landets språk. Någon ny landshöfding blef

„Björneborgs län".

[1]) I följd af penningarnas sällsynthet fick man stora saker för små summor. För de bästa hästar betalades på 1590-talet 40 mark, men för vanliga dragare endast 20; en oxe kostade 12 $^{1}/_{2}$ och en ko 10 mark. Ett får eller ett svin betingade sig sällan högre pris än 10 öre. Tjärtunnan såldes för 2 à 3 mark och ett lisp. smör för 3 mark. På en sv. mark gingo 8 öre.

[2]) Ehuru en jämförelse emellan Björneborgs och öfriga finska städers förmögenhetsförhållanden på den tiden måste blifva temligen osäker, enär den beskattade egendomen ej å alla orter var af samma slag, må dock i förbigående nämnas, att enligt 1571 års sölfskattsregister Åbo och Viborg hvardera taxerades för en förmögenhet af omkr. 82,000 mark, Helsingfors för en sådan af omkr. 43,000 mark samt Raumo för en af 14,419 mark och 625 lod silfver, o. s. v. Björneborg intog sålunda 1571 i afseende å den taxerade förmögenheten rummet emellan Helsingfors och Raumo såsom landets fjärde stad. Men sedan Viborg hemsökts af ryska kriget och Helsingfors handel äfven i följd af nämda krig gått under, var det t. o. m. tider då Björneborg, i slutet på 1570-talet och under 1580-talet, kunde göra anspråk på andra rummet bland Finlands städer.

sedermera icke tillsatt och staden förblef som den varit en provinsstad. Men sedan den tiden bär det forna Åbo slottslän namnet „Åbo och Björneborgs län“ [1]).

Skatter och pålagor.

Men om ock Björneborg icke blef någon residensstad, så kunde det dock i anseende till sina ekonomiska ressurser täfla med landets större städer. Därom vittna i sin mån de relativt stora extra skatter staden under denna period fick vidkännas. I afseende å dessa intog Björneborg i regel plats efter Åbo, Viborg och Helsingfors, men kunde tidtals t. o. m. taxeras högre än de två sistnämda städerna. En kort öfverblick af hvad Satakuntas hufvudort i skatteväg förmådde, är därför egnad att bättre än allt annat gifva oss en rätt föreställning om dess betydelse, på samma gång vi däraf äfven kunna ana till orsaken, hvarför den icke nadde en ännu högre grad af utveckling. Ty de ständiga uttaxeringar, som det nygrundade samhället under förloppet af ett sekel fick oaflåtligen vidkännas, kunde icke annat än i hög grad hämma dess begynnande uppblomstring.

De utlofvade tio frihetsåren fingo borgarena aldrig njuta till godo. Efter brödrakriget kommo i oafbruten följd konung Eriks danska och konung Johans ryska krig. Därpå följde de inre oroligheterna under Sigismund, och sedan, under konung Karl, de tre samtidiga krigen mot Danmark, Polen och Ryssland, hvilka slutligen efterföljdes af det 30-åriga kriget. Ehuru Björneborg, i följd af sitt från krigsskådeplatsen aflägsna läge, led mindre än mången annan finsk stad, fick det dock i hög grad vidkännas följderna af ett helt århundrades rastlösa kamp, hvars aflägsna orkaner i sina hvirflar drogo ned allt hvad freden samlat när och fjärran. Skatter, kontributioner, rekvisitioner, utskrifningar, borgläger, gästningar och skjutsfärder följde hvarandra, i ständigt växande proportioner.

»Sölfskatterna».

Bland extra skatter, som denna tid pålades landet, voro utan tvifvel de mest betungande de tvänne s. k. Elfsborgslösensgärderna, hvilka upptogos efter hvardera danska krigets slut 1571 och 1613 för att hopbringa medel till återköpandet af denna tvänne gånger förlorade viktiga fästning. 1571 års Elfsborgslösen eller såsom den ock kallas „sölfskatt“, på grund däraf att den skulle utgå i silfver till ett belopp motsvarande tiondedelen af värdet af hvarje medborgares

[1]) Tigerstedt, Bref från generalguvernörer etc., sid. 234 o. följ. — Vid denna tid fick staden ock låna sitt namn åt det på 1620-talet uppsatta sedermera så ryktbara björneborgska infanteriregementet. Rekryteradt från Satakunta, således ock från staden och dess omnejd, bestod detta regemente med heder sitt elddop i det under trettioåriga kriget utkämpade andra stora slaget vid Leipzig den 23 oktober 1642.

lösa egendom, utgjordes af staden Björneborg med den då för tiden höga summan af 2,056 mark [1]). Äfven de minsta persedlar, såsom t. ex. 2 stycken näfver, några bräder o. s. v., hade blifvit värderade. Ej mindre betungande var den senare Elfsborgslösen, hvilken uppbars efter hjonelag under en period af 6 år (1613—19). Den steg för staden till ett belopp af 651, 358, 376, 155, 164 och 167 daler [2]), för hvarje af de angifna åren. Till dessa stora skatter kommo ytterligare gärder, som kronan pålade allt efter som dess kassor blefvo toma. 1572 fick staden sålunda betala en skatt af 200 gyllen, hvilken skatt näst Åbos var den största, som pålades någon finsk stad. 1587 erlade staden en gärd af 100 ungerska gyllen, medan Åbo hade sig pålagdt att betala 220, Helsingfors 120, Viborg 60, Raumo 40 gyllen o. s. v. 1592 beviljades af staden en skatt af 800 lod silfver, eller precis lika mycket som af Viborg och Helsingfors. 1611 erlades åter en s. k. månadsskatt af 30 daler 3 mark, hvilket var mer än någon annan stad i landet, förutom hufvudstaden, utgjorde [3]). Sedan trettioåriga kriget brutit löst, blefvo slutligen de s. k. kontributionerna — om hvilka vi framdeles skola blifva i tillfälle att närmare orda — årligen återkommande bevillningsgärder, som varierade emellan 150 och 300 daler.

Men utom dessa stora gärder var där en uppsjö af mindre dylika, lika varierande och olikartade som de tillfälliga behof hvilka framkallade dem. På en tid då det ej ännu fanns något ordnadt proviantväsende och någon regelbunden intendentur, gick man nämligen helt patriarkaliskt tillväga vid fyllandet af bristerna i kronans kassor och magasiner. Undersåtarne tillsades att samla i hop af sina Mindre gärder.

---

[1]) F. S. A. 2246, 157 och följ. samt 2237, 60. — Af Nedra Satakunta utgick denna skatt med 20,546 mk 14 deningar och 45 lod. — Det ofvan för staden angifna beloppet uppbar fogden 1571 med omkr. 1,462 mark penningar samt 202 lod silfver. Se F. S. A. 2237, 60.

[2]) Summorna äro här uppgifna i jämna tal med bortlemnade bråk. Beräknade i mark hade de utgjort: 2,607, 1,435, 1,505, 622, 656 och 668 mark. — Se F. S. A. Tilläggshandlingar, 84, 90, 92, 103, 106.

[3]) Stiernman, Riksdagsbeslut I, 660. — 1560, två år efter stadens grundläggning, togs redan en hjälpgärd af staden. F. S. A. 2103, 1. 1581 betalade staden ock en gärd af 180 d:r, medan Raumo (och „Ulfsby") erlade 140. F. S. A. 2336, 79. Samma år uttogos från staden 5 hästar. F. S. A. 2333, 31. 1586 hade kronan under namnet tennuppköp uttagit af staden en gärd af 6 lisp. tenn. 1601 slutligen utgjordes 50:de penningsgärden (Vaaranen I, 121) och 1602 en krigshjälp af 50 daler. 1604 erlade åter staden en månadsskatt af 16 daler 3 mark, eller lika mycket som Helsingfors (Stiernman, Riksdagsbeslut I, 581, 583). — Redan 1624 togs af staden en „kontribution" af 209 daler.

förråder hvad som behöfdes, och under de förmildrande benämningarna „uppköp“, „bevillning“, „lån“ o. s. v. hamnade sedan deras levererade persedlar i vederbörandes värjo.

Sålunda fingo Björneborgs borgare gång på gång tillsägelse att leverera öl, bröd och torrfisk än till kungliga skeppsflottan i Östersjön (1564 o. 1566), än till armén vid Viborg (1580-talet). 1592 ålades Björneborgs stad att till krigsfolkets behof utgöra 3 fjärdingar brännvin och presterna i staden därtill ytterligare 4 kannor [1]). År 1591, när krigsskeppen skulle segla ut från Helsingfors och till stort bryderi för vederbörande befunnos sakna tackel och tåg, kom ett ilbud till fogden med tillsägelse att han skulle handla med undersåtarna i Björneborg, att de välvilligen skulle utgöra af staden fyra skeppund hampa [2]). 1604 anlände likaledes en öfverhetlig befallning till landsfogden, att han skulle begifva sig till Björneborg och upptaga allt det kläde där finnas kunde och straxt sända det till Åbo, med tillsägelse till egarne, att de äfven kunde begifva sig dit för att få besked om betalningen [3]). Som vi se, var processen summarisk och undersåtarnes egendom s. a. s. i disposition.

Kronofrakter. Men icke nog därmed. Persedlarna skulle ock föras fram till den ort där de behöfdes, och det var borgarenas sak, antingen de hade lust eller ej, att emot utlofvad men ofta uteblifven betalning bestyra om transporten. Redan 1566 klaga borgarena att de under alla år, som danska kriget varat, med alla skepp, de kunnat åstadkomma, två eller tre gånger om året måst forsla kronans proviant till Kungl. Majestäts skeppsflotta, till Söderköping, Norrköping, Kalmar, Arboga och Sundsvall, och att de, fattiga män, ingen hyra bekommit för sina båtsmän [4]). 1573 voro alla stadens skepp och skutor förbjudna att utgå, enär gärden då skulle föras till Viborg [5]). 1587 seglade en mängd borgare hela sommaren om med kronans gärder omkring i finska viken, emellan Reval, Narva och Viborg, förlorande dyrbar tid „för egen bärgning“ [6]).

Om borgarne stundom visade sig mindre benägna att utbyta en vinstgifvande Tysklandsfärd mot en besvärlig och, i bästa fall, föga lönande kronoresa till Riga eller Narva, så gjorde man äfven

---

1) F. S. A. 2422, 19.
2) F. S. A. 2414, 124.
3) F. S. A. 2455, 90.
4) F. S. A. Städernas acta. Björneborg.
5) Sv. Riksark. Ingående diarium, 1573, 21 april.
6) F. S. A. 2384, 26—27.

då processen kort [1]) och det kunde hända att en tredskande skeppare utan vidare fördes ombord och under hugg och slag tvangs att styra skutan dit man önskade [2]). 1630 blef ock pålyst att „såframt skepparne ej förskaffa sina skutor åstad och göra dem segelfärdiga till Åbo att dit öfverföra krigsfolk, skola de böta 40 mark hvar“ [3]). Ju bättre en farkost var, ju skickligare en styrman, desto oftare togos de i anspråk för kronans behof, om man ock i sådana fall var något mera mån om att se vederbörande till godo. 1605 fick fogden befallning att ställa borgaren Berendt, som högeligen beklagat sig öfver obetald frakt, tillfreds, så att man en annan gång kunde få hans goda skuta, „eftersom nu göres behof af nöden“ [4]). 1617 fick styrman Matts Skratte, som klagat att han esomoftast blir tagen att styra kronans försler och ständigt måste vara vederredo, en anständig betalning, „på det han en annan gång må befinna sig välvillig“ [5]).

Man må dock icke tro att staden, sedan den betalt sina skatter, utgjort sina gärder och forslat dem till krigsskådeplatsen, därmed hade fullgjort allt hvad man af den kunde fordra under brinnande krig. Nej — också ädlare offer skulle bringas det allt uppslukande kriget. Staden skulle likaväl som landsbygden uppställa soldater och båtsmän för arméns och flottans behof. 1590 anstäldes stor utskrifning af soldater i Björneborg, i borgmästare och råds närvaro. 1606 indelades hela borgerskapet i rotor, tio borgare i hvarje, och från hvarje rota togs „af den borgare, som hade mesta manshjelpen i sin gård, den karl, som dugligast var“, till knekttjensten [6]). Dessa knektar skulle förses med kläder, pelsar, skjortor och skor, samt med 14 dagars kost, „så att de därmed må vara stofferade, såsom sig bör, och ej komma nakna fram“ [7]). Innan sommaren hunnit till ända kom ny befallning att „hvar tre borgare skulle utgöra en varaktig karl med två månaders kost“ och att manskapet senast den 1 september borde vara i Viborg, och samtidigt antyddes de borgare, som hade

Soldatutskrifningar.

[1]) F. S. A. 2441, 145.
[2]) F. S. A. 2441, 120.
[3]) Stadens dombok 1630, Valborgsmesso-rådstudagen.
[4]) F. S. A. 2461, 203.
[5]) F. S. A. 2527, 105. För att befria städernas borgare från kronofrakterne, ålade hertig Karl [12]/[11] 1601 dem att bygga pråmar för kronans räkning, dem de skulle få begagna, när de ej begagnades till kronans försler. Också i Björneborg synas sådana pråmar blifvit bygda, men icke förty togos fortfarande äfven borgarenas skutor i anspråk för kronans transporter.
[6]) F. S. A. 2467, 150.
[7]) F. S. A. 2467, 172.

frihetsgårdar på landet, att rusta sina ryttare äfvenledes med 2 månaders kost och „fullt stofferade" [1]).

Det dugde ej inför slika order att protestera, ej heller att söla. 1571 dömdes Markus Äimäläinen och Tomas Jäms till 40 marks böter för det de ej i laga tid drogo ut mot fienden, när dem tillsades [2]), och 1606, då borgerskapets stora kontingent ej i tid hördes af i lägret, fick fogden en sträng tillsägelse af vederbörande, att ställa så till „att vi i denna landsändan låta befinna att vi heller icke alltid sofva, utan ock något beställa" [3]).

Borglägren. Till alla dessa onera, som kriget medförde, kom slutligen ett plågoris, som på grund af den så godt som totala rättslöshet, detsamma för borgaren medförde, kändes om möjligt ännu mera tryckande än skatter och utskrifningar. Det var de s. k. borglägren eller inkvarteringarna, och de dem åtföljande våldgästningarna och skjutsfärderna. 1605 voro i staden inkvarterade en hop tyska landsknektar, 1606 låg Joakim Deroyes franska fänika, 50 soldater, förutom kvinnor och barn, i sex veckor i staden i borgläger, „till säng och kost" [4]). 1610 var där logerad Peter de la Ville med en hop utländska knektar och 1612 Spens med en trupp iriska och tyska legosoldater [5]). Dessa råa Martissöner, som i sina elghudskyller och med sin bardisan på axeln, voro en skräck lika mycket för vän som för fiende, utöfvade under ett helt årtionde ett tryckande välde öfver staden, hvilken endast genom att iakttaga det yttersta tillmötesgående trodde sig kunna undgå allmän plundring [6]). I kapp med dessa barbarer, plågade adelsmän och kronans tjenare de arma borgarena, fordrande af dem gratis kost och fri skjuts och trakterande dem med hugg och slag, i händelse de vågade göra invändningar.

Hemsökelser genom krig. Ej heller undgick staden under dessa tider ödet att direkte få vidkännas krigets hemsökelser. Under klubbekrigets dagar och de därpå följande stridigheterna emellan hertig Karl och Sigismund synes

---

[1]) Anfördt ställe. — 1600 skulle Joakim Scheel uttaga från staden 40 man till sjöflottan samt från Åbo 60 och från Raumo 30 man.

[2]) Stadens saköreslängd $^{18}/_4$ 1571.

[3]) F. S. A. 2467, 150—161.

[4]) F. S. A. 2474, 126—32; 133.

[5]) F. S. A. 2495, 59; 2500, 20; 2501, 93; 2506, 72—77, 125. — David Spens kompani, 150 man, ryckte från Björneborg på tåg till Ryssland 1613.

[6]) Af uttrycken i flere af ofvanciterade bref framgår att borgarene gjorde allt sitt till för att vara soldaterna i lag. Att de sistnämda ej skonade ens kronans egendom, framgår däraf att de 1611 stulo boskap t. o. m. från Koivisto ladugård.

den icke lyckats ställa sig väl med någondera af de kämpande partierna. Först blef den hemsökt af „de finske“, som togo bort alla stadens „stångkreijare, skutor och båtar, därmed borgarena till sjös plägade söka deras näring, så att de näppeligen hade en fiskarbåt i behåll, förutan annan olägenhet, som de äro komne uti“ [1]). Sedan infann sig hertigens fogde i Österbotten Augustinus Larsson i staden (i juli 1599), medförande på sin flotta tvänne fänikor soldater, Pelle Perssons (201 man) och Sven Jonssons (247 man), hvilka han den 30 i sagda månad mönstrade i Björneborg [2]). Antingen nu staden ej gjort sig fullt förtjent af det hertigliga partiets förtroende — borgmästaren Joen Elofsson, som 1598 besökte hertigen i Nyköping, misstänktes att vara Stålarms spion [3]); i början af år 1599 hade sigismundska partiets höfdingar i Finland, Arvid Stålarm och Axel Kurck, i Björneborg hållit ett möte, hvarifrån de aflåtit en utmanande skrifvelse till svenska riksdagen — eller om det blott berodde på soldateskans plundringslystnad, alltnog „Augustini sällskap tog, när det här af och an förreste, mest allt hvad borgarena hafva haft, så att de nu ringa ting hafva att föda sig med“, skrifver hertigens amiral Joachim Scheel, som i början af år 1600 besökte staden. Och härmed öfverensstämmer stadsboarnes egen klagan, „att de blifvit af Pelle Perssons och Sven Jonssons fänikor sköflade, så att många i deras stad kunna sig aldrig förekomma, hvarföre de nu med allo äro utarmade och förderfvade vordne“ ($^{27}/_{12}$ 1599) [4]). Att för öfrigt Augustini soldater värkligen voro ett rofgirigt följe, kan man ock sluta däraf, att på kungsgården efter deras framfart, icke fans ett glasfönster, icke ett spjell, eller ett lås kvar för dörrarne [5]).

Öfver alla dessa vedermödor klagade borgarena förgäfves. Regeringen kunde ej, äfven om den velat, lindra deras betryck. 1583 anhöll staden att blifva förskonad från dess utlagor, men konung Johan svarade att han ej kunde något förändra, emedan han ej ännu bekommit besked från sina tillförordnade vid gränsen, huruvida „vår fiende muskoviten ville bevilja en dräglig förlikning“ [6]). 1594 klagade borgerskapet att detsamma under förlidne ryssefejden blifvit mycket förarmadt i följd af knektehåll, gästning, skjutsfärder och

Borgarenas klagomål.

[1]) Vaaranen, Urkunder, I, sid. 3—4.
[2]) Koskinen, Nuijasota, sid. 511.
[3]) Svenska Riksarkivet. Hertig Karls registratur, fol. 178.
[4]) F. S. A. Stadens besvär.
[5]) Vaaranen, Urkunder I, sid. 5.
[6]) Svenska riksarkivet. Riksregistraturet för år 1583, fol. 380 v.

andra pålagor, och regeringen, som väl fann med sin egen fördel vara förenligast att denna idoga köpstad skulle blifva vid makt, lofvade befrielse från gästning och skjutsfärder, mot vilkor att borgerskapet skulle underhålla två eller tre taverner till vägfarandes tjenst. Men att det äfven denna gång stannade vid blotta löften, finna vi af stadens några år senare förnyade besvär, däri det heter att „de friheter våra privilegier innehålla hafva vi litet åtnjutit till godo sedan vi boflytte, för det långvariga krig, det Gud bättre, uti Sveriges rike en lång tid varit hafver, och synnerligen nu i dessa förledne tre år genom svår gästning, skjutsfärder och mångahanda olagliga pålagor“ [1]).

Kungliga besök. Särdeles begagnade sig staden af de tvänne kungliga besök, som vid denna tid därstädes gjordes, för att framföra sina klagomål. 1602 besökte hertig Karl Björneborg, där han utgaf sin bekanta fogdeinstruktion, en åtgärd, som man sammanställt med en landtdag, hvilken man orätt antagit att hertigen där skulle hållit. 1616 gjorde åter Gustaf Adolf ett besök i staden, hvarvid han bodde på Björneborgs gård. Vid hvardera tillfället lofvades förmedlingar och eftergifter, men att det äfven nu stannade vid blotta ord, finna vi af borgarenas förnyade klagan år 1629, „att de nu äro vordne så svaga att här i staden näppeligen funnes öfver 30 borgare, som kunde utgöra sina skatter, hvilka nu utgå med nära halftannat tusende daler årligen“ [2]), äfvensom af deras några år senare framförda besvär „att de med skjutsfärder och gästningar betungas ej allenast af dem som kronans saker uträtta, utan ock af andra som inga ärenden till staden hafva, och blifva af dem esomoftast illa trakterade och slagne“ [3]).

Eldsvådor. Men måttet af stadens vedermödor var härmed icke fyldt. Vi hafva ännu att anteckna trenne stora eldsvådor, som i sin mån bidrogo att hämma stadens utveckling under dessa bistra tider. Den första hade timat just kort förrän 1571 års sölfskatt, så betungande för staden, upptogs. Då uppbördskommissarierna anlände till Björneborg, funno de 31 af stadens 88 borgare boende i den „förbrända sidan“, hvilket häntyder på att mer än en tredjedel af den knappt tolfåriga staden lagts i aska. Vi kunna fatta hvad en sådan hemsökelse hade att betyda för ett ännu s. a. s. opröfvadt nybygge. Och knappt hade staden repat sig från denna partiella förstörelse, innan den efter trettio års förlopp skulle ånyo härjas af en i stadens an-

[1]) F. S. A. Städernas besvär, Björneborg 1599.
[2]) F. S. A. Städernas besvär, Björneborg $^{14}/_{10}$ 1629.
[3]) F. S. A. Städernas besvär, Björneborg (1630?)

naler för alltid minnesvärd vådeld, den 5 maj 1603. Staden ödelades nu så godt som fullständigt, förlorande i branden äfven sina privilegiebref och tänkeböcker [1]). Och af ett ej mindre grymt öde drabbades den år 1640, då den ånyo till en stor del blef lågornas rof [2]). Fyratio gårdar i den bäst bebygda delen af staden lågo i rykande ruiner, och fråga uppstod nu, då tillandningarna i elfven gjort uppfarten allt besvärligare, huruvida det ej vore skäl att, innan man skred till de uppbrunna kvarterens återuppbyggande, uppsöka för staden ett annat ställe närmare till hafvet. Jöns Kurck fick af drottningen i uppdrag att efterse ett lämpligare ställe, där staden kunde ånyo funderas. I denna afsigt beság han den udden, „som sträcker sig ut mot Norrlands farvattnet", och föreslog att staden skulle där utstickas emellan tvänne hamnar, „nämligen Lohamn och Svinhamn, där nu Ytterö by är belägen" [3]). Af flyttningen blef dock intet, och Björneborg reste sig snart ånyo å sin gamla plats för att gå ett nytt tidskifte till mötes, ännu vida bistrare, än det staden nu genomlefvat.

Det nya handelssystemet.

I sanning, då vi sammanfatta allt hvad Björneborgs stad, utan att synnerligen lida i afseende å sitt välstånd, gått i land med under den första hundraårsperioden af sin tillvaro, extra gärder, utskrifningar, borgläger, våldgästningar, förluster genom vådeld, att ej tala om de ordinarie skatterna, hvilkas antal ökats med mantalspenningar, åkerskatten och lilla tullen, måste man medge att hertig Johans stad med framgång fyllt sin uppgift såsom Satakuntas stapelstad. Med tanken härpå var det väl att beklaga att dess blomstring skulle tillspillogifvas för ett felaktigt ekonomiskt system.

Redan 1595 hade föreslagits att all handel i riket borde ordnas så att endast några s. k. stapelstäder egde rätt till utrikeshandel, hvaremot de öfriga, „uppstäderna", endast finge drifva inrikesrörelse. Att Björneborg, oaktadt sin jämförelsevis betydande sjöfart, skulle komma att räknas till dessa senare, var så mycket säkrare, som förslaget egentligen gick ut på att vindicera all rätt till utrikeshandel åt Stockholm allena. 1614 och 1617 utkommo på den grund nya

[1]) Staden erhöll efter denna brand, genom kungl. bref af $^{3}/_{8}$ 1604, sex frihetsår från alla utlagor, en frihet, som dock väsentligen inskränktes däraf, att den emellertid måste underhålla det förut omtalade främmande krigsfolket. De till inkvarteringen åtgångna medlen ansågos därför såsom lån, hvilka staden försträckt kronan, och vi få framdeles se huru den återfordrade desamma.

[2]) Staden erhöll i anl. af denna brand, $^{11}/_{10}$ 1641, frihet från halfva kontributionen på 2 år. Riksregistraturet 1641, 2 del, fol. 1135.

[3]) W. G. L(agus) i Finlands Allm. Tidning 1852, N:o 78.

handelsordinantier, enligt hvilka Åbo och Viborg samt Helsingfors blefvo Finlands enda stapelstäder, medan däremot Björneborg — liksom de öfriga städerna — beröfvades rättigheten att hos sig emottaga utländska skepp.

Staden inskränkt till aktiv stapelrätt. 1614—1636.

Enligt de nya handelsordinantierna bibehöll Björneborg således ännu rättigheten att med egna fartyg utföra sina varor till främmande hamnar. Den hade således ännu hvad man kallade „aktiv stapelrätt", men ej den „passiva". Detta var måhända ännu icke någon kännbarare förlust för staden, då öfverhufvudtaget utländingarnes besök därstädes torde varit relativt sällsynta. Också finna vi att staden under den aktiva stapelrättens tid (1614—1636) ännu temligen väl höll sig uppe, och hvad i aftagande välstånd då redan kunde förmärkas kan lika väl hafva berott på de nya skatter, som nu pålades staden, som på värkningarna af de nya handelsordinantierna.

Staden beröfvad rätt till utrikeshandel.

Men tjugu år senare (1636) beröfvades staden ock hvad den ännu hade kvar af sina utrikeshandelsprivilegier. 1636 års nya handelsordinantie betog nämligen alla städer norr om Stockholm och Åbo all stapelrätt, och sålunda sjönk äfven Björneborg med ett slag till en obetydande uppstad. Endast efter många klagomål och ihärdiga besvär lyckades det staden att år 1641 få sig, i likhet med Raumo och Nystad, tillerkänd rättigheten att äfven såsom uppstad få till tyska hamnar utföra endast träkärl och därifrån hemta endast salt eller reda penningar [1]). Men då träkärl, såsom vi sett, icke då för tiden spelade någon väsentlig rol i stadens utförsel, blef denna rättighet, så viktig den än kunde vara för grannarna i söder, af ringa betydelse för Björneborg [2]). Sålunda var nu staden i det väsentligaste beröfvad det viktigaste hjälpmedlet för sin existens, sin fria utrikeshandel.

Förlusten af Norrbottenshandeln.

Men en olycka kommer sällan ensam. Björneborg skulle vid denna tid också förlora den vinstgifvande handeln på Norrbotten, som ända sen Teljes tid till en stor del gått genom Satakuntas hamn. 1605 och 1606 hade nämligen utfärdats fundationsbref för Uleåborg och Vasa. Privilegiebrefven för dessa städer bestämde att Norra

---

[1]) Resol. af $^{16}/_{3}$ 1641. Riksregistraturet 1641 mars, I del, fol. 196.

[2]) Väl anhöll borgerskapet, „emedan sådan utrikeshandel allenast med trävärk är efterlåtet, och hos oss här i Björneborg sådant uti kärl och annat ej är att bekomma, såsom i Nystad och Raumo", om rätt att såsom förr få segla utrikes med allehanda varor samt där uppköpa salt, kläde och annat, som de hemma kunde föryttra; men denna deras anhållan blef naturligtvis afslagen.

Österbotten skulle betraktas såsom Uleåborgs, Södra Österbotten såsom Vasa stads handelsgebit, där inga andra städer skulle göra dem hinder eller intrång uppå. Väl fann regeringen att detta var ett för hårdt slag för de städer, som härtills dragit en så betydlig vinst af Norrbottenshandeln, och medgaf redan 1614 Åbo rättighet att fortsättningsvis handla på Österbotten samt utsträckte följande år denna rättighet äfven till Björneborg och Raumo, dock på det vilkor att borgarena ej mer skulle få utborga varor åt allmogen utan endast „handla rede om rede". Ja — under sitt besök vid landtdagen i Helsingfors utfärdade Gustaf Adolf, som funnit att Åbo, Björneborg och Raumo icke kunde bli beståndande utan den österbottniska handeln och att de lidit stort afbräck sedan den afspärrades för dem, t. o. m. ett patent om tvänne frimarknader Olofsmässotid i Norrbotten, den ena i Pedersöre, den andra i Salo hamn, vid hvilka nämda städers borgare tillätos fritt och obehindradt att handla, — en rättighet som för resten 1617 genom handelsordinantien utsträcktes till alla stapelstäder [1]. Men allt detta båtade föga. De nya städernas konkurrens dref småningom alla främlingar bort från de nordliga hamnplatserna [2]. 1620 grundlades därtill Nykarleby och fem år senare transporterades Pedersöre frimarknaden dit. 1649 grundlades slutligen ock Brahestad. Väl försökte Björneborg ännu att rädda åt sig sydligaste hörnet af Österbotten, Närpes och Lappfjärds socknar, anhållande 1650 om att någon stad ej skulle anläggas på Koppön. Men det var förgäfves [3]. Snart hade den en ny konkurrent, Kristinestad, sig inne på lifvet. Sålunda hade Björneborg steg för steg fått vika från ett handelsgebit, som det och dess föregångare Ulfsby i tre århundraden betraktat såsom sitt.

Förlusten af Tavastehandeln.

Och liksom för att fylla måttet af stadens motgångar inträffade det vid denna tid att också den vinst, staden kunde räkna på af sin urgamla handel på Tavastland, nu blef för den afskuren. Staden hade, såsom ofvan nämts, enligt privilegierna af 1604 en marknad i Harju by i Birkkala. Att den tavastländska handeln, som sedan hedenhös sökt sig nedåt Kumo-elfdalen, också på denna marknad tillfört Björneborg ett ansenligt tillskott i dess rörelse, hafva vi redan förut framhållit. Men 1638 och 1639 gaf Per Brahe tillstånd till

[1]) v. Bonsdorff, Åbo stads historia, 3:dje häftet, sid. 516—18.

[2]) 1617 seglade åtminstone Jokim Schultz skuta ännu från Björneborg till Österbotten.

[3]) Redan förut hade staden anhållit att Lappfjärd kapell, äfvensom Närpes socken, skulle fortfarande få höra till dess handelsområde, och ej föras under Vasa. F. S. A. Städernas besvär. Björneborg 1630-talet.

tvänne marknader i Tammerkoski by, hvilka redan tidigare börjat frekventeras af Åbo stads borgare, och i hvilka Nystadsboarne senare vunno delaktighet. Ja, 1640 petitionerade Åbo t. o. m. om en stads anläggande i Tammerkoski eller Nokia — naturligtvis i förhoppning om att i den nya staden tillvinna sig exklusiva handelsförmåner. Väl blef ej denna Åboborgarnes åstundan uppfyld, men år 1643 afslogs såväl allmogens i Öfre Satakunta som Raumo stads ansökningar om att äfven andra städers borgerskap skulle tillåtas besöka marknaderna i Tammerkoski [1]). Därmed var regeln satt för Björneborgs handel också på det hållet.

Segelfarten försvårad genom tillandningar.

Till allt detta kom ännu, att handeln mot periodens slut började lida ansenligt afbräck i följd af den pågående tillgrundningen i stadsfjärden. Under slutet af 1500-talet bildade sig där i följd af sand, som flodvattnet om våren nedfört, en mängd undervattensgrund, emellan hvilka det var så mycket svårare att finna de djupare ådrorna, som sandbankarna under olika år kunde förändra både läge och form. Ett och annat af dessa grund började ock redan att höja sig öfver vattenytan, bildande nya holmar och sandklippor. I sitt bref till drottningen af $^{2}/_{3}$ 1642 säger Jöns Kurck, med anledning af stadens påtänkta nedflyttning till Ytterö, att „staden väl hvad landsorten vidkommer är uppå en skön plats belägen, men har en stor inkommoditet i seglatsen, i det man icke närmare staden än på en stor mil med någon lastad skuta kan komma, utan dess innevånare måste deras afskepp- och införande gods till Björkholmen med små båtar af och an föra". Och han tillägger att allt detta är så mycket besvärligare, som det är ganska svårt „att veta rätta ådran på ån, ty vattnet stiger vidare än ådran löper, dock kan utom ådran ingen båt mera framkomma, emedan det allt tillandas" [2]).

„Björkholms hamn".

Af ofvanstående framgår således ock att staden redan på denna tid, i följd af den försvårade uppfarten, nödgats söka sig en yttre hamn [3]) och att den för detta ändamål begagnade den lilla Björkholmen invid Busö, som Sigismund donerat staden. Dock torde ännu de mindre på Stockholm gående skutorna, äfven med full last, kunnat segla upp till staden, enär det på 1630-talet talas om fartyg, som ankrat dels vid bryggan, dels gentemot staden vid „Sanden". Men i alla händelser medförde den raskt fortgående tillandningen icke

[1]) v. Bonsdorff, Åbo stads historia, 3:dje häftet, sid. 512.

[2]) W. G. L(agus) i Finlands Allmänna Tidning 1852, N:o 78.

[3]) Redan 1630 talas om „hamnen". Jöran skomakare hade om vintern d. å. lånat en häst af Påval Olsson för att därmed hemta salt upp från hamnen, men körde hästen i ett vak.

ringa men för handlandena, som förut varit vana att få sina varor utan vidare upp till sina vid stadens strand stående bodar.

Beröfvad sin utrikeshandel — ty den rättighet den hade kvar att utföra endast träkärl och införa endast salt kunde ej betyda mycket — samt inskränkt till ett ringa handelsgebit bestående af några socknar i Satakunta, i stället för att den förut haft öppen väg till hela Österbotten och Tavastland, var nu staden i sanning bragdt till det yttersta. Och i det lilla gebit det hade kvar, började redan lyckligare grannar, Raumo och Nystad, som i anseende till bättre hamnförhållanden hunno göra tvänne Stockholmsresor, medan Björneborg hann endast med en, „att tränga borgarena ifrån de socknar, som närmast ligga så att vi af samma socknar inga köpmansvaror eller gods mera bekomma“ [1]). Och äfven adelns bönder plägade, under pretext att föra näfver till deras herrars behof i Sverige, „inlasta där bredvid en hop boskap, smör och andra varor, som de uppköpt af andra bönder, görandes så två eller tre resor om sommaren“. Det var ej under om Björneborg under sådana förhållanden snabbt började aftaga. Redan förr än förbudet mot utrikeshandeln år 1636 emanerade, men efter det de österbottniska städerna anlagts, hade dess handel på Tyskland så aftagit, att dit årligen icke gingo flere än i medeltal 1—3 skepp i stället för 8 à 9, som förut användts vid denna handel. Och då därtill kom 1636 års handelsordinantie, i afseende å hvilken 1641 års tillstånd ej innebar någon synnerlig förbättring, var det rent af slut med stadens förut så blomstrande handel, och därmed äfven med dess välstånd.

Vi hafva härmed nått en vändpunkt i stadens historia. Med förutseende blick grundlagd af den unge Vasafursten hade staden, gynnad af full seglationsfrihet, inom kort blomstrat upp. Den hade tidtals intagit plats såsom Finlands tredje stad, och den hade med öfverflödet af sitt välstånd bidragit till rikets försvar. Endast tidernas hårdhet, de ständiga utrikes- och inrikeskrigen, och förnyade eldsvådor, hade hämmat en möjligen ännu snabbare tillväxt. Men i och med beröfvandet af dess rätt till utrikeshandeln inträdde nu staden i ett nytt skede af sin historia, kännetecknadt af det tillbakagående och den hämmade utveckling, som en ödesdiger lagstiftning för halftannat århundrade skulle medföra för densamma.

---

[1]) F. S. A. Städernas besvär, Björneborg (1630-talet).

Andra kapitlet.

Tiden från 1641 till 1721.

Björneborg såsom uppstad. Dess aftynande intill stora ofredens slut.

1641—1721.

Björneborg var nu vorden en uppstad, d. v. s. dess handel skulle endast tjena till att förmedla varu-utbytet emellan den omgifvande landsorten och rikets stapelstäder, främst Stockholm. Merkantilsystemet, som gick ut på att ordna landets näringar genom en planmässig arbetsfördelning, så att hvarje stad, korporation och yrke skulle hafva sitt skilda värksamhetsfält för att bättre kunna tillgodose sina egna behof och det allmänna bästa, tryckte nu sin prägel också på Björneborg. Vid tillämpningen af det nya systemet, som tycktes vilja omdana samhället till ett väldigt maskineri, hvars samtliga kugghjul, stora och små, skulle samvärka till uppnående af ett gemensamt mål, nationalrikedomens höjande, hade staden fått sig anvisad en plats, som ej mer tillät densamma att såsom hittills tillgodogöra sig de förmåner dess läge och tidigare utveckling erbjödo. Det var därmed slut med dess välmakt, och den förde, ifrån första stund den underlades den nya ordningen, ett tynande lif. Björneborg »uppstad».

Men så tynande än staden var, ställdes emellertid nu uppå densamma långt högre fordringar än förr. Sverige hade blifvit en stormakt och dess styrelse behöfde vida större tillgångar än förut för att kunna upprätthålla rikets nya maktställning. En följd häraf voro de nya skatter och pålagor, dem hög och låg i riket snart fingo vidkännas. Merkantilsystemet åtföljdes af ett helt system af nya gärder, dels indirekta dels direkta. Dessa nya ständigt ökade pålagor utgjorde i sanning, så att säga, hufvudsumman af stadens historia under en tid, då den, i anseende till förlusten af dess utrikeshandel, haft mer än nog af de gamla. — Det torde därför ock vara på sin plats att, förr än vi öfvergå till skildringen af stadens näringar under denna period, kasta en hastig blick på de skatter, som under denna tid betungade staden.

Lilla tullen. Staketet. Bland alla de nya pålagorna var det främst porttullarna och acciserna, som karaktäriserade tidehvarfvet. Staden omgafs nu med ett staket, som ingen fick passera utom genom portarna, hvilka voro tvänne, den ena belägen vid Haga- och den andra vid Malmändan. Hade borgarena något med sig, då de inkommo genom portarna, skulle de inställa sig i de invid stående tullstugorna och aflägga tull för sitt gods, äfven om de införde endast egna varor, t. ex. kött af egen boskap, som de slaktat utom staden, eller säd, som de tröskat i egen ria, eller hö, som de bärgat på egen äng. Sammaledes skulle ock bonden göra, som införde sina landtmannaprodukter till salu. Om han ock aldrig haft med sig annat än litet fjällfisk, hvilken han ridande på hästryggen hemtat med sig i säckar och hvilken på vägen blifvit nästan till oätbarhet förderfvad, skulle han dock därför „tulla“ [1]). Till yttermera säkerhet var utanför staketet gräfdt ett djupt vattenfyldt dike, eller en s. k. „graf“ [2]). Vid elfstranden fans en tullbrygga med vidstående tullhus, där alla båtar som skulle till staden, oafsedt om de voro „lastade eller lediga“, måste lägga till i och för tullbesigtning, och om vintern bygdes på isen ett likadant stakett, som omgaf staden på landssidan. Man fick ej byka vid stranden, ej drifva dit sin boskap att dricka, utan tullbetjeningens goda lof och minne [3]). Och ve den som på smygvägar stack sig igenom kronans stakett, med honom kunde det gå såsom med Hans skräddares hustru, som af tullbetjeningen till straff för dylikt försök afklämdes in på sista tyget och sedan fick löpa hem genom staden [4]).

Det ser ut som om den allmänna oviljan mot staketet till en början gifvit sig luft i ett upproriskt försök från borgerskapets sida

[1]) F. S. A. Städernas besvär, Björneborg 47.

[2]) Staketet uppfördes redan 1625 och 1626, men „grafven“ däromkring synes tillkommit först 1641 eller 1642. Till en början uppbars tullen möjligen under bar himmel, enär tullstugorna säges blifvit bygda först 1647. — Efter tullandet erhölls en „tullsedel“, som säkerstälde varan från konfiskation. För „motvilja och tredska vid tullandet“ bötades 3 mark (1654), men den som införde otullad vara dömdes till 40 mark och varans förlust (1691).

[3]) Domboken $^{12}/_{11}$ 1691.

[4]) Stadens dombok $^{4}/_{10}$ 1658. Då Hans skräddare klagade öfver tullbetjeningens åtgärd, sade tullnären „det vara hans egen (tullnärens) befallning, att tulldrängen skall afkläda dem som ingå öfver staketet“. Den vanliga pligten, som ådömdes dem, hvilka öfvergingo staketet, synes varit 3 mark.

att göra sig af med detsamma. Åtminstone förmanades borgerskapet 1637 enligt landshöfdingens befallning att uppbygga stakettet, „efter Björneborgs stads innevånare det förra stakettet förbränt hade“ [1]). Men man fick lof att foga sig i sitt öde, och hela seklet igenom blef på hvarje Valborgsmesso-rådstugudag påmindt om reparerandet af stakettet, som än nederfallit, än blåst i kull, än sönderbrutits, än slutligen, såsom vid Sandgropen, aldrig — såsom det hette — „ville komma till sitt esse“.

Sida vid sida med denna s. k. lilla tull gingo acciserna för bakning och bryggning, samt för slakteri och brännvinsbränning. Acciserna. Det var ett virrvarr af nya saker, de goda borgarne i den lilla uppstaden nu skulle få göra bekantskap med. I staden skulle finnas ett gemensamt kvarnhus, och dit skulle alla, vid laga bot tillgörandes, släpa sina handkvarnar. Där skulle de mala all sin mäld och erlägga tullen beräknad efter $^1/_2$ kappe för tunnan [3]). Och lika som det fans ett kvarnhus, skulle det ock finnas ett brygghus. Det skulle vara sex famnar långt, och när dess stora klocka ljöd öfver staden, skulle alla, som ville något brygga, infinna sig där för att angifva sitt kvantum och betala accisen, 20 öre silfvermynt för hvarje tunna till salu och 8 öre för husbehofstunnan, hvarpå de fingo fritt begagna sig af inrättningen [4]). Också ett slaktarhus skulle inrättas och Henrik Spärre ålades fordersammast undanskaffa sin präktiga lada, som stod i vägen för detta högnyttiga värk [5]). Det tillsattes en ny domstol, som skulle afdöma brott mot accisordningen, den s. k. accisrätten, där vanligen en af rådet fungerade som ordförande, med ett par af borgerskapet såsom bisittare. Det tillsattes en mängd nya beedigade stadsbetjente: ölpröfvare, brännvinstaxerare, bröduppsyningsmän, mattjusterare, „besökare“, ett slags underfiskaler. Man utnämde särskilda krögare, slaktare, bryggare, bagare [6]). Ingen krögare fick brygga, ingen bryggare kröga, ej heller var det

---

[1]) Domboken $^{11}/_{3}$ 1637.

[2]) Stakettet hade bort vara öfverallt lika högt: $3^1/_2$ eller 4 alnar. Att dock borgerskapet, som hade olika andelar af detsamma att vidmakthålla, ej kunde förmås att iakttaga detta påbud, finner man af de förnyade påminnelserna härom, särdeles 1682, då stakettet skulle till kronan öfverlemnas. — Lilla tullen infördes redan 1622.

[3]) Domboken $^{14}/_{5}$ 1632, $^{13}/_{2}$ o. $^{29}/_{4}$ 1691. Äfven väderkvarnsegarne voro förpligtade att följa accisordningen.

[4]) Domboken $^{11}/_{2}$ 1638, $^{11}/_{10}$ 1651.

[5]) Domboken $^{4}/_{9}$ 1652. Slaktarhuset låg vid den s. k. „Byggmästarestranden“.

[6]) Domboken $^{11}/_{2}$ 1651 och $^{19}/_{1}$ 1652.

tillätet någon slaktare att sälja kött, såframt han ej därjämte var köttmånglare, och de enskilda pligtfälldes i långa banor, när de ertappades med att hemma hafva slaktat eller brygt[1]). Det var ett påpassande hvarje timma, i hvarje hus, att ej något skulle smusslas undan, hvaraf kronan borde få sin vinst. och ehuru de nytillsatte bryggarne, slaktarne och andra nyttiga „embetena" icke rätt ville bära sig, ehuru det stora bryggehuset, i likhet med stakettet, aldrig ville „riktigt komma till sitt esse", utan borgerskapet måste tillstädjas brygga och bränna hemma till husbehof, mot accisens erläggande[2]), steg ändock ännu i slutet af århundradet beloppet af de indirekta skatterna, porttullen och accisen, till en summa, varierande emellan 800 och 1,000 daler smt årligen[3]).

Öfriga skatter. Men denna stakettomgärdade stad skulle ock med direkta skatter få vidkännas tyngden af Sveriges stormakt. Redan 1622 hade borgerskapet åtagit sig boskapspenningarna, som utgingo med 8 öre för hvarje häst, 2 för hvarje ko, 1 för hvarje får eller svin o. s. v., 1625 hade staden pålagts åkerskatten och tiondet, hela 80 tunnor spannmål beräknade till 180 d:r s:mt årligen, en skatt som kändes så mycket tyngre, som borgarena enligt donationsbrefven trodde sig skattefritt få behålla de magra täppor och „sandröriga" åkrar, de fått i utbyte mot de bördiga fälten i Ulfsby. Samma år hade ständerna dessutom åtagit sig att betala tull för all säd som malades på handkvarnar. Denna skatt blef snart under namnet mantalspenningar personlig, något som icke hindrade att man, såsom vi ofvan nämde, fortfarande måste erlägga både kvarnaccis och bakugnspengar, dessa moderna gengångare från medeltiden, då feodalherrarne, som ensamma haft råd att hålla sig med kvarn och ugn, tvungo sina undersåtar att mot särskild skatt begagna sig af dessa inrättningar, under strängt förbud att anlägga sådana sjelfva.

[1]) Domboken $^{2}/_{11}$ 1651. — Då efterläts „för särskilda orsakers skull" att stadsslaktaren fick slakta borgarenas svin „hemma i husen", „men beträdes någon som icke rätt ansäger accisen eller hemligen slaktar", skall han vara förfallen till 40 mark och förbryta slakten till hospitalet. — $^{10}/_{6}$ 1653 blef afsagdt att ingen af stadens innevånare skall fördrista sig att brygga i sitt eget hus eller låta slakta antingen litet eller stort af slaktare eller sina egna drängar.

[2]) Först gafs detta tillstånd, såsom synes, på tullnärens enskilda initiativ, 1655, mot vilkor att borgarena åtogo sig att betala den högre eller salu-accisen, oafsedt om de brygde till salu eller ej, men sedan skulle de ovilkorligen fortsätta $^{1}/_{2}$ år med den bryggning de ansagt, vare sig det var salu- eller husbehofsbryggning, innan de fingo öfvergå till annan ordning.

[3]) 1670 utgjorde lilla tullens och accisens belopp omkring 1,044 daler silfvermynt, porttullens särskildt omkr. 560 d:r.

Till dessa stående skatter kommo ytterligare en mängd extra- Diverse pålagor. ordinära pålagor, hvilka ju längre det led hade en synnerlig ansats att förstoras, förökas och blifva stabila äfven de. Sålunda få vi framdeles se, huru stadens beviljade kontributioner småningom växte och, när svenska stormakten började vackla, stundom upptogos fördubblade. Sammalunda var ock förhållandet med båtsmanshållet, hvilket under denna tid förändrades till en stående utlaga i penningar. Och, såsom redan antyddes, under förloppet af seklet förökades de gamla kontributionernas antal småningom med nya än af ett, än af ett annat slag, såsom legohjonspenningarne, fontangepenningarne — en skatt på de den tiden moderna fruntimmersperukerna — tionde- och tjugondepenningen af borgmästarens och rådmännens löner, presterskapets enskilda kontribution, centonaler och eldstadsafgifter etc. I sanning, bakom sitt stakett påminde den tidens Björneborg mera om en med pallisader omgifven fästning, i hvilken en rofgirig herskare plundrade sina undersåtar på sista skärfven, än om en stad i ett europeiskt storvälde under senare hälften af sjuttonde århundradet.

Under sådana förhållanden var det också naturligt att stadens näringslif, hvars förnämsta pulsåder, utrikeshandeln, var afskuren, skulle visa oförtydbara tecken på tilltagande afmattning. Att så var fallet framgår jämväl såsom ett ovedersägligt resultat vid en närmare granskning af stadens näringsförhållanden under 1600-talet.

Endast undantagsvis skönjas i tidens magra urkunder spår af Handel. Utrikessegla-tion. att någon borgare begagnat sig af sin rätt att utföra träkärl till Tyskland. Förgäfves försökte man ännu några gånger (t. ex. 1644 o. 1648) beveka regeringen till nya medgifvanden beträffande utrikeshandeln, så att man finge „föra sina ringa varor, såsom tjära, tran, trävirke och annat slikt, som i staden kan vanka, till Tyskland och andra orter, där sådant något gäller, samt där uppköpa salt, kläde och annat, som man hemma kunde föryttra staden till uppkomst och förkofring". Men man fick enständigt till svar att Kongl. Maj:t ej kunde därtill samtycka, „utan att de må låta sig nöja med den gunst och frihet, som de allaredo njuta på sina träkärl till fremmande orter att föra" (1650)[2]. Sedan Stralsund efter Westfaliska freden kommit under Sverige, seglade man väl stundom af gammal vana dit, men en sådan undantagstrafik kunde naturligtvis ej medföra något nämvärdt gagn för staden.

---

[1]) Stadens besvär från nämda år.

[2]) Resolution på stadens besvär från nämda år, § 2.

Åboboarnes afvoghet.

Och ändock var det medgifvande, som 1641 gifvits Björneborg och dess grannstäder, en nagel i ögat på Åbo stapelstads handlande. 1647 ingingo dessa till regeringen med anhållan om att Björneborgs och Raumos utrikes-seglation måtte helt och hållet inställas och deras exportartiklar afyttras endast i Åbo. Men den gången fingo de ett svar, som vittnar om en för tiden ovanlig frisinthet hos regeringen. Deras anhållan, hette det, kunde ej tagas i konsideration, „helst emedan all handel i sig sjelf är af fri natur och fritt och otvungen vill idkas och drifvas“. Supplikanterna tillhöllos att göra sin flit, att med godt manér kunna locka Björneborgs- och Raumoboarne till sig med deras handel, hvilket bäst låter sig därigenom praktisera att borgerskapet med dem i köp och säl väl umgås och dem så i ett som annat akkomodera med alla nödtorfter, att de sjelfviljande borgerskapet med sina varor gerna besöka [1]).

Senare klagade Åboboarne att borgarena i Björneborg och Raumo icke åtnöjde sig med att exportera träkärl och importera salt, utan också utförde och uppköpte andra varor, hvilka borde gå genom stapelstadsköpmännens händer. Regeringen lofvade att upprätthålla författningarna och biföll år 1661 till Åbo borgerskaps ansökan att de af grannstädernas borgare, hvilka utförde träkärl, skulle för kontrollens skull förpligtas att erlägga sin tull i Åbo.

Men Björneborgsboarne, liksom Raumoborgarne, fortsatte icke dess mindre att tolka sina privilegier på friaste sätt. Ej heller torde det blifvit något allvar af regeringens löfte att förpligta dem till tullens afläggande i Åbo. Det ser ut som om Björneborgarne, hvilka väl fortfarande utskeppade sina träkärl öfver Dalarö tullkammare, alls icke haft någon lust att komma i beröring med de öfvermodiga Åbohandlandena, som redan förorsakat dem så mycket ondt. Åtminstone hette det 1702, då borgarena blifvit uppmanade att till Åbo transportera proviant, som skulle öfverföras till Cronhjorts armé i Ingermanland, „att de ej voro kunniga på Åboleden, äfvensom att i staden ej funnes någon styrman, som dit styra visste“. Vid ett liknande fall 1705 framhöllo borgarena äfvenledes, att de voro „på farten okunniga“, och tillade därjämte, att de fruktade i Åbo blifva på samma sätt bemötte, som redan händt ett par gånger förut, då deras gods ej blifvit emottaget, under föregifvande att i Åbo funnes kött nog för kronans behof, hvadan de fått med oförrättadt ärende återvända och emellertid för underpris sälja sin vara, som hunnit under resan blifva förskämd. Om detta deras uttalande var sant finner man

[1]) v. Bonsdorff, Åbo stads historia, 3:dje häftet, sid. 528—29.

ock, att regeringens ofvannämda välmenta förmaningar om tillmötesgående i handel och vandel ej af Åboboarne tagits i öronen [1].

Kostfelts och Bergs trävaru-export.

Men, sak samma om nu förtullningen skedde i Dalarö eller Åbo, stadens trävaruexport på 1600-talet var, af allt att döma, högst obetydlig. Först i början af 1700-talet gjordes af några främlingar ett försök att på orten börja drifva en större utrikeshandel. 1703 anhöllo nämligen handlanden Joh. Kostfelt från Narva och öfverste Krist. Magn. von Stefken hos kommersekollegiet att „vid Björneborg få inrätta en utrikeshandel med balkar och trävirke, som skulle huggas i Hvittisbofjärds, Norrmarks, Södermarks, Källfjärds med flera byars skogar“. Johan Kostfelt nedsatte sig i Björneborg och antog burskap där för en tid. 1704 införskref han några skepp från Holland att afhemta stockarna, som han emellertid från de nämda skogarna nedforslat till sjön. Stockarna voro af 4, 5 och 6 famnars längd samt af 15 tums bredd och fördes med flottor till Räfsö, där de skulle inlastas. Men då regeringen hänskjutit Kostfelts anhållan om slik handels öppnande till stadens och landtboarnes hörande, framhöll staden att den stred emot handelsordinantien af 1617 och skulle lända staden till total ruin och undergång. Emellertid synes Kostfelt det oaktadt erhållit det ansökta privilegiet och fortfor med sin affär atminstone till 1708. 1711 anhöll dessutom en handlande Clas Berg från Nyen om likadana förmåner och blef märkvärdigt nog af borgerskapet understödd, dock under vilkor att han skulle nedsätta sig i staden, så länge kriget varade, och deltaga i stadens kontribution. Åren 1708, 1711 och 1712 nämnas holländska skepp hafva lastat i Räfsö. Men så kom stora ofreden och gjorde ett slut äfven på dessa försök att upplifva ortens aftynande utrikeshandel.

»Stockholms-resorna». Export.

På nämda undantag när inskränkte sig stadens sjöfart hela perioden igenom hufvudsakligast till Stockholm. Man gjorde dit regelbundet tvänne resor om året, en „vårresa“ och en „sommar-“ eller „höstresa“. Utförseln bestod för det mesta af lefvande kreatur, hvilka borgarena om hösten uppköpte af landtmännen och gödde öfver vintern för att sedan följande vår utskeppa dem. Äfven trävaror, tjära och ved exporterades till den svenska hufvudstaden [2].

---

1) Domboken 16/3 1702 och 2/8 1705.

2) Domboken 19/6 1682 och 3/5 1705. — Hvad prisen beträffar, betalades på 1680-talet i Stockholm för en ko 30 daler, hvaraf afgick i tull 1 d:r och i accis 1 d:r 10 öre; för ett får 9 mark, däraf i tull och accis afgick 13 öre, för en tunna mjöl 12 daler, hvaraf dock i tull, accis och frakt afräknades 6 mark. För en tolft „gemena“ plankor erhölls 1708 6 d:r, hvaraf afdrogs 1 d:r i frakt.

Import.

Importen åter utgjordes företrädesvis af salt. År 1703 inhemtades af denna vara dock icke mera än omkr. 280 tunnor. För öfrigt infördes något manufakturvaror och tobak [1]). Öfverhufvud var importen temligen oansenlig. För de höga tullafgifternas skull aktade man sig så mycket som möjligt att belasta sina skutor med varor, som kunde umbäras. Dessutom förbjöd ju också regeringen, till enkelhetens befrämjande, införandet af façonnerade guld- och silfvertyger, „gemena“ hattar med alla slags knappar, snören, fransar, spetsar m. m. Några viner kommo ej heller mera till staden [2]), hvars borgerskap därför fick „förnimma många snöpliga ord“ af de genom orten passerande officerarne och kronans betjente, hvilka gärna önskat få sig en styrketår på färden. När borgmästaren en gång var sjuk, måste man enkom från Åbo inhemta några kannor spanskt, hvilket gaf anledning till långt trassel i tullen. Först sedan regeringen, på särskild ansökan, medgifvit staden s. k. „källarefrihet“, eller tullfri import af utländska drycker till ett visst belopp, förändrades förhållandet i detta afseende något till det bättre mot slutet af perioden. Men i alla händelser var nu, till en god del, försvunnet det pittoreska lifvet nere på bryggan, hvilket varit så betecknande för den föregående tiden. Ja, äfven de nödvändiga varorna infördes sparsamt, och regeringen måste gång på gång förmana borgarena att förse sig med järn, salt och hvad landtmannen behöfver, „så att han må för betalning bekomma, hvad honom är af nöden, ändtligen så lagandes att häröfver intet klagomål må inkomma“ (1687).

Handelns och sjöfartens aftagande.

Öfver hufvud var sålunda seglationen, vare sig det gälde ut- eller inrikes sjöfart, hela perioden igenom ganska klen, och det så mycket mer som ständigt emanerade öfverhetliga förordningar, hvilka antingen i följd af krigen totalt förbjödo all sjöfart (t. ex. 1656, 1679), eller ock vid inträffande missväxt inskränkte utförseln till vissa varor (1674, 1694 och 1699). Det var ett reglementerande och ett bråkande utan all ända, som ej kunde annat än menligt inverka på denna den ömtåligaste af alla näringar. Också kunde redan 1659 en af ortens mera betydande possessionater skämtsamt skryta med att han från sitt Vitikkala förde ut mera varor än hela Björneborg. År 1682 gafs f. d. tullnären Lars Giers attest på „handelns aftagande

[1]) Af sistnämda vara importerades t. ex. 1703 inalles 1110 skålp.

[2]) 1688 gafs af tullnären intyg att i staden ej voro några utländska drycker på flere år inkomna eller försålda, så att någon s. k. tapperiansaccis ej kunnat uppbäras.

uti denna besvärliga och dyra tid han här i staden tullnärstjensten förvaltade och tullen i arrende hade“ (1674—77) [1]).

Handelsflottan.

Stadens handelsflotta minskades ock, i samma mån som handeln aftog. 1678 sades alla stadens skutor vara „ogarnerade och utan öfverlopp“. Största skutorna voro då af 6 ½ famnars köl, de öfriga af 4 till 5 famnars köl. 1697 seglade från staden ännu 12 fartyg, men 1712 hade deras antal nedgått till 7. De tvänne största farkosterna, af 7 famnars längd, egdes af rådman Johan Quist. De voro, i likhet med alla stadens skepp, bygda på klinck och utan öfverlopp, och hvardera hade de en „förskämd“ ankartross. Rådman Johan Kellander egde ett fartyg af 6 ½ famnars köl, men det var illa infruset i isen och man befarade att det skulle totalt fördärfvas vid isgången. Handlanden Carl Havemans fartyg var af 6 famnars längd, men illa bygdt och läkande. Rådman Henrik Ekmans 5 famnars skuta ändtligen var alldeles smal i bottnet och så rank, att den gaf efter, när någon gick på ena sidan. De två återstående fartygen voro alldeles små och odugliga. Sådan var stadens handelsmarin år 1712 [3]), och tilläggas må blott att följande år funnos kvar endast fem fartyg, det största af 7 och de öfriga af 4 eller 5 famnars köl.

Tillgrundningen i stadsviken.

Hvad som ock mycket menligt invärkade på sjöfarten, var den fortgående tillgrundningen i viken nedanför staden. Vid en blick från Slottsbacken såg det väl ut såsom om staden fortfarande haft det ypperligaste maritima läge. Stora, öppna vikar syntes så godt som at alla håll, och fartygen tycktes på de blåskimrande fjärdarna tryggt kunna styra hvilken kurs som helst. Hafvets sälta kändes stundom vid starka vindar ända upp vid stadsbryggan, och en mängd hafsfoglar, som numera dragit sig till den yttre skären, kretsade då ännu omkring skutorna vid stadsstranden. Den tidens stadsboar voro ock i tillfälle att stundom få beundra hägringar, sådana som vanligen visa sig endast vid öppna hafsstränder. Det finnes t. ex.

---

[1]) Domboken $^{31}/_{8}$ 1682.

[2]) Domboken $^{24}/_{7}$ 1678. — Också regeringens försök att förmå borgerskapet i städerna att i stället för svaga klinckskutor bygga fartyg på kravel — i hvilken afsigt de kravelbygda skutorna förklarades fria i tullen, medan klinckskutorna till en början ansågos endast för halffria, men ifrån 1692 för ofria — gjorde sitt till att minska flottan i en stad, hvars alla skutor voro bygda på klinck.

[3]) Domboken $^{4}/_{3}$ 1712. — Intet af stadens fartyg hade längre ankartross än 50 à 60 famnars, hvarför det hände att, då de voro stadda på segling i djupare vatten, ankarena vid förefallande storm ej kunde nå botten, utan fartygen drefvos redlösa för vinden, till största fara för last och besättning, såsom det en gång hände med Quists skuta, då den skulle föra kronans hästar till Reval.

antecknadt att den 6 nov. 1665 om aftonen vid solnedgången ett sjuttiotal personer, som i staden befunno sig på vandring till sina hem, blefvo vittnen till ett sådant naturfenomen af sällsam art. De sågo tydligt Stockholms stad och slott, tornet „Tre kronor“, kyrkorna med sina spiror, rikskanslershuset, skeppsholmen, flottan, skeppsbron, ja — äfven norr- och söderbro. På skeppsbron sågs folk vandra af och an; i slottet lyste eld ur alla fönster och likaså i några af stadens byggnader.

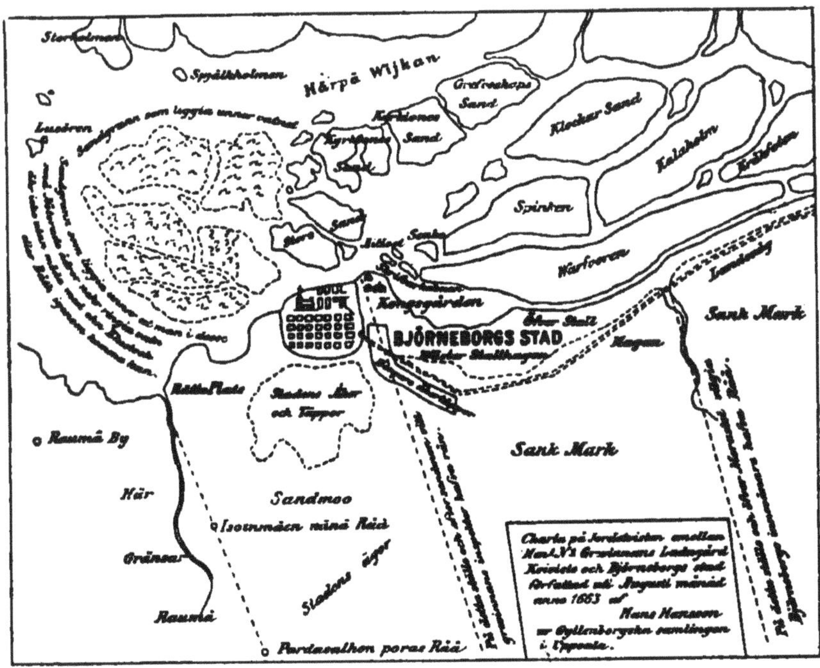

Hans Hanssons karta öfver Björneborg och dess omgifning (1663).

Men om ock stadsboarna, förledda af bedrägliga illusioner om hafvets närhet, ännu stundom kunde föreställa sig att de — såsom de sade — bodde „vid sjöstranden“, var dock den rena värkligheten egnad att snart öfvertyga dem om motsatsen. Vi hafva förut nämt, huru som Jöns Kurck redan 1642 i ett bref till drottningen framhöll, hvilka svårigheter staden i följd af sandbankarna i viken hade, då det gällde att upprätthålla förbindelsen med dess dåvarande lastageplats Björkholmen eller, såsom den ock kallades, Björkskärs hamn. Några af de forna sandbankarna hade väl nu höjt sig öfver vattenytan, men eljes gick den villsamma farleden genom öppna fjärdar, hvilkas klara vatten öfverallt dolde de försåtliga grunden. Vi hafva i behåll en borgmästaren, landtmätaren Hans Hansson år 1663, med anledning af råstriden mot Koivisto, på fri hand uppgjord karta öfver staden och dess omgifningar. Detta intressanta, för så vidt vi veta, äldsta kartografiska minnesmärke rörande Björneborg och dess omnejd, visar oss huru hafsviken då ännu nådde upp till staden, men huru tyvärr strax nedanför denna funnos några sandgrund, „som ligga under vattnet att man i de [å kartan] noterade små ådrorna, när ringa vatten är, icke utan möda med en ekstock eller båt igenomkomma kan“ [1]).

Sandudds hamn och »skutådrorna«.

Ingen fråga synes heller gifvit den tidens Björneborgare mera hufvudbry, än den, huru de bekvämligast kunde kommunicera med sin yttre hamn, hvilken de nu förlagt något närmare till staden, till Sandudden [2]). „Skutådrorna“ bildade en förvillande labyrint bland undervattensreflar, sandbankar och säfbevuxna grund. Dessutom voro dessa ådror ytterst nyckfulla, i det de ena året gingo här, det andra där, allt eftersom vårfloden afsatte nya sandgrund på det ena eller andra stället. Och när de engång blifvit någorlunda stabila, började de i stället att på ett betänkligt sätt tillgrunda.

Det gälde således att årligen taga reda på hvar djupaste ådran gick samt sedan noga utpricka densamma och hålla den såvidt möjligt fri från tillgrundning. År 1648 ålades borgerskapet att täppa „de små ådrorna under galgen, på det stora ådran ej må igentäpt blifva“. Årligen utsågos ock män, hvilka kände farleden, för att remma upp densamma. 1654 förordnades sålunda Johan Henriksson „att uppsticka ån och skutleden ifrån staden intill Lotsöre“, hvaraf ock synes, att Lotsöreådran då begagnades såsom farled [3]). 1658 upp-

[1]) Endast ett par holmar närmast Storsand äro angifna med färg, hvaraf kan slutas att de då redan höjt sig öfver vattenytan och voro gräsbevuxna. Man finner ock af kartan, huru de emellan Storsandsholmarna då ännu befintliga breda sunden mynnade ut i den nedanför Rosnäs liggande ännu temligen vidsträckta Härpöviken. Nedanom Storsand och de nämda holmarna utbredde sig hafsviken, i hvilken Lotsöre ännu angifves såsom en enstaka holme. Äfven åt Pänäs-sidan sträckte sig ännu den s. k. Pänäsviken åt det håll, där den forna Lattomerifarleden gått.

[2]) Första gången Sandudden af oss påträffats nämd såsom hamn är år 1652.

[3]) Domboken $^{26}/_{4}$ 1654. — $^{25}/_{4}$ 1680 tillsades socknemännen att „hvar för sitt land uppsätta remmare emellan Sandudden och Räfsö sund där skutleden går“.

drogs likaledes åt Erik Henriksson att remma den rätta och djupaste ådran emellan staden och Sandudden.

Årligen ålades ock stadsboarne att upptaga de pålar, som de vid laklekstiden nedsatt i stora ådran och Hjulböleådran, på det ej farleden skulle tillgrunda och laxen hindras i sin uppgång; och 1681 förbjöds vid 40 marks vite att hädanefter hålla mjärdar i skut- och Hjulböleådran. Då förbudet emellertid icke efterlefdes, och enär — såsom orden lydde — „skutådran årligen tillandar och grundare blir, så att med tiden ingen farkost torde mera flyta där upp eller ned, förnyades detsamma 1705 med uttrycklig tillsägelse att „ingen skulle fördrista sig i samma ådra hvarken vinter- eller sommartid några fiskbragder bruka och således med pålars nedsättande och granrisruskors ditförande farvattnet fördärfva“ [1]). Att man ock redan började söka sig en annan farled än Lotsöreådran, framgår däraf att 1711 talas om gamla och nya skutådran [2]). Då landshöfdingen 1698 utfärdade en publikation, hvari det förbjöds stadsboarne att begagna den kronan förbehållna Inderöådran vare sig till fiskande eller „segelled“, synes häraf att detta just var den nya skutådran, som i slutet af 1600-talet kommit i bruk.

I anseende till vikens och ådrornas tillgrundning [3]) var det endast i undantagsfall de lastade skutorna mera kunde segla upp till staden. Transporten med mindre båtar var både besvärlig och kostsam, hvilket allt värkade hämmande på trafiken. Ja — t. o. m. hamnen vid Sandudden började redan blifva för grund för större skutor. Kostfelts och Bergs „holländare“ måste intaga sin last vid Räfsö, och stadens största fartyg, det af 7 famnars köl, kunde ej heller mera 1713 intaga full last vid Sandudden, utan måste, för instufning af sista laddningen, föras på djupare vatten ned till Räfsö. Så föga gynnsamma voro stadens hamnförhallanden redan på 1600-talet.

»Den besvärliga seglationen». En stående klagan förspörjes ock hela seklet igenom öfver den „besvärliga seglation staden hade“. Så heter det t. ex. 1696, på tal om en jämförelse med grannstäderna, att denna stad har sämre seg-

---

1) Domboken $^{30}/_{10}$ 1705.

2) Domboken $^{8}/_{8}$ 1711.

3) Viken tillgrundade så, att man t. o. m. befarade att laxen ej mera skulle kunna stiga upp i elfven, hvarför Karl XII, $^{23}/_{11}$ 1697, ålade landshöfdingen att draga försorg om att kungsådran, hvarigenom fisken hade sin uppgång, skulle med dagsvärken från kringliggande socknar uppgräfvas och fördjupas, — ett påbud som dock, sannolikt i anseende till det snart utbrytande kriget, ej kom till värkställighet.

lation och utlopp än Raumo och Nystad, hvilka tre eller fyra gånger årligen segla till Stockholm och en gång till utrikesorter, medan denna stads borgerskap ej är mäktigt tvänne gånger drifva sin köpenskap allena på Stockholm [1]). En annan gång åter säges att Raumo- och Nystadsskutorna hinna göra tvänne resor innan denna ortens ens kunna utkomma, och 1713, att ingen skuta för isens skull slipper om våren ur hamnen förr än de andra städernas redan gjort en resa och begynna den andra.

Sådana voro stadens sjöfartsförhållanden på 1600-talet. Hämmad af merkantilismens skrankor och besvärad af ogynnsamma hamnförhållanden, aftog seglationen år för år, tills den under stora ofreden så godt som h. o. h. upphörde.

Handeln med landtmannen.

Och ingalunda bättre var det beställdt med handeln på landsorten. Naturligtvis förekom ej mer, såsom under föregående period, någon handel på Österbotten [2]), och endast i undantagsfall finner man att Tavasterna med sina handelsvaror tagit vägen öfver Björneborg [3]). Staden var nu hvad handeln med landtmannen beträffar inskränkt till det närmast omgifvande landskapet, och äfven inom detta område var man „på mångahanda sätt kringskuren i sin köpenskap".

»Förköp» och landsköp».

Äfven inlandshandeln var nämligen besvärad af en mängd förordningar och reglor, som högeligen försvårade varu-utbytet. Särdeles stränga voro förbuden mot „förköp" och „landsköp". Dessa förbud ingingo redan i handelsordinantierna och blefvo sedan tidt och ofta inskärpta till efterlefnad. Salunda blef 1652 påbjudet att ingen skulle fördrista sig föra salt upp till Kumo eller andra orter, utan landtmannen må sjelf komma till staden och uppköpa hvad han behöfver. 1693 upplästes landshöfdingens bref att ingen borgare efterlåtes, utom marknadstiderna, resa på landet med köpmansvaror, penningar eller tobak och således emot lagen och handelsordinantien drifva landsköp. Likaså var det förbudet för bonden att på landet föryttra sina varor eller i städerna uppköpa något för att på landet föryttras. Ej heller fick han vid tullporten eller på gatan sälja sitt gods, utan han måste föra det på torget och där bjuda ut det i tre timmar. Först i händelse han ej under denna tid fått köpare, var det honom

---

[1]) Domboken $^{18}/_{4}$ 1696.

[2]) 1649 anhöll dock staden ännu, jämte Raumo, att fortfarande utan intrång af de österbottniska städernas borgare få bedrifva sin handel i Norrbotten, såsom den alltid hade varit van.

[3]) 1656 utförde t. ex. en Vånåbo ett parti lärft öfver staden till Stockholm, och 1711 sades en stadsbo hafva köpt lin af Tavastboar i staden.

tillåtet att åka in till någon borgare och där göra affärer. Häröfver skulle torgfogdarna noga hafva inseende[1].

Utridare. Med yttersta noggrannhet försökte borgarena naturligtvis att värja sig för hvarje konkurrens inom deras ringa handelsgebit. Stadens „utridare“, ett slags resande fiskal, som fick sin tertial af allt det gods han kunde beslå[2]), var jämt och ständigt i rörelse än i Luvia och Euraåminne, än i Kumo och Hvittis, än i Sastmola och Ikalis, hvilka alla socknar räknades till stadens handelsområde. Han skulle öfvervaka att ej något landsköp, särdeles af främmande, skulle i byarna bedrifvas. Men stadens borgare kommo omsider till den erfarenheten, att om staden än haft tre utridare i hvarje by, så hade den dock ej kunnat stäfja det onda. Än var det någon rik landsfiskal, än någon välmående bondkaplan, än åter en burgen hemmansegare, som — efter det de med egna skutor utfört sina hemmans afvel till Sverige — därifrån medhemtat några tunnor salt och litet tobak, hvilket de i smyg utminuterade i socknarna. Än åter var det Raumo- och Kristinestadsborgarene, som reste omkring i det björneborgska handelsgebitet och bjödo ut sina varor för billigare pris, än stadens handlande. Kristinestadsboarne, som plägade uppköpa bräder i Sastmola, togo sig t. o. m. en gång dristigheten att bygga en „kapitalskuta“ i Hvittisbofjärd, tre mil från Björneborg, i anledning hvaraf man förutspådde denna stads totala ruin (1687)[3].

När stadens rätt svårare kränktes, måste landshöfdingen träda emellan. Så förordnade han gästgifvaren i Sastmola att vara stadens stående uppsyningsman för att på ort och ställe hafva noggrant öga på Kristinestadsboarnes förehafvanden i den landsändan. Därjämte förbjöd han strängeligen Sastmolaboarne att föra sina bjelkar till annan ort, innan de dem först i Björneborg utbjudit och där tullen aflagt[4]. Då Bredviksboarne, en mil från staden, företogo sig att bygga en stor skuta, med hvilken de ärnade slå sig på sjöfart, förbjöd landshöfdingen dem slikt förehafvande, under anmaning att sälja skutan åt borgarena.

Allmogesegla-tion. Emellertid var det tillåtet landtmannen att med egna skutor föra till Sverige och annorstädes sitt eget hemmans afvel, blott han ej tillika uppköpte varor af andra eller för andras räkning och sålunda idkade landsköp. Denna landtmannens rättighet, som lätteligen kunde

---

[1]) Domboken $^{23}/_{6}$ 1652, $^{29}/_{4}$ 1693 och $^{17}/_{1}$ 1652.
[2]) Domboken $^{7}/_{7}$ 1675.
[3]) Domboken $^{18}/_{2}$ 1687.
[4]) Domboken $^{18}/_{2}$ 1687 och $^{21}/_{2}$ 1687, äfvensom $^{16}/_{3}$ 1681.

leda till hvarjehanda underslef, var naturligtvis en nagel i ögat på stadsboarne. 1697 anhöll sålunda staden att Sastmola fjärding äfvensom Ulfsby och Euraåminne socknar måtte förbjudas den fria seglation de idkade, staden till stor prejudice [1]). Men härpå erhöll den till svar, att bönderna ej kunde förmenas att segla med deras egen afvel och andras föringsgods inrikes, likmätigt förra resolutioner, men däremot skulle det vara dem förbjudet att uppköpa varor af andra och därmed drifva landsköp.

Ett lifligare varu-utbyte med allmogen kunde sålunda egentligen endast ske uppå laga marknader. Därför försökte ock staden att för sin räkning få nya sådana inrättade i landsorten. Enligt privilegierna af år 1604 hade den, förutom en marknad i sjelfva staden, tvänne landsmarknader, den ena i Lammais, den andra i Birkkala. Men dessa hade för länge sedan kommit ur bruk, och inga andra hade heller trädt i stället, hvarför ock handeln med landtmannen var nära att h. o. h. gå under. Emellertid fann landshöfdingen att uti hans län „nästan få marknader höllos och att den långvägade landtman hade det besvärligt att begifva sig till stads med ett nöt eller tu, som han kunde hafva att försälja". Han föreslog därför 1694 inrättandet af tvänne boskapsmarknader, den ena i Eura, den andra i Hvittis. Borgerskapet, hvars mening i frågan hördes, ansåg emellertid nödigt att ännu en tredje sådan marknad skulle hållas i Heinoo by i Karkku socken. Det föreslog ock att Karkkumarknaden skulle hållas Jakobi dag, den i Hvittis kyrkoby åtta dagar senare och Euramarknaden Laurentii dag [2]). Tyvärr känna vi ej huru det slutligen gick med nämda marknader; troligt är dock att de, om de öfver hufvud kommit till stånd, upphörde om ej förr så vid det stora krigets utbrott. Marknader.

Hvad stadens egen marknad beträffar, hölls den årligen vid Bartolomei tid, men då den sedan 1672 var en s. k. frimarknad, strömmade dit så mycket „utstadsborgare", att borgerskapet slutligen ansåg sig hafva mera skada än gagn af densamma och supplicerade om dess förändrande till dess enskilda marknad, hvilket dock icke ledde till påföljd [3]). Kongl. Maj:t resolverade nämligen 1680 att „denna marknad ej kan lemnas dem enskildt, utan må de vinnlägga sig om att skaffa sådana varor, som på denna marknad hafva atgång, beflitandes sig med godt manér med landtman och andra att handla".

[1]) F. S. A. Städernas besvär. Björneborg, 62.
[2]) Domboken $^4/_7$ 1694.
[3]) F. S. A. Städernas besvär. Björneborg, 52.

Rörelsens obetydlighet.

I trots af alla de ansträngningar, som gjordes till landthandelns förbättrande, aftog densamma alltmer ju längre det led mot seklets slut. I följd af stadens tilltagande fattigdom nödgades dess handlande hålla så höga priser på sina varor, att bönderna alls ej ville hafva med dem något att göra, utan hellre reste till Åbo eller andra städer. T. o. m. priset på den viktigaste nödvändighetsvaran, saltet, hvars markegång dock ständigt af magistraten bestämdes, försökte handlandena skrufva upp till det högsta möjliga, hvaröfver bönderna beklagade sig hos landshöfdingen, som särskilda gånger måste anställa räfst med stadsboarne (1675, 1691) [1]. I följd af att bönderna drogo sig från staden, var det år, då knappt något infördes och borgarena klagade att de ledo brist på det nödvändigaste och ej fingo några köpare för sina varor. Ej ens tobakshandeln, som dock tidigare, medan den ännu varit i det s. k. kompaniets händer [2], hallit sig temligen väl uppe, synes mer hafva lockat bönderna till staden. Sedan kompaniet 1684 upphäfts och tobakshandeln förklarats fri, visade det sig nämligen att den, såsom splittrad på flera händer, icke vidare var nagon affär som kunde bära sig. Då regeringen för tillståndet att handla med denna preciösa vara pålagt hvarje försäljare en mångleriaccis af 6 à 7 $^1/_2$ öre i veckan, hade ingen heller vidare lust att egna sig at denna handel, „emedan man befarade här ringare afgång på tobak i veckan torde hända, än accisen belöper" [3].

Endast få öppna handelsbodar, eller såsom det da för tiden hette „gatubodar", synas funnits i staden. Särskildt nämnes att det ej fans några „öppna bodar" eller „stolar" för tobaksmångleri, utan skedde tobakshandeln hemma hos resp. försäljare. Det vanligast gängse myntet var kopparplåten, särdeles 10 dalers plåten, som borgarena, hvilka ännu ej hade kännedom om eldfasta kassaskåp, gemenligen förvarade „vid skorstenen" [4]. Stora summor voro naturligtvis ytterst sällsynta, och för lån, äfven sådana af mindre belopp, kräfdes hög ränta. 1675 hade inför magistraten klagomål anförts däröfver, att några af stadens innevånare, som låna penningar åt de

---

[1]) Domboken $^{21}/_{4}$ 1675 och $^{30}/_{6}$ 1691.

[2]) Domboken $^{12}/_{6}$ 1658 och $^{22}/_{2}$ 1683. — All vinst och profit däraf hade emellertid då tillfallit endast två eller tre privilegierade afnämare, t. ex. Markus Larsson, Benjamin Paqualin o. a., hvilka på „tobakskontoret" i Stockholm tillöste sig den efterfikade varan för 2 d:r skålpundet och sedan salde den i Björneborg för 3 d:r skålpundet, medan det var ytterst strängt förbjudet för andra att befatta sig med tobakshandel.

[3]) Domboken $^{27}/_{4}$ 1703.

[4]) Domboken $^{19}/_{12}$ 1659.

behöfvande, icke läto åtnöja sig med skälig vinst. För hvarje 10 daler de låna i mars, april eller maj, då segelfarten begynner, låta de sig strax vid ankomsten till Stockholms strand betala 11 daler k:mt, ehuru de endast en kort tid måst undvara sina penningar. Borgerskapet förehölls därför allvarligen „att vid intressets beräknande ställa sig Kongl. Maj:ts plakat till efterrättelse, icke tvingande mera af den fattiga än 8 daler pro cento om året, och så i proportion", så framt de vilja undvika laga straff [1]). Några allmänna kassor, från hvilka lån kunnat erhållas, funnos ej med undantag af kyrko- och fattighuskassorna, hvilka dåförtiden spelade rolen af något slags banker. Men deras svaga fonder räckte ej till att upprätthålla jämvigten i penningerörelsen. Dessutom drabbades kyrkokassan 1660 af ödet att blifva h. o. h. plundrad och bortstulen, utan att man visste hvem som föröfvat stölden. Någon penningerörelse i egentlig mening förefans sålunda ännu på den tiden icke i staden.

Bristen på kapital.

Något, som ock väsentligen försvårade handelsoperationerna, var att man ännu alls icke förstod sig på skriftliga aftal, hvarför ständiga oredor emellan köpare och säljare uppstodo. Alla köpeaftal skedde muntligen och kunde sedan tolkas huru som helst. Slutligen måste magistraten, „då slikt ledde till men för handel och vandel", inskrida. 1691 förehöll den borgerskapet att vid upptingande af boskap af landtmannen, helst i några vittnens närvaro, gifva bonden något på hand, så att ingendera parten sedan må kunna rygga köpet, och att vid öfversändandet af hans gods likaså låta det i vittnens närvaro bese och uppväga, „till förekommande af de svåra eder, som af parterna ofta i slika fall anbjudas" [2]). 1708 förmanades borgarena ånyo, att, enär dem emellan ofta förefalla svåra aktioner, härflytande af skutfrakter och hvarjehanda muntligen ingångna afhandlingar, hvarvid de inga vittnen brukat, de skulle upprätta skriftliga kontrakt i sina mellanhafvande affärer.

Saknaden af skriftliga kontrakt.

Kännetecknad af „öfverflödigt skinnande", så godt som total brist på rörelsekapital och ständiga aftalsbrott, inskränkte sig borgarenas handel med landsorten sist och slutligen därtill, att de utkrediterade några penningar åt rusthållarena, när dessa skulle uppsätta sina rotesoldater, mot vilkor att sedan få varor igen. Men slutet på slika affärer blef vanligen det, att rusthållarena nödgades för kronoresters skull lemna gård och grund och borgarena blefvo utan såväl

Inlandshandelns aftagande.

[1]) Domboken $^{24}/_{4}$ 1675.
[2]) Domboken $^{23}/_{3}$ 1691.

varor som penningar[1]). Så ringa blef slutligen stadens varuomsättning på landsorten att man 1711 var betänkt på att h. o. h. „indraga och ödelägga Malmtullporten såsom varande blefven alldeles onödig, enär därigenom ingen trafik mera gick“ [2]). Salunda förde handeln med landsbygden, i likhet med sjöfarten, hela 1600-talet igenom ett tynande lif till ringa batnad för staden och landet.

Handtvärks-näringarna.

Och lika illa beställdt som det var med handeln var det ock med handtvärken och andra borgerliga näringar. Några industriella inrättningar funnos ej i staden: t. o. m. det tegelbruk, som under föregående period därstädes varit i gang, synes nu blifvit nedlagdt, eller nämnes åtminstone ej vidare i handlingarna. Sammaledes talas ej vidare om kronans skeppsvarf eller Ruhade kronokvarn.

Hvad handtvärken beträffar, påträffas väl nu i handlingarna enstaka representanter för nagra under föregående perioden i staden okända yrken, — såsom malare, konterfejare, bokbindare, messingssmed, hattmakare (1653), häktemakare (1675), — vittnande om att tiden skridit framåt och fordringarna med den. Men de flesta af dessa synas varit tillfälliga gäster på orten, som åter försvunno, då de funnit att deras yrken icke buro sig. Äfven de vanliga handtvärkarnes — såsom skomakarnes, skräddarnes, smedernes — antal hade en synbarlig ansats att minskas ju längre det led.

Handtvärkarnes antal minskas.

Då vi funnit att handtvärkarnes antal vid slutet af föregående period var omkr. 30, utgjordes det enligt 1649 och 1650 års mantalslängder af omkr. 20, enligt 1660 års af 18, enligt 1670, 1680, 1690 och 1697 års af 12 à 13, samt enligt 1710 års af 11 stycken. En minskning således af två tredjedelar! Flere yrken, som tidigare varit i staden representerade, synas helt och hallet gått under. Redan på 1650-talet försvinna ur mantalslängderna svarfvaren och glasmästaren; på 1660-talet likaledes målaren och sämskmakaren. En ny sämskmakare, som i början på 1680-talet förekommer i handlingarna, försvinner åter ganska snart utan att lemna vidare spår efter sig. Slutligen nämnes ej heller på 1690-talet vidare någon guldsmed i staden.

Ehuru staden — såsom det hette — ej kunde vara utan murmästare, fans där 1674 ingen sådan handtvärkare, förutom en „klud-

---

[1]) F. S. A. Städernas besvär. Björneborg 1713. — Såsom exempel på den tidens varupriser må anföras att år 1656 en tunna råg kostade 12 d:r, 1669—73 en tunna spannmål 7 à 8 daler, 1674 en tunna råg 10 daler och en tunna korn 8 daler. 1702 kostade tunnan af hvardera sädesslaget lika eller 7 daler k:mt. En tolft täljda bräder betingade sig 1695 ett pris af 1 $^{1}/_{8}$ daler k:mt.

[2]) Domboken $^{14}/_{7}$ 1711.

dare“, som vid värktygens förlust och laga böter förbjöds att vidare taga befattning vare sig med murning eller hvitlimning [1]). 1696 gafs burskap åt en landsbo, som sökte sig till linväfvare, hvarvid yttrades att „denna staden goda handtvärkare storligen är af nöden“ [2]). Esomoftast förbjödos stadens få skomakare, skräddare och smeder att resa på landsbygden och där taga arbete, medan borgerskapet gick deras tjenster förlustigt.

Alla handtvärkarne voro förenade i gemensamt „embete med skrå och låda“. Inom detta generalgille intogs hedersrummet af skräddarne, hvilkas antal i regel synes varit tre. Bland dem utsågos embetets åldermän. Dessa egde att hafva uppsigt öfver samtliga handtvärkare, hvilka dock icke alltid synas med godo velat foga sig i deras åtgärder. 1652 måste mäster Bengt ålderman anhålla om rättens handräckning och hjälp uti hans embete, under hotelse att eljes nödgas uppsäga detsamma. 1674 förliktes åldermannen mäster Hans Eriksson med handsträckning med Joen skräddare, hvarvid den sistnämde utfäste sig att hädanefter afstå från all otidighet och gå åldermannen med tillbörlig heder tillhanda, hvilket han ock förmanades efterkomma, såvida han ville undvika straff [3]). Embetsskrået.

Såsom redan nämdes, var det strängt förbjudet för handtvärkarne att begifva sig på landet att arbeta. Detta förbud försökte man så mycket strängare upprätthålla, som staden led brist på behöfliga yrkesidkare. 1658 tilltalte Filip Ekman Erik smed för att han arbetade för bönder, och ej för borgerskapet. Då smeden därvid ursäktade sig med att han ej hade kol, dömdes han att böta 3 mark för det han icke höll sitt embete vid makt. 1674 blef Matts skomakare allvarligen förehållen, att han ej må taga mera arbete uppå sig, än han kan göra från sig, och ej heller begifva sig ut på landet att arbeta. Han skulle ej undslippa vederbörlig näpst, „såvida

---

[1]) Domboken 7/5 1674 och 6/6 1674. — Senare fans i staden en murmästare Anders Larsson, som betalade sina skråafgifter till embetet i Åbo, men han synes alltför ofta varit „förrester på landet“, för att staden skulle kunnat hafva full nytta af honom.

[2]) Domboken, 18/1 1696.

[3]) Domboken 25/10 1652 o. 14/2 1674. — 1652 nämnes M. Bengt ålderman för embetsmän i Björneborg. 1653 nämnes han, M:r Bengt skräddare, „ålderman på embeten“. 1658 var M:r Hans Eriksson ålderman. Han kallas ännu 1674 ålderman, men 1678 förordnades Jonas skräddare till ålderman och att hålla hand öfver sina embetsbröder. 1692 bivistade Peter Mill på magistratens vägnar embetsskrået här i staden. Embetet hade ock eget sigill, hvilket synes blifvit gjordt i Åbo 1667 och nämnes 1679.

han ej låter någon bättring påskina“ [1]). 1702 tillsades, i landshöfdingens närvaro, att som stadens skräddare och skomakare förnummits arbeta på landsbygden, sådant dem ej hädanefter skulle tillstädjas, utan de vara förpligtade här i sitt hus och i sin värkstad betjena allmänheten med sitt arbete, och landtmannen således låta arbeta här i staden [2]).

Accis underkastade näringar. Hvad de näringar åter beträffar, för hvilkas bedrifvande saluaccis skulle utgöras, tillsattes deras idkare särskildt af magistraten, såsom bryggare och brännare, äfvensom slaktare och köttmånglare samt bagare. 1652 utnämdes sålunda åtskilliga (17 stycken) bryggare, med tillsägelse att de må laga så att intet öl tryter på krogarna [3]). Samma år tillsattes sex krögare, „och förbjöds dem att emottaga något öl af bryggarene, förr än det blifvit pröfvadt“ [4]). 1651 hade Matts Soroi blifvit utnämd till stadsslaktare, och kort före jul anmanades han att göra sin högsta flit att förskaffa slakt till helgen, „på det att den som tarfvar kan för penningar bekomma“ [5]). Samma år tillsattes ock tvänne bagare, äfvensom tvänne personer, som skulle hafva „uppsigt öfver brödköpet“.

En hvar försäljare skulle hålla sin vara till salu enligt fastställd taxa, som årligen uppgjordes. Sålunda skulle t. ex. godt humleöl säljas för 9 öre kannan och sämre öl för 8 öre (1675). För en kanna anis- eller kumminbrännvin fick krögaren taga 7 mark, men för en kanna „gement“ brännvin endast 5 mark (1702). Ett lispund nötkött skulle slaktaren sälja för 1 daler 18 öre ($^{10}/_{4}$ 1652) o. s. v. För att öfvervaka denna del af handeln tillsattes taxerare och uppsyningsmän.

Redan förut har blifvit nämdt att bryggarena skulle förrätta sin brygd på brygghuset, likasom slaktarene sin slakt i slaktarhuset. Äfven brännvinsbränningen skulle försiggå på vissa bestämda ställen, „vid laga bot och ordinantiernas förbrytelse“. För enskilda var det strängeligen förbjudet att idka accis underkastad näring. „Endast där casus necessitatis pågår, må den som råd och ämne hafver, föra sitt råmaterial till bryggaren och låta brygga och sedan insätta varan på krogen; och de som brygga vele till husbehof, skola göra det hos sina grannar, som förordnade äro till bryggare“. Uppsigten öfver att denna ordning noggrant efterlefdes ålåg närmast de s. k. accisbesökarena.

---

1) Domboken $^{9}/_{3}$ 1674.
2) D:o $^{10}/_{4}$ 1702.
3) D:o $^{19}/_{1}$ 1652.
4) L. c.
5) Domboken $^{13}/_{12}$ 1651.

Sålunda var allt i det borgerliga näringslifvet noga ordnadt och bestämdt, och man tyckte att resp. näringsidkare, som voro skyddade för hvarje konkurrens, borde stå sig väl, på samma gång allmänheten var försäkrad om att för bestämda priser erhålla hvad den behöfde.

Men det trassel accisen medförde och den ständiga uppsigten man var utsatt för, af ölpröfvare, af taxerare, af besökare, af uppsyningsmän, äfvensom den ringa åtgången på varor, synas gjort att icke heller dessa näringar kunde räkna på någon framgång. Redan 1675 heter det, att inga vissa bryggare, krögare eller bagare här på en tid, för stadens fattigdoms skull, varit tillsatte [1]), och ehuru staden då ålades att återbesätta dessa „embeten", var den åtminstone 1696 åter utan bagare. Ty på högvederbörlig befallning frågades då om någon ville blifva bagare i staden, „hvartill samtliga borgerskapet svarade, att för någon tid sedan här varit en bagare förordnad, men icke kunnat sig däraf ernära, hafvandes icke kunnat så mycket bröd hela året försälja, som af honom i accis blifvit efter ordningen fordrad, hvarföre ock samma embete af sig sjelf fallit och ingen detsamma sedan velat emottaga". Ehuru stadens innevånare nu befaldes „omhugsa sig i saken och icke förskjuta sådant embete, däraf någon med tiden likväl torde hafva sin uppkomst och näring, ville likväl ingen sig därtill bekväma låta" [2]). — Dess förfall.

Äfven stadens slaktare synes ej rosat sin marknad, och det oaktadt rätten, sannolikt inseende omöjligheten att i hans fack strängt hålla på arbetets fördelning, tillika utsett honom till köttmånglare. Följden blef endast nytt trassel, enär slaktaren nu ej rätt visste hvad han hade att hålla sig till. Redan 1653 måste stadens slaktare pligtfällas för det han försummat slakteriet. Men han lyckades vinna benådning från straffet, då han med svuren ed förklarade „sig icke vetat att han vore satt till slaktare, utan allenast till köttmånglare" [3]).

På 1680-talet nämnes ej mera någon slaktare, och man talade ock om gamla slaktarhusets ställe i byggmästarestranden såsom om något, hvilket redan tillhörde en förfluten tid.

Likasom de accis underkastade näringarnas idkare tillsattes af magistraten, förordnades ock gästgifvarne af densamma. De voro vanligen tvänne, utom par tre formän, som skulle vara dem behjälpliga med hästar och båtar. 1675 förmanades dessutom borgerskapet — Gästgifvare.

[1]) Domboken $^{3}/_{7}$ 1675.
[2]) D:o $^{28}/_{6}$ 1696.
[3]) D:o $^{30}/_{6}$ 1653.

att för penningar hjälpa gästgifvarena med hästar till Hvittisbofjärd eller Haistila, „när den resande sådant tarfvar“ [1]). Gästgifvarena voro för sitt omak befriade från stadens utlagor. Men ehuru de sålunda hade vissa fördelar af sitt embete och därjämte kunde räkna sig till godo vinsten af försäljningen på tavernen, ansågs dock denna befattning ytterst tryckande. Vägarna voro de uslaste man kan tänka sig och ej så sällan hände att gästgifvarenas hästar bröto benen af sig i de söndriga broarna. Äfven båtskjutsen sommartid till Hjulböle var mycket besvärlig, enär därtill erfordrades farkoster och roddare.

Posten. Särdeles tillväxte gästgifvarenas bekymmer sedan dem ock ålagts att forsla posten. År 1672 hade staden nämligen lyckats genomdrifva att ordinarie posten skulle gå strandvägen från Åbo till Norrbotten, „på det borgerskapet må kunna göra sig så mycket bättre underrättade om handelns beskaffenhet i andra städer“. Men äfven för denna inrättning utgjorde de dåliga vägarna ett väsentligt hinder. 1705 anhöll borgmästaren Keckonius, som hade disposition öfver posten i Björneborg, om magistratens intyg däröfver, att vägarna voro „så alldeles afsigkomna“ i synnerhet på Sastmolasidan, att posten omöjligen kunde hinna resa med en hastighet af en mil på 1 ½ timme. För gästgifvarena var, som sagdt, postforslingen en ny sten på bördan. Sällan hade heller någon lust att „förvalta gästgifvaresysslan“ mer än ett eller par år. De ständiga uppsägelserna af gästgifvaretjensten gåfvo magistraten i sanning lika mycket hufvudbry, som den svårlösta frågan, huru stadens behof af handtvärkare och andra näringsidkare skulle tillgodoses.

Vi hafva nu framstält huru det under denna märkeliga period af stadens historia stod till med de egentligen så kallade stadsmannanäringarna; och vi hafva kommit till det resultat, att såväl handeln som handtvärket, i jämförelse med förhållandena under föregående tid, märkbart aftagit. Handeln reducerade sig till en ringa export af boskap till Stockholm, och yrkesnäringarna i staden kunde knappt fylla de anspråkslösaste fordringar.

Landtmannanäringarna. Det kan, med hänsyn till ofvan skildrade förhållanden, icke förvåna om borgarena nu företrädesvis började söka sin utkomst på ett område, som, enligt de på 1600-talet rådande ekonomiska teorierna strängt taget ansågs stå utom det egentligen s. k. borgerliga närings-

---

[1]) ¹⁰/₈ 1681 kungjordes att gästgifvarne enligt gästgifvareordningens 17. punkt för en häst, sadlad eller osadlad, eller förspänd släda eller kärra skulle för milen taga 12 öre silfvermynt, dock endast för första milen; för de öfriga milen däremot, i likhet med hvad som sker på landet, endast hälften.

lifvet: nämligen på jordbrukets och dess binäringars område. Men äfven här skulle det trakasserade borgerskapet under detta olycksdigra århundrade stöta på idel motgångar och svårigheter.

Staden råkade nämligen under 1600-talet ut för en mängd egotvister, genom hvilka den dels förlorade delar af sin donationsjord, dels beröfvades sin urminnes häfd på områden, som den redan börjat mer eller mindre anse såsom sina. Vi skola innan vi gå vidare i korthet skildra förloppet af dessa egotvister, som på sin tid djupt berörde det hårdt betryckta borgerskapet, och därvid först egna vår uppmärksamhet åt de rättegångar, genom hvilka staden förlorade delar af sin jord och sitt fiskevatten.

Första striden gälde Busö och Birkskär eller, såsom den ock kallades, Björkholmen. Dessa holmar hade, såsom redan förut blifvit nämdt, af konung Sigismund 1594 blifvit staden donerade och synas — särdeles den sistnämda — vid ådrornas tillgrundning begagnats af borgerskapet såsom lastageplats. Men nu inträffade det att Ulfsby öfverbyggarne, särdeles Gammelbyboarne, påstodo sig hafva urgammal häfd till holmarna, och att därjämte närmaste strandegarne, särdeles Lyttskärs gård, också gjorde anspråk på desamma. Staden försvarade envist vid särskilda ting sina rättigheter. Men tyvärr hade konung Sigismunds originala bref gått förloradt i branden 1603, och borgerskapet hade nu att uppvisa endast en ovidimerad kopia däraf. Denna ansågs så mycket mindre ega bevisande kraft, som holmarna icke voro nämda i konung Karl IX:s konfirmationsbref af år 1604. Tvisten afgjordes slutligen genom en häradsdom af $^{11}/_{2}$ 1662, hvari Busö jämte Björkholmen tilldömdes kamreraren Engelbrekt Enesköld på Lyttskär. Denna dom konfirmerades $^{8}/_{12}$ 1666 af Åbo hofrätt, hvilket datum således bör antecknas såsom det då Björneborgs stad definitivt gick förlustig besittningen af nämda holmar [1]). Busö-tvisten.

Medan Busötvisten ännu pågick, hade borgerskapet ådragit sig en annan olycksdiger process, som också rörde dess undfångna donationer. Ulfsby öfverbyggarne, som bestridt staden eganderätten till Busö, ville ej heller nere i Tahkoluoto skärgården vika för sina privilegierade rivaler. De — och jämte dem Kumoboarne — hade ända sedan medeltiden idkat fiske i bemälda skärgård, och oansedt alla donationer fortforo de därmed, så mycket än stadsboarne protesterade. På sin höjd voro de villiga att afstå från sjelfva hol- Tvisten om Tahkoluoto fiskevatten.

[1]) Domboken $^{17}/_{9}$ 1638. Nedra Satak. dombok, Ulfsby ting $^{19}/_{3}$ 1655, $^{11}/_{2}$ 1662 och $^{3}/_{12}$ 1674. Redan tidigare synes staden, möjligen inseende utgången af ofvannämda rättegång, flyttat sin lastageplats till Sandudden.

marna, men fiskevattnet ansågo de såsom sin oförytterliga egendom. Förgäfves åberopade stadsboarne sina privilegier och Helsingelagen, som sade „att den eger vatten som land eger". Det hjälpte till intet. Så snart deras båtlag visade sig i skärgården förjagades de därifrån med hugg och slag af öfverbyggarne, som slutligen blefvo så djärfva att de ånyo på holmarna uppförde sina „major" och nothus. Och när man slutligen gick till tings om saken, fann staden sig — till sin yttersta öfverraskning — vid ett extra ting 1640 fråndömd det tvist underkastade fiskevattnet. Hofrätten, till hvilken den för sent vädjade, vägrade på grund af utgången fataljetid att vidare upptaga målet — och stadens sak var förlorad.

Väl utvärkade borgerskapet hos Kongl. Maj:t, som ansåg domen „gå emot stadens privilegier", att en kommissorialrätt tillsattes för att ånyo taga saken i ompröfning. Huru tvisten i denna rätt, hvars utslag $^{20}/_{12}$ 1670 stadfästes af hofrätten, afgjordes, är icke fullt klart. Staden påstod sig hafva vunnit och sedan endast frivilligt, mot erhållen rätt till ved- och pärthygge i Lattomeri-allmänningen, tillåtit öfverbyggarne att fortfarande idka fiske till skiftes med borgerskapet. Motparten däremot framhemtade — sedan stadens handlingar under ofreden blifvit stulna från Stockholms rådhus — en kopia af hofrättens nyssnämda fastställelsedom, däri det uttryckligen hette att Ulfsbyboarne ensamna egde „fika och fara strömmingsfiskevarpen under Kallio, Pihlaja, Kappeli och Pakari klippor, hvaremot Björneborgsboarne samfäldt med dem finge åtnjuta fjellfisket från Erici till Johannis, då strömmingsfisket begynte". Och därvid förblef det oaktadt alla försök, som från stadens sida gjordes att vinna ändring å högsta ort. Fortelius säger därför också (1732) „att dessa holmar bl. a. äro minnesvärda därför att ehuru de höra till stadens område och eljest få begagnas till borgarenes nytta, hafva dessa dock icke tillåtelse att efter det vanliga ordstäfvet „den som äger land, äger strand", idka fiskafänge vid deras stränder utan särskildt arrende" [1]).

Dessa tvänne egotvister hade gält egor och rättigheter, om hvilkas evärdeliga åtnjutande staden bort vara försäkrad genom sina privilegier och bref. Och då det gått så olyckligt i afseende å dem, var det ej synnerligen att undra öfver om staden drog det kortare strået i rättegångar, som rörde områden, för hvilkas besittning den endast kunde åberopa tvifvelaktig häfd. Bland dessa stod,

[1]) Handlingarna rörande detta mål finnas i afskrift i F. S. A. Städernas besvär, Björneborg.

Koivisto-råtvisten.

så godt som under ett helt sekel, främst på dagordningen den s. k. Koivisto-råtvisten. Ända sedan stadens grundläggning hade nämligen borgerskapet samfäldt med Koivisto kronoladugård begagnat skogsmarken, som var belägen emellan Herreviken och Lattomeri, samtidigt som det „på lega innehaft“ de s. k. kungshagsåkrarna. Denna häfd hade opåtaldt fått fortfara, så länge ladugården var under kronan. Men då Koivisto blifvit lagdt under det 1652 upprättade Björneborgs grefskap, klagade grefvens ombudsman Hans Godhe, $^5/_6$ 1654, vid häradsrätten öfver det „inpass borgarena gjorde på hans herres rättmätiga egor med skogshygge, löftägt och annan bruk“. Staden höll emellertid före att den, och ingen annan, vore rätta egaren till det ifrågavarande området, och menade sin rätt så mycket mindre kunna betviflas, som ju borgerskapet alltid måste underhålla landsvägen ända till bron vid Herreviksändan, där ock några mossbelupna störstubbar funnos, hvilka i tiden utgjort rågård mot Koivisto. Förgäfves framhöll Hans Godhe att stadens rå ända sedan konung Johans tid gått från herregårdsknuten vid stakettet rårätt i söder till midten af Lattomeri, att de gamla stubbarna voro gärdens gamla höstacksstubbar och intet annat, samt att vägabyggnaden, såsom staden pålagd först 1632, ingenting bevisade i afseende å dess gamla häfd [1]).

Borgerskapet stod ej att öfvertyga; och då häradsrätten, på grund af bristande bevis, $^{25}/_{11}$ 1656, dömde den omtvistade marken att tillsvidare af parterna samfäldt begagnas, betraktade staden detta utslag såsom en half seger och uppträdde 1669 såsom kärande. Men nu förlorade den sin sak såväl i härads- som lagmansrätt, hvilka dömde Herregårdsknuten „till evärdelig byaskilnad kungsgården och Björneborgs stad emellan“. Väl vann staden, „som menade sig blifvit trängd emot dess privilegier, hvilka nämna Koivisto gärdsgård och ingen Herregårdsknut“, genom besvär hos Kongl. Maj:t ny resning i målet, men innan man hann till slut med den trassliga härfvan kom stora ofreden och begrof för en tid hela saken i glömska [2]).

Tvisterna om Sandudden och Sådö.

Vid samma tid förlorade staden också sin härtills åtnjutna häfd på Sandudden och Sådön, ehuru den förra såsom lastageplats och

[1]) Till denna tvist hänför sig också den ofvan å sid. 102 införda af landtmätaren och borgmästaren Hans Hansson uppgjorda kartan, hvartill originalet förvaras i Gyllenbergska samlingen i Upsala. En kopia af densamma har af K. F. Ignatius blifvit meddelad Historiska Samfundet.

[2]) Se rörande detta mål Satak. dombok, Ulfsby ting $^5/_6$ 1654 och $^{25}/_{11}$ 1656 samt afskrifterna i Städernas acta, Björneborg, i F. S. A.

hamn var för densamma oumbärlig. Den 25 febr. 1659 tillsporde nämligen grefskapsinspektorn Hans Godhe de 12 i nämden, om „Santanenä eller däromkring lydande lägenhet och fiskevatten skulle höra Björneborgs stad till“. Då svarade samtliga nämdemän: „att vestersidan om Santanenä hörer Inderö by till, men östersidan, skog och fiskevatten, hörer grefskapet till“. Därmed fick staden sig nöja, och då den ej kunde undvara sin hamn, torde den sedan mot arrende försäkrat sig om fortfarande besittningsrätt till holmen. — Fyra år senare, $^{25}/_{9}$ 1663, förlorade staden också Sådön, hvarvid borgerskapet tidigare brukat idka fiske, men hvilken staden, efter det innevånarenas alla notredskap förstörts i branden 1603, påstod sig hafva „efterlåtit åt Axel Kurck på Anola“. Emellertid intygades nu vid rätten att holmen, långt förr än Anola blef säteri, lydt därunder, och då den ej heller nämdes i stadens privilegiebref, frånkändes den utan vidare borgerskapet och tilldömdes Anola gård [1]).

Till ofvannämda egotvister, genom hvilka staden förlorat så mången dyrbar besittning, anslöto sig ännu tvänne dylika, genom hvilka den för så godt som hela denna period beröfvades åtkomsten af jord, som antingen redan tidigare blifvit den tilldömd eller eljes med rätta bort densamma tillkomma.

Tvisten om Lill-Raumo hemmanet.

Så förhöll det sig t. ex. med den långvariga tvisten om Lill-Raumohemmanet, hvilket redan 1585 tillerkänts staden, såvida det förut legat under Bärnäs by. Då hemmanet emellertid legat öde, kunde den tidens kameralister med all deras apparat af jordeböcker och syneinstrument på närmare ett århundrade ej finna rätt på dess egor. Ändtligen återfans det 1672 och donerades då ytterligare under staden, särskildt till förbättring af borgmästarens lön. Staden hade emellertid så när haft olyckan att ånyo se sig denna sin egendom beröfvad genom stora reduktionen 1681, men lyckades dock efter nya besvär vinna ytterligare konfirmation på densamma [2]).

Tvisten angående den s. k. Sandholmen.

En liknande tvist fortgick äfvenså, så godt som hela perioden igenom, angående den s. k. Sandholmen, hvars historia i korthet var följande. Omkring 1570, eller rättare sagdt omkring 50 år före 1638, då tvisten först utbröt, hade en holme börjat tillanda på Bärnäs bys fiskevatten, hvilken likt andra dylika tillandningar benämdes rätt och slätt „Sand“ eller „Sandholmen“. Staden ansåg holmen för sin och höll där en tid bortåt sina kalfvar på sommarbete. Men

[1]) Satak. dombok, Ulfsby ting $^{25}/_{2}$ 1659 och $^{11}/_{2}$ 1662, äfvensom afskrift af lagmansrättsdomen af $^{25}/_{9}$ 1663 å Lyttskärs gård.

[2]) F. S. A. Städernas besvär, Björneborg.

kronans fogdar och stallmästare på kungsgården, hvars holmar lågo där tätt invid, ansågo den nya tillandningen rätteligen böra tillkomma kronan [1]). De läto därför bortföra stadens boskap därifrån till Kumo gård och ditsände kronans hästar i stället. Emellertid företog sig borgmästaren Henrik Tomasson, som icke annat visste än att holmen var stadens allmänning, 1638 att bärga hö (10 åmar) på densamma. Stallmästaren Nils Olsson besvärade sig häröfver och holmen dömdes $^{3}/_{10}$ 1638 kronan till. Detta ansåg staden emellertid vara en högst orättvis dom och supplicerade genom sin riksdagsman 1659 att den på stadens egor och fiskevatten tillandade Sandklippa, som „genom borgmästarens nachlässighet“ gått ur stadens ego, måtte åt densamma återgifvas. Den „ringa Sandholmen“ hade nu kommit under grefskapet, hvilket ej brukade den hvarken till äng eller annat, utan för hyra legde den åt borgerskapet. Det drog emellertid ut på tiden innan staden fick något besked i saken. Holmen reducerades till kronan, som emellertid icke brådskade med dess återställande. Först efter nya besvär bekom staden (1674 och 1675) löfte om dess restituering, därest den ej blifvit under grefskapet specialiter med räntan donerad. Huru det sedan gick med denna sak, framgår ej ur handlingarna. Men att döma däraf att stadens klagomål nu upphörde, ser det ut som om den vunnit sitt mål och ändtligen kommit i besittning af denna sin tillandning, hvilken torde varit någon af dess nuvarande ängsholmar [2]).

Genom samtliga ofvan relaterade egotvister, som intaga ett märkeligt rum i stadens historia under 1600-talet, hade borgerskapet förlorat eller blifvit urståndsatt att nyttja betydande områden af sin jord. Busö, fiskevattnet vid Tahkoluoto, Koivisto-skogen, Sandudden och Sådön hade blifvit detsamma mot privilegier och häfd från-

---

[1]) Se rörande denna egotvist: F. S. A. Städernas besvär, Björneborg, äfvensom resolutionerna på stadens besvär 1660 och 1675.

[2]) Man har härtills identifierat nämda holme med Storsand, och på grund däraf att denna ända till våra dagar varit under kronan, dragit den slutsatsen, att staden icke fick sin holme igen. Men nu ifrågavarande „Sandklippa“ eller „ringa Sandholme“, som först omkr. 1570 börjat tillanda och som endast en gång före 1638 bärgats för kronans räkning, i hvars holmregister staden förmodade den ej ens blifvit införd, kan omöjligen vara Storsand, hvilken redan 1550 och sedan allt framgent, städse under det betecknande namnet „Storsand“, upptages i kronans holmlängder såsom en af dess största ängsholmar. Skäl finnas snarare att identifiera densamma med Borgmästareholmen, som af äldre kartor att döma varit den första af holmarna som tillandat i viken, och hvilken på grund af sitt läge, längst borta bakom Lotsöreådran, närmast intill kronoholmarne, lätteligen kunde bli föremål för en tvist emellan kronan och staden.

dömda, Lill-Raumohemmanet och Sandholmen hade i det längsta undanhållits dess begagnande. I de flesta af dessa rättegångar hade, enligt borgerskapets mening, intet tvifvel bort råda om dess rätt. Också eftervärlden har i afseende å flere af dem, på grund af urkundernas bristfällighet, svårt att till fullo fatta de skäl, hvarpå de slutliga utslagen grundade sig.

Åkerskatten. Men icke nog därmed att staden förlorat delar af sin jord; den måste också — såsom redan förut är nämdt — för återstoden erlägga hårda skatter, åkerskatten om 60 t:nr, tionde om 20 t:nr, äfvensom boskapspenningar. Af dessa kändes i synnerhet den förstnämda, som beräknad i penningar ansågs motsvara ungefär dubbla beloppet af den staden förmedels jorden donerade räntan, 90 d:r s:mt, så mycket mera tryckande för borgerskapet, som den icke var brukligi andra städer, hvilka hade donerad jord. Historien om denna skatt fyller också på sitt sätt ett af de många mörka bladen i stadens historia under denna det svenska väldets maktperiod.

Borgerskapet petitionerade naturligtvis gång på gång om att „staden nådeligen skulle blifva från åkerskatten förskonad". Men „som kronan satt i djupt krig kunde från densamma ej mistas någon spannmål, i anseende till de stora utredningar, som göras måste". Väl fick borgerskapet, sedan trettioåriga kriget bragts till ett lyckligt slut, 1650 löfte om att mot de försträckningar, belöpande sig till 3452 d:r kopparmynt, som den af sin efter 1603 års brand åtnjutna brandstod gjort åt särskilda i staden inkvarterade främmande trupper, få afkorta hela åkerskatten. Men tyvärr glömde Kristinas regering, i sin ifver att belöna de män, som fört Sveriges vapen till de ärorika segrarna på de europeiska valplatserna, stundom de löften den tidigare gifvit sina fattiga undersåtar. Till lika stor förvåning som harm funno stadsboarne att deras nyss afkortade åkerskatt, som de endast tvänne år fått njuta till godo, utan någon anmärkning eller förklaring blifvit inberäknad i de räntor, som 1652 donerats åt den till grefve af Björneborg upphöjde Gustaf Horn.

Väl afsöndrades staden snart åter genom reduktionen från grefskapet (1655), och bekom på landskapsmötet i Åbo 1657 löfte om att halfva åkerskatten finge användas till förbättrande af magistratens löner och andra halfvan fortsättningsvis afkortas på kronans förenämda skuld, — ett medgifvande som ytterligare stadfästes år 1665, med tillägg därjämte att äfven en annan försträckning af 1500 d:r, som staden 1630 gjort till skeppskompaniet, skulle på samma sätt likvideras. Men emellertid kom reduktionen, och då utfordrade kronan utan vidare sin hälft af åkerskatten (1682), oaktadt ännu 261 daler 26 öre silfvermynt voro på dess skuld oafkortade. Sedan bragte stora ofreden denna fråga, i likhet med så många andra, för en tid i glömska, och då staden efter vunnen fred erinrade sig sin fordran, ansåg den vara bäst, att i underdånighet lemna densamma opåtald (1722)[1].

I sanning — en sällsam rad af motgångar, som dessa i stadens urkunder från 1600-talet ständigt återkommande egotvister och åkerskattsreklamationer beteckna. Man skulle nästan kunna tro att borgerskapet, som så bittert klagade öfver alla de vidrigheter det fick oförskyldt vidkännas af omilda grannar, äfvensom öfver de „kvälsamma" resolutioner, som kommo det till del af en obeveklig öfverhet, icke borde haft synnerligt intresse af att egna sig åt omvårdnaden af sin jord. Men nödvändigheten hade ingen lag. Då andra källor sinade, måste man ösa ur den enda som ännu kunde något gifva. Sålunda inträffade det att landtmannanäringarna voro de enda, som synas haft framgång under denna merkantilismens tid. Jordbruk.

Så var förhållandet främst med åkerbruket. De gamla Bärnäsåkrarna utgjorde fortfarande ett slags „ager publicus", hvilket främst fick vidkännas bördan af åkerskatten. I dessa åkrar skildes fortfarande emellan „embetstegar" och „borgaretegar". De förra odlades af borgmästaren och rådmännen, hvarvid iakttogs den ordning att en nyutsedd rådman alltid erhöll sin företrädares teg. Då en gång rådman Prytz ville rubba denna ordning för att komma i åtnjutande af en större och bättre rådmansteg, som innehades af rådman Ekman, motsades han vältaligt af nestorn i rådet den åldrige Melker; och det blef vid det gamla, så mycket än Prytz förfäktade sin åsigt, påstående att „Melkers läppar voro af Ekman med brännvin smorda"[2]. Borgaretegarna åter fördelades fortfarande på Valborgsmessodagen bland borgerskapet. Hvar och en delegare i åkern skulle gräfva diket vid sin tegända äfvensom reparera gärdet vid sin lott. Vid utgången af den för innehafvarne bestämda tiden egde magistraten, om den så för godt fann, gifva deras tegar åt andra. Åkrarna.

Men Bärnäsåkrarna utgjorde numera endast en ringa del af den odlade stadsjorden. Borgarena upptogo fortfarande, ofta nog utan myndigheternas hörande, nya åkrar på mulbetet till sitt privata begagnande. Dessa åkrar betraktades såsom de enskilda innehafvarenas häfdvunna och ärftliga egendom. De kunde köpas och säljas,

[1]) Åkerskattsfrågan beröres i flere af stadens besvär och resolutioner från denna tid. Se isynnerhet Björneborgs acta och besvär i F. S. A.

[2]) Domboken $^{8}/_{8}$ 1711.

intecknas för lån ur kyrko- och fattigkassan o. s. v. Och det var just genom tillkomsten af sådana åkrar, som den odlade jorden årligen tillväxte. Då vid periodens början såddes omkr. 70 t:nr, beräknades utsädet vid dess slut till 140 t:nr [1]), hvilket häntyder på att åkerjorden under seklets förlopp fördubblats.

Ängsholmarna. Och i samma mån som åkrarna tillväxte också ängarna, särdeles genom nya tillandningar i viken. Till en början voro dessa tillandningar kala sandbankar, hvilkas läge och omfång varierade efter vårflodens nyck. I förstone namnlösa kallades de blott „sand", „sandklippor", „klippor". Men med årens lopp tilltogo de i omfång och blefvo fasta till sitt läge, hvarjämte deras yta betäcktes af en mager växtlighet af fräken och starrgräs. En gåfva af floden, tillväxte detta deltaland inför borgerskapets ögon och blef omsider stadens förnämsta ängsmark, en ny kommunaljord, öfver hvilken magistraten egde att förfoga, liksom öfver Bärnäsåkrarna. Liksom det i Bärnäs fans „embetstegar" och „borgaretegar", likaså fans det i viken „magistratsklippor" och „borgareklippor". Dessa senare fördelades bland borgerskapet, som förmanades „hålla sig höfligen vid högörandet", hvilket årligen skulle ske uppå en af magistraten särskildt bestämd tid, samt att ej till dessa sanka och blöta holmar öfverföra någon boskap, som skulle nedtrampa och fördärfva höväxten. I likhet med kronoholmarna beprisades dessa grönskande öar, omfattade som de voro af ådrornas silfverband, redan på 1600- och 1700-talen af stadens häfdatecknare, och deras flora och fogelvärld väckte redan den tidens borgare till reflexioner öfver naturens härlighet [2]).

Boskapsskötsel. Att boskapsstocken likväl med tiden minskades mot hvad den förut varit — den bestod t. ex. 1671 af 39 hästar, 27 oxar, 265 kor, 93 kvigor och stutar, 152 får, 32 svin, 22 getter och några bockar samt år 1710 af 58 hästar, 151 kor, 76 kvigor och stutar, 24 får, 3 svin och 4 getter [3]) — torde väl hufvudsakligast berott på den, i anseende till befolkningens aftagande, minskade åtgången af

[1]) Se utsädeslängderna.

[2]) „Varandes här om sommaren en lustig ort såväl för de sköna kronoholmar här vid staden finnas" (Keckonius). — Prata, non florum herbarum atque graminum varietate modo læta, sed lupulis atque baccis infiniter exornata — —. Oppidum esse situm in loco tam salubri et amoeno — — — ut omnium animos — — afficere — — queat (Fortelius). — Amoenitas horum locorum non satis describi potest. (Branders disp. de regia piscatura etc. 1751).

[3]) Se boskapslängderna för nämda år. — Såsom vi erinra oss utgjordes stadens boskapsstock vid utgången af föreg. period (1638) af 93 hästar, 12 föl, 67 oxar, 294 kor, 113 kvigor och stutar, 400 får, 73 svin och 8 getter.

ladugårdsprodukter äfvensom på den numera ringa kreatursexporten till Stockholm. Den synes dock motsvarat behofvet och torde sålunda, relativt taget, icke varit så obetydlig, ehuru den ej tålde jämförelse med den föregående tidens boskapsrikedom.

Fiske.

Äfven fisket omfattades med intresse af den tidens stadsboar. Väl gjorde det regala lax- och sikfisket väsentligt intrång på borgerskapets rättighet att idka fiske i sjelfva elfven och dess utloppsvik. De på Valborgsmesso-rådstudagarna regelbundet återkommande varningarna lydde: att borgarena skulle upptaga sina under laklekstiden i ådrorna nedlagda pålar, för att de ej skulle hindra laxens uppgång till kronovärken och åstadkomma uppgrundning i farlederna. Enligt landshöfdingens resolutioner af den $^{8}/_{3}$ 1690 och den $^{27}/_{6}$ 1691 samt den $^{25}/_{6}$ 1700 var det strängt förbjudet att från medlet af juni till sista augusti, „kronofisket till prejudice“, utsätta några bragder „ehvad namn de hafva kunna hvarken i sjelfva elfven eller någon af dess utskyrder i Björneborgs fjärd emellan Sandudden, Lotsöre, Galgbacken och Raumo-sund“ [1]). Roendet i ådrorna, — ja t. o. m. ringandet i stadens kyrkklockor ansågs skrämma den skygga fisken från uppstigande, hvarför äfven därmed borde så mycket som möjligt innehållas [2]).

Då härtill kommer att staden så godt som i hvarje vik och fjärd, där borgarena tyckte sig ega rätt att fiska, på grund af att de egde strand, stötte på motstånd af grannar, som föreburo äldre häfd, såsom af Lill-Raumoboarne vid Ulasöre, af Hjulböleboarne vid Lotsöre, ja — invid sjelfva stadsstranden af Svartsmarksboarne [3]), finna vi att borgarena nog hade skäl för sin 1693 framstälda klagan „att oansedt fiskevattnet ligger under deras hus och fisken går dem för ögonen, de likväl ej fördrista sig det ringaste att upptaga till kokfisk“ [4]).

Sillfisket vid Räfsö.

Men så mycket mera lockande var strömmings- och sillfisket i skären invid och utanför Räfsö. En mängd stadsboar, ifrån rådmännen början ända ned till inhysingarne, foro hvarje vår med sina sköttbåtar ned till holmarne för att bedrifva detta fiske. Och jämte borgerskapet deltogo i detsamma äfven landtmän från de kringlig-

---

[1]) Domboken $^{19}/_{10}$ 1738.

[2]) D:o $^{11}/_{7}$ 1698, C. R. Girs disp. om orsaker till Kumo lax- och sikfiskets förminskning (1771).

[3]) Svartsmarksboarne hade, $^{3}/_{10}$ 1575, af kon. Johan III fått bref på sin rättighet att idka fiske i Ulfsby å och på den grund börjat draga not vid Storsand gent emot staden.

[4]) Stadens besvär.

gande socknarna. Stundom kunde ända till 40 båtlag vara samlade nere vid holmarna, på hvilkas stränder stodo uppförda enkla pörten, dels tjenande till nattläger för fiskarena dels till förvaringsrum för deras redskap m. m. Hela juni månad syntes därborta på stränderna talrika rökpelare, som uppstego ur eldarna, hvilka fiskarena tändt för att tillreda sin mat eller för att dymedels åt de andra båtlagen gifva underrättelse om sin lägerplats.

Fisket var gifvande, och sillen af ypperligt slag. Det berättas att en holländare, som 1712 lastade plankor i Räfsö, företog sig att uppköpa all sill han där kunde öfverkomma, hvarpå han inlade den på holländskt sätt i åttingar och sedan med stor vinst sålde densamma i Stockholm såsom holländsk [1]).

Landtmannanäringarnas klena afkastning.

I sanning, när borgaren med sina oxar plöjde sin fäderneärfda teg eller vadande ända till midjan afmejade gräset från sin ängslott, eller i sin stora skötbåt seglade ned till strömmingsvarpen, kände han sig såsom herre på egen täppa, något som han ej kunde känna sig vara hvarken på sin af tullbesökare visiterade skuta eller i sin af taxerare och uppsyningsmän ständigt uppvaktade värkstad. Väl var lönen för arbetarens svett och möda ej heller på detta fält synnerligen stor. Åkrarna gåfvo i medeltal 4:de à 5:te kornet [2]) och höet, som för det mesta bestod af starrgräs och fräken, gjorde att stadens hästar allmänt sades lida af krampen [3]). Björnen och vargen slogo ofta borgarens boskap i den orödda urskogen vid Lattomeri, oaktadt den var vallad af herdar, beväpnade med spjut och bössor. Men man nöjde sig då för tiden med små resultat och trodde sig i jordbruket kunna vinna en ersättning för de förluster man lidit på andra håll.

Men snart öppnades vederbörandes ögon och man fann att borgerskapet sysslade mera med jordbruk och fiske, än tillbörligt var för en stads befolkning. Då ljöd åter tidehvarfvets obevekliga slagord: „hvar och en vid sin näring". När några stadsboar år 1705 begärde att få upptaga nya åkrar på den af skogselden afbrända marken vid Lillängen svarade magistraten: „att det vore tjenligare att borgerskapet skulle anlägga större flit på handel och köpenskap, än åkerbruk", samt afslog deras anhållan, „enär staden ock redan var med åker nödtorftigt förседd" [4]). Och när höga kronan märkte

[1]) Rudenskölds relation.
[2]) Rudenskölds relation.
[3]) Domboken 7/1 1678.
[4]) Domboken 12/3 1705.

hvilken indrägtig näring borgerskapets fiske var, belade den detsamma såsom varande regale med en skatt af 2 daler [1]) s:r m:t för hvarje båt (omkr. 1700), framhållande därjämte att detta egentligen ej var en näring för stadsboar.

Sålunda fingo de stackars borgarena förnimma att det ej räknades dem till någon förtjenst att de sökte förbättra sin ställning genom ett arbete, som ej ansågs tillkomma dem, oansedt det syntes vara det enda som ännu bar sig. Att detta i väsentlig mån hindrade äfven nyssnämda näringars förkofran utöfver den relativa utveckling, de af nödvändighetens tvång erhållit, är naturligt. Också gjorde sig ett bakslag i afseende å dem märkbart mot periodens sista tid. Allt oftare förekomma då uti handlingarna uppgifter om ödesjordens tilltagande, hvarjämte den starka minskningen af kreatursstocken, om också endels förklarlig genom ofvanangifna förhållanden, likväl därjämte måste anses häntyda på boskapsskötselns förfall. Ju längre det led minskades ock båtlagen nere i skären. Räfsö och de öfriga utholmarna — med undantag af Tahkoluoto, som nu fått sin första åbo — blefvo åter lemnade åt sitt öde, tjenande såsom förr endast till sommarbete [2]), särdeles för getterna, hvilka skulle hållas så långt som möjligt från stadens åkrar, „enär inga laggilla gärdesgårdar kunna samma ostyriga kreatur, som alla stängslen öfverspringa, från odlingarna afhålla". Fiskareldarne hade slocknat, och holmarnes stränder, som förut erbjudit en så liflig anblick, stodo öde och öfvergifna, också de bärande vittne om århundradets betryck. Deras förfall.

Vi hafva nu skildrat borgarenas kamp för tillvaron under de hårda tiderna på 1600-talet; låtom oss nu också egna en blick på deras lif och sträfvanden, för så vidt det gälde den andliga odlingen och dess befrämjande. Kyrkan och skolan arbetade väl rastlöst, befordrande hvardera på sitt område det andliga lifvets och bildningens sak; men vi kunna dock, vid en närmare granskning af deras värksamhet, finna de svårigheter, med hvilka också dessa institutioner nu hade att kämpa. Kyrkan.

Representerad af män sådana som de båda Arctopolitanerna (1631—1682) och Fortelius († 1721) sträfvade kyrkan att enligt de inom ortodoxin då rådande stränga grundsatserna leda folket till kristen- Kyrkotuktens stränghet.

---

[1]) Denna afgift förstodo sedan arrendatorerna af kronolaxfisket, hvarmed detta skärifiske förenades, på hvarjehanda sätt att ytterligare höja.

[2]) 1674 förbjöds borgerskapet att föra till Räfsö och Tahkoluoto andra kreatur, än hästar och detta års kalfvar äfvensom getter. Men då det senare befans att hästar och kalfvar ej trifdes tillsammans, förbjöd magistraten 1688 att vidare föra dit några hästar, „på det kalfvarna därigenom icke må illa fara".

dom och dygd, fordrande af detsamma också den yttre tuktens noggranna efterlefnad. Kvartermästarena ålades flitigt efterse „att ingen fördristade sig från kyrkan absentera eller söndagarna på något sätt vanhelga“. På de större helg- och bönedagarna fick ingen gudstjenst, under något vilkor, försummas, ej ens om för uteblifvandet från någon af dem kunnat förebäras ett så pass giltigt skäl, som obekantskap med språket, på hvilket predikan hölls. 1652 förmanades innevånarena „att de alla med hustru och barn skulle bereda sig till den förestående bönedagen och att ingen fördriste sig att förhålla sig ifrån gudstjensten, utan komme flitigt tillstädes i alla predikningar, såväl de svenska som finska, framdeles icke föregifvande att de inte förstå tungomålet, vid straff af 40 mark“ [1]). Och att ett uteblifvande från kyrkan ingalunda lemnades ostraffadt finna vi däraf att skräddaren Anders Eriksson 1678 för sådan orsak pligtfäldes till ofvannämda böter, — och det t. o. m. oaktadt han ådagalade att det varit för honom, som då befann sig på en resa till Kumo, alldeles omöjligt att i tid hinna tillbaka till staden till kyrkodags [2]). 1686 tilltalades sjelfve rådman Peter Mill för det han ej bevistat gudstjensten böndagen den 9 juli, „efter som han icke den dagen syntes här i stadskyrkan“. Han undslapp dock böterna, då han bevisade att han varit på sillfiske i skären och där råkat ut för motigt väder, så att han ej kunde komma upp till staden till böndagen, men att han i stället begifvit sig till Hvittisbofjärd, där han trodde att gudstjenst skulle hållas.

Kyrkans arbete för sedernas och läskunnighetens höjande.

Lika nitiskt som för sedernas höjande arbetade kyrkan också för läskunnighetens spridande. 3/5 1705 förmanade Fortelius „att denna stads innevånare må hålla sina barn till läsande af bok och katekismi läras öfningar, erinrande jämväl dem af borgerskapet, som försummat sin kristendomsöfning, hädanefter därom vara mera bekymrade“ [4]). Men oaktadt all den stränghet och vaksamhet, som karaktäriserade den tidens kyrkoväsende, voro dock svårigheterna presterskapets ansträngningar öfvermäktiga. Fortelius klagade 1705 att det i staden fans folk „som litet eller intet haft åhåga om sin kristendoms öfning och inga till dem af deras själaherdar gjorda förmaningar aktat“ [5]). Också synes den moraliska nivån — alla de kyrkliga

---

[1]) Domboken 17/5 1652.
[2]) D:o 4/12 1678.
[3]) D:o 19/7 1686.
[4]) D:o 3/5 1705.
[5]) L. c.

myndigheternas nitiska sträfvanden till trots — hellre varit i sjunkande än i stigande. 1701 klagas bl. a. att dryckenskapen så alldeles tog öfverhand såväl bland mans- som kvinnspersoner att „inga straffpredikningar i kyrkan mera något gälde“ [1].

Trivialskolan. Dess blomstring.

Också skolan genomlefde nu en hård tid. År 1640 hade staden i stället för den gamla abc-skolan, med dess ena lärare, på framställning af Per Brahe erhållit en högre trivialskola, „scola gymnastico-trivialis“, med rektor, konrektor, tvänne kolleger och en apologist, hvarje af dessa lärare förestående sin särskilda klass. Denna skola, som egde rätt att dimittera direkte till akademin, frekventerades af elever ända från Österbotten och Öfre Satakunta och vann till en början ett stort anseende för sin tid. Sjelfva biskop Terserus gaf den, år 1662, det vitsord att den „härtills hafver varit den förnämsta skolan i landet“, och detsamma hade några år tidigare, 1656, framhållits af stadens prester- och borgerskap i deras till riksrådet inlemnade besvär, där det hette att skolan varit „en af de förnämligaste trivialskolorna här i landet, däraf sköna ingenia äro komna till akademin“ [2].

Från densamma utgångna minnesvärda stadsboar.

Och, i sanning, ifrån den björneborgska skolan hade också utgått och utgick fortfarande under seklets förlopp flere i vårt lands häfder minnesvärda män. Sådana voro t. ex. — för att här inskränka oss endast till dem, som hade Björneborg till sin födelse- och hemort — Johannes Curnovius [3] († 1721), hvilken adlad med namnet Adlerström slutligen blef vicelandshöfding i Vester-Norrland och lagman i Gestrikland; Simon Paulinus [4] († 1691), hvilken såsom

---

[1]) Domboken $^{11}/_{8}$ 1701.

[2]) Se Ignatius: Finlands historia under Karl X, sid. 172, äfvensom Leinberg: Handl:r rör. skolväsendet, 3:dje saml., sid. 71.

[3]) Johannes Gustavi Curnovius, adl. Adlerström, f. i Björneborg, son till borgmästaren Gustaf Henriksson och Elisabet Nilsdotter, d:r af stallmästaren Nils Eriksson (Nils Olofsson ?). Notarie vid amiralitetet 1677. Sekreterare därstädes 1683, adlad $^{5}/_{4}$ 1688 (introd. 1689 N:o 1131). Lagman i Vester-Norrland 1698, vicelandshöfding därstädes 1712; lagman i Gestrikland 1718. Han afled 1721 och slöt sjelf sin ätt. G. 1:o m. Felicia Cajana, dotter af befallningsmannen öfver Kajana socken Anders Eriksson och Agneta Mattsdotter; 2:o $^{19}/_{8}$ 1691 i Stockholm m. Anna Hällberg, i hennes andra gifte, d:r af lärftskrämaren Nils Jönsson Hällberg och Brita Mikaelsdotter, samt enka efter krigskommissarien Samuel Palumbus, adl. Gripenklo.

[4]) Simon Paulinus, f. $^{10}/_{12}$ 1652 i B:borg af kollega superior Paulus Simonis och Agneta Henriksdotter. Stud. 1672, mag. 1679, linguarum professor 1684. Han har utgifvit åtskilliga vetenskapliga arbeten. Dog tidigt i sin mannaålders fulla kraft $^{24}/_{10}$ 1691. G. m. Magdalena Schæfer, dotter till rådmannen i Åbo Abrah. Henr. Schæfer.

professor på sin tid räknades bland akademins mest framstående lärare; Karl Paulinus [1]) († 1720), den föregåendes broder, hvilken äfven han adlad: Lagerflycht, såsom assessor i Åbo hofrätt gjorde sig känd såsom en skarpsinnig jurist, och slutligen tredje brodren Johannes Paulinus [2]) († 1732) hvilken, omsider upphöjd i grefligt stånd med namnet Lilljenstedt, såsom statsman och skald på sin tid framstod såsom en af Sveriges yppersta stormän.

Skolans förfall. Men om ock skolan sålunda med heder fylde sin plats bland landets läroanstalter, dröjde det dock ej länge innan den råkade ut för svårigheter, som icke kunde förfela att hafva ett menligt inflytande på dess värksamhet. Sedan staden — såsom förut blifvit nämdt — år 1655 reducerats under kronan igen, förklarade grefve Horn för lärarne att han icke vidare kunde lemna dem deras vanliga „deputat" och hänvisade dem till kronan, hvilken emellertid ej var beredd att disponera några medel för ändamålet. I sitt betryckta läge sände nu lärarne kollegan Jonas Vrigstadius till Åbo för att anhålla om Per Brahes förmedling. Det skulle vara, framhöllo de, en obotlig skada för hela landsorten, om skolan nu så snöpligen skulle förskingras och blifva om intet. Men först efter nya besvär från såväl stadens som presterskapets sida erhöll staden 1660 från högsta ort

---

[1]) Karl Paulinus, f. $^{12}/_{3}$ 1657, stud. 1684, fiskal 1689 på en till Holland ärnad skeppsflotta, auskultant i Hofrätten 1690, kommissarie på en till Vest-Indien tillärnad expedition; notarie vid statskontoret 1691; advokatfiskal i Åbo hofrätt $^{16}/_{1}$ 1694, assessor därstädes $^{8}/_{11}$ 1702, adlad $^{17}/_{10}$ 1706. Lagman i Umeå läns lagsaga 1718; vicelandshöfding i Vesterbotten 1719; † 1720 i Stockholm, under flykten, samt begrafven i Åbo domkyrka. G. 1697 med Maria Fästing, † $^{1}/_{10}$ 1745, dotter af handlanden i Åbo Bartold F. och Elin Joakimsdotter Schult.

[2]) Johan Lilljenstedt, f. $^{14}/_{9}$ 1655, † i Diwitz i Pommern $^{26}/_{9}$ 1732. Stud. 1672. Väckte i Upsala stor uppmärksamhet genom ett tal om Finland på grekisk hexameter. Filosofieadj. i Åbo 1672, men stannade i Sverige såsom guvernör i riksskattmästaren Sten Bjelkes hus. Sekreterare i statskontoret 1685, adl. $^{9}/_{11}$ 1690, sekreterare i Svea hofrätt 1695, ledamot i lagkommissionen 1698. Vice-president i Vismarkska tribunalet 1705, landshöfding i Östergötland 1710. Friherre $^{4}/_{1}$ 1713. Konungen följaktig på resor och fälttåg. Plenipotentiär vid fredsunderhandlingarna på Åland 1719 äfvensom 1721 i Nystad. Smärtan öfver de förluster, som här tillfogades Sverige, yttrade sig senare i beskyllningar att L. ej skulle fylt sin pligt; deras orättvisa har dock af senare forskare till fullo ådagalagts. G. 1692 med Brigitta Cronhjelm och 2:o 1698 med Margreta Törnflycht. — Äfven en fjärde broder Henrik Paulinus, kyrkoherde i Kumo, gjorde sig känd, nämligen såsom författare på finska språket. Hans son Simon, också född i Björneborg, samt sedermera hofrättsråd i Åbo, adlades med namnet Lindheim. Alla dessa från Björneborg utgångna adliga ätter Lilljenstedt, Lagerflycht och Lindheim, för hvilka Paulus Simonis Raumannus var stamfader, utslocknade hastigt; ingen hann till tredje ätteleden.

en resolution af innehåll att Kongl. Maj:t hyste det förtroende till enkegrefvinnan att hon af sina räntor fortfarande skulle gifva skolan, hvad den var van att bekomma af kronan. Huru grefvinnan rättfärdigade detta förtroende är icke kändt, men det säkra är att Terserus ännu 1662 fann orsak framhålla att „om icke Björneborgs skola blifver hulpen till sitt vanliga underhåll, kan intet annat vara, utan hon måste förfalla“ [1]).

Och förföll gjorde den, huru det än må hafva gått med deputatet. Kronans knappa ressurser medgåfvo ej lärarepersonalens ökande med en docens, oaktadt behofvet af en sådan framhölls såväl af presterskapet 1672 som af biskop Gezelius 1682. Elevantalet, åtminstone på de lägre klasserna, aftog. 1665 anhöll Gabriel Arctopolitanus om biskopens och domkapitlets utlåtande bl. a. öfver de åtgärder, som borde vidtagas med anledning däraf att somliga föräldrar, då de ej genast fingo sina barn till syntactican, hellre läto dem informeras hemma än gå i skola, „hvaraf förorsakas att inferiores collegæ hafva rätt få discipulos“ [2]). Också skolans bibliotek torde varit ganska illa försedt. 1665 frågar rektorn domkapitlet „hvad medel man måste gripa till för att förskaffa till skolan biblia svecica och finnonica äfvensom några diskantböcker“. Eleverna, hvilka ofta egnade sina lediga stunder åt kortspel och „skjuteri“ i staden, voro icke sällan utsatta för prejerier af sina husvärdar, som af dem tubbade deras böcker och matvaror.

Anmärkas må ock att en och annan af de urgamla, ända från katolicismens tid härstammande ceremonierna, som kännetecknade det forna skollifvet och af hvilka många i Björneborg synas bibehållit sig längre än annorstädes, småningom försvann ur bruket; bland dem främst de nyintagna elevernas solenna introduction, som bestod däri att dessa, de s. k. gregorianerna, klädda i hvita kläder med kransar på hufvudet och målade käppar i händerna, i procession vandrade till skolan, där de föllo på knä på tröskeln, helsade med en latinsk oration af en till biskop förklädd äldre elev, samt, sedan de af den s. k. prosten — också en äldre skolar — emottagit trenne lätta hammarslag på hufvudet, uppstämde hymnen: *Upphörandet af introduktions-ceremonin.*

Cæperit faustis avibus, præcamur,
semper augescens, meliore fato,
hic novus sudor, novæ officinæ,
auspice Jesu; etc.

---

[1]) Se Ignatius ofvannämda arbete äfvensom Leinberg: Handl:r rör. skolväsendet, 3:dje samlingen, sid. 70—72.

[2]) Afskrift i F. S. A., Björneborg.

Härefter fortsattes processionen till kyrkan och högtidligheten slutades med traktering hos rektorn „med föräldrarnas ymniga bekostnad“ [1]). Denna ceremoni upphörde i Björneborg vid pass 1675, och med den bortdog månget bruk, som karaktäriserat den gamla skolans lif. Sjelfva skolhuset ändtligen framstälde äfven det i anseende till sitt yttre en ömklig bild af förfall. Dess väggar, som voro stöttade med styltor, hotade ständigt att ramla och under sina ruiner begrafva både lärare och elever [2]).

Trivialskolans flyttning till Raumo.

Kom sedan branden 1698. På konsistorii, af lärarne understödda anhållan, förordnade regeringen den $^{21}/_{6}$ 1698 att — enär, såsom det hette, staden för sin stora fattigdoms skull ej på några år mäktade bygga sig ett nytt skolehus — trivialskolan skulle förflyttas till Raumo. Detta, oaktadt borgerskapet redan den 11 juni förklarat sig vilja strax uppbygga skolehuset innan hösten, i öfverensstämmelse hvarmed också ett nytt hus för ändamålet uppköptes i Hvittisbofjärd och i augusti med flottor hemtades till staden, där det genast uppsattes [3]). Staden hade sålunda gjort hvad den kunnat för att bibehålla sin läroanstalt, och utan tvifvel kände sig borgerskapet helt besviket vid underrättelsen om „trivialens“ förflyttande till Raumo, och dess ersättande med den lilla pedagogin, som nu ej mera behöfdes på sistnämda ort. Borgerskapets missnöje, hvilket var så mycket större, som skolan med dess talrika stat af lärare och elever därjämte utgjort en icke så ringa inkomstkälla för staden, framgår nogsamt af dess år 1707 uttalade klagan öfver „den svåra anstöt staden lidit förmedels trivialskolans bortflyttande“ [4]). Men saken stod ej mer att ändra. Den fordom berömliga trivialskolan hade, i likhet med så många andra af stadens lifskraftiga inrättningar, gått under i tidens stormar.

Stadens styrelse.

Om vi till slut betänka alla de svårigheter med hvilka borgerskapet såväl i afseende å sina närings- som andra förhållanden då för tiden hade att kämpa, kan det ej förvåna, om tålamodet stundom var nära att taga slut och om missnöjet gaf sig uttryck i ord och handling. Främst var det naturligtvis stadens egen styrelse, hvilken skulle värkställa öfverhetens påbud och vaka öfver deras efterlefnad,

[1]) Åbo Tidningar, 20 febr. 1772, N:o 8. — Introduktions-ceremonin öfverlefdes endast af sin syskonfest, „lucie-dansen“, hvilken äfven den — såsom vi framdeles skola få tillfälle att nämna — bibehöll sig längre tid i Björneborg än annorstädes, bevarande intill vår tid minnet af förgångna tiders skolseder.

[2]) Domboken $^{6}/_{4}$ 1695.

[3]) D:o $^{11}/_{6}$, $^{18}/_{8}$ och $^{19}/_{8}$ 1698.

[4]) D:o $^{11}/_{11}$ 1707.

som blef föremål för misstro och ovilja. Härtill bidrog ock att svalget emellan de styrande och styrda småningom började blifva allt större. Ty regeringen begynte nu fordra af stadens styresmän att de skulle ega sådana kvalifikationer, som tillkommo domare; och detta jämte minskningen af rådmännens antal gjorde att magistraten, som därjämte var rådsturätt, nu kom att gentemot borgerskapet intaga en något annan ställning än förut.

Nya fordringar på magistratspersonernas kompetens.

Väl voro till en början de anspråk, som ställdes på styrelsemedlemmarnas utbildning, icke synnerligt stora. Johan Berntsson Röper (1646—1650), egentligen den första, som ensam innehaft borgmästarevärdigheten i staden, och Gustaf Henriksson (1659—1671), bägge stadsbarn, den förra son af tullnären Bernt Röper, den senare af borgmästaren Henrik Tomasson, torde ingendera haft akademisk bildning. De voro dock af stadsboarne kända och hade genom rådsturättens val blifvit till borgmästare utsedda. Däremot var Lars Larsson (1650—1652) en främling, den där kommit med riksdrotsen Per Brahes fullmakt, och med hvilken stadsboarne utan vidare val fingo lof att låta sig nöja, eller såsom det heter: „ingen hvarken af borgmästare och råd ej heller af gemene borgerskapet kunde eller ville där emotsäga, utan godvillelig honom emottogo“ [1]). Hans Hansson (1657—1659), egentligen landtmätare till yrket, var också främling och sannolikt äfven tillsatt på allerhögsta befallning. Hvilka kvalifikationer dessa hade för sitt embete såsom borgmästare, känna vi ej, men det säkra är att borgerskapet icke synes varit synnerligen belåtet med någondera.

Men ju mera tiden led, dess mera stego fordringarna på stadsstyresmännens litterära och särdeles juridiska underbyggnad, och de sista borgmästarena under denna tid, Keckonius (1671—1709) och Elfving (1710—1720), fylde — af allt att döma — redan väl de anspråk, som på dem i detta afseende kunde ställas. Likaså synes i afseende å rådmännen, hvilkas antal minskats först från 12 till 8, och sedan 1692 till 5, alltmera tagits hänsyn till att de, eller åtminstone någon af dem, egde värkliga domareinsigter. I slutet af seklet fans ständigt i rådet en medlem (Adrian Gottleben, Gabriel Prytz), „som kunde förvalta justitien“, och hvilken således måst haft någon juridisk underbyggnad [2]).

Minskning af rådmännens antal.

---

[1]) Domboken $^{18}/_{7}$ 1650.

[2]) Därjämte hade, år 1688, förordnats att magistratspersonerna skulle aflägga sin tjenste-ed i landsbetjentes närvaro, och 1694, att de väl skulle få af städerna väljas, men att valet skulle hänskjutas till landshöfdingen, som egde

Magistratens löner.

Också magistratens löneförmåner hade blifvit förbättrade: $^{25}/_{2}$ 1642 med tredjedelen af i staden fallande accis, dock så att bryggeri- och slakteriandelarna senare minskades till en sjettedel, utgörande förenämda poster t. ex. år 1676 omkr. 60 daler s:mt; — $^{30}/_{5}$ 1657 med halfparten af åkerskatten, 40 tunnor, i penningar motsvarande ungefär 90 daler s:mt; — 1668 med mulbetspenningarna, utgörande dessa (1676) 16 daler [1]); — $^{26}/_{3}$ 1687 med källarefrihetsmedlen, först utgående med 111 d:r 22 öre, senare med 93 d:r s:mt. Alla dessa inkomster delades så att borgmästaren bekom hälften, men andra hälften fördelades emellan rådmännen. Dessutom hade såväl borgmästare som rådmän sina åkrar, Bärnästegarna [2]), och ängar, Borgmästare- och Rådmansholmen. Särskildt voro räntorna från Lill-Raumo hemmanet (sed. 1672) och Tahkoluoto, utgörande den senare 10 daler, anslagna till förbättring af borgmästarens lön. På 1670-talet beräknades denna sistnämda inalles till 50 à 60 daler s:mt och 22 tunnor spannmål [3]).

Dessa löner voro väl, äfven i förhållande till den tidens fordringar, ganska anspråkslösa, och gåfvo tidt och ofta anledning till klagomål, särdeles sedan kronan 1680 indragit bakugns- och accispenningarna, hvilka detta år belöpande sig till omkr. 100 daler hade utgjort en af de mest inbringande posterna i magistratens inkomstbudget. Borgmästarena sökte ock genom att med sitt embete förena andra befattningar något öka sina klena inkomster. Sålunda anhöll Keckonius (1680?) att i likhet med Gustaf Henriksson få innehafva också tullnärstjensten, hvilket dock icke honom medgafs. Däremot skötte han opåtaldt postmästaretjensten under hela den tid han var

---

föreslå borgmästaren hos Kongl. Maj:t till undfående af fullmakt samt sjelf installera rådmännen i deras embeten. Allt detta var egnadt att göra stadsstyrelsen mera oberoende af menigheten, hvars närvaro vid rättens möten blefvo allt sällsyntare ju längre det led mot seklets slut.

[1]) Då mulbetspenningarna minskades, i samma mån som boskapens antal aftog, anhöll borgerskapet att få höja mulbetsafgiften till samma belopp som i Raumo, där man tog 18 öre k:mt för en häst eller för en oxe, 12 öre för en ko och 3 d:o för ett får o. s. v.

[2]) Borgmästaren skulle enl. bref af 1649 hafva två tunnland, hvarje rådman 6 kappland.

[3]) Äfven stadens öfriga tjänstemäns löner blefvo under tidernas lopp något förhöjda: stadsnotariens till 72, senare till 100 daler, hvarjämte han på 1690-talet för kassörstjensten hade 50 daler; 2 stadstjenares till 30, senare till 40 daler; stadsfogdens till 10 daler kopparmynt. Dessa medel uttaxerades särskildt af borgerskapet, med omkr. 25 öre, senare med omkr. 1 daler 10 öre k:mt per skattöre.

borgmästare. Men så ringa magistratens löner än voro, gåfvo de dock åt sina innehafvare ett visst större anseende på den tidens sociala rangskala och framförallt en större säkerhet i deras uppträdande gentemot borgerskapet. Icke heller uteblefvo konflikterna emellan stadsstyrelsen å ena sidan och borgerskapet å den andra.

Tidt och ofta påbördades en rättegångs olyckliga utgång borgmästares och råds „nachlässighet“ och försumlighet. Borgmästaren Lars Larsson måste särskilda gånger fråga borgerskapet om någon kunde tillvita honom någon orättrådighet antingen i rättegångssaker eller i något, som rörde staden öfver hufvud [1]). Man beskylde ock borgmästarne att de för mutor skyddade en del borgare från båtsmanshållet genom att till utskrifningsdagarna sända dem till skogen, samt att de i samråd med taxeringsmännen fördelade skatterna partiskt och ojämt. Borgerskapets afvoghet mot magistraten.

Det hände ock att då magistraten kungjorde öfverhetliga påbud, borgerskapet alls icke ville sätta tro till dess ord, „förmenandes sådant vara borgmästares och råds praktiker och påfund“. Ständigt hade ock magistratspersonerna att från de missnöjdes sida utstå angrepp och smädelse. 1652 öfverföll borgaren Grels Träben på Matts Sorois gård borgmästaren med knif i ena och staf i andra handen, så att den anfallne med nöd undslapp med lifvet. 1684 måste stadsuppsyningsmannen Peter Mill genom rätten låta hos borgerskapet inskärpa: „att en och hvar må ställa sig höfvisk och i synnerhet veta respektera sina förmän, borgmästare och råd, och icke dem med onyttig munbruk eller på annat sätt missfirma“ [2]).

En ledare för det allmänna missnöjet synes på 1650-talet varit den orolige borgaren Simon Rotkerus, som 1651 stälde till någon slags sammansvärjning emot borgmästare och råd. Medan landshöfdingen detta år var på besök i staden, företog sig nämligen Rotkerus att locka en mängd borgare att inlemna en „klagomålssupplikats“ mot borgmästare och råd. I denna afsigt gick han sent en vinterafton omkring på gator och i gårdar, värfvande alla, som han träffade, att underteckna skriften. Flera skrefvo ock sina namn, en del emedan de voro missnöjda, en del af lättsinne och utan att skriftens innehåll ens blifvit för dem uppläst. Få nekade att deltaga i sammangaddningen, bland dem Tomas Masia, som sade att borgmästare och råd honom intet ondt gjort. Hvad skriften i öfrigt innehöll och hvad värkan den hade, känna vi icke. Det enda man vet är att Simon Simon Rotkerus' stämplingar.

[1]) Domboken $^{9}/_{8}$ 1651 och $^{3}/_{8}$ 1652.
[2]) D:o $^{17}/_{11}$ 1684.

Rotkerus slutligen måste inför rätta afbedja sitt försmädeliga tal och återtaga sina klagomål, „som han med sina sammanhemtade för landshöfdingen andragit hafver“, samt lofva att aldrig framdeles ställa till slik oreda i staden [1]). Icke förty finna vi honom återigen år 1658 hafva „uppstudsat“ borgerskapet „att de ej må gifva accis för malten“, utan att dock nämnes till hvilken påföljd detta nya uppviglingsförsök ledde.

Göstaf Jonssons uppviglingsförsök.

Under de svåra tiderna år 1711 stod en af stadens förnämsta köpmän Göstaf Jonsson i spetsen för de missnöjde. Hans skatt hade vid taxeringen blifvit „svåra förhöjd“, oaktadt han, för att synas fattig, slagit sönder sin ena skuta och sålt den andra åt Carl Haveman, hvilken, ehuru icke ens borgare, också öfvertagit hans handel. Jonssons plan synes varit att ej allenast sjelf begära afsked från staden utan ock uppvigla en hel hop andra därtill, „såsom ock en del af borgerskapet därtill sig nu villige tedde, dessmedels staden helt ruinerad varder“. Framför allt riktade han sin vrede mot stadens riksdagsmän, hvilka ej tillräckligt kraftigt för vederbörande framstält stadens olyckliga tillstånd. Förgäfves framhöll rätten att en del af stadens riksdagsmän redan aflidit och därför ej borde å deras döda mull lastas. Slutligen vände sig magistraten till landshöfdingen med anhållan att han ville pålägga Göstaf Jonsson att blifva vid sin handel och ej uppreta stadens borgerskap till oråd, „såsom han af idel ondska, magistraten och stadsens öfriga inbyggare till förakt, föresatt sig att göra“ [2]).

Missnöjet med taxeringarna.

I synnerhet var det taxeringen, särdeles kontributionstaxeringen, som väckte ond blod hos menigheten. Rätten utsåg årligen, heter det 1681, efter gammal plägsed „med samtliga närvarandes samtycke“ att jämte den sitta öfver skattläggningen först 12, sedan 8, sedan 6 och slutligen endast 5 och 4 personer ur borgerskapet, hvilka efter aflagd ed bekände „hvad de förmente hvar och en af borgerskapet kunna tåla och draga“. Det var i sanning ett odiöst göra att den tiden sitta i skattläggningen. „Den onde tage dem allesamman“, sade en öfver sina förhöjda afgifter förbittrad borgare, och att slika tillmälen hörde till ordningen för dagen, finna vi af ett uttalande från år 1681, „att denna stadens innevånare äro alltför snare att öfverfalla dem, som rätten utsatt till taxeringsmän“ [3]). Under sådana förhållanden var det ej under om man fruktade att blifva taxeringsman och helst

[1]) Domboken ${}^{25}/_{6}$ och ${}^{28}/_{7}$ 1651.
[2]) D:o ${}^{23}/_{12}$ 1711.
[3]) D:o ${}^{10}/_{5}$ 1681.

undanbad sig förtroendet. Så gjorde t. ex. 1684 Matts Ladde, som sade „sig ej kunna göra sin ed på en annans egendom, den han ej visste, och ursäktade sig stadigt därmed ej kunna befatta“ [1]).

Men saken måste hafva sin gång, och då dessa taxeringsmän ständigt voro utsatta för glåpord och beskyllningar för väld, — hvilka beskyllningar slutligen nådde landshöfdingens öron —, ansåg man omsider nödigt vara att i någon mån fylla det svalg som skilde allmänheten från dess styrelse. I detta afseende lemnades borgerskapet fritt att utnämna 8 nya taxeringsmän, utom de redan tillsatta 4 [2]). Detta var, för så vidt vi funnit, första begynnelsen till en ny institution, som ehuru förutsedd redan i 1619 års kongl. stadga rörande städernas administration, ända härtills blifvit orealiserad åtminstone i Björneborg. Ty ehuru detta val gälde endast för det innevarande året, och ehuru osäkert är om de för följande år utsedde sex taxeringsmännen, om hvilka det heter att de blifvit valda af rätten såsom de beskedligaste, kompletterats genom något borgareval, framträder nu emellertid — år 1712 — för första gången i stadens annaler namnet „stadens äldste“ såsom benämning för denna taxeringsnämd, hvilken därjämte antagit en mera representativ karaktär, „varande — såsom det heter — rätten vid hvarjehanda tillfällen behjälplig“ [3]). Stadens äldste.

Utom taxeringarna gåfvo ock riksdagsmannavalen ofta anledning till stridigheter emellan magistraten och borgerskapet. Till en början synes det vid dessa val tillgått sålunda, att magistraten utsåg stadens „herredagskarl“, hvilken utan vidare godkändes af det tillstädesvarande borgerskapet. Men ju längre det led, och ju viktigare det för borgerskapet blef att i de brännande skattefrågorna få sin vilja hörd, synes det ock börjat sträfva efter att sjelft få bestämma genom hvem det ville låta sig representeras. Det finnes i behåll en odaterad, men sannolikt från 1693 härrörande inlaga af magistraten till landshöfdingen, hvari den förra förfrågar sig om icke „borgerskapet bör vara med den herredagsman förnöjder, som magistraten befinner vara tjenlig och därtill utväljer, och därutinnan icke söka att mästra rättens disposition“. Det ser ut såsom om borgerskapet den gången velat sända till riksdagen en man efter sitt sinne — möjligen var det Henrik Mickelsson — mindre litterärt utbildad och förfaren, men i dess ställo färdig att föra ett rent språk. Magistra- Stridiga riksdagsmannaval.

[1]) Domboken 14/11 1681.
[2]) D:o 11/8 1711.
[3]) D:o 16/8 1712.

ten beklagar sig nämligen däröfver att borgerskapets kandidat hvarken kunde skrifva eller läsa „eller hade om stadens privilegier det ringaste vetskap“ [1]).

Borgare-eden och »burskapet». Beträffande borgerskapet såsom korporation gick tidens sträfvan ut på att ordna och begränsa dess värksamhet samt att så i afseende å rättigheter som skyldigheter afskilja det från andra samhällsklasser. Enligt 15 kap. i konungabalken meddelades burskap och rätt att aflägga borgare-ed åt dem, som ville blifva „byamän“ och förbundo sig att minst i 6 års tid utgöra utlagorna. Sålunda aflade t. ex. $^{4}/_{9}$ 1652 Gabriel Gottleben sin borgare-ed på rådhuset „att blifva borgare och byaman och att uppehålla stadsens rättighet till minstone sex år, och dessa utfäste borgen för honom: Gustaf Henriksson, Anders Hermansson, lofvandes rätten honom trenne frihetsår“. 1684 vidtogs den förändring i afseende å upptagandet af nya borgare, att dessa först skulle anmälas hos landshöfdingen, som egde pröfva deras förmögenhetsförhållanden, näringsvilkor o. s. v. [2]). Om någon borgare, förrän de utfästa sex åren gått till ända, ville uppsäga sitt burskap och „söka sin fortuna“ på annan ort, ägde han därom anmäla hos rätten, som då vanligen ålade den afflyttande att till stadskassan erlägga en viss summa i penningar [3]).

Ingen stadsbo, som ej vunnit burskap, fick idka borgerlig näring. Dock medgafs stundom mot en stadgad afgift till stadskassan, kallad „genant“, äfven åt personer stående utom det egentliga borgerskapet rätt att drifva handel, såsom t. ex. 1658 åt dåvarande tullnären Gustaf Henriksson [4]). Ingen främling fick någon längre tid bo i staden, utan att ansöka om burarätt. Ingen borgare fick heller bo utom staden, och då Karl Moliis, som 1708 aflagt borgare-ed, uppehöll sig hos sina svärföräldrar på Sonnäs, „hvarmedels tullen

---

[1]) Då dessutom städse hos borgerskapet yppats motsträfvighet mot riksdagsmanna-arfvodets erläggande, hvilket af stadsboarne betraktades såsom en ny skatt till de många det äfven eljes hade att dragas med, anhöll magistraten därjämte att det engång för alla skulle bestämmas huru mycket en borgmästare, rådman eller borgare borde i riksdagspenningar åtnjuta. Ofta förenade man sig ock, för att slippa med mindre utgifter, med någon af grannstäderna och sände gemensam riksdagsman med denna, t. ex. 1640 med Raumo, då borgmästaren i sistnämda stad Henrik Andersson representerade hvardera staden, och 1678 återigen med Raumo, då man förenades om borgaren i Nystad Olof Snellman.

[2]) Domboken $^{11}/_{8}$ 1684.

[3]) D:o $^{4}/_{6}$ 1658 o. $^{16}/_{5}$ 1708.

[4]) D:o $^{13}/_{1}$ 1658.

och accisen försnillades", pålades honom att vid första åkföre komma till staden vid 10 d:r s:mts vite. Intet löst folk fick hysas vid 40 marks vite, ej heller på skutorna medtagas till Sverige. 1684 resolverades därjämte att därest i städerna funnos borgare, som ej idkade handtvärk eller drefvo någon näring, så att de ej kunde betala kronans skatt, skulle de „obligeras att upptaga ödeshemman på landet, och om de det ej vilja, då böra de sättas till knektar eller ock tagas till båtsmän".

Borgerskapets härkomst och nationalitet.

Enligt uppgifter på nyantagna borgare, som ingå i domböckerna, men dock ej synas vara fullständiga, rekryterades borgerskapet — för så vidt man får hålla sig till de fall, då resp. nyborgares hemorter äro nämda — med minst 40 procent från orter utom staden: från socknarna i nedra och öfra Satakunta, från Österbotten (Närpes, Mustasaari, Ilmola), från Tavastland (Kangasala, Tammela), från Sverige, från andra städer (Åbo, Nystad, Raumo, Borgå, undantagsvis från Narva o. s. v.). I likhet med hvad fallet var under föregående period begagnades sällan slägtnamn. 1691 års mantalslängd upptager 17 à 18 svenska (och tyska) — Ahlquist, Breda, Gottleben, Heiter, Kruus, Kruskopf, Linman, Mill, Möller, Notenberg, Prytz, Quist, Rördrom, Skaffar, Spinck, Winquist, Ytter; — 15 finska — Hartikka, Juuti, Kahari, Karri, Koukoi, Laviainen, Lastikka, Manianen, Noukka, Närvä, Pustari, Riutta, Stoukari, Tiainen, Vrangi; — förutom ungefär lika många såsom slägtnamn begagnade gårdsnamn — Bondila, Hakuri, Kattelus, Kellari, Köyliäinen, Lavila, Masia, Mäkilä, Nissilä, Paavola, Paturi, Pumpula, Stikku och Wäwylä. Dessutom förekomma sex latiniserade namn: Fortelius, Keckonius, Pacchalenius, Petrejus, Turonius, Vrigstadius [1]).

Bland nya slägter, som under denna period först framträda, må nämnas: Gottleben (1652 fr. Tyskland), Sorander (1693 fr. Raumo), Moliis (fr. Ulfsby), Nervander (fr. Palus), Bergbom (fr. Tattara), Björman (fr. Nystad) o. s. v.

Slägtnamnens tilltagande.

Kännetecknande för borgerskapet under detta tidehvarf är ock att slägtnamnen ökas — och att de ökas företrädesvis med svenska och latiniserade sådana. Det var vanligt att personer, som nått en viss samhällsställning, gerna antogo ett slägtnamn, därvid skattande åt den då för tiden rådande svenskheten och latiniteten. Stundom

[1]) Ur 1710 års mantalslängd vilja vi ytterligare nämna några nytillkomna — Achander, Bergbom, Colliander, Granberg, Korsman, Melker, Moliis, Rydén, Sorander, Steen, Stenman, Wulf — Hauho, Kiilo, Passi, Piispa, Pyy, Sassi, Sperri, — Bonerus, Bernerus, Celenius, Pavolenius, Stickelius.

utbyttes äldre finska namn mot nya svenska såsom Karhu mot Björn, Pyy mot Hjerpe [1]), eller ock omformades de genom tillsättning af svensk slutändelse så att det af Kellari blef Kellander, af Närvä Nervander, o. s. v. Inom tjenstemannaklassen och preståndet voro åter de latiniserade namnen på modet, sådana som, utom ofvannämda: Arctopolitanus, Cuplenius, Epagius o. s. v. Ofta bildade man också dem ifrån rent finska namn med tilläggande blott af latinsk ändelse. Sålunda skapades af de gamla gårdsnamnen: Bondila, Housula, Paavola, de välklingande namnen Bonerus, Houslerus, Pavolenius.

Huru bruket af tillnamn ökats finner man bäst däraf att enligt 1650 års mantalslängd af 186 personer, som stå för eget hushåll, endast 44 upptagas med slägtnamn, hvaraf 17 icke-finska och 27 finska, medan enligt 1710 års mantalslängd af 142 matlagsföreståndare 86 hafva slägtnamn, 42 icke-finska och 44 finska. Häraf framgår ock att de icke-finska namnens tillökning varit relativt störst. Detta åter häntyder på en förändring som under seklet i socialt hänseende försiggick inom borgerskapet. Inom detsamma höll nämligen nu på att bilda sig en klass, som förut icke funnits till, men som med tiden skulle blifva allt mera betydande, ståndspersonsklassen, ty det var främst de slägter, som genom bildning eller förmögenhet höjt sig öfver den öfriga menigheten, som tillegnat sig dessa namn, medan det lägre borgerskapet antingen saknade sådana, eller ock hade finska.

Förmögenhetsförhållanden.

Hvad borgerskapets förmögenhetsvilkor angår torde dessa under ingen tid af stadens tillvaro varit mindre betydande än under föreliggande period. Bland stadens förmögnaste män under 1600-talet nämnas rådmannen Matts Persson, på 1640- och 1650-talet, Grels Markusson, Gabriel Gottleben och Göstaf Jonsson i slutet af perioden. Huru stor deras förmögenhet var, eller i hvilket förhållande den stod till andra borgares på den tiden, därom saknas dock hvarje underrättelse, enär skattöreslängder ej finnas i behåll. Men att de i rikedom ej kunde mäta sig med 1500-talets Matts Jakobsson torde vara temligen säkert. Om Matts Persson heter det att han på sin tid var en af de förmögnaste i staden. Grels Markusson [2]) säges

[1]) $^{17}/_{4}$ 1648 talas sålunda om en afliden borgare Matts Karhu, hvilken emellertid sjelf benämner sig Matts Björn. 1723 nämnes borgaren Anders Hjerpes fader Tomas Pyy.

[2]) Om Grels Markusson vet man för öfrigt att han var g. med en Anna Simonsdotter och hade en son Bertil Grelsson, som var g. med Maria Paulsdotter Novander och dog barnlös. Dottren Lisa Grelsdotter var g. med Simon

år 1693 varit en bland stadens största skattdragare och såsom sådan uppträder äfven Gabriel Gottlebens enka, hvaraf kan slutas att mannen måste haft en ansenlig förmögenhet. Göstaf Jonsson [1]) åter, om hvars agitationer vi förut talat, sades 1711 bedrifva den största handeln bland stadens inbyggare och hafva vissa bönder merendels i hvar by där omkring, som med honom handla.

Eljes voro ock tidsförhållandena sådana att äfven en relativt stor förmögenhet lätt kunde förskingras af lyckans vindkast. Sålunda befann sig en af stadens förmögnare borgare, som äfven varit dess riksdagsrepresentant, Markus Larsson, helt oförmodadt på bar backe. Hans skutor förliste den ena efter den andra, och från sista skeppsbrottet vid Åland räddade han med knapp nöd lifvet. Sin öfriga egendom måste han sedan „sina omilda kreditorer cedera“ och till råga på olyckan lade branden 1666 hans gård i aska, så att han ej kunde rädda så mycket som en dalers värde. Bragt till tiggarstafven supplicerade han därför 1667 „att öfverheten täcktes sig öfver honom förbarma och hans stora eländighet misskundsammeligen anse samt låta honom med en stambok sig till kristi-älskande menniskor tillita“.

Öfver hufvud tilltog fattigdomen och eländet, särdeles i de lägre folkklasserna, märkbart ju längre det led. „Fattighuset“ [2]), — af allt att döma en vida anspråkslösare inrättning än föregående tidehvarfvets hospital — var ständigt öfverbefolkadt, och redan 1670 måste magistraten, i anledning af det öfverhand tagande tiggeriet, förmana de fattigas anhöriga att sina egna försörja, på det de ej må vagera kring staden och besvära invånarne med sitt bettleri. Att lyda detta påbud föll sig emellertid svårt i en tid, då borgarene äfven under vanliga förhållanden allmänt klagade öfver att de ej hade råd Fattigvården.

Marck, som var dragon. 1705 heter det om Grels Markusson att „han var till fylleri mycket begifven, sade sig i fyllan vara stadskapten, befallande andra taga hatten af sig för honom, ställandes sig helt obeskedligen“.

[1]) Göstaf Jonssons slägtnamn, hvilket han dock aldrig sjelf begagnade, var Arctelius. Han var g. med Helena Andersdotter och afled $^{11}/_{12}$ 1738. Han hade år 1725 köpt Ytterö gård af öfverstinnan Helgard Elisabet Rehbinder för 2,990 d:r k:mt. Hans svärsöner, befallningsmannen Johan Ollonquist och konstapeln Lars Lind, hade af honom utfordrat deras hustrurs möderne, hvarför gubben sade sig icke mera vara mäktig att drifva sin handel. I sitt testamente, hvari han gaf sin återstående förmögenhet åt sin femåriga son David och hans yngre syster, bekänner Göstaf Jonsson sig hvarken kunna läsa eller skrifva.

[2]) Om detta fattighus nämnes för öfrigt i handlingarna, att det „ånyo uppsatts 1654 och reparerats 1682.

att sig och de sina redeligen försörja. Än svårare stälde det sig naturligtvis, då missväxt och dyr tid sällade sig till den äfven eljes tryckande fattigdomen. 1675 måste de fattiga hela vintern öfver ifrån sjön hemta sig saltvatten, hvarmed de kokade sin mat, hvarjämte en stor del af stadsboarne nödgades förtära bröd utaf agnar och bark, „kunnandes för köldens skull ej ens skaffa sig mossa från moraset“ [1]). Under sådana förhållanden var det ej under om tiggeriet tilltog i förfärande proportioner; och vi få se att dock allt hvad i denna väg tidigare försports uti staden skulle öfverträffas under de hemska åren 1696—1697.

Helsovården.

Sjukdomar, hvilka vanligen äro fattigdomens följeslagare, hemsökte ock staden tidt och ofta. Febrar och pester härjade så mycket värre, som det var ganska klent bestäldt med helsovården. Endast i de värsta fall skred man dåförtiden till kraftåtgärder för att hindra smittosamma sjukdomars spridande. Vid fall af spetelska, som ofta i staden förekom, befaldes de besmittade genast förfoga sig till hospitalet i Själö, eller ock, om sjukdomen ej var till fullo konstaterad men dock befarades vara smittosam, resa till Åbo för att af medicineprofessoren låta sig undersökas [2]). I händelse af gensträfvighet och tredska skulle, enligt Kongl. Maj:ts tiggareordning, de besmittades hus nedrifvas och de sjelfva på allmän bekostnad afföras. „De besmittades husfolk skulle fly och hålla sig från de helbregdas umgänge till dess det kunde ses, huru med dem kunde blifva“ [3]). Under peståren 1657 och 1711 ålades från Stockholm återvändande skutor, under det förra året 3 veckors, under det senare 40 dagars karantän utanför „Sanden“, d. v. s. stadens tillandade ängsholmar; och då 1657, det oaktadt, en besättning direkte kommit upp till staden, insattes den i Markus Kellars ria, tills den blifvit undersökt [4]).

Men om man ock var på sin vakt mot spetelska och pestilentia, tog man saken däremot temligen lugnt vid vanliga sjukdomsfall. Och att resa „på kur“ till Stockholm föll sig för flertalet innevånare alldeles för dyrt. Väl nämnas under seklets tidigare skede ett par barberare i staden: Herman Meijer, som egentligen bodde på Pänäs, men därjämte på 1640-talet hade praktik uti staden, och Storker Jonsson, som 1659 botat Elias skomakares öga och Nils Larssons fars ben [5]). Men i handlingar från århundradets senare del är, för så-

1) Domboken 21/4 1675.
2) D:o 6/8 1648, 31/8 1653, 14/3 1675 och flerstädes.
3) D:o 6/5 1648.
4) D:o 22/11 1657 och 7/11 1711.
5) 1651 nämnes ock en „balberska Skolastika“.

vidt vi funnit, ej mera tal om några barberare i staden. Möjligen funno dessa, i likhet med så många andra yrkesidkare, ej vidare sin näring i den fattiga staden, som sålunda, just för de värsta tiderna, blifvit totalt utan läkarehjälp.

Sedernas råhet.

Sida vid sida med det materiella och fysiska eländet rådde fortfarande en stor sedernas råhet. Den uppfostran och tuktan världslig och kyrklig öfverhet i täflan meddelade innevånarena synes i sanning varit väl behöflig för att hålla det lilla samhället i ordning och skick. Särdeles fördes på krogarna ett vildt lif, som icke så sällan slutade med slagsmål och dråp. „Några finnas“, heter det 1701, då magistraten beklagar sig öfver dryckenskapens fruktansvärda tilltagande, „som så öfverflödigt svälja att de därmed utan uppehåll kontinuera i 8 ja 14 dagar, förr än de upphöra“ [1]). Samma år klagade magistraten ock att en del af stadens innevånare begynt sig druckna för rätten inställa och sina vederparter med „särdeles ord“ förolämpa. Det hände ock att borgmästaren i sitt eget hus tidt och ofta fann sig oroad af druckna parter, hvilka där förde sådant oljud, att hans fru och barn öfver „slika öfvergifnas oväsende sig ofta förskräckt hafva“ [2]). Det lände till ingen båtnad, att rätten förständigade en och hvar att de skulle „sina saker nöktre och beskedligen förrätta“. Det ser ut som om dryckenskapen tilltagit i samma mån, som borgerskapets ekonomiska betryck. Också kvinnorna försmådde ej att taga sig några „tumlare brännvin“, om de också icke alla voro lika begifna på starkt som borgaren Tomas Pyys hustru, om hvilken det heter, att hon slagit sig på fylleri, bärandes allt hvad hon öfverkommer på krogen [3]). En följd af detta bullersamma lif var ock att äfven under denna tid, likasom under den föregående, allmänt klagades öfver grassatores, som nattetid förde oljud på gatorna, inslogo fredliga borgares dörrar och fönsterluckor samt bedrefvo annat ofog. Slutligen började magistraten för att råda någon bot på det onda att döma de värsta dryckesbultarna till knekthopen. Så skulle år 1702 en af stadens mera kända borgare „för sitt dagliga fylleri föras till Åbo och ställas till soldat för en vakant rota, androm till skräck och varnagel“ [4]).

---

[1]) Domboken $^{11}/_{8}$ 1701.
[2]) D:o $^{10}/_{11}$ 1694.
[3]) D:o $^{14}/_{12}$ 1704.
[4]) D:o $^{10}/_{6}$ 1702. — Om grassatores se t. ex. domboken $^{9}/_{3}$ 1685, $^{4}/_{4}$ 1687, $^{24}/_{7}$ 1694, $^{29}/_{12}$ 1712.

Men — såsom redan antyddes — äfven stadens fäder voro barn af sin tid och skattade åt dess vanor. Deras gästabud slutade ock, i likhet med allmänhetens på krogen, ofta med krakel och slagsmål. Det visar oss bl. a. följande händelse. 1659 tilldrog det sig en vinterafton att rådmännerna Peter Mill och Filip Ekman, äfvensom den myndige borgaren David guldsmed, gingo upp till borgmästaren Hans Hansson på ett besök. Denne emottog sina gäster vänligt och „plägade dem så att hvar och en snart var temmeligen beskänkter". Medan man så tömde det ena stopet mumma efter det andra, uppstod emellertid af någon anledning en ordvexling emellan värden och hans gäster, hvarvid David guldsmed sade åt Hans Hansson: „äst du en borgmästare i Björneborg, är du en lappare i Helsingfors", — härmed möjligen hänsyftande på att borgmästaren nyss sökt sig och blifvit vald till rådman på sistnämda ort. Häröfver vardt emellertid borgmästaren vred och gaf sin gäst tvänne örfilar. Men mäster David var icke mindre slagfärdig utan föll sin värd i håret, och då man med möda fått de stridande åtskilda, satte han sig i sin släda, åkte hem efter ett par laddade pistoler och återvände så till borgmästaren, som emellertid redan lagt sig till hvila. Först efter att länge och väl med sina pistoler hafva „agerat" på borgmästarens gård och „manat honom ut", kunde han förmås att taga reson och begifva sig hem igen [1]).

Staffanssjungandet. Fettisdagsskrinnandet.

Då sålunda det onda var för djupt rotfäst i tidens sed, voro ock alla försök att stäfja detsamma utan åsyftad värkan. Sådana försök gjordes dock upprepade gånger af vederbörande ej allenast i afsikt att direkte förhindra eller begränsa oväsendet på krogarna, utan ock i afsikt att afskaffa sådana seder och bruk, hvilka medelbart ansågos förleda till lättfärdighet och oskickligt lefverne. 1688 förbjödos borgarena att låta sina barn på Staffansdagen „gå i gårdarna och sjunga och besvära godt folk med sin sång, emedan däraf intet godt följer, utan ett oskickligt lefverne, som dem mera till skada än gagn och nytta länder" [2]). Enär rätten 1701 förnummit att icke allenast stadens ungdom, utan ock gammalt folk, „den ovanan ej ännu öfvergifvit, som de per traditionem af sina fäder hört berättas, att särdeles på fettisdagsaftonen skrinna utför backarna" och således nattetid mycken förargelse förorsaka, fann den skäligt „grundeligen antyda, att hvilken som helst befinnes sådant förargligt lefverne på fettisdagsafton föröfva, skall därför som för annan vidskepelse veder-

---

[1]) Domboken $^{22}/_{1}$ 1659.

[2]) D:o $^{19}/_{12}$ 1688.

börligen ansedd blifva“ [1]). 1705 ålades stadstjenaren tillse att ingen dans må af ungdomen hållas, „som alldeles blir nu som för detta förbudet, på det all lättfärdighet, som vid sådana tillfällen plägar gemenligen drifvas, må förtagas“ [2]). Kortspel, grop- och väggpenningars kastande gåfvo därjämte ständigt anledning till myndigheternas varningar.

Men, som nämdes, allt detta halp föga. Staffansjungandet och fettisdags backskurrandet hafva såsom traditionella folkseder fortlefvat intill våra dagar, och groppenningars kastande är väl ännu bland ungdomen om vårarna lika så allmänt som då. Och huru litet förbudet mot dans värkade, finner man däraf att alla förmaningar till trots fiolerna ljödo t. o. m. hos sjelfva klockarfar.

Vidskepelse.

Jämte sedernas råhet var en grof vidskeplighet rådande bland den tidens borgerskap. De vidunderligaste historier om trollpackor och deras trollerier troddes allmänt och gåfvo anledning till talrika rättegångar på denna hexprocessernas tid. 1621 anklagades en kvinna för trolldom, emedan hon burit under bältet ormskinn „likt Oja Simons hustru“. 1655 anklagade tullnären Gustaf Henriksson barberaren Herman Meijer för det denne i staden utspridt det rykte att hin onde ridit gränsle på tullnärens skorsten och där ropat. 1685 måste kyrkoherden i Kjulo Anders Korsman anhålla om rättens attest däröfver att hans sal. fader rådman Matts Markusson Skaffar varit en ärlig man och aldrig för trolldom beryktad [3]).

Vakthållning.

Under sådana förhållanden, då man lefde i ständig fruktan för mänskliga och öfvermänskliga makter, var vakthållningen, i och för borgerskapets säkerhet, en af de viktigaste omsorger. Ingen aflönad polis fans, utan skulle vakt och vård hållas af gårdsegarna sjelfva antingen personligen eller genom ställföreträdare. Kvinnspersoner, som ägde gårdar, fingo tvänne tillsammans hålla en vaktkarl för sig. Vakterna — vanligen 2 eller 4 om sommaren och 4 eller 6 om vintern — skulle hos stadens uppsyningsman förse sig med sidogevär och horn, i hvilka sistnämda de skulle blåsa vid hvarje timslag, så många gånger klockan slog, „på det om deras vaksamhet må hvarjom kunnigt vara“ [4]). De skulle se till att krogarna stängdes kl. 9 om aftonen, — lördagarna redan kl. 7. De skulle jaga efter „grassatores“ och „taga af dem något till vedermäle, därest de ej ville sig gripa låta“. De skulle ock hafva vaksamt öga på „dantzeställen“.

---

[1]) Domboken 27/4 1701.
[2]) D:o 3/5 1705.
[3]) D:o 10/12 1621, 17/1 1655 och 9/3 1685.
[4]) D:o 16/11 1701.

och ej tillåta någon att spela fiol om nätterna på gatan. För öfrigt tillsades de vakthafvande att förhålla sig skickligen och ej bemöta någon med spotska ord. Då de under tiden emellan „solsättningen“ och „hönsegället“ mötte någon nattvandrare, egde de endast ropa: „wer da!“, och om den nattliga vandraren då svarade: „god vän“ skulle de låta honom passera. Nödåren 1696—97, då tjufveriet tog öfverhand, ålades fyra personer af borgerskapet att gå vakt hvar natt, tvänne från tullbron åt Malmändan och tvänne från samma tullbro till Hagaporten [1]).

Ordningen om dagen på torg och gator skulle öfvervakas af stadsuppsyningsmannen eller fiskalen, kvartermästarne och stadstjenarne, hvilka ock egde tillse att tullportarna höllos stängda under kyrkotiden samt att borgarena på söndagen afhöllo sig från kvarnresor och fiskefärder, äfvensom från andra världsliga göromål.

En inrotad plägsed, som på 1600-talet stundom gaf anledning till rättsliga åtal, och hvilken endels fortlefvat intill vår tid, var bruket att titulera sina grannar med hvarjehanda, icke alltid så synnerligen smickrande binamn, såsom „Oja Simon“ (= rännstens Simon), „Mäski Mårten“ o. s. v. [2]). Magistraten fann sig slutligen (1674) manad att åtvarna borgerskapet för att „divulgera öknamn“.

Rättskipning. De för ofog och brott ertappade dömdes sedan af rätten, som fortfarande höll sig till gamla stadslagen och den heliga skrift. Så dömdes t. ex. 1654 Brita Gröp, som hotat bränna hela staden och dessutom bedrifvit annat ofog, enligt Guds lag, Exodus 21 och Leviticus 20 kapitlet, att mista lifvet [3]). En annan kvinna, som under nödåret 1675 hade utbrustit: jo perkele on vienyt leivän ja suuruksen; minä olen rukoillut, mutta ei auta enää rukoileminen! enligt Leviticus 24 kap. 14, 15 och 16 v. att mista lifvet [4]), men benådades af hofrätten till risstraff, kyrkoplikt och afbön inför församlingen. Huru enviat gamla rättsbruk ännu höllo i sig, finner man däraf att den medeltida „mansboten“ ännu ej helt och hållet råkat i glömska. Då borgaren Nils Keisari 1674 i dryckesmål slagit en murare, så att han däraf dog, ingingo den dräptes moder och slägt med honom förlikning mot erhållande af 160 d:r k:mt, „lofvandes att icke vidare trakta efter hans blodsdråp“. Inför rätta förklarade modren därjämte att hon ej fått vara i fred för stadens borgare, förr än hon

---

1) Domboken 19/12 1696.

2) D:o 28/5 1674. Notarien Tomas Rördrom kallades „Tommi-Tommi“.

3) D:o 15/4 1654.

4) D:o 5/5 1675.

sålunda förliktes. Keisari dömdes emellertid enligt 1 kap. dråpmålabalken med vilja i stadslagen samt 2 kap. eodem titulo i landslagen att mista lifvet, hvarefter domen af skarprättaren exekverades [1]). Vid fall af vissa andra kroppsliga exekutioner — såsom gatulopp — skulle borgerskapet sjelft taga värksam del. 1674 förmanades borgerskapet „att icke allenast vara tillstädes, när exekution skulle anställas öfver sal. borgmästarens enkas tjuf, utan ock med största allvar och ifver exekutionen förrätta" [2]).

Stadens topografi.

Sålunda lefde man seklet till ända, — ett sekel hårdt i följd af reglementen och förordningar, så från den ena som den andra myndighetens sida, hårdt i följd af skatter och utlagor. Den allmänna fattigdomen tryckte sin prägel också på stadens yttre utseende. Därom kunna vi öfvertyga oss vid en blick på stadens topografiska och byggnadsförhållanden. Stadens areal inskränkte sig då för tiden ungefär till det område, som intages af de nuvarande första och andra stadsdelarna [3]). Stakettet började i det närmaste där pontonbron nu står och gick sedan rakt i söder till nuv. Nevanderska gården, därifrån det svängde af mot sydvest, löpande tvärs öfver våra dagars Salutorg, till hörnet af Konstantins- och Andreægatorna. Sedan fortsatte det åt vester temligen i samma sträckning som nu Konstantinsgatan, dock så att det längst i vester gjorde en liten båge mot söder, omfattande nuvarande, söderom nämda gata liggande gårdarna 18, 20 och 22. Sedan gick det rakt i norr — tvärs öfver tomterna 60 och 63 — upp mot elfven.

Dess omfång.

Den bebygda delen af stadsområdet.

Men detta inom stakettet fallande stadsområde var på långt när ej helt och hållet bebygdt. Såväl i östligaste som vestligaste delen af staden funnos stora öde sträckor. I öster på Slottsbacken (motsvarande nuv. tomterna 3, 5 och 8 vid Alexandragatan) stodo endast några väderkvarnar, och söder och öster om densamma var hela den trakt, där nu Andreæ- och Georgsgatorna löpa, en öppen sandig plan, hvarest endast funnos några lador och bodar. I vester åter — kring nuv. Katarinagatan — utbredde sig en lågländ slätt, som höst och vår öfversvämmades af vatten, så att den ej kunde begagnas till annat än kålländer och beteshagar.

Den bebygda delen af staden inrymdes således på ett område, som ungefärligen begränsades af nuvarande Andreæ-, Konstantins- och

[1]) Domboken 23/3 och 28/3 1674.
[2]) D:o 14/10 1674.
[3]) Vid denna topografiska öfversikt hafva vi främst hållit oss till kartan öfver stadsplanen af år 1696.

Gator och kvarter.

Katarinagatorna. Inom denna lilla terräng, som genomskars af sju gator, gående i öster och vester, samt fem sådana, löpande i norr och söder, inrymdes 189 tomter, fördelade på de fyra kvarteren: kyrkokvarteret i nordost kring kyrkan, slottskvarteret i nordvest vid Slottsbacken, torgkvarteret i sydost från torget ända till Haga tullport, som stod ungefär midt på nuvarande Salutorget, och Malmkvarteret i sydvest sträckande sig ända till Malmtullporten, hvars plats var någonstädes på gården n:o 14 vid nuvarande Konstantinsgatan.

Rådhuset.

Stadens centralpunkt var då, såsom äfven nu är fallet, rådhuset, hvilket stod ungefär på det nuvarandes plats, kanske obetydligt sydligare. Flera gånger nedbrunnet med staden, senast 1666, hade det alltid åter uppförts på samma ställe. Det var en tvåvåningsbyggnad, sannolikt rödmålad, såsom dess närmaste föregångare, med sal både i öfra och nedra våningen. Dess underhåll ansågs mycket betungande för det fattiga borgerskapet, hvarför också på 1600-talet var brukligt att för mindre förseelser ådöma borgarena hvarjehanda kontributioner till dess vidmakthållande. Sålunda dömdes en att måla det rödt, en annan att hemta kalk till ugnarnas hvitlimning, en tredje att förse det med „varmtak“, bänkar och bord, en fjärde att anskaffa tre alnar kläde till rådstugubordet o. s. v. På nedra botten fans ock „kistan“ eller „gömman“, d. v. s. fängelset, hvars dörr dock stundom lemnades oreglad, så att de internerade kunde sätta sig på kisttröskeln eller också „göra den vikaktig“, d. v. s. rymma därifrån[1]).

Torget och kvarnhuset.

Framför rådstugan utbredde sig torget, motsvarande en del af nuv. Rådhusskvären, med Enesköldska gården till höger och Grels linväfvares till venster samt Mickel Närväs och Paavola gårdar midt öfver på andra sidan. På torget stod kåkstocken [2]) och i sydöstra hörnet af detsamma kvarnhuset, där stadens tjenarinnor fingo vrida de tunga handkvarnarna så att mjöldammet trängde ut genom fönster och dörrar, afsättande sig på husets yttre väggar, som däraf hade en gråaktig skiftning.

Kyrkan.

Ungefär på den höjd, där i våra dagar Otava- och teaterhustomterna mötas, gick en gata, genomskärande torget, i öster och vester. Längs densamma kom man, gående vesterut och efter att hafva passerat ett par tvärgator, till kyrkoplanen. Kyrkan stod på en af ett

---

[1]) Om rådstugan, dess underhåll m. m. se t. ex. domboken 22/8 1657, 21/4 1658, 3/8 och 5/8 1658, 29/1 1659 o. s. v.

[2]) Stadens afrättsplats åter låg ännu 1663 på Hirsipuumäki eller galgbacken vester om staden, men synes senare befunnit sig invid Koivistovägen, där staden arrenderat kronohagarna.

stockstakett omgärdad kyrkogård, och var bygd af trä, brädfodrad och rödmålad, samt försedd med tjäradt spåntak. Den hade ock stapel och „seijarvärk", till hvars reparation man 1692 var betänkt att införskaffa urmakare från Åbo. Dess inre var enkelt och värdigt. På altaret, som betäcktes af ett silfverduksläde, förärad af major Hirscheit 1686, stodo tvänne stora messingsljusstakar i drifvet arbete, en gåfva af borgmästar Gustaf Henrikssons enka. Där sågs äfven en kalk med paten, förfärdigad af silfver, som förärats af särskilda gifvare, bland hvilka må nämnas den förmögna rådmannen Matts Persson, äfvensom en vinkanna, med grothusiska vapnet, hvarunder voro ingraverade initialerna O. G. — Otto Grothusen — och årtalet 1643. I taket hängde tvänne åtta-armade ljuskronor, förärade, den ena af bröderna Otto och Henrik Grothusen 1652, den andra af borgmästarn Gustaf Henrikssons enka, 1671. I sakristians skåp förvarades några dyrbara messhakar, af hvilka en af blommerad brun sammet, donerad 1631 af grefvinnan Sofia de la Gardie, ännu finnes i behåll. Där förvarades ock kyrkohofven af röd atlas med silfverklocka, förärad 1665 af Hans Ram till Pänäs. I koret och på hvardera sidan om korgången befunno sig de förmögnare borgarenas och i orten boende ståndpersoners grafvar: Fortelii i koret på kvinnosidan, Grothusiska på manfolkssidan, Enesköldska midt i korgången, Keckoniuska vid sakristiedörren [1]).

Något nedanom kyrkan stod trivialskolehuset, hvilket, senast nybygdt 1661, „alldeles till gafvel och väggarna lutade så att skolbetjente med sina disciplar icke mer fördristade sig där ingå, befarandes att byggnaden som med styltor står stundeligen infalla torde och dem till deras lif och helsa skada" (1695) [2]). Oaktadt myndigheternas alla remonstrationer kunde ej borgerskapet i gode låta beveka sig till några utgifter för dess reparation, utan måste ändtligen landshöfdingen inskrida och ålägga staden att reparera huset (1695). Denna reparation kostade 100 d:r k:mt, — bortkastade penningar, ty ett par år senare skulle skolhuset i likhet med kyrkan och rådhuset samt hela staden för öfrigt blifva lågornas rof. Nära intill skolan, något lägre ned, stod ännu en af stadens offentliga byggnader, fattighuset, äfven det gammalt och skralt, bygdt redan 1651 och repareradt 1682. Lägga vi härtill de tre tullhusen, ett vid stranden, nedanom rådhuset, och ett vid hvardera landttullporten, af hvilka

Trivialskolehuset.

Fattighuset.

[1]) Uppgifterna rörande kyrkan mestadels hemtade ur kyrkans inventariilängder.

[2]) Domboken $^{6}/_{4}$ 1695.

det vid Malmporten — såsom ofvan nämdes — sjunkit i jorden så att det var obeboeligt [1]), hafva vi nämt stadens samtliga offentliga byggnader. Så godt som alla buro dessa hus nogsamt vittne om stadens armod.

Stadens byggnadssätt och utseende.

Och ej mindre bar staden i öfrigt spår af den torftighet, som var kännetecknande för 1600-talets städer. Gatorna voro, ehuru parallella och temligen raka, dock oregelbundna, i anseende till tomternas olika storlek, äfvensom i följd däraf att stadsboarne, alla magistratens påbud till trots, och oaktadt sedan 1674 årligen utsetts en särskild person att vaka öfver stadens byggnader, ej kunde förmås att „regulera“ sina hus, d. v. s. bygga dem på lika afstånd från gatan och flytta uthusen inpå gårdarna [3]). Dessa sistnämda åter voro högst oregelbundet bygda, delvis fylda af pörten, bodar och kokeställen. Med sina portskjul och fönsterluckor togo de sig helt landtliga ut, likasom de också ännu buro sina gamla hemmansnamn. Däremot hade gatorna — så när som på den gamla Tavastgatan, äfvensom de s. k. Kyrko- och Slottsgatorna — inga officiella benämningar, utan uppkallades vanligen efter någon invid dem boende förmögen borgare. Sålunda hette t. ex. den från Malmtullen kommande gatan Matts Perssons gata, en annan, som skar den sistnämda, Gottlebens gata o. s. v. [4]).

De bäst bebygda delarna af staden voro tvifvelsutan kyrko- och en del af Malmkvarteret. Där hade de flesta af stadens styresmän och remarkablare köpmannaslägter sina gårdar: t. ex. vid gatan emellan Rådstutorget och kyrkan major Hirscheit, Johan Sorander, rådman Melker, Grels Gottleben, rektor Stålberg. Längre bort i Malmkvarteret, i den trakt där Kynäs- och Paturigårdarna, hvilka genom traditionen förbundos med stadens grundläggning, voro belägna, bodde borgmästar Keckonius, rådmännen Prytz och Linman. De aflägsnare delarna af Malmkvarteret däremot utgjorde en formlig labyrint af små gårdar, kojor, kålländer och humletäppor, och i yttersta ändan af detsamma fans, i den trakt där nu Konstantins- och Vladimirsgatorna korsas, „Malm-“ eller „fätorget“. Invid detta låg tullporten, utanför hvilken icke allenast hela de nuvarande tredje och fjärde stadsdelarna utan ock en del af första och andra stadsdelarna ännu voro ett enda böljande åkerfält, Bärnäsåkrarna.

---

[1]) Af tullhusen var det vid stranden bygdt 1681 och det vid Malmtullporten 1658.

[2]) Slaktar- och bryggehusen, af hvilka det förra stått vid den s. k. byggmästarestranden (nedanom nuv. Grönfeltska gården) funnos ej mera år 1696.

[3]) Domboken $^{17}/_{11}$ 1692.

[4]) Slottsgatan nämnes 1700. Kyrkogatan 1711.

Utsikt från Slottsbacken.

Från kvarnarna på slottsbacken kunde man åter öfverblicka hela den sidan af staden och den omgifvande nejden. Åt vester sträckte sig på 1690-talet massor af ruiner, minnen från 1692 års brand, som förstört större delen af slottskvarteret, och längst bort i sydvest utbredde torgkvarteret sina gråa byggnader. Åt norr — öfver den otaliga räcka af strandbodar, som bortskymde stadens strand — skönjdes på andra sidan elfven Storsands holme, ännu öde och obebodd, bevuxen med albuskar och genomskuren af flera små ådror, som icke mera finnas till, äfvensom stadens ängsholmar med deras rännilar och säfvikar, där borgarenas katsjor höjde sig öfver vassen. Åt öster såg man, strax invid stakettet, kungsgården, om *(Kungsgården.)* hvilken det 1682 sades att den var alldeles till taken förfallen samt utan dörrar och fönster, och några år senare att där endast stodo några väggar uppe, men att knutarna voro helt bortruttnade. Afsedd att repareras 1687, för hvilket ändamål allmogen redan tillfört stock, medan borgerskapet „ursäktade sig för sin fattigdom ej kunna mera utgöra än tvänne dagsvärken till plankets uppsättande“, blef den i sitt förra skick, tills den efter några år förstördes af lågorna [1]). Åt söder slutligen utbredde sig den redan omnämda stora slätten med sina bodar och sandgropar, längst bort begränsad af stakettet och Hagatullen, utanför hvilken hela nuvarande femte stadsdelen upptogs af kungshagsåkrarna, genomskurna af tvänne till Koivisto ledande vägar.

Sådan var staden på 1690-talet, i sanning framställande en bild af torftighet och förfall. Det gamla stakettet, hundra gånger lappadt och lagadt, på ett ställe högre på ett annat lägre, blef med tiden allt brokigare. Tullbron vid hamnen tog röta af halm och hö, som därpå lossats och vårdslöst lemnats liggande. Tullporten vid Malmändan, som af brist på trafik rostade på sina gångjärn, var föremål för allehanda skämt från deras sida, som stundom råkade passera därigenom. Än lyftade man porthalfvorna lösa och stälde dem nattetid mot kåkstocken på torget, än bar man dem i triumf kring gatorna, under musik af fioler och trumpeter.

I sin fattigdom hade borgerskapet ej råd till några förbättringar, än mindre till nybyggnader. När kyrkklockan ringdes sönder, vid salig konung Karls X:s själaringning, hade man inga medel att låta omgjuta densamma, eller att anskaffa en ny, utan måste vända sig till regeringen med anhållan om understöd. När helst det var fråga om reparation — vare sig sedan det gälde rådhuset eller kyrkan,

---

[1]) Om kungsgården, se domboken $^{9}/_{8}$ 1682 och $^{4}/_{4}$ 1687.

skolan eller fattighuset, tullbodarna eller stakettet — stretade borgerskapet, skyllande på sin fattigdom, i det längsta emot [1]). Hvarifrån skulle man i sjelfva värket taga medel till de publika byggnadernas underhållande, då man ej hade råd att reparera sina egna hus. 1686 måste magistraten gifva uppskof åt dem som för sin fattigdoms skull ej mäktat förbättra sina skorstenar och kokeställen, samt tillsade dem, som ej hade råd att förse sig med skorsten, att åtminstone för undvikande af eldfara gräfva en famnsdjup grop i jorden och väl kringmura den med gråsten.

Utlagor. Kontributionerna.

I denna allmänna ruin fans det endast en sak, som var stor och som ständigt växte i jättelika proportioner, nämligen utlagorna, särdeles kontributionerna. 1639 var stadens kontribution 150 d:r, 1644 beviljades 300, och sedan man vid några riksdagar sluppit med mindre summor, fick man 1657 åter erlägga 300 d:r. 1686 stegrades kontributionen till 600 d:r, nedsattes 1689 till 500, men höjdes 1699 till 552 daler, hvilken summa sedan blef stående för hela den följande krigstiden såsom enkel kontribution. Vissa år, såsom t. ex. 1704 och 1710, uttogs denna nämligen dubbel med 1,104 daler. Kontributionspenningarna, hvilka staden sjelf fick indrifva, erlades efter skattöre, 11 daler kopparmynt eller 3 daler 21 $^1/_3$ öre silfvermynt för hvarje, när kontributionen var 552 daler (omkr. 1700). Skattörenas antal varierade under olika år, men hade en synbarlig ansats att minskas, samtidigt som kontributionerna växte [2]).

Båtsmanshållet.

Jämsides med kontributionerna växte båtsmanshållet. På 1630-talet hade staden, under bättre förhållanden, uppsatt 9 à 10 båtsmän. Sedan varierade antalet, stundom nedgående till 6, stundom ökadt ända till 20. 1659 togos 9 båtsmän, 1664 fick staden 8 båtsmän i stället för 10. Vid generaljämkningen 1675 påfördes Björneborg 6 båtsmän, men antalet togs esomoftast dubbelt. Rotarna, i hvilka staden för båtsmanshållets skull var indelad, skulle äfven betala båtsmanspenningar, utgående med 5 $^1/_2$ mark k:mt „af hvar karl i rotan står“, äfvensom förse båtsmännen med kost på resan. 1681 ålades stadens borgerskap utgöra, till båtsmännernas utredning, 2 månaders kost, 10 ℔ af hvar rota, för sjörocken 7 d:r k:mt, för ryan 3 d:r, frakt 3 d:r, skjutspenningar 5 d:r, hvilket utgjorde för hvar person i rotan 1 d:r 4 öre k:mt och 13 marker mat [3]).

---

[1]) 1687 framhöll landshöfdingen att torget borde stenläggas, men stadsboarne visste undandraga sig kostnaderna genom att hänvisa på den sandiga jordmånen, som gjorde slikt stenläggande obehöfligt.

[2]) Skattörena voro t. ex. år 1656 235 $^1/_4$, 1700 154 $^1/_2$ och 1701 157.

[3]) Domboken $^{10}/_6$ 1681.

Man kan lättare föreställa sig än beskrifva alla de oredor och svårigheter båtsmanshållet medförde. Hvar och en ville gerna undandraga sig båtsmanstjensten, och när sålunda ofta de bästa karlarna vid båtsmansutskrifningen saknades, beskylde man, ledd af sin ovilja mot institutionen, borgmästare och råd för att hafva tagit mutor och sändt borgerskapet till skogen. Ej mindre besvär hade man med rotepenningarna och kosten, hvilka man ofta fick betala dubbelt, enär båtsmännerna, sedan de redan bekommit sin beskärda del, ytterligare aftvungo sig nytt underhåll, ja t. o. m. i Stockholm passade på att af ditkomna borgare utprässa penningar för kosten. Båtsmanslodjan ändtligen, som borgerskapet med stora uppoffringar måste uppbygga, efter en gång för alla bestämd måttstock, lika stor som stapelstädernas, blef ofta af manskapet, som hemförlofvats, lemnad vind för våg, så att staden enkom måste uppdraga åt än den ena än den andra att söka rätt på densamma [1]).

Det kändes i sanning som en lättnad när båtsmanshållet 1681 utbyttes mot en penningeafgift, så att Björneborg, enligt kontrakt af den 5 juni 1683, skulle erlägga 55 daler kopparmynt för en hvar af sina förra 6 båtsmän, eller inalles 330 d:r k:mt, hvilken summa dock i krigstid skulle fördubblas [2]). Tyvärr måste dock kronan redan 1696 öka antalet till 7, hvadan man i stället för 110 daler s:mt nu fick betala 128 daler om året. Och då stora nordiska kriget bröt ut fördubblades summan, så att staden från 1702 i regel betalade 256 d:r s:mt båtsmanspenningar.

Lägger man till kontributionerna och båtsmanspenningarna stadens öfriga utlagor, såsom mantalspenningarna, varierande under tiden 1690—1711 från minst 191 till högst 351 d:r s:mt om året, boskapspenningarna, 40 à 50 d:r, legohjonskontributionen, stundom enkel, stundom dubbel, i hvilket senare fall den kunde stiga ända till 144 d:r om året, tiondepenningar, centonaler, fontangepenningar o. s. v., så få vi för staden en årlig direkt utgift till kronan af omkring 1,600 d:r s:mt, och vid händelse af fördubblad kontribution och dubbelt båtsmanshåll, af omkring 1,900 à 2,000 d:r s:mt. Lilla tullen och accisen inbragte dessutom — såsom ofvan nämts — 800 à 1,000 d:r om året, hvaraf dock något mer än 100 d:r såsom tertial och sextonal Öfriga skatter.

[1]) Domboken $^{26}/_{1}$ 1656 och $^{17}/_{4}$ 1678. — Ehuru borgerskapet 1680 supplicerade att få bygga sin lodja efter stadens förhållanden, medgafs det icke, emedan en viss förordning en gång för alla var utfärdad, huru stora lodjorna skulle byggas.

[2]) Åbo o. B:borgs läns verif. bok för 1765, fol. 1918.

stannade staden till godo, till förbättring af borgmästarens och rådmännens löner. Då därjämte likasom i slutet på 1500-talet stundom mot betalning, som oftast uteblef, fordrades en mängd naturaprestationer till krigsfolkets behof, såsom 70 tunnor öl 1659, gement kläde 1675, 60 stycken dryckestunnor 1683, skinnpelsar, skor, strumpor och stöflar 1700, 1702 och 1705, hästskor (af smederna) 1701 och 1703, mjöl, gryn, råg, ärter, humla etc. 1702, 1,000 pelsar 1704, kött och fläsk 1705, kakebröd och skorpor 1706, strömming och andra viktualier 1711 o. s. v., så torde stadens hela kontingent, efter lägsta beräkning, hafva årligen utgjort, åtminstone vid tiden för stora nordiska kriget, 3,000 à 3,500 daler silfvermynt [1]). Det var dubbelt upp mot den skattebörda, öfver hvilken borgerskapet i början af 1600-talet beklagat sig.

Ingen klass af borgerskapet undgick detta utsugningssystem, som ruinerade såväl de förmögnare som de fattige. T. o. m. stadens tjenstemän sågo sina äfven eljes så knappa löneförmåner minskade genom indragningen af bakugns- och accisandelarna. De klagade därför, att de bekommo „föga öfver en legodrängs lön", och voro för det mesta fördjupade i skuld och fattigdom.

Endast i undantagsfall efterläts staden något af dess skatter, men också då endast med den baktanke, som framgår ur 1642 års resolution, hvari det heter: „att Kongl. Maj:t", som i anledning af branden förunnat staden skattelindring, „drog den tillförsikt till sina trogna undersåtar att de betraktande dess mildhet, ville beflita sig därom att sätta staden förmedels en redelig borgarenäring uti ett bättre vilkor, än hon härtill varit hafver, så att kronans intrader, såsom lilla tullen och accisen etc., må tillväxa och sig föröka". Ja — då kronan förunnade magistraten del i accisinkomsten, skedde det under den uttryckliga förutsättning, „att den skulle känna sig manad att hjelpa och bearbeta därhän det accisen uti staden må med flit excolerad blifva, på det stadens såväl som kronans anpart desto mera växa och tilltaga må".

Militära bördor. Och lika så litet som skatterna kunde borgerskapet undslippa de militära bördorna. 1656 utrustade staden 7 ryttare till Ryssland, hvilka sedan fingo deltaga i hela polska kampanjen. Äfven senare uttogs ofta manskap från staden, särdeles under stora nordiska kriget, då öfverhufvud de, som ej förmådde betala sin skatt, utan förbarmande inrollerades i knekthopen. 1710 uttogos sålunda, enligt uppgift, mera än 20 borgare till soldater. Samtidigt nämnes också en

[1]) Stundom erlades ock tillfälliga skepps- och krigshjälper.

stadsbo, hvilken såsom officer tjenade i Karl XII:s arméer, nämligen löjtnanten Krusell, hvilken var med konungen i Bender.

Borgargardet.

Därjämte hölls borgerskapet nu strängare än förut vid sin borgerliga värnepligt. Hvarje vår ålades det till Stockholm resande borgerskapet att för egen och de hemmavarandes räkning uppköpa musköter, värjor, bly och krut [1]. Tidt och ofta förmanades borgerskapet att på visst klockslag med sina gevär infinna sig till allmän mönstring på torget. Det dugde ej att absentera från uppropet, ty då fick man sig 3 marks böter, ej heller att, såsom några hade lust att göra, sända sina hustrur till mönstringen, för att uppvisa gevären — ett uppdrag som dessa vanligen „af blygsel eftersatte“ [2].

Vid landshöfdingens besök uppstälde sig det beväpnade borgerskapet till hedersparad innanför tullporten eller tågade någon verst utom staden honom till mötes. 1684 förordnades till den borgerliga milicens högsta chef, eller — såsom det hette — stadskapten, Jonas skräddare, och till hans löjtnant borgaren Isak Mattsson. Underbefälet bestod af fänrik Nils Ahlquist, fältväbel Lars Johansson och sergeant Anders skräddare. När sedan nordiska kriget bröt ut och fienden väntades i landet, kom den ena öfverhetliga befallningen efter den andra att borgerskapet flitigt skulle exerceras och öfvas i gevärens rätta bruk samt låta sig angeläget vara att vid första påbud vara redo att förfoga sig hvar man ur huset till fäderneslandets försvar [3].

Stadens vanmakt.

Beröfvad det förnämsta medlet för sin uppkomst, sin utrikeshandel, och ansträngd öfver sin förmåga af skatter och all möjlig tunga, var staden att förlikna vid en man, hvilken bärande på sina skuldror ett klippblock, vandrar öfver en gungfly och vid hvarje steg han tager sjunker allt djupare ned, tills den minsta ansträngning är tillräcklig att helt och hållet begrafva honom. Med tillhjälp af handlingarna kunna vi ock steg för steg följa stadens tilltagande vanmakt, se dess välstånd försvinna, dess befolkning förminskas. Medveten om rätta orsaken till de ändrade förhållandena har staden i sina besvär vältaligt skildrat sitt nedåtgående, stundom anställande en vemodig jämförelse emellan sin forna blomstring och sitt dåvarande förfall.

Redan 1659 säges: att staden af framfarna konungar var privilegierad på utrikesseglation med allehanda varor, och sålänge staden

[1] Domboken $^{13}/_{4}$ 1656.
[2] D:o $^{3}/_{4}$ 1712.
[3] D:o $^{3}/_{11}$ 1702.

fick samma vilkor njuta var han i flor och temmeligen behållen, men nu på en tid sedan han varit restringerad på trävärk allena, äro vi så af oss komne och utarmade vordne, att vi ej förmå utgöra kronans rättigheter. 1663 heter det åter „att staden på mantal hafver årligen mycket aftagit och mången, som står i rotan, måste med tiggeri söka sin näring". Likaså klagas 1672 att staden „i dessa svåra tider mycket aftager" samt 1693 att borgarena, oaktadt deras förfäder i forna krigstider gått i land med stora kontributioner, „nu hvar hos sig märka, att de äro mera utmattade". 1713 säges att borgerskapet, som på 1680-talet, då kontributionen förhöjdes, bestått af 95 borgare, nu nedgått till 40, „varandes för det att antalet å bemälte borgerskap aftagit och kontributionssumman emellertid af de öfverblifna uppdrifven, den ena innevånaren med den andra, undantagandes tvänne i hela staden, jämgod vorden" [1]. Och ännu några år senare säges att staden, som för 90 år sedan varit i stånd att försträcka stora summor till krigsfolkets underhållande, nu är af sina margfaldiga olyckor platt af sig kommen.

Folkmängdens aftagande. Dessa borgarenas dystra skildringar kunna vi med tillhjälp af andra källor punkt för punkt besanna. 1640 upptog mantalslängden 555 personer. Sedan går antalet mantalsskrifna hastigt nedåt, utgörande på 1650-talet i medeltal endast omkring 340. En stigning på 1660- och 1670-talet, utvisande ett medeltal af resp. 390 och 403 personer, häntyder på de gynnsammare förhållanden den då radande freden för en kortare tid medfört, i händelse den ej rätt och slätt beror endast på större noggrannhet vid mantalsskrifningen. Men från år 1674, då siffran stiger till 461, finner man på få undantag när ett temligen konstant nedåtgående ända till år 1710, då mantalslängden upptager blott 332 personer. Enligt kyrkoböckerna åter utgör medeltalet födda under de fem årtiondena före och under stora ofreden, 1671—80, 1681—90, 1691—1700, 1701—1710, 1711—20, följande tal 24,2, 21,9, 25,6, 22, 13,2, äfvensom af döda 20,1, 17,4, 27,4, 14,9, 13 [2]. De utvisa således äfven alla, med undantag af talen för det extraordinära 1690-talet, en förminskning af befolkningen. På grund af ofvansagda måste vi antaga att stadens befolkning under denna period nedgått från 1,000 till 700 personer, eller inemot en tredjedel.

Och midt i detta elände, liksom om staden icke skulle haft nog af sina lidanden, skulle den till råga på allt hemsökas i så godt som

[1]) Dessa uttalanden rörande stadens aftagande återfinnas alla i stadens besvär från ofvannämda år, F. S. A.

[2]) Kyrkoböckerna.

oafbruten följd af nödåret 1697, branden 1698, och stora nordiska kriget, hvilket slutligen 1713 medförde en fientlig invasion med åtföljande plundring.

Nödåren 1696 och 1697.

Under det förfärliga året 1697 öfversvämmades staden, som sjelf, i likhet med hvad den gjort redan 1675, för det mesta lifnärde sig med barkbröd, af tiggare från när och fjärran. Många af dessa dogo af hunger på gator och gränder, äfvensom i husen, „varandes ingen som om kistor till deras döda kroppar och jordafärd bekymmer drager“. Borgerskapet tillsades därför att af kristlig kärlek sammanskjuta några bräder till slikt behof och lemna dem åt klockaren för att i kyrkan förvaras. I denna sammanrafsade människomassa, som förvildades af hunger och den ständiga åsynen af döende, slappnade moralens band, och redan om vintern 1696—97 klagas att „tjufveri tyvärr här i staden nu i denna svåra tiden öfverhand tager“. Och medan man så kämpade för lifvet, midt ibland döende, kom den ena skrifvelsen efter den andra från landshöfdingen att staden „skulle providera landet i denna svåra och dyra tiden, emedan den till den ändan är benådad med privilegier och förmåner, ihågkommandes jämväl att landet icke är för städerna, utan städerna för landets skull inrättade“ [1]).

Brandväsende.

Knappt hade man något hemtat sig från hungersnödens hemsökelse, innan man råkade ut för en ny olycka, den stora branden. Väl hade staden, varnad genom eldsvådorna 1571, 1603 och 1640, sökt förbättra sitt brandväsende. På hvarje Valborgsmesso-rådstugudag tillsattes för stadens särskilda kvarter brandmästare eller skorstensrifvare, hvarjämte borgerskapet tillsades hålla hvar i sin gård båtshake, ämbare, stege, så ock en tunna vatten å taket vid skorstenen. Äfven varnades tidt och ofta att man skulle nedrifva förruttnade hustak och kokeställen, nedkasta rör- och säfhässjor från gårdarna och bortföra höstackarna, samt att stadens kvinnfolk skulle afstå från „plantelands brännande här i staden“. Slika varningar till trots var staden med sina rökpörten och sina af gärdsel bildade kokeställen, på vulgärspråket „kukot“ kallade, ständigt utsatt för vådeldar, så mycket mer som man på denna tid, då tändstickorna ännu voro okända, för att slippa besväret med flintan och fnösket plägade — som man sade — låna eld hos grannen, och sedan vandrade med det blossande eldkolet emellan tvänne portstickor längs

[1]) Domboken $^{19}/_{12}$ 1696, $^{9}/_{2}$, $^{19}/_{4}$ och $^{27}/_{4}$ 1697. — Kyrkoböckerna utvisa för året 1697 den ovanligt höga siffran af 90 döda inom staden, och 284 inom hela församlingen, med tillägg: däribland mycket tiggare från andra församlingar.

1666 års brand. gatorna. 1666 den 25 april brann största och förmögnaste delen af staden med rådstugan. Den häftiga vådelden gick öfver staden, heter det, till många menniskors skada och undergång. Olyckan ansågs så hård att kronan på trenne år afstod från sin andel af i staden fallande lilla tullen och accisen, och händelsen inpräglade sig så djupt i folkminnet, att man under senare hälften af 1600-talet ofta beräknade tiden från denna brand. 1687 brann åter ett tiotal gårdar, och magistraten, som fann att stadens innevånare vid den timade vådelden ej varit försedda med dugliga redskap, anbefalde hvarje gårdsegare att ställa sig lagen till efterrättelse, „kommandes icke heller tomhändta som härtills skett utan hafvandes hvar med sig ämbare och yxa samt tillhållandes sitt folk med såar bära vatten“. I lika måtto tillsades brandmästarena att för hvarje kvarter låta förfärdiga en stor båtshake, samt för Malmkvarteret, som störst är, tvänne, att i rådstugan förvaras. Den 6 maj 1692 [1]) utbröt åter en häftig vådeld. Började på „besökaren“ Clemolins ladutak nära invid strandtullen, lade den inom några timmar i aska hela slottskvarteret, 25 gårdar, 45 visthus, 49 hölador, tvänne väderkvarnar och en smidja, äfvensom stadens kvarnhus och en mängd vid stranden liggande båtar.

1692 års brand.

Men alla tidigare olyckor af detta slag skulle ändock öfverträffas af den förfärliga brand, som den 28 maj 1698 ödelade så godt som hela staden. Tillgången härvid var följande.

Stora branden 1698.

Jakob Skaffar [2]) hade i den kulna majmorgonen låtit inbära några bördor ved och sedan han radat dem i spiseln slagit upp eld med sitt stål. En gnista från skorstenen måste funnit sin väg till näfret och den gamla takveden, som stod uppstaplad på gården mot en bodvägg. Under rådande storm brusade det lössläpta elementet fram med en naturmakts oemotståndlighet, flygande först öfver till de näst belägna husens tak. När borgmästaren, som kl. ½ 9 på morgonen befann sig på skolstugubacken, såg röken, lät han klämta i klockstapeln och skyndade sjelf att leda brandsläckningsarbetet. „Men“ — heter det i ransakningsprotokollet rörande eldens uppkomst — „i den påstående stormen hade elden så tagit öfverhand, att de få af manspersonerna som voro tillstädes och icke på Stockholms eller fiskeresor stadda icke mäktade sig bärga, utan elden sig storligen utvidgade, itändandes flere orter samtidigt i staden, hvarföre han,

[1]) Ej 1698, såsom ofta orätt uppgifves.

[2]) Han synes bott vid en af de obetydliga gator, som gick genom Malm- och torgkvarterens ödsligaste trakter och förenade Malmtorget med Haga tullplan, såsom den öppna platsen i stadens östra del stundom kallades.

borgmästaren, skyndade sig till rådstugan med stadstjenaren och sina barns præceptor för att salvera rådstuguhandlingarna, dem han med stor möda fick bärgade, nödgandes lemna sjelfva rådhuset med all dess innandöme uti sticket". Hettan var så stark att t. o. m. stenarna i grundvalarna blefvo förbrända. Förutom rådstugan nedbrann kyrkan, klockstapeln med dess tvänne klockor och sejarvärket, skolan, kvarnhuset, tullbron med vidstående tullstuga samt 137 gårdar, 89 visthus, 109 strandbodar, 2 väderkvarnar och en mängd båtar [1]).

När stadsboarne återvände från sina resor, funno de hus och hem äfvensom det mesta af sitt lösöre förstörda. Endast några få gårdar i bägge ändarna af staden stodo kvar såsom sorgliga minnesmärken i denna öken af grus och aska. Den 11 juli sammankallades samtliga borgerskapet och tillfrågades, om det mera vore mäktigt att återuppbygga staden. Enhälligt svarades att man, med Guds hjälp, tänkte åter uppbygga sina gårdar och komma sig före igen. Främst tänkte man med ädelt nit på skolan [2]), som med sina ärorika minnen blifvit den fattiga stadens stolthet och skötebarn. Den skulle främst af alla publika byggnader fås till stånd, för att vid höstens inträde ånyo kunna öppna sina portar för ungdomen. Tyvärr skulle den hårdt pröfvade staden — såsom vi ofvan sett — beröfvas äfven detta sista minne från sin bättre tid, när denna dess läroanstalt enligt domkapitlets förordnande flyttades till Raumo, och Björneborg i ersättning fick en pedagogi.

Emellertid bisprang kronan staden med att på tronne år afstå från mantals-, boskaps- och båtsmanspenningarna, äfvensom på ett år från halfva kontributionen. Denna brandstod representerade för år 1699 684 daler, samt för hvardera af de följande åren resp. 550 och 575 daler silfvermynt. Man började så småningom uppföra åt sig kojor och andra tarfliga hus för vintern och den närmaste framtiden, lemnande utan afseende magistratens välmenta råd att man nu skulle regulera gatorna och bygga snygga hus, staden till prydnad.

Kontributionsresterna.

I detta skick, med sina här och där, utan ordning, uppsatta brädskjul och pörten, ibland hvilka en och annan timrad stuga reste sig, med det i hast uppförda skolhuset och den halffärdiga kyrkan, samt inspärrad i sitt stakett, som nu blifvit om möjligt brokigare än förr, gick staden stora ofreden till mötes. Kontributionerna växte och ökades hvarje år med enorma rester. 1701 hade man en balans af 371, 1705 en af 840, 1709 en af 1,338 och 1711 en af 2,150 daler

[1]) Om denna brand se för öfrigt domboken $^{11}/_{7}$ 1698.
[2]) Domboken $^{11}/_{7}$ 1698.

silfvermynt [1]). När dessa balanser lades till årets ordinarie kontributioner och utlagor, steg slutligen den summa, hvilken staden bort utgöra, till 5,500 daler silfvermynt, lilla tullen och accisen oberäknad, en i sanning stor summa för sin tid och rent af kolossal för stadens förhållanden.

De militära exekutionerna.

För att utkräfva resterna inrättade den stränga Nieroth, som då förde kommandot i landet, s. k. militäriska exekutioner i viss mån påminnande om Ludvig XIV:s famösa dragonnader. Soldater och officerare inkvarterades hos borgarena, hvilka skulle underhålla dem med mat och kost, tills resterna blifvit erlagda [2]). Äfven de borgare, som icke för egen del hade någon rest, måste nu för sina fattigare medborgares skull undergå en liknande exekution, stundom i nio veckors tid, innan de kunde skaffa penningar till den allmänna skuldens afbördande. Och dock förblef det omöjliga omöjligt. Förgäfves gick den ena gården efter den andra under klubban, medan egarena antingen sjelfvilligt gåfvo sig till soldater eller utan misskund instuckos i knekthopen. En mängd gårdar stodo ständigt tecknade med „kronomärken", färdiga att när som helst säljas åt den mestbjudande för resternas likviderande. Allt var dock förgäfves, ty gårdarna funno slutligen inga köpare mer [3]). En stor del af balansen stod ännu inne, när Ryssarna om hösten 1713 nalkades staden.

Ryssarnas ankomst. Flykten.

Så snart ryktet spred sig om den fruktade fiendens annalkande började en hvar, som råd hade, att bereda sig till flykt. Redan Bartolomei tid flyktade en del, men de flesta synas först i september begifvit sig på väg. I saknad af fartyg, och utan rådrum att betänka sig, tog man med sig endast det nödvändiga, lemnande sin öfriga egendom vind för våg. De förmögnare styrde kosan till Sverige, de medellösare togo sin tillflykt till bondbyarna omkring staden. Den 10 september intågade Ryssarna i den till hälften öfvergifna staden [4]). Det heter att borgmästar Elfving med magistraten och stadens äldsta — de som ännu funnos kvar — gått att emottaga fienden vid hans annalkande, sannolikt för att anhålla om förskoning för staden, men att han därvid träffats af ett sabelhugg, som senare förorsakade hans död 1720.

---

[1]) Se en i Björneborgs stads rådhus befintlig räkenskap öfver stadens inkomster och utgifter från 1690 till 1711.

[2]) Sedan början af mars månad till slutet af maj 1711 låg fänrik Gyllenspång för detta ändamål med en afdelning soldater i staden.

[3]) Domboken $^{6}/_{4}$, $^{8}/_{6}$, $^{28}/_{6}$ 1711 äfvensom stadens besvär af år 1714.

[4]) I oktober var skolhuset fiendens lasarett.

Sjelf har staden i sina senare till svenska regeringen inlemnade besvär afgifvit följande berättelse om sina lidanden under stora ofredens hårda dagar: „Denna Björneborgs stad blef under fiendens vistande med hela sin armée 1713 och 1714 — 8 regementer i fyra månaders tid — ödelagd till dess byggnad, så att ingen stad förutom Åbo i detta höfdingedöme slik svårighet utstått. Åtta de bästförmögna borgarena blefvo med hustrur och barn bortförda, som icke mer igenkommit, och husen för de afflyktade efter handen afbrända, liksom gärdselgårdarna kring stadens jord trenne särskilda gånger förstörda samt brända jämte bodar och väderkvarnar. Sedan återigen under hela ryska tiden var fiendens genommarsch härigenom till Österbotten både till lands och sjös. Ehuru sträng disciplin af en rysk general Galitzin förd blef, blef icke allenast invånarnes egendom, af hvad slag den ock var, kontinuerligen bortsnappad, till dess intet kvar var. Ändtligen sedan en vid namn Douglas till Åbo sig i rysk tjänst inställte, har trug och slag, knut eller padog, de utblottade en daglig förmodan vara måst. Med hvad möda, elände, ängslan och hungerstvång Björneborgs stads invånare tid efter annan måst skjutsa till och ifrån Vasa samt andra orter med sina båtar de fiendtliga trupperna, vare Gudi hemställdt; icke dessmindre förlorade staden genom slik skjutsning 400 stora båtar och alla sina drägter, och de kvarblifna och hemmavarande måste i åtta års tid betala en odräglig skatt till 500 rubel i förstone och sedan 360 årligen, samt vid återkomsten från Kyro slaget känna en ynkelig sköfling, förutan hvarjehanda svårigheter af dagligt arbete, inkvarteringar, skjutser och extra utgifter“ [1]). Stora ofreden.

Denna jeremiad kan med uppgifter, hemtade från andra källor, i hufvudsak bestyrkas. Man får ur domböckerna veta namnen på några af de olyckliga borgarena, som blefvo afförda i rysk fångenskap: Sigfrid Fransman med hustru och barn, gästgifvaren Anders Indrenius med hustru, borgaren Matts Ersson med hustru och barn, alla 1713 i december till St. Petersburg. Om alla säges att de i Ryssland dött, utom den sistnämdes en son, som för 40 daler kopparmynt utlöstes ur fångenskapen. Äfven borgaren Jakob Passi blef af Ryssarne gripen och bortsläpad, men lyckades sig från fienden praktisera. Att äfven de bortavarandes hus, möjligen till hämd för att de genom flykten undandragit sig brandskatten, värkligen blifvit brända, finna vi af ett uttryck, hvarmed efter vunnen fred en bor- Till Ryssland afförda stadsboar.

---

[1]) F. S. A. Städernas besvär, Björneborg, 20 jan. 1714 och 13 mars 1723. — Ofvanstående citat är, med mindre utlemningar och förändringar, sammanställdt af de i bägge besvären ingående berättelserna.

gare urskuldade sin ockupation af en af de bortflyddes byggnader. Han sade nämligen, att den eljes skulle af Ryssen blifvit bränd. Därjämte framskymta i domböckerna talrika påminnelser om den plundring staden undergått. Där talas om af fienden uppbrända rior, uppbrutna kistor, sköfladt bohag o. s. v.

Hvad staden gjort för att ådraga sig denna hårda behandling förmäla häfderna icke. Någon svensk armé låg icke i staden och troligt är ej heller att dess borgargarde, som sannolikt genom flykten blifvit beröfvad sina ledare, funnit sig manadt att möta fienden och genom onödigt motstånd reta hans hämdlystnad. Väl hade redan 1711 borgerskapet enligt landshöfdingens befallning blifvit enrolleradt till tjenstgöring, med drängar, söner och mågar, och rådman Johan Qvist, som beklädde en högre officersplats i gardet, hade under förmodan att man nu mangrant skulle tåga ut, låtit förfärdiga sig ett par stora långstöflar, som gingo upp öfver hans tjocka yllestrumpor. Men man har sig icke bekant att den lilla armén skulle kommit till aktivitet under kriget.

Stadens tillstånd under ofreden.

Och annat än ofvananförda relation behöfves ej för att kunna konstatera att staden nu var så godt som tillintetgjord. Ända sedan 1698 saknade den sina offentliga byggnader, rådstuga, fattighus o. s. v., och till och med sjelfva kyrkan stod ännu halffärdig, utan innantak och bänkar. Nu hade de förmögnare innevånarenas hus ånyo gått upp i lågor och de fattigares stugor och rökpörten stodo ensamma kvar bland en hop ruiner och fiendernas baracker. Till och med staketet hade delvis brunnit och dess återuppbyggande möjligen ansetts onödigt i följd af att all handel och rörelse totalt afstannat. Ingen bonde förde mer sitt lass till torget, ingen skuta ankrade mer vid Sandudden. Staden, hvars kvarvarande innevånare med jordbruk försökte skaffa sig brödfödan, hade sjunkit till en bondbys ringhet.

Flyktingarna i Sverige.

Medan de hemmavarande sålunda bäst de kunde försökte att slå sig igenom tidernas hårdhet, framdragande ur sina gömmor vid skorstenspiporna den ena besparade kopparplåten efter den andra för att tillfredsställa fiendens roflystnad, hade de undanflyktade det sannerligen ej stort bättre. En del, Z. Fransman, Sorander, Hypping, Indrén, hade slagit sig ned i Stockholm, andra åter hade bosatt sig i Norrköping, medan en tredje koloni hamnat ända till Vestervik i Småland[1]). Man hade knappt om medel och de som voro i Norr-

[1]) Sv. Riksarkivet. Landshöfdingeskrifvelser, Åbo och Björneborgs län 1720—1724, VII. — Ofvannämda personer jämte Erik Holmberg, Anders Larsson, Erik Strandberg, Nils Ahlqvist s:or o. j:or och Jakob Pavolenius vistades 1720 och 1721 i Stockholm.

köping förlorade det lilla de hade, när fienden år 1719 också brände denna stad. Man bönföll hos styrelsen om något underhåll, men de bidrag, som den till de finska landsflyktingarnas bispringande tillsatta kommissionen hade att utdela, kunde ej vara stora, och med saknad tänkte de landsflyktiga på sina forna hem vid Kumos stränder, där de, alla svårigheter oaktadt, dock varit under eget tak och suttit vid eget bord.

Vi hafva åter hunnit en vändpunkt i vår skildring. Vi hafva sett den fordom blomstrande staden duka under för de onaturliga bördor merkantilsystemet och Sveriges stormakt i förening medförde för densamma samt nära nog förintas genom tvänne på hvarandra följande katastrofer, 1698 års brand och stora ofreden. Stadens borgare, spridda kring Ryssland, Sverige och i bygderna kring staden, kunde med skäl utbrista: „att det var ute med hela deras samhälle“.

Tredje kapitlet.

Tiden från 1721 till 1765.

Björneborg fortfarande uppstad. Dess tillväxt under „nyttans tid“ intill stapelrättens återvinnande.

1721—1765.

Sedan Sveriges stormakt, denna 1600-talets stolta skapelse, sjunkit ned i blodiga ruiner, grydde en ny period för Sveriges och Finlands folk. Man hade ändtligen kommit till insikt om att det svenska östersjöväldet varit mera en dröm än en värklighet och att det, alla ansträngningar oaktadt, aldrig stått i harmoni med rikets folkmängd och krafter. Det hade ledt till en tryckande envåldsmakt, som betagit folket initiativets kraft, och till ett i minsta detaljer organiseradt beskattningssystem, som ruinerat städer och kommuner. Saknande tillräckligt materielt stöd för sin fortvaro, hade det inom sig sjelft burit fröet till sin undergång. »Nyttans tid».

I stora ofredens hårda skola hade en ny generation vuxit upp, med nya idéer och planer. Man skulle ej mera försöka det omöjliga, ej offra nationens krafter för ett fantom. Det gälde nu att återvinna det förlorade, ej genom krig, utan genom fredligt arbete. Sverige skulle inom sig sjelf återeröfra de afträdda provinserna, var den tanke, som besjälade den ädle finnen Arvid Bernhard Horn, banerföraren för de nya idéerna. Denna fredliga politik kunde så mycket bättre göras gällande, som den stod i samklang med hvad Europas förnämsta statsmän i andra länder tänkte. En fredens æra skulle följa på de decennier långa krigen, som skakat hela verldsdelen i dess innersta.

Man afklädde konungamakten dess suveränitet som ledt den på så farliga afvägar; och man öfverlemnade den politiska makten nästan helt och hållet åt ständerna. Man vinnlade sig i främsta rummet om näringarnas upphjälpande och landets tillgodoseende med nya hjälpkällor. Jorden skulle storskiftas, elfvarna kanaliseras till handelsvägar, fabriker byggas. Jordbrukaren, handlanden, handtvärkaren, se där den nya politikens redskap. Man sände Kalm till Amerika för att taga reda på, hvilka af detta lands nyttiga kulturväxter möjligen med framgång kunde odlas äfven hos oss. Man satte Gadd till ekonomieprofessor i Åbo för att representera den nya hushållningen och sprida kännedom om nyttiga växters odling. Man spred kring land och stad brochyrer, som innehöllo upplysningar i allahanda ekonomiska ämnen. När silkesträdet och vinrankan slagit rot i Sverige, när tobaken och potatisen blifvit inhemska kulturväxter, när spanska får och holländsk hornboskap förbättrat den egna afveln, när hemlandets perlförande floder och mineralrika berg öppnat sina skatter, hade man gjort eröfringar — tyckte man — fullt lika så ärorika som någonsin Livlands och Bremens.

Men så mycket var man ändock, med allt detta, barn af sin tid, att man ej ville förändra grunden på hvilken man stod, systemet som man ärft af sina fäder. Merkantilsystemet med sina privilegier och sina monopol, sina tullar och acciser skulle fortfarande upprätthållas. „Nyttans tidehvarf“ kännetecknades tvärtom genom merkantilsystemets yttersta försök att på konstlade vägar skapa nya och oväntade resultat. Men just detta innebar redan ett förespel till något bättre, ty under försöket kom man underfund med det gamla systemets brister och arbetade så medelbart en ny tid i händerna.

På grund af dessa allmänna förhållanden utgjorde Björneborgs stads historia under den period, vi nu gå att skildra, ett öfvergångsskede. Det var för staden en tid af hvila och lugn emellan de oerhörda ansträngningarna på 1600-talet och det nyvaknade lifvet, som följde på stapelrättens återvinnande. Och denna hvila invärkade förmånligt på stadens utveckling, om den ocksä ej ensam var mäktig att höja den till dess förra betydenhet.

Låtom oss närmare betrakta stadens öden under denna tid.

Innevånarnes återkomst. Sedan freden emellan Sverige och Ryssland blifvit sluten, kunde stadens skingrade innevånare börja att tänka på hemfärd. De, som hållit sig i grannskapets bondbyar, lånade några plåtar af sina husbönder „för att komma sig före igen“. De från svenska sidan återvändande kommo lika utblottade. De som hamnat till Ryssland hade, såsom vi sett, så godt som alla dött eller försvunnit i obekanta öden. Öfver hufvud hade de flesta af de äldre borgarena, som 1713 lemnat staden, redan dött, och det var deras söner, det var delvis en ny generation, som nu återvände från den långa exilen.

Och hvilken syn mötte de återvändande, då de nådde hemmet? Väl hade man förestält sig staden ruinerad och plundrad, men värkligheten öfvergick dock allt hvad man tänkt [1]). Hvarthelst man såg möttes blicken af samma dystra bilder. Där reste sig, ur en hög af grus och mossbelupna stockar, en svartnad skorstensmur, ett sorgligt minne från 1698; där stod en byggnad utan tak, med ena väggen instörtad, men „aspan“ slagen för dörren, såsom egaren lemnat den 1713. Där sträckte sig en grundmur, öfver hvilken lågo några förkolnade stockar, vittnande om fiendens framfart. På många ställen var det omöjligt att säga hvarest den bebodda tomten varit och hvar gatan gått fram; hvardera hade iklädt sig en grönskande dräkt af gräs och nässlor — här och där afbruten af några gapande sandgropar, där fienden tagit sand för sina baracker.

De få hemmavarande innevånarne togo sig ut som vilsekomna varelser i denna förödelsens värld. Det fans intet borgerskap, endast — såsom man sade — en „allmoge“, som i saknad af hvarje styrelse, af hvarje ledande myndighet, var tvungen att vända sig till landsortens domare, för att få sina närmaste behof af ordning och rätt tillgodosedda [2]).

Det gälde i sanning att bygga staden ånyo, att ånyo konstituera samhället ifrån grund och botten. Man fick göra om hvad förfäderna gjort 1558, med den skilnad blott att dessa haft gods och egendom att börja med, då man nu stod utblottad en och hvar. I stadskassan fans ej en daler och till och med stadens privilegier hade blifvit stulna under flykten, så att man ej visste hvad man hade att hålla sig till.

Den nya ordningens början.

Men man förtviflade ej om framtiden. „Staden skulle“ — sade man — „ofelbarligen blifva en bekväm handelsstad, om den blott skulle hugnas med kunglig nåd, hvarigenom med tiden riket äfven dess nytta hafva torde“. Redan om hösten 1721 hade från Sverige kommit den där valde borgmästaren Ståhlfoot och börjat organisera en ny magistrat. Endast gubben Melker fans kvar af de gamla rådmännerna från 1713. Man fick i en hast förordnande för Nils Gottleben och interimsfullmakt för Johan Indrén samt engagerade dessutom ett par extraordinarier [3]). I saknad af rådhus sammanträdde man i Melkers stuga, och stadens tiondebod inrättades till

[1]) Denna Björneborgs stad är till sitt invärtes tillstånd, förutom saknaden på alla publika byggnader och privata hus, så platt af sig kommen, att med ett ord det Eders Kongl. Maj:t ej troligen kan beskrifvas — säges $^{22}/_{7}$ 1722.

[2]) Domboken $^{17}/_{8}$ 1721.

[3]) D:o $^{2}/_{4}$ 1722.

provisionelt arrestrum. Då det ej fans någon tullnär, måste borgmästaren sjelf hafva nyckeln till tullhuset och åtaga sig uppsikten öfver tulluppbörden. Sedan på en gång antagits 30 à 40 borgare, hvilka alla samtidigt aflade eden [1]), började man med allvar tänka på stadens återuppbyggande.

Frihetsåren. Dock insåg man, att detta omöjligt lät sig göra utan regeringens kraftiga bistånd. 1722, den 22 juli, anhöll man därför om minst 10 frihetsår och tullens tillgodonjutande äfvensom om 2,000 daler s:mts lån för de publika byggnadernas återuppförande. 1723, den 18 oktober, förunnades ock staden trenne frihetsår, dock med undantag för lilla tullen, samt bryggeri- och tobaksaccisen. Tyvärr voro mantals- och boskapspenningarna icke särskildt nämda i den kungliga resolutionen, ehuru de dock skulle förstås under den medgifna friheten, hvadan fogden infann sig för att uppbära desamma. Då han emellertid i staden ej fann annat än „ruinerade hus och rökpörten och hos en och annan en ko" att taga i mät, afstod han från det fruktlösa försöket och vände sig till höga vederbörande med förfrågan, huru han sig under slika omständigheter förhålla borde [2]).

Emellertid reste sig småningom ett nytt stakett, och skolhuset stod ånyo färdigt att emottaga ungdomen, ty till icke ringa glädje hade staden fått löfte om trivialskolans återbekommande. Den sedan 1698 halffärdiga kyrkan, till hvars byggnad staden nu blifvit benådad med allmän kollekt, nådde småningom sin fulländning, och grundstenarna till ett nytt rådhus och ett nytt kvarnhus voro redan lagda. Äfven talrika nya privata hus höjde sig redan emellan de gamla rökpörtena.

Men snart fann man att de tre frihetsåren varit alldeles otillräckliga, synnerligen som under denna tid all borgerlig näring och handtering legat alldeles under, så att borgarena „med plats förmått skaffa sig brödfödan, ty sedan freden slöts hade det ena missväxtåret räckt det andra handen". Man anhöll således om 6 nya frihetsår äfvensom om afskrifning af de stora restantierna, öfver 2,000 d:r s:mt, som ännu alltsedan 1713 för stadens räkning balancerade i landsböckerna, ty „i anseende till stadens obeskrifliga fattigdom fans där ej utväg att förvänta ett enda öre i afslag på sagde balance" [3]). Till borgarenas stora glädje beviljade regeringen afskrifningen af stadens stora debet, och därtill ännu af de i följd af missförstånd

[1]) Domboken $^{11}/_{1}$ 1722.
[2]) Stadens besvär och resolutioner därå i Sv. Riksarkivet.
[3]) Stadens besvär i F. S. A.

nyss infordrade mantals- och boskapspenningarna. Men de begärda nya frihetsårens antal reducerades till tvänne [1]).

Planer afseende näringarnas höjande.

Hvad som felades i frihetsår skulle emellertid ersättas genom näringarnas utvecklande. Den 19 mars 1723 hade borgerskapets representant inlemnat stadens besvär, hvari bl. a. hette: „emedan denna stad är en gränsestad emellan Åbo och Österbottens län samt för hela tilliggande landet är nödvändigt, att den åter upphjälpes, hemställes att Eders Kongl. Majestät, i afseende å stadens däraf flytande märkeliga uppkomst, täcktes förunna staden dess förr öfvade fria seglation att inbringa hvarjehanda köpmannavaror, hvarigenom högst oförgripeligen vill synas att Eders Kongl. Majestäts tulltägt kunde tilltaga samt magistraten få tillfälle förse staden ej allenast med bemedlade köpmän, hvaraf några redan på sådan händelse sig angifvit, utan ock med duktiga handtvärkare, hvarmedels nödiga och till fäderneslandets nytta och uppkomst ländande manufakturer må upphjälpas“ [2]). Och man anhöll därjämte att till handtvärkens understöd få under en tid af tio år bekomma de buskbevuxna kronoholmarna, som fordom legat under kungsgården. Denna besvärsskrift ledde emellertid icke till påföljd och vi hafva all anledning att antaga det de bemedlade handelsmännen och de duktiga handtvärkarne, med hvilka magistraten i sin patriotiska ifver velat förse staden, icke vidare hade någon lust att där nedslå sina bopålar.

Utrikeshandel.

Hvad stadens begränsade utrikeshandel beträffar, så tolkades väl rättigheten att exportera träkärl till utlandet på det liberalaste sätt, och man kunde under benämningen träkärl obehindradt utföra äfven plankor, bjälkar, tjära och andra skogsprodukter. Många orsaker värkade emellertid därhän att borgerskapet på länge ej återupptog de Tysklandsfärder, som före stora ofreden, alla svårigheter till trots, stundom förekommit, och att handeln, äfven sedan dessa färder ånyo upplifvats, ej ville komma i flor.

Främst fruktade man tulltrasslen i Dalarö, för hvilka stadens fartyg ständigt voro utsatta. Den tidens björneborgska klinckskutor voro nämligen alldeles annorlunda bygda än andra fartyg, enär man vid deras konstruktion främst afsett deras lämplighet för ortens egendomliga seglationsförhållanden. Saknande „garnering“ och däck, försedda endast med en „vandring“ på sidorna, voro de flata under bottnarna för att kunna flyta fram i de grunda ådrorna vid staden, äfvensom, för lätthetens skull, bygda med helt tunna vränger. Alls

---

[1]) Resol. för B:borgs stad af $^{7}/_{11}$ 1727.
[2]) Städernas besvär, Björneborg $^{19}/_{3}$ 1723.

icke afsedda för tunga varors lastande, voro de däremot enkom egnade att intaga last af trävaror, hvilka kräfde stort rum, men föga ökade vikten. För dessa svaga farkoster beräknades i de björneborgska mätarebrefven ett lägre lästetal, än för andra skepp var vanligt, och skeppsumgälderna för dem upptogos ej efter deras drägtighet utan i proportion af ett mindre lästetal, som motsvarade lastens värkliga tyngd.

Tulltrasslen i Dalarö. Detta beräkningssätt hade förut fått gå för fullt äfven i Dalarö, men vid denna tid började generaltullarrendesocietetens revisionskontor att göra sina anmärkningar med anledning af det låga lästetal, som i mätarebrefven upptagits för de rymliga björneborgska fartygen. Följden var att nu äfven tulltjenstemännen i Dalarö, i likformighetens intresse, började på dessa skutor använda samma beräkningsgrund som för Stockholms fasta kravelfartyg. De togo alls ej i öronen motpartens invändningar, att stadens fartyg omöjligen kunde bära tunga laster, sådana som Stockholmsskeppen, hvilket bäst bevisades däraf att skepparne, ehuru dömda att komma med toma skutor tillbaka från Tyskland, ej för dessas svaga byggnads skull vågade taga frakt vid Utö grufvor, oaktadt sådant varit både bekvämt och lönande.

Följden af de olika beräkningssätten för lästetalet, som sålunda lades till grund för skeppsmätningen i Björneborg och i Dalarö, blef, att man också på hvardera orten kom till alldeles olika resultat vid beräknandet af tullen, som skulle utgöras för de inlastade trävarorna just efter det fartyget åsatta lästetalet. I Björneborg räknade man t. ex. 600 à 700 stycken läkter såsom motsvarande en läst, medan i Stockholm på en läst ej beräknades mer än 100 eller högst tvåhundra stycken. Tullnärerna påstodo nu att Björneborgarne, då de på en läst utskeppade långt mera trävaror än lagligt var, försnillade kronans tull. De vägrade dem pass för fartygen och stämde redarne för bedrägeri. Sålunda blefvo t. ex. 1758 fyra Björneborgsfartyg „Laxen“ (redare Maria Björkman), „Svan“ (r. Gustaf Malmberg), „Sjöhästen“ (r. Arvid Brander) och „St. Peter“ (r. Johan Sourander m. fl.), hvilka vid utfarten i Dalarö stora sjötullkammare lyckats skaffa sig pass till utrikesort, vid återkomsten uppmätta af Stockholms edsvurne skeppsafmätare, „i anseende till befunnen oriktig uppgifning af deras lästetal“ samt stämning uttagen å redarne för försnillning af skeppsumgälderna.

Frågan, som då det gälde skeppens användande för kronotransporter blef ännu mera invecklad, hänsköts slutligen till riksdagen, vid hvilken trenne stånd ansågo för rättvist att dessa klena fartyg, som från utrikesort ej fingo hemta några varor, skulle bära en tredjedels lindring i umgälderna. Men osäkert är huruvida saken härmed var definitivt afgjord, ty ännu senare, 1760, supplicerade staden om lindring i de höga skeppsumgälderna, som i Dalarö pålades dess fartyg. Under sådana förhållanden var det ej under om borgerskapet, befarande att råka ut för förvecklingarna i Dalarö, drog sig för att med allvar slå sig på Tysklandshandeln [1]).

Men oafsedt svårigheterna vid Dalarö funnos äfven andra orsaker, som invärkade förlamande på sjöfarten. Bland dem må främst nämnas skutådrornas tillgrundning nedanom staden, som i hög grad försvårade kommunikationen med hamnarna. Den gamla skutleden Lotsöre-ådran synes nu värkligen hafva undergått det öde, som förespåtts redan 1705, i det den blifvit så grund att där inga fartyg vidare kunde uppgå eller nedkomma. Väl säger Rudenskröld, ännu 1738, att denna ådra, hvilken öfverhufvudtaget hade 7 à 8 fots djup, var den enda, som dåmera kunde nyttjas till varornas transporterande, men han nämner ock att nedanom Lotsöreholmen fans en sandbank, ett bysseskott lång, på hvilken stundom ej var mera än 2 à 3 kvarter djupt [2]). Stadsboarne synas emellertid börjat begagna Inderö-ådran såsom segelled, emedan den var något djupare, men därvid råkade de i kollision med höga kronan, som förbehållit sig denna ådra för laxens uppgång. 1759 påmindes magistraten att strängeligen tillse det ingen ifrån medio juni till sista augusti, räknadt efter gamla stilen, skulle betjena sig af denna ådra till farled, och samma år ålades staden att så fort det lät sig göra upprensa Lotsöreådran, „som de af ålder betjent sig utaf till skutled“ men hvilken numera skall hafva uppgrundat. Men nöden hade ingen lag. Lotsöreådran var en gång för alla täpt och råd fanns ej till muddring. Inderö-ådran förblef sålunda fortfarande den mest anlitade farleden. Den 12 mars 1772 förbjöd magistraten vid 1 $^1/_2$ r:drs vite att utsätta fiskbragder i Inderö-ådran „såsom mest segelbar“. Men då äfven den på sina ställen var ytterst grund, hade det allt sina svårigheter att komma ned till Sandudden samt att därifrån upphemta varorna.

Farledernas tillgrundning.

Utom ofvannämda hinder för sjöfarten, nämligen tulltrasslen i Dalarö och skutådrornas igengrundande, fans det ock särskilda till-

[1]) Om tullförhållandena i Dalarö se landshöfdingsskrifvelserna i Sv. Riksarkivet.

[2]) Rudenskölds relation. — Det hade blifvit så grundt att kammarkollegium, af omtanke för kronans fiskevärk, 1737 anbefalde kungsådrans rensning af omliggande socknars allmoge jämte borgerskapet, samt 1740 föreslog dess muddring eller såsom det då hette „uppbaggring“ förmedels en „machina purgatoria“, af hvilka planer det emellertid ingenting blef.

fälliga orsaker, som tidtals rubbade handelns jämna gång, såsom t. ex. de i anledning af eldsvådorna i Stockholm 1751 och 1759 utfärdade totala förbuden mot utförsel af trävaror, hvilka alla skulle föras till Stockholm, där de björneborgska skutorna emellertid i veckotal fingo ligga vid skeppsbron utan att blifva af med sin last, enär tillförseln var vida större än efterfrågan; — det 1745 emanerade förbudet mot kopparplåtars utförsel från Stockholm, hvilket så strängt upprätthölls att t. ex. handl. Björkman, som just för 50 plåtar sålt sin last i den svenska hufvudstaden, förbjöds medtaga penningarna, oaktadt han ej kunde få dem vexlade till annat mynt. Med kännedom af ofvannämda förhållanden måste man i sanning förvåna sig öfver att sjöfarten, hvilken dessutom led af de dåliga frakter, som de björneborgska fartygen kunde räkna på, likväl särdeles under periodens senare skede ansenligt tilltog.

Sjöfartens tilltagande.

Ty i märkbart stigande var otvifvelaktigt denna näring stadd på 1740- och 1750-talen. Ännu 1738, då Rudensköld besökte staden, hade borgerskapet icke återupptagit den ringa segelfart på Östersjön, som det idkat före stora ofreden, utan handlade endast på Stockholm. Utförsvarorna bestodo af spannmål, lin, boskap och trävaror, mestadels utförda ifrån traktens sex sågar: Koskis, Norrmark, Lampis, Keikvesi, Långfors och Lautajärvi [1]). Importen åter utgjordes af salt, järn, tobak och kramvaror.

Sandudden och Tukkiluoto.

Men småningom synes borgerskapet börjat inse att rättigheten till utförsel af trävaror, tolkad på det mest fria sätt, trots alla inskränkningar och hinder likväl var ett af den lilla uppstadens yppersta privilegier. Redan på 1740-talet nämnas fartyg, som gingo på Tyskland, och när man sålunda åter en gång vågat sig öfver Östersjön, tilltog denna handel oaflåtligen, alla tullhinder i Dalarö till trots. Nya fartyg bygdes och gamla Sandudden räckte ej mera ensam till för den ökade trafiken, hvarför särskilda handlande af Inneröbyamän hyrde den närbelägna holmen Tukkiluoto till lastageplats. Denna tid var, så att säga, Sanduddens storhetstid. Där bygdes „bolvärk" och tjäruskjul, och stundom hände att ett par tiotal farkoster lågo förankrade på dess redd.

Handelsflottan.

Huru handeln tilltagit bevisas ock bäst af flottans tillväxt. 1738 fans ännu ej mer än 9 fartyg i staden, det största bygdt på kravel och 78 fot långt samt af 50 lästers drägtighet. De öfriga voro klinckskutor af endast 40 à 48 fots längd. 1764 uppgifves fartygens antal

[1]) Priset för 1 tolft fyra famnars plankor beräknades 1730 till 12 d:r k:mt. 1737 uppgafs inköpspriset för en tolft 12 alnars plankor till 9 d:r 11 öre.

till 19, 10 större till 7 à 8 fots djupgående och 9 stycken mindre fartyg. Alla voro de bygda på klinck, utom tvänne jakter, den ena om 30 och den andra om 20 lästers drägt, som voro kravelbygda [1]. De större fartygen seglade på Tyskland, Köpenhamn, Göteborg och Livland med spiror, sparrar, bräder, bjälkar, läkter och träkärl; de mindre gjorde tre resor om året till Stockholm med trävirke, boskap och ved. Med ett 20-tal fartyg och den utvidgade hamnen vid Sandudden hade staden vid periodens slut redan en viss betydelse bland rikets sjöstäder.

Inlandshandel. Och i samma mån som sjöfarten tilltog ock handeln med landtmannen. **Stadens handelsområde.** Stadens handelsområde var nu inskränkt till sex à sju af de angränsande socknarna: Ulfsby, Sastmola, Eura, Kumo, Mouhijärvi, Ikalis och Säkylä. Detta handelsområde var visserligen rikt och välbefolkadt. Den odlade jorden i floddalen, bestående för det mesta af god lermylla, kunde gifva bland de bästa skördar i landet, lemnande sålunda spannmål till riklig utförsel; betes- och ängsmarkerna ansågos då för tiden „svara mot åkrarna och kunna nära en talrik boskap, hvaraf sedan urminne en del af stadens export bestått“; ovidrörda furuskogar funnos ännu, förutom i de aflägsnare trakterna, äfven flerstädes i sjelfva Ulfsby, lemnande bjälkar af 30 alnars längd och mastträd af 14 famnars längd med 12 tums diameter i lilländan — träd, som på stället kunde betalas med 100 d:r s:mt. Fisket i floden gaf ymnigt med lax och i hafvet fångades strömming och sill. Från Säkylä hemtades de sedan hedenhös berömda kvarnstenarna, och i Mouhijärvi bröts t. o. m. myrmalm, hvaraf en smed vid Pajaniemi by på egen härd tillvärkade ypperligt järn [2]. Men, oafsedt att den tidens hushållning ej kunde rätt tillgodogöra sig all denna landets rikedom, — att medelskörden i regel ej ficks att stiga öfver femte och sjette kornet, att betesmarkerna af brist på ans ej födde så mycket boskap som de kunnat, och att skogarna, hvilka vid kusten utödts af Ryssarna under ofreden, ställvis otidigt sköflades, såsom i Eura genom kolbränning för Kauttua bruks räkning, i Mouhijärvi genom svedjande, „huhta“, — så var det staden aldrig beskärdt att odeladt få rå om detta gebit och dess ymniga näringskällor.

Genom „landsköp“ och „förköp“ gjordes stadens rätt till detta dess naturliga handelsområde ständigt mer eller mindre illusorisk. Landsboarne vid kusten, särdeles de i Luvia och Euraåminne, voro

---

[1]) På 1750- och 1760-talet synes staden vissa år egt t. o. m. mer än 20 fartyg, hälften större, hälften mindre.

[2]) Rudenskjöld.

svåra konkurrenter och undanryckte staden en ansenlig del af den handel, som egentligen bort gå genom den. Förstnämda lilla kapell sades hafva mera skepp än sjelfva stapelstaden Åbo och kunde med dem utföra sex à tio socknars afvel, och efter återkomsten bedrefvo bondeskepparne en liflig kommers med salt och tobak i vidsträckta områden. Kapten Inberg i Hvittisbofjärd hade trenne skepp i sjön, och vid ett af sina besök kunde stadens utridare vid en titt genom nyckelhålet konstatera att i hans visthus funnos väl 30 tunnor salt, förutom andra handelsvaror. Ändtligen reste ock köpmän från grannstäderna Kristinestad, Raumo, Nystad, ja ända från Åbo, flitigt i byarna och bortsnappade en hel mängd af de varor, som egentligen bort rikta den björneborgska handeln.

Främmandes inträng på stadens handelsgebit.

Det var väl strängt förbjudet för städernas handlande och borgare att resa omkring på landsorten och där uppköpa varor. Landtmannen skulle sjelf hemta till torgs hvad han hade att föryttra. Men då grannstädernas innevånare i smyg bedrefvo en så liflig landthandel inom det björneborgska handelsgebitet, att staden förtogs all tillförsel, kunde dess handlande naturligtvis ej heller låta bli att försöka sin lycka, utan gjorde äfven de, alla förordningar till trots, täta handelsresor i länet. Detta blef slutligen en vana, som t. o. m. stadsmyndigheterna till en viss grad hade öfverseende med. „Björneborgs stad har“, säger Sacklén 1751, „ett fördelaktigt handelsgebit; men som de omliggande städers borgerskap ständigt tränga sig uti samma gebit, så att Björneborgs stads borgare, om de ock väntade hela året öfver hemma, dock icke få några landtmannavaror till staden, ty har denna stads borgerskap äfven måst begifva sig utur staden under hvarjehanda föregifvelser för magistraten. Detta har sedermera skett mera allmänt, så att det omsider blifvit en inbillad loflig sed för dem. Men nu i senaste tider har magistraten sökt däruti en sådan ändring och rättelse, hvarmed staden tillika blefve hulpen, ity magistraten anhållit hos landshöfdingen, att han ville taga sådana utvägar, hvarigenom de andra städernas borgerskap blefve hindrade att fara på landet och lönligen drifva köpenskap, hvarefter magistraten försäkrat att kunna afhålla dess borgerskap från olagliga resor på landet“ [1]). — Naturligtvis förblefvo dock alla åtgärder mer eller mindre kraftlösa gentemot det onda, som hade sitt upphof i det förvända handelssystemet öfverhufvud.

Det kan under sådana förhållanden knappt förvåna, att staden, på en tid då all handel var baserad på privilegier, visade sig vara

[1]) Domboken 1751.

mån om ett handelsområde, hvilket den ansåg såsom sitt. Den anhöll upprepade gånger om förbud mot bondeseglationen och petitionerade 1746 att hvarje stad skulle få sitt eget distrikt eller gebit, där all rättighet till handel enligt lag uteslutande skulle tillkomma densamma [1]). Regeringen afslog dock denna anhållan, som skulle drifvit monopolsystemet till dess yttersta spets. Men i stället vann staden vid slutet af perioden en lysande seger öfver sin merkantila motståndare Åbo på de stridiga privilegiernas valplats. Det gälde då frågan om Sastmola marknad.

Striden om Sastmolamarknaden.

Förut har blifvit nämdt huru de gamla marknaderna vid Lammais och Harju, efter det staden förlorat sin handel på Tavastland, småningom kommit ur bruk eller inkräktats af andra. Då nu emellertid skogsprodukterna började stiga i pris, så i Stockholm som utrikes, hade Björneborgs stad anhållit om och fått sig tillerkänd en marknad (att årligen hållas den 15 febr.) i det skogrika Sastmola (1731). De första åren besöktes denna marknad, som icke var en s. k. „frimarknad", hvilken skulle varit öppen för alla, ensamt af Björneborgs och de österbottniska uppstädernas borgerskap, och allt gick till allmän belåtenhet.

Men snart infunno sig äfven hit de fruktade Åbohandlandena och började här bedrifva samma politik, som de fordom bedrifvit i Harju och Tammerfors. De bjödo 3 d:r mera för tjärtunnan än uppstädernas borgare kunde gifva, och slogo sålunda under sig alla varor genom öfverbud. De utvärkade också åt sig af landshöfdingen Lillienberg 1749 en resolution, som tillät dem att vid marknaden hålla ett nederlagsmagasin, med vilkor att efter slutad marknad rummet skulle tilläsas och nyckeln öfverlemnas åt närmaste tullbetjent. Magasinet lemnades emellertid oläst, och i trots af alla förbud inpraktiserades dit stora kvantiteter tjära äfven efter marknaderna och under mellantiderna. Björneborgs handlande, hvilka med Argusögon följde Åboboarnes görande och låtande, upptäckte emellertid bedrägeriet och läto konfiskera den olagligt införda tjäran, i följd hvaraf en långvarig rättegång uppstod, som sent omsider slutades till Björneborgarnes fördel. Men härmed var ännu intet vunnet i afseende å sjelfva hufvudfrågan, Åboboarnes utestängande från marknaden.

Tvärtom var Åboboarnes inträngande på Sastmola marknad fortfarande egnadt att totalt rubba Björneborgs äfven eljes klena handel, ty också de aflägsnare socknarna, som ej kunde föra sin tjära till Sastmola, höjde nu priset, så att borgarene ofta med förlust måste

[1]) Stadens besvär $^{24}/_{10}$ 1746.

sälja den dyrt uppköpta varan i Stockholm. Slutligen försökte Åboboarne, genom att (1748) supplicera om en köpings inrättande i Sastmola, att där skaffa sig samma förmåner som förut i Tammerfors. Väl fingo de (1752) afslag på denna sin begäran, sedan Sacklén vältaligt framhållit marknadens rätta natur af att vara grundlagd endast för uppstäderna, främst Björneborg, „en stad som i ålder ej mycket eftergifver Åbo, och hvilken, sedan urminnes funderad för Satakunta, fordom åtnjutit lika seglationsrätt med Åbo, men hvilken nu i händelse en för Åboboarne tillgänglig köping grundlades i Sastmola, ej mera vore värd att bära namn af stad utan så gärna strax kunde nedrifvas och ödeläggas".

Sastmolamarknadens flyttning till Torttila.

Men det erhållna afslaget på anhållan om köpingens inrättande hindrade ej Åboboarne att på sätt som förut besöka sjelfva marknaderna. Tillståndet blef slutligen så olidligt, att staden Björneborg i samråd med allmogen i Vehmo och Nedra Satakunta härader anhöll om marknadens förflyttande till Torttila i Kumo, „där Åboboarne icke med lika fördel kunde göra dem förköp" (1760). För att säkrare få saken genomdrifven, framhöllo petitionärerna nu äfven att Sastmola låg nog afsidcs, inom sjöar, berg och klippor, dit ingen landsväg ledde, så att man sommartid endast ridande kunde dit framkomma, äfvensom att sjöfarten dit försvårades af „orent vatten, där nästan aldrig någon oskadd framkommer". Torttila låge däremot i centrum af landskapet, och längs Kumo elf hade man lätt att nedföra det uppköpta marknadsgodset. Sedan landshöfding och kommerskollegium blifvit hörda, påbjöd regeringen den 6 mars 1761 marknadens flyttning till den föreslagna orten, där den framdeles skulle hållas årligen den 14 januari.

Detta var värkligen ett svårt streck i Åboboarnes beräkningar. De intrigerade därför på allt sätt för att få den vidtagna åtgärden ånyo upphäfd. De öfvertalade ett antal socknemän i norra Satakunta att inlemna en böneskrift om marknadens bibehållande i Sastmola, och supplicerade äfven sjelfva om detsamma. Frågan blef värkligen ånyo upptagen, Torttilamarknaden inhiberades (1762), och saken underkastades ny granskning. Men tvärtemot alla Åboboarnes förhoppningar afgjordes den omsider fullständigt till deras nackdel. Den 15 nov. 1765 resolverade nämligen regeringen att marknaden skulle bibehållas i Sastmola, „såsom på en ort, hvarest den utan synnerlig olägenhet för samtliga vederbörande blifvit idkad, men att Åbo stads borgerskap, som icke på något sätt gittat visa sig hafva rätt att där idka handelsgemenskap med allmogen, icke tillåtes vid merberörda marknad inlåta sig i någonslags handel med landtman eller där hålla något upplag". En fullständigare framgång hade man i Björneborg knappt vågat vänta sig [1]).

Äfven sedan denna seger vunnits, var handeln med inlandet, hvilken fordom omfattat Tavastland och Österbotten, nu inskränkt till ett ringa område, inom hvilket fortfarande en ständig kamp måste föras mot afundsamma rivaler. „Ehuru naturen synes hafva tillämnat denna staden kommunikation med en ansenlig del af landet så uti Björneborgs län som uti Tavastland, så har dock handeln ej vant sig dit, utan fast mer vändt sig till andra änskönt längre aflägsna städer, hvilket isynnerhet härrörer af den uti landsorten inritade landthandel, som borgarena från Åbo och andra städer, såsom varande förmögnare än Björneborgsboarne, ifrån urminnes tider idkat" — säger Rudensköld år 1738; och att han dömde förhållandena rätt hafva vi af det föregående till fullo funnit besannadt.

Men äfven trots dessa mindre gynsamma omständigheter gick handeln med landtmannen dock småningom bättre tider till mötes. Redan 1724 talas om „den berömvärda handel en och annan emot förra tider börjat fortsätta utan öfverflödigt skinnande, hvaröfver landtmannens vittnesbörd gifvas kan". Och det var i sanning endast på detta sätt som den handel, hvilken höll på att söka sig in uppå främmande vägar, åter kunde ledas tillbaka till staden. 1738 uppger Rudensköld handlandenas — d. v. s. deras som hade öppen boda — antal till tre, men vid periodens slut funnos i staden redan nio krambodar, „försedda med det mesta till omliggande landsorts behof, undantagandes fina kläder och sidentyger, hvilka handlandes förmögenhet icke tillåter att till hela stycken köpa och till salu hålla" [2]). Med sin återvunna marknad i Sastmola kunde staden äfven i afseende å handeln med landtmannen emotse ljusare tider, likasom den snart skulle se sådana randas också för dess sjöfart.

Inlandshandelns tilltagande.

Äfven handtvärksnäringarna vunno småningom i staden en ny utveckling, hvarjämte nu ock visade sig de första tecknen till en började fabriksrörelse. Under denna period inrättades i staden en „hallrätt", under hvilken enligt hallordningarna af åren 1722 och 1739 fabriker och manufakturer skulle lyda. Att döma af årtalet 1747, som var ingraveradt i den björneborgska hallrättens gamla sigill, ser

Industri. Hallrätten.

---

[1]) Uppgifterna rörande tvisten om Sastmola marknad äro förnämligast hemtade ur Landshöfdingeskrifvelserna i Sv. Riksarkivet.

[2]) Stadens riksdagsrelation 1762. — Därjämte utgjorde totalantalet handlande i staden enligt mantalslängden år 1751 15 och enligt bevillningslängden af år 1760 17, hvaribland dock en enka och en „utfattig utan näring".

det ut som om denna institution tillkommit nämda år. I staden synes den tiden redan funnits ett tegelbruk, och det är möjligt att detta var den första fabrik som subordinerade under den nya rätten och kanske påkallat dess inrättande [1]. Möjligen sökte också en och annan yrkesskickligare handtvärkare, som ej ville lyda under det gamla, brokiga generalskrået, som ännu fortlefde i staden, försvar under den nya styrelsen, under hvilken ock kunde subordinera „konstnärer af hvad namn de vara må, som sig därunder begifva“.

De första fabrikerna.

Men innan perioden ännu hunnit sitt slut, hade i staden tillkommit trenne nya manufakturinrättningar, nämligen tobaksspinneriet år 1761, till hvilket vi vid skildringen af tidens ekonomiska sträf-

Björneborgs hall- och manufakturrätts sigill.

vanden ytterligare skola återkomma, färgeriet, anlagdt af färgaren Johan Keckonius vid ungefär samma tid, äfvensom flanellstryckeriet, inrättadt år 1765. Med dessa trenne manufakturinrättningar hade den industriella värksamheten i staden tagit sin början.

Handtvärksnäringarna.

Men också den egentliga handtvärksindustrin höjde sig under denna tid af stilla arbete från sin förra lägervall. Magistraten hade, såsom förut framhållits, redan 1724 varit betänkt på goda handtvärkares införskaffande. Men då regeringen ej afstod från kronoholmarna, hvilka skulle upplåtas till deras understödande, synes det allt dragit ut på tiden, innan staden vunnit ett tillräckligt handtvärksstånd. Ännu år 1738 funnos — enligt Rudensköld — i hela Björneborg icke mer än sju handtvärkare, nämligen två skräddare, en skomakare, en perukmakare, en bokbindare, en snickare och en mur-

[1]) Tegelslageriet nämnes åtminstone redan i 1752 års mantalslängd. I kyrkoboken 1751—58 nämnes ock en tegelslagare Erik Johansson (Hult).

mästare. Ibland dem var endast den sistnämnda skråmästare, och „allesammans voro de nog svaga uti deras handtering, så att landet däromkring var med dem föga betjent".

Men på 1740-talet var handtvärkarnes antal synbarligen i raskt tilltagande, och redan 15 år efter Rudenskölds besök funnos — enligt förteckning af år 1752 — i staden 39 yrkesidkare, som dessutom i sin tjenst sysselsatte nio lärgossar [1]). Tolf år senare, eller år 1764, hade antalet ytterligare ökats med ett dussin, så att staden vid periodens utgång räknade inalles 51 handtvärkare, hos hvilka arbetade 6 gesäller och 14 lärgossar. Dock voro af dessa 51 handtvärkare endast 32 mästare. *Handtvärkarnes antal.*

Talrikast representeradt var skomakareyrket, som 1752 hade sex och 1764 sju idkare, af hvilka dock sistnämda år endast trenne upptagas såsom mästare. Närmast detta yrke stodo, hvad antal beträffar, linväfvare- och skräddareyrkena, som hvardera räknade 5 à 6 idkare, af hvilka inom det förra fyra och inom det senare alla voro mästare. Snickare funnos 1752 tre, 1764 fyra; smeder hvardera året två, slaktare likaledes. Murmästare fans 1752 endast en, men 1764 redan trenne; kopparslagare, svarfvare och krukmakare resp. en 1752 och två 1764. Följande yrken hade endast en representant: bokbindare, sadelmakare, perukmakare, bagare, tunnbindare, glasmästare, repslagare, hattmakare, sämskmakare, bryggare, garfvare, målare, — alla nämda redan 1752 —, guldsmed, [2]) gördelmakare, färgare, [3]) karduansmakare, handskmakare, hjulmakare och hampspinnare, tillkomna emellan 1752 och 1764.

Denna hastiga tillväxt af handtvärkarnes antal var egnad att helt och hållet omgestalta yrkeslifvet i staden. I stället för 1600-talets generalgille, som i ett enda skrå förenade alla handtvärkare, finna vi nu i staden de första embetsskråna för enskilda yrken uppstå. Ännu 1755 torde förenämda generalgille egt bestånd, enär då skräddaren Matts Karhelin nämnes såsom „ålderman". Men i början af följande årtiondet uppträda redan enskilda embetsskran, organiserade på grund af 1720 års nya skråförordning, som afsåg att närmare ordna handtvärksnäringen i öfverensstämmelse med merkantilsystemets principer. *Generalskrået.*

Enligt denna förordning skulle hvar och en, som ville egna sig åt handtvärksrörelsen, genomgå tvänne förberedande stadier, lärlings- *Den nya skråordningen.*

---

[1]) Städers acta i Sv. Riksarkivet. Berättelser om handtvärkeriernas tillstånd.

[2]) Guldsmed Nils Broman nämnes redan 1757 i mantalslängden.

[3]) Färgaren Johan Keckonius nämnes första gången 1760 i mantalslängden.

åren och gesälltiden. Såsom lärpojke skulle den unga yrkessvennen tjena sin mästare och stå under hans husaga i minst fem år. Gesällbrefvet, som befriade honom från husagan, men ej från mästarens husbondevälde, berättigade honom att söka tjenst hos hvem han ville. Det stod honom fritt att med renseln på ryggen vandra åstad landet kring för att söka sig möjligast bästa anställning, men han måste tjena såsom gesäll i minst tre års tid. Först sedan han under tillsyn af tvänne af resp. embete utsedda s. k. skådemästare och i en ojäfvig mästares värkstad förfärdigat sitt „mästerstycke", och sedan detta blifvit af vederbörande embetsrätt granskadt och godkändt, blef han egen mästare, kunde sätta fötterna under eget bord, etablera egen värkstad och i sin tur antaga lärpojkar och gesäller.

När nu i en stad minst trenne mästare funnos i samma yrke, kunde de genom magistraten hos kommerskollegium anhålla om tillstånd att få bilda egen embetsrätt. Denna bestod af en utaf de till embetet hörande mästarene vald ålderman såsom ordförande och af särskilda bisittare. Vid densamma skulle tvisterna emellan skråmedlemmarna slitas, mästerstyckena granskas, skråets ekonomi handhafvas o. s. v. Åldermannen egde att uti en för detta ändamål inrättad s. k. låda, vanligen stående på fyra konstnärligt utsirade pelare, förvara embetets kassa och protokoll. Vid sammanträdena, som höllos „inför öppen låda", skulle närvara en magistratsperson, vanligen den s. k. embetsrådmannen, och protokollet skulle föras af stadsnotarien [1]).

Handtvärkarne under tiden före embetsskrånas inrättande.

Sålänge det i Björneborg ännu icke funnits några embetsrätter för skilda yrken, måste stadens handtvärkare för att vinna lagligt mästerskap begifva sig till annan ort, där skrårätt fans, söka inträde däri och förfärdiga sitt mästerstycke under dess inseende. I de flesta fall synas de björneborgska mästarne sålunda subordinerat under skrå i Åbo, hvilket dock för dem i många afseenden var både kostsamt och obekvämt. Väl kunde magistraten i särskilda fall, efter behof, antaga till handtvärkare i staden äfven sådana, som icke hörde till något skrå. Stundom torde ock — såsom redan framhållits — en och annan handtvärkare kunnat vinna försvar under hallrätten, sedan denna inrättats. Men sådana undantagsförhållanden ledde vanligen till obehagliga förvecklingar med ordningsmakten. 1749 yrkade länsman Menholm ansvar på skomakaren Ladde, som uppträdde såsom mästare och höll lärgossar, utan att han vunnit mästerskap i något

[1]) Ofvanstående redogörelse för 1720 års förordning grundar sig hufvudsakligast på: Öfversikt af det finska skråväsendets historia, af Erik Ehrström.

skrå, hvarvid magistraten dock förklarade „att Ladde till skomakare här i staden blifvit antagen, hvarför han enligt förordningen af år 1720 samt förklaringen af den $^{3}/_{6}$ 1724 egde rätt att af inrikes födda antaga gesäller". Särdeles svårt var det ock att afhålla dessa oprivilegierade yrkesidkare från att — sitt eget yrke till förfång och i trots af då rådande stränga författningar — befatta sig med annan näring än den de hade rättighet till. Då skomakaren Saxberg, „som längst för detta uppsagt sitt handtvärk och antagit handeln", fortfarande egnat sig åt sitt förra yrke och därför år 1740 lagfördes, „begärde han att få lagföra äfven de flera handtvärkare här i staden hvilka liksom han idkat köpenskap och handtvärk tillika, med utlåtelse att om han får böta, skola ock flera andra få göra det".

Under sådana förhållanden var det väl på tiden att staden skulle få sina egna embetsrätter. Dessa utgjorde då för tiden ett oundgängligt vilkor för handtvärksnäringarnas normala utveckling. Och det dröjde ej heller länge innan det i staden fans det lagstadgade antalet skråmästare inom ej mindre än fyra yrken, hvilka sålunda kunde organisera egna embetsrätter. Stadens äldsta embete var linväfvarenas, hvilka erhållit skråbref år 1762 [1]). Redan följande år anhöll magistraten om dylikt skråbref äfven för skomakarne. Och knappt hade detta beviljats innan magistraten den 2 april 1764 anhöll hos kommerskollegium: „att sedan i denna stad numera befinnas trenne mästare icke mindre af skräddarehandtvärket, nämligen Matts Björkqvist, Johan Björkroth och Adrian Karhelin, hvilken sistnämde nyligen blifvit till mästare antagen i Åbo stad, än uti snickarehandtvärket, nämligen Anders Engström, Johan Sjöström och Johan Vass, den där ock nyligen efter vunnet burskap härstädes blifvit mästare i Åbo, under hvilken stads skrå ock de andra härintills lydt, kommerskollegiet täcktes både för skräddare- och snickare-embetet härstädes utfärda skråbref och frihet att i denna stad egna skrån inrätta" [2]). Sedan dessa skråbref — snickarenas dateradt den 7 maj 1764 — anländt, afläť magistraten den 27 oktober skrifvelse till magistraterna i Kristinestad, Raumo och Nystad af innehåll att, då nu här funnes dessa fyra skrån, handtvärkarne i dessa städer, „hvarest egna skrån icke lära vara satta, skulle hafva den benägenhet att häldre ingå gemenskap med embetsskråna härstädes än i fjärmare städer, så att de ville hos embetsskråna härstädes låta in- och utskrifva sina

De första embetsskråna.

[1]) Dess första ålderman, och således den första ålderman för enskildt embete i staden, var mästar Georg Enqvist.

[2]) Domboken (i B:borgs rådhusarkiv) $^{2}/_{4}$ 1764.

lärgossar samt tillhålla deras gesäller att här antaga mästerskap“. Detta skulle lända de i staden nyligen inrättade skråna till biträde och tillökning i inkomsterna [1]).

Accis underkastade näringar.

Beträffande de accis underkastade näringarna, hvilkas idkare enligt den tidens sed vanligen räknades bland handtvärkarne, synas också de, särdeles under senare delen af perioden, hafva vunnit i betydelse. På 1750-talet hade staden redan en bagare och tvänne slaktare [2]), hvaraf synes att dessa yrken åter börjat bära sig. Äfven krögeriet arbetade sig småningom upp till den betydelse, att stadens förnämsta män täflade om rättigheten att idka detsamma. Då nämligen ingen af borgerskapet i förstone, i följd af brist på medel, ville åtaga sig att mot salu-accisens erläggande blifva laglig salubryggare och dito brännare, utan alla yrkade att såsom fordom få accisa allt efter lägenheten, än till salu än till husbehof, åtog sig borgmästar Ståhlfoot, „för att få accisvärket i gång“, — men också för att skaffa sig en liten bi-inkomst — att jämte gästgifvaren blifva krögare, dock mot vilkor att ingen annan finge börja med krögeri och göra intrång i hans rörelse. Detta privilegium medgafs honom ock enligt landshöfdingens resolution af $^{16}/_{2}$ 1727 [3]). Borgmästaren bygde bryggeri och bränneri, försedde sig med pannor och kittlar och höll tvänne krogar i staden, den ena i sjelfva rådstugu-bottenvåningen. Under tio års tid var han nu så godt som ensam krögare i staden. Senare — sedan regeringen 1732 tillhållit landshöfdingen att noga se till att accisförordningarna efterlefdes — fingo väl ock handlandena Indebetou och Fransman rättighet till öl- och brännvinsförsäljning, men borgmästarens krogrörelse var så stor att han årligen betalade mer i accis än de tre andra krögarne tillsammans [4]).

Borgmästarens krögeriprivilegium.

Emellertid var icke denna sakernas ordning borgerskapet i längden i smaken. Man började klaga öfver att borgmästaren jämte ett par tre andra „underslaggat“ sig en viktig näringsgren, hvaraf mången fattig borgare kunde hafva sin utkomst. Också sade man att borgmästaren för sitt bränneri uppköpte all spannmål, så att den fattigare befolkningen måste svälta af brist på bröd, — och ändock kunde han ej tillvärka så myckct brännvin som i staden konsumerades, utan måste alltid då och då hemta tillskott från Stockholm. Staden kunde väl tåla en åtta à tio krögare.

---

1) Domboken (i B:borgs rådhusarkiv) $^{27}/_{10}$ 1764.
2) Enligt Kraftman var ännu 1748 ingen slaktare „här i staden inrättad“.
3) Se bl. a. domboken $^{17-20}/_{2}$ 1731.
4) Afskrifter af Städernas besvär, Björneborg 1738, i F. S. A.

En häftig opposition bildade sig nu, som genomdref Mickel Adam Bohles val till riksdagsman år 1738, och genom honom anhöll att borgerskapet måtte återigen förunnas den frihet med krögande, som det i äldre tider åtnjutit. Bohles besvär synas ock medfört godt resultat, eftersom nu tillsattes flere nya krögare, som började konkurrera med de gamla [1]).

Att därjämte det egentliga husbehofskrögandet ofta gaf anledning till tadelvärdt missbruk, som ådrog de skyldiga straff och böter, var naturligt. 1744 förklarade en anklagad inför rätten „att ganska få i staden finnas som icke understundom ett eller annat stop öl eller något glas brännvin till sina grannar och vänner mot betalning aflåtit, det ock torde vara nog pardonabelt, att få sig något runstycke penningar till tullens och andra små utgifters afbördan“. Då dessa hemliga försäljare undsluppo accisen, sålde de sin vara billigare, hvaraf följde att lönnkrögeriet florerade i alla vinklar och vrår. Husbehofskrögeriet.

Rättigheten att handla med utländska drycker och dubbelt öl hade af magistraten år 1731 tilldelats Adrian Gottleben, hvars krog sålunda gick och gälde för „stadskällare“, där stadens förnämste efter slutadt arbete på rådstugan eller vid andra möten plägade samlas för att vid „ett glas spanskt“ fortsätta diskussionerna rörande dagens brännande frågor [2]). Stadskällaren.

Och om därvid talet någon gång föll på handtvärksnäringarnas tillstånd, kunde stadens fäder på 1760-talet nog känna sig tillfredsställda med de resultat som vunnits. Stadens nya manufakturinrättningar, dess femtiotal handtvärkare, dess reglerade bevillningsvärk utvisade nogsamt att det industriella och näringslifvet å orten vunnit en betydelse, som det aldrig tillförene därstädes haft.

Men medan borgerskapet sålunda med framgång arbetade upp sig på de näringsområden, som af gammalt voro för detsamma kända, hade det småningom blifvit draget med i de nya sträfvanden, som karaktäriserade „nyttans tid“. Redan 1725 hade magistraten till besvarande fått följande fem frågor: huruvida på orten några manu- Nya ekonomiska spörsmål.

[1]) Anfördt ställe.

[2]) När bevillningsvärket mot slutet af perioden kommit i ordentlig gång, råkade borgerskapet och stadsmyndigheterna med anledning af de årliga taxeringarna till salu- och husbehofsbränningen ofta ut för obehagliga tvister med höga vederbörande. Så t. ex. 1762, då landshöfdingen förordnat att till förekommande af all olaglig bränning alla pannor skulle förseglas tills taxeringen skedde, vid hvilken han sjelf lofvade närvara. Magistraten lät emellertid uppbryta förseglingen och förrättade taxeringen utan att invänta landshöfdingen, hvilket högeligen förtröt denne och „vållade en oreda, som kom hela bevillningens erläggande för året att studsa“.

fakturer kunde inrättas; om där i trakten funnes nyttiga bergvärk; med hvad fördel tegelbruk på den orten kunde anläggas; hvilken förmån fäderneslandet kunde hafva af durchfartens öppnande till det inre landet; samt slutligen huru inlandets skogar med största förmån kunde göras nyttiga.

Magistraten ansåg med afseende å första frågan sig böra framhålla, att „som Finland är en gränseort med många regementer försedd“, men ännu ej hade något gevärsfaktori, så borde en sådan inrättning i staden anläggas. Angående möjligheten till bergvärks upptagande kunde magistraten ej gifva något besked. Hvad tegelbruken angick, så funnes därtill nog tillfälle invid staden, men var borgerskapet så fattigt att det ej kunde fås att sådana anlägga. Durchfartens öppnande förmenade magistraten vara en „fast important sak“, synnerligen som den förbiflytande elfven utan excessiva kostnader borde kunna genomskäras ända till 40 och flere mil upp till Tavastland. Och hvad slutligen sista punkten beträffade, så var — enligt magistratens mening — tjärubränneriet bästa sättet att göra upplandsskogarna vinstgifvande, och borde därför allmogen åläggas att enhvar årligen tillvärka ett visst kvantum af denna vara i proportion af sin egande skog. Samtidigt gaf professorn Peter Elfving i Åbo, också hörd af regeringen i dessa frågor, ett utlåtande, hvari han förklarade sig vara öfvertygad om att stockar och bjälkar borde genom forsarna i Kumo kunna transporteras till Björneborg, „likasom sådant sker uti Dalarna, vid Trollhättan och andra ställen där så många tusende stockar nederflyta till Falu-grufvans förnödenhet och städernas märkeliga fromma och nytta“. „Och“ — tillade han — „skulle dessa forsar genom arbete blifva af den beskaffenhet att sammanbygda flottor kunde gå där utföre, såsom i Dalarna sker, så har icke blott Björneborgs län utan ock Tavastehus sidan dymedels en nödig utväg att bruka“. Då kunde ock i Satakunta inrättas tjärubränning och bräders sågande m. m., som allt på floden kunde med ringa möda forslas till Björneborg till landets och stadens „dräpeliga nytta och fördel“ [1]).

Sålunda var man midt uppe i en ny tid. Hvem skulle på 1600-talet hafva tänkt på inrättande af gevärsfaktori i Björneborg eller på kanalisering af Kumo-elf? Väl blef det icke något af förstnämnda inrättning, men strömrensningen förblef en af tidens favoritfrågor, och om den också icke ledde till någon större praktisk fördel för staden, förtjenar den dock att i förbigående i dess historia ihågkommas.

[1]) Landshöfdingeskrifvelserna i Sv. Riksarkivet.

Det var först år 1737 som regeringen tog strömrensningsfrågan i allvarligt öfvervägande. Då utsändes vissa kommitterade, bland dem assessorn i kommersekollegium Ulrik Rudensköld, hvilken vi hafva att tacka för en detaljerad skildring af staden och dess omgifvande landsort, för att undersöka de till kanalisering föreslagna vattendragens beskaffenhet. Frågan gälde att genom strömrensning och kanalisering öppna en „durchfart“ genom landet, hvilken skulle förena Päijänne-vattnen med Bottniska och Finska viken. En af de kommitterade, löjtnanten Carl Fredrik Nordenskiöld, framhöll emellertid i sin till kammar- œkonomie- och kommersedeputationen vid 1741 års riksdag afgifna berättelse, att kostnaderna för en kanalisering af vattendragen från Päijänne ned till hafvet vid Björneborg blefve alltför dyr, hvarför han afstyrkte densamma. Tvärtom förordade däremot professorn vid Åbo akademi, Nils Hasselbom, vid samma riksdag på det lifligaste kanalens ledande till Björneborg samt uppvisade sin vid genomfarande af Kumo elf författade afvägning af de forsars höjd, som vid durchfarten skulle komma att nyttjas. Emellertid kom sedan kriget emellan och värkställigheten af strömrensningsplanerna uppskötos tills vidare. Strömrensningen.

Men vid 1756 års riksdag anhöll en del allmoge ifrån Björneborgs län, och i synnerhet från Hvittis socken, om strömrensningar i Kumo elf, förnämligast i afsikt att få sina egor fredade för vattufloder. Riksens ständer beslöto ock att dylik rensning af elfven nu skulle värkställas. Öfverinseendet öfver arbetet lemnades at grefve Augustin Ehrensvärd. Sedan direktören Thuneberg och magister Chydenius uppsatt plan för arbetet, påbörjades detsamma i augusti 1757. Under höstmånaderna sistnämda och närmast påföljande år rensades Putaja, Niska, Rukakoski, Kankaanpää och Ketola forsar, till hvilket arbete användes af kronan 2,903 dagsvärken samt 2,197 frivilliga dagsvärken af Hvittis och Kumo sockens allmoge. De närmast följande åren 1759—1762 fortsattes sedan arbetet vid forsarna i Kumo och Tyrvis (Vammaskoski). Sedan år 1762 tillgjordes emellertid intet vidare för strömrensningen, och vid riksdagen 1765 inställdes hela arbetet [1]).

Någon egentlig nytta medförde denna 1700-talets stora kommunikationsfråga icke för staden. För så vidt vi funnit kom icke någon flodfart, icke ens någon flottning af stockar, till stånd. Ar-

[1]) Se: Försök till en œconomisk afhandling om strömrensningens nytta och nödvändighet i Björneborgs län, af Gust. Nikl. Idman (under inseende af P. A. Gadd) 1772.

betet, som erfordrat vida större kostnader, än hvad därpå kunde uppoffras, blef halfgjordt, och när det sedan under andra förhållanden åter upptogs, ledde det i följd af mellankommande hinder till lika ringa resultat.

Men om ock staden icke stort profiterade af strömrensningen, skulle den dock vinna andra fördelar af den nya tidens ekonomiska sträfvanden. Den skulle — tack vare nyttans tid — bekomma sin första industriella inrättning, tobaksfabriken, och göra sig ryktbar för en anläggning, storartad för sin tid, schäferiet.

Det öfverensstämde med tidens idéer, att städernas borgerskap skulle åläggas att på sin donerade jord odla allehanda nyttiga växter, hvilka kunde lemna råmaterialier för fabrikerna eller eljes gagna den allmänna hushållningen, äfvensom ock uppföda boskapsdjur af ädlare raser för den inhemska boskapsafvelns förbättrande. Björneborgs borgerskap hade å sin sida „gjort sig förtjent af det loford att vara villigt till hvarjehanda dem förestäldta nyttiga inrättningars etablerande“.

Diskussion om antagandet af en »planterare».

Redan $^{23}/_{2}$ 1748 sammanträdde i landshöfdingen Ehrenmalms närvaro stadens magistrat och äldste för att diskutera vissa ekonomiska frågor, som dem då förestäldes. Landshöfdingen frågade de närvarande huruvida staden företagit sig tobaks-, humle- eller andra nyttiga planteringar, hvarvid honom svarades, att borgerskapet väl försökt sig särdeles på tobaksodling, men att densamma på stadens flacka åkrar, som lågo öppna för alla vindar, visat sig vara fruktlös. Landshöfdingen föreslog nu att staden skulle antaga en trädgårdsmästare, „som kunde handleda borgarena icke allenast i tobaks utan ock i humle, lins samt allehanda jordfrukters, besynnerligen de s. k. potäters plantering, allt eftersom jordmånen och belägenheten fordrar“. De äldste invände härvid, att „stadens medellöshet ej skulle tala en sådan mans underhåll“, emedan i kassan inga penningar voro att tillgå, men de trodde att han blefve tillräckligt ersatt, „om han finge jorden gratis och sjelf behålla frukten under några år“. Om han sedan skulle biträda en eller annan vid träd-, humle- eller kryddgårdars skötsel, skulle han därför få särskild betalning. Slutligen stannade man vid det beslut, att till en början på tvänne år skulle antagas en erfaren och tjenlig man, som landshöfdingen lofvade innan augusti månads utgång införskrifva ifrån Sverige. Honom utlofvades, utom jorden och frukten, fria husrum, äfvensom till hjälp i dess hushållning samt till arbetares aflöning 25 plåtar (= 150 d:r) årligen. Sedan de tvänne försöksåren tilländalupit, skulle staden vara oförhindrad att efter förhållandena modifiera de nu uppstälda vilkoren [1]). Enligt sitt löfte införskref landshöfdingen en kunnig trädgårdsmästare från Alingsås, hvilken tillika var tobaksplantör, och som åtminstone redan 1750 nämnes i stadens mantalslängder.

Diverse odlingsförsök.

Nu följde det ena odlingsexperimentet på det andra. 1751 såddes på försök några tunnor rigiskt hampe- och linfrö, men man skördade ej ens tillräckligt för utsäde till följande år. 1763 utdelades åt borgerskapet hirs- och rhabarberfrö för att följande vår utsättas på försök. 1765 hemtades, så vidt vi funnit, till staden de första potäterna, hvilka prof. Kraftman och rektor Brander lofvade utså, hvarjämte magistraten uppmanades att befordra denna viktiga jordfrukts kultur [2]). Tid efter annan sände ock ekonomiedirektören Gadd till försök åtskilliga frön, både af färge-ogräs, och af jord- och trädfrukter, „meddelandes jämväl sina tryckta underrättelser och uppmuntringar därtill". Lägga vi härtill att en och annan borgare började köpa rasfår från kungsgårdarna på Åland och i Sverige, samt att man trodde sig genom en modernare inläggning af den vid Räfsö fångade sillen kunna åstadkomma en vara jämgod med den holländska, finna vi för visso, huru „nyttans tid" gjort sitt inträde i staden.

Men — såsom redan framhållits — var det framför allt på tvänne ekonomiska problem borgerskapet, med eller mot sin vilja, under denna tid kom att koncentrera sin uppmärksamhet, nämligen tobaksodlingen och schäferiet.

Tobaksplantering.

Regeringen hade pålagt borgerskapet tobaksplanteringen. Men ehuru stora kostnader och mycken möda användes på denna odling, slog den dock i början fel, hvarför borgerskapet på riksdagen 1746 anhöll om att blifva från densamma befriad. Men landshöfdingen, hvars yttrande i frågan infordrades, ansåg att den björneborgska sandmyllan vore för tobaksväxten synnerligen tjenlig och höll på att staden, i anseende till dess svaga handel och rörelse, nödvändigt borde öka sina näringssätt. Tobaksplanteringen skulle nog blifva nyttig för staden, om denna blott blefve försedd med en förfaren planterare. På grund af detta utlåtande, och på det att icke Björneborgs stads ansökan om undslippande af tobaksodlingen skulle blifva till prejudikat för andra städer, afslog regeringen dess anhållan, $^{29}/_{4}$ 1747 [3]).

Ofvan har redan blifvit framstäldt, huru magistraten och de tolf äldste vid sammanträdet $^{23}/_{2}$ 1748 atogo sig aflönandet af en

[1]) En handling i Sv. Riksarkivet.

[2]) Se Barcks berättelse $^{6}/_{4}$ 1765 till landshöfdingen med anledning af den af honom värkstälda schäferibesiktningen.

[3]) Städernas besvär, Björneborg, i F. S. A.

trädgårdsmästare eller tobaksplantör, hvilken landshöfdingen införskref från Alingsås. En sådan, vid namn Johan Rosendal, nämnes sedan 1750 i stadens handlingar. Nu började tobaksodlingen bedrifvas med bättre framgång. Snart kunde Björneborg årligen förse tobaksspinneriet i Åbo med 700 à 750 lisp. tobaksblad.

Tobaksfabriken. Men så länge tobaken såsom råämne måste försäljas åt andra, hvilka skördade den egentliga vinsten, var borgerskapets intresse för den nya förvärfskällan billigtvis mindre varmt. Landshöfdingen Wallén ansåg att landet hade föga båtnad af hela staden, då den ej kunde förse landtmannen med tobak för billigt pris (1760). Han förordade därför på det lifligaste anläggandet af ett tobaksspinneri i staden, på hvilket rådman Henrik Backman med intressenter anhöll om privilegium. Staden egde ej ännu någon fabriksinrättning, och det nya etablissementet vore utan tvifvel bästa medlet att göra den nyttiga tobaksodlingen populär på orten. Dessutom skulle, menade landshöfdingen, ej allenast Björneborgs län utan ock större delen af Tavastland samt flere socknar i Österbottens höfdingedöme komma att njuta en betydande förmån genom en sådan inrättning i Björneborg.

Följande år, 1761, utfärdades också privilegium på den nya inrättningen, och tobaksodlingen, som nu bedrefs på en areal af 8 tunnland, lemnade åren 1763 och 1764 omkring 900 lisp. råmaterial till fabriken. Spinneriet, som drefs vid tvänne bord „med all erforderlighet“, tillvärkade 1763 öfver 800 och 1764 öfver 1,000 lisp. olika sorters tobak. Äfven landtmännen omkring staden började nu slå sig på tobaksodling och kunde årligen leverera till fabriken omkr. 150 lisp. tobaksblad. Tack vare en sådan tillförsel från staden och landsorten behöfde fabriken icke vidare hemta något råmaterial från Sverige eller utifrån. Med ett sådant resultat voro den tidens nationalekonomer synnerligen belåtna, likasom också staden hade all heder af sin första industriella inrättning [1]).

Schäferiet. Schäferiets historia åter var följande [2]). Landshöfdingen Ehrenmalm hade 1748 försäkrat staden om förmånsrätt till de af densamma efterfikade kronoholmarna vid arrendets utgående följande år, i händelse den anlade ett schäferi. Planen syntes borgerskapet förträfflig

[1]) Tobaksfabriken synes varit belägen någonstädes vid den s. k. Hagaplanen i östra ändan af staden, invid och i linje med komministern Levans och sadelmakar D. J. Schultz' tomter.

[2]) Följande utredning rörande schäferiet grundar sig för det mesta dels på handlingar bland Städernas besvär, Björneborg, i F. S. A., dels på en mängd urkunder hörande till kammarutskottens samt handels- och manufakturdeputationernas akter från särskilda riksdagar i Sv. Riksarkivet.

och man slog sig till en början med ifver på dess realiserande. Borgarena gjorde redan 1749 en början med schäferiets anläggande, köpte spanska gumsar och tackor, som de gemensamt underhöllo, och förespeglade sig alla möjliga fördelar af den nya inrättningen. Man skulle med björneborgsk ull förse klädesfabrikerna när och fjärran, borgerskapet skulle blifva rikt och staden mäktig.

Samstedts och stadens täflan om schäferiet.

Men emellertid hade ock schäferi-inspektorn Matthias Samstedt, som förut på Pälki frälsehemman i Tammela socken försökt sig med skötsel af spanska får, utvärkat åt sig ${}^{12}/_{3}$ 1748 hos landshöfdingen löfte om erhållande af Stor- och Härpsand med flere holmar för en „schäferis-inrättning". Han hade ock ${}^{4}/_{2}$ 1749 bekommit Östergårds kronohemman i Torsnäs „till fåraskötsel och tobaksplantering", och gjorde sig beredd att med det snaraste låta hemta sina spanska får från Tammela. Naturligtvis gjorde han ock anspråk på att utan vidare få tillträda de af landshöfdingen honom utlofvade holmarna, oaktadt det med 1749 års utgång upphörande arrendet af mellankommen orsak blifvit förlängdt för dåvarande innehafvarne på ett år.

I anledning häraf uppstod nu tvist emellan staden och Samstedt, om hvilkendera som hade företräde till de af hvardera åtrådda kronoholmarna [1]). Medan denna strid pågick kunde sannolikt regeringen icke få till stånd någon öfverenskommelse om arrendevilkoren hvarken med den ena eller andra parten, hvaraf följden var, att samtliga holmarna 1751 bjödos på auktion åt den mestbjudande.

Då staden emellertid, kosta hvad som helst, ville förbehålla sig dessa holmar, tills frågan blefve slutligen afgjord, stegrades nu vid auktionen, genom Samstedts lättsinne, arrendet långt utöfver den från holmarna påräknade afkastningens värkliga värde. Det blef en formlig svindel, och kronan bekom i stället för 126 d:r s:mt, som holmarna intill 1739 inbringat, nu 727 d:r. Men såsom det plägar gå med svindlerier slutade äfven detta med en katastrof. Holmarna kunde omöjligen, t. o. m. under de allra gynnsammaste förhållanden, afkasta ens halfva arrendets värde. Samstedt, som sjelf inropat trenne holmar, bland dem en för 90 d:r, för hvilken kronan sedan ej bekom mera än en daler, fann snart att han tagit vatten öfver hufvudet och rymde land och rike. Borgerskapet, urståndsatt att vidare upprätthålla schäferiet, var färdigt att slå hela planen ur hågen.

Emellertid tog stadens nya borgmästare, Lars Sacklén, sig saken an och räddade situationen. Genom honom anhöll staden 1753 att

[1]) Nedre Satakunta dombok; Ulfsby ting ${}^{14}/_{8}$ 1749.

emot ett arrendebelopp af 242 daler 2 sk:r, svarande mot det senaste holmarrendet, under tiden 1739—50, „få ständigt behålla holmarna till ett schäferies anläggande af fullgoda spanska får, hemställande i underdånighet om icke förslaget, såsom, syftande på fabrikernas fördel och det däraf härflytande allmänna bästa, allernådigst kunde antagas och beviljas“. Kammar- och kommerskollegierna ansågo dock det erbjudna arrendet så oförmånligt i jämförelse med 1751 års lysande auktionsresultat, att de tillstyrkte afslag å detsamma. Bättre vore, enligt deras tanke, att upplåta holmarna på 20 eller 30 år åt den mestbjudande, som tillika skulle förbinda sig att efter hvarje holmes godhet anskaffa och underhålla ett visst antal utländska får. Men landshöfdingen Lillienberg framhöll åter att afsikten med schäferiet mindre säkert vunnes, om holmarna komme i så många privatas ego, öfver hvilka man ej kunde hafva tillbörlig uppsikt. Han påpekade ock att i hela länet ej funnes tillfälle till ett så ansenligt schäferis inrättande som vid Björneborg och yrkade därför på att stadens ansökan skulle bifallas, helst äfven borgerskapet afsagt sig det premium af 20 procent, som regeringen ($^{30}/_{4}$ 1750) „utlofvat säljaren af hvar mark svensk ull af spansk art“.

Schäferikontraktet af år 1756.

Styrelsen beslöt, med anledning af de stridiga förslagen, att inslå en medelväg. Staden skulle, enligt kongl. brefven af $^{5}/_{12}$ 1753 och $^{31}/_{10}$ 1754 till sin uppmuntran utan auktion bekomma holmarna under beständig besittning mot ett årligt arrende af 300 d:r s:mt, med vilkor att den årligen använde 400 daler kopparmynt till fullgoda spanska fårs uppköpande, tills ett stamschäferi af 1,000 får kunde erhållas. Sedan borgerskapet uttryckt sin „djupaste ödmjuka erkänsamhet“ för att detsamma blifvit befordradt till ett nytt och gagneligt näringsfång, samt „med kraftigaste försäkran“ lofvat med flit och allvar fullfölja syftemålet med „schäferi-inrättningen“, utfärdades behörigt kontrakt $^{16}/_{1}$ 1756 [1]).

[1]) De holmar staden tillträdde voro: Kungsholmen, Varvouri på stadssidan, Varvouri på Koivisto-sidan, Aittaluoto, Storsand, Skrifvarholm, Klockarsand, Härpsand, Timan, Huoviluoto, Domarholm, Spinken, Lillseikku, Storseikku, Löneskär och Rankku, Tyltty, Kurholmen, Tallklubb, D:o Tallklubb med fem helt små klippor, Kokkoholm, Vårkarsholm, Södersvärdsö med åtta klippor, Norr Svärdsö äfven med sju små grund, Blomgrund, med en klippa, Storväkkärä, Lillväkkärä, Åkerborg, Auren, Svidieholm, Greinertholm, Björnholm, Babylonsholm, Storstensholm, Talltallor, Leptallor, Isotallor, Odåskär, Gudmundår, Hannuskär, med klippor där ikring, Ettergadd likaledes, Markus Storåren, sammalunda Ragrund, Sedsberg, Krokholm, Langgrund, Heikis Storaura med klippor ikring, Notholm, Koppeloluoto, med klippor, Engholm äfvenledes, Seliskär, Rönngrund, Sandakari, Utholm, Äggrund, Stor Engskär, Lill Engskär, Sledeskär, Koppa, Smedsholmen.

Man indelade nu kronoholmarna i fyra lika stora hufvudlotter, och intressenterna i lika många rotar, med en hufvudman för hvarje, hvarjämte man engagerade en schäfer från Kristianstad, Hagæus, hvilken sjelfva Jonas Ahlströmer rekommenderat.

Men snart visade det sig att man lofvat mera, än man kunde hålla. Kostnaderna för schäferiet öfverstego alla beräkningar, medan åter revenyn af kronoholmarna alls ej motsvarade de förhoppningar man hyst. Ifrån 1756 till 1760 inköptes får för icke mindre än 2,645 d:r, eller för 1,045 d:r mera än kontraktet utsatte, och likväl hade man ej sistnämda år fått i hop flere än 151 spanska får. Utgifterna för uppköpande af foder, inrättande af fårahus, gärdande af betesmarken, aflönande af schäfern m. m. beräknades stiga väl till 1,000 daler årligen. De några och sextio kronoholmarna, som skulle vara en ersättning för allt detta, lågo spridda på en sträcka af 3 à 4 mil, några långt borta i skären, där man ej kunde egna fåren nödig vård, andra väl invid staden, men belägna så att de årligen öfversvämmades af vårfloden. Samtliga holmarna afkastade ej mer än 100 åmar hö årligen, hvaraf största delen bestod af starr, fräken och sälting. Endast trenne hade sådan växt, som för spanska fåren var tjenlig.

Under sådana förhållanden började intresset för schäferi-inrättningen svalna. Det hade därjämte utbrutit oenighet emellan borgmästare och råd samt det högre borgerskapet å ena sidan och gemene man å den andra sidan, hvilket vållade att de förmögnaste handlandena ej ville taga befattning med hela inrättningen. En och annan af intressenterna tröttnade i följd af de ständiga utgifterna och bedref sin sak helt lamt. Man matade i hemlighet de spanska fåren med fräken, som de gerna åto, men hvaraf de fingo en ytterst sträf ull och slutligen började vantrifvas. Också slaktade man hellre ner de ömtåliga djuren, än man fann sig i nödvändigheten att för deras räkning köpa hårdvallshö af landtmannen. På holmarna fingo de spanska fåren vandra i bete tillsammans med åtskilliga slags bländingar och grofulliga får, hvilka sades finnas i staden till ett antal af inemot 2,000 stycken. Inga ordentliga fårahus inrättades, utan innevånarne härbärgerade fåren öfver vintern tillsammans med annan boskap ja t. o. m. tillsammans med svin och höns i borgarenas stall och fähus, där de plågades af en odräglig värme.

Intresset för schäferiet afsvalnar.

Förgäfves sökte landshöfdingen råda bot på det onda 1759. På hans framställning förbundo sig väl fyra af de förmögnaste borgarena genom en öfverenskommelse att vårda stamschäferiet, men snart erfor Wallén dock att Indebetou, som åtagit sig att vara en af hufvudmännen, återigen undandragit sig alltsammans. Landshöfdingen framhöll nu, att om ej borgmästare och råd samt handlande i Björneborg skulle söka att med harmoni och förtroende med borgerskapet vårda sig om stadsmannanäringar och göra ett med sina medbröder i schäferiets iståndsättande, i stället för att, såsom Indebetou gjort, lägga sig till landtegendomar, så torde hvarken kronan eller landet komma att någonsin få hugna sig åt någon nytta af hela inrättningen.

Ryktet om schäferiets otillfredsställande skick nådde ock redan höga vederbörande i Stockholm. Redan 1759 skref Gadd till Sacklén att i kommerskollegium funnes en och annan, som betviflade huruvida staden fullföljt kontraktet, och 1761 ålade det landshöfdingen att eftertryckligen påminna borgerskapet om dess skyldighet.

1762 års förändring af schäferikontraktet. Emellertid anhöll Sacklén vid 1761 års riksdag, att då 1,000 får i anseende till beskaffenheten af gräsväxten på holmarna vore alldeles för mycket, antalet skulle nedsättas till hälften eller 500, mot vilkor att staden i stället förband sig att hafva detta antal fyldt inom 10 år och dessutom åtog sig att inrätta ett holländeri med utländsk boskap, som bättre trifdes på holmarna än de spanska fåren. Väl afstyrkte ock nu kollegierna den föreslagna förändringen af schäferivilkoren, anseende att då staden kunde föda 2,000 inhemska får på sina ägor, borde den väl ock kunna fullgöra kontraktet i afseende å de 1,000 spanska fåren. Men det oaktadt gaf regeringen $^{28}/_{9}$ 1762 sitt bifall till förändringen, och det gamla kontraktet skulle förklaras i enlighet härmed.

Emellertid råkade staden snart åter illa ut med anledning af sitt åtagande. Provincialschäfern Carl Barck, som inspekterat schäferiet år 1762 och därvid funnit det bestå af 184 spanska får — utom 49 hos dem, som ej hade del i holmarna — och 172 bländingar, ärnade följande år ånyo värkställa sådan besiktning, men påstod sig då blifvit förhindrad af magistraten. Först sedan han af kommerskollegium ålagts att förnya sin inspektion, egde en sådan rum den 7, 8 och 9 maj 1765. De framvisade fåren märktes noga med röd krita, för att de ej flere gånger skulle exponeras, och af hvarje får togs behörigt ullprof. Spanska får funnos nu 367, hvaraf dock 100 med fog kunde reduceras till bländingar af andra generationen. Sedan 1762 hade sålunda rätteligen tillkommit allenast 84 stycken. Bländingar funnos 264 stycken — hvilket utvisade en tillökning af 92. Utom schäferiet hade 63 borgare inalles 56 spanska får och 207 bländingar, hvarjämte i staden funnos inalles 540 finska får. Hvad holländeriet beträffade erfor Barck att en holländsk tjur redan 1762 blifvit inköpt, men sedan åter försåld. Några anstalter för anskaffande af goda afvelstjurar hade ock sedermera gjorts, men ej medfört något resultat.

Provincialschäfern var missnöjd, lät sammankalla de fyra dåvarande schäferiföreståndarena, handlandena Johan Gottleben och Matts Wadén samt borgarena Simon Selin och Johan Lönnblad, samt uppdrog åt dem att förständiga intressenterna om anskaffande af flere afvelsbaggar, uppförande af ordentliga fårahus och bättre tillsyn öfver fårens vård och klippning o. s. v. Till kommerskollegium inrapporterade han dessutom att fårens skötsel varit ytterst bristfällig och att någon ull från det björneborgska schäferiet ej kunde påräknas för fabrikerna. Detta oförmånliga utlåtande vann ytterligare i styrka genom landshöfdingen Walléns till riksdagen ingifna relation, hvilken var hållen i så mörka ordalag, att man därur kunde få den föreställning att i hela schäferiet ej funnes ett enda spanskt får, utan blott eiderstedtska tackor, hvilka icke voro bättre än svenska. Provincialschäfern Barcks missnöje.

Nu var stadens sak förlorad. Ständernas kammar- och ekonomiedeputation, till hvars behandling frågan hänsköts, fann staden hafva gjort sig förlustig sitt kontrakt. Förgäfves inlade Sacklén (i maj 1765) i kammarutskottet en kraftig gensaga mot Barcks och Walléns ensidiga och starkt färglagda utläggningar: provincialschäfern hade aldrig blifvit förhindrad att inspektera schäferiet; — han egde ej rätt att från totalantalet därbefintliga spanska får, som han vid inspektionen beräknat till 367, efteråt subtrahera bort 100; — hellre hade han bort tillöka ofvannämda summa med de 56 får, som innehades af stadsboar, hvilka han ansåg stå utom intressentskapet, men hvilka i sjelfva värket hörde dit, enär hvar och en, som höll spanska får, i tur vunne delaktighet i schäferiförmånerna; — staden skulle allaredan hafva väl 700 spanska får, därest ej en farsot dödat många af de bästa djuren; — den hade dock nyligen genom provincialschäferns i Stockholms län Reusels förmedling ytterligare inköpt ett antal förträffliga baggar; — i ingen mån hade staden sålunda förvärkat sitt kontrakt. Förgäfves yttrade sig till stadens förmån också de deputerade [1]), hvilka riksens ständer förordnat till synemän å kungsgårdar och kronolägenheter, och hvilka nu, på Sackléns anhållan, af Kongl. Maj:t anbefalts att besiktiga schäferiet: — staden

[1]) De deputerade voro: major Fredr. v. Wallwik, kapt. Odert Joh. Gripenberg, kyrkoherden i Lappo Carl Polviander, viceborgmästar Joh. Stengrund fr. Raumo och bonden Henrik Henriksson fr. Amböle i Sagu. Besiktningen af schäferiet hölls den 15 och följande dagar i oktober 1765. Denna oväldiga synenämd beräknade antalet får vid schäferiet till 306 spanska, 139 bländingar af andra och 25 d:o af första generationen, eller inalles 470 får.

hade, enligt deras tanke, ett alldeles tillräckligt antal — 306 — spanska får, enär den ju först tio år efter afhandlingstiden 1762 vore förbunden att hafva hela antalet 500; — den hade redan inrättat några ordentliga fårahus; — den hade ock gjort en början med holländeriet, för hvars räkning nyss inköpts tvänne holländska tjurkalfvar; — om ock något i afseende å fårens skötsel och klippning blifvit åsidosatt, hvilket de deputerade ej kunde neka, så hade staden dock icke begått något sådant afsteg från kontraktet, hvarigenom dess arrendeförmån skulle förvärkats.

Stadens vräkning från schäferi-arrendet 1766.

Men — som sagdt — såväl Sackléns memorial som ständerdeputationens syneinstrument lemnades vid frågans vidare behandling på riksdagen utan afseende. Ständerna vidhöllo kammardeputationens åsikt om att staden brutit sitt kontrakt, „enär“ — såsom det hette — „den visat ganska liten eller ingen drift vid det af den utfästa schäferies underhållande“ samt ej gjort någon början med holländeriet. Den 2 dec. 1766 emanerade slutligen kongl. befallning att kronoholmarna skulle åt den mestbjudande bortarrenderas på 10 år. Detta skedde också 17/6 1767, hvarvid dock enskilde stadsboar, som ej ville förlora besittningen af de invid staden liggande holmarna, återigen inropade en del af dem [1]).

Schäferikontraktets förnyelse 1770.

Men ännu engång räddade Sacklén stadens sak. På hans framställning togo nämligen de närmast följande ständerna, 1769—1770, återigen schäferifrågan under ny granskning och funno därvid, stödjande sig på den ofvannämda deputeradesynens utslag, att staden utan laga skäl blifvit från sitt arrende vräkt och därför borde njuta upprättelse [2]). I enlighet härmed resolverade konungen 10/4 1770, att staden mot de förra vilkoren genast skulle få tillträda de holmar bor-

[1]) I anseende till den rödjning och vård kronoholmarna undergått, under den tid af 17 år, som de nu underlydt schäferiet, hade ock deras arrendevärde ansenligen stigit och bjöds nu för dem 1,424 d:r s:mt årligen, eller 676 d:r 21 s:mt mera än 1751, samt 1,124 d:r mera än staden i 13 års tid erlagt.

[2]) Om Wallén, som företrädesvis medvärkat till den för staden ogynnsamma riksdagsresolutionen år 1766, heter det i Riksens Ständers Cam. Oec. och Com. Deput:s betänkande af den 21/11 1769: att landshöfdingen gifvit mycken anledning till det beslut Riksens ständer vid senaste riksdag faststält och hvarigenom Björneborgs stad i märkbart lidande blifvit försatt, hvadan han skulle synas gjort sig skyldig att därför till ansvar stånda, likväl och emedan det egentligen är genom sjelfva beslutet som staden förnämligast blifvit förnär skedt och herr landshöfdingen Wallén numera dels är af ålder medtagen, dels ock utur Kongl. Maj:ts och kronans tjenst afskedad, så att om han nu för denna dess embetsförseelse skulle undfå varning, den för framtiden icke kan värka, har utskottet pröfvat skäligt honom för vidare ansvar förskona.

gerskapet redan inropat och därför hålla spanska får till så stor del af 500, som dessa holmar sig till de öfriga förhålla, samt att staden efter arrendetidens utgång 1777 skulle återfå äfven de andra. Också skulle staden „njuta så lång tid till godo på de den förelagda 10 åren att sätta detta schäferi i fullkomligt stånd, som Riksens ständers vid senaste riksdag gjorda författning densamma värkeligen betagit".

Ett nytt bolag, som skulle bestå af högst 50 intressenter, konstituerade sig nu och åtog sig i borgerskapets ställe hela affären. De 50 intressenterna valde sedan inom sig 3 eller 4 hufvudmän. Såsom sådana nämnas under denna schäferiets senare period rådman E. W. Mentzer och skräddaren Björkqvist. Det nya bolaget skulle nu i afseende å schäferiet njuta stadens rätt enligt kontrakterna. Men sedan man sålunda vunnit revanche för sina förluster, visade det sig allt tydligare att det var endast holmarna, men ingalunda schäferiet som intresserade borgerskapet. De borgare, som på senaste auktionen inropat en del holmar, vägrade att afstå från sin arrenderätt och inträda i schäferiföretaget, hvaraf de sade sig hafva endast besvär. „De ville hellre utgifva hela arrendesumman, allenast de från förenämnda onus blefve befriade". Bolaget kom sålunda faktiskt ej förr än vid arrendetidens utgång 1777 i besittning af de flesta af holmarna. Det inträdde väl gentemot arrendatorerna i kronans rätt och uppbar räntorna af dem, men fick i öfrigt draga försorg om schäferiet, bäst det ville och kunde. Det nya schäferibolaget.

Väl visade det nya intressentskapet i början prof på en icke ringa lifaktighet; — spanska får importerades årligen, så att i staden slutligen räknades 2,000 sådana; — holländska tjurar och kalfvar införskaffades likaså; — nya fårahus byggdes; — ängarna röddes från öfverlupen skog af al och vide; — beteshagar ingärdades; — Varvouri dikades och teglades; — samtliga holmarna kartlades m. m. Men ju längre det led, dess klarare blef det för en och hvar att schäferiet icke var någon god affär hvarken för staden eller borgerskapet. „Kostnaden, mödan och ansvaret för schäferiet äro kännbara och stiga öfver förmånerna af holmarna, eller äro åtminstone däremot svarande", yttrade sig magistraten år 1782. Då därjämte de spanska fåren till den grad vantrifdes att de flesta af dem ej kunde godkännas för fullgoda, och då kostnaderna för schäferiet, i anseende till de ständiga inköpen, som voro nödvändiga för att helst i någon mån underhålla en „nöjaktig generation", aldrig minskades, var det ej under om intressenterna slutligen började tröttna vid hela företaget. Redan 1772 måste magistraten, för att fritaga sig från allt ansvar, varna de nya intressenterna för deras hushållning, hvaraf Dess värksamhet och svårigheter.

de endast ville draga enskild nytta, samt förutspådde att en sträng undersökning i sinom tid skulle förestå dem [1]. Schäferiet hade genom dödsfall förlorat sin duglige föreståndare Hagæus, och inre split förlamade redan i början bolagets handlingsdrift. 1775 måste rådman Henrik Backman uteslutas „för sin motvillighet“, och borgaren Jakob Lönnmark erhöll på egen begäran afsked. Pa 1780-talet funnos blott 35 lottegare, och öfverloppslotterna utbjödos förgäfves.

Staden ånyo frändömd schäferikontraktet 1787.

Alla ansträngningar till trots ficks sålunda schäferiet icke i dugligt skick, oaktadt tiden, inom hvilken detsamma borde hafva 500 får, redan höll på att gå ut. Då öfversten friherre Leijonhjelm och vicelandshöfdingen Fredensköld i början på 1780-talet inspekterade schäferiet, kunde de spanska fåren, af hvilka dock staden påstods ega 2,000, såväl „originaler som affödingar“, „i anseende till skedd försämring af rasen icke till erforderligt antal gillas“. Den 1 aug. 1786 befans slutligen vid anstäld häradssyn att intressenterna hvarken till antal eller slag anskaffat fullgoda spanska får, såsom kontraktet fordrade, hvarför de borde förlora arrendet. Kommerskollegiet, till hvilket bolaget vädjade, stadfäste $^{12}/_{9}$ 1787 detta häradssynens utslag, i följd hvaraf således schäferiet och holländeriet definitift nedlades och kronoholmarna oåterkalleligen frångingo staden. Några år senare, då konungens stall skulle från Lovisa flyttas till Björneborg, inreddes de ödeblifna „spanska fårahusen“ jämte schäferiladorna till stall för de kungliga hästarna, och 1792 bortgaf kronan på 100 års arrende holmarna åt öfverstlöjtnant Knorring — ja förklarade t. o. m. staden förlustig arrenderättigheten till Kungshagsbetet, som under helt andra vilkor och ända sedan 1727 innehafts af densamma på beständigt arrende.

Schäferiets upphörande.

Historien om Björneborgs stads schäferi, hvilken vi här, för bättre sammanhangs och öfversikts skull, följt ända till dess slut, oaktadt dess senare skede går utom den nu skildrade perioden, är likaså intressant som lärorik, emedan den såväl visar oss, huru man på nyttans tid utan att taga hänsyn till de hinder, som klimat och jordmån uppstälde, äflades med att i stort „göra utländska saker inhemska“, som äfven gifver oss en inblick i frihetstidens lif, fullt som det var af strider emellan olika partier och meningar. I afseende å detta företag, som i stadens historia framstår såsom det mest typiska exempel på den tidens nyttighetssträfvanden, hade staden, huru saken än betraktas, lidit ett ohjälpligt nederlag. Men om ock denna märkliga tid, som ofta bygde mera på teorier än på praktiska beräk-

[1] Domboken (i Björneborgs rådhusarkiv) $^{4}/_{11}$ 1772.

ningar, i mångt och mycket arbetade förgäfves, har den dock äfven lemnat efter sig varaktiga minnen af sin värksamhet, och särskildt hvad stadens historia beträffar ingalunda gått spårlöst förbi. För att ej tala om potatiskulturen, hvilken då första gången på orten pröfvades, datera sig från denna tid också stadens äldsta manufakturinrättningar, tobaksfabriken och färgeriet, hvilket sistnämda för sin uppkomst närmast hade att tacka schäferiet och den ylleväfnadsindustri, som härstädes nu tog sin början. Ty — säges det i ett magistratens utlåtande — schäferiet befrämjade i väsentlig mån all slags spånad och väfnader „af kläden och sarger" i staden och dess omnejd samt gaf sålunda sysselsättning åt en mängd personer, som dymedels hade sin lifsbärgning. Det gaf ock — såsom vi framdeles skola finna — anledning till inrättandet af stadens äldsta klädesväfveri, 1773 [1]).

Men äfven i annat afseende medförde schäferiet och det därmed förenade holländeriet viktiga förmåner för orten. Genom de spanska fårens utdelning till springning i landsorten åstadkoms i socknarna omkring staden en betydlig förbättring af fårafveln [2]), hvaraf spår ännu på senaste tider varit att förmärka i vissa trakter af Satakunta [3]). Därjämte värkade ock exemplet att allmogen nu började egna större omsorg än förr åt fårskötseln. Likaså visade sig i följd af holländska kalfvars försäljning till landsorten också en märkbar förbättring af ortens boskapsafvel. *Nyttiga följder af schäferiets värksamhet.*

Med afseende å allt hvad här ofvan anförts om resultaten af schäferiets värksamhet kunde magistraten sålunda, då den lade sig ut för det från alla håll angripna schäferibolaget, med fullt skäl framhålla, „att schäferiet och holländeriet dock medfört mycken nytta och förmån för denna landsort, efterty som höga öfverhetens afsigt med inrättningen häraf varit".

Till berättelsen om de ekonomiska sträfvandena under nyttans tid, hvilka — såsom vi funnit — i Björneborg ledde till odling af nya *Landtmannanäringarna.*

[1]) En del af schäferiets ull uppköptes, säges det 1764, af hattmakaren i staden, och en del försåldes till fabrikerna i Stockholm.

[2]) „Varandes årligen jämväl omliggande landsort samt herrskaper betjente dels genom lån dels genom försäljning af goda baggar, så att nästan hvarje by och gård häromkring redan hafver får af bästa spanska art". Magistraten $^{11}/_{10}$ 1764.

[3]) Se t. ex. guvernör Cronstedts treårsberättelse, dat. $^{31}/_{3}$ 1848, där det heter: de inhemska fåren äro försedda med sträf ull, endast tjenlig till gröfre tillvärkningar; hos allmogen i kustorterna och skärgården uppfödes likväl en med något finare ull betäckt blandad fårras, tillkommen genom de af svenska regeringen i slutet af förra århundradet vidtagna åtgärder till fårafvelns förbättrande.

kulturväxter äfvensom till förbättringar i får- och boskapsskötseln, ansluter sig naturligen redogörelsen för stadens landtmannanäringar öfver hufvud. Vi skola vid en öfverblick af desamma finna att också de, i likhet med stadens öfriga näringar under denna period, voro stadda i en jämn utveckling. Innan vi dock gå att särskildt redogöra för dessa näringar, vilja vi i förbigående omnämna tvänne företeelser, som stå i det närmaste samband med desamma och på visst sätt karaktärisera stadens jordbrukshistoria under denna tid, nämligen de stora arrendena och råläggningarna af stadens gebit.

Inseende nödvändigheten att — dels för vinnande af terräng för stadens utvidgande dels för ernående af större mulbete och åkermark — förvärfva åt staden besittningen af den närmast liggande kronomarken, hade borgerskapet redan $^{23}/_{7}$ 1722 supplicerat om något tillskott till sin mark af Kungsgårdsholmar eller egor samt ytterligare 1723 anhållit om att den „inpå stadens stakett liggande torra sandmark, hvarpå konung Johans palais stått, må till afböjande af irregularitet uti staden inom dess stakett kunna inhägnas och till husbyggnad och gator planeras". Samma år gjordes ock — såsom redan nämts — petition om att de skoglupna kronoholmarna, som fordom legat under Björneborgs kungsgård, „till hvilken numera ingen liknelse är", under frihetsåren skulle upplåtas åt staden till handtvärkares understödande. Dessa ansökningar ledde dock icke till önskadt resultat [1]).

»De stora arrendena».

Men då staden ej på annat sätt kunde åtkomma de eftersträfvade lägenheterna, beslöt den att skaffa sig dem på arrende. Den $^{8}/_{8}$ 1727 erhöll den sålunda mot betalande af dubbelt så stor arrendesumma, 10 d:r s:mt, som därför förut erlagts, på evärdeligt arrende den s. k. Kungsviksmarken, „alldenstund den för staden var nödig". Dessutom var Varvouri 1728—1738 särskildt till staden på arrende upplåten, under hvilken tid Aittaluoto låg öde. 1739 bekom staden åter sistnämda holme på arrende, medan Varvouri inropades af enskild person. Den 31 okt. 1754 bekom staden ytterligare, såsom vi redan sett, mot vilkor att underhålla ett schäferi äfvensom „till sin uppmuntran", också på beständigt arrende kronoholmarna, några och sextio till antalet, en del belägna uppe vid staden: Aittaluoto, Varvouri, Storsand, Klockarsand o. s. v., de andra nere i skären: Rankku, Tyltty m. fl. Ehuru således någon inskränkning i afseende å tid vid dessa arrenden ej förefans och borgerskapet därför börjat be-

[1]) Stadens besvär, F. S. A.

[2]) D:o D:o

trakta särdeles kungshagarna såsom sin evärdeliga tillhörighet, skildes dock staden, såsom vi redan nämt och såsom vi ytterligare skola få tillfälle att närmare framhålla, genom kongl. resolutionerna af $^{11}/_{7}$ 1791 såväl från det ena som från det andra af dessa sina „stora arrenden“.

Hvad sedan rårna, som skilde stadens jord från grannbyarnas, Rålägguingarna. beträffar, uppgingos de flesta af dem ånyo under denna tid och stadfästes genom laga kraft vunna rättsutslag: — Lattomerirån [1]), 1723, från Honkaluoto i öster till Kiviraja i vester, i enlighet med en $^{30}/_{1}$ s. å. förrättad syn, som stadfäste äldre angående denna rå fälda utslag från åren 1640 och 1641; — Koivistorån [2]), 1728, från Herregårdsknuten rårätt i söder till Honkaluoto, på grund af en $^{3}/_{1}$ s. å. fäld hofrättsdom, hvilken stadfäste den redan förut omtalade häradsrättsdomen af 1669, som afgjort den på 1640-talet angående denna rå uppkomna tvisten, hvilken ånyo upplågat efter stora ofreden, i anledning däraf att stadsboarne uppsatt en råvisare på skillingsmarken $^{1}/_{4}$ mil öster ifrån rätta råsträcket; — Hjulböle och Torbonäsrån [3]), 1729, från Skinnarinkivi öfver Keisarinkari till Luodonraja, hvilka råpunkter efter ömsesidiga klagomål öfver inkräktningar ytterligare stadfästes af häradsrätten $^{4}/_{2}$ 1768; — Lillraumorån [4]), 1755, från Kiviraja i Lattomeri rakt i norr utan knä eller veck ned till stranden, Lillraumoboarnes öster om denna rålinje fallande ängar dock dem förbehållna, enligt häradsrätts utslag af $^{3}/_{3}$ s. å., hvilket utslag gjorde ett slut på den sedan urminnes fortgående tvisten angående denna rå, som ännu på landtmätar Ekmans år 1733 affattade karta öfver stadsjorden förefinnes i sin sydligaste del angifven med trenne streck, af hvilka det östligaste, Porrasalhonporras — Kroppakuusi, förfäktades af Lillraumoboarne, det vestligaste, Porrasalhonporras — Kiviraja, af staden. Slutligen afdelades och kartlades stadens andel i Ulasöre år 1757 af landtmätaren Lithov. Däremot frändömdes staden, 1754, Kekoluotoholmen invid Ulasöre, hvilken tillandat af viken, och på hvilken staden gjort anspråk. Utom holmarna i skären och ängsholmarna bildade således stadens på fasta landet belägna jord ett rektangulärt område, som i söder begränsades af Lattomeri, i norr af elfven.

---

1) Nedre Satak. dombok, Ulfsby ting, $^{5-8}/_{2}$ 1723.

2) Domboken (i Björneborgs rådhusarkiv) $^{27}/_{10}$ 1777.

3) Nedra Satak. dombok, Ulfsby ting $^{23-28}/_{9}$ 1737, $^{28}/_{8}$ 1755, $^{4}/_{9}$ 1764, $^{31}/_{1}$, $^{5}/_{2}$, $^{2-6}/_{9}$ 1765, $^{1-5}/_{2}$ 1768.

4) Nedra Satak. dombok, Ulfsby ting $^{27}/_{2}$ 1754, $^{1}/_{3}$, $^{3}/_{3}$, $^{27}/_{8}$ 1755, $^{11}/_{2}$, $^{30}/_{9}$ 1757, $^{8}/_{3}$, $^{20}/_{8}$ 1758, $^{31}/_{1}$ 1759, $^{9}/_{9}$ 1764.

Stadsåkrarna i privat ego.

Inom detta område var fortfarande större delen af stadsjorden, för såvidt den var upptagen till åker och äng, i privat ego, och innehafvarena ansågo sig mot erläggandet af det fastställda tiondet berättigade att disponera sina åkrar huru de ville. Detta, oaktadt särskilda kungliga förordningar tydligen ådagalade stadsjordens rätta natur och beskaffenhet, såsom t. ex. resolutionen af den 13 juli 1719, hvari förklarades att städerna hade rätt att mot ersättning återfordra sin jord, och kongl. brefven af den 24 nov. 1734 och 25 sept. 1745, i hvilka framhålles att städernas åkrar ej finge likställas med tomterna, m. fl. Den 17 mars 1732 hade ock Åbo hofrätt resolverat att denna stads jord vore att anse för kronojord, hvaruti ingen bördsrättighet eger rum, i anledning hvaraf magistraten också framdeles endast inprotokollerade åkerköpen, „såvida åkrarna här i staden, såsom kronojord och följaktligen ingen bördelösen undergifna, ej komma att uppbjudas“.

Fastebref.

Den gamla häfden hade dock allt för djupa rötter för att låta sig utan vidare afskaffa [1]). Också hade magistraten sjelf antingen medvetet eller omedvetet bidragit till dess stadfästande. Den hade blundat för inkräktningen, godkänt arftagandet, stadfäst köpen, — ja t. o. m. gifvit fastebref på åkrar, som genom köp ombytt egare. Ett sådant fastebref, utfärdadt år 1727 på en åker invid Kungsviksbetesmarken, förevisades år 1785 inför magistraten [2]). Ej under då om åkrarna, till stort men för stadskassan, förblefvo mera de enskilda borgarenas än borgerskapets och stadens egendom.

---

[1]) Vi hafva förut (sid. 58) anmärkt huru rådmännen Indrén och Kellander, 1749, förklarat tillgången vid denna inkräktning. På grund af rättens fråga „om någon af stadens innevånare kunde och gittade med något skäl eller laggiltigt dokument visa att någon vore ärftligen berättigad till någon andel i Lattomeri vidlyftiga ängsmark utom publikum eller staden“, framhöllo de „att sådant ej annorlunda kunde visas än att de första innevånarne lära fatt tillstånd af publikum att upptaga af skogvuxen mark och annan atkomst vissa andelar sig till nyttjande, hvilka sedermera gått i arfskifte, köp eller byte man efter man, utan att publikum tillflutit något i kassan, så att det icke haft tillfälle till några goda inrättningar, som kunnat lända det fattiga borgerskapet till hjälp och understöd i dess betrángda tillstånd“. Likaledes sade de det vara beskaffadt med stadens åkrar och andra tillhörigheter så inom som utom staden. Ja — så vore det äfven fallet med alla tomter i staden, för hvilka inga tomtören betalades, oaktadt — såsom de trodde sig veta — i staden ej funnits mer än en fritomt, nämligen en i Malmkvarteret, „hvilkens fribref att slippa tomtören gifvet af kon. Johan III på pergament“ äfven borgmästaren sade sig hafva sett. (Domboken $^{21}/_{6}$ 1749).

[2]) Domboken $^{14}/_{11}$ 1785.

Endast Bärnäs-åkrarna och ängsholmarna nedanför staden voro, såsom tidigare framhållits, såsom värkligt kommunalland under magistratens disposition. 1730 undantogos dock magistratens ängsklippor genom landshöfdingen Üxkulls resolution från de årliga auktionerna, på hvilka de öfriga lotterna försåldes åt den mestbjudande. Äfven i Lattomeri hade magistraten haft ängstegar, men de hade 1749 redan kommit ur bruk [1]). Åkrar och ängar.

I hvilken mån, under ofvan skildrade förhållanden, åkerbruket och boskapsskötseln på stadens jord under perioden tilltagit, framgår af följande uppgifter, för det mesta hemtade ur boskaps- och utsädeslängderna, särdeles de för åren 1723 och 1756, med hvilket sistnämda år dessa längder upphöra [2]). Då utsädet vid periodens början, i likhet med hvad fallet var vid nästföregående tidsskedes utgång, troligen utgjorde endast omkring 140 tunnor, befinnes det 1753 och 1756 redan vara angifvet till 180 tunnor. Nya åkrar hade således åter blifvit upptagna, och sammanräknad med de arrenderade kungshagsåkrarna måste stadens hela odlade jord redan beräknas hafva utgjort tvåhundra tunnland eller mera. Detta antagande besannas ock af Rudensköld, i det han säger, att „borgerskapet till de 22 tunnland åker, staden ursprungligen bekommit i Bärnäs, ytterligare af stubben upptagit 213 tunnland". Åkerarealen.

Äfven boskapsstocken hade ansenligen ökats under periodens förlopp. 1723 funnos i staden endast 29 hästar, men 1756 var deras antal redan 170. Kor funnos förstnämda år endast 111, det senare däremot 356. Mot 150 stycken får år 1723 räknades 778 år 1756; Boskapsstocken.

---

[1]) I afseende å tulltägten för det hö, som borgarena från sina ängsholmar införde till staden, hade förut praktiserats att det först fördes i borgarenas lador och där sedan af tullbetjente pröfvades och beskattades, hvarefter tullen i ett för allt erlades. Men 1741 fick tullnären order tillse det borgarena med sina höbåtar först lade till vid tullbron, i och för tullens erläggande, innan de tillätos föra höet i sina lador och bodar. Då detta emellertid för höbärgarne var högst obekvämt och tidsödande, supplicerade staden 1751 om det gamla sättets bibehållande, hvilket dock ej biföll, men i stället medgafs borgarene den lindring, att tulltjenstemännen framdeles skulle följa med båtarna ned till holmarna och där pröfva det inlastade höets kvantum äfvensom upptaga tullen för hvarje lass, 8 vålmar räknade på lasset, hvarefter höet direkte skulle få föras upp till staden.

[2]) Sistnämda år infördes nämligen i afseende å boskapspenningarnas upptagande den förändring, att de icke mera skulle utgöras efter kreaturens antal, utan beräknas på grund af de staden underlagda mantal.

och 1763, då schäferiet stod i sitt flor, hade deras antal varit 1,253 [1]). Svinens antal hade under tiden 1723—1756 ökats från 32 till 117, getternas och bockarnas från 3 till 45. Endast ungboskapen hade minskats, i det dess antal de resp. åren var 158 och 58. Staden hade således vid slutet af denna period en boskapsstock, som i de flesta afseenden kunde mäta sig med och i några hänseenden t. o. m. var större än den, hvilken den haft under sin första blomstringstid i början af 1600-talet.

Fisket. Hvad slutligen fisket beträffar, var detsamma under denna period underkastadt samma olägenheter som förut. Redan år 1723 klagade borgarena „att deras katsjor på stadens vatten sönderslås och det lilla i dem finnes bortsnappas, hvarigenom på vattnet slagsmål och annan förolämpan timat, däraf Guds milda välsignelse tör försvinna“. I synnerhet blef staden, som under ryska väldets tid fått utan någon inskränkning idka fiske i stadsviken, svårligen beträngd i denna sin näring, sedan 1727 års kommission, upplifvande bestämmelserna i landshöfdingeresolutionerna af åren 1691 och 1700, vid 100 d:r s:mts vite förbjudit allt fiskande nere i fjärden under kronotiden, som varade från den 12 juli till den 8 september.

Då berörda vik just under denna period undergick en total förändring, uppstod med anledning af nyssnämda inskränkning i fiskerättigheten oafbrutna tvister med kronoarrendatorerna. Fjärden hade nämligen ännu 1727, då kommissionen fällde sitt utslag, varit öppen till hela sin bredd af 8,000 à 9,000 alnar. Men småningom blef den så bevuxen med säf och vass, att där på 1760-talet endast fans en parhundra alnar bred hufvudådra och tvänne hälften så breda biådror, genom hvilka laxen kunde uppgå. Nu trodde strandegarena sig utan att förhindra kronofiskens uppgång kunna sätta sina bragder i den säfbevuxna delen af viken. Men detta ville arrendatorerna icke tillstädja dem, hvarför häftiga konflikter emellan bäggge parterna uppkommo [2]).

[1]) Fårens antal under schäferitiden uppgifves, såsom vi funnit, olika. Man sade såväl på 1760- som 1780-talen att staden hade omkr. 2,000 får. Troligen var dock detta tal öfverdrifvet. År 1765 räknade Barck 423 spanska, 471 bländingar samt 540 finska, således inalles 1,434 stycken.

[2]) Sannolikt mer för att motvärka de häraf härflytande olägenheterna än för att, såsom det föregafs, hindra tillandningen i viken, dit stubbar och sand sades nedflyta från kronovärken i Kumo, supplicerade staden t. o. m. om hela kronofiskeriets nedflyttande från Kumo till stadsviken, där en kungsådra till visst alnetal kunde hållas öppen. Petitionen ledde dock icke till någon vidare åtgärd, och stridigheterna emellan staden och arrendatorerna fortgingo sålunda

Strömmings- och sillfisket ute vid Räfsön fortsattes äfven under denna period af borgerskapet i gemenskap med landtboarne, om ock icke i samma omfattning som på 1600-talet. I regel bedrefs detta fiske, som årligen fortgick från slutet af maj intill höbärgningstiden, numera endast af nio båtlag, två personer i hvarje båt. Näten voro 25 à 30 alnar långa och 5 alnar höga samt utlades i solnedgången och upptogos vid dagningen. På 1750- och 1760-talen idkade rådman Sourander „med dess societet“ detta fiske, „icke utan fördel“. 1764 heter det härom: i öppna saltsjön eller hafvet idkar rådman Sourander och dess intressenter fiske medels skötor, nät och not, bestigandes sig deras fänge i år till 80 tunnor insaltad strömming, hvarmed staden och omnejden blifvit betjent, så långt det räckt [1]).

Detta saltsjöfiske gaf också — såsom redan förut i förbigående blifvit nämdt — anledning till ett försök att för staden vinna en ny afsättningsvara af särskild betydelse. Rudensköld säger 1738 att den björneborgska sillen var „af besynnerlig fetma och godhet och i alla mål lik den holländska, så att dessa bägge sorter icke kunna åtskiljas“. Han anser det „vara mödan värdt för hela riket såväl som för denna näringslösa orten gagneligt att fisket med regeringens bistånd skulle bringas på bättre fot“. Kostnaderna för denna närings upphjälpande, menade han, skulle „ymnigt ersättas genom en stor del holländsk sills utehållande från riket“. Äfven landshöfdingen Lillienberg prisar 1755 den björneborgska sillen, hvilken han säger vara så stor som „glasko“ eller „kulnes“ sill, och äfven han för- Den björneborgska sillen.

hela perioden igenom. År 1762 finna vi staden åter vända sig till riksdagen med ansökan om rättighet att få fiska i säfven vid egen strand, men saken lemnades för den gången beroende på syn, som skulle in loco förrättas. — Af fiskevattentvister, som borgerskapet under denna tid hade med sina grannar, må endast nämnas den med Lillraumo angående fisket vid Ulasöre, hvilken afgjordes $^{28}/_{6}$ 1755 sålunda att staden skulle ega rätt att fiska under sin strand i proportion till sin lott i holmen, dock icke med katsjor, utan med ryssjor, för att ej afstänga fisken från sundet.

[1]) Men från medlet af 1760-talet började sillfisket i likhet med strömmingsfisket slå fel, hvadan strömmingen slutligen betalades med 60 à 70 daler tunnan. „Sällan vankade mer än en eller två tunnor sill för hvarje båt, utöfver den fisk, som såldes färsk“. Då detta hafsfiske därjämte såsom regale var underkastadt skatt, 2 d:r s:mt för hvarje båt, och arrendatorn af Kumo laxfiske, hvarmed det var förenadt, strängeligen och utan att taga hänsyn till fångstens aftagande utfordrade sin rättighet, supplicerade staden 1747 att blifva från besagda afgift befriad, och då detta icke medgafs, 1762 att strömmings- och sillfisket skulle skiljas från laxfisket och lemnas till innevånarnes i orten fria begagnande, — en åtgärd som regeringen emellertid lemnade beroende tills det då gällande arrendet skulle utgå.

säkrar att den, om den rätteligen blefve handterad, ej i godhet skulle eftergifva den holländska. Enligt uppgift af borgmästaren Sacklén gjordes också under denna tid försök att genom ett bättre inläggningssätt förädla denna vara. Möjligen bör detta företag räknas det bolag till förtjenst, hvilket, såsom vi sett, under rådman Souranders ledning på 1750-talet och i början af 1760-talet participerade i sillfisket [1]).

Vi hafva ofvan sett huru stadens näringar utvecklats under „nyttans tid“. Om vi undantaga utrikeshandeln, hade de samtligen återvunnit den betydelse de haft under stadens första period. — Äfven kyrkan och skolan upplefde nu lugnare tider än på 1600-talet. Särdeles skulle den senare, påverkad äfven den af tidens nyttighetssträfvanden, höja sig från sin förra lägervall.

Kyrkan. Om församlingens inre lif under denna tid hafva vi väl högst ringa kännedom. Men man kan dock taga för gifvet att män sådana som en Garvolius, en Tolpo, en Fortelius och en Lebell, hvilka efter hvarandra beklädde pastorsämbetet i Ulfsby och Björneborg, kraftigt bidrogo till befordrande af det andliga lifvet äfvensom till den allmänna folkbildningens höjande. Täta katekesförhör anstäldes, hvarjämte borgerskapets framsteg i läskunnigheten noggrant öfvervakades. De, som tredskades och uteblefvo från förhören, afhemtades utan vidare genom stadsbetjente. Dessa täta förhör betraktades af somliga såsom ett onus, hvilket de så mycket hellre ville undandraga sig, som stadens honoratiores icke därmed synnerligen graverades. År 1743 vägrade en vid namn Ström envist att infinna sig och „läsa i kyrkogången“, förr än handelsman Indebetou och Gabriel Gottlebens andra bröder och svågrar skulle läsa jämte honom“ [2]). Men detta presterskapets nitiska arbete bidrog otvifvelaktigt mycket till spridande af kunskap och väckande af ett sedligt lif hos folket, som i detta afseende helt säkert stod vida öfver borgerskapet på 1600-talet.

Tvist om kyrkans underhåll. För öfrigt är beträffande de kyrkliga förhållandena att anteckna tvänne rättstvister, som rörde de yttre församlingsfrågorna. Stadens kyrka, hvars under branden räddade klenodier ytterligare förökats genom nya donationer — en sexarmad krona, gifven af rådman Indrén, en röd messhake, donerad af öfverste Enesköld, ett silfverkrucifix, skänkt af den sistnämdes fru, friherrinnan Hilgard Eli-

[1]) Se rörande fisket under denna period: Stadens riksdagsrelationer af år 1755 och 1761 äfvensom Rudenskölds relation.

[2]) Domboken $^{18}/_{6}$ 1743.

sabet Rehbinder, — och hvars gamla slägtgrafvar blifvit ökade med den Grubbenhjelmska, den Gottlebenska och prostinnan Enbergs graf — besöktes sedan gammalt äfven af Ulfsby sockens nederbyggare, både för dess närhets skull och för den större glans, som där rådde vid gudstjensterna. Vid bänkindelningen, 1729, lemnades ock, sedan de 17 första bänkarna fördelats bland borgerskapet, de öfriga åt landsboarne, t. ex. bänken 18 åt Torsnäsboarne, bänken 23 åt Lyttskärs- och Kellahtiboarne, o. s. v. Äfven hade landsboarne stundom frivilligt bidragit till stadskyrkans reparation, och särskildt efter branden 1698 lemnat hjelp vid dess återuppbyggande. Stadsboarne togo sig emellertid häraf anledning att yrka på skyldighet för nederbyggarne — till hvilka också räknades Härpö- och Norrmarksboarne — att städse deltaga i stadskyrkans underhåll. Detta gingo också nederbyggarne efter något motstånd in uppå, dock endast under vilkor att blifva befriade från sin gamla arbetsskyldighet till Ulfsby moderkyrka. Den nya ordningen antogs officielt vid biskopsvisitationen 1725, där prosten Garvolius genomdref saken till stadens fördel. Men på grund af öfverbyggarnes klagan, hvilka nu blefvo ensamma om den gamla stenkyrkans i Gammelby underhållande, upphäfde landshöfdingen några år senare visitationsbeslutet. I anledning häraf besvärade sig staden väl 1734 vid riksdagen, utan att vi dock veta med hvilket resultat [1]).

Norrmarksboarna emot stadskapellanen

En liknande rättstvist utbröt 1736, då Norrmarksboarne anhöllo att de, som nu måste underhålla tvänne kapellaner, „den ena, som Hvittisbofjärd och vår kapellkyrka med gudstjenst uppehåller, hvilket vi allenast hvar tredje söndag åtnjuta, och den andra som tillika är kapellan i staden, måtte mot erhållande af egen kapellan befrias från att vidare utgöra några afgifter till stadskapellanen, äfvensom att de som hade lång och besvärlig väg till staden kunde med vigd mull vid kapellet benådas“. De påstodo att biskop Gezelius redan bifallit till, „att enär den dåvarande kapellanen här i staden skulle afgå, skulle sedan ingen af dess successorer lön af dem pretendera“. Emot denna Norrmarksboarnes anhållan protesterade dock innehafvaren af Norrmarks säterirusthåll, fru Sara Qvist, anseende att den afsedda åtgärden blott skulle leda till onödiga kostnader, och synes frågan därmed för den gången blifvit nedlagd [2]).

[1]) Handlingarna rörande detta mål finnas för det mesta i F. S. A., Städernas besvär, Björneborg.

[2]) Bilaga till Åbo Consistorii skrifvelse af den 14 juli 1736 i Sv. Riksarkivet. — En fråga, som också berörde församlingens yttre förhållanden, väcktes i periodens början i anledning däraf att kapellanen Gabriel Gottleben, som

Skolan. Äfven stadens skola gick nu bättre tider till mötes, än hvad den haft före stora ofreden. Oaktadt Raumoboarnes motstånd hade staden 1722 återfått sin trivialskola, som den 1 oktober nämda år åter här öppnades. Elevantalet, som följande året utgjorde 73, steg snart, så att det redan 1737 var 203.

Mycket fans väl, som gjorde att resultatet af skolans arbete ej alltid blef så godt som man önskat. Rudensköld säger, 1738, att i stadens skola gingo merendels tillsammans 200 personer, varandes — tillägger han — största delen bonde- eller soldatebarn, som dels för fattigdoms skull, dels af vedervilja för arbete stöta dit och sedan med socknegång och tiggande sig underhålla samt sällan förmå att bringa sig till de studier, hvarmed de framdeles kunde gagna fäderneslandet. Att han, hvad elevernas härkomst beträffar, dömde nog så riktigt, finner man lätt vid en blick i de gamla skolmatriklarna, hvarest elevernas föräldrars stånd finnes angifvet på den tidens egendomliga latin: ss. rusticus superioris sortis (rusthållare), locum tenens centurionis (löjtnant), decurio (sergeant), ephippianus opifex (hästtäcksväfvare), cubicula rationarii ad telonium (tullskrifvare) o. s. v. [1]). De flesta af dessa anteckningar häntyda på att skolan för det mesta frekventerades ur de lägre samhällslagren. Och äfven hans åsikt om resultatet af elevernas studier torde ej varit alldeles oriktig och delades, åtminstone i visst afseende, äfven af rektor

---

„gått i mistning af den indrägt hans antecessorer haft af lax- och sikfisket", anhöll om att erhålla bol eller årlig hushyra af staden. Borgerskapet motsatte sig denna anhållan, „enär staden i urminnes tider och ifrån dess fundation varit ograverad för prästehushyra och byggnad". Då landshöfdingen emellertid den $^{12}/_{7}$ 1726 resolverade, att kyrkoherden och kapellanen hvardera skulle åtnjuta, den förra 16 daler smt och den senare halfparten mindre årligen i hyrespenningar, vädjade staden till högre ort. Den $^{7}/_{11}$ 1727 bekom den så en resolution af innehåll, att staden ej vidare skulle graveras än att den där underhåller och bygger en prästgård eller består endera af dem (kyrkoherden eller kapellanen) hushyra „efter vanligheten". Detta tillägg „efter vanligheten" tolkade borgerskapet till sin fördel. — Men Gottleben förnyade 1730 sin anhållan, hvarjämte magistraten hemstälde om ej kapellanen kunde förses med kapellansbol på landet, „så vida sockneförsamlingen här består af en stor ymnoghet och vida öfver staden, hvilket dess arbete med socknebud och tidiga predikningar såväl i Hvittisbofjärds kapell som Norrmarks kyrkostuga mycket ökar". Denna hemställan kunde dock kammarkollegium icke bifalla, enär det ju var fråga om en stadskapellan, och Kongl. Maj:t resolverade korteligen $^{12}/_{11}$ 1730 att vederbörande hade att rätta sig efter utslaget af $^{7}/_{11}$ 1727. Huruvida tvisten sedan fortsattes, är icke kändt.

[1]) Björneborgs Tidning, 5 dec. 1883. — Artikeln: Björneborgs skolas matrikel I.

Kraftman, hvilken 1755 i sitt rektorstal, jämte det han yrkade på inrättandet af ett gemensamt härbärge för skolungdomen, i kraftiga ordalag skildrar de moraliska och fysiska faror, för hvilka eleverna voro utsatta i följd af daliga exempel hos sina ofta nog mindre aktningsvärda husvärdar. „Då hans (elevens) kropp“ — så lyda Kraftmans ord — „ändtligen är i skolan, men hans håg och alla hans sinnens krafter ligga på stimmande och springande, på nattlöpande och grassatgångar, på lekstufvor och kvinnfolksumgängen, på kortleken och tobakspipan, på ölstopet och brännvinskoppen, så är han mycket litet hågad och i stånd att åhöra det som honom blifvit föreställdt, mindre att fatta, begripa och behålla detsamma“ [1]).

Språkförhållandena i skolan.

Äfven rådde i skolan ännu en gammaldags, delvis från medeltiden härrörande ordning, bl. a. kännetecknad af det latinska språkets användande vid undervisningen å de högre klasserna, där eleverna äfven vid samtal sinsemellan och med lärarne med rätta borde begagna sig af detsamma [2]). Detta främmande språk försvårade naturligtvis ansenligt studierna. Med tiden vann väl svenskan allt större betydelse såsom undervisningsspråk, men förhållandet blef härigenom icke stort bättre, enär flertalet elever, som kommo från rent finska hem, de s. k. pura finnarna, måste använda en ansenlig del af sin tid till detta språks inlärande. De skulle t. o. m. uppoffra en del af sina ferier för att i antydt syfte öfversätta delar af Kristi lidandes historia till svenska. Och dock torde, allt detta oaktadt, de flesta elevers förmåga att uttrycka sig på svenska språket varit temligen klen, hvilket väsentligen försvårade undervisningens gång.

Under sådana förhållanden rådde ock en ständig svårighet att medhinna kurserna, och lärarenas krafter togos sålunda dubbelt i anspråk. För att råda någon bot på det onda, supplicerade man 1738 om en kollega tertius, „emedan denna skola mest måste antaga sådana ämnen, de där aldrig ett svenskt ord förut hört, mindre lärt, hvilket varit ett obeskrifligt förhinder och fordrat större utdrägt af tiden uti information, hafvandes ungdomen utom skolan icke den ringaste öfning, såsom uti flera andra städer, där skolor äro, uti svenska språket, alldenstund stadsens innevånare, där barnen äga husrum, bruka allenast finska språket“ [3]). Någon ny kollega erhölls icke, och man visste ej rätt, hvad man skulle taga sig till under dessa brydsamma omständigheter.

---

[1]) Leinberg: Handlingar rör. Skolväsendet, 3:dje saml., sid. 282.
[2]) Anfördt arbete, 1:sta saml., sid. 56.
[3]) F. I. Färling: Några grunddrag till Björneborgs skolas historia, sid. 20.

År 1748 skref domkapitlet till rektor Kraftman, att emedan finska gossar, som ej kunnat läsa innantill eller förstå något ord svenska, fruktlöst skulle använda sin tid i skolan, de alls icke borde i densamma intagas. Detta uttalande öfverensstämde väl med denna ansedde rektors egna åsikter i frågan. Han ville ej till skrifvareklassen hafva några gamla finskatalande gossar, hvilka syntes tjenligare för plogen, utan ansåg att de, som där vunno inträde, borde kunna läsa svenska innantill [1]). Dylika åsikter kunde dock icke, under de förhållanden, som voro rådande vid Björneborgs skola, strängt tillämpas, om de ens alltid voro allvarligt menade, och det finska språkelementet höll fortfarande i sig på kulturspråkets bekostnad. Därför skulle det ock på allt sätt bekämpas och rum beredas för svenskans herravälde.

Skolkollegiet beslöt $^{20}/_{4}$ 1760 bl. a. att som finska språket bland ungdomen blifvit mycket gängse, så skulle lärarne, i anseende till den skada de däraf hafva, hvar i sin stad hafva noga uppsikt däröfver att en så lastbar inritad ovana i möjligaste sätt måtte hämmas [2]). Sålunda utgjorde elevernas modersmål, hvars användande stämplades såsom en last, det största hindret för studiernas framgång på en tid, som dock eljes kännetecknades af en viss liberal anda, äfven i skolfrågor.

Skollifvet. Äfven var skollifvet i öfrigt ännu sig temligen lika sådant det varit före ofreden. Skollokalen utgjordes af ett enda rum, i hvilket alla klasser voro inrymda. De fattigare eleverna voro förpligtade till en mängd „serviliora opera scolastica“, såsom nyckelbärande, golfvets sopande, risgörande m. m. Man gick till skolan redan kl. 5 eller 6 om morgonen och slutade arbetet kl. 4 på e. m. Ferierna, „vacationes solennes“, torde varat om vintern från Thomæ till Henrici och om sommaren från Marie besökelse till Korsmessa [3]), men förrän eleverna permitterades blefvo de tillhållna att iakttaga fromhet och anständighet äfvensom att repetera hvad de inlärt sig under terminerna: Haffenrefferi och Koenigii teologiska definitioner, Hübners geografiska frågor, Justinianus o. s. v. [4]).

Skolans betydelse. Men oaktadt skolans gammaldags ordning och oaktadt de svårigheter man på grund af språkförhållandena hade att kämpa med, ge-

[1]) Knut Svanljung: Österbottens pedagogier och trivialskolor, sid. 103.

[2]) F. I. Färling: Några grunddrag till Björneborgs skolas historia, sid. 21.

[3]) Leinberg, handlingar rör. skolväsendet, 1:sta saml., sid. 57 o. 61.

[4]) Björneborgs tidning d. 28 januari 1882; artikeln Björneborgs skolarkivs äldsta handskrift.

nomgick emellertid den björneborgska skolan nu ett af sina mera betydande skeden. Tidens anda, som då gaf en så egendomlig prägel åt alla sträfvanden och förhållanden, gjorde sig också gällande på skolans område och värkade lifvande äfven på dess arbete. Särdeles var det just Kraftmans förtjenst att stadens gamla lärovärk åter höjde sig i anseende och vann försteget framför dess syskonanstalter i landet. Undervisningen började nämligen här, tidigare än i andra landets skolor, bedrifvas på ett naturligare och bättre sätt än förr, hvarjämte nya ämnen — sådana som intresserade nyttans tid — här först infördes, såsom naturalhistoria, fysik och ekonomi. „En lycka har denna Björneborgs skola att skryta utaf“, sade Kraftman i sitt memorial till domkapitlet 1749, „jag vågar säga framför alla andra skolor, nämligen att hon är den allra första, uti hvilken informationsvärket på långt bättre och fördelaktigare sätt blifvit drifvet än tillförne skett både här och annorstädes. Och kan jag, som af högvördigste herr biskopen gunstigt blifvit förordnad att härstädes drifva reela vetenskaper, af den början, som i Herrans namn är gjord, fulleligen intyga att dessa inrättningar till alla delar låta verkställa sig“ [1]).

Från skolan utgångna bemärkta stadsboar.

Äfven under denna tid utgingo från den björneborgska skolan män, hvilka gjorde sig bemärkta genom kunskaper och lärdom. Af stadsboar förtjena såsom sådana särskildt att nämnas de tre bröderna Fortelius, söner till kyrkoherden i Ulfsby och Björneborg Gabriel Fortelius. Af dem blef Gabriel Fortelius [2]), som ock 1742—1745 varit kyrkoherde i Björneborg, slutligen biskop i Borgå 1762. Han bivistade ock flere riksdagar och utöfvade en icke obetydlig litterär värksamhet. Äfven hans yngre broder Johan Fortelius [3]), hvilken afled såsom domprost i Borgå 1767, hade namn om sig att vara en högst framstående prestman. Tredje brodren Petrus Fortelius [4]) har

---

[1]) Leinberg: Handlingar rör. skolväsendet, 1:sta samlingen, sid. 72.

[2]) Gabriel Fortelius, f. 1700, † 1788, kyrkoherde i Ulfsby och Björneborg, biskop i Borgå: se vidare om honom i bilagorna, presterskapet.

[3]) Johan Fortelius. F. 9/6 1701; stud. 23/7 1722. Stipendiat 1723—1731. Respondens 18/3 1729 under Joh. Haartman, pro gradu 17/6 1729 under And. Pryss. Magister 25/6 1729. Rektor vid trivialskolan i Nyslott 1731. Eloqv. och poes. lektor i Borgå 1734. Kyrkoherde i Helsingfors 1741. Ledamot i fästningsbyggnadsdeputationen på Sveaborg. Domprost i Borgå efter brodren Gabriel 1765. † 8/9 1767. — Gift med Anna Hahn.

[4]) Petrus Fortelius. Student 20/1 1726. Stipendiat 1731—33. Respondens 20/11 1731 under Björklund, 1/7 1732 „De primis initiis Biörneburgi“ pro gradu under J. Haartman, som i ett företal 1/7 1735 upplyser att respondenten, som nyligen aflidit, till promotionen hunnit utgifva endast de fyra första si-

åter förvärfvat sig ett förtjent minne i stadens historia genom sin ofta nämda disputation: „de primis initiis Biörneburgi", hvilken skrifven 1732 utkom i tryck efter hans död 1735. Denna disputation, den första tryckta beskrifning öfver stadens grundläggning och tidigare öden, var ock på sitt sätt en produkt af nyttans tid, hvarunder intresset för dylika ekonomiska och topografiska skildringar öfver socknar och städer var allmänt. — Af personer, som efter att hafva genomgått skolan under Kraftmans ledning senare särskildt egnade sig åt studium af de reala eller naturvetenskaperna, må ock nämnas björneborgaren Johan Gabriel Bergman[1]), hvilken såsom läkare vunnit ett berömdt namn.

Att för öfrigt boksyntheten också inom borgerskapet var i stigande, finner man af många antydningar i tidens handlingar. De ekonomiska broskyrerna, som tidtals från Åbo sändes kring landet, och af hvilka städse några exemplar också hamnade till den ryktbara schäferistaden, ökade läslusten hos husfäderna. Fru Gyllengrips „passionsbetraktelser" studerades flitigt af fruntimren, och äfven för döttrarna i de borgerliga husen bereddes redan tillfälle till handledning i läsning och skrifning. Staden hade också, såsom ofvan nämts, redan en bokbindare, men ingen boklåda, utan tillgodosågs behofvet af nödig litteratur främst genom den tillförsel af böcker Åbo bokhandlare vid marknaderna utstälde i sitt stånd på torget.

Styrelsen. Såsom vi af föregående funnit, hade staden under denna tid af stilla arbete i väsentlig grad hemtat sig från den förlamning, hvari den under förra seklet råkat. Dess materiella och andliga lif pulserade åter med jämna slag, som häntydde på en sund utveckling af samhället. Förtjensten om stadens återupprättelse tillkommer i icke ringa grad de män, som då i egenskap af styresmän stodo i spetsen för densamma. Borgmästaren Ståhlfoot bidrog, i sin helsas dagar, otvifvelaktigt mycket till stadens återupprättelse efter stora ofreden, men blef mot slutet af 1740-talet sjuklig och orkeslös, lemnande slut-

---

dorna af arbetet, emedan han antagit presttjenst. Därför hade Haartman på egen bekostnad låtit trycka arbetet, som var en frukt af bådas flit. Magister $^{4}/_{7}$ 1732. Slottspredikant i Åbo $^{10}/_{11}$ 1732, † $^{17}/_{8}$ 1735.

[1]) Johan Gabriel Bergman, f. $^{28}/_{8}$ 1732. Föräldrar: kollegan Johan Bergman och Anna Kekonius. Stud. 1751. Begaf sig 1753 till Uppsala, där han studerade fysik, matematik, naturalhistoria och kemi. Filos. kand. 1756 i Åbo, mag. 1757. Biträdde d:r Haartman. Förestod 1762 provincial- och lasarettsläkaretjensten i Åbo. I frågasatt vid besättandet af provincialläkaretjensten i Björneborg. Provincialmedicus i Åbo distrikt 1766; lasarettsmedicus i Åbo 1767. Med. doktor 1768 i Uppsala; assessor 1775; † ogift $^{4}/_{11}$ 1793. B. var en lärd, skarpsinnig och erfaren läkare.

ligen tjensten att bestridas af vikarier [1]). Men då Ståhlfoot ändtligen, $^{24}/_{11}$ 1749, därtill öfvertalad af befallningsman Wadsten, som hoppades kunna blifva hans efterträdare, tagit afsked, anstäldes den 6 maj 1750 val af ny borgmästare. Häradshöfding Lars Sacklén, som endast därigenom vunnit tredje rummet på förslaget, att viceborgmästar Ek fran Raumo, som fått de flesta rösterna, återtagit sin ansökan, utnämdes härpå till borgmästare, oaktadt Erik Miltopæus näst Ek bekommit det högsta röstetalet och äfven blifvit af borgerskapets majoritet särskildt äskad [2]). Att staden dock ej hade skäl att beklaga sig öfver utgången, hafva vi redan af det föregående funnit, i det Sacklén i alla afseenden visade sig vuxen att leda stadens angelägenheter på ett för densamma lyckobringande sätt.

Äfven bland rådmännen funnos vid denna tid män, som gjorde sig mycket förtjenta om staden, såsom J. Sourander och Arvid Brander. Rådmännens antal var fortfarande fem, hvarjämte en var anstäld på extraordinarie stat. Borgerskapet hade väl 1727 af ekonomiska skäl yrkat på rådmanstjensternas indragning, „kunnandes, när rådstugutimmarna infalla, rätten beklädas med äldre och förståndiga män af stadsens menige borgerskap“, samt 1728 föreslagit att endast tvänne rådmän skulle uppföras å stat. Förhållandet blef likväl vid det gamla. Dock tillsattes den femte ordinarie rådmanstjensten en längre tid endast extraordinariter, enär borgmästar Ståhlfoot enligt en redan 1723 med borgerskapet uppgjord öfverenskommelse åtnjöt femte rådmanslönen till förstärkning af sina klena borgmästareinkomster. Hans lön besteg sig nämligen — såsom det hette — „præter propter“ endast till omkring 400 d:r k:mt, hvadan han med skäl kunde klaga att han med sin familj, som bestod af 15 personer, „måste lefva på mindre än ett vanligt fångtraktamente“, — hvilket uträknadt à 9 öre k:mt om dagen för 15 personer redan hade blifvit 1,539 daler 27 öre k:mt. Det var icke underligt om borgmästaren under sådana förhållanden sökte öka sina inkomster genom att innehålla för sig femte rådmanslönen, och genom att utvärka åt sig uteslutande privilegium på krogrörelsen i staden. Krögeriprivilegiet innehade han — såsom vi sett — sa godt som ensam i tio års tid, till dess Adam Bohle på riksdagen 1738 utvärkade brännvinsförsäljningens frigö-

---

[1]) Den nitiske Henrik Lidin 1748, den af sinnessjukdom lidande och slutligen för tjenstefel afsatte hofrättsadvokaten And. Gillberg ($^{27}/_{3}$—$^{4}/_{8}$ 1749) samt den af borgerskapet mycket omtyckte notarien Erik Miltopæus ($^{4}/_{8}$ 1749—$^{6}/_{5}$ 1750).

[2]) Landshöfdingeskrifvelserna, Åbo o. B:borgs län 1748—53, XII i Sv. Riksarkivet.

relse, och rådmanslönen fråntogs honom först 1746 genom Arvid Brander, hvilken blifven femte rådman ej åtnöjde sig med att tjena utan lön [1]).

Liksom betecknande för de små förhållanden, i hvilka den björneborgska uppstaden, oaktadt sin tilltagande välmakt, ändock fortfarande lefde, var det „mindre sigill", som nu kommit i bruk i stället för det heraldiskt prydliga staden erhållit af hertig Johan.

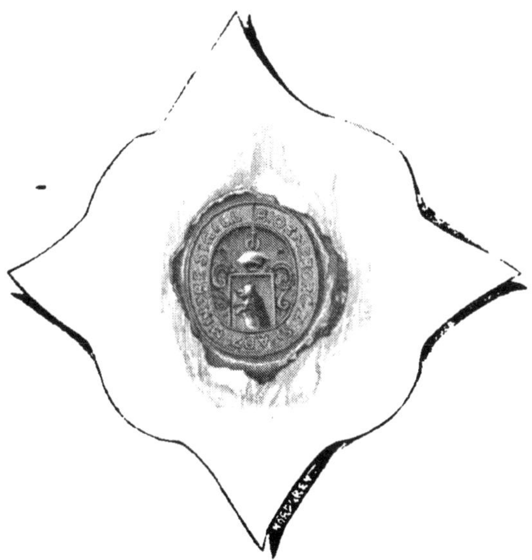

Björneborgs stads mindre sigill.

Såsom borgerskapets representation vann de 12 äldstes institution under denna tid mycket i betydelse, samtidigt som borgerskapet allt mer började sönderfalla i olika korporationer, handlande, handtvärkare och borgare, hvilka genom dessa sina deputerade bevakade sina intressen i stadens allmänna frågor. Väl hände det ännu stundom att magistraten, ihågkommande äldre tiders sed, då tillsättandet af stadens förtroendemän främst tillkommit densamma, ville egenmägtigt ingripa i borgerskapets rätt att sjelft utse sina deputerade. Därom vittnar ej mindre hvad de äldstes tillsättande angår Indebetous år

[1]) Landshöfdingeskrifvelserna, Åbo o. B:borgs län 1745—47, XI i Sv. Riksarkivet. — 1731 hade väl anhållits om de till kronan ännu utgående 40 t:nr åkerskattsspannmål till förbättring af magistratens löner, men denna anhållan afslogs slutligen 1744.

1739 framstälda klagan att han blifvit utan vidare af magistraten afsatt från de äldstes gemenskap och en annan tillsatt i hans ställe, utan borgerskapets hörande, än ock hvad val af riksdagsman beträffar den oenighet som 1738 utbröt emellan magistraten och borgerskapet med anledning af den af borgerskapets majoritet föreslagna Bohles val, hvilket isynnerhet borgmästaren af alla krafter motarbetade, enär han visste att Bohle skulle på riksdagen anföra besvär öfver brännvinsprivilegiet.

Fortfarande ledde ock frågan om taxeringen till svåra slitningar inom borgerskapet, hvilka slutligen, på 1760-talet, gåfvo den mot staden äfven eljes mindre vänligt stämda landshöfdingen Wallén anledning till att personligen blanda sig i frågans afgörande. Då detta landshöfdingens ingripande på sin tid väckte mycket uppseende i staden, vilja vi här i korthet skildra den närmare tillgången därvid. Inre tvister.

1764 den 4 mars, således vid den tid då schäferifrågan debatterades som hetast, anlände kl. 7 om aftonen landshöfdingen temligen oförväntadt till staden och yrkade på att borgerskapet med trumman skulle ihopkallas för att följande dag kl. 9 välja taxeringsmän. Borgmästare och råd ansågo emellertid ett slikt hoptrummande af menigheten olämpligt, synnerligen som stadens äldste en gång för alla voro taxeringsmän, och ursäktade sig med att ej i en sådan hast kunna få borgerskapet i hop. Landshöfdingen, som väl anmärkt att man ej borde betaga borgerskapet dess valrätt, syntes till en början varit tillfreds med denna förklaring. Vid middagsmåltiden följande dag talade han ej vidare om saken och reste sedan på kvällen på ett kortare besök till prof. Kraftman på Koivisto och kapten Ehrenmalm på Saaris. Men senare på aftonen fick borgmästaren till sin öfverraskning emottaga besök af länsman och gevaldiger, uppsträckta i full habit, hvilka kommo med förnyad befallning om borgerskapets sammankallande. Samtidigt erfor borgmästaren ock att några handlande och borgare lupo omkring i staden gård ut och gård in, uppmanande borgerskapet att hos landshöfdingen anhålla om val af nya stadsäldste. Landshöfdingen Wallén och magistraten.

Utan att ställa sig den erhållna befallningen till efterrättelse, beslöto borgmästare och råd följande morgon att sända en deputation till landshöfdingen för att fråga om han ej skulle tillåta, att man efter allmän kungörelse kunde höra borgerskapet, huruvida det hade något mot stadens äldste att påminna. Detta upptog landshöfdingen mycket onådigt. Han tycktes ej vilja tro att samtliga magistratspersoner och de äldste varit med om beskickningen, utan menade att allt var en tillställning af borgmästaren. Under uppgift att några nyligen antagna borgare just varit hos honom och klagat öfver att de ej fingo deltaga i valen, förständigade han magistraten att ögonblickligen sammankalla borgerskapet; eljes skulle han sjelf låta slå i trumman och ringa i klockan. Därpå visade han de deputerade dörren. En del af dessa begåfvo sig, då det redan lidit till middag, till Gottleben, som var en af stadens äldste och hade vinhandel, samt diskuterade där under glasens klang dagens evenemang, medan trumhvirflarna ljödo kring gator och gränder. Sedan följande morgon ytterligare ringts i rådstuklockan, uppkommo borgarena, som hemma voro, ungefär fjärdedelen af hela borgerskapet. Och man valde nu 8 nya taxeringsmän, hvilka tillsammans med stadens 12 äldste förrättade taxeringen. Samma dag afreste landshöfdingen beledsagad en half mil utom staden af magistrat och borgerskap.

Men härmed var saken icke slut. Den 24 maj om aftonen kom Wallén åter till staden och lät, utan borgmästares och råds vetskap, kl. 7 följande morgon trumma i hop borgerskapet, som i sin öfverraskning trodde att elden var lös. I borgerskapets närvaro tilltalade sedan landshöfdingen, med anledning af schäferisaken, ömsom på svenska ömsom på finska, magistraten med så häftiga ord och hårda utlåtelser, beskyllningar och varningar, som någonsin möjligt var och upptänkas kunde. Borgmästaren och notarien blefvo personligen angripna, särskildt den senare till heder och ära.

Saken gick upp till justitiekanslern. Landshöfdingen angaf borgmästaren såsom den där uppsatt sig emot hans bud och förfört menige man till olydnad. Magistraten åter beklagade sig högeligen öfver att hafva varit utsatt för så vidriga, svåra och bekymmersamma omständigheter, hvilka snart kunnat försätta allting uti obestånd och förvirring.

Det kommunala lifvets utveckling.

Något vidare blef det väl ej af saken, men den är intressant såsom lemnande oss en inblick i frihetstidens strider, sådana de gestaltade sig i en småstad. Stadens styrelse förblef sådan den varit, och den var otvifvelaktigt god för sin tid. Man sträfvade efter ordning och princip i allt, där förut rådt endast godtycke och traditionella seder. Man införde ordentliga vallängder vid de borgerliga valen. Domstolsförhandlingarna antogo en modernare prägel. 1734 års lag förjagade från dombordet de sista medeltida sedvänjorna och åskådningssätten, så att endast undantagsvis ännu något minne från äldre tiders mera barbariska rättskipningskoutymer blef kvar, såsom t. ex. straffredskapet trähästen, på hvilken delikventen skulle sitta i en timme eller mer, — ett straff som ansågs så svårt, att de därtill dömde hellre sade sig vilja lida döden än „rida“. En upplystare anda gjorde sig småningom gällande på samhällslifvets alla områden. Borgerskapets ökade antal och tillväxande välstånd gåfvo detsamma också en betydelse i det kommunala lifvet och en sjelfständighet gentemot de styrande, som det icke i samma mån haft under de föregående tiderna.

Ty ända sedan den 2 januari 1722, då 32 nya borgare antogos, hade borgerskapet och folkmängden ej upphört att tillväxa. 1722 års mantalslängd upptager endast 307 personer. Omkr. 1750, eller rättare sagdt, år 1747, således efter mer än hundra år, hade mantalsbokens folkmängdssiffra åter stigit till det tal, 555 personer, som varit det högsta under stadens första glansperiod. Särdeles raskt synes folkmängden tilltagit ifrån och med år 1750. Enligt 1751 års längd var de mantalsskrifnes antal 587, fördelade på 238 matlag. 1765 var antalet redan resp. 885 och 327, hvilket häntyder på att befolkningens totalsiffra måste hafva stigit till 1,000 och några hundra personer. — Bruket af slägtnamn hade nu så stadgat sig och trängt ned t. o. m. till de lägre samhällslagren, att man endast undantagsvis påträffar någon person som saknade sådant. 1751 bära af de 238 matlagens föreståndare 223 slägtnamn — 215 icke-finska och 8 finska — samt endast 15 sakna sådana. De flesta slägtnamnen, t. o. m. i det så kallade „finska borgerskapet“, hvilken benämning dock, såsom vi strax skola finna, ej afsåg nationaliteten utan näringsförhållandena, voro svenska, men flere af dem förrådde redan genom deras yttre utseende sitt finska ursprung, såsom: Karhelin, Kerolin, Polvelin, Rajalin, Raumalin, Rutulin o. s. v. I afseende å frågan om borgerskapets nationalitet är för öfrigt belysande den år 1729 vidtagna bänkindelningen i kyrkan, hvarvid 69 platser finnas tecknade för både finska och svenska, 44 för enbart finska, men endast 10 för enbart svenska gudstjenster. Borgerskapet.

Flere nya slägter, som framträdt efter stora ofreden, höjde sig under denna tid till betydenhet inom borgerskapet, såsom Ascholin, Backman, Björkman, Crusell, Novander, Selin, Thurman o. s. v. Från Sverige hade inflyttat representanter för slägterna Indebetou, Inberg, Svanström; från Nystad hade rådmannen Johan Rancken flyttat till staden och här slagit sig ned.

Inom borgerskapet började alltmera den egentliga handelsklassen skilja sig från handtvärkarne och det lägre eller s. k. „finska“ borgerskapet, som lifnärde sig med s. k. „finsk“ eller småhandel, sjöfart på Stockholm, jordbruk och fiske. Det var som skulle skråsystemets anda genomträngt samhället och fördelat medborgarena i särskilda klasser eller „societeter“, hvar med sin skilda afslutna värksamhetskrets och sina särskilda intressen. Enligt 1752 års mantalslängd, som upptager befolkningen ordnad efter yrken, hade staden 15 handlande, men 1765 utgjorde deras antal redan 20. Handtvärkarnes antal, som 1752 utgjorde 39, var såsom tidigare blifvit nämdt vid periodens slut 51. Det egentliga borgerskapets antal åter var, enligt uppgifter af såväl 1738 som 1750, omkring 120, enligt bevillningslängden af år 1760 dock endast 103. Hela det burarätt egande borgerskapet utgjordes sålunda vid periodens slut af omkr. 195 personer.

Utom borgerskapet fans dessutom i staden en ansenlig befolkning, hvaraf enligt 1752 års mantalslängd 3 familjer hänföras till klerceiet, 20 till magistraten och stadens betjente, 7 till tullstaten, 5 till skolstaten och lika många till standspersonsklassen, utan angifven befattning eller näring. Dessutom fans en särskild klass, de s. k. „stadens arbetare", hvilkas antal 1752 var 33 och 1760 42. De voro stälda under uppsikt af en ålderman, till hvilken vederbörande, då de behöfde arbetare, egde att vända sig med anhallan om sådanas erhållande. Arbetarne synas emellertid icke sjelfva varit nöjda med denna anordning, som inskränkte deras frihet, utan gingo ofta, utan att akta på åldermannens förmedling, i arbete hos enskilde, hvaraf stundom mycken oreda uppstod [1]).

I stadens militärkorps sammanträffade borgarene från de olika klasserna med hvarandra, så att detta i sanning utgjorde en total representation af det burarättegande borgerskapet. Där gjordes ej skilnad emellan handlande, handtvärkare och borgare, man talade endast om kaptener, löjtnanter, konstaplar, fältväblar och gemene. Enligt häfdvunnen sed skulle borgargardet, vid landshöfdingens eller andra högstälda personers besök, uppställa sig i gevär vid tullporten eller ock tåga vederbörande till mötes en half mil utom staden.

Freden och välståndet.

Inom borgerskapet var nu välmågan vida större än under föregående period. Tiden hade varit en fredens æra, hvilken endast i ringa grad störts af kriget 1741—43. I september 1742 hade väl de fruktade moskoviterna åter nalkats staden och den 30 i samma månad nödgades innevånarne, „ändock icke utan hjertans grämelse, aflägga trohetseden under Hennes Majestät Kejsarinnan af Ryssland efter det af Hennes Majestäts här i staden befälhafvande officerare företedda formulär" [2]). Men oafsedt att staden i juni 1743 fick en inkvartering af några kompanier kejserliga grenadierer, hvilka då

[1]) Domboken $^4/_3$, ^{11}, och $^8/_{11}$ 1749.
[2]) D:o $^{30}/_9$ 1742.

anländt till orten [1]), samt sedan, efter redan afslutad fred, måste proviantera det vid Räfsö med sina skepp infrusna ryska krigsfolket [2]), vet man ej att den skulle underkastats några svårare pålagor eller onera. Da sålunda detta krig ej medförde några större störingar, var också välståndet hela perioden igenom i jämt stigande.

Detta så mycket mer som ej heller skatterna nu voro så betungande som förr. Visserligen såg regeringen äfven under denna tid väl för sig och uttog ansenliga summor af de skattebetalande. Men de förändrade tiderna gjorde, att dessa utlagor kändes vida mindre tryckande än förr. De mest betungande utlagorna på denna tid voro de s. k. bevillningarna, hvilka enligt åtagande på riksdagarna årligen utgjordes dels efter persontalet, dels för inkomsten, dels för hvarjehanda egendom, som ansågs antyda en viss grad af välstånd hos den skattebetalande, för uppburna hyror, för „fönsterlufter", för tjenstefolk o. s. v., dels ändtligen ock för bruket af rena öfverflödsvaror, såsom af thé, kaffe, vin, chocolad, tobak, puder o. s. v. Bevillningarna.

Dessa bevillningars belopp hade en viss benägenhet att stiga, i samma mån man fann något nytt skatteobjekt, som kunde underkastas bevillningsskatten, såsom t. ex. styfkjortlar 1733, schäsar och karrioler 1753 o. s. v., eller ock hittade på något nytt sätt att fördela den efter olika procentberäkning af inkomsten o. s. v. Sålunda utgjorde t. ex. 1741, då i staden enligt taxeringslängden, som afsåg endast husbönder och tjenstefolk, funnos 166 husbönder, 22 drängar och 46 pigor, denna skatt 347 d:r 12 öre, men 1751, då taxeringslängden redan var vida mer komplicerad, 1,103 d:r 11 öre äfvensom 1763 hela 2,948 d:r 8 öre. Härtill kom ännu taxeringen för husbehofsbränningen och brännvinsminuteringen, utgående med resp. 716 d:r 16 öre och 240 d:r 9 öre [3]).

Utom dessa bevillningar erlades de vanliga personella utskylderna: mantalspenningarna (på 1700-talet varierande emellan 500 och 600 d:r) boskapspenningarna (omkr. 100 d:r ända till 1756), båtsmanspenningarna (128 d:r) och slottshjälpen (120 d:r). Da härtill läggas några mindre och tillfälliga utlagor, såsom kartasigillata- och medicinalfondsmedel, sakören, sterbhusprocenter o. s. v., sa stego stadens direkta skatter, utom bevillningen, pa 1750-talet till ungefär 1,000 d:r om året. Öfver tulluppbörden finnas inga säkra uppgifter Öfriga utlagor.

[1]) Domboken $^{8}/_{4}$ 1743.

[2]) Landshöfdingeskrifvelser i Sv. Riksarkivet, Åbo och B:borgs län 1741—44.

[3]) Angående bevillningarna och öfriga utlagor, se Lands- och Verif. böckerna för Åbo och Björneborgs län, ur hvilka ofvannämda summor äro hemtade.

från denna tid, men då staden efter 1741—43 års krig bekom frihet från erläggande af tullen och de personella utskylderna, men likväl sedan, på regeringens anhållan, åtog sig att erlägga hälften af dessa skatter, beräknades halfva behållningen af tullen hafva utgjort omkr. 150 d:r, hvaraf kan slutas att hela tulluppbörden då måste hafva utgjort något öfver 300 d:r, ett belopp, som dock mot periodens slut, af allt att döma, måste ansenligt hafva stigit.

Bevillningen, de direkta och indirekta skatterna sammanlagda, betalade staden mot periodens slut alltså omkring 5,500 daler s:mt om året till kronan, således en ungefär lika stor summa som närmast före ofreden. Men, såsom redan nämdes, tiderna voro nu andra än då, och äfvenså penningens värde. „En penning i de äldre tider gälde“, säger Ståhlfoot på 1740-talet, „till inköp mot 3, 4 à 5 penningar denna tiden“, d. v. s. en summa af 5,500 d:r före ofreden skulle nu egentligen haft sin motsvarighet i en summa af 20,000 à 25,000 daler. Så hade penningen sjunkit i värde. Det är lätt att inse huru stor den värkliga lindringen i utlagorna härigenom blef för borgerskapet, särdeles då man äfven tager i betraktande den ökade befolkningen och de förbättrade handelsförhållandena. Också kunde magistraten, vid slutet af denna period, årligen med en viss tillfredsställelse meddela höga vederbörande, att staden nu ej häftade för några rester.

Förmögenhets-förhållanden.

Bland stadens förmögnaste män från denna tid framstå framför andra handlandena Carl Indebetou och Henrik Backman. I taxeringslängderna påfördes hvardera i regel 5 (eller 6) skattören, det högsta skattöretal, för hvilket öfver hufvud någon stadsbo då för tiden var taxerad [1]). Indebetou, härstammande från en holländsk slägt, som på 1640-talet inflyttat till Sverige, synes därjämte varit en bildad man, vid hvars åsikter städse särskildt afseende fästes, då frågan gälde stadens ekonomiska och kommersiella förhållanden. Han var ock stadens riksdagsrepresentant 1734. — Närmast Indebetou och Backman kommo på förmögenhetsskalan handlandena Nils Björkman samt Matts och Henrik Wadén, äfvensom bagaren Jakob Calander och borgarena Matts Lönnrot och Johan Lönblad, hvilka alla hade 3 skattören. Ofvannämda åtta personer innehade mer än

[1]) Carl Indebetou, f. i Stockholm $^{18}/_{12}$ 1696. Son af handlanden i Stockholm Govert I. och Helena Brandt. Farfadren Govert I. (f. 1583, † 1669) hade i följd af de politiska oroligheterna under Filip IV inflyttat från Holland till Sverige. C. I. blef slutligen rådman. Riksdagsrepresentant för Björneborg 1734. Egde Källfjärds säterirusthåll i Hvittisbofjärd. G. med Maria Gottleben, f. $^{8}/_{2}$ 1706, † 1796. Carl Indebetou afled $^{28}/_{11}$ 1778.

en tiondedel af borgerskapets samtliga skattören, hvilka 1755 voro inalles 238 [1]).

Det stigande välståndet gaf sig också uttryck i borgerskapets seder och klädedrägt, äfvensom i den ökade komfort det utvecklade i sitt hemlif. I sina pudrade peruker och med de långa kulörta rockarna hopknäpta till halsen, samt i sina skor och silkesstrumpor, hvilka nådde ända till knäet, togo sig den tidens stadsboar helt an-

Carl Indebetou.

norlunda ut än deras „arme antecessorer“ på 1600-talet. Ur domböckerna finna vi ock att de redan tillegnat sig en viss grad af tidens bildning. Frihetstidens böjelse för diskussion och debatter bidrog att inom borgerskapet utbilda en viss vana vid det offentliga

[1]) Undantagsvis var dock år 1764 Matts Wadén påförd det ovanligt höga skattöretalet $18\frac{1}{2}$. Äfven i annat afseende företer detta års längd några skiljaktigheter från de tidigare längderna. Närmast Wadén stod fortfarande Indebetou med 6 skattören; sedan kommo handlandena Isak Backman s:or och j:or äfvensom Fredr. Clouberg med 5 skattören hvar. Bland borgarena innehade Lönblad främsta rummet med $6\frac{1}{4}$ skattören.

lifvet, som därtills saknats. De utländska orden, som inmängdes i språket, gåfvo åt den tidens samlif en likaså egendomlig prägel, som de utländska djuren och växterna åt de ekonomiska sträfvandena.

Lyx- och öfverflödsartiklar. En viss förfining gjorde sig också gällande i hemlifvet. Med ledning af bevillningslängderna kunna vi kasta en inblick i den tidens öfverflödsförhållanden, hvilka så enkla de än förefalla, i jämförelse med våra vanor, dock utvisa ett stort framsteg i förhållande till tiden före stora ofreden. Vi finna ur dem t. ex. att år 1733 aderton damer af stadens societet låtit anteckna sig för begagnande af de då för tiden fashionabla s. k. styfkjortlarna. 1748 nämnes för första gången kaffe i stadens handlingar. Kaffe dracks då endast i två familjer, nämligen viceborgmästar Lidins och prosten d:r Lebells, thé däremot i sex hus, nämligen, förutom hos de två nyssnämda, äfven hos kapten Palman, handelsman Erik Inberg, handlandena Indebetou och Gottleben. Utom att bruket af tobak och snus var ganska allmänt, användes, t. ex. år 1753, puder i 33 hus, däribland äfven hos några handtvärkare, såsom hos bokbindar Crusell, repslagar Ekeblom, kopparslagar Berg, garfvaren Anders Blomberg och snickaren And. Engström. Lyxen att åka i schäs bestodo sig 1751 endast åtta personer, bland dem borgmästaren Sacklén och rektorn Kraftman. Någon vagn fans däremot ännu ej i staden.

Att kläda sig dyrbart var dock tillåtet endast standspersoner, som därför erlade bevillning. Andra egde ej pryda sig med öfverflödiga grannlåter. 1728 anklagades en enka för brott mot Kongl. Majestäts öfverflödsförordningar för det hon vid landshöfdingens besök i staden understått sig att framkomma med en bred spets på hufvudet. 1734 anklagades en bondedotter, som uppträdt på stadens gator i en mössa af röd sidensars med svart halsflor, och dömdes till 8 dagars vatten och bröd, då hon ej kunde bevisa sanningen af sitt påstående att hon var förlofvad med en snickarmästare, i hvilken händelse hon varit berättigad att bära dylik hufvudbonad. Samma öde hade år 1733 en enka, som burit mössa af halfsiden, och som icke kunde inför vällofliga rätten styrka att hennes salig man, hvilken dött i Stockholm, varit en „mästerskräddare“ [1]). Särdeles fingo stadens tjenarinnor ofta med böter pligta för sin fåfänga att kläda sig i brokadmössor med blommor, „sitserkattunskoftor“ och andra dylika plagg.

Stadens yttre. Hvad slutligen stadens yttre under denna period beträffar, må här tilläggas att sjelfva stadsplanen icke undergått någon väsentlig förändring efter branden 1698. Man hade vid stadens återuppbyg-

[1]) Domboken 24/5 1733.

gande velat begagna sig af de gamla källarena och stenläggningarna och därför ej vidtagit någon omreglering af grunden. Gatorna voro i hufvudsak desamma som på 1600-talet; kvarteren och tomterna likasa. Men en modernare prägel låg nu emellertid öfver det hela. Gatorna hade nu officiella benämningar. Gardarna hade förlorat sina hemmansnamn, hvilka synas råkat i glömska under ofreden, och angåfvos nu blott med sina resp. nummer. Byggnaderna särdeles i kyrko- och norra delen af Malmkvarteret, där stadens burgna handelsvärld bodde, voro större och prydligare än deras föregångare på 1600-talet. Många nya tomter, särdeles på den fordom öppna planen på Haga-ändan, voro redan bebygda. Staketten var likformigt öfverallt och bättre underhållet, och den långa raden af strandbodar regelbundnare än förr.

Huru välståndet stigit, framgår ock af de åtgärder, som nu vidtogos för fattig- och helsovårdens förbättrande i staden.

1754 inköptes för stadens räkning en ny tomt för fattighuset, som skulle därstädes uppföras ånyo. Då det i allmänhet högst sällan under denna period i handlingarna är fråga om de fattigas försörjande, torde detta kunna tolkas sålunda att anledning öfver hufvud icke förefans till diskuterande af detta ämne, m. a. o. att nöden bland folket var jämförelsevis mindre tryckande. Fattig- och helsovård.

I afseende å läkarevården var staden väl till en början fortfarande hänvisad till fältskärer, sådana som Joh. Gabr. Kihl, hvilken väl synes varit examinerad, efter han sade sig hafva Kongl. Maj:ts fullmakt, och Henrik Berg, en likaså öfvermodig och djärf som okunnig charlatan, hvilken aldrig genomgått några examina utan endast uppträdde med fullmakt af ryska öfverheten, som han tjent vid kievska regementet [1]). Den förre beskyldes allmänt för bedrägeri och snikenhet, i det han oaktadt erhållen betalning ej ville betjena särskilda borgare med skäggets afrakande hvarje vecka, och dessutom tog $2^1/_2$ d:r k:mt för en plåsterlapp och 8 öre silfver mynt för en åderlåtning, hvilket på orten ej förr varit vanligt [2]). Den senare, hvilken begagnade ett språk icke olikt Molières „läkares mot sin vilja“, utfäste sig väl att „plane suspendera morbum primarium, den födande orsaken, som en mennisklig kropp eller massam humorum till sjukdom disponerar“ — hvilken orsak för resten, såsom han sade, „ej bestod af någon grof och begripelig substans, utan af en sådan subtil materie att den är med naturen multiplicerad“. Men han Fältskärer.

[1]) Efter Kihl var Erasmus Haberend stadsfältskär 1737—1744.

[2]) Domboken $^{19}/_5$ 1731.

blef emellertid 1748 af hofrätten dömd till böter för en olycklig kur uppå Jakob Mattssons son, däraf dennes dödsfall timat, och 1758 af magistraten, som fann honom näppeligen vara vid sitt fulla och rätta förstand, än mindre skicklig att anförtros en syssla, hvaraf människans lif och helsa beror, vid 20 d:rs vite förbjuden att vidare befatta sig hvarken med kirurgi eller medicin, en åtgärd som af Collegium medicum till fullo gillades [1]).

Den första provincialläkaren. Men om ock sålunda periodens tidigare skede i jämförelse med äldre tiders förhallanden ej haft att i afseende å till buds stående sjukhjälp uppvisa någon förändring till det bättre, vidtogs däremot vid dess slut en åtgärd, som blef af epokgörande betydelse för läkarevården å orten. Sedan nämligen allmogen i Åbo och Björneborgs län frivilligt åtagit sig att sammanskjuta medel för aflönande af tvänne provincialläkare, anbefaldes redan 1753 en sådan delning af länet dessa läkare emellan, att den ena skulle vara stationerad i Björneborg, den andra i Åbo. Sedan ock den för provincialläkaren i Björneborg anslagna ringa lönen, 254 d:r s:mt, som gjort att någon läkare på längo icke anmält sig till den nya tjensten, år 1758 blifvit ökad med ett tillskott af 200 d:r ur allmänna medel, ansöktes platsen 1760 af medicinelicentiaten Jakob Hidén, född i Kauhajoki, som också till densamma utnämndes och sålunda blef den första provincialläkare i Björneborg, ehuru han aldrig tillträdde denna befattning utan föredrog att fästa sig vid en stadsläkaresyssla i Sverige. Härefter utnämndes 1762 till tjensten dr Bengt Björnlund, från Östergötland, sedan den af oss förut omnämnde björneborgaren Johan Gabriel Bergman återtagit sin ansökan, oaktadt han, främst på grund af sin kännedom af finska språket, erhallit landshöfdingens förord [2]). Björnlund vann snart ett välförtjent anseende såsom en skicklig och driftig representant för sitt yrke och sin vetenskap. Vid behof af sjukhjälp blef han snart en oumbärlig rådgifvare i stadens förmögnare familjer. Han upptog ock redan 1763 nära staden, på Lill-Raumo mark, en hälsokälla, „Björneborgs surbrunn" kallad, uppförde där ett brunnshus, dit gäster sommartid samlades till brunnsdrickning från staden och landsorten. Sålunda hade Björneborg och dess omnejd för första gången blifvit satt uti tillfälle att vid behof af sjukhjälp blifva betjenade af vetenskapligt utbildad läkare.

Småstadsförhållanden. Men om ock staden nu var förmögnare och bättre bygd än under 1600-talet, förblef den dock ännu en småstad i ordets rätta

[1]) Hjelt, Medicinalverkets historia. II, sid. 184—185.

[2]) Anförda arbete. II, sid. 105 och följ.

bemärkelse. Uppstadsförhållandena tryckte ännu djupt sin prägel på lifvet i densamma. Med ledning af tidens handlingar äro vi ock i tillfälle att kasta en blick på afvigsidan af det lilla samhället, hvars välaktade handlande och konstförfarne mästare stundom matte tagit sig något småroliga ut i sina pudrade piskperuker, och där dessutom vederbörande icke så sällan tilläto sig hvarjehanda friheter, som stodo i bjärt kontrast mot den ordning, för hvilken de så högtidligen pläderade på kurian. Vi behöfva blott anföra några exempel på den tidens gängse skvallerhistorier: — borgmästaren-krögaren som med stadstjenaren sände några buteljer upp till en vän, som råkat ut för missödet att för diverse ofog bli dömd att sitta på vatten och bröd; — prosten, som beskyldes för att hafva tagit ett stycke skarlakansrödt foder från en af kyrkans messkåpor „sig till lifstycke“ och satt sämre tyg i stället; — rådmannen, som raderade siffrorna i ängslängden, för att på sin nummer öfverföra en bättre lott än honom egentligen tillkom; — nattvakten som tagit sig för mycket till bästa på borgmästarens krog, så att han ej visste skilnad mellan natt och dag, utan midt på dagen stälde sig på torget och blåste väldeligen i hornet, så att hela staden rusade till, i tanke att elden vore lös; — klockställaren, som oftare än tillbörligt var försummade vårdringningen kl. 3 om morgonen och i stället ringde kl. 5, menande att det väl vore lika väl om de hedervärda borgarena vaknade ett par timmar tidigare eller senare.

Slika historier — vare sig sedan de voro grundade eller ogrundade — gåfvo ett och annat kvickhufvud anledning att med satirens gissel falla öfver de intet ondt anande. En mängd paskiller, hvilkas författare gemenligen förblefvo okända, oroade esomoftast lugnet i staden. Synnerligt uppseende väckte en dylik skrift, författad 1729 af en akademisk öfverliggare Belterus. Denne hade nämligen stadd på hemvandring från en nattlig orgie hört några personer i ett gathörn, vid hans förbigående, yttra: „o! jumala nähköön, koska tuokin vielä täällä Porin kaduilla käy; kaikki ihmiset sanovat että hän on akademiasta ulos ajettu“. Detta mindre hedrande uttalande kunde Belterus icke med jämnmod smälta, och han hämnades öfver staden i en smädeskrift, „i hvilken han alla stånd grymmeligen kalumnierade“. Väl känner man ej innehållet af skriften, som högtidligen af bödeln brändes, men att den träffat mången ömtålig sträng i det lilla samhället, finner man af den stora uppståndelse den i staden uppväckte. Saken gick upp ända till hofrätten, och Belterus dömdes att med kroppspligt försona sitt „äreförgätna skalkstycke“.

Paskiller.

Stadens ringa betydelse.

Men särdeles för utomstående föreföll staden, trots de framsteg den gjort sedan stora ofreden, ännu högst oansenlig och i behof af kraftig väckelse. 1746 talar landshöfdingen Ehrenmalm med ett visst beklagande om Björneborgs stads svaga handel och rörelse, och 1764 säges det vara en ostridig sanning, att Nystads borgerskap drifver en större handel och är jämväl mycket förmögnare än Björneborgs. Det kunde förefalla mången sällsamt huru en stad med ett så dominerande läge midt i en fruktbar landsdel och invid en af landets största elfvar, oaktadt regeringens alla försök att upphjälpa densamma med nya näringar och borgerskapets villighet att gå regeringens afsikter till mötes, likväl ej kunnat höja sig till en betydligare ställning. Och mången var färdig att förklara saken med mer eller mindre tillfälliga omständigheter. Så t. ex. landshöfdingen Lillienberg, då han 1749, rekommenderande borgmästar Ståhlfoot till afsked, sade att „Björneborgs stad i anseende till dennes ålder och försvagade krafter samt däraf följande ombyten med vikarier, icke kunnat bringas uti något tilltagande, ehuru den är belägen utmed stora sjön och eljes försedd med förmåner, hvilka borde vara kraftiga nog att i en framtid försätta denna lilla sjöstad i bättre anseende och mera styrka förskaffa, än den nu eger". Sådana orsaker kunde väl i någon mån medvärka till hämmande af stadens uppkomst. Men det värkliga hindret låg dock djupare.

Det var nämligen merkantilsystemet som gjorde att Björneborg, i likhet med sina sydliga grannar och de österbottniska städerna, ej kunde bli hvad den på grund af alla förutsättningar redan då hade bort vara. Men tiden var också nu kommen, då en förbättring äfven i detta afseende kunde förväntas. Redan länge hade enstaka röster på riksdagarna höjt sig mot Stockholms och Åbos uteslutande privilegier, emot det bottniska handelstvånget, emot Finlands förtryckta läge i rikets kommersiella lif. Anders Chydenius' broskyr upplyste likt en klar blixt den mörka horisonten, 1765 års riksdag instundade, ock vårt lands ädlaste män beredde sig nu att med enig kraft befria landets handel från de sekelgamla bojorna.

Riksdagsmannavalet 1764.

Den 1 okt. 1764 förrättades i Björneborg riksdagsmannavalet — väl ett af de märkligaste som i staden någonsin skett. Väl medveten om betydelsen af den blifvande riksdagsmannens uppgift, hade magistraten särskildt förhållit för borgerskapet dess medborgerliga pligt. „Ju vigtigare och ju angelägnare ämnen vid den instundande riksdagen komma att ständerna föreställas, desto nödigare blir det för borgerskapet att välja en upplyst, om rikets tillstånd och välfärd samt af kärlig vårdnad om sina medbröder besjälad man, som med mogna råd kan gå Kongl. Maj:t och riket tillhanda samt stadens bästa därjämte bevaka. Alla andra afsikter böra alltså åsidosättas". Det kunde ej vara tvifvel om hvem som under rådande förhållanden skulle vara den bästa representanten. Ty i afseende å förmåga och mångsidig erfarenhet kunde ingen annan ställas upp i bredd med stadens borgmästare Lars Sacklén, som redan vid trenne riksdagar fört stadens talan, tvänne gånger räddat dess schäferi och med kraft värnat densamma mot angrepp fran dess vedersakare. Han valdes ock; och enär magistraten och stadens äldste pröfvade en särskild viceborgmästare under hans frånvaro vara nödig, föreslogs hos hofrätten rådmannen Johan Sourander, som ock blef därtill utnämd.

Hvad sedan på riksdagen skedde och huru striden om de finska städernas befrielse närmare fördes, ligger utom ämnet för detta arbete. Men utan tvifvel var Lars Sacklén en af dem som kraftigt bidrogo till segern, och helt säkert kunna vi vara öfvertygade om att de förmåner särskildt Björneborg vann voro hans värk. Att äfven handelsman Ahlqvist och borgaren Petter Polvelin gått i enskilda utgifter vid det tillfälle då stapelrätten vans, veta vi däraf, att dem år 1779 därför tilldelades ersättning från stadskassan, men hvaruti dessa utgifter bestått, finnes icke närmare angifvet.

Stapelrättens återvinnande.

Riksdagen beslöt att alla städer framdeles finge fritt besöka hvilka orter inom riket som helst. Björneborg, Wasa, Gamla Karleby och Uleåborg erhöllo full stapelrätt, dock med utländska fartygs uteslutande [1]). Bland andra städer fingo Raumo och Nystad frihet att handla med träkärl, trävirke och hvarjehanda andra produkter på alla inom Östersjön belägna utrikeshamnar samt att från dem importera nödvändighetsartiklar.

Vi hafva härmed hunnit till slut med vår skildring af stadens lif under „nyttans tid". Oaktadt där ännu funnos kvar många brister, härrörande främst af dess ställning såsom uppstad, hade likväl slutresultatet af stadens sträfvanden under denna period varit, att den nått ett nytt stadium i sin utveckling.

Vi kunna för belysande af den nya tidens förmånliga inväkan på staden citera följande yttrande af Sacklén: „Björneborgs borgerskap har sedan en tid synnerligen förbättrat sin hushållning, anlagt tobaksplantering, grundat ett schäferi, hvilket den om fäderneslandet förtjente professoren Kraftman med loford omnämt i sin från trycket utgifna afhandling „om finska kreaturens van-

---

[1]) Stadens nya frihetsbref var dateradt $^{3}/_{11}$ 1765.

makt“. Det har pröfvat lin- och hampfrös såning, och uppbragt till en märkelig höjd spinningar och hemväfnader af lin och isynnerhet ylle, hvarmed stadens nyss inkomne färgare nogsamt blifvit sysselsatt. Därhos har det ock vidtagit ett kostsamt saltsjöfiske i öppna hafvet, som redan hunnit förse hela orten med strömming, sill och småsik, jämte det byggnadssättet i staden nu är ansenligen förbättradt“.

Fjärde kapitlet.

Tiden från 1765 till 1809.

Björneborg ånyo „sjö- och stapelstad". Sacklénska tidehvarfvet och medelhafsseglationen.

1765—1809.

Karaktäristik af perioden.

Den period af inemot femtio år, som följde närmast efter stapelrättens återvinnande, var för staden en tid af raskt framåtskridande. De mer än hundraåriga bojorna voro brutna, och det gälde nu att i den vunna frihetens hägn taga tillbaka, hvad man under halftannat sekel förlorat. Ledda utaf män sådana som en Sacklén, en Kraftman, en Lebell, visade också den tidens stadsboar att de voro sin uppgift vuxna, och bragte inom kort staden upp till en för dåvarande förhållanden icke obetydande ställning. Väl hade man ännu i behåll från merkantilismens dagar skråtvång och acciser, men dessa hinder för det ekonomiska framåtskridandet motvägdes i någon mån af det allmänna intresse för näringarnas befordrande, hvilket såsom ett minne från föregående period fortfarande karaktäriserade tidsandan. Man lefde ännu i nyttans tidehvarf, samtidigt som en ny æra blifvit öppnad genom den fria seglationen.

Den nya seglationen.

Främst finna vi naturligtvis denna utveckling göra sig gällande på handelns område. Det var ju främst denna näring den nya friheten afsåg. I början ville väl den nya seglationen ej hafva någon lycka med sig. Man var ännu osäker på den nya stråt man inslagit, och fick därför dyrt betala sina lärospån. Redan 1766 hade en jakt blifvit sänd till Amsterdam [1]), sannolikt det första björneborgska skepp, som visat sig utom Sundet och de danska farvattnen, men den led skeppsbrott på återresan. De följande åren följde sedan det

---

[1]) Stadens riksdagsrelation 1769. Handels- och Manufakturdeputationens acta åren 1769 och 1770. Tomen I. (Sv. Riksarkivet).

ena skeppsbrottet på det andra, den ena sjöskadan på den andra, och 1771 förgicks ett större till saltimport utredt fartyg [1]).

Den första medelhafsfararen.

Under sådana förhållanden måste man tillstå att handeln, stapelfriheten till trots, var i aftagande, och för att ej riskera för mycket nöjde man sig därför, hvad seglationen utom Sundet beträffar, med årliga färder till Amsterdam. På närmare tio år hade man ej lust att gå utom Nordsjön, och därvid hade det möjligen kunnat blifva för längre tider. Men till lycka för stadens sjöfart anbefalde regeringen år 1773 staden att anlägga ett stående saltlager af 200 tunnor för att vid förefallande saltbrist i landet kunna fylla de första behofven. Den stegrade saltimport, som häraf blef en följd, särdeles som saltlagret ej skulle få hemtas från inrikes orter, nödvändiggjorde en direkt förbindelse med de stora salthamnarna vid Spanska sjön och Medelhafvet. Sourander, Wadén, Backman, Ascholin och Gottleben företogo sig då, 1773, att på stadens varf bygga ett stort fartyg om 180 läster, „Gustaf III“ benämdt, och sände det 1774 direkte till Marseille och Trapani efter salt [2]). De åtogo sig ock att å samtliga borgerskapets vägnar upplägga det af regeringen fordrade lagret, mot vilkor af framdeles skeende betalning, äfvensom under förutsättning att borgerskapet skulle deltaga i de stora hamnanläggningarna vid Räfsö, hvilka nu blefvo nödvändiga, då deras fartyg omöjligen kunde med sin last segla upp till Sandudden. År 1775 om våren återkom „Gustaf III“, medförande den första saltlasten från Medelhafvet, — en händelse, hvars minne ända till våra dagar fortlefvat i folkets minne.

Sacklén om den nya stapelfriheten.

Men efter att endast tvänne år hafva gått på Medelhafvet såldes „Gustaf III“ 1776 till spanska kronan [3]), och stadens andra stora fartyg, „Björneborgs vapen“, om 100 läster, gjorde ej längre resor än till Amsterdam och London. Då fann Sacklén det vara hög tid att påminna borgerskapet om dess pligt. På allmän rådstugudag, den 18 okt. 1777, förestälde han stadens handlande, hurusom deras handel på Stockholm i följd af den där rådande starka konkurrensen ej kunde vara synnerligen lönande, äfvensom huruledes också Östersjöfarten måste anses mindre gagnelig, då tjära och trävaror med vida större fördel kunde föras till fjärmare orter. Handlandena borde

---

[1]) Magistratens bref till landshöfdingen $^{7}/_{8}$ 1775, bilaga till landshöfdingeskrifvelserna i Sv. Riksarkivet. Magistratens protokoll (i B:borgs rådhusarkiv) $^{17}/_{8}$ 1772.

[2]) Magistratens protokoll (i B:borgs rådhusarkiv) $^{18}/_{10}$ 1777.

[3]) Anfördt ställe. Skeppet „Björneborgs vapen“ köptes från Vasa sannolikt redan 1774.

därför vara betänkta på att med större allvar företaga och drifva handel och sjöfart på Medelhafvet, än härintills skett. Det lilla fartyget „Björneborgs vapen“ svarade hvarken mot ortens produkter och rörelsens möjlighet, eller mot handlandenas skyldighet i afseende å stapelfriheten. „Handlandena kunde ej“, sade han, „skäligen föreställa sig att höga öfverheten skulle löna och underhålla här en tullförvaltare och sjötullsbetjening blott för ett litet skepp och för den tyska seglation, helst ock andra omständigheter kunna värka indragning af sjötullkammaren här, och att man blifver förvist till andra tullkamrar med den seglation, som sedermera kan tillåten blifva. — Som Björneborg opåtaldt fått nyttja sin egen stapel och hamn, så borde en sådan kunglig nåd och ynnest icke missbrukas eller vanvårdas“. Han slutade med att å magistratens vägnar uppmana handlandena att ingå i ett rederi för ett skepp af åtminstone 200 eller 180 lästers drägt, som följande vår skyndsamt skulle utredas, „helst“, tillade han, „för närvarande handelskonjunkturen utrikes är den fördelaktigaste som nästan någonsin varit eller förmodas kan“ [1]).

Öfvertygade om sanningen af deras vördade förmans ord, synas handlandena också hafva gripit sig värket an, ty ännu samma år anhöllo Johan Gottleben och Nils Ascholin att för byggandet af ett 200 lästers fartyg få från skatte- och kronohemmans skogar uppköpa nödigt virke, hvartill också regeringen gaf sitt bifall. Men huruvida detta skepp någonsin kom att för stadens räkning segla på Medelhafvet är osäkert, enär det väl var samma fartyg, som några år senare säges hafva blifvit försåldt till Göteborg [2]). Men då man engång kommit i gång med skeppsbyggeriet och då de goda konjunkturer Sacklén påpekat, stodo klara för en och hvar, förgick ej ett år, hvarunder icke minst ett nytt skepp skulle gått ned från slipen på varfvet, hvilket år 1782 privilegierades för staden. 1783 bygdes där samtidigt fyra stycken, hvilka alla efter föregången muddring nedfördes till hamnarna. Skeppsbyggeriet och de goda konjunkturerna.

Rederierna gjorde några år bortåt lysande affärer, i synnerhet med tjära, hvars pris aldrig tillförene stått så högt, och 1782 kunde magistraten i sin redogörelse med tillfredsställelse anmäla att stadens handel nu var i bättre skick än förut, och i årligt tilltagande. För att visa sin erkänsla mot Gustaf III, hvars politik man främst hade att tacka för de goda resultaten, hembar man, efter uppmaning af

[1]) Magistratens protokoll (i B:borgs rådhusarkiv) $^{18}/_{10}$ 1777. Det nya skeppet beräknades komma att kosta 8,333 rdr 6 sk:r eller 150,000 d:r k:mt.

[2]) Magistratens protokoll (i B:borgs rådhusarkiv) $^{3}/_{6}$ 1782.

grosshandlaresocieteten i Stockholm, såsom gåfva åt Kunglig Majestät 1 rdr af hvarje svår läst, som stadens utom Östersjön gående öfver 30 läster dragande fartyg innehöllo.

Omslag i konjunkturerna.

Men då denna forcerade rederivärksamhet främst var bygd på de goda konjunkturer den beväpnade neutraliteten under brinnande krig medfört, så värkade det oförmodade fredsslutet (1783) ett svårt bakslag i affärerna. Den vidsträckta skeppsbyggnaden och utredningen hade nämligen „dragit i sig allt hvad den unga stapelstaden förmådde och jämväl hvad som af andra kunnat upplånas". Staden befann sig därför nu, sedan fredsslutet värkat ett hastigt prisfall på dess förnämsta exportvaror, i en svår förlägenhet. „Den ena cessionen följde den andra, hvar man sökte och blef sökt för fordringar, utmätningar och auktioner skedde hvarje dag; skepp, gårdar och lösöre gingo under klubban för halfva värdet, mestadels ännu därunder"[1].

Handeln.

Men snart arbetade man upp sig igen och fortsatte sin handel med mindre svindel men med säkrare beräkning. Också handeln på Östersjön vann nu en ny betydelse, sedan den icke mer var inskränkt blott till utförsel af träkärl. Vi skola kasta en hastig öfverblick på de olika grenarna af stadens sjöfart och handel, så godt det låter sig göra med ledning af de uppgifter, som stå oss till buds från den tiden.

Export.

Bland exportvaror började skogsprodukterna vinna allt större betydelse, ehuru de i trakterna närmast staden belägna skogarna redan förlorat det mesta af de jätteträd, som ännu under föregående period stått handeln till buds. 1773 beklagade sig staden däröfver att fänriken Hästesko, „som slagit sig på oloflig landthandel", mot förbud höll på att utskeppa de „största och gröfsta plankor och masteträd, som någonsin i Finland gifvas, hvadan denna landsort, som redan blifvit blottad på storvirkesträd, förlorar sina endaste härrligheter, denna stad till mycket lidande"[2]. Dock inhemtades till staden goda mastoträd, sparrar och spiror ännu i mängd från längre belägna trakter. — Också bräder utfördes nu mera än förr — ej allenast från staden, utan ock från trakten däromkring. Såsom vi snart få tillfälle att nämna anlades år 1781 i följd af den stegrade trävaruexporten också stadens första sågvärk på Lotsörebacken.

Bland skogsprodukter, som utfördes, intogo ock läkterna då för tiden en viktig plats, om ock staden i afseende å denna exportartikel

---

[1]) Magistratens protokoll (i B:borgs rådhusarkiv) $^{27}/_{12}$ 1785. Bland fallissementen på denna tid må särskildt nämnas handelshuset Thurmans.

[2]) Magistratens protokoll $^{8}/_{7}$ 1773.

stod efter sina sydliga grannar Raumo och Nystad. Då kronan ansåg läkterhygget vara alltför skogsödande, inskränktes emellertid exporten af läkter genom allmänna sjötullstaxan af år 1770 därhän att denna vara skulle få utskeppas endast till en tredjedel af lasten, och ehuru i Björneborgstrakten läkterhygget skedde endast å gran, hvarå fans ymnig tillgång och hvilket trädslag ej ens såsom fullgånget kunde bli något betydligt ämne för handeln, drabbades staden dock hårdt af det allmänna förbudet mot allt läkterhygge (10/5 1785). Därför förenade sig också staden med Raumo och Nystad och utvärkade följande år läkterhandelns frigifvande ännu till tvänne år eller till 1788 års utgång, och då under tiden utrönts att ingen skogsförödelse genom läkterhygget härtills skett eller i framtiden vore att befara, och då kronan därjämte ej ville gå miste om tullintraderna af en handel, som i länet steg till 90,000 rdrs värde, tilläts på förnyad anhållan af de trenne städerna, genom resolution af 9/6 1789, ånyo fritt läkterhygge å alla storskiftade skogar [1]).

Näst trävaror utgjorde onekligen tjäran på den tiden den viktigaste utförsvaran, särdeles som staden nu sedan 1765 hade enskildt privilegium på marknaden i Sastmola. Den på marknaden uppköpta tjäran upplades först vid hamnen och inlastades sedan vid öppet vatten under tullbetjenings och kronolotsars bevakning af stadens skeppare för att direkt till utrikesorter afföras. Staden ansökte ock 1781 att en lots skulle förläggas till Skarfouri holme i Sastmola skärgård för att lotsa stadens fartyg fram genom det orena vattnet. Den tjära åter, som från andra socknar kom till staden, skulle föras på torget och där vräkas, vid stadgadt vite, hvaröfver tjäruvräkarne skulle hålla noga akt [2]).

Slutligen må ock nämnas att den gamla boskapshandeln på Stockholm ännu florerade. Då 1774 i följd af boskapssjuka förbud utfärdades mot boskaps och kötts utförsel ifrån Åbo höfdingedöme, anhöllo flere handelsmän i Björneborg om förbudets upphäfvande. De insände därjämte till landshöfdingen bevis däröfver, att den till utförsel afsedda boskapen varit frisk, då den uppköptes i Sastmola och

[1]) Om läkterhandeln: se t. ex. magistratens protokoll 10/11 1772, 31/10 och 7/11 1778, 8/10 1786, äfvensom resolutionen 9/6 1789.

[2]) Om tjäruhandeln se t. ex. magistratens protokoll 22/4 och 20/4 1778, 27/2 1797. — 1797 öfverenskommo handlandena att vid vite af 10 rdr ej för en tunna tjära betala mera än 1 rdr 40 sk:r, hvilken öfverenskommelse dock genom öfverbud bröts af handlanden Ascholin, som ock beskyldes för att uppköpa tjäran redan vid tullen, utan att låta den komma till torget.

Påmark, samt att den äfven såsom frisk gått på bete å stadens holmar. Likaledes togo de intyg af slaktaren Törnberg, att den boskap som han för handlandes räkning slaktat varit frisk. Huruvida förbudet dock med anledning häraf upphäfdes, är icke kändt [1].

Import. Hvad importen beträffar var införseln af salt onekligen den viktigaste af stadens handelsuppgifter på den tiden. I staden försåldes — enligt uppgift af år 1772 — årligen 2,500 tunnor salt. Enligt kommerskollegii bref af den 3 dec. 1773 skulle — såsom redan nämts — staden hålla ett stående saltlager af 200 tunnor, och enligt samma kollegii skrifvelse af den 26 juni 1775 borde den dessutom, utöfver lagret, årligen inhemta minst 1,000 tunnor utrikes ifrån. Detta kvantum, som således utgjorde stadens s. k. införskrifningsskyldighet, ansågs ännu 1782 tillräckligt för ortens behof, helst som landtmännen däromkring seglade på Stockholm och där togo salt för sig och sina kommittenter. Angående saltimporten må för öfrigt tilläggas några statistiska uppgifter, som äro egnade att belysa denna handels storlek. 1781 inhemtades från Stockholm, enär under detta år stadens egna skepp ej hemkommo från utrikes orter, 1,567 tunnor, hvarjämte hos handlande funnos af gammalt på lager 129 tunnor. 1800 inhemtades något öfver 2,000 tunnor, och funnos i behåll af gammalt 300 tunnor, 1803 voro de resp. talen 1,675 och 600, 1804 1,500 och 1,030. År 1807 utgjorde hela saltförrådet 2,012 tunnor $24^{1}/_{4}$ kpr, inklusive det stående saltlagret. De orter från hvilka saltet företrädesvis hemtades voro St. Ybes, Alicante, Trapani, Torrevieja och Cagliari [2].

Dessutom inhemtades tobak och specerier, frukter samt apoteks- och fabriksvaror. Importen af ylle- och linnevaror äfvensom af sidentyger var i raskt tilltagande. Dessa väfnadsartiklar inhemtades t. ex. år 1798 för ett sammanlagdt värde af 893 rdr, men år 1802 redan för 1,463 rdr, och år 1805 hade importen stigit till öfver 5,731 rdr. Järn behöfde ej mera hemtas från Sverige eller utifrån, utan togs för det mesta från Kauttua, mindre från Fredriksfors, hvars tillvärkning ansågs skör och oduglig [3].

[1]) Beträffande boskapshandeln se magistratens protokoll 1774.

[2]) Om saltimporten se magistratens protokoll $^{17}/_{8}$ 1772, $^{29}/_{8}$ 1774, $^{16}/_{11}$ 1779, $^{26}/_{3}$ 1782, $^{8}/_{3}$ 1783, $^{4}/_{4}$ 1787 och flerstädes, äfvensom magistratens meddelanden till landshöfdingen (i B:borgs rådhusarkiv) fr. 1800 till 1807.

[3]) Magistratens protokoll $^{4}/$, 1799, $^{3}/_{1}$ 1803 och $^{8}/_{1}$ 1808. — Också motsatte sig borgerskapet 1794 assessor Bäckmans ansökning om rättighet att flytta Mariefors järnvärk från Vestergötland till Fredriksberg, såväl emedan Kauttua producerade bättre järn, som ock, i synnerhet, emedan man fruktade att bruket skulle, handeln till förfång, utöda skogarna.

Slutligen var ock spannmålsimporten stundom icke obetydlig, ehuru staden i allmänhet ej idkade spannmålshandel utöfver eget behof. Då nämligen ofta hände att staden vid inträffande dyr tid i landet ej hade någon spannmål att föryttra åt landtmannen, började kronan allt strängare fordra att den skulle förse sig med tillräcklig spannmål för ortens behof. Tidtals importerades därför utländskt mjöl särdeles från Tyskland och Memel, och handlandena förbundos att årligen gifva uppgift om stadens spannmålsbelopp. Sålunda uppgåfvo handlandena t. ex. vintern 1778—79 sig hafva till salu 552 tunnor spannmål [1]).

Statistiska uppgifter rörande handeln.

För att slutligen gifva läsaren ett begrepp om storleken och beskaffenheten af stadens handel på den tiden, vilja vi här meddela följande uppgifter rörande dess export och import för åren 1790 och 1791. Förstnämda år exporterades — Stockholms- och inrikesrörelsen oberäknad — 510 tnr tjära, 1,162 tolfter läkter, omkr. 450 tolfter bräder, 162 sparrar och 4 famnar stufningsved. Importen åter utgjordes af 1,164 tunnor salt, 284 ℔ risgryn, 113 ℔ fikon, 54 ℔ krukrussin, 10 kannor rom, 120 pomeranser och 88 citroner. Hela ut- och ingående tullen steg till omkr. 650 rdr specie. År 1791 åter exporterades 750 st. hudar, 363 tnr tjära, 5,586 tolfter läkter, 400 tolfter bräder, 5 famnar ved, 400 småtråg och 200 skoflar. Samma år importerades 186 ℔ risgryn, 592 ℔ sviskon, 224 ℔ kaffebönor, 264 ℔ toppsocker, 100 ℔ kardustobak, 44 ℔ „venedisk“ tvål, 44 ℔ lakritsrot, 54 ℔ fernbock, 151 ℔ bresilja, 1 åm 10 kannor franskt vin, 2 åmar ättika, $8^{1}/_{2}$ tunna äpplen, 9 lisp. hampa, diverse oberedda medicinalier. Hela sjötullens belopp utgjorde 570 rdr. Beträffande importen af tyger och klädesfabrikater finnas icke uppgifter för tidigare år än 1798, då importen af ylle- och linnevaror samt sidentyger steg till ett värde af 893 rdr. Dessa siffror, så anspråkslösa, om man tänker på vår tids förhållanden, angifva en för sin tid icke alldeles obetydlig rörelse, och bära i sin mån vittne om de framsteg staden gjort. Vi behöfva, för att rätt fatta innebörden af ofvanstående siffror, blott erinra oss, att från hela svenska riket på 1770-talet ej utskeppades mer än ifrån 50,000 till 89,000 tnr tjära samt vidpass 150,000 tolfter bräder årligen. Och huru mycket stodo icke 1790-talets Björneborgare framom sina förfäder på 1600-talet, hvilka icke ens kände till

---

[1]) Beträffande spannmålshandeln se magistratens protokoll $^{7}/_{5}$, $^{8}/_{6}$ och $^{20}/_{6}$ 1781, äfvensom landshöfdingens bref $^{14}/_{2}$ 1799 bl. landshöfdingeskrifvelserna i Sv. Riksarkivet.

många af de nyssnämda varorna och aldrig med sina skutor fingo passera utom Sundet [1]).

Stapelrätten medföljande onera.

Men om ock den nya stapelfriheten medfört stora förmåner, så medförde den ock, särskildt för de handlande, stora skyldigheter. De skulle — såsom vi sett — hålla ett „stående saltlager“, de skulle årligen importera ett visst „införselkvantum“ af denna vara o. s. v. Huru svårt det ofta nog föll sig för handlandena att uppfylla dessa åligganden, framgår af en uppgift från år 1793. „Alla år“ säges det, „ankommer från höglofl. kongl. kommerskollegium anmärkningar öfver för ringa saltimport; och alla årstider, då det sig göra låter, förskrifva både herrar Gottleben och Vigelius, som förestår fru Indebetous handel, salt ifrån Stockholm — ehuru det borde hemtas utifrån — och hålla likväl sitt salt till lika om icke till bättre pris, som andra handlande“. Äfven i afseende å spannmålsimporten voro kronans fordringar rätt stränga. År 1773, då dyr tid inträffade, måste handlande — för att undgå ansvar för sin uraktlåtenhet i detta afseende — på stadskassans bekostnad enkom sända borgarena Kekonius och Selin på en rundresa till landsorten för att mot 51 och 52 daler k:mt tunnan förmå bönderna att inhemta spannmål till staden. 1778 klagade klensmeden Rothman, att ehuru „kongl. förordningen, för några år sedan gifven, anbefaller städernas handlande att årligen hafva spannmålsnederlag på det de fattigare af stadens invånare vid infallande spannmålsbrist hade därpå tillgång, så skall hos stadens handelsmän emellertid nu icke finnas en kappe råg“. År 1781 ändtligen, då hungersåren inträdde, kom från högsta ort följande skarpa påminnelse: „om ej handlande fylla sin pligt och hemta spannmål från utrikes ort, så kan hända att deras underlåtenhet umgälles med deras borgerliga förmåners och rättigheters förlust, ty det åligger ovilkorligen stapelstädernas handlande att utifrån genom erforderlig tillförsel förse landet med spannmål“. År 1790 den $^{24}/_{2}$ förständigades borgerskapet ånyo om kongl. Maj:ts bref och befallning „att borgerskapet i städerna i Åbo län — så framt de vilja undgå ansvar med deras borgerliga förmåners förlust — årligen innan augusti månads utgång skulle till landshöfdingen aflemna underrättelse om hvad kvantum spanmål för hvarje ort kan vara att tillgå eller vidare att förvänta“. Staden hade, såsom vi af ofvanstående funnit, ingalunda för intet fått sina privilegier.

Vi hafva ock redan nämt hurusom Sacklén 1777 påminde handlandena om nödvändigheten för dem att skaffa sig stora fartyg, med

[1]) Ofvannämda uppgifter äro hemtade ur landshöfdingen Willebrands berättelse om tillståndet i länet $^{20}/_{8}$ 1792, bilaga Lit. F., i Sv. Riksarkivet.

hvilka en ordentlig utrikeshandel kunde med framgång bedrifvas. Då landshöfdingen von Rosen, som $^1/_8$ 1778 besökte orten, bl. a. infordrade uppgift om huruvidt staden begagnat sig af den 1765 vunna stapelfriheten, och därvid fick höra att handlanden Henr. Joh. Moliis med några intressenter som bäst höllo på att bygga ett kravelfartyg om 100 läster, ansåg han det vara alldeles för litet. „Landshöfdingen förordnade", heter det, „att samma skepp borde byggas större och rymligare och tillsade magistraten, att tillse det skeppsbyggnaden, hvartill han tillåtit krono- och skattehemmanen lemna virke, varder här så förrättad, att skeppen, så vidt ankommer på storlek och rymd, tillfyllest gagna redarena och publikum".

Och det var just i afseende å fartygens storlek, som stadens handelsflotta nu undergick den märkbaraste förändringen. Då de största skeppen förut räknat högst sina 50 läster, bygdes nu tre eller fyra gånger så stora fartyg. Vi hafva redan talat om stadens första stora medelhafsfarare „Gustaf III", som räknade 180 läster. I bredd med detta skepp ansågs redan dess efterföljare, „Björneborgs vapen", om 100 läster, såsom litet, och handlandena slogo sig på att bygga en dubbelt så stor kravel, utan att vi dock veta om densamma någonsin kom att segla för stadens räkning. Bland större fartyg, som voro afsedda för medelhafsseglationen, må också nämnas tvänne, som efter hvarandra buro namnet „Björneborg". Det ena om 163 läster egdes 1783—84 af ett bolag, i hvilket ingingo handlandena Nils Ascholin, Isak Bäckman och Isak Björkman. Det andra, om 120 läster, innehades senare af sistnämde handlande ensam. Också skeppet „Bartold Rudolf", om 80 läster, bygdt i Närpes (r. Nils Ascholin, Johan Sourander m. fl.), gjorde täta medelhafsresor; likaså skeppen „Nordstjernan" [1]), 100 läster (r. Björkman), „Johannes", 83 läster (r. Ascholin), „Hoppet", 74 läster (r. Jak. Wadén). — På 1770-, 1780- och 1790-talen synes stadens flotta öfver hufvud bestått af 16 à 17 större och mindre fartyg, af sammanlagdt omkr. 600 à 650 lästers drägtighet och med en bemanning af något mer än 100 sjömän [2]). Vid periodens slut, 1808, nämnas i staden 3 fregatter, 1 kattskepp, 8 galeaser och 2 krejare. Deras sammanlagda lästetal ut-

Handelsflottan.

[1]) Möjligen funnos under denna tid tvänne så benämda skepp, enär lästetalet uppgifves olika, 100 eller 74 läster.

[2]) Fullständig förteckning öfver fartygen ingår i Verif. boken för Åbo och B:borgs län för 1797, fol. 4008. Detta år hade staden 4 skepp („Björneborg", „Johannes", „Bartold Rudolf" och „Hoppet"), 5 klinckskutor, 3 jakter, 1 brigg, 1 galeas och 1 muckert. Sammanlagda drägtigheten utgjorde omkr. 645 läster.

gjorde 760 läster och fartygens värde uppskattades till 57,500 rdr b:co. Besättningen uppgick då till 110 man[1]).

Men det ena fordrade det andra. Då handlandena nu hade lagt sig till stora skepp, måste de också vara betänkta på förbättrande af stadens dåliga hamnförhållanden.

Farledernas muddring.

För det första skulle man nu hålla farlederna till hamnarna så djupa att lastbåtarne, som förmedlade varutransporterna mellan dem och staden, kunde passera, och att de å stadens varf bygda fartygen kunde forslas ner till sjös. Redan 1771 petitionerade staden genom sin riksdagsman Johan Gottleben, ehuru förgäfves, om segelledens rensande på kronans bekostnad[2]), och 1779 beslöts att med dagsvärken, som hvarje burskapsegande och försvarskarl borde utgöra, „gräfva djupare Inderö- och Lotsöre-ådrorna“ [3]). Sedan rederiet för skeppet „Nordstjernan“ med på egen bekostnad anskaffade värktyg muddrat sistnämda ådra, för att få ner sitt fartyg, beslöto därför magistraten och de äldste att arbetet skulle för stadens räkning fortsättas, hvarför mudderväktygen inlöstes och alla burskapsegande ålades att deltaga med dagsvärken[4]). Rådman Ståhlfoot och handlanden Wadén utsågos till uppsyningsmän. Hösten 1781 muddrades sålunda sandbanken „här uppe i elfven emellan Rådmans- och Skrifvareholmen, och skulle senare börjas med muddringen nedanför Lotsöre, där tvänne ådror yppat sig vid sandbanken, som draga vattnet till viken“ [5]). Följande år synes arbetet äfven blifvit fortsatt, och 1783

[1]) Förteckning i den s. k. Buxhoevdenska samlingen. — De tre fregatterna voro: „Freden“, 128 $^{1}/_{8}$ läster (r. J. Karhelin m. fl.), „Neptunus“ 120 läster (r. I. Björkman), och „Victoria“, 113 $^{3}/_{8}$ läster (r. J. Ascholin). Deras värde uppgifves till resp. 14,500, 12,000 och 9,000 rdr b:co.

[2]) Kongl. bref för åren 1773—1780 i F. S. A. Domboken $^{21}/_{4}$ 1773. — Sin ansökan motiverade staden därmed att strömrensningen uppe i elfven värkat, att sand influtit i ådrorna nedan om staden i större mängd än eljes var vanligt. Staden höll därför för skäligt att någon del af de till strömrensningen anslagna medel äfvensom kronans manskap borde användas till dylik rensning också af ådrorna nedanom staden, helst staden af egna medel ej därtill skulle hafva utväg. Härpå resolverade konungen $^{3}/_{2}$ 1773 „att enär genom Niska forsens rensning durchfarten från de ofvanför Björneborg belägna landsorter blifver öppnad, hvarigenom landets inbyggare med lätthet kunde framföra sina varor till bemälte stad, och staden därigenom en större förmån och vinning till handelns utvidgande och förökande tillflyter än som kan svara mot den kostnad, som erfordras för att befria sjöleden nedanför staden från sand, så bör staden sjelf vidkännas kostnaderna för sin hamns rensning“.

[3]) Magistratens protokoll $^{28}/_{8}$ 1779.

[4]) D:o d:o $^{29}/_{8}$ 1781.

[5]) D:o d:o $^{20}/_{8}$ 1781.

anställdes vid den s. k. Kapellansholmen muddring „med krafsor och pålning". De dåliga tiderna torde sedan medfört arbetets afstannande, enär därom icke under de närmast följande åren är vidare tal.

Muddring af Lana-ådran.

Men då år 1790, vid lågt vattenstånd, både Lotsöre- och Inderö-ådran, hvilka dittills begagnats såsom segelleder och i detta afseende muddrats, återigen voro så grunda att icke ens de minsta lastbåtar sluppo fram, föreslog den åldrige Sacklén att „Lanaports-ådran", såsom varande djupare än de båda sistnämda, borde skyndsamligen muddras, för att ej staden helt och hållet skulle afstängas från sina hamnar. Förslaget godkändes af magistraten och stadens äldste, hvilka därjämte 1792 fattade beslut om mudderpråms anskaffande och $^{15}/_{9}$ 1794 ytterligare fastställde, att arbetet oförtöfvadt skulle vidtagas i Lana-ådran „med de värktyg af järnskopor, som jämte hjulet ännu voro i förvar sedan förra muddring". Det hade således dragit ut på tiden med arbetets värkställande. Orsaken härtill var den, att handtvärkarsocieteten absolut satte sig emot hela företaget, hvilket först sedan dess motstånd blifvit brutet kunde värkställas. Intill vårt århundrade hölls sedan Lana-ådran förmedels muddring öppen, tills arbetet efter stadens brand, då handeln låg nere, afbröts och mudderpråmarna såldes 1807 [1]).

Hamnanläggningarna i Räfsö.

Men muddringen var ingalunda den enda nya tunga, som nu åsamkats staden. Det behöfdes ock en bättre hamn än den gamla Sandudden, där vattnet var så grundt att år 1773 äfven de minsta skepp ej kunde där intaga sin hela last, utan måste efter hand under lastningen flyttas på djupare vatten. Redan 1775 bygdes alltså vid Räfsö på allmän bekostnad och med tillskott af dagsvärken [2]) af borgerskapet den första bråbänken för den stora medelhafsfararen „Gustaf III". Arbetet leddes af Nils Gottleben, „som förut bygt ett bålvärk vid Sandudden och det så bra att den bästa byggmästare ej gjort det bättre"; stockar hemtades från Lampaluoto och stenar

---

[1]) Rörande muddringen af Lana-ådran se landshöfdingens i Åbo o. B:borgs län skrifvelser 1795. — Jämte Lana-ådran begagnades äfven Inderö-ådran fortfarande såsom segelled för mindre fartyg. I jan. 1798 pligtfäldes åtskilliga, „som hållit fiskmjärdar i den s. k. Indre ådran af Björneborgs stads elf — enär, då fiskebragder i segelleden nyttjas, detsamma i elfven förorsakar tillandning, samt då Inderö-ådran ännu nyttjas till segelled för mindre djupgående fartyg". — 1796 utsågos handlanden Ascholin och borgarena Kölling och Selin till uppsyningsmän vid muddringsarbetet.

[2]) Magistratens protokoll $^{25}/_{6}$ och $^{28}/_{11}$ 1774. — Dagsvärkena proportionerades sålunda att de, som voro taxerade från 40 till 20 penningar, utgjorde 3 öke- och drängedagsvärken, de som voro taxerade från 20 till 8 penningar 2 dagsvärken, och de som hade skattöre därunder endast 1 dagsvärke.

togos från „kapellkyrkan" på den nära invid belägna Kapellholmen. Redan nu satte sig borgareklassen, till hvilken ock anslutit sig handlanden Malmberg, emot detta nya onus, men besvären förkastades af landshöfdingen $^{24}/_{4}$ 1776.

Men då detta bålvärk snart befans otillräckligt, beslöts i oktober 1792 uppförandet af ett nytt dylikt gent emot Tjärholmen. Borgaren Kynäs, som uppgjorde kostnadsförslag, lydande å 3,000 daler k:mt eller 166 rdr 32 sk:r specie förutom dagsvärken, och hvilken äfven utfäst sig att förfärdiga en för arbetet nödig ansedd „modell", utsågs till byggmästare. Handelsmännen Wadén och Björkman, som gingo i borgen för Kynäs' skicklighet och förmåga, fingo öfverinseende öfver arbetet [1]).

1780 beslöts att till bålvärkens underhåll i Räfsö och Sandudden skulle i hamnafgifter hädanefter, börjande ifrån detta år, uppbäras af stadens egna fartyg, som segla utrikes på Nordsjön eller längre, 3 sk:r specie för hvarje läst, och för dem som segla på Östersjön och inrikes 1 $^{1}/_{2}$ sk:r pr läst årligen, af främmande fartyg däremot 2 sk:r pr läst för hvarje resa och af andra inrikes fartyg lika mycket, som af stadens egna på Nordsjön gående skepp. För fartygs krängning vid bålvärket skulle likaledes för samma ändamål uppbäras 1 sk. för läst af egna, men 2 sk:r af främmande fartyg. För bräders, tjäras och andra varors uppläggande på bråbänken skulle betalas för tolft och tunna 3 runstycken. Tolagen, som efter äldre tiders bruk uppbars med ett för hundrade för ut- och ingående varor, var däremot anslagen till magistratens aflöning [2]). För att uppbära ofvannämda afgifter tillsattes en hamnfogde 1780 [3]), och för att öfvervaka vården om hamnen i öfrigt en hamndirektion. En hamnordning projekterades 1783. På Räfsö uppstodo nu ock de första byggnaderna, för så vidt man ej tager i betraktande de fiskepörten, som stadsboarne förut där uppfört. 1775 erhöll Sourander tillstånd att där uppföra ett magasin, som ansågs behöfligt vid det nya skeppet „Gustaf III:s" hemkomst från Medelhafvet, och 1779 vidtogos anstalter för beredande af boning åt den nya hamnfogden.

---

[1]) Rörande bålvärken vid Räfsö se magistratens protokoll $^{28}/_{9}$ och $^{28}/_{11}$ 1774, $^{4}/_{4}$ och $^{16}/_{11}$ 1775, $^{28}/_{9}$ 1776, $^{15}/_{10}$ och $^{31}/_{10}$ 1792 äfvensom Städernas besvär, Björneborg, i F. S. A. — Reparationer å bålvärken omtalas 1796, 1805 och 1807.

[2]) Magistratens protokoll $^{13}/_{8}$ 1780. — Dessa afgifter synas ock blifvit uppburna, ehuru de icke torde blifvit stadfästa af K. Maj:ts befallningshafvande, hvilken, heter det 1805, därom ofta blifvit frågad. — Om tolagen se magistratens protokoll $^{20}/_{12}$ 1786. Dess belopp utgjorde 1784 cca 21 och 1785 cca 17 rdr.

[3]) 1780 utsågs till hamnfogde borgaren Johan Lönnblad, men ett par år senare utnämdes därtill fiskaren Sundholm.

Sålunda blef Räfsö, där sveden brunnit på 1500-talet, där boskapen betat på 1600-talet, och hvilken ö förut icke besökts af andra än fiskare, eller någon skeppare, som där sökt nödhamn, först på 1770-talet småningom stadens lagliga hamn.

Gamla Sandudden — hvars begagnande såsom hamn tullförvaltar Nymansson redan år 1775, till borgerskapets icke ringa bekymmer, velat helt och hållet förbjuda — bibehölls ännu såsom ankarplats för de mindre skutorna, men förlorade småningom i betydelse. 1805 sades om den, att den anlöptes af fartyg under 6 ½ fots djupgående, men numera sällan begagnades. De gamla, af enskilda rederier uppförda bålvärken därstädes hade 1780 öfvertagits af staden, som under borgaren Wassbergs uppsikt låtit dem undergå en grundlig remont och nybyggnad [1]). Äfven en ny kölhalningsbrygga hade där bygts år 1787 på allmän bekostnad. Sandudden.

Äfven ett eget sjömanshus hade i staden blifvit inrättadt redan 1766. Tio år senare, 1776, förfrågade sig emellertid kommerskollegium, om ej staden ville afstå från sin rättighet att hafva eget sjömanshus och egen sjömanskassa samt ingå förening med sjömanshuset i Åbo [2]), enär ett större sjömanshus bättre skulle kunna fullgöra sina åliggunden och förestå de utgifter, hvilka af detsamma erfordrades för skeppsbrutne sjömäns hemförskaffande m. m., än ett mindre. Men handlande afgåfvo enhälligt det svar att de ville behålla sitt sjömanshus. Ehuru dess fonder ännu voro ringa, och ehuru stadens rederier ofta lidit sjöskador, hade icke en enda man af de förolyckade fartygens besättningar i brist på penningar från riket uteblifvit. Handlande befarade ock att stadens sjömanskap genom sjömanshusets förflyttning till Åbo skulle dragas från orten; också skulle, menade de, styrelsen för ett generelt sjömanshus blifva alltför dyr, då nu däremot handlande ej ansågo det för stor möda att i tur hvarje sitt år där föra styrelsen. Frågan lemnades ock därhän, och Björneborg fick fortfarande behålla sitt sjömanshus i egen stad, där behofvet af detsamma också i en snar framtid nog skulle gjort sig kännbart. Sjömanshuset.

Med anledning af den vunna stapelfriheten öppnades nu ock i staden en sjötullkammare, hvilken först inrymdes i rådhusets nedra rum, men för hvilken från år 1775 lokal upphyrdes i privata Sjötullkammaren.

[1]) Magistratens protokoll $^{13}/_{8}$ 1780.

[2]) Det var nämligen kommerskollegii afsigt att inskränka sjömanshusens antal till endast 3 i hela riket, nämligen i städerna Stockholm, Göteborg och Åbo. I detta sistnämda skulle alla finska städer ingå. — Se för öfrigt magistratens protokoll $^{7}/_{4}$ och $^{5}/_{8}$ 1777.

hus. Och, såsom vi strax närmare skola finna, måste nu ock i staden uppföras s. k. saltnederlagsrum äfvensom pack- och våghus.

Inlandshandeln.

Om nu stadens sjöfart och utrikeshandel, såsom naturligt var efter stapelrättens återvinnande, nått en utveckling långt öfver äldre tiders förhållanden, synes däremot handeln med landsbygden under perioden icke undergått några nämnvärda förändringar till det bättre. Därtill medvärkade många orsaker.

Bristen på goda kommunikationer.

Först och främst försvårades denna handel ännu af de dåliga kommunikationerna. Ingen bro eller flotta förmedlade rörelsen öfver elfven invid staden. Ty det var först under kriget och för de militära behofven, som den första flottan anlades i östra ändan af staden, ungefär där nu kyrkan är belägen. Också landsvägarna voro ännu få och merendels dåliga. Härom heter det 1775: „Den landtman, som har 20, 30 à 40 mil till staden, kan icke oftare komma dit än en eller två gånger om vintern; han får nog litet fram på ett lass och förlorar mycket genom flere veckors resetid. Merendels förskäms hans vara ock genom liggande öfver sommaren. — Till en del måste ock de nog nära till denna stad belägna socknar vidkännas lika svårighet, ty igenom och från Kyro och Ikalis och flere socknar är nästan ingen landsväg, icke heller ifrån en del af Mouhijärvi socken. Keuru socken är om sommaren alldeles otillgänglig annorledes än till fots och ridande på smala gångstigar. Benämda Mouhijärvi ligger allenast fyra mil härifrån uti rät linje, men da man på bar mark vill därifrån till Björneborg, så måste man färdas 14 à 16 mil igenom flere socknar på allmänna landsvägen, ehuru det är ganska möjligt och med ringa möda gjordt att anlägga en väg öfver Koskis och Lovanpeldo byar, hvartill allmogen ock förklarat sig villig. Emellan Lappfjärds socken i Österbotten och Björneborgs stad har för detta blifvit projekterad en ny väg $8\frac{1}{4}$ mil lång; ifall denna blefve uppgjord, så skulle hela landet däraf vinna mycket gagn“ [1]). Under sådana förhållanden var det ej under om staden såsom ett önskningsmål framhöll att konungen, „som genom nådig författning om durchfarts öppnande från Tavastehus till Björneborg och köpingars anläggande hugnat denna ort och stad med en så lycklig framtid“, också måtte „finna medel och utvägar att befrämja kommunikation orterna emellan“. Men först i slutet på 1780-talet, år 1788, började arbetet på den nya landsvägen från Norrmark norrut, ett arbete som tyvärr snart afbröts af kriget och sedermera fördröjdes i följd af allmogens motsträfvighet att deltaga i den nya vägbyggnaden. Då vägen emellertid småningom kom till stånd, var

[1]) Magistratens protokoll 7/8 1775.

därmed också för staden vunnen en ny kommunikationsled af stor betydelse [1]).

Förlusten af privilegiet på Sastmola-marknaden.

I afseende å de marknader, stadsboarna förnämligast besökte, inträdde mot slutet af perioden en förändring, som ej i alla afseenden var gynnsam för staden. Af alla de marknader, som höllos i länet — i Sastmola den 16 februari, i Piispala (Tammerfors) den 4 september, i Tyrvis kyrkoby den 13 juli och i Hvittis om vintern [2]) — var naturligtvis den förstnämnda såsom särskildt privilegierad för staden den viktigaste. Där uppköpte stadens handlande sin tjära, hvilken sedan upplades vid hamnen, tills den vid öppet vatten kunde utföras. Sastmola marknad var sålunda en af hufvudådrorna för stadens välmakt. Men $^{29}/_{8}$ 1796 hade kommerskollegiet utfärdat en resolution om frimarknaders inrättande i Björneborgs län och bland dem intagit äfven Sastmolamarknaden, hvilken nu skulle stå öppen att nyttjas ej allenast af Björneborgarne, utan af alla köpare och säljare både inom och utom länet. Staden sökte genom handlanden Isak Björkman ändring i denna för dess handel skadliga resolution [3]). Men det var förgäfves. Det ser ut såsom om staden nu skulle sökt att få hela marknaden upphäfd och en annan inrättad längre in i landet vid Kyroskans i Ikalis socken — oaktadt i denna socken redan enligt brefvet af $^{8}/_{5}$ 1799 fans en frimarknad i Vatula by. Men resolutionen af $^{7}/_{8}$ 1800, hvilken bestämde att Sastmola marknad skulle vara fri och att ingen dylik finge hållas vid Kyroskans, betog för alla tider staden det dyrbara privilegiet att ensam få dominera tjäruhandeln i Norra Satakunta. Borgerskapet fick trösta sig med att det — utom den i staden ända sedan dess grundläggning hållna marknaden, hvilken 1773 blifvit flyttad från Bertilsmässan till den 12 september, — år 1797 tilläts att därstädes hålla ännu en annan marknad den 16 februari, således samma dag, som den gamla Sastmolamarknaden hallits [4]).

[1]) Ännu Porthan skrifver, att ifrån Björneborg till Kristinestad icke finnes någon duglig väg. För att färdas en väg af 8 à 10 mil, måste man göra en krok af 30 mil. Längs stranden gick väl den steniga, trånga och usla postvägen, hvilken endast med svårighet ridande kunde befaras, men då det var förenadt med lifsfara att färdas där med häst och vägen därjämte ej, oaktadt flere försök i detta afseende gjorts, fåtts i bättre stånd, var behofvet af en ny farbar landsväg ifrån Björneborg till Österbotten därför ett af de mest trängande.

[2]) Politisk och œconomisk afhandling om medel till finska stapelstädernas uppkomst; under inseende af P. A. Gadd, af C. G. Holmberg 1766.

[3]) Magistratens protokoll $^{7}/_{1}$ 1797.

[4]) D:o d:o $^{7}/_{11}$ 1797. — Då borgerskapet samma år ytterligare supplicerade om en tredje marknad, som också skulle hallas i staden i medlet af oktober, möttes denna anhållan af afslag.

Allmogeseglationen.

En stående klagan föranleddes äfven under denna period af bondeseglationen och grannarnes intrång på stadens handelsgebit. 1766 hade regeringen tillåtit allmän bondeseglation med egen afvel, och denna frihet ansåg borgerskapet vara på det högsta menlig för staden. Särdeles missnöje väckte Åländingarne, hvilka seglade öfverallt i stadens farvatten och utförde landsortens produkter. Men äfven bönderna i länets närmare kusttrakter voro nu farligare konkurrenter än någonsin förut. Otaliga hemmansåboar, som ej egde mer än ett fjärdedels, högst ett halft mantal jord, höllo sig med fartyg af 40 à 60 lästers drägt, med hvilka de gjorde fyra eller fem resor om sommaren till Stockholm, „ehuru deras egen afvel ej förslog ens första resan till halfva lasten“. Kom så till, att öfverste v. Knorring vid bränneriet uppköpte utom spannmål äfven andra varor, och att i Norrmark ett bolag genom uppköp och landthandel utöfvade enahanda olagligheter, så var det ej under om klagomålen blefvo så godt som årligen återkommande [1]).

Då emellertid ingen förbättring följde på dess besvär, riktade borgerskapet ändtligen 1796 en supplikation till K. M:t om inskränkande af bondeseglationen, „hvilken icke allenast värkar handelns förfall utan ock vållar jordbrukets undergång, då från Finland årligen utgå 2,000 bondefartyg, hvarigenom vid pass 15,000 de raskaste karlar hela sommaren ryckas från jordbruket, som nu skötes af orkeslösa gubbar, kvinnor och barn“. „Månne det icke“ — heter det i borgarenas skrift — „är mödan värdt att undersöka, hvad som egentligen lockar allmogen ifrån plogen till sjöfart och handel. Jo — han är underkastad inga dubbla förtullningar, som borgaren, hans besättningar kosta honom långt mindre än borgarens, och hans fartyg, ehuru bygda på klinck, äro fria och icke ansedda ofria, eller såsom utländingens med fördubblade afgifter, såsom borgarens. Eders Kongl. Maj:t lärer därför i nåder icke anse vågadt, då borgerskapet dristar påstå att fäderneslandet slutligen måste ångra alla de felaktiga författningar, som till bondeseglationens utvidgande i Finland

[1]) Om Åländingarne och landtmannahandeln se: Kongl. Bref till landshöfdingen i Åbo 1766—72 i F. S. A. (t. ex. N:o 41), Magistratens protokoll $^{28}/_{9}$ och $^{17}/_{10}$ 1776, $^{18}/_{3}$ och $^{26}/_{7}$ 1797, Städernas besvär, Björneborg 1796, i F. S. A. — 1769 hade landshöfdingen Wallén redan utfärdat en kungörelse mot åländska allmogens handel, men då den ej ledde till någon påföljd, hade staden 1778 anhållit om förbudets förnyande, hvarjämte handlande öfverenskommit att ej befrakta landtmäns fartyg till öfverförande af sina varor „vid 100 d:r s:mts vite, och hvilken som andra gången därmed beträdes miste burskapet“. På Gefle riksdag hade staden ånyo framstält sina besvär.

och jordbrukets därmed förenade förfall blifvit vidtagna"[1]). Borgerskapet anhåller om svar på borgarståndets vid 1789 och 1792 års riksdagar gjorda anhållan om hel frihet å klinckfartyg samt någon gräns emellan stads- och landtmannanäringar.

Att härmed emellertid intet vans, finna vi däraf att 1797 åter klagas öfver att landthandeln mer och mer tilltager, i det ståndspersoner och allmoge denna vinter, särdeles i Sastmola och Ulfsby, upphandlat tjära, ved och bjälkar för att till Stockholm utföras, och till råga på allt nåddes staden 1797 också af det ryktet att Stockholms borgerskap ärnade hos K. M:t anhålla om fri seglation för allmogen, i anledning af hvilket oroande rykte handlandena Isak Björkman och Fr. Clouberg sändes såsom deputerade till landshöfdingen för att bevaka en så angelägen sak[2]).

Med få ord: stadens handelsterritorium inkräktades fortfarande af farliga medtäflare, Kristina tjäruköpare, Raumo läkterhandlare, Ålands vedskeppare, för att ej tala om närmare boende ståndspersoner och allmoge. Ännu fortgick den gamla kappridten emellan stadens utridare och landsköparena, ackompagnerad af ömsesidiga klagovisor öfver brutna privilegier, öfverskridna miltal, olaga upplag o. s. v.

Men om man ock i detta hänseende fortfarande lefde i den gamla tiden, så var det dock egentligen lilla tullen, hvilken som en kvarlefva från merkantilsystemets tider karaktäriserade stadens handel med landtmannen. Denna tull och de därmed sammanhängande accisserna förorsakade mycket trassel, synnerligen som vederbörande tidtals t. o. m. sträfvade att så vidt möjligt göra bestämmelserna strängare. Särdeles missnöje väckte tullförvaltar Nymansson, som i sin berättelse till kommerskollegium 1773 utmålat tullförhållandena i Björneborg såsom mindre tillfredsställande och därjämte framstält borgarena såsom lurendrejare och tullförsnillare, förgätna af ed, samvete och skyldigheter mot Gud och öfverhet. Han hade ock föreslagit strandtullens flyttande till „Haleinen holme, vesterom Storsand", samt Malmtullens indragande, enär staden åt landssidan borde få hafva endast endast en tullport. I anledning af denna Nymanssons berättelse hade landshöfdingen, jämte det han i öfrigt infordrat borgerskapets utlåtande, strängeligen ålagt staden att icke allenast sätta stakettet i fullkomligt skick, utan ock stänga de många därvarande bivägarna, öppningarna och gångportarna.

Lilla tullen och Nymanssons projekt.

[1]) Städernas besvär, Björneborg, 1796, i F. S. A.
[2]) Magistratens protokoll $^{28}/_{7}$ 1797.

Borgerskapet, som omöjligen kunde undvara gångportarna vid Pajaläpi och Girsten, anhöll att de skulle få förblifva såsom de voro, försedda med trissor, „så framt ej en trappa å ömse sidor om staketet skulle tillåtas, hvilket jämväl i sjelfva residensstaden Stockholm på vissa ställen, såsom åt Karlbergssidan, är tillåtet". Hvad åter Malmtullens indragning beträffar, ansåg borgerskapet detta förslag vara ytterst menligt för staden och härröra endast af otidigt tjenstenit hos vederbörande. Genom denna tull färdades man till sex byar i stadens kyrkogäll och så vidare till Luvia och Raumo; där gick ock posten fram. Därutanför lågo stadens åkrar och skog och därigenom inhämtade landtmännen mycket ved till staden. „Man kan antaga att utom resande minst 300 gånger köres härigenom om dagen. Det går väl en smal väg emellan Malm- och Hagatullen, men om man skall fara den och sålunda göra 1,200 alnars krok, så ginge därigenom oändligen många dagsvärken förlorade" [1]).

Staden fick nu väl bibehålla sina tullportar såsom de varit förut, men lilla tullen medförde dock stora olägenheter, hvilka kändes så mycket svårare, som de icke harmonierade med den i andra afseenden raskt framåtskridande tiden. Den förorsakade en onaturlig stegring å varuprisen och förskrämde bonden från staden, samt kastade honom i händerna på borgarens mest fruktade rival, landtköpmannen. 1784 säges det „att landtman hellre sålde sin spannmål efter vigt till bränneriet, än efter mått till staden, hvarest tull- och accisuppehåll och visitationer tillika med dyra utlagor besvära".

Stadens försök att frigöra sig från lilla tullen.

Också ansträngde sig borgerskapet hela perioden igenom, ehuru förgäfves, att blifva den besvärliga lilla tullen kvitt. År 1792 petitionerade staden t. o. m. på riksdagen om lilla tullens afskaffande eller utbytande mot en annan afgift. Efter branden 1801 passade man på tillfället och supplicerade anyo att staden i anseende till innevanarnes fattigdom skulle varda från staketts uppförande och tullbommars anskaffande befriad, samt att tulluppbörd och bevakning, såsom i alla fall omöjliga att värkställa, matte upphöra. Slutligen anhöll man ock att „stadens landttullar kunde för alltid varda afskaffade mot det att staden ersatte den kronan behållna inkomsten efter 10 års medium" [2]). Men detta bifölls icke, och sammalunda gick det med stadens ansökan att få under 10 år använda tullinkomsten till sina publika byggnaders återuppförande. Det enda som

---

[1]) Magistratens protokoll 29/8 1775.

[2]) Magistratens protokoll 6/7 1804. — Detta medium beräknades till 232 rdr 29 sk:r årligen, sedan alla afgifter blifvit afdragna.

medgafs, var att staden $^{29}/_{11}$ 1803 tilläts taga tullen på arrende för 600 rdr, dock endast pa försök under ett års tid räknadt från den 1 januari 1804. Efter arrendetidens slut ålåge det ovilkorligen borgerskapet att återigen upprätta behörigt stängsel.

Kronan räknade för mycket på en inkomst som, hvad lilla tullen beträffar, steg in brutto till ett belopp, föga mindre än det stadens sjötull utgjorde. Åren 1790 och 1791 steg den t. ex. till resp. 620 och 630 rdr. Det var väl sant att minst hälften af summan åtgick till tullbetjeningens underhåll och andra för värkets upprätthållande nödiga utgifter. Men behållningen blef i alla fall så stor, att regeringen icke under några vilkor ville afstå från densamma. Sålunda blef det vid det gamla hela svenska tiden igenom. Om man i afseende å utrikeshandeln njöt utaf frihet och fördelar, var man i afseende å inlandshandeln fortfarande besvärad af merkantilsystemets bojor.

Att under sådana förhållanden stadens omsättning med landsorten icke synnerligen tilltog var naturligt. Handlandenas antal, som i början af perioden synes varierat emellan 12 och 15, utgjorde väl mot slutet af densamma 25 [1]). Däremot synes antalet öppna handelsbodar i staden förblifvit temligen oförändradt sådant det varit, nämligen 9 à 10. Handlandenas och bodarnas antal.

Stadens handlande voro ej, såsom i flere äldre stapelstäder under merkantilsystemets tid var fallet, underkastade någon s. k. „handelspartering", i den mening att de en och hvar skulle handlat endast med vissa bestämda varor. „Någon handelsseparation hade ej i denna stad skett" — heter det 1775 — „utan då den å färde varit hade den blifvit af borgerskapet undanbeden". Dock öppnades redan under denna period bodar, där endast vissa varor eller tillvärkningar försåldes. Sålunda anhöllo 1793 Sacklén och Knorring att vid salutorget få öppna en manufakturhandelsbod för att där hålla sina tillvärkningar af tobak, snus och glas till salu.

I likhet med landtmannahandeln, hvilken ännu bar merkantilsystemets bojor, ledo ock manufakturerna och handtvärket fortfarande af skråordningens fjättrar. Likasom handelsvarorna stämplades i tullen, stämplades ock manufakturvarorna i hallrätten, och likasom utridaren jagade landtköpmännen, likaså jagade skrånas utskickade bönhasarne. Detta hindrade dock ej att såväl fabriksvärksamheten Industrin.

[1]) Efter 1801 års brand, och med anledning af de dåliga handelskonjunkturerna under de närmast följande åren, nedgick dock de handlandes antal något, så att det 1809 uppgifves till 21.

som yrkesnäringarna nådde en viss grad af betydelse, helst de mäktigt befordrades af den lifligare omsättning de genom stapelfriheten vunna nya förhållandena medfört.

Vi vilja här, med ledning af hallrätternas berättelser[1]) och andra källor, meddela en kort öfversikt af fabrikernas antal och tillstånd i staden under föreliggande period.

Tobaksfabriken.

Tobaksspinneriet (privilegieradt 1761) tillvärkade, heter det 1778, icke karduser eller snus utan endast rulltobak af „inhemska blader". I fabriken egde då handelsman Clouberg $^7/_{16}$, handelsman Ascholin $^2/_{16}$ och madame Wadén $^7/_{32}$, borgmästaren Erik Berntsson i Åbo $^3/_{16}$ och stadens fattighus $^1/_{32}$. Fabriken, som i flere år saknat skicklig värkmästare, hade råkat i lägervall och drefs endast med half kraft af Clouberg och Berntsson, som 1778 af de öfriga intressenterna anhöllo att ensamma få disponera densamma och sätta den i full gång. Härtill biföllo dessa, lofvande sedermera betala i proportion, hvad på deras andelar sig belöpa kunde. Efter krisen 1783 hade fabriken ånyo, genom några bolagsmäns vanmakt och skingring, äfvensom senare i följd af öfverstående krigsoroligheter, så godt som upphört med sin tillvärkning, men sattes i början på 1790-talet, genom nya bolagsmäns tillkomst, åter i gång. År 1798 var vid fabriken i värksamhet vid ett spinnarebord en större och en mindre press, och tillvärkningen steg till 4,178 ℔ tobaksblad, hvartill 3,478 ℔ inhemska blad blifvit använda. Tobaksplanteringen på stadens jord hade föregående år i anseende till mycken torka icke lyckats.

Ylle- och linnefärgeriet.

Ylle- och linnefärgeriet, grundlagdt 1764 af färgaren Kekonius, drefs sedermera med förmån af färgåren mäster Johan Levin. Han hade inkommit från Raumo och blef snart en förmögen man, som äfven deltog i skeppsrederi. 1798 hade fabriken, som då drefs för sterbhusets räkning, en värkstad och en värkgesäll, men nyttjade för öfrigt kvinnfolks biträde. Där färgades både ylle och linne, och inrättningen hade då tillräckligt arbete.

Ylle- och strumpväfveriet.

Ylle-, tröj- och strumpväfveriet, på hvilket handlanden Joh. Gottleben den 6 oktober 1766 erhallit privilegium, drefs af honom i fyra års tid med en arbetare och en stol. Där tillvärkades äfven bomullsmössor samt bomulls- och linnestrumpor. Till värket hörde en gesäll och en ullkammare samt tvänne spinnerskor. Men 1771 „lade Gottleben sin fabrik neder, räknande sig af densamma icke någon vinning".

---

[1]) Hallrättens berättelser för denna tid inga för det mesta i magistratens protokoll i B:borgs rådhusarkiv. Andra återfinnas i Sv. Riksarkivet.

Flanells- och kassianstryckeriet (inrättadt 1767) drefs af mäster Johan Nyholm med en press och tvänne blomformer, men hade (1778) föga framgång „i anseende därtill att enfärgade tyger numera kommit i bruk“. Det upphörde snart och nämnes ej mer 1792. Flanellstryckeriet.

Klädesväfveriet, hvilket väfvaren Abraham Törnbom på schäferi-intressenternes förlag år 1773 inrättat, drefs 1778 af klädesväfvaren Johan Fjellman, som därvid nyttjade en stol, 2 gesäller, 2 lärgossar och 4 spinnerskor. År 1778 tillvärkade fabriken 1,225 $^1/_2$ alnar finare och gröfre kläde af ull, dels levereradt af schäferiet, dels uppköpt af landtmannen. Tjugu år senare, 1798, beräknades tillvärkningen hafva utgjort 620 alnar rätt eller 435 alnar valkadt kläde uti särskilda finare och gröfre stycken, hvartill hade åtgått 700 ℔ ull. Klädesstyckena, i hvilka inväfdes tillvärkarens, mäster Fjellmans, märke, blefvo af hallrätten med dess stämpel försedda. Klädesväfveriet.

En buldansfabrik hade handlanden Henrik Johan Moliis 1775 anhållit att få anlägga, hvilket bifölls så mycket hellre som hampesådden äfven därigenom blefve uppmuntrad. Om fabrikens värksamhet har dock inga vidare upplysningar stått att ur handlingarna erhålla. Buldansfabriken.

Tvänne tegelbruk, det ena på Girstens udd, det andra på Hampusbacken, funnos åtminstone redan 1771. 1781 förspordes emellertid att i staden rådde brist på tegel. Tegelbruksegarene Ascholin, Clouberg och garfvaren Kuhlberg upplyste att orsaken härtill var att magistraten inskränkt rättigheten till lertägt på stadens mark. Magistraten förklarade då att dess förbud endast afsett att lera ej finge tagas och gropar gräfvas hvarsomhelst, utan att bruken skulle erhålla hvar sitt gebit, därifrån de finge taga lera. Ett tredje tegelbruk egdes dessutom af borgmästar Sacklén i Lill-Raumo [1]). Tegelbruken.

Men den otvifvelaktigt anmärkningsvärdaste industriella anläggning på denna tid var den år 1780 inrättade sågen, som af Jakob Wadén med intressenter grundlagts å Lotsöre. Detta sågvärk, det första i sitt slag i denna nu pa dylika inrättningar så rika stad, drefs hvarken med ånga, hvars kraft då ännu hos oss var okänd, eller med vatten, utan den gick, såsom det hette, „med väder“. Liksom dess anläggning varit en följd af den stegrade trävaruhandeln, som uppstått efter stapelrättens atervinnande, så synes ock de på 1780-talet inträffade dåliga konjunkturerna medfört dess nedläggande. Åtmin- Den första sågen.

[1]) Ett glasbruk i Torsnäs, på hvilket borgmästaren Sacklén 1781 erhållit privilegium, underlydde äfven stadens hallrätt.

stone hafva vi ej i handlingarna spårat dess tillvaro senare än år 1784, då „Lotsöre sågkvarn" för sista gången omtalas[1]).

Handtvärks-näringarna.

Af ofvanstående öfversikt öfver stadens fabriker framgår till fullo huru den industriella värksamheten i staden under nu föreliggande period tilltagit, i förhållande till föregående tider. Men också de egentliga handtvärken nådde nu, såväl i afseende å yrkesidkarnes antal, som betydelse, en utveckling långt utöfver hvad tidigare i staden försports.

Manufakturister.

Främst bland handtvärkarne upptagas i den tidens förteckningar de, som direkte underlydde hall- och manufakturrätten. De kallades ock fabrikörer eller manufakturister. Sådana voro t. ex. ofvannämda klädesväfvare och färgare. Till dem hörde ock en strumpväfvare (nämd 1801), en karduansmakare och en urmakare, Henrik Soltin, som 1778 vunnit burskap, varande sålunda den första representanten för sistnämda yrke i staden. Han åtog sig vården om rådhusuret och erhöll därför nyttjorätten till en ängsholme, som sedan kallats Urmakareholmen.

Näst dessa omedelbart under hallrätten subordinerande yrken kommo de, som bildade egna skrån med åldermän och lådor.

De åtta skrå-embetena.

Sådana embeten voro linväfvare-, skomakare-, snickare- och skräddare-embetena. De räknade, utom åldermännen, 5, 6 à 7 mästare hvarje. Under perioden tillkommo emellertid ytterligare fyra nya skrån. Då i staden år 1792 redan funnos fem garfvare och fyra svarfvare, så beslöts att hos kommerskollegium skulle anhallas om embetsskrågilles inrättande för dessa yrken. Tre år senare, 1795, inlemnades dylik anhållan för klensmederne och hattmakarne. Samtliga dessa yrken erhöllo också sistnämda år vederbörliga skrabref. Men enär organiserandet af skråct medförde vissa kostnader, dem

[1]) I ett sammanhang vilja vi här äfven nämna de sågvärk, hvilka då för tiden voro belägna inom stadens handelsdistrikt. De voro Norrmarks eller Sahakoski och Hvittisbofjärds eller Lampis sågar, hvardera anlagd enligt kommerskollegii resolution af $^{28}/_{5}$ 1753 på ställen där dock, såsom vi förut nämt, redan tidigare sågvärk funnits. De tillhörde nu landshöfdingen Rappe, hofrättsrådet N. Hasselbom och handlanden Ad. Wittfoots sterbhus i Åbo, och hade 22 fina holländska blad i 2 ramar samt tillvärkade 650 och 550 tolfter bräder. — En annan såg i Hvittisbofjärd, sannolikt samma som den s. k. Oksjärvi sågen, anlagd redan 1739, hade en ram med 8 blad och egdes nu af handlanden Inbergs söner. I Koskis egde Levanpeldo byamän en mindre såg med en ram och ett blad. I Sastmola funnos vid Långfors och vid Lautjärvi liknande sågar, hvardera skattlagda redan $^{16}/_{6}$ 1739. Dessutom egde några handlande i Åbo en såg i Luvia. Längre bort belägen var Sääkskoski såg i Hvittis, skattlagd $^{12}/_{8}$ 1761.

vederbörande i det längsta ville undandraga sig, gjorde mästarene sig ingen brådska med att välja sig åldermän. Först sedan borgmästare och råd dem flere gånger därom påmint, organiserades de

Snickare-embetets sigill.

nya embetsrätterna i början af år 1797. Svarfvarne ålades därjämte, vid vite af 10 rdr, att inom 14 dagar låta förfärdiga sig vederbörlig embetslåda [1]).

Svarfvare-embetets sigill.

Under dessa embeten subordinerade handtvärkarne i de grannstäder, som ej å egen ort hade dylika skråinrättningar. Vi erinra

[1]) År 1805 anhöll magistraten äfven om skråbref för glasmästarena, hvilka då synes varit 4. Men då af dem 2 hunnit aflida, innan saken afgjorts i kommerskollegium, återkallades ansökningen.

oss här magistratens år 1764 till magistraterna i Kristinestad, Raumo och Nystad aflåtna bref med uppmaning till dessa städers handtvärkare att söka gemenskap med skrå i Björneborg. Säkert är ock att under denna tid snickarene och skomakarene i Raumo lydde under resp. skrån i Björneborg[1]). Äfven handtvärkare i aflägsnare städer kunde höra under skrå å sistnämda ort. Sålunda subordinerade t. ex. svarfvarene i Jakobstad, år 1800, under svarfvare-embetet i Björneborg.

Handtvärkare, som ej hade skrå.

Tvärtom åter lydde de björneborgska handtvärkare, för hvilkas yrke ej fans skrå i egen stad, under dylikt å annan ort. Förr än svarfvare-, klensmeds- och hattmakareskråna inrättades, subordinerade sålunda de till dessa yrken hörande näringsidkarne under skrå i Åbo. Äfven bagarne tillhörde skrå i nämda stad. Likaså gullsmederne, hvilkas arbeten därjämte, i och för kontrollstämplingen, öfvervakades af tvänne magistratsmedlemmar, hvilka kvartaliter skulle insända silfverskaf såsom prof till kontrollkontoret i Stockholm. Stundom hände ock att handtvärkarne kunde underlyda skrå i någon långt aflägsen stad. Så t. ex. hörde hampspinnaren Halin 1779 under skrå i Gefle.

Det hörde till saken att handtvärkare, som underlydde skrå i annan stad, därstädes skulle ansöka om mästerskap och förfärdiga sitt mästerstycke. Men för att undslippa besvärliga resor och kostnader, utvärkade de sig ofta genom magistraten rättighet att få utföra mästerprofvet hemma. Sålunda erhöll svarfvaregesällen Henrik Asplöf (1784) af embetet i Åbo tillstånd att hemma i dess aflidne faders värkstad, under svarfvaren mäster Johan Wallmans inseende, förfärdiga sitt mästerstycke, bestående af en „uppståndig spinnrock af ek med tre vingar öfver rullen". Sedan hans mästerstycke godkänts af Wallman och äfven af magistraten, gaf denna honom ett intyg, hvarmed han egde att sig hos svarfvare-embetet i Åbo anmäla för mästarbrefs erhållande. Också åt klensmedsgesällen Josef Ekman utvärkades 1791 tillstånd att hemma i sin för detta inrättade värkstad få till mästerstycke beslå en koffert, och förordnade magistraten till skådomästare mästarene Olof Ekman och Mathias Beckman. Då repslagaren Halin år 1779 försett ett på stadens varf bygdt brigg-

---

[1]) År 1769 hade Raumo-snickaren Peter Hammarström i Björneborg blifvit antagen till mästare och år 1775 anhöll magistraten i sistnämda stad på skomakareskråets vägnar att magistraten i Raumo skulle af tvänne därvarande mästare infordra deras obetalda kvartalspenningar för åren 1772 och 1773, 6 d:r k:mt af hvardera för resp. år.

skepp om 120 läster med nästan alla dess tackel och tåg, anhöll magistraten hos repslagare-embetet i Gefle, att honom skulle beviljas mästarebref utan vidare mästerstyckes förfärdigande, „enär magistraten ville lätta omsorgerna och kostnaderna för handtvärkarne som sig här nedsätta“.

Af handtvärkare, som ej bildade egna skrån i staden, må nämnas: guldsmeder (2), bokbindare (1, 1804 2), gördelmakare (1), kopparslagare (1), perukmakare (1), glasmästare (2), sämskmakare (1), handskmakare (1, nämd på 1770-talet), sadelmakare (1 på 1770-talet, 2 på 1790-talet), hjulmakare (1 på 1770-talet, 2 på 1790-talet, 1 i 1800-talets början), murmästare (1 på 1770-talet, 2 på 1790-talet), hampspinnare (1), repslagare (1, senare 2), tunnbindare (2), hofslagare (2 på 1790-talet), målare (1), krukmakare (2), gelbgjutare (1 1801), bleckslagare (1 1801). Dessutom sökte ock följande yrkesidkare redan på denna tid sin utkomst i staden, ehuru de icke — att döma af deras vistelses kortvarighet — därstädes hade någon framgång: en fruntimmersskräddare, en bandmakare, en kammakare, en nålmakare[1].

År 1774 funnos inalles 48 handtvärkare, hvilka sysselsatte 14 gesäller och 13 lärgossar. 1778 voro de resp. talen 48, 5 och 21. Tjugu år senare, 1798, hade handtvärkarnes totalantal ökats till 73, som i sin tjenst hade 17 gesäller och 42 lärgossar. Till dessa tal kommo dock ännu de accis underkastade embetenas idkare, af hvilka 1774 i staden funnos 12 och 1798 25. Bland sistnämda yrkesidkare må nämnas, förutom ölkrögarne, bagarne[2]) och slaktarne, äfven en „kaffekokare“ och en „vintappare“.

Handtvärkarnes antal.

Efter branden 1801 nedgick handtvärkarnes antal från 78, som det utgjorde sistnämda år, till 64 år 1802. Strumpväfvaren, bleckslagaren, färgaren och gelbgjutaren synas, efter det de genom branden förlorat sina värkstäder, på någon tid icke mera kommit sig före, enär de icke nämnas de närmast följande åren i förteckningarna. Enligt quinquenniitabellen af år 1805 hade dock antalet åter stigit t. o. m. utöfver hvad det var före branden och utgjorde då 84 mästare, 31 gesäller, 31 värkdrängar och 4 lärgossar.

Skråväsendet.

Hvad handtvärkslifvet i öfrigt beträffar, så hade skråväsendet och åldermannaväldet nu sina gyllene dagar. Allt gick ut på att draga största möjliga fördel af skråordningens bestämmelser. Än se vi samtliga skrån i staden uppträda gemensamt emot landsortshandt-

[1]) Förteckningar öfver handtvärkare finnas i behåll åtminstone för åren 1774, 1778 och 1798 äfvensom quinquenniitabellen af år 1805.

[2]) Bagare och slaktare funnos resp. 3 stycken vid periodens slut.

värkarne, hvilka, menade de, gjorde stadens yrkesidkare lika mycket förfång, som någonsin landsköpmännen handlande och borgare. Än åter finna vi det ena skrået och yrket stå i harnesk mot det andra, tvistande om gränserna för befogenheten af hvarderas lagliga värksamhet. Än slutligen se vi skråen eller enskilda mästare stadda på jagt efter olagliga konkurrenter eller — såsom de vanligen kallades — „eländiga bönhasar". Vi skola egna en blick också åt denna sida af tidens näringslif.

Skråna gentemot landsorts handtvärkarne.

Främst vilja vi här anföra ett exempel på skrånas gemensamma uppträdande för att värna sina rättigheter emot förment intrång från landsortshandtvärkarnes sida. År 1769 anförde åldermännen för skräddare-, snickare-, linväfvare- och skomakareyrkena klagomål hos landshöfdingen öfver det intrång de ledo i sin näring af landsortens talrika handtvärkare. Endast smeds-, väfvare- och glasmästareyrkena voro ej delaktiga i klagomålet, med anledning hvaraf undersökning hölls vid allmänt häradsting sagda år. Vid denna undersökning utreddes att inga skäl till klagan förefunnos. I Ulfsby och Sastmola funnos omkring 6,000 personer, som behöfde kläder och skor, och i hela tingslaget funnos ej flere än inalles 9 skräddare och 7 skomakare. På hvar skräddare kom således 700 och på hvar skomakare 800 personer. Hvad åter snickarena beträffade, fans endast en i tingslaget, och ansågs denne vara oundgängligen behöflig, efter det bl. a. föll sig landtmännen högst olägligt att fara till staden för att låta göra karm och båge till det fönster, som af landsglasmästaren — hvilken erhållits vid 1765 års riksdag — skulle förfärdigas. Allmogen tyckte ock att densamma „ej borde förmenas att hafva någon skilnad på dörr för deras stufvor och fähus". De senare kunde de sjelfva göra, men de förra, som numera plägade göras på annat sätt, tillhörde det snickare, men icke bonden att förfärdiga. Utom det kunde ock någon på snickarmanér förfärdigad likkista åstundas på landet. Med anledning af denna utredning, och då landsboarne förbehöllo sig att ej mista den af höga öfverheten dem bestådda betjening, förkastades stadshandtvärkarnes klagomål utan vidare [1]).

Enskilda yrkenas inbördes tvister.

Huru åter de enskilda yrkena kifvades om gränserna för sina resp. arbetsfält, finna vi bl. a. af den konflikt, som på 1790-talet utbröt emellan snickarene och hjulmakarene. Snickaren mäster Friman hade under en längre tid betjenat allmänheten med förfärdigandet af kappslädar och annat dylikt arbete, anseende sådant höra till hans yrke. Men häröfver blefvo hjulmakarena mycket förgrym-

[1]) Nedre Satakunta dombok, Ulfsby ting ⁶/₂ 1770.

made, förmenande att allt som hörde till vagnmakeriet och slädars förfärdigande egentligen tillkomme endast dem. Efter långvarigt processande gingo de med seger ur striden, och rätten förbjöd Friman vid 20 dalers vite att vidare befatta sig med slädars förfärdigande eller annat, som till vagnmakeriet hörer [1]).

De vanligast förekommande yttringarna af skråembetenas värksamhet var jagandet af bönhasar. År 1784 hade skräddare-embetet förnummit att en viss sockneskräddare hamnat i staden och där var sysselsatt med skrädderi. Man anstälde bönhasjagt och fann den sökte sittande hos borgaren Anders Lönnblad, där han efter att hafva tillklippt ett parkumslifstycke just höll på att sprätta en klädesrock. Man bemäktigade sig hans sax och pryl, konfiskerade arbetet och upphemtade den eländige bönhasen inför rätten. Denna dömde saxen och prylen jämte arbetsstycket hemfallna till embetslådan, men lät mannen i öfrigt gå fri, enär „gamla kläders sprättande ej kunde anses höra till skräddare-embetet". År 1782 jagade skomakare-embetet på samma sätt försvarskarlen Carl Sjöstrand, som förfärdigat ett par skor, och tog af honom hans hoftång och sylar — dock utan skäl, ty mannen hade arbetat på sina egna skor. Efter stadens brand 1801 hade flere borgare, då stadens snickare omöjligen räckte till för alla, vid inredandet af sina hus anlitat försvarskarlar och från landsorten komne arbetare. Detta förtröt emellertid snickarena, som klagade hos landshöfdingen under yrkande att anstalter skulle vidtagas till dessa bönhasars förjagande. Magistraten, hvars utlåtande i saken infordrades, medgaf att borgarena varit nödtvungna att anlita sådan extrahjelp, men lofvade därjämte att, sedan allmänna behofvet upphört, vaka öfver att sådant hädanefter icke mera skulle ske. »Bönhasjagter».

Sådant var den tidens skråväsende. Skoflickaren, om än så skicklig, fick ej ens omvända gamla skor, än mindre göra nya, ty han hade ej dokumenterat sig såsom skomakare. Den händigaste slöjdkarl kunde ej förfärdiga den simplaste möbel, utan att snickare-embetet råkade i raseri och fordrade hans utjagande ur staden.

---

[1]) Magistratens protokoll $^{10}/_{11}$ 1794. — I ofvanberörda fall kan man ännu tänka sig en begränsning existerande emellan de tvistandes resp. arbetssfärer, men svårare har man att fatta på hvad grund guldsmeden Kihlbom år 1794 klagade öfver intrång i sitt embete af stadens andra guld- och silfverarbetare Wendischau. Denne hade, hette det i klagoskriften, slagit sig på att förfärdiga sådana guld- och silfverarbeten, som det egentligen tillkom Kihlbom att fabricera. Då nu bägge voro mästare i guldsmedsyrket, synes det varit svårt att afgöra, hvad som i afseende å rättigheter tillkom den ena eller den andra, hvadan ock magistraten torde träffat det rätta, då den frikände Wendischau.

Först sedan handtvärkaren gjort sitt mästareprof, — t. ex. perukmakaren „pungen“ eller peruken „efter denna ortens behof“, urmakaren uret med slag och repeter, färgaren den konventionella sammanställningen af mörkblått, rödt, grönt och svart o. s. v. — och sedan dessa prof blifvit godkända af afundsjuka kolleger och stämplade af hall- och manufakturrätten, kunde han öppna egen rörelse, och äfven det först sedan han sökt gemenskap med ett skrå. I annan händelse var han en „bönhase“ och förjagades utan förbarmande från staden, och hans värktyg voro hemfallna till resp. embetslåda.

Skråna under Sacklén's ledning.

I synnerhet tog den ensidiga yrkesafunden öfverhanden, sedan skråna gått förlustiga den kloka ledning, som under periodens början kommit dem till del. Af rent nit för saken, och utan att därför i minsta måtto betunga embetena med någon afgift, hade nämligen borgmästar Sacklén sjelf ifrån skrånas första inrättande suttit såsom ordförande i samtliga embetsrätter, „för att i dem upprätthålla ordning och skick“. Sannolikt kände sig dock mästarene mindre fria i den stränge herrens närvaro, eftersom de gerna sökte tillfälle att undandraga sig hans uppsikt. Sålunda passade skomakarena 1776 på tillfället att, engång då borgmästaren ej på dagen kunde infinna sig på ett utsatt möte, vandra upp till viceborgmästaren Sourander, bedjande honom blifva deras ordförande, enär borgmästaren sagt sig „på en hel vecka ej hinna bivåna deras möten“. Efter sammanträdets slut märkte emellertid Sourander att herrar skomakare „umgåtts med flärd, enär de låtit sig undfalla att de aldrig mera ville hafva borgmästaren till ordförande“. Följden af detta försök att utestänga borgmästaren från hans præsidium i embetsrätten blef att de goda mästarena dömdes till ansenliga böter för sidvördnad mot sin förman. Sacklén förestälde därjämte de öfriga magistratsledamöterne att de ej utan hans tillsägelse skulle taga någon befattning med skråna, „enär han sjolf ville i dem styra, såsom han förnärkt embetena sådan uppsikt nogsamt tarfva“ [2]). Först på sin ålderdom afsade sig borgmästaren det uppdrag han sålunda, tvifvelsutan till handtvärkslifvets fromma, frivilligt åtagit sig, och från den tiden, särdeles på 1790-talet, börja ock skuggsidorna af det rådande skråväsendet allt tydligare framträda.

Följderna af skråväsendet.

Den kännbaraste följden af det härskande systemet var att allmänheten ofta nog fick nöjas med dåliga varor och höga priser, om den öfverhufvud alls blef betjenad af de välloflige mästarene. Redan

[1]) Magistratens protokoll 16/11 1794.
[2]) D:o d:o 11/3 1776.

1783 hade klagomål inlupit att stadens innevånare ej tillräckligt betjenades af skomakarene. Då dessa nu samt och synnerligen uppkallades inför magistraten, utreddes, att endast en af dem, Hagner, höll sig med gesäll, och att de öfriga tillhandagingos endast af mer eller mindre okunniga lärpojkar. Magistraten förständigade dem nu, att därest de ej framdeles med bättre drift än härintills betjena allmänheten, „så vill magistraten ej heller tillåta embetet att jaga bönhasar".

Och slutligen voro äfven alla de, som handlade med varor hvilka voro accis underkastade, såsom krögare, slaktare, bagare, „kaffekokare" ja t. o. m. stadens fiskare, ständigt i sitt görande och låtande bundna af regler och taxor, och allmänheten var i följd af de onaturligt stegrade prisen ingalunda den minst lidande. Det var ett idkeligt experimenterande med olika uppbördssätt för accisen. Än skulle den betalas i acciskammaren, än (fr. 1774) i tullkammaren vid aftullandet af den för bryggningen och bakningen införda spannmålen [1]), än gafs den på arrende. 1777 arrenderade rådman O. J. Brander salubryggeri-accisen på 3 år för 20 rdr specie. Men 1783 kom befallning att åter ställa acciserna under bevakning, i händelse ej förmånligare arrendeanbud skulle göras. Madame Helena Tocklin erbjöd då, efter öfverenskommelse med andra krögare, endast för att undvika hinder och tvång genom tullbetjeningens uppsikt, 20 rdr 16 sk:r i årligt arrende på 6 års tid, ehuru hon trodde att denna accis genom embetsmannabevakning aldrig kunde bringas upp till en sådan summa. De accisunderkastade näringarna.

Men alla tidigare experiment i accisväg skulle dock öfverträffas af kronans celebra försök att sjelf taga brännvinsbränningen om hand. 1777 bygdes på Aittaluoto det regala bränneriet [2]). 100 man af Björneborgs infanteriregemente kommenderades till detta högnyttiga värk och inkvarterades i staden, som på nära hundra år ej känt slik tunga. Där nere vid stranden sprängdes sten, timrades och pålades, så att laxfisken ej vågade sig upp till kronovärken, Regala bränneriet.

---

[1]) 1774 skulle accisen betalas med $5\frac{1}{3}$ öre s:r tunnan, såsom accisordningen af 1756 påbjöd. 1776 förändrades accisförfattningen därhän, att krögaren för hvarje tunna, som till bryggeri användes, skulle betala $17\frac{2}{3}$ öre. År 1777 uppgaf tullnären Tordelin att brygg- och krögeriaccisen de nästföregående åren stigit till omkr. 43 d:r s:mt, bageriaccisen åter till 20 d:r, slakteriaccisen till 7 daler och fiskeriaccisen till 12 öre berörda mynt. Då Tordelin år 1777 försummat att sätta accisförordning i värket, hvilken ansenligt skulle förhöjt bryggeriaccisens belopp, fick han därför uppbära skarpa förebråelser.

[2]) Baron Hastfer hade åtagit sig uppbyggandet af bränneriet, som skulle bestå af 8 drankpannor om 360 kannors rymd samt 4 klarpannor à 150 kannor.

hvarför det klagades att laxfisket ej i mannaminne varit så uselt som detta år [1]). All enskild brännvinsbränning förbjöds och innevånarene tillsades att försegla sina pannor, hattar och pipor och sätta dem i godt förvar i sina källare. Men för att slippa att esomoftast uppvisa pannorna för såväl stads- som tullbetjente, och för att ej råttor eller illasinnade personer skulle skada förseglingen, föredrog man att anhålla om rum för de dyrbara pjeserna i rådhuset, hvarest de sedan inrymdes i arrestkammaren, som för ändamålet blifvit försedt med dubbla lås. Hvar och en, som nu ville hålla krog, skulle rekvirera från bränneriet det kvantum han trodde sig kunna under årets lopp försälja. Alla krogar fördelades i 4 klasser, från „Tocklinskans krog“ började, hvilken placerades högst i första klassen, ända ned till gästgifveriet, som ensamt räknades till fjärde klassen. Hvarje krog erhöll af landshöfdingen särskildt tillståndsbref och skylt.

Och att konsumtionen åtminstone ej blifvit mindre än förr, bevisas däraf, att då staden år 1772 ej ansetts behöfva mer än fem krogar, den nu hade tio sådana, och att dessa tio krögare, som först trodde att i staden ej kunde konsumeras mera än omkr. 2,000 kannor, likväl beslöto sig för att rekvirera inemot 3,000, hvarförutom 35 borgare ytterligare tecknade sig för omkring lika mycket. Följande år, 1778, ökades dessutom krogarnas antal till 13, oaktadt svaga invändningar gjorts „att kristendom och goda seder förbjuda att genom uppmuntringar till öfverflöd och vanart öka åtgången för regala bränneriet“.

Det regala bränneriets upphörande.

Huruvida ock denna brännvinsflod var till samhällets båtnad, vare osagdt. Säkert är att när kronan efter tio år (1787) beslöt att upphöra med affären, borgerskapet kände sig manadt att uttrycka sin tacksamhet för kronobränneriets nedläggande [3]), och att samtliga hushållare, sedan man mot ett arrende af 270 rdr på tio år bekommit husbehofsbränningen igen, lupo till rådstugan för att återtaga sina förseglade pannor, pipor och hattar. Då arrendet efter 10 års förlopp förnyades, antogs brännvinsbränningen af särskilda intressenter, hvilka åter anlade ett bränneri [4]).

[1]) Magistratens protokoll 18/10 1777.
[2]) D:o d:o 25/8 1777.
[3]) D:o d:o 8/8 1787.
[4]) Stadens bränneri innehades 1803 af öfverstlöjtn. Carl Stjernvall och löjtn. Gustaf Clarén såsom arrendatorer. De erhöllo då 2589 rdr 6 sk:r 3 r:st. i ersättning för deras därigenom ådragna lidande, att brännvinsbränningen gen. Kongl. Maj:ts förordnande blifvit inställd. Enligt förordningen af den 15 juni 1802 borde nämligen stadens innevånare ansvara för brännvinsbränneriafgiften lämpad efter den folknummer, som staden efter vådelden ännu kunde hysa.

Men låtom oss redan lemna frågan om handtvärket och därmed sammanhängande näringsgrenar. Vi hafva af ofvanstående funnit att yrkesidkarenas antal i staden öfverhufvudtaget under perioden varit i starkt tilltagande, likasom ock deras arbete stigit i betydelse. Med sina åtta embetsskrån och sina inbringande acciser fylde staden väl de anspråk, som i slutet på 1700-talet kunde ställas på en industriort i landsbygden.

Då vi nu öfvergå till en redogörelse för stadsboarnes s. a. s. agrikola näringar, kunna vi icke underlåta att förutskicka den anmärkning, att också dessa under nu ifrågavarande period nådde en utveckling, fullt jämförlig med den, som kännetecknat stadens kommersiella och industriella sträfvanden. Väl hafva vi icke att från denna tid anteckna någon områdestillväxt för staden, i den mening att dess egande jord genom donation eller lyckligt afslutade råstrider skulle vunnit ökad areal. Råtvister förekommo väl med grannarne, särdeles med Lill-Raumoboarne i anledning af storskiftet, men resultatet af dessa konflikter blef det vanliga, att man å hvardera sidan ansåg sig vid första tillfälle hafva anledning att börja tvisten ånyo [1]). Stadens jord.

För öfrigt är att ihågkomma att staden också under denna tid hade till sitt förfogande en ansenlig arrendejord utöfver sitt donerade område. Den hade — såsom vi erinra oss — under föregående period erhållit de närliggande kronomarkerna under sin beständiga disposition. 1727 hade den sålunda mot erläggande af 10 d:r årligt arrende bekommit de österut från staketet belägna kungshagarna „i perpetuel besittning“. 1756 hade den mot vilkor att upprätta och underhålla det förut omtalade schäferiet likaså bekommit samtliga i elfven och vid dess mynning belägna kronoholmar, bland dem också Aittaluoto och Storsand, på beständigt arrende mot erläggande af 300 d:r s:mt årligen. Och ehuru den sedan 1766 i följd af schäferiets bristfälliga tillstånd förklarats sistnämda arrende förlustigt, hade den dock 1770 fått förnyelse på detsamma. De »beständiga» arrendena.

Hvardera arrendet var sålunda — förutsatt att vilkorena uppfyldes — obegränsadt i afseende å tiden; de voro — såsom det då för tiden sades — „eviga“. Under mera än sextio år, eller i mer än tvänne mansåldrar, hade staden redan disponerat öfver kronohagarna; i mer än trettio år öfver Aittaluotomarkerna och krono-

[1]) Äfven med Koivisto-egaren ville borgerskapet på 1770-talet öppna en råtvist, som dock ej gälde stadens egen mark, utan de af staden arrenderade kungshagarna. Men denna tvist hindrades, till borgerskapets stora missnöje, af magistraten, som i detta afseende ansåg rådomen af 1728 vara tydlig och klar, och ej gifva anledning till olika meningar.

holmarna. Ehuru borgerskapet ingalunda kunde invagga sig i någon säkerhetssömn med afseende å beständigheten af schäferikontraktet, som ju alade detsamma ganska hårda vilkor, hade det däremot allt mer vant sig att betrakta kronohagsmarken nära nog såsom en säker donation. Ty att staden alltid skulle mäkta betala det därför utfästa 10 dalers arrendet, kunde ju ej vara tvifvel underkastadt. Och så var ju denna mark uttryckligen gifven staden, emedan den var för densamma nödvändig. Både häfd och rättvisa syntes sålunda tillförsäkra innevånarena om dess beständiga besittning.

Under sådana förhållanden hade man också ansett sig oförhindrad att begagna sig af denna kronomark såsom om den varit stadens odisputabla egendom. Där hade under senaste tid uppstått en hel ny stadsdel, Girstens kvarteret; där hade anlagts stadens skeppsvarf, på hvilket de stora medelhafsfararne bygdes; där hade upptagits inemot 50 tunnland nya åkrar och kryddgårdar. Ja, också på Aittaluoto — ehuru detta egentligen hörde till schäferiholmarna — funnos särskilda anläggningar, som vittnade om att äfven denna del af kronomarken redan började blifva „nödvändig för staden“.

Kronan börjar i fråga sätta arrendenas beständighet.

Under sådana förhållanden kunna vi lätteligen föreställa oss den bestörtning, som rådde i staden då regeringen på 1780-talet började sätta i fråga beständigheten af såväl det ena som det andra af dessa „eviga arrenden“. Schäferiet ficks aldrig i det stånd som styrelsen fordrade och ända sedan början af 1780-talet visade sig oförtydbara tecken till att staden en vacker dag skulle gå miste om de präktiga kronoholmarna. Vid samma tid förljöds det ock att höga vederbörande börjat underkasta vilkoren för kungshagsarrendet en närmare granskning, tolkande dem på ett sätt, som alldeles stod i strid med borgerskapets åsikt. 1782 hade advokatfiskalen Juslén framhallit att det af staden erlagda arrendet var alldeles för litet. Regeringen hade på grund däraf förordnat ny refning och skattläggning af marken. Det hette att staden icke — kronan till skada — kunde räkna på att i evighet få tillgodonjuta förmånerna af detta arrende.

Magistraten och borgerskapet skyndade genast att vidtaga alla på dem ankommande åtgärder för att afvända den hotande faran. Man bekostade ett ombud i Stockholm, som där skulle bevaka stadens rätt, man förklarade sig villig att gerna betala högre arrende, om kronan så fordrade. Men de maktegande syntes vara döfva för alla argument och anbud. Med öfverdrifven beställsamhet visste därjämte ryktet berätta att hela nystaden skulle slopas, åkrarna ödeläggas, varfvet förstöras, och att ingen ersättning vore att påräkna för alla de kapitaler, som intecknats i fastigheter och odlingar på kronomarken. Stora intressen stodo i sanning på spel, och för att rädda hvad som räddas kunde fattade magistraten och de äldste $^{21}/_{11}$ 1782 ett beslut, som i afseende å det åsyftade resultatet först i våra dagar blifvit en värklighet. Staden anhöll nämligen om „tillstånd att få inlösa af kronan kungshagarna eller kungsviksbetesmarken med Kungsviken jämte Varvouren och hvad som återstår af Aittaluoto utanför regala bränneriet och hägnaden“ [1]).

Stadens anhållan att få inlösa Aittaluoto m. m.

Men också detta var förgäfves. Man fick nöjas med att regeringen $^{17}/_{7}$ 1782 gaf staden konfirmation på varfvet äfvensom $^{22}/_{7}$ 1788 lemnade borgarena i Nystaden tillstånd att orubbadt få bo på kronomarken mot erläggande af särskildt tomtöre. På en och samma dag, $^{11}/_{7}$ 1791, emanerade slutligen de tvänne kungliga bref, genom hvilka staden förlorade sin arrenderätt såväl till schäferiholmarna som till kungshagsmarken. Denna sistnämda skulle efter föregången auktion på arrende upplåtas åt den mestbjudande. De förra åter lemnades $^{11}/_{8}$ 1791 åt öfverstlöjtnant Fredrik v. Knorring på 100 års arrende, räknadt från 1 januari 1792, mot 3,000 rdrs städja och en årlig arrendesumma af 250 rdr specie.

Förlusten af arrendemarkerna.

Till icke ringa hugnad för borgerskapet sattes emellertid påbudet beträffande kungshagsmarken „för mellankommande orsaker“ icke i värkställighet under hela den nu ifrågavarande perioden. Staden förblef sålunda fortfarande i faktisk besittning af sitt gamla arrende och vågade t. o. m. bestrida Knorring rättigheten till Aittaluoto och Varvouri, hvilka — enligt dess påstående — voro „en tillhörighet under kronohagarna“. Kongl. resolutionen af $^{6}/_{8}$ 1805 afgjorde dock saken till Knorrings fördel. Genom resolution af $^{5}/_{7}$ 1806 afslogs dessutom den efter branden 1801 tillsatta kompromissrättens anhållan om att staden än vidare skulle få utvidgas på kronomarken [2]). Bägge dessa resolutioner innehöllo därjämte direkta afslag på stadens förnyade anhållan att „blifva vid ifrågavarande lägenheter, d. v. s. kronohagarna, bibehållen“. Men, som sagdt, om ock kronan sålunda förbehöll sig fri dispositionsrätt öfver sin mark, förändrades tillsvidare intet i afseende å de faktiska förhållandena. Klart är dock att staden lidit en betydlig förlust, då den i stället för att innehafva ett för densamma oumbärligt område såsom beständig besittning nu tilläts bibehalla det blott tillsvidare med utsikt att när som helst kunna förlora detsamma.

[1]) Magistratens protokoll $^{20}/_{11}$ 1782.

[2]) Likaså ledde icke stadens vid landtmätareförrättningen år 1807 uttalade önskan, att skeppsvarfvets areal finge tillökas, till någon påföljd.

Bärnäs-åkrarna.

Hvad stadens donationsjord beträffar hafva vi fortfarande att i afseende å den odlade marken erinra oss den gamla skilnaden emellan Bärnäsåkrarna och borgerskapets öfriga odlingar. Bärnästegarna — med undantag af de 6 tunnlanden som voro anslagna magistraten och presterskapet — fördelades fortfarande årligen åt borgarena i lotter varierande emellan 3 och 10 kappland. Magistraten hade ock i öfrigt fri dispositionsrätt öfver dessa åkrar. Så beslöt den t. ex. 1783 att Bärnästegarna skulle utdelas endast åt dem, som åtogo sig att odla hampa.

Öfriga åkrar.

Men utom Bärnäsåkergärdet var det slut med magistratens makt och myndighet, ty i likhet med det forna romerska ager publicus hade den öfriga stadsjorden frånhändts kommunen och öfvergått i enskild ego. 1783 säger magistraten: „Med undantag af Bärnäsåkrarna innehafvas alla öfriga i förra och senare tider uppodlade åkrar af stadens borgerskap eller deras arfvingar såsom säkra possessioner, gå i arf och salu borgerskapet emellan samt äro inteckning underkastade. En del af dessa åkrar bidraga till 80 tunnors åkerskatten och för de öfriga erläggCs en viss afgift till staden, dock för de minst bördiga ingen [1]). Genom arf och köp kunde dessa åkrar t. o. m. tillfalla personer, som med staden hade ingen gemenskap. År 1790 hade sålunda en Kumobonde Pria genom köp kommit i besittning af en åker i Humalaiskomplexen och umgicks nu med planen „att plantera där ett torp uppå“ [2]). Flere åkrar undgingo ock i följd af vederbörandes försumlighet all beskattning. 1805 heter det att jord af stadens tillhörighet är af obehöriga intagen och flera åkrar oskattlagda; 1808 att alltsedan 1794 ej ens någon förteckning öfver akrarna å stadsmarken och deras innehafvare uppgjorts, i följd hvaraf stor oreda vid åkerskattens infordrande följt, „särdeles som en och annan temligen godtyckligt betalade hvad han ville“.

Dessa åkrar voro antingen spridda på mulbetet och hvar för sig afskilda inom gärden, eller ock bildade de stora komplexer, inom hvilka särskilda personer egde sina tegar och stycken. Ett sådant samfällighetsbruk ledde stundom till konflikter emellan de skilda teginnehafvarne, hvarför magistraten måste uppträda såsom förmedlare mellan de olika intressena. 1798 förordnades att „enär klagan

[1]) Magistratens protokoll $^{24}/_{8}$ 1783.

[2]) Magistraten gjorde väl stundom försök att häfda stadens rätt. Så t. ex. 1772, då den förständigade kyrkoherden Strandberg i Sastmola äfvensom apologisten Strandberg i Vasa, hvilka innehade några åkrar såsom dem tillfallet arf, att vid fara af tvångsauktion försälja dem åt någon stadsbo, „emedan det ej tillkommer någon annan än borgerskapet att bruka och nyttja stadens jord“.

försports att de, som hafva sina åkerandelar inom en inhägnad med andra, vilja dem årligen beså utan att någonsin lemna dem i träde, hvaraf olägenhet för grannarna uppstod, de skulle utse en hufvudman för hvarje åker, som bestämmer när åkern lemnas i träde, så ock om gärdesgårdens och dikenas vidmakthållande; och utsågos för Måsa-åkern Henrik Malmberg, för gamla Kissanmäki slaktaren Törnberg, för nya Kissanmäki Simon Norrgren, för norra Kissanmäki Matts Mickelsson Lönnmark, för Vähämäki perukmakar Willstedt och för tegelsalsåkern Jakob Wadén".

Om ock stadskassan i följd af den häfdvunna åkerregimen gick miste om ansenliga inkomster, nådde dock stadens jordbruk under denna tid en utveckling sådan det knappt någonsin förr eller senare haft. Detta framgår såväl af den betydliga tillväxt, som åkerjorden under denna tid erhöll, som ock af de utmärkta skörderesultat, som då lönade odlarens möda. Jordbruket.

Nyodlingar upptogos till mer än 100 tunnlands vidd. Redan 1772 hade 10 tunnland vid Kissanmäki upplåtits till odling, och $^{29}/_{9}$ 1785 beslöts att därstädes ytterligare 100 tunnland skulle upptagas till åker. Efter föregången landtmätarerefning skulle där utdelas åt borgarene tegar om $^{1}/_{2}$ tunnland under vilkor att de skulle hafva åkern färdig inom tre år samt, efter åtnjutna 6 frihetsår, betala en viss afgift till stadskassan. Åkerarealen, som under föregående period utgjort något öfver 200 tunnland, beräknades 1772 och 1783 till 324 samt 1792 till 340 tunnland [1]). Åkerarealens tillväxt.

Angående skörderesultaten säger magistraten i sin riksdagsresolution af år 1771, att „sädesväxten här drifves till en synnerlig höjd, merendels till 15 ända till 20 kornet". Och i sin till landshöfdingen i dec. 1772 ingifna berättelse öfver stadens jord meddelar magistraten „att ehuru tredjedelen af stadens åkrar bestå af sämsta sandjordman, har borgerskapet och invånarne på densamma dock användt så mycken kostnad, att en sådan slät jord, hvilken landtmän för dess ofruktbarhets skull aldrig pläga eller förmå uppodla eller göda, blifvit De goda skörderesultaten.

[1]) Möjligen var dock här inberäknad arealen äfven för kungshagsåkrarna, enär hela åkervidden år 1816 säges, „enligt äldre årens mätning", vara endast 272 tunnland, undantagna senare tiders utvidgningar, som ännu ej blifvit refvade. 1768 säges å kronohagsmarken vara upptagna åkrar till något öfver 30 tunnland, i början på detta århundrade åter angafs där befintliga åkerarealer till 55 tunnland. Detta afdraget fran ofvannämda tal, skulle stadens egen åkerareal sålunda varit omkring 285 tunnland. Omkring 20 tunnland hade efter stadens brand dels blifvit öde, dels intagits inom stadsplanen, så att vid ny mätning återstodo 272.

bragt till ganska hög bördighet". „Spannmålssådden" — heter det vidare — „uppdrifves öfverhufvudtaget till 12:te kornet och väl af mångom till 18:de och 20:de, hvilket utgör en betydlig nationel vinst" [1]). Då medeltalet af skörden under föregående tid, enligt Rudensköld, utgjorde endast 4:de à 5:te kornet, och då i våra dagar afkastningen sällan torde öfverskrida 8:de eller 10:de kornet, måste vi i sanning anse 1770- och 1780-talens skördeförhållanden såsom utomordentliga. De bära i sin mån vittne om de ekonomiska sträfvandenas framgång under „nyttans tid".

Nya kulturväxter. Potäterna. Till denna tids förtjenst bör ock — såsom redan nämts — räknas införandet af särskilda nya kulturväxter. Bland dessa var potatisen utan jämförelse den viktigaste. De första potäterna infördes, för så vidt vi funnit, år 1765, och 1773 kunde några af magistratens ledamöter och stadens äldste, hvilka i några år planterat denna växt, intyga att odlingen däraf väl lönade mödan. Man beslöt därför att från Stockholm införskrifva tre tunnor till allmän utdelning, jämte det några enskilda rekvirerade sig utsäde från Koivisto och Kjuloholm. Då emellertid det fartyg, som skulle hemta potäterna från Stockholm, förliste på hemresan, och frosten tagit potäterna på Kjuloholm, anhöll staden $^{11}/_{4}$ 1774 att landshöfdingen „af de jordepäron, Titulus nådigst låtit för andra i länet införskrifva, täcktes meddela denna stad helst 2 à 3 tunnor". Landshöfdingen sände ock genast 38 kappar, hvilka mot 1 daler 8 öre k:mt för kappen utdelades, så långt det räckte. Att potatisodlingen nu emellertid började med framgång bedrifvas, finna vi däraf att i staden redan 1792 skördades 300 t:nr potäter [2]). — Mindre väl lyckades tobaksodlingen, som påbörjad 1746 på 1760-talet uppdrifvits till en afkastning af 1,000 lisp. årligen. Försvårad af det ogynnsamma klimatet aftog denna odling år för år, tills den efter 1805 helt och hållet upphörde [3]). — Ännu mindre framgång än tobaksodlingen hade „den stora hampekulturen" som 1783 vidtogs under Kraftmans ledning på de därför reserverade Bärnäs-åkrarna, och till hvars befordrande borgerskapet förklarade sig villigt att — om andra städer förenade sig med detsamma — utsända en expert för att utrikes studera hampsådd [4]).

---

[1]) Denna relation finnes i Svenska Riksarkivet bl. Landshöfdingeskrifvelser ang. städernas åkerjord.

[2]) Magistratens protokoll $^{11}/_{6}$ 1773 och $^{11}/_{5}$ 1774 äfvensom riksdagsrelation af 1792.

[3]) 1778 skördades endast 103 och 1800 endast 50 lisp. tobaksblad.

[4]) Redan 1775 hade försökts hampesådd i stort, men den hade slagit fel. Mag:s protokoll $^{25}/_{8}$ 1783.

1808 heter det korteligen: hampa odlas icke, emedan denna växt icke här trifves.

Det mest storartade företag stadens jordbrukshistoria under denna tid har att uppvisa var dock utan tvifvel uttorkandet af Lattomeri, denna till ett sumpigt kärr förvandlade gamla segelled, hvilken fordom förbundit Ulfsby med hafvet. Genom denna sumpmarks torrläggande har den namnkunniga finska hushållaren Kraftman för alla tider rest sig ett minne i stadens och den omgifvande landsortens historia. Med den outtröttliga energi, som karaktäriserade denne representant för nyttans tid, öfvervann han alla motsägelser och ledde alla svårigheter till trots detta jättearbete till ett önskadt slut. Han har sjelf i en intressant studie skildrat de vedermödor och lidanden, som det stora företaget kostade sina utförare. Par hundra alnar från brädden gick man såsom på vågor, sjönk ned till halfva benet — ja ofta till midjan. Då den lösa kärrskorpan blandade sig under dikningen såsom till en välling, var det svårt, ofta omöjligt, att få något upp hvarken med spade eller järnkrok. Gräfningen måste förnyas 5 à 6 gånger innan diket vunnit helst någon stadga. I arbetet, som i landshöfdingen Rappes närvaro beslöts år 1773, deltogo utom staden 50 à 60 hemman å landet, och redan nämda år var ett dike af 18,000 alnars längd och 3 alnars bredd draget tvärs igenom kärret, som därigenom blef så torrt, att man kunde till fots färdas däröfver. Inom förloppet af några år hade staden vunnit en „någorlunda nyttig“ ängsmark af 553 tunnlands vidd. Dock måste diket tidt och ofta ånyo uppkastas, enär höafkastningen aftog i samma mån det grodde igen. Den nyvunna ängen delades i tegar och utarrenderades åt borgarena för stadskassans räkning. Lattomeris uttorkande.

Äfven på ängsholmarna i viken vann staden nu en ansenlig tillväxt i sitt höbol genom den fortgående tillandningen, hvilken redan nått bortom Lotsöre. Holmarna, som i äldre tider gemenligen kallats blott „sand“ eller „klippor“, hade småningom fått sina särskilda namn, vanligen syftande på ändamålet, hvartill dessa tillandningar först användes. Salunda hade för de stora holmarna på hvardera sidan om Lotsöre-ådran, hvilka voro anslagna åt borgmästare och råd, småningom stadgat sig namnen „Borgmästare-“ och „Rådmansholmen“. Den mindre holme, som var belägen strax öster om Rådmansholmen gentemot staden och innehades af stadsnotarien på lön, och med hvilken tvänne andra holmar, Skutholmen och Bodholmen, höllo på att sammangro, kallades „Skrifvar-“ eller „Notarieholmen“, på finska „Kylänkriivarin luoto“, — och detta namn bibehöll den äfven sedan den 1773 indragits från notarieanslaget och Ängsholmarna.

1790 lemnats till kvarnplats åt bagaren Edman samt efter 1801 års brand bestämts till stadens upplagsplats för tjära. Också kassören hade sin holme, i anledning däraf benämd „Kassörsholmen". 1779 gafs åt urmakar Soltin, som åtagit sig vården om rådhusuret, en ängsholme, som sedan dess burit namnet Urmakareholmen o. s. v.

Ängsarealen. Huru stor stadens ängsareal i slutet af 1700-talet var, kan ej med säkerhet uppgifvas. 1783 heter det: „öfver holmarna i Björneborgs vik, hvilka genom vattuflod dels förminskas dels försvinna och dels på andra ställen åter uppkomma, har någon karta ej kunnat affattas; ej heller har säker utredning om deras afkastning såsom oviss kunnat vinnas". 1806 uppmättes, för så vidt vi funnit, för första gången stadens holmar och ängar å Bärnäs egor, och utgjorde de då 1,231 tunnland 30 kappland. Lägges härtill Lattomeri med 529 tunnland 24 kappland äfvensom Ulasöre-ängarna, 122 tunnland 2 kappland, och Lill-Raumohemmanets höbol, 44 tunnland 20 kappland, utgjorde således stadens hela holm- och ängsareal vid periodens slut 1,928 tunnland 12 kappland.

Skogen och mulbetet. Här må ock nämnas att äfven åt skogen och mulbetet nu egnades större vård än någonsin förut. 1777 „fridlystes" skogen, en åtgärd som 1784 förnyades på 4 år. 1777 och 1787 vidtogos ock åtgärder till dikens gräfvande på mulbetet och skogens rensande, för hvilket ändamål stadens 16 rotar fördelade sig i två klasser om 8 rotar för dagsvärkens utgörande utom Haga- och Malmtullen. Dessutom utgafs tidt och ofta påbud rörande den allmänna ordningen å mulbetet: att grindarna skulle stängas, att getterna skulle följas af särskilda vallhjon, att svinegången till Lattomeri skulle börja på bestämd dag (vanl. 15 maj), hvarvid samtliga fyrfotingar skulle utdrifvas kl. 7 på morgonen genom Malmtullporten o. s. v. I följd af skogens rensning aftogo skadedjuren, som förut utgjort en ständig fara för borgerskapets boskap, och i följd af strängare tillsyn öfver grindar och gärden kunde boskapen gå fritt omkring på betet, utan att man behöfde befara dess inträngande i åkrarna. 1787 beslöts att, sedan mulbetet nu blifvit rensadt, vallherdarna ej mer hela dagen behöfde följa boskapen åt, utan blott om morgnarna drifva den ut på betet och om aftnarna återhemta den till staden. Dessutom skulle de någon gång aflossa några pistolskott, för att därmed skrämma vilddjuren.

Boskapsstocken. Hvad boskapsstocken under denna tid angår, veta vi därom föga från periodens tidigare skede. Möjligen hade 1770- och 1780-talen äfven i detta afseende att uppvisa något extraordinärt, ehuru vi i saknad af källor ej närmare känna till förhållandena. Åtminstone sades 1780 att stadens svinahjord då utgjorde 500 à 600 stycken, ett antal som detta boskapsslag hvarken förr eller senare därstädes uppnått. På en stor boskapsrikedom synes också den omständigheten häntyda, att betesmarken icke ville räcka till för behofvet, hvarför t. ex. försvarskarlarne tillätos att på mulbetet hålla endast en ko, men ingen häst, äfvensom borgarena förbjödos att utarrendera sina ängslotter åt den lösa befolkningen, hvilken därigenom blott skulle lockas att hålla sig med boskap, borgerskapet till förfång [1]). Men huru det än må hafva förhållit sig på 1780-talet, säkert är att quinquenniitabellen af 1805 utvisar att boskapsstocken åtminstone då — möjligen reducerad efter branden 1801 — icke var större än den varit vid slutet af föregående period. Tabellen upptager i runda tal 150 hästar, 350 kor, 50 ungnöt och 450 får.

I förhållande till jordbruket och boskapsskötseln var däremot den tredje af stadens landtmannanäringar, fisket, under denna tid i aftagande. Det fordom så lönande sillfisket med nät idkades väl fortfarande under juni och början af juli månader af stads- och landsboar inom Räfsö sund, „hvarest en hvar åtkommer", men — heter det 1776 — med ringa fördel. Härmed öfverensstämmer ock uppgiften i magistratens relation af år 1771, att någon sill fångas med nät i Bottniska viken, men till ringa kvantitet. Angående strömmingsfisket åter säges 1776, att „borgerskapet uti flere intressentskap, äfven med några skärboar, idkar strömmingsfiske uti öppna sjön och Bottniska viken, såväl med sköten, som med 14 à 15 nötter, de större om 120 famnars längd och 14 alnars djuplek, hvarmed ock någon småsik fångas om hösten. För sina nötter hafva de med yttersta möda och kostnad upprensat vid yttersta klipporna uti hafvet tjenliga varp". Detta strömmingsfiske afkastade, enligt uppgift af år 1771, årligen omkring 40 tunnor. Här må ock nämnas att år 1776 försvarskarlen And. Fagerlund anhöll om rätt att såsom hufvudman för ett intressentskap i Kumo få slå sig ned såsom ständig abo å någon af de yttre holmarna i skären och där bedrifva fiske med „boyser" och andra modernare bragder, hvilket företag magistraten dock ansåg gå öfver Fagerlunds insikt, ämne och förmåga, hvarför den hos landshöfdingen afstyrkte bifall till hans anhållan [2]). Fisket.

[1]) Därjämte höjdes mulbetsafgiften, som förut varit 6 runstycken för häst, oxe, ko, kalf och svin, samt 3 runst. för får, år 1779 så, att borgarena skulle betala dubbelt mot förr, men alla andra stadsboar 4 skillingar för häst, 2 sk:r för oxe, stut, ko, kalf och svin, samt 1 skilling för får.

[2]) Magistratens protokoll $^{20}/_{4}$ 1776. — Beträffande slutligen fisket i viken hade nya förordningar gifvits $^{14}/_{11}$ 1766 och $^{24}/_{1}$ 1771, i följd af hvilka borgarena

Men vi skola härmed lemna redogörelsen af stadens näringar under denna betydelsefulla tid. Förestående öfversikt af desamma torde tillfyllest ådagalagt den materiella utveckling, i hvilken staden nu var stadd. Att äfven de andliga sträfvandena och kulturlifvet öfver hufvud höllo jämna steg med denna utveckling, skola vi af det följande finna.

yrkan. Också på kyrkans område skönjes under denna tid ett nytt lif, häntydande på att den uppfostran, som kyrkan gifvit folket, redan inom sjelfva församlingen började bära mogen frukt. De båda Lebellerna, fadren Mikael Lebell (1746—86) och sonen Fredrik Lebell (1786—1819) voro kraftiga män, hvilka i likhet med äldre tiders Arctopolitaner och Fortelier nitälskade för den allmänna folkbildningens höjande. Så beslöts t. ex. vid kyrkostämma $^{30}/_{4}$ 1792 att de föräldrar, som ej lärde sina barn läsa innantill äfvensom Luthers lilla katekes utantill, skulle för sådan efterlåtenhet pligta 1 rdr, hvilken pligt vid förnyad uraktlatenhet skulle fördubblas.

Angående församlingsförhållandena i öfrigt under denna tid må erinras, att i afseende å gudstjensterna nu vidtogos några af omständigheterna påkallade förändringar. Ännu i slutet af 1700-talet höllos i Björneborgs församlingar [1]) svenska och finska gudstjenster

1773 med öfriga fiskelägens innehafvare ingingo förening om ett sådant sätt att fiska, att fiskyngeln ej skulle skadas. Dock led borgerskapet vid fiskandet i sina säfvikar och vid sina stränder fortfarande intrång af grannarna, särdeles af Lill-Raumoboarne, som vid Ulasöre inkräktade på deras fiskevatten, äfvensom af Swartsmarksboarne, hvilka påstodo sig enligt ett konung Johan III:s bref af år 1576 hafva rätt att fiska invid sjelfva stadsstranden. I fiskevattenstvisten med Lill-Raumo hade häradsrättens utslag fallit redan 1755, enligt hvilket borgarene egde rätt att fiska vid Ulasöre strand i förhållande till sitt egande land, dock ej med katsjor utan endast med rysjor, för att ej fiskens uppgång i Raumo å skulle hindras. Och hofrätten synes 1785 stadfäst Swartsmarksboarnes rätt, eftersom rådman Mentzer fick i uppdrag att å stadens vägnar fortsätta denna tvist, och söka stänga dem från deras tilltagsenhet i stadens fiskevatten.

[1]) Församlingen bestod, förutom af staden, äfven af omkring 30 mantal i landsförsamlingen. Kommunikanternas antal beräknades 1792 inom staden till 1,500 och inom landsförsamlingen till 1,200 personer. Stadens kapellan, hvars lön utgjordes af 27 rdr påskpenningar äfvensom af 4 tunnor spannmål af kronan och 14 d:o af landsförsamlingen, åtnjöt därjämte fortfarande underhåll från Hvittisbofjärds och Norrmarks kapeller, det förra inrättadt 1601, det senare därifrån afskildt 1749. Väl hade dessa kapeller, som föga hjelp hade af kapellanen i staden, redan tidigare utvärkat åt sig utslag att blifva in casu existenti befriade från underhållet af stadens kapellan, men då deras bref härom förkommit, ansökte de ytterligare 1792 om skilnad från Björneborgs församlings kapellan, men regeringen, som ansåg att stadskapellanens ringa lön ej tålde förminskning, afslog deras anhållan.

hvarje söndag. På 1770-talet fann man emellertid att den svenska församlingens medlemmar, som äfven under den finska gudstjensten hade sina bänkar sig förbehållna, mycket sällan begagnade sig af desamma. Härigenom blefvo den finska församlingens ledamöter, som till antalet voro mångdubbelt flere, bragta i mycken trängsel, hvarför beslut fattades att svenska församlingen skulle få sina bänkrum särskildt utan någon rätt till dem under finska gudstjensterna. Dock skulle de svenske få behålla de två första bänkarna så på manfolks-, som kvinnfolkssidan, „om de vilja gå i finska högmessan och särdeles aftonsången, som sällan sker på svenska". Efter branden 1801 höllos svenska gudstjenster endast hvar tredje söndag, förutom på stora bönedagar, påsk, pingst och jul, då högmessan skulle förrättas på båda språken.

Likaså hade Sacklén redan 1763 föreslagit, att — enär ganska få, ofta 2 à 3 personer allenast, hvilka ock förstodo både svenska och finska språken, infunno sig vid de svenska veckopredikningarna, utan hellre bevistade de finska — dessa svenska veckopredikningar, utom passionspredikningarna, alldeles kunde upphöra, „helst som det vore ett missbruk mer än uppbyggelse att fordra att presterskapet skulle predika för toma väggar och gå i kyrkan sjelf annan eller tredje". Lebell beklagade att icke flere infunno sig i svenska predikningarna, men biföll, såvida alla närvarande ledamöter af den svenska församlingen nu förenade sig med Sacklén, till deras indragande, till dess svenska församlingen framdeles kunde blifva mera talrik [1]).

På det andliga lifvets område började för öfrigt inom staden, särdeles på 1770-talet, förmärkas en liflig återvärkan af tidens religiösa rörelser, närmast framkallad af Anna Rogels predikningar i Sastmola. I likhet med denna kända kvinnopredikant började borgaren Gustaf Malmbergs dotter Juliana Malmberg, gift med sergeanten Söderborg, i sitt hus dagligen hålla böner för menigheten. Hennes väninna Anna Lagerblad, som 1770 från sitt föräldrahem i Siikais flyttat till Björneborg, där hon bodde hos Söderborgs, hängaf sig i ännu högre grad åt sin religiösa hänförelse [2]). „Under sin fantasis flykt sväfvade hon i högre rymder, försatte sig i omedelbar beröring med gudomens alla personer och samtalade med dem såsom med sin dagliga omgifning". De religiösa rörelserna.

[1]) Kyrkorådets protokoll $^{2}/_{4}$ 1763.

[2]) Akiander: Historiska upplysningar etc. II, sidd. 289—292; III, sidd. 176 följ. Hon besökte ock flitigt de sjuka och bedröfvade och tröstade dem med makten af sitt ord, eller ock genom föreläsningar ur någon andlig bok, särdeles Hollazii Armon järjestys. — Anna Lagerblad afled 1811.

Efter Juliana Malmbergs och Anna Lagerblads föredöme började ock flere andra personer, mestadels kvinnor, såsom hustru Sofia Rosnell, hustru Maria Neckström, hustru Anna Lönberg m. fl.[1]), predika för allmänheten. Snart var stadens församling delad i tvänne partier, de „omvände“ och de „oomvände“, och pingsten 1774 samlades flere hundrade människor utom från staden och dess omnejd äfven från aflägsnare trakter, från Raumo och Nystad, från Loimijoki och Tyrvis, för att åhöra dessa sällsamma predikanter.

Myndigheterna läto till en början dessa sammankomster ostördt fortgå, så länge de kunde anses såsom endast gagneliga gudaktighetsöfningar. Men sedan Lebell erfarit att predikanterna också företagit sig att förändra det vanliga bönesättet, kallade han dem till förhör $^{22}/_{5}$ 1774. Han frågade dem om de trodde att det af Gud och öfverheten tillförordnade predikoembetet vore otillräckligt, eftersom de gått i ett så dyrbart och ansvarsfullt embete. Också Sacklén fann rörelsen stridande mot den allmänna ordningen. Han sade sig hört att Juliana profeterat att denna stad inom mars månad skulle undergå en allmän förstörelse, och i anledning af hennes och andras nattliga predikningar i Lill-Raumo hade hans arbetsfolk om dagarna försummat sina göromål. Det stötte ock savül honom som Lebell, att kvinnor, som voro förbjudna att uppträda i församlingen, predikade, och de antydde sexmännen att se till att kongliga förordningen af 1726 efterlefdes [2]).

Emellertid fortgick rörelsen, onekligen värkande äfven mycket godt. Den „evangeliska“ lära, som nu förkunnades, åsyftade befrämjandet af en praktisk kristendom. Då någon anmärkte att folket ej borde spisas med så lös mat som deras evangelium, utan hållas till större allvar i bättringen, genmälde Juliana att hjorden frodas bäst, om den ej instänges inom för trång betesmark. Också växte de båda predikanternas anseende bland folket ju mera det led. Under den allmänna förskräckelse, som krigstiden 1788—90 rådde i landet, nedskref Anna Lagerblad sina visioner för att såsom ett redskap i Guds hand — hvilket hon ansåg sig vara — förmana folket till bättring på en tid då Guds straffdomar stodo hotande öfver land och folk. Och ännu större var Juliana Malmbergs anseende. Ryktet visste berätta, att hon under konung Gustaf III:s besök i landet tillåtits predika utanför konungens tält och erhållit tillstånd att utan hinder fortfara med sina andaktsöfningar. Den allmänna tillgifvenhet hon

[1]) Bland manliga predikanter nämnes skräddaren Isak Lemberg, † 1829.
[2]) Kyrkostämmoprotokoll $^{29}/_{5}$ 1774.

i lifstiden åtnjutit bevisade sig äfven däri att hennes jordfästning, 1799, under djup rörelse bivistades af en ifrån staden och kringliggande landsort sammankommen ovanligt talrik folkskara, hvaribland ock några af stadens honoratiores.

Hvad åter skolan angår, arbetade den fortfarande på den af Kraftman inslagna vägen. På kollegernas klasser hade redan Strelings „grammatica latina" gjort sitt inträde, temligen jämt delande elevernas tid med Luthers katekes och Hübners bibliska historia. Konrektorsklassen sysslade med studium græcum et hebraicum och hade dessutom på sin läseordning Euklides' elementa, Vossii retorik, Hübners svenska historia och Tunelds geografi, äfvensom explikation af Cornelius Nepos och Ciceros epistolæ selectæ. Rektoristerna slutligen studerade Benzelii teologiska spörsmål, Plennings logik och Voltemats statshistoria, explicerade Ovidius, Justinus och Phædrus, samt fingo dessutom göra bekantskap med naturalhistoria och grunderna i ekonomin [1]). Uti en redogörelse öfver lärovärken i Åbo stift, sannolikt uppgjord 1803 af kanslersgillets sekreterare, nämnes särskildt att i Björneborgs skola, utöfver de i trivialskolorna vanliga kurserna, läses något naturalhistoria och svenska grammatiken efter Sahlstedt, hvaraf således framgår att det af Kraftman på 1740-talet införda systemet ännu följdes. Elevernas antal var, enligt uppgift af 1803, vanligen 150, och äfven däröfver. Skolan.

Okunnigheten i svenska språket utgjorde fortfarande för många elever ett svårt hinder för studiernas framgång. Frågan om språket var bl. a. i febr. 1774 under skolinspektors ordförandeskap åter, såsom mången gång förut, föremål för skolkollegiets behandling. Till domkapitlet hade anmälts att större delen af apologistklassens elever voro „så alldeles okunniga i svenska språket, att de icke ens förstå detsamma". Inspektor framhöll därför nödvändigheten af „att skolgossarna härstädes emellan sig ej skulle tala annat än svenska, då de förmodas genom ständig öfning snart och rätteligen blifva detta språk mäktiga". Härvid intygade lärarne att eleverna städse blifvit tillhållna att tala svenska. Emellertid fann inspektor skäligt „att i strängaste ordalag varna den finska ungdomen vid skolan att använda all upptänklig flit vid svenska språkets lärande" [2]). Språkförhållandena i skolan.

Handlingarna, särdeles skolrättsprotokollen, bevara för öfrigt minnet af mången interiör från den tidens skollif. Än hade pojkarnas malitiösa skämtlynne stört ordningen på skolan, såsom t. ex.

---

[1]) Åbo tidningar 1772, N:o 32, sid. 253 o. 254.

[2]) Några grunddrag till Björneborgs skolas historia af F. I. Färling, sid. 20.

då apologisten Asp vid sin ankomst till lektionen af eleven Torrlund helsades med ett ljudeligt bräkande, hvilket utgjorde texten till följande på svarta taflan tecknade ord: „svarta bocken med hvita skägget“ [1]). Än hade skolungdomen, då den i skolhuset firade Kongl. Maj:ts namnsdag „med dantzande och dylikt densamma anständigt nöje“, blifvit förolämpad af grefve Posses tjenare, som afskjutit pistoler i förstugan och kastat in stenar genom fönstren [2]). Än hade skolhusets väggar satt sig, så att fönsterrutorna spruckit och ugnen remnat. Än kunde det hända att taket började läka midt under lektionen, hvarvid gossarna fingo lof och sändes att hemta torf från närmsta linda för att därmed reparera skadan.

Biblioteket och naturaliesamlingen. Skolans bibliotek bestod 1772 af 70 volymer och 25 kartor. Dessutom hade anstalten nyss lagt sig till fyra glober, af hvilka tvänne voro af det största slaget, som i Upsala förfärdigades. Intill denna tid hade skolan icke ännu haft någon samling naturalier, men sedan man funnit hvilken olägenhet denna brist medförde för undervisningen i naturalhistoria, hade rektor och konrektor dragit försorg om anskaffandet af en dylik samling, hvilken redan räknade 700 stuffer i mineralriket och 600 örter i växtriket. Till denna örtsamling, heter det, hade den för sin lärdom i flera vetenskaper allmänt kända björneborgaren provincialmedikus d:r Bergman ansenligen bidragit [3]).

Tammerforsarne och skolan. Då skolhuset i branden 1801 förstördes, ansökte Tammerforsboarne att få trivialskolan flyttad till deras stad. Häremot inlade dock Björneborgs stadsboar $^4/_{12}$ 1803 enhälligt protest, framhållande „att det skulle strida emot Kungl. Maj:ts staden gifna rättighet att ega denna inrättning“. Också undgick staden denna gång ödet att, i likhet med hvad som skett efter 1698 års brand och hvad som skulle ske efter 1852 års våldeld, blifva beröfvad sin läroanstalt. Skolan inhystes efter branden först i kyrkan, sedan i en gammal

[1]) Färling. Några grunddrag etc. sid. 21.

[2]) Magistratens protokoll $^{12}/_{11}$ 1792.

[3]) Åbo Tidningar 1772, N:o 32, sid. 252 o. 253. — Lärarnes löner, som på 1600-talet utgjort, rektorns 150, konrektorns 100, hvardera kollegernas 39, senare 48, och apologistens 50 daler, uppburos numera, enligt kungl. brefvet af $^4/_6$ 1762, i spannmål efter kronovärdering, så att rektor hade 66 tnr 21 $^1/_3$ k:par, konrektor 44 tnr 14 $^2/_3$ k:par, bägge kollegerna tillsammans 34 tnr 21 $^1/_3$ k:par, apologisten 22 tnr 7 $^1/_3$ k:par. Dessutom hade rektor djeknepenningar 20, konrektor 18, kollegerna resp. 25 och 27 samt apologisten 35 rdr. Utom dessa löner å stat hade rektor till höslag en liten sjöholme om en åms afkastning, samt en åkertäppa af 6 kappland, och de öfriga lärarne enhvar af stadsjorden ett kappland till kålgård, men inga embetshus eller hyresmedel voro lärarne anslagne.

bygnad, som borgerskapet till interimsrådhus och skola inköpt hade, och sedan denna blifvit upplaten åt ryska militären 1808, i en hyrd våning, tills ändtligen det nya skolhuset blef färdigt.

Minnesvärda stadsboar.

Af Björneborgare, hvilka väl tidigare valedicerat skolan, men hvilkas värksamhet till största delen infaller under denna period, må ihågkommas — förutom de redan förut af oss nämnda: biskopen Gabriel Fortelius († 1788) och läkaren Johan Gabriel Bergman († 1793) — äfven kirurgen Johan Hasselström († 1783) och kyrkoherden Johan Saxberg († 1784) i Kronoborg [1]). Den förre blef slutligen kirurg vid kungl. hofvet. Den senare åter, känd för sina sjelfständiga och upplysta åsikter i vissa religiösa frågor, gjorde sig på 1770-talet ryktbar genom sin tvist med domkapitlet i Viborg, hvilken t. o. m. blef föremål för meddelanden i några utländska arbeten. — Bland stadsboar, som under denna tid genomgingo sin fädernestads lärovärk, framstodo bland andra: Fredrik Lebell, kyrkoherde i staden efter fadren, och Erland Rosenback, slutligen kyrkoherde i Töfsala, äfven känd för sina efterlemnade smärre litterära uppsatser.

En lägre skola föreslagen.

Detta om trivialskolan. Men man var på denna tid äfven betänkt på att i staden inrätta en ny lägre skola. Den $^{21}/_{2}$ 1784 föreslog prosten rektor Fredrik Brander att en pedagogi eller barnaskola skulle inrättas, hvarest de barn, som ämnade sig till trivialskolan, finge lära abc, Luthers lilla katekes samt bokstafstecknen i skrift. Bland skälen för den nya anstaltens inrättande nämnes ock den dåliga förberedelse, som kom i synnerhet de finska talande barnen till del före deras inträde i trivialskolan. De lärdes svenska utantill och innantill, men utan att de däraf förstodo det minsta ord. Borgerskapet ansåg en sådan skola behöflig och bestämde lönevilkoren för den nya pedagogen. Saken skulle anmälas vid först skeende biskopsvisitation, för att sedan på behörig väg vinna stadfästelse [2]). Af

---

[1]) Johan Hasselström, son till borgaren Anders Rytter, f. 1740, † på Gripsholm 1783, se bilagorna Läkare. — Johan Saxberg, f. 1727, skräddareson, stud. 1744, informator i Hiitola 1746, konsistorii notarie i Viborg 1749, rektor i Viborgs katedralskola 1752, assessor i konsistorium därstädes 1755. Kyrkoherde i Kronoborg 1758; kontraktsprost i Kexholm 1769. Hans process med konsistoriet, hvartill första orsaken var att Saxberg velat från psalmboken utmönstra några psalmer och verser, hvilka enligt hans mening voro egnade att inom folket upprätthålla vidskepelse och vantro, varade från år 1770 till 1776, då den afgjordes af ryska senaten sålunda att konsistoriets vidtagna undersökning afbröts, men äfven Saxberg tillhölls att afstå från sitt nyhetsmakeri. Saxberg † $^{29}/_{8}$ 1784, troligen i Kronoborg.

[2]) Magistratens protokoll $^{21}/_{2}$ 1784 och Färling. Några grunddrag etc. sid. 21.

okänd anledning synes emellertid frågan sedermera blifvit nedlagd, eftersom det ej blef någonting af den tilltänkta läroanstalten. Af allt framgår dock att man i staden var intresserad för undervisningsvärket äfvensom villig att ikläda sig nya uppoffringar för detsamma.

Beträffande kulturlifvet för öfrigt i staden var det som om en fläkt af den gustavianska tiden gjort sig märkbar äfven här, manande en och annan till litterär värksamhet och framkallande de första tecknen till ett vaknande intresse för vetenskap och konst.

Litterär värksamhet. Kraftman nedskref sina „tankar“ i ekonomiska ämnen, Brander sammanfattade naturalhistoriens begrepp enligt Linnés och Vallerii lärogrunder (1785). Konrektorn Ström utarbetade „anmärkningar vid förklaringen af barometerns förändringar af herr Changeux“, tryckta i Åbo tidningar 1782. Sacklén författade mindre uppsatser om staden såväl i Undervisningssällskapets tidskrift som i Tunelds geografi. Också Erland Rosenback[1]) samlade väl redan under denna tid, medan han ännu var stadsbo, materialet till de „strödda anteckningar rörande Björneborgs stad och omgifningar“, hvilka han senare, 1831, nedskref.

Rosenbacks »Bröllоppet på Rosnäs». Från denna tid härrör sannolikt också sistnämda författares utkast till en poetisk skildring, i hvilken han låter konung Karl XI göra ett besök på ett bondbröllop i den rosenbackska fädernegården i Rosnäs[2]). Konungen färdas med sin kungliga jakt förbi Lotsöre, „en värklig örtagård af naturen“, och sedan vidare genom en idyllisk värld af holmar och öar upp till byn, på hvars strand han emottages af ortens adel. Bygdens ungdom, prydd med blomsterkransar, strör blommor på hans väg upp till det af gamla alar omgifna bröllopshuset. Här pågår liflig dans, i hvilken konungen deltager, förande sjelf bruden, som därvid sjunger: konung Gustaf håller jag mycket kär, men rosen glömmer jag aldrig. — Emellertid råder i staden en högtidlig feststämning. Tvänne på stadsbryggan stående „genier“, som blåsa i hvar sin „tuba“, bringa den höge gästen stadens helsning. Magistraten och stadens äldste jämte hela borgerskapet äro uppstälda på torget i ordnade led, och då det kungliga fartyget signalerats från kyrkotornet, böjer hela skaran knä med fälda gevär och hvilande fanor. Tonerna af versen: „vår konung väl bevara“, uppstämd af de vördnadsfulla medborgarne, ljuda mäktigt öfver sta-

[1]) Erland Rosenback, f. 7/9 1766. Son af handl. And. R. Stud. 1782, mag. 1789. Kapellan i Åbo sv. församling 1794. Kyrkoherde i Keuru 1806, i Töfsala 1821. Död 23/2 1841.

[2]) Titeln i sin helhet lyder: „Utsigten af Rotheborg och Bröllоppet på Rosnäs, der Carl XI dansade med bruden Midsommardagen den 13 Juni 1686“.

den, medan skådelystna skaror samlats på kyrkobacken och vid kvarnarna på slottsbacken. På sin återfärd besöker konungen staden, där ett nybygdt fartyg som bäst löper ned från slipen på varfvet, och hvarest ett bäcksjuderi, „som brinner i ljusan låga“, representerar ortens industriella värksamhet. — Ehuru blott ett utkast, saknar skildringen icke sitt intresse såsom en tidsbild, hvilken särdeles genom de talrikt förekommande franska och utländska orden leder läsarens tankar tillbaka till tredje Gustafs tid, som i stadens historia varit märkvärdig icke minst genom bildningens stigande och sedernas förfining.

Staden besöktes nu äfven för första gången — såvidt bekant är — af en teatertrupp, nämligen af det på sin tid allmänt kända Seijerlingska skådespelaresällskapet. Denna trupp, som i slutet af det sistförflutna seklet gjorde sin rundresa i Finland, hade främst på sin repertoar stycket „skapelsen“, där vanligen Seijerling sjelf spelade Gud faders roll, iklädd nattrock och nattmössa. Mången anekdot har till vår tid bevarats om denna ursprungligen tyska trupp, hvilken direktören sjelf karaktäriserat med orden: Mine akterer äre sturske men, aber wenn di komme på de dorre bräther — d. v. s. på scenen — da darre de. När truppen första gången hugnade Björneborg med sitt besök, är icke närmare kändt, men säkert synes vara att den redan före 1801 års brand gifvit representationer i staden. Möjligen uppehöll sig det Seijerlingska sällskapet åtminstone år 1798 å denna ort, enär nämda år en aktör Rydström från Björneborg öfversände en summa penningar, som skulle tillfalla dramatiska teatern i Stockholm. Spektaklen gåfvos i färgar Levins gård, hvarest, före branden 1801, fans den största salen i hela staden. Efter branden besöktes staden ånyo af nämda trupp, hvilken åtminstone i slutet af år 1804 och i början af år 1805 vistades därstädes. Truppen, som då stod under direktörsenkan Seijerlings ledning, gaf vid detta besök inalles 36 representationer och säges uppehållit sig i staden 13 månader å rad, hvaraf vill synas att stadsboarne nog förstodo att sätta värde på den konstnjutning spektaklen erbjödo [1]).

Teater.

På tal om skön konst, må här ock nämnas att i slutet af denna period den berömda musikaliska skapelse, som, ehuru af främmande ursprung, senare gått under namn af Björneborgarnes marsch, första gången gjorde sitt inträde på orten. Enligt uppgift härstammar denna marsch egentligen från Frankrike och kallades ursprungligen Bona-

Björneborgarnes marsch.

[1]) Magistratens skrifvelse till landshöfdingen $^{30}/_{6}$ 1807 och „Anteckningar rörande teatern i Finland“, H:fors 1864, sid. 92 och följ.

partes marsch. Den infördes till Sverige af Dupuy 1799. Då emellertid Gustaf IV ej kunde lida Bonaparte eller något, som med honom hade gemenskap, vågade man ej i Sverige publicera marschen under dess rätta namn. Den blef först Svea lifdrabanters festmarsch, och kom sedan öfver till Finland, där den antogs till honnörsmarsch af de finska regementena, bland dem också af Björneborgs regemente, som 1808 under von Döbeln förvärfvade sig odödlig ära. Men marschen råkade sedan i glömska, tills Runeberg med Fänriks Ståls sägner återupplifvade minnena från 1808. Conrad Greve satte 1851 marschen, som sedan moderniserades af Filip v. Schantz, åter för noter, hvarefter den började kallas Björneborgarnes marsch [1]).

Måleri. Slutligen må här ock nämnas, att staden på denna tid egde en representant på måleriets område. Johan Fredrik Weber [2]), bosatt i staden, målade vid denna tid en tafla föreställande stadens torg, sådant det var före branden 1801. Denna tafla, som ej tordo saknat sitt värde, inlöstes sedermera af kyrkan, där den fans ända till 1852, då den jämte helgedomen nedbrann.

Tidningar. Lägga vi till allt hvad här ofvan anförts om de nya kulturföreteelserna i staden, att också intresset att följa med händelsernas gång i stora världen tillgodosågs genom tvänne för stadens räkning rekvirerade tidningar, nämligen „Stockholmsposten“ och „Inrikes tidningar“ [3]), så kunna vi väl finna att allt detta var egnadt att åtminstone inom vissa kretsar bidraga till utvidgandet af den intellektuella synkretsen, som eljes i ett landsortssamhälle på den tiden icke kunde vara synnerligen omfattande.

Hypothenuserorden. Och att man följde med sin tid synes också däraf att det då för tiden så moderna ordensväsendet vann insteg äfven i det björneborgska samhället. Den 20/6 1802 anhöll „brodren“ Palmén [4]) hos den år 1798 bildade finska s. k. hypothenuserordens Åbo-loge att få öppna egen loge i Björneborg. Tillståndet medgafs dock icke genast, utan anmodades Palmén att uppgifva hvilka på orten kunde finnas, „som voro värdiga upplysning“. Såsom sådana anmäldes nu majoren Brusin, landtmätarene Tillberg och Elg, kapellanerne Grönlund

[1]) Björneborgs tidning 1860, 24 april, och Porin Sanomat, 1860, N:o 25. — Regementets mötesplats var då för tiden Kissanmäki malm.

[2]) Johan Fredrik Weber, f. 1754. Kom från Stockholm 1794. Nämnes 1794—1814. Död omkring 1825.

[3]) Dessa nämnas 1781, och deltog då i prenumerationen också professor Kraftman.

[4]) Henrik Johan Palmén (f. 1775). Var vid denna tid stadsnotarie i B:borg, men blef sedan kamrerare i tulldirektionen. Död 1836.

och Pihl, handlandena Carl och Fredr. Joh. Clouberg samt inspektoren Ad. Fredr. Boije. „Som dessa äro redeliga och bra män och dessutom andra kunna finnas, som där äro“, så hade Åbologen numera intet emot inrättandet af loge i Björneborg. Huruvida en sådan värkligen kom till stånd, är emellertid icke bekant [1]).

Fattigvården. Införandet af fattigtaxering.

Huru tiden gått framåt, finna vi ock af de förändringar, som nu vidtogos på fattig- och helsovårdens område. I följd af landshöfdingens anmärkning däröfver att stadens fattiga gingo omkring i landsorten och tigde, beslöto magistraten och stadens äldste redan 1773 att staden skulle sjelf sköta om sina fattiga och ej tillåta dem utom staden med tiggeri söka sin näring [2]). När sedan de hårda tiderna efter 1783 ökade nöden i de lägre samhällslagren, beslöts på kyrkostämma $^{22}/_{6}$ 1783, hvilket beslut af landshöfdingen stadfästes $^{20}/_{2}$ 1784, att införa en ordentlig fattigtaxering, „så att hvart och ett hushåll taxerades till proportionerade afgifter, hvaraf ej mindre de förra i rotar indelta fattiga, än alla öfriga, hvilka af de förr vanliga fattigmedlen blifvit understödda, samt jämväl barn och äldre folk, som tarfvade hjelp, skulle bli delaktiga“ [3]). Den 5 maj 1785 uttaxerades sålunda 157 rdr. I januari 1786 skedde ny taxering af 195 rdr; och den 16 nov. samma år hölls, i anledning af den tilltagande nöden, för fattigfrågornas ordnande ett „meleradt“ möte af kyrkorådet, magistraten och de äldste, sedan dock prosten Lebell skriftligen för framtiden reserverat åt kyrkorådet dess enligt författningen tillkommande rättighet att ensamt antaga och underhålla fattiga samt förvalta fattigmedlen. 45 hushåll stodo nu på fattiglistan, hvarjämte särskilda personer åtogo sig vården om 14 nödstälda barn. 129 rdr 16 sk:r uttaxerades.

Härmed hade en ny tid randats för stadens fattigväsende. I stället för att de fattiga tillförene varit på vissa hushåll fördelade till underhåll, kommo nu årliga fattigmedelsafgifter, af hvilkas öfverskott en särskild fattigfond bildades. Under årtiondet 1791—1800 underhöllos i medeltal 54 fattiga och utbetalades för deras underhåll c:a 110 rdr årligen. Brandåret 1801 var de underhållna fattigas antal 65 och utgifterna stego till 182 rdr 15 sk:r. De följande åren nedgick antalet behöfvande till omkr. 40 och fattigutgifterna till omkr. 100 rdr årligen. Därjämte utdelades fortfarande från den förra fattig-

[1]) Se: Hypothenuserorden i Finland af Gustaf Cygnæus. Skrifter utgifna af Svenska litteratursällskapet i Finland XXX.

[2]) Magistratens protokoll $^{11}/_{7}$ 1773.

[3]) D:o d:o $^{16}/_{11}$ 1786.

kassan, äfvensom af de medel, hvilka inflöto genom kollekter eller i de vid kyrkodörrarna utstälda bäckena, genom kyrkorådets försorg understöd åt särskilda fattiga. Härmed ansåg staden sig hafva väl sörjt för sina fattiga, och magistraten förbjöd särskilda gånger strängeligen allt tiggeri.

Sacklén synes t. o. m. vid denna tid velat genomdrifva inrättandet af ett arbetshus i enlighet med hvad regeringen föreslagit, men borgerskapet, som icke var benäget för nya utgifter, satte sig däremot [1]). Man inskränkte sig till att under tid af nöd för stadskassans räkning uppköpa än 20, än 50, än 100 lisp. lin för att utdelas åt de fattiga att spinnas och väfvas. Då därjämte det gamla fattighuset, bestående endast af ett rum med plats för 10 interner, var så förfallet att det ej mer kunde bebos, var man redan 1799 betänkt på att uppföra ett nytt med flera rum [2]), en plan, som dock i anseende till den mellankomna branden blef orealiserad ända till 1803, då det nya fattighuset bygdes [3]).

De första donationerna och välgörenhetsfonderna.

Ett kännetecknande drag för tidsandan var ock en tilltagande medkänsla hos de förmögna gentemot de behöfvande och nödlidande. De första donationerna och kassorna för välgörande ändamål datera sig från denna tid. 1772 donerade en okänd gifvare från Vesterås 1,200 d:r k:mt, hälften åt kyrkan, hälften åt de fattiga i stadens fattighus [4]). 1776 donerade handlanden Henrik Joh. Moliis åt stadens fattiga sin 32:nde del i tobaksfabriken, hvilken andel 1791 såldes för 16 rdr 32 sk:r riksgälds. Därjämte sände serafimergillet i Stockholm årligen bidrag till fattiga barns underhåll. Stadens första välgörenhetsfonder åter tillkommo sålunda, att samtliga societeterna år 1782, till evärdelig ihågkommelse af Hans Kongl. Höghets hertigens af Småland, Carl Gustafs, födelse, beslöto inom sig insamla medel till fonder, från hvilka understöd skulle utdelas åt fattiga eller ock

[1]) Magistratens protokoll $^{21}/_{4}$ 1784.

[2]) D:o d:o $^{13}/_{11}$ 1799. — Det år 1754 uppförda fattighuset synes varit beläget på en tomt, som tillhört slägten Lönnblad och 1770 återvans af densamma. Troligen befann sig fattighuset nu på sin gamla plats vid stranden nedanom kyrkan.

[3]) Här må ock nämnas att kapellanen Wahlroos år 1802 anhöll om tillstånd att få inrätta ett spannmåls lånemagasin „till tjenst för landsförsamlingen samt Hvittisbofjärds och Norrmarks kapeller“. Men som inrättningen var tillämnad af enskild man, som därmed afsåg egen vinst, afslogs hans anhallan af regeringen $^{30}/_{11}$ 1802.

[4]) Magistratens protokoll $^{17}/_{4}$ 1772.

bidrag meddelas för medellösa barns uppfostran [1]). Handelssocieteten anslog emellertid redan 1802 sin Carl Gustafs fond till fattighusbyggnaden.

Vid samma tid som fattigvården sålunda ställdes på ny fot, timade ock på sjukvårdens område förändringar, som voro af största betydelse för staden. Såsom förut är nämdt hade redan 1762 en provincialläkare blifvit tillsatt, hvilken hade sin vistelseort i Björneborg. Denne, d:r Björnlund, värkade äfven såsom husläkare i stadens förmögnare familjer, hvarjämte han år 1776 förklarat sig villig att mot ett årligt anslag af 200 d:r k:mt gratis betjena stadens fattiga, hvilket anbud dock, ehuru af magistraten understödt, ej af borgerskapet antogs. Utom provincialläkaren praktiserade därjämte i staden fältskären Adam Måsberg, hvilken dock 1773 af magistraten förbjöds att befatta sig med rötfebers eller andra inre sjukdomars botande [2]). Helsovården.

Men ungefär tjugu år efter det provincialläkaren vunnits för orten, beslöt staden att anhålla om en egen stadsläkare, hvilken vederbörligen pröfvad skulle betjena såväl i kirurgi som medicin, samt anslog 50 rdr till årlig lön för den blifvande läkaren. Denna anhållan bifölls också å högsta ort 1783, dock sålunda att staden ej, såsom den begärt, erhöll en „stadsfysikus", utan endast en stadskirurg, „enär", såsom det hette, „stadsborne kunna af provincialläkaren nöjaktigt betjenas [3])". Lars Larsson Hedberg, hvilken försedd med betyg från kirurgiska societeten i Stockholm anmälde sig till den nya tjensten, blef $^{3}/_{11}$ 1783 den första stadsläkare i Björneborg, där han tillträdde sin tjenst följande året om hösten. Stadskirurgen.

Hvardera läkaren, såväl Björnlund som Hedberg, synes haft tillräckligt med praktik. Björnlund behöll äfven efter Hedbergs ankomst sina gamla kunder, och samlade fortfarande under somrarna talrika patienter till brunnsdrickning vid Björneborgs surbrunn, som han redan tidigare upptagit å Lill-Raumo mark, och å hvilken han år 1787 ärnade söka privilegium. Han vann därjämte särskildt anseende såsom varande den förste, hvilken å orten införde vaccinationen. Hedberg, som jämte sin öfriga praktik åtagit sig att kost-

---

[1]) Magistratens protokoll $^{11}/_{11}$ 1782. Handlanden Gottleben åtog sig insamlingen bland de handlande, borgaren Björnberg åter inom borgaresocieteten.

[2]) Äfven den förutnämda Björneborgaren hofkirurgen Hasselström hade 1779 på begäran antagits till stadsfältskär här i sin fädernestad, dock utan lön. Ovisst är dock om han tillträdde sin befattning. Åtminstone dog han på Gripsholm 1783.

[3]) Hjelt, Medicinalvärkets historia, II, sid. 186.

nadsfritt sköta de medellösa, utvärkade ock att de fattiga, som 1785 lågo i rötfeber, på stadskassans bekostnad skulle erhålla medikamenter gratis äfvensom förses med gryner till soppor, — ja t. o. m. tillhandahållas sjuksköterskor, så att stadens obemedlade innevånare nu för första gången kommo i tillfälle att erhålla kostnadsfri sjukvård [1]).

Det första apoteket.

Också sitt första apotek och sitt första sjukhus skulle staden nu erhålla. Redan 17/6 1771 hade magistraten bifallit apotekarens i Vasa Joak. Krist. Kantzaus anhållan att i Björneborg under sitt inseende genom en provisor få hålla apotek. I början af år 1772 anlände också till staden hans provisor Minell med ett välfourneradt apotek, som han öppnade i borgaren And. Holmbergs gård. Men redan samma år anhöll apoteksgesällen Martin Stengrund att i staden få inrätta ett eget apotek. Då frågan 7/11 1772 förhandlades inför magistraten, yttrades därvid tvänne olika meningar. Å ena sidan framhöll Sacklén att man ej borde bryta öfverenskommelsen med Kantzau, hvilken till allmän belåtenhet biträdt staden under en tid då mest hjälp behöfdes, och som äfven tidigare försett d:r Björnlund med nödiga läkemedel. Men rådman Stålfoot, och med honom de flesta andra, höllo före att staden endast af nödtvång gått in på Kantzaus anhållan: denne hade väl med första lofvat ställa apoteket i gång, men emellertid endast på tvänne månader hitsändt en oexaminerad apoteksbetjent med otillräckliga medikament, hvilken sedan med några tusen dalers inkassering reste till Vasa, lemnande staden blottstäld för den gängse varande rötfebern. De yrkade därför på bifall till Stengrunds anhållan [2]). Denna mening segrade, och 18/2 1773 erhöll Stengrund magistratens rekommendation till Collegium medicum. Han öppnade ännu samma år sitt apotek, hvilket dock först, efter det Stengrund 13/10 1780 undergått apotekare-examen, privilegierades 20/7 1781. Efter hans död 1795 besörjde hans enka Anna Margreta Sacklén genom en provisor apoteksrörelsen och uppsatte apoteket ånyo efter branden 1801 [3]).

Kurhuset.

Hvad åter anläggandet af stadens första kurhus beträffar, synes provincialläkaren Björnlund, som 1766 utvärkat att af de i hans distrikt med venerisk smitta behäftade personer sex i sender skulle få sändas till lasarettet i Åbo till kurs undergående, redan

[1]) I staden fans också åtminstone redan 1778 en examinerad och edsvuren jordegumma Maria Dahlman. Krukmakaren Sandelins hustru hade ock förklarat sig villig att resa till Stockholm och lära sig barnmorskekonsten.

[2]) Magistratens protokoll 7/11 1772.

[3]) Hjelt, Medicinalvärkets historia, III, sid. 483.

på 1780-talet varit betänkt på inrättande af ett veneriskt kurhus i staden. Hans plan skulle dock först långt senare realiseras. Den $^{9}/_{5}$ 1807 anmälde nämligen landshöfdingen Knut v. Troil hos Kongl. Maj:t nödvändigheten af att inrätta ett särskildt kurhus i Björneborg till den inrotade veneriska smittans hämmande bland allmogen i länet. Serafimergillet tillstyrkte äfven kurhusets inrättande samt erbjöd sig att med sina tillgångar besörja anstaltens iståndsättande, hvartill Kongl. Maj:t $^{5}/_{10}$ 1807 gaf sitt bifall [1]). För det beständiga kurhuset, som emellertid redan i maj sagda år synes provisoriskt blifvit öppnadt i borgaren Wuosbergs gård [2]), uppköptes nu med Serafimerordens medel handlanden Rosnells gård n:o 243 för omkring 443 rdr. Sålunda erhöll staden, som ända sedan hospitalets tid, vid 1600-talets början, ej haft någon anstalt af detta slag, ånyo en allmän sjukvårdsinrättning.

I sammanhang med redogörelsen för de framsteg, som under denna period gjordes på fattig- och helsovårdens gebit, må därjämte nämnas att man nu för första gången i staden bröt med en mängd gamla traditioner och seder, hvilka varit egnade att menligt inverka på ortens helsoförhållanden öfver hufvud. Då det t. ex. förut varit vanligt att folk utan urskiljning besökte de sjuka, äfven sådana som lågo i rötfeber och andra smittosamma sjukdomar, samt sedan skockade sig för att bese liken, hvarigenom smittan erhöll spridning i allt vidare kretsar, förbjöd magistraten, på Sackléns förslag, 1773 såväl slika sjukbesök och likparader som äfven de i rötfeber dödas begrafning i kyrkan. Detta sistnämda förbud, som understöddes af prosten Lebell, väckte mycket motstånd hos flere, särdeles bland dem, hvilka egde murade grafvar i kyrkan. Först efter häftiga meningsutbyten, hvarvid Sacklén, Lebell och Björnlund uppträdde såsom sanna representanter för en modernare tid, vans i frågan en fullständig seger [3]), i det den 4 dec. 1774 beslöts att inga lik framdeles skulle få i kyrkan begrafvas, „enär särdeles sommartid en sådan lukt uppstiger ur grafvarna att folk icke kan bärga sig i kyrkan, utan flere undfå sjukdom och död, hvilket församlingen besannade". Härmed försvann den ända sedan katolicismens dagar nedärfda seden att begrafva de aflidne under kyrkogolfvet, en sed, som i så vä- Kyrkografvarnas stängning.

[1]) Anfördt arbete, II, sid. 377.

[2]) Kurhusets inrättande för personer behäftade med venerisk smitta i borgaren Wuosbergs gård omnämnes i Magistratens protokoll $^{11}/_{5}$ 1807, och $^{4}/_{7}$ 1807 upphyrdes till beständigt kurhus en stuga och kammare.

[3]) Magistratens protokoll $^{2}/_{2}$ 1772.

sentlig mån bidragit till de ogynnsamma sanitära förhållanden, som i äldre tider varit rådande i staden [1]).

Begrafningsplatsens flyttning.

Men framstegspartiet nöjde sig ej med denna seger. Efter branden 1801 föreslogs ock att den omkring kyrkan belägna gamla begrafningsplatsen, som blifvit för trång och „som i betydlig mån befordrat de svåra rötfebrar som vid lugna och fuktiga somrar här varit gängse“, skulle öfvergifvas och en ny grafgård upptagas utom staden å Hampusbacken. I enlighet härmed värkställdes ock nyregleringen af staden, som af Kongl. Maj:t godkändes. En storm af motsägelser mötte emellertid det nya förslaget, och en stor del af borgerskapet supplicerade t. o. m. på högsta ort om ändring i den redan stadfästa stadsplanen. Men deras besvär förkastades och den nya begrafningsplatsen invegs $^{11}/_{6}$ 1809. Härmed var det slut med den gamla kyrkogården, som, inrättad vid stadens grundläggning 1558, i sin mull fått gömma så många generationer af borgerskapet, och hvilken under århundradens lopp blifvit så fyld att jorden därinom höjt sig fyra alnar utöfver den förbi grafgårdsmuren löpande gatan [2]).

Stadens styrelse. Borgmästaren Sacklén.

För den utveckling i materielt och andligt afseende staden under denna period uppnådde, stod den kanske mera än under någon annan tid af sin tillvaro i tacksamhetsskuld hos sina närmaste styresmän. Särdeles har dess utmärkte borgmästare Lars Sacklén gjort sig högt förtjent om staden, och detta tidehvarf i Björneborgs historia kan med skäl efter honom kallas det Sacklénska. Son af slutligen prosten i Virmo Lars Sacklinius hade Sacklén efter afslutade studier vid akademin 1745 blifvit auskultant vid Åbo hofrätt, som 1747 anförtrodde honom såsom viceháradshöfding domaresysslan i Vehmo och Nedre Satakunta härader, „hvarvid han ådagalade god kunskap i det som domare-embetet tillhörer“. Blifven borgmästare i Björneborg $^{6}/_{5}$ 1750, hade han från första stunden af sin nya värksamhet med kraft och energi egnat sig åt höjandet af stadens välstånd, och bragte genom sitt personliga ingripande de flesta af dess dåvarande lifsfrågor till en lycklig lösning. Under hans ledning hade

[1]) De många i kyrkan befintliga familjegrafvarna, hvilka icke vidare fingo emottaga några nya invånare, stängdes nu. En del af dem, den Eneskjöldska, Grubbenhjelmska, Knorringska, Lebellska, afstodos utan ersättning; för de öfriga, den Forteliuska (Ståhlfoot), Grothusiska (Backman), Garvoliuska (Stålfot), Keckoniuska (Engelbr. Keckonius och vicenotarien Brander), Enholmska (kamrer Nordström), Gottlebenska (länsman Gottleben), Tolposka (enkan Qvist), fordrades och erlades lösen från stadskassan.

[2]) Angående begrafningsplatsens flyttning se Landshöfdingeskrifvelserna i Sv. Riksarkivet 1806. — Flyttningen skedde 1809.

staden återvunnit sin stapelrätt, erhållit privilegium på Sastmola marknad, sett fabriker uppstå, åkrar upptagas och ängar rödjas i förut oanad vidd, fattigvården ordnas, läkareväsendet förbättras, innevånarantalet mer än fördubblas, förmögenheten tilltaga. Såsom en följd af allt detta hade ett nytt lif inträdt på alla områden, äfven sådana, hvilka ej direkte stodo under myndigheternas påvärkan. De andliga rörelserna och bildningens stigande voro ju också medelbara

Lars Sacklén.

följder af denna utveckling. Med ett ord, en ny tid hade i alla afseenden randats, och öfverallt finna vi spåren af Sackléns ingripande värksamhet [1]). Än förmanar han handlande att fylla sin pligt såsom stapelstadsköpmän, än sitter han såsom ordförande i stadens alla embetsgillen, än leder han vid kyrkostämmorna frågorna rörande kyrkan och församlingen till stadens bästa, städse uppträdande med det lugn och allvar, som karaktäriserade hans öfverlägsna person-

[1]) Sacklén blef 1783 kommerseråd främst med anledning af de förtjenster han inlagt om landthushållningens befrämjande. — Han afled $^{10}/_{5}$ 1795.

lighet. Han kunde med fullt skäl säga att staden „under hans tjenstetid blifvit bragt upp ifrån lägervall“ [1]).

Också erkände borgerskapet med skyldig tacksamhet den myckna möda Sacklén haft under sin mångåriga tjenstetid, och det nit han städse ådagalagt för god ordning och stadens samt näringarnas tillväxt. Då han vid 70 års ålder, efter att i 41 år hafva omhänderhaft borgmästaresysslan, ej mer kände sig ega önsklig styrka att tjensteåliggandena med framgång förestå, anhöll han om afsked, „enär hans kärlek för ett samhälle, som han med nöje så länge förestått och som förbundit honom genom sin genkärlek och sitt förtroende, nekade honom att nyttja substitut“. Härvid yttrade magistraten och borgerskapet: „att ehuru bekymmersamt de sakna herr kommerserådets till stadens gagn och bästa så lång tid förda embete, så kunde de dock ej förmå herr kommerserådet att på sin senaste ålderdom därmed fortfara, utan unnade honom billigt sin nödiga hvila“ [2]).

Men äfven efter sin afgång uppträdde denne stadens aldrige Nestor, då viktigare frågor förhandlades, vid magistratens och borgerskapets sammanträden, samt afgjorde ofta besluten genom sina på rik erfarenhet grundade råd och sin öfvertygande vältalighet.

Rådmännen Sourander och Backman.

Bland rådmännen synas i synnerhet viceborgmästarena Johan Sourander och Gerhard Backman i hög grad hafva åtnjutit borgerskapets förtroende. Den förre, som efter idkade akademiska studier blifvit antagen till stadsnotarie och 1753 vald till rådman, hvilket embete han innehade till sin död 1795, förestod ofta, särdeles vid Sackléns bortavaro på riksdagarna, borgmästaretjensten, „hvarunder“ — heter det — „han ådagalade en flit och kunskap, som förvärfvade honom borgerskapets förtroende“ [3]). Gerhard Backman, som tidigare flere år med beröm förestått stadssekreterare- och rådmanstjenst i Lovisa, där han jämväl haft borgerskapets anbud att emottaga borgmästare-embetet, hade ock, sedan han flyttat till Björneborg, här tidtals skött borgmästaretjensten, „varandes han i anseende till sina insigter och sin kapacité förtjent af langt större förmån än den han medels rådmanssysslans förrättande vinna kan“ [4]). I alla viktigare frågor stodo dessa män inom rådet städse på Sackléns sida, delande med honom äran af den de allmänna angelägenheternas omsorgsfulla ledning, som kännetecknade stadsstyrelsen under denna period.

---

[1]) Städernas besvär. Björneborg, 1785 i F. S. A.

[2]) Landshöfdingeskrifvelserna rör. borgmästarevalet 1791, i Sv. Riksarkivet.

[3]) D:o d:o d:o d:o

[4]) Magistratens protokoll $^{8}/_{2}$ 1773.

Borgmästare- och rådmansvalen.

Vid borgmästare- och rådmansval följdes på denna tid K. M:ts resolutioner på borgerskapets besvär af 28 juli 1720 § 2 samt den 16 okt. 1723 § 1, äfvensom nådiga förordningarna af den 12 okt. 1743, den 19 jan. 1758 och den 31 okt. 1766[1]). Valen voro ofta ganska stormiga och gáfvo icke sällan anledning till klagomål och besvär. Vid Sackléns afgång försökte magistraten ock — såsom den förebar för att undvika oredor och split — att genomdrifva Mörtengrens antagande utan val. Men detta stötte på ett så allmänt motstånd att ett ordentligt val måste anställas, hvarvid Mörtengren fick de flesta rösterna. Då rådman Gottleben 1773 aflidit, höll Sacklén ett tal på finska språket, hvarvid han erinrade borgerskapet om rådmansembetets vikt och styrkte till sämja och enighet vid valet[2]). Gerhard Backman valdes, men besvär anmäldes i anledning däraf att vallängden var uppgjord efter societeterna och ej efter mantalslängden.

Notarien.

Svårast förhöll det sig vid utseendet af stadsnotarie. Ty för den ringa lön, som honom kunde bestås, och för hvilken han äfven borde föra protokollen i accis- och sjötullrätterna, ville ingen duglig notarie fås. Förgäfves höjde magistraten år 1780 lönen till 75 riksdaler, skrifvarehjälpen inberäknad; då man i Åbo hörde efter hugade sökande, fick man till svar att endast en anmält sig såsom sökande, pretenderande minst 133 rdr. Förtjensten af att domböckerna och protokollen emellertid bära vittne om största sorgfällighet och noggrannhet i afseende å målens och angelägenheternas relaterande tillkommer otvifvelaktigt Sacklén, som ofta med egen hand synes nedskrifvit koncepten.

Borgmästare och råd hade eljes då för tiden fullt upp att göra. Den förstnämde satt af nit för saken såsom ordförande i alla embetsrätterna, och rådmännen fungerade såsom bisittare utom i accisrätten äfven i de på 1700-talet tillkomna hall- och manufaktur- äfvensom stora sjötullrätterna.

Embetsrätterna.

Embetsrätterna voro — såsom förut är nämdt — åtta: linväfvare-, skomakare-, skräddare-, snickare-, garfvare-, svarfvare-, smeds- och hattmakare-skrånas rätter. Skråna hade åldermän och såsom bisittare några mästare. Målen angingo skrånas inre angelägenheter äfvensom deras medlemmars inbördes tvister och angelägenheter.

Accisrätten.

Accisrätt hade — såsom förut nämts — förekommit redan på 1600-talet, då magistraten synes särskildt af sina medlemmar konsti-

[1]) Enligt annan uppgift var 1720 års resol. daterad ⁸/₇ och 1758 års kongl förordning ⁹/₁.

[2]) Magistratens protokoll ⁸/₂ 1773.

tuerat en dylik rätt vid förekommande behof. Men nu var denna rätt fast organiserad och utgjordes af tullnären eller en rådman såsom ordförande [1]) och trenne rådmän såsom årligen tillsatte bisittare. Rättens domböcker finnas i behåll från 1769—1799. Målens antal varierade emellan fyra och femtio samt mötenas emellan två och trettio om året. Målen berörde naturligtvis frågor rörande lilla tullen och accisen. Så t. ex. bestämde rätten 1770 accisafgiften för bagaren Calander; tilltalade 1772 enkan Moliis för det hon låtit mala i kvarnhuset utan att erlägga accis; gjorde 1776 beslag på ett parti kaffebönor, som oaccisade hemtats från Stockholm; tillsade 1777 tullbetjente att hålla tullportarna dag och natt lästa och ej öppna dem utom då någon skulle resa därigenom; o. s. v.

Landttullens och accisrättens sigill.

Hall- och manufakturrätten.

När hall- och manufakturrätten inrättats är osäkert, men då i dess sigill finnes graveradt årtalet 1747, är det möjligt att rätten härrör från denna tid. Ordförande [2]) var en rådman och såsom bisittare fungerade tvänne rådmän och ett par åldermän eller mästare. Domböcker finnas i behåll endast för åren 1780, 1781 och 1783, samt för åren 1793—97. Målens antal synes varierat emellan ett och tio samt sammanträdenas emellan ett och fem årligen. Vid rätten afgjordes

[1]) Såsom ordförande i accisrätten nämnas Joh. Sourander 1769—72, Lars Sacklén 1773, rådman Gerhard Brander 1774—76, tullnären Tordelin 1777, tullnären Matts Palmgren 1778, tullnären Erik Bjugg 1779—81, tullnären Schröder 1782—87, tullnären Joh. Stecksenius 1787, tullnären Joh. Schröder 1788—93, tullnären A. W. Nyberg 1793—99.

[2]) Såsom ordförande nämnas Lars Sacklén 1780—83, Otto Julius Brander 1790, 1793 och 1799, borgm. Mörtengren 1792. — Såsom betecknande för förhållandena må anföras att 1770 utkommit en ny hallordning, men den var ej ännu 1780 känd i Björneborg, „emedan den ej kommit magistraten tillhanda“.

frågor rörande tillstånd till påbörjande af handtvärk, granskades mästerprof, afdömdes handtvärkares inbördes tvister o. s. v. Salunda gaf rätten 1780 tillstånd åt klädesväfvaren Söderlin att anlägga ett klädesväfveri med en stol; bestämde 1790 att gesällen Zachris Widmark skulle till mästerprof förfärdiga ett stycke kläde och adjungerade vid profvets besiktigande väfvaren Fjellman såsom expert; gaf 1792 åt kommerserådet Sacklén och Henrik Joh. v. Knorring tillstånd att inrätta och drifva en tobaksfabrik under firma Sacklén & Knorring; uppläste 1794 för klädesväfvarne kommerskollegii bref, hvarigenom fabrikörerne med anledning af K. M:ts förbud mot utländska tygers införsel, förständigades att sjelfva tillvärka dylika tyger, så att behofvet blefve tillgodosedt; m. m. Hall- och manufaktur-

Tullkammarens och sjötull-
rättens sigill.

rätten, under hvilken embetsrätterna subordinerade, egde ock att årligen till kommerskollegium insända redogörelse öfver fabrikernas och handtvärkeriernas tillstånd.

Stora sjötullrätten. Stora sjötullrätten ändtligen, inrättad i staden efter erhållen stapelstadsrätt, hade såsom ordförande tullförvaltaren eller någon rådman och såsom ledamöter trenne eller fyra rådmän eller handlande [1]). Målens och ärendenas antal varierade mycket. 1795 och 1796 hölls t. ex. intet sammanträde, enär intet mål förevar. Högsta antalet sammanträden synes varit 20, och målens 33. Målen angingo för det mesta tullförsnillningar och dylikt. Rätten dömde t. ex. 1772 en sjöman Norrgren, som utpraktiserat kopparplåtar, att såsom publik tjuf mista äran och pligta 405 d:r s:mt, eller i brist däraf taga 40

[1]) Såsom ordförande i stora sjötullrätten nämnas tullförvaltar Nymansson 1771—72, viceborgm. Backman 1773—74, tullförvaltar Nymansson ånyo 1774—75, tullförvaltar Hofgardt 1777—78, tullförvaltar Wennberg 1779—83, tullförvaltar Stålberg 1783—1806.

par spö; behandlade samma år ett storartadt konfiskationsmål angående 32 packor förbjudna varor, som påträffats i en ria å Lyttskär och värderades till 35,826 d:r 4 öre; instämde år 1804 skepparen Jakob Inberg å klinckgaleasen Anna Maria för brott mot 1774 års seglationsförordning, i det han begagnat inre segelleden vid Åland; o. s. v.

Magistratspersonernas dryga arbete.

Genom sitt „uppvaktande“ vid magistraten och rådsturätten, hvilkas mål dagligen tilltogo i antal, äfvensom vid de ofvannämda rätterna, hade borgmästare och råd i sanning ett rundligt arbete, att ej tala om stadsnotarien, som egentligen bort föra protokollet i samtliga rätterna. Och för allt sitt besvär hade stadens tjenstemän ganska ringa ersättning. Borgmästarens och rådmännens löner voro nämligen fortfarande desamma som förut [1]), bestående för det mesta i

---

[1]) Borgmästaren hade enskildt för sig räntan af Lill-Raumohemmanet (enl. resol. af 12/12 1692) och Tahkoluoto torp, samt 2 tunnland åker (6/3 1649) och dessutom hälften af stadens åkerskattsandel, 10 tnr råg och 10 tnr korn, hälften af dess andel af accisen (15/2 1642), af mulbetspenningarna (15/2 1642) äfvensom af krogafgiften, liksom ock af källarfrihetsmedlen, hvilka 25/8 1777 blifvit faststälda till 31 rdr 4 sk:r 6 rst. De fem rådmännen, som hade 20 kappland åker och äng enhvar, bekommo hvar sin lika lott af den återstående hälften af åkerskatten, mulbetspenningarna, krog- och källaremedlen, jämte det de utan borgmästarens delaktighet njöto auktionsprocenterna, hvilka i likhet med de alldeles obetydliga tolags-, våg- och mätareafgifterna samt behållningen af stadens andel i sakörena voro „magistraten på lön anslagna“. Enligt uträkning belupo sig borgmästarens inkomster af förenämda löningsdelar (1782) till 115 rdr 10 sk:r 3 rst. specie, och hvarje rådmans till 21 rdr 37 sk:r 2 rst. Borgmästare och råd uppburo sjelfva sina inkomster, utom accisandelen, mulbetspenningarna och krögareafgiften, hvilka gingo genom stadskassörens hand.

Notariens lön var obestämd, mestadel personel. En tid åtnjöt han, jämte en åkerteg och en höklippa, 16 rdr 32 sk:r om året, en annan tid åter 27 rdr 37 sk:r 4 rst. Stundom åter blefvo åkern och ängen för stadskassans räkning bortauktionerade och notarien erhöll i penningar 50 rdr jämte 25 rdr i skrifvarhjälp. Stadskassörens lön bestod på 1780-talet af 50 rdr, utom åker och äng. Stadsfiskalen hade i lön 8 rdr och dessutom 7 kappar åker och ett litet höbol. De tvänne stadstjenarne ändtligen hade, jämte 6 kappland åker och någon äng, den ena 6 rdr 52 sk:r, den andra 5 rdr 26 sk:r 8 rst. i årlig lön. Slutligen hade stadsvakten, bestående af 6 man, en lön af 4 rdr 32 sk:r per man, hvarjämte trumslagaren och stadsrisaren bekommo resp. 6 rdr 32 sk:r och 3 rdr 16 sk:r.

Ofvanstående löner voro ännu icke vederbörligen faststälda. Därför anhöll handelsman Rancken 23/8 1775 hos K. M:t om behörigen konfirmerad aflöningsstat för stadens styresmän och betjente, „hvarigenom flere egenvillige olägenheter kunna förekommas“. Men då icke borgerskapet i gemen förenade sig om denna anhållan, och magistraten sjelf ej yrkade på någon ändring, synes frågan ej hafva ledt till annan åtgärd än att landshöfdingen 1782 infordrade uppgift på samtliga betjentes löneförmåner.

anslag från de staden gifna donationsräntorna. En tillökning i dessa löner hade varit så mycket mera nödvändig och oundgänglig, „som det inför hvar mans ögon öppet stod, att nu åtnjutande löner omöjligen kunna förslå till en anständig och tillbörlig hushållning eller vara svarande mot göromålens myckenhet med deråtföljande ansvar". Dock yrkade allt detta oaktadt borgmästare och råd icke nu på förhöjda löner, men ansågo i stället för oundgängligt att deras öfverhöfvan dryga arbete borde minskas och arbetskrafterna i stadens jurisdiktion och administration ökas.

„I anseende därtill att göromålen hos magistraten och rådsturätten i dessa år genom folkhopens och rörelsens tillökning så tilltagit i denna stad att de utan uppehåll sysselsätta embetsmännen, samt icke lemna rådmännen någon tid öfrig till deras enskilda göromål, hvilket dock vore alldeles nödvändigt, då lönerna äro så små att de till nödigt underhåll ej i någon måtto förslå", hade magistraten och rådsturätten redan på 1770-talet varit föranlåtna att kalla vissa af stadens handlande till adjunktion, och beslöt år 1781 „att tvänne extraordinarie rådmän (Fredr. Clouberg och Joach. G. Brander) skulle till landshöfdingens befullmäktigande anmälas, hvilka sedan skulle genom adjunktion biträda då nödigt vore, dock utan lön" [1]).

Kämnersrätten.

Då ärendena emellertid tilltogo, och då rådsturätten, alla adjunktioner oaktadt, „omöjligen kunde med tillbörlig drift hinna afhjälpa alla förekommande mål, hvilka i följd af en utvidgad handelsrörelse och tilltagande folkmängd i senare tider blifvit fördubblade", beslöto magistraten och borgerskapet, som redan 1777 haft saken till tals, $^{18}/_{10}$ 1782 anhålla om inrättandet af en kämnersrätt, hvilken efter lag skulle dela göromålen med rådsturätten [2]). Sedan såväl landshöfding som hofrätt gifvit ett tillstyrkande utlåtande, erhöll staden $^{7}/_{2}$ 1783 Kongl. Maj:ts bifall till sagde rätts inrättande. Kämnersrätten, som skulle afdöma mindre justitiemål, organiserades nu i en hast: viceborgmästar Gerhard Backman åtog sig tillsvidare præsidiet, tills en ordinarie ordförande kunde erhållas, rådman Fredr. Clouberg samt ålderman Mathias Björkqvist utsågos till ledamöter på ett halft år, och första sammanträdet utsattes till den 2 maj 1783 [3]). 1785 blef sedan landsfiskalen Georg Fredr. Mustelin utsedd till kämnerspræses [4]).

[1]) Magistratens protokoll $^{28}/_{4}$ 1781.
[2]) Städernas acta (Björneborg) i F. S. A.
[3]) Magistratens protokoll $^{26}/_{4}$ 1783.
[4]) Staten för den nya inrättningen bestämdes till 83 rdr 16 sk:r, hvaremot stadskassan till lisa, vid inträffande vakans en del af notariens skrifvareanslag äfvensom femte rådmanslönen skulle indragas.

De äldste. Äfven för stadsäldste inträdde nu en ny tid. Då de under förra perioden varit endast 12, tillsatte genom samtliga borgerskapets val, utsågos de nu däremot, för tre ar i sender, vanligen till ett antal af 24, af de olika societeterna eller klasserna. Dock höll man sig icke noga till det vedertagna antalet, likasom det ej heller alltid iakttogs att alla klasser skulle välja lika många delegerade till stadsrepresentationen. 1772 beslöts t. ex. med anledning af att borgaresocieteten i antal storligen öfvergick handlande- och handtvärkaresocieteterna, att den förstnämda klassen skulle välja 12, de andra hvardera 8, således inalles 28. 1780 heter det åter att, ehuru de äldste ej böra vara mera än 8 af hvar klass, skulle man dock välja 9 såsom förr, emedan sällan händer att alla 8 kunde vara samtidigt hemma. Men 1789 nöjde man sig med endast 20 äldste, sålunda att borgarene valde 8, de två andra societeterna hvardera endast 6. 1792 valde handlandena, „som sedan sista valet ansenligen ökats", och handtvärkarne hvardera 8, men borgarena endast 7 o. s. v.[1]).

Äfven beträffande valsättet rådde ännu olika bruk. Stundom valde man flere än 24 och lät sedan magistraten bland de valde uttaga det bestämda antalet. 1784 gick hvarje klass uti särskildt rum för att välja och uppgaf efter återkomsten listor eller förteckningar på flere af sina medborgare än vedertagna antalet af 8 för hvar klass utgjorde, „af hvilka magistraten efter ty, som den tillhörer, valde och utnämde det erforderliga antalet". 1796 kunde borgarena ej förena sig om valet, utan hade tre listor och lemnade afgörandet åt magistraten, som pröfvade skäligt till borgerskapets äldste utse borgarena Indrenius, Selin, Nummelin, Moliis, Kölling, Arxell, Hjulberg och Mannelin „såsom de där bland borgerskapet hade största rörelsen i staden" [2]).

Det lifliga deltagandet i valen på slutet af 1700-talet äfvensom de ofta inlemnade besvären visa oss, att de äldstes institution vunnit i betydelse och på denna tid stod i stort anseende. 1797 beslöts „att bok skulle inrättas, dit korteligen skulle införas hvad af magistraten och borgerskapets äldste blefve beslutet".

Riksdagsmannavalen. Om valen vid besättandet af stadens tjenster och utseendet af äldste ofta gåfvo anledning till split och oenighet inom klasserna, voro däremot i allmänhet riksdagsmannavalen under denna period temligen enhälliga. 1772 utsågs Johan Gottleben, 1778 och 1786 samt 1789 Sacklén, åt hvilken, då han noga kände stadens behof, lem-

[1]) Magistratens protokoll $^{3}/_{2}$ 1772, $^{27}/_{12}$ 1784 och $^{28}/_{11}$ 1792.
[2]) D:o d:o $^{27}/_{12}$ 1784 och $^{27}/_{1}$ 1796.

nades fritt att dem efter omständigheterna bevaka, 1792 Isak Appelberg, 1800 Isak Björkman, 1809 Nils Ascholin.

Hvad stadens utlagor under denna period beträffar, voro de i hufvudsak desamma som under närmast föregående tid. År 1766 steg hela kronoskatten, tullarna oberäknade, till 5,400 à 5,500 d:r s:mt [1]). Sedan riksdalern blifvit gällande, skulle också skatterna betalas i detta mynt. På 1790-talet utgingo t. ex. bevillningarna med omkring 1,200 rdr. Härtill kommo riksgäldsfondsafgiften, medicinalfondsmedlen och slottshjälpsskatten, representerande tillsammans en summa af två à trehundra rdr. Mantalspenningarna utgjorde omkring 250 rdr, boskapspenningarna 2 rdr, tomtörena (för Girstenskvarteret) 32 sk:r, kronoandelen af sakörena i medeltal 50 rdr, båtsmansvakansen 64 rdr 8 sk:r. Då till dessa poster ytterligare läggas bränneriafgiften, som 1801 utgjorde omkring 180 rdr, äfvensom krönings- och begrafningshjälpen, omkring 200 rdr, steg således vid denna tid beloppet af stadens hela skattebörda till omkring 2,000 rdr. 1794 säges ock att „denna lilla staden årligen betalar i skatt till Kongl. Maj:t och kronan öfver och icke under 2,000 rdr". I början af 1800-talet stego dock utlagorna något och utgjorde enligt 1807 års landsbok in summa omkr. 2,400 rdr [2]). Utlagor.

Icke ringa olägenhet vid skattebetalningen medförde under denna tid riksgäldssedlarna äfvensom de Fahnehjelmska eller s. k. Borgåsedlarna, hvilka särdeles krigsåren 1789—90 voro i staden de allmännast förekommande. Vid kronomedelsuppbörden 1789 infunno sig stadens innevånare med idel riksgäldskontorssedlar „af större innehåll än deras skuld var". Vid vexlingen befans att skiljemynt saknades och „att de mindre sedlarna, som skulle utgifvas, hade olika ränta mot de inkommande". Betalarena förklarade sig nöjda med att ingen ränta nu beräknades, och att den ränta, som i landskontoret skulle utfås för sedlarna, skulle tillfalla stadskassan. 1790

[1]) De skilda posterna voro: bevillningen 2,468 d:r 28 öre s:mt, brännvinssalu- och minuteringsafgiften 118: 24, yppighets (tobaks)skatten 330, löne- och betalningsafgiften 568: 24, slottshjälpen 142: 6, medicinalfonden 3: 18, bröllopsgärden 891, mantalspenningarna 711: 24, båtsmansvakansen 128: 11, boskapspenningarna 6, kronoandelen af sakörena 62 d:r.

[2]) Posterna voro: Bevillningen 1,439 rdr 12 sk:r 7 rst., boskapspenningar 2 rdr, tomtören 32 sk:r, mantalspenningar 303 rdr 12 sk:r, kronosakören 15 rdr 24 sk:r, ensaksböter 46 rdr 40 sk:r, båtsmansvakans 64 rdr 8 sk:r, justitiestatens procenter 5 rdr 8 sk:r 6 rst., slottshjälp 54 rdr 5 sk:r, medicinalfond 5 rdr 15 sk:r 2 rst., bränneriafgift 246 rdr 8 sk:r 2 rst., hofrätts vitesböter 6 rdr 32 sk:r, lön- och betalningsafgift 216 rdr 20 sk:r. Därjämte levererades ännu tiondespannmålen, vanligen in natura, till ränteriet i Åbo.

åter heter det att, „emedan här på orten fahnehjelmska eller Borgå sedlarna äro mest gängse, men desamma ej för kronoutskylder emottagas“, anhållan skulle göras om nämda sedlars godkännande i kronolikviden.

Stadskassan. Från denna tid daterar sig ock uppkomsten af en stadskassa i egentlig mening. Förut hade stadens intrader uteslutande bestått i de donerade kronoräntorna, som alla voro anslagna magistraten till lön, äfvensom i de för de lägre tjenstemännens och stadsbetjentes aflönande årligen uttaxerade medlen. Någon nämnvärd behållning hade salunda i äldre tider icke kunnat förefinnas. Nu hade däremot tillkommit ansenliga räntor från de nyupptagna åkrarna och ängarna. Om också stadens utgifter särdeles i följd af muddringen och hamnarbetena hade ökats, förefans dock vanligen en icke obetydlig behållning i kassan, hvilken mot säkerhet utlånades åt borgarena. 1797 t. ex uppföres en behållning från föregående år af 1,076 rdr. Uppbörden under året — bestående af åker- och ängsarrenden 823 rdr, Mäsa- och Kissanmäki-akerskatterna 100 rdr, räntor å lån 15 rdr, äfvensom af diverse andra mindre inkomstposter — inbragte omkring 1,026 rdr. Några extraordinarie intrader inflöto dessutom med omkring 250 rdr, t. ex. lästpenningar 9 rdr, burapenningar och tomtelösen 53 rdr, major v. Knorrings kontingentafgift 10 rdr o. s. v. Totalsumman på debetsidan steg inalles till 2,380 rdr. På kreditsidan åter uppfördes främst, sedan en mindre afkortning och kronoleveransen (båtsmanspenningarna m. m.) blifvit afräknade, stadsbetjentes aflöningar, omkring 370 rdr [1]). Sedan följde i särskilda

[1]) Åbo och B:borgs läns verif. bok 1797. Stadens aflöningslista för hundra år sedan, 1797, hade följande utseende:

	Rdr.	specie	
Kämnerspræses	83:	16:	
Stadsnotarien Sarén . . .	75:		
Stadskassören Nyberg . . .	50:		
Stadsfogden Björkroth . .	21:	32:	
Stadstjenaren Grönlund . .	6:	52:	
D:o Ramberg . .	5:	26:	8
D:o And. Hypping	12:		
Trumslagaren Löfberg . .	8:	16:	
6 brandvakter à $7^{1}/_{4}$ rdr . .	43:		
Risaren Erik	3:	16:	
Rågårdskarlen Frifelt . . .	5:	16:	
D:o Rosengren .	5:	16:	
Stadsfältskären Hedberg . .	50:		
	369:	24:	8.

utbetalningskonton en mängd större och mindre poster — såsom t. ex för bålvärksreparation; för mudderpråmens tjärande; åt bokbindaren Nordman, som lagat stadens fana och hopsatt papper till transparanger; för 2 alnar gult moersband åt Backman till kokard; för 2 bundtar rödbandspennor; för 2 trillbeslag vid tullarna; för 18 dagsvärken till kanonerande och flaggstängernas uppsättande o. s. v. Alla dessa utgifter utgjorde in summa omkring 780 rdr. Behållningen till följande året blef 1,080 rdr. Då staden icke häftade för några kronorester och dess egen kassa visade en årligen stigande behållning, måste sålunda stadens finanser betecknas såsom rätt goda.

Också hade innevånarnes antal och förmögenhet storligen tillväxt. 1766 års mantalslängd [1]) upptager 1,500 personer och 340 matlag, 1800 års mantalslängd åter 2,141 personer och 467 matlag äfvensom 1807 års 2,217 personer och 540 matlag. Enligt andra uppgifter hade staden på 1750-talet 800 à 900, 1775 1,749 och 1800 2,568 innevånare. Om man finge lita på kyrkoböckerna var medeltalet af födda och döda i slutet på 1700-talet i staden, under årtiondet 1765—74 resp. 53 och 39, 1775—84 resp. 72 och 52 samt under årtiondet 1785—94 resp. 70 och 76 [2]). Härvid bör dock anmärkas att år 1785 i följd af kopporna dödlighetssiffran var ovanligt hög och steg till 134. Folkmängd.

Med anledning af denna befolkningens starka tillväxt blef man också alltmera trångbodd inom staden. Redan 1766 heter det att innevånarne så hade tillökts att de ej kunde få hyresrum till beboende i staden. Flere hade af magistraten ansökt om tomtrum, hvartill dock inom stakettet tillfälle icke mera gafs. Stadens omfång var nämligen ännu väsendtligen detsamma som på 1600-talet och sta- Nystaden eller Girstenskvarteret.

[1]) Denna mantalslängd är den första, i hvilken också de ifrån mantalspenningarna befriade äro intagna. 1765 års längd upptager endast 885 personer på 327 matlag.

[2]) Att kyrkoböckerna icke äro fullt pålitliga finner man däraf att förteckningarna, då magistraten år 1773 anhöll om uppgifter öfver födda och döda, befunnos vara för flere år alldeles inkompletta. Orsedan sades härröra däraf att på 9 år inga ordentliga förteckningar förts, „utan det har ankommit på klockaren att anteckna de födde och döde på små papperslappar, hvilka sedan antingen förgätits eller helt och hållet förkommit, så att man efter minnet samt genom efterfrågningar nödgats fylla kyrkoböckerna. De dödas antal har således alltid blifvit osäkert och många föddas namn oupptecknade". Magistraten, som erinrade att tabellvärkets riktighet beror på rätta kyrkoböcker, beslöt därför $^{8}/_{1}$ 1773 att genom utdrag ur protokollet vänligen erinra prosten Lebell om saken, så att han „skyndsamt må sätta kyrkoväsendet i denna del i bättre skick".

kettet gick fortfarande ungefär där det gått före 1698 års brand. Man måste emellertid finna på någon utväg att bereda de många sökande nödiga tomtplatser, och man tvekade ej att intaga till stadsområdet en del af det på beständigt arrende åt staden förunnade Kongsviksbetet, synnerligen som kommerskollegiet $^{14}/_{8}$ 1775 förordnat att stakettet i öster borde flyttas längre ut, så att några lador och strandbodar, som stodo på Girstensmarken, skulle komma inom detsamma. Ingeniör Åhman delade marken i 15 tomter, och åboarne, som erhöllo dem till bebyggande, erinrades att staden ej ikläddo sig någon ansvarighet i händelse kronan, emot förmodan, någongång skulle pålägga gårdsegarne att utlemna denna mark. „Och kommer detta nya kvarter under namn af Girstens kvarteret att behålla för sina tomter det särskilda nummertal, som därå nu satt blifvit; och emedan stakettet nu blir flyttadt från den rålinje, som skiljer stadens enskilda mark från kungsgårdsegorna, så kommer hädanefter vester sidan af den gata, som blir emellan detta nya kvarter och stadens förra sträckning eller de hus, som därtill komma att ligga, att utvisa rån“ [1]).

Men då ett steg engång var taget dröjde det ej länge innan man tog det andra. Redan 1779 fann man att stadens omkrets inom stakettet oaktadt den 1776 skedda utvidgningen „blef för trång för så många innevånare, som sig hit inflyttat och vilja här bygga och bo“. Följande år beslöts därför att stadsplanen skulle ytterligare utsträckas på kronomarken i öster, enär ju staden innehade berörda mark under ständigt arrende samt den med lika fog kunde användas till tomter som åkrar. Staden hade ju där också sitt skeppsvarf utan att någon anmärkning gjorts. Stakettet flyttades sålunda andra gången ett stycke åt öster [2]). Hela det intagna området utgjorde nu 2 tunnland 3 kappland.

Förut har skildrats huru kronan emellertid på 1780-talet gjorde sin dispositionsrätt till kronohagsmarken gällande, äfvensom huru inbyggarena i „Nystaden“, som redan trodde sig nödsakade att utan ersättning bortflytta och rifva ned sina hus, genom resolutionen af $^{22}/_{4}$ 1788 fingo orubbadt bibehålla sina tomter mot erläggande af särskildt tomtöre.

Hagaplanens och Slottsbackens bebyggande. Härmed var „Nystaden“ räddad. Samtidigt utdelade magistraten tomter på den förut obebygda Hagaplanen och tillstadde äfven Slottsbackens bebyggande. Redan 1775 inlöstes den ena af de tvänne

[1]) Magistratens protokoll $^{2}/_{12}$ 1776.
[2]) D:o d:o $^{28}/_{6}$ 1779 och $^{2}/_{3}$ 1780.

ännu återstående kvarnarna på slottsbacken för att bereda rum för tomter, men den andra kvarnen, hvilken egarne ej ville afstå, stod kvar åtminstone ännu 1780. Dock synas stadsmyndigheterna velat för något allmänt ändamål reservera en del af den plats, hvarest hertig Johan fordom ärnat uppföra sin borg, ty 1787 inlöste staden af madam Moliis, som där åtkommit en tomt, densamma, „emedan stadens äldste funno, att oftanämda tomt till stadens allmänna behof ledig hålles“ [1]).

Borgerskapet. I det borgerliga lifvet utgjorde nu klassindelningen grunden för allt görande och låtande. Allt skulle ske efter „societeter“. De äldste valdes klassvis, Karl Gustafsfonderna samlades klassvis o. s. v. Då i staden ej heller fans någon rymlig lokal, som skulle tillåtit alla klasser att samlas tillhopa — då där icke fans något „societetshus“ — voro klasserna t. o. m. tvungna att fira allmänna högtider, kungliga namns- och födelsedagar m. m., särskildt hvar för sig. Endast de till dessa klasser hörande personerna räknades till det egentliga borgerskapet. Såsom vi erinra oss, hörde till handelssocieteten i periodens början 15 och vid dess slut 25 medlemmar, till handtvärkssocieteten likaledes först omkring 50 samt sedan omkring 80 medlemmar, förutom de 12, senare 25, accis underkastade yrkesidkarne. Hvardera klassen hade sålunda under perioden ansenligen ökats, hvilket, såsom ofvan antydts, härrörde af rörelsens tilltagande. Tvärtom förhöll det sig däremot med den tredje eller borgareklassen. Den räknade vid periodens början 120 men vid dess slut endast 84 medlemmar.

Borgaresocietetens aftagande. Denna minskning i borgerskapets antal förefaller vid första ögonkastet obegriplig, då ju allt häntyder på att näringsförhållandena i staden då voro sådana att de nog bort gifva äfven medlemmarne af denna klass tillräcklig sysselsättning och utkomst. Den berodde ock på helt andra omständigheter. Kongl. reglementet af $^{19}/_{12}$ 1734 hade stadgat att ingen skulle vinna burskap såsom handlande, den där ej „ordentligen tjent på köpenskap och undergått examen“. Björneborgs borgare, ej allenast de förmögnare utan ock det stora flertalet af småborgarena, hade — såsom tidigare framhållits — städse i en viss grad äfven drifvit handelsrörelse. Deras medel tilläto dem väl ej att i likhet med handlandena uteslutande egna sig åt denna näring, men den lilla handeln, utförseln af trävirke och boskap till Stockholm m. m., hade ända sedan stadens grundläggning utgjort en af dess viktigaste inkomstkällor. Och den gamla häfden hade varit

[1]) Magistratens protokoll $^{28}/_{1}$ 1787.

så stark, att 1734 års reglemente icke på långa tider i Björneborg värkade någon förändring i detta afseende.

Men nu, i detta „societeternas tidehvarf", då privilegierna gingo framför allt annat, började handlandena, hvilka ansågo sin rörelse lida af borgerskapets handel, yrka på strängare iakttagande af hvad lagen stadgade. 1772 framhöll magistraten att „det finska borgerskapet, som i denna stad utgör det största antalet af hela borgerskapet och hvilket mest öfvar den landthandel, som handlandena klaga öfver, borde efter medlemmarnes afgång minskas till nog litet, samt missbruk i den borgerliga rörelsen icke tålas". Endast då „någon af detta slags förmögnare borgare öfvat sin hand uti skrifvande, räknande och sådan borgerlig rörelse, som ofvan förmäld är, missbruket undantaget, skulle han erhålla burskap efter fadrens afgång", ehuru han icke tjent och lärt i den ordning, som kongl. reglementet af $^{19}/_{12}$ 1734 föreskrifver". Likväl skulle han äfven då icke få antagas innan ledighet gifves i det vissa antal, som vedertaget kunde blifva. Man tänkte således inskränka borgarklassens rörelse och fixera dess antal till det minsta möjliga [1]). Väl blefvo dessa planer icke till fullo förvärkligade och handlandena hade fortfarande tidt och ofta anledning att klaga öfver borgarenas intrång i deras näring — såsom t. ex. 1795, då de härför angåfvo borgarena Johan Selin, Carl Moliis, Matts Nummelin j:or, Johan Indrenius, Henrik Hjulberg, Gabriel Költing, Jakob Prytz m. fl. Men i alla händelser synes nu en strängare regim gentemot den tredje klassen blifvit vedertagen, hvilket i sin mån var egnadt att minska dess näringsvilkor. Detta var orsaken till borgaresocietetens aftagande.

Icke burarätt egande.

Utom det egentliga borgerskapet stod fortfarande en talrik och ständigt tillväxande befolkning af icke burarätt egande, dels ståndspersoner dels försvarsfolk. Ehuru denna befolkning, som dock åtnjöt de flesta af de borgerskapet tillkommande förmånerna, härtills icke ansetts behöfva deltaga i stadens onera, började man småningom utsträcka de borgerliga skyldigheterna äfven till densamma. 1778 beslöts att försvarskarlarna skulle deltaga i dagsvärkena vid muddringen, om ock i mindre proportion än borgerskapet. Då under kriget 1808 inkvarteringstungan af de ryska militärmyndigheterna afvälfdes staden, ansågs den billigtvis icke kunna ensamt åläggas borgerskapet, „som af stadens innevånare icke utgjorde stort öfver hälften och hvaraf större delen äro ganska obemedlade, hvaremot bland de öfriga innevånarne, som utgjordes af embetsmän och andra

[1]) Magistratens protokoll $^{9}/_{12}$ 1772.

ståndspersoner, voro många som utan synnerlig förlust kunde därmed graveras".

Borgargardet.

Borgerskapets skilda klasser sammangingo till enhetlig värksamhet inom borgargardet, hvars betydelse på denna tid synes varit större än förr. Vid tillfällen af hotande fara kallades det stundom under vapen. Så t. ex. då underrättelsen om Sprengtportenska revolutionen anländt till staden. Man befarade en plötslig och våldsam omstörtning af alla bestående förhållanden och ansåg sig därför böra vidtaga kraftiga åtgärder till lugnets bevarande. Den som bäst pågående marknaden afbröts, alla bodar, krogar och källare stängdes, tullportarna tillbommades. Borgargardet kallades under vapen, hvarvid en hvar ålades att smörja låsen på geväret samt vara försedd med goda flintor och tio skarpa skott, „likväl så att ingen vid hårdt ansvar får ladda dess gevär, innan vederbörande officer sådant beordrar". Församlade på Hagamalmen förmanades de improviserade Martissönerna af borgmästare och råd att med alla krafter, lif och blod försvara ständernas rätt och de besvurna lagarna. Tullhusen förvandlades till någotslags kaserner eller fältläger. Styckejunkaren Selin och „konnestablarne" Borgelin, Appelberg och Strandsten skulle rida ut från staden ömsom åt Masia och Luvia och genast inberätta om de förmärkte någon ovanlig rörelse. Den ifver hvarmed man sålunda rustade sig till försvar afkyldes dock snart vid underrättelsen att konungen sjelf stod i spetsen för revolutionen. De vidtagna åtgärderna återkallades nu och enhvar tillsades att i lugn och ro återvända till sin näring och handtering [1]).

Kavalleriet.

Några år senare organiserades i staden också en kavallerikår. Då nämligen konung Gustaf III väntades till staden (1775), ansåg man det ej vara nog att borgerskapet till fot skulle rycka honom till möte en fjärdedels mil utom staden, utan beslöt inrättandet af en kår ryttare om 16 eller 24 man, med en ryttmästare och en adjutant. Kavalleristerna skulle utväljas bland de förmögnare handlandena och borgarena och egde att förse sig med följande mundering: mörkblåa rockar och västar med släta förgylda knappar, svarta byxor, gullgalonerade hattar, piskperuker, elghudshandskar, stöflar med förtennade sporrar, elghudskarbiner samt patronköksremmar. Sadlarna skulle vara bruna och schabrakerna blåa med ljusblått band om kanterna, stigbyglarna och betslen förtennade. Rådman Mentzer utsågs till ryttmästare för kavalleriet, och då samtidigt Gottleben, som förut

[1]) Magistratens protokoll $^{25}/_{8}$, $^{26}/_{8}$ och $^{27}/_{8}$ 1772. Hist. Arkisto XIII, sid. 356—64.

varit chef för infanterimilitärkåren, i följd af ögonsjukdom afsagt sig befälet vid densamma, utvaldes Henrik Johansson Moliis nu till stadsmajor. Därjämte utsågos gullsmed Longberg till löjtnant, handelsmännerne Jakob Björkroth till fänrik och Gabriel Rosenback till underofficer[1]). Huru det gick med konungens besök i staden, känna vi ej, men kavallerikåren blef sedan bestående.

Stadens militär hade ock en fana, men huru den såg ut, finnes ej beskrifvet. Också synes man haft någotslags artilleri. Det omtalas „styckejunkare", och 1778 inköptes för stadens räkning fyra stycken kanoner.

Myteri inom militärkåren.

Följande lilla episod är för öfrigt egnad att belysa de militära förhållandena i staden. Det var en dag i slutet af april 1776. Stadens infanterikår kamperade i och för exercis på paradplatsen vid Hagatull utanför skomakar Malms gård. Efter en kortare hvilostund lät Moliis slå på trumman, i afsikt att man åter skulle börja med öfningarna. Men de på visthustrapporna och vid gatkanten sittande soldaterna rörde sig icke, upptogo icke sina gevär, utan fordrade att få marschera till torget och anföra särskilda besvär hos magistraten. Chefskapet måste foga sig, och så drog den martialiska truppen, under raska trumhvirflar, hvilka lockade till gathörnen skaror af nyfikna åskådare, upp till rådstutorget och gjorde halt midt framför kurian. Moliis, sekunderad af några deputerade, gick upp och anhöll att magistraten, hvilken som bäst var församlad, skulle komma ut och gifva besked i manskapets sak. Magistraten gaf till svar att borgerskapets klagan måste ske inför protokollet, och då magistraten ej kunde föra något sådant på torget, så skulle borgerskapets deputerade infinna sig på rådstugan följande morgon kl. 10. På utsatt tid stod ock infanterimilitärkåren åter under fullt gevär utanför rådhuset, och dess deputerade Kekonius, Lignell, Selin och Anders Johansson Moliis inlemnade ett memorial, bestående af 11 punkter. Man begärde bl. a. att chefen ej skulle hålla manskapet under exercis längre tid än tvänne dagar årligen, helst i slutet på april, att han skulle välja skickliga korpraler, att ingen skulle från kavalleriet öfverflyttas till infanteriet, och tvärtom, samt att magistraten skulle redovisa för de penningar, som utsökts af dem som uteblifvit från öfningarna. Magistraten gaf sitt samtycke till de flesta punkterna, dock under vissa förbehåll, såsom t. ex. att de tröge och rekryterna skulle få hållas längre i exercis än de bestämda tvänne dagarna. Belåtet med

[1]) Magistratens protokoll $^{18}/_{4}$ 1775.

att i hufvudsak hafva vunnit sitt ändamål, åtskildes nu det upproriska manskapet och hvar man gick till sitt [1]).

Förmögenhetsförhållanden.

Också förmögenheten hade tilltagit. Om man får bedöma förhållandena efter skattörena, var på 1770-talet stadens förmögnaste man handlanden Matts Wadén, taxerad till 40 skattören. Närmast honom kommo handlandena Isak Björkman med 30 och Per Bergén med 20 skattören. Bland handtvärkarne hade smeden Isak Rotman högsta öretalet, 16. Äfven handlanden Isak Backmans förmögenhet ansågs vara temligen betydlig. Den uppgafs är 1775 utgöra 32,000 d:r k:mt, hvarvid gården, belägen midt i staden vid Kungsgatan, värderades till 10,000 d:r. — Sedan de dåliga tiderna på 1780-talet gått öfver, finna vi (1791) handlanden Johan Gottleben såsom den högst taxerade (40 skattören), och han uppgifves äfven i andra källor såsom „stadens da för tiden ostridigt förnämsta handlande". Med honom täflade råd- och handelsmannen Nils Ascholin (35 skattören). Bland fabrikanter och handtvärkare stod främst färgaren Jonas Levin med 10 skattören. Nämda år sades borgerskapets samtliga skattören utgöra 670 och persontalet 154.

Särdeles belysande för förmögenhetsförhållandena i staden, vid förra seklets slut och före branden 1801, är uppskattningslängden [2]) öfver de stadens innevånare, som enligt kungörelsen af $^{15}/_{6}$ 1800 taxerades till afgift efter förmögenhet. Samtliga fastigheterna i staden värderades då till inemot 38,000 rdr specie, utom stadens jord, som taxerades till 11,538 rdr. Fordringar och annan förmögenhet uppskattades till i det närmaste 12,000 rdr specie, hvarjämte kapital och fordringar i riksgäldssedlar anslogos till 16,686 rdr. Den största förmögenheten var handlanden Johan Ascholins, hvars fastigheter värderades till omkring 530, och „skeppsparter" till 6,500 rdr specie. Dessutom upptagas mindre poster i silfver och kontant. Då nämda „skeppsparter" i förteckningen föras under rubriken: fordringar och annan förmögenhet, egde Ascholin således ensam mer än hälften af hela borgerskapets under denna rubrik taxerade förmögenhet. Handlanden Isak Björkmans behållning uppskattades till 1,277 rdr specie. Kapellanen Sourandors sterbhus hade 1,000 rdr i fastigheter, omkring 170 i annan förmögenhet, äfvensom 935 rdr riksgälds. Färgaren Levins sterbhus påfördes i fastighetskolumnen en taxerad förmögenhet af 850, och kollegan Brander en af 800 rdr specie o. s. v.

---

[1]) Magistratens protokoll $^{22}/_{4}$ 1776.

[2]) Denna längd finnes i Sv. Riksarkivet.

Lyx. Också den tilltagande lyxen vittnar om att förmögenheten ökats. Vi finna ur bevillningslängderna bl. a. att bruket af sidentyger redan gjort sitt inträde i staden. År 1792 taxerades flere personer för frihet att nyttja sidentyger, och handlanden Isak Backman skattade t. o. m. för „ett rum, hvaruti sidenmöbler nyttjas". Sju personer taxerades samma år för guldur och 61 för silfverur. Täckta vagnar funnos redan flera i staden, för att ej tala om öppna vagnar och schäsar. För kortspel, som nu äfven blifvit underkastadt bevillning, taxerades, år 1801, en person i ridderskapet och adeln, 18 personer bland ståndspersoner och sex bland borgarena. En lyx, som stadsboarne dessutom hängåfvo sig åt, var hållandet af hundar. 1801 taxerades åtta personer för jagthundar och fem för s. k. „onyttiga hundar" [1]).

Drägt. I den borgerliga societeten sågos ännu stundom kulörta drägter, sådana som under föregående tid varit på modet. En skarlakansröd väst under en ljusbrun rock ansågs ännu särdeles af den äldre generationen såsom en „habit comme il faut". Dock synas vissa förändringar i afseende å klädedrägten nu börjat göra sig gällande. Gustaf III ifrade för införandet af en nationel drägt, som för männerne skulle bestå i en från axlarna bakåt öfver den snäfva rocken nedhängande kappa samt i vida knäbyxor och halfstöflar, äfvensom för damerna i en nedtill med veckade band omgifven underklädning och en framtill öppen öfverklädning med släp. Den $^{24}/_{4}$ 1778 uppkallades borgerskapet och öfriga innevånare att härom förständigas, „varande magistraten försäkrad att en och hvar med djupaste underdånigsta erkänsla skyndar till den nationella klädedrägtens anläggande". Vi veta dock ej i hvilken mån borgerskapet fann sig manadt att ställa sig den gifna uppmaningen till efterrättelse. Emellertid synas de bjärta färgerna småningom förlorat i anseende. Flanellstryckeriet med sina blomformer hade ju ingen framgång „i anseende därtill att enfärgade tyger numera kommit i bruk". Att stadens fruntimmersskräddare råkade på obestånd, berodde också möjligen ytterst uppå att han saknade arbete — en omständighet

[1]) Se verif. böckerna för Åbo och B:borgs län för nämda år. — Hundarne, särdeles de backmanska, gåfvo stadsmyndigheterna mycket att göra. Redan 1775 heter det „att stadens invånare hafva på en tid skaffat sig ett stort antal hundar, hvilka kreatur göra ingen nytta utan anfalla folk och göra skada på kropp och kläder samt skrämma barn, hvarför magistraten ålägger dem, som ega arga hundar, att vid 5 dlrs vite hålla dem i band eller låta dem förgöra". Då 1781 rabies grasserade ökades vitet till 1 rdr 32 sk:r, hvarjämte utegående hundar utan vidare skulle dödas.

som kanhända stod i något samband med de förut moderna styfkjortlarnas försvinnande mot seklets slut.

I de borgerliga hemmens utstyrsel gjorde sig småningom en modernare prägel gällande. Rummen, särdeles salen, där familjen emottog sina gäster, pryddes ofta med en elegans, vittnande om den gustavianska tidens smak. Vi hafva redan nämt att på 1770-talet möbel med sidenöfverståg förekom åtminstone i ett af stadens förmögnare hus. Gardiner i sirliga veck hängde för fönstren. Väggarna pryddes af stora speglar med förgylda ramar och konstnärligt förfärdigade „pendyler". De massiva skåpen, af hvilka ett och annat exemplar ännu kan finnas i äldre hus, utgörande ett föremål för vår tids beundran, gömde rika skatter af präktiga linne- och duktyger. Smakfulla byråer „med ekpanelningar och silfverbeslag" stodo i de inre rummen, och sängarna doldes af „pauluner" eller sparlakan af röd kassian eller randig sidensars, i hvilka voro inväfda silfverblommor. På bordet, vid hvilket gästerna samlades, täflade dyrbara porslinskärl med de fäderneärfda tennserviserna. Äfven silfverfat med ingraverade bilder och „bägare med medaljer i bottnet" omtalas i tidens handlingar [1]). Möblering.

Också lifvet utom hus antog mångsidigare former än förut. I äldre tider hade krogarna jämte gästgifveriet och senare stadskällaren varit de enda ställen, där borgarena utom hemmen kunde träffas på lediga stunder. Nu däremot fans det i staden utom en „vintappare", hvars lokal synes varit flitigt besökt, äfven en „kaffehushållare", hvilken troligen ej heller saknade kunder. År 1778 synes första början gjorts till ett värdshus i modern mening. Då anhöll nämligen Anders Andersson Moliis att få blifva „traktör" i staden, hvilket bifölls så mycket hellre, „som det fans ganska få, som betjenade både resande och allmänheten med matredning och spisning och härstädes ofta klagades öfver brist på tillgänglig spisning för penningar" [2]). »Traktören».

Dagar af särskild betydelse, såsom kungliga högtidsdagar o. s. v., firades med pomp och ståt. Vid Gustaf IV Adolfs bröllop 1797 illuminerades staden, borgargardet paraderade, flaggorna vajade och salut afsköts från fyra kanoner. Vid sådana tillfällen, särdeles då staden behedrades med något högt besök, plägade ock tal hållas, hvilka enligt tidens sed utsmyckades med alla retorikens prydnader Firandet af bemärkelsedagar.

---

[1]) Dessa uppgifter äro mestadels hemtade ur diverse bouppteckningslängder från den tiden.

[2]) Magistratens protokoll $^{10}/_{11}$ 1778.

och den akademiska vältalighetens blomster. Vid landshöfdingen baron Magnus Vilh. Armfelts besök i staden $^{26}/_{3}$ 1782 riktade sålunda Sacklén till honom följande ord:

„De jämna och oskyndade steg, som Herr Landshöfdingen under hela sin ärofulla lefnad tagit upp till det ena hedersstället efter det andra; den nit för konung och fädernesland, den ömhet för medborgare, som alltid varit hos Herr Landshöfdingen så lysande, så vördad, och de stora insikter och egenskaper, som pryda Herr Landshöfdingens höga börd med de ypperligaste ämnen och grunder till Magistratens och borgerskapets glädje att under och igenom Herr Landshöfdingens visa styrelse tälja de sällaste dagar och tider för detta höfdingedöme, hvilket tillika har förmån af att vara af Herr Landshöfdingen nogast kändt; vi få alltså med så vördsamma som glada ögon se handel och sjöfart och handaslöjder varda af Herr Landshöfdingen kraftigt skyddade och uppmuntrade äfven uti denna stad, hvilken tillsätter all sin förmåga, omtanke och flit, att under en så mäktig och nådig konungs regering, under ett af Gud och konungen beredt ljuft fredslugn, jämväl inom sin lilla krets öka de ämnen, som göra vår store Gustafs tidehvarf så lyckligt för dess folk, så gloriöst för hela verlden. Lefve alltså Herr Baron och Landshöfdingen uti all hög sällhet och hämte till högsta ålder välsignade frukter af små storvärk och välgerningar af folkets vördnad, kärlek och tacksägelser. Magistraten och borgerskapet utbeder sig Herr Baron, Landshöfdingen och Riddarens höga gunst allerödmjukast".

Intresset för allmänna frågor.

I allt finna vi huru det björneborgska samhället under denna tid gått framåt. Ingen af tidens stora rörelser förgick utan att återspeglas också i stadens lif, och borgerskapet, indeladt som det var i sina societeter, deltog med stort intresse i diskussionen af alla de spörsmål, som under tidehvarfvet stodo på dagordningen. Än gälde det att uttala sig om medlen för näringarnas upphjälpande i riket, än upptogos frågor af mindre materiel beskaffenhet. T. o. m. ett slags kvinnofråga kan man redan spåra under denna tid af rastlös sträfvan. Redan 1772 hade magistraten uttalat sig för att handlandena „jämväl vore skyldiga att nyttja kvinnfolks betjening i bodar, där flere betjente tarfvades". Men under öppen diskussion kom frågan först 1786, då kommerskollegium anhöll om uppgift, i hvilken mån resp. societeter kunde vid sitt arbete betjena sig af kvinnfolk. Handlande sade sig enhvar icke behöfva mer än en bodbetjent, som därjämte måste göra marknadsresor, hvartill kvinnfolk icke kunde nyttjas. Men flere handtvärkare, såsom skräddarena, linväfvarena, målarena, bokbindarena, bagarena och perukmakaren sade sig väl kunna i sin tjenst sysselsätta kvinnor och lofvade att, efter deras nuvarande lärgossars afgång, antaga sådana. Magistraten, som af kollegium uppmanats att — därest några motskäl vid frågans behandling skulle anföras — med tjenliga föreställningar intressera societeterna för saken, meddelade resultatet af diskussionen till kollegium, tilläggande därjämte „att den vid förefallande tillfällen [1]) skulle vara angelägen om att, hvar det sig göra låter, befrämja detta gagneliga föremål".

Särskildt intresserade sig dock borgerskapet för de frågor, som angingo stadens egna förhållanden. Öfverallt, på rådstugan, på Tocklinskans krog, hos vintapparen, hos kaffehusegaren, äfvensom vid promenaderna på Slottsbacken, diskuterades stadens framtida väl och hvad man var efterkommande slägten skyldig, kanske lifligare än någonsin förr eller senare.

Stadens betydelse.

Om vi här återföra i minnet hela den utveckling i det föregående blifvit skildrad — medelhafsskeppen, den nya hamnen i Räfsö, de många industriella värken, „Girstenskvarteret", Lattomeri och Kissanmäki, kämnersrätten, helsovården, de religiösa rörelserna, det kommunala lifvet — finna vi förvisso sanningen af Sackléns ord „att staden under hans tid blifvit bragt upp ifrån lägervall" äfvensom af landshöfdingen Armfelts yttrande „att Björneborg numera var att anses ibland de större städer" [2]).

Däraf följande onera.

Men denna ställning hade staden icke uppnått för intet. Dess omdanande till stapelstad hade — såsom vi funnit — varit förenadt med stora uppoffringar och dryga kostnader från borgerskapets sida. Det var ej nog med att farlederna blifvit muddrade och bålvärken bygda. Det behöfdes ock en mängd nya byggnader och inrättningar, som man förut icke vetat utaf. Staden skulle nu hålla sig med sjötullkammare, våghus, packhus och saltlagerrum. Den borde hafva s. k. mätarehus och särskildt aflönad vägare. Idkeligen fick man stå till det allmännas tjenst med dagsvärken och penningar. 1774 skulle alla som burskap egde hemta ett lass gråsten till grundmuren och trappan till det nya packhuset på Ullenbergs tomt. 1786, då detta packhus befans vara alltför aflägset och tillgängligt för tjufvar, skulle det flyttas närmare till tullbron, där det vore mera under

---

[1]) Magistratens protokoll $^{16}/_{12}$ 1786. Kvinnor hade härtills redan sysselsatts af bagarena.

[2]) Yttrandet ingår i det utlåtande, hvari landshöfdingen $^{8}/_{11}$ 1782 förordar tillstånd till inrättandet af en kämnersrätt i staden.

ögonen. 1779 skulle stadens varf på Girstensudden förses med plank och portar. Än skulle man på allmän bekostnad köpa en boda till saltlagerrum, än uppsätta på Kalloholmen spiror med en tjärtunna i ändan till sjömärke, ja — man borde t. o. m. vara betänkt på att där bygga en båk.

Framstegspartiet och oppositionen.

1700-talets slut var för staden en brytningstid af epokgörande betydelse. Och sådana tider pläga sällan förgå i ett samhälle utan att lemna efter sig minnet af häftiga inre slitningar och strider. Ifrån denna regel gjorde ej heller det dåtida björneborgska samhället något undantag. De nya ideerna och företagen råkade ifrån första stund i kollision med den gamla ordningen, och det uppstod så att säga en kamp på lif och död emellan de olika meningarna, en kamp, som gälde intet mindre än hela stapelrättens vara eller icke vara. Kring triumviratet Sacklén, Kraftman och Lebell grupperade sig stadens förmögnare handlande, en Ascholin, en Björkman, en Gottleben, en Sourander. De insågo till fullo förmånerna af den nya tiden, och öfvertygade om riktigheten af satsen: något för något, yrkade de på att man också genom uppoffringar skulle göra sig förtjent af desamma. Motpartiet, som bestod af flertalet af det lägre borgerskapet, leddes äfven af män som icke synas varit mindre slagfärdiga än deras motståndare. Borgaren Erik Bäckström i sin luggslitna vadmalskapprock, med tuggbussen i munnen, var onekligen oppositionens mest energiske och vaksamme förkämpe. Hans namn står städse främst bland undertecknarnes af de talrika petitioner och besvär, i hvilka borgerskapet inlade sin protest mot „nyhetsmakeriet". Vid hans sida stodo troget borgarena Johan och Anders Lönnblad, äfvensom yrkesmännen Hitke och Kuhlberg. Alla dessa män synas åtnjutit ett icke ringa förtroende bland sina meningsfränder, och det lyckades dem stundom att något hejda den rastlösa fart, hvarmed man på motsatt håll ville drifva framåt tidens hjul. Mot de förmögnes opportunistiska betraktelsesätt stälde de den nakna sanningen, blottade den bittra värkligheten, framställande hurusom staden, alla uppoffringar oaktadt, dock ej kunde fullgöra sin pligt såsom sjöstad, ej ens hålla salt och spannmål i behörig mängd på lager, och hurusom grannstäderna Raumo och Nystad utan alla privilegier likväl stodo sig bättre än Björneborg.

Striden utkämpades naturligtvis främst vid rådstudagarna, till hvilka vid viktigare frågors afgörande hela borgerskapet kallades. Dessa möten voro på denna tid ofta rätt stormiga, såsom t. ex. mötet den 27 okt. 1777, då partierna sammandrabbade med anledning af magistratens vägran att låta borgerskapet börja process med prof.

Kraftman angående rårna [1]). Borgarena Jakob Lönnmark och Mickel Renner beskylde med hög röst och mycken ifver magistraten för att vilja bortgifva stadens och kronans egor, samt höllo på att den ej under några förevändningar egde förhålla borgerskapet dess rätt att värna stadens bästa. Detta yttrande, understödt af skräddaren Lang och sadelmakaren Schultz, väckte ett bifallssorl inom det ringare borgerskapet och handtvärkarne. Förgäfves anmälde sig rådman Mentzer att tala. Lönnmark på ena sidan af salen, Lang och Schultz på den andra, förnekade honom, som vore part i saken, rätt därtill. Förgäfves försökte ordföranden med klubban åstadkomma tystnad. Såsnart Mentzer börjat tala öfverröstades han af de upprörda medborgarena, hvilka till svar på alla borgmästarens förmaningar om skick och sedlighet högljudt skreko att han ej skulle „finska“ — d. v. s. snäsa — till borgerskapet utan tilltala det fogligen. Sedan omsider några ansedda män, bland dem handelsmännen Ascholin, Brander och Gottleben, kommit i tillfälle att yttra några lugnande ord, fick man mötet afbrutet och salen utrymd. Partistriderna.

I alla frågor gingo dessa partier sina skilda vägar. Medan handlandena arbetade för sin nya hamn i Räfsö och för sina stora kraveler, intresserade sig borgarena endast för gamla Sandudden och sina fäderneärfda klinckskutor, för hvilka de, ehuru förgäfves, ännu engång år 1800 anhöllo om lika förmåner i afseende å tullafgifterna med andra skepp. Vid striden om kyrkografvarna (1777) stälde de sig också på oppositionens sida. Då Lebell därvid yttrade att han sjelf, ehuru grafegare, icke skulle äska blifva i kyrkan begrafven, om han skulle dö i den gångbara rötfebern, utan annorstädes, replikerade honom Johan Lönnblad på finska med orden: „vaikkapa suohon“. Då magistraten vid Sackléns afgang 1791 enligt dennes förslag ville genomdrifva Mörtengrens antagande till borgmästare utan val och därvid tänkte öfverrumpla borgerskapet genom att framställa frågan vid ett möte, som varit utlyst för annat ändamål, inlade Kuhlberg, som blifvit varskodd af ryktet, en kraftig protest emot detta försök att beröfva borgerskapet dess i grundlagarna förvarade rättigheter. Ännu efter branden, 1805, reste sig partiet till försvar för den gamla begrafningsplatsen, som „de upplystare af församlingens medlemmar“ ville utdöma. De anhöllo att Kongl. Majestät skulle förkasta hela projektet, såsom medförande endast svårigheter och tryckande kostnader.

Häftigast hade dock striden rasat på 1780- och 1790-talen, då muddringen och de nya hamnanläggningarna stodo på dagordningen.

[1]) Se magistratens protokoll för ofvanbemälda dag.

Då Lana-ådran skulle muddras satte sig handtvärkssocieteten absolut emot och vägrade enständigt att deltaga i dagsvärkena. „De voro", menade de, „strängeligen förbjudna att på något sätt idka handel och därutinnan göra handlande borgerskapet förfång; de hade förty ej heller någon befattning med hvad som kom till staden, eller därifrån utskeppades; det var dem fullkomligt indifferent om farleden nyttjas genom Lotsöre- eller Inderö-ådran, hvilka en gång för alla redan blifvit muddrade, eller genom den nu projekterade Lana-ådran". Några nya kostnader ville de alltså ej åtaga sig. Härtill genmälde handlandena att de — nämligen handtvärkarena — allesamman, repslagaren, blockmakaren, smeden, segelsömmaren, väfvaren, snickaren, målaren, glasmästaren, murmästaren, skräddaren, garfvaren, skomakaren, fabrikören, hade sin medelbara näring af skeppsbyggnaden, och det ändå till den grad att några af dem vore alldeles obehöfliga och näringslösa i staden, därest sjöfart ej existerade; de borde således ej undandraga sig ett arbete, som afsåg den allmänna välfärdens befordran". Vi hafva redan nämt att handtvärkarne i denna strid slutligen drogo det kortare strået [1]).

Då Räfsö-bålvärket skulle byggas protesterade hela borgareklassen, under ledning af borgarena Erik Bäckström och Anders Lönnblad, på det lifligaste emot de nya byggnadsplanerna. De flesta af borgerskapet, sade de, voro icke i stånd att reda i fartyg, ja — en del hafva nog af att bestå sig en båt; de behöfde alltså ej några hamnar alls; de få åter af dem, hvilka med sina klinckskutor, efter fäderneärfd sed, seglade till Stockholm och Tyskland, kommo alltför väl tillrätta med Sandudden; dessutom var det ej rådligt för dem att begagna bålvärket vid Räfsö; ty när de någon gång gjort försök att där lägga till, hade de utan vidare blifvit bortdrifna af handlandena och deras skeppare, som h. o. h. bemästrat sig detsamma. De hade blifvit bragta under ett slafviskt ok, men ville ej mera lägga ut ett öre för handelsmännens bekvämlighet [2]).

Anhållan om stapelrättens upphäfvande.

Sitt kulmen nådde partiernas hätskhet år 1792. Oppositionen hade återigen råkat i raseri med anledning af de storartade hamnbyggnaderna vid Räfsö, för hvilka — såsom det hette — „föga oceanens rymder vore tillräckliga", och de kostsamma muddringarna,

[1]) Se Landshöfdingeskrifvelserna i Sv. Riksarkivet.

[2]) I anledning af detta borgerskapets motstånd följde nu en långvarig process i högre och lägre instanser. Men äfven i denna fråga, likasom i mudderfrågan, segrade dock det allmännas sak, och kongl. Maj:t resolverade $^{19}/_{6}$ 1793 slutligen att Räfsö hamnbyggnaderna framgent, såsom härtills skett, skulle af alla gemensamt bekostas och underhållas. Se nyssnämda skrifvelser.

detta Sisyphus-arbete, som dock vore alldeles lönlöst, „ty om stadsboarne — ehuru det i alla fall är öfver deras höfvan — aldrig så mycket muddrade, kunde segelleden icke förbättras, då höst- och särdeles vårfloden hämtar så mycket sand att den ständigt igentäppes". Nu var tålamodet slut och missnöjet tillspetsade sig ända därhän att borgarena, med Erik Bäckström och Anders Lönnblad i spetsen, äfvensom handtvärkarne, direkte hos Kungl. Majestät supplicerade om stapelrättens upphäfvande, „helst och i synnerhet som denna stad är utur tillfälle att sig däraf såsom vederbör begagna, och hvarvid förnämligast möter stadens alltför besvärliga seglation". „Hela stapelrätten tjenade" — hette det — „ej till annat än att de förmögna hålla det ringare borgerskapet under ett slafviskt och tryckande samt deras och vår förmögenhet öfverstigande ok" [1]).

Att stapelrättens vara eller icke vara, under de pågående inre striderna, värkligen stod på spel, insågs af många. Då Sacklén redan 1777, uppmanande trafikanterne till deras pligt motsvarande ansträngningar, framhöll hurusom ock „andra omständigheter" än de handlandes efterlåtenhet —, kunde föranleda indragning af stadens sjötullkammare, hänsyftade han utan tvifvel på de krafter, som inom staden arbetade mot den nya ordningen. Då därjämte regeringen ett par gånger, med anledning af stadens mindre tillfredsställande salt- och spannmålsimport, låtit undfalla sig hotelser om stapelrättens indragande, förefans det värkligen ingen garanti för att staden ej en vacker dag kunde förlora sitt nyvunna privilegium. Men om man ock sålunda i Björneborg kunde haft skäl nog att med en viss spänning emotse hvad den kungliga resolutionen på klagandenas besvär skulle innehålla, torde man dock så mycket hellre förlitat sig på en lycklig utgång, som stadens under senaste tid nådda utveckling onekligen måste öfvertyga höga vederbörande om stapelrättens oumbärlighet för densamma. Daterad $^{22}/_{7}$ 1793 innebar ock resolutionen, i hvilken det korteligen hette: „att de klagande ej egde någon rätt att afsäga sig en för alla stadens invånare gemensam förmån", en ny stadfästelse på de nyvunna rättigheterna.

Med säkrare tillförsikt än förr kunde staden nu se framtiden an och egna sig åt sin utveckling såsom sjö- och stapelstad.

Men det var icke densamma beskärdt att oafbrutet få fortgå på denna framåtskridandets väg. Den skulle återigen drabbas af en af dessa hemsökelser, hvilka så ofta förut bragt den till branten af dess undergång. Också 1700-talets Björneborg skulle genom en fasansfull

Topografisk öfversikt af staden.

---

[1]) Stadens besvär, Björneborg 1793, i F. S. A.

vådeld utplånas från jordens grund, såsom det gatt med dess föregångare på 1600-talet. Vi skola dock, innan vi gå att redogöra för denna fruktansvärda händelse, kasta en hastig blick på staden sådan den såg ut för hundrade år sedan, under tiden närmast före dess undergång.

Stranden. Sedd från elfsidan måste den hafva erbjudit en högst egendomlig anblick. De tätt intill hvarandra sammanpackade strandmagasinerna, som i elfven afspeglade sina likformiga gaflar, togo sig på afstånd ut som ett kolossalt stakett med grundt inskurna spetsar. Likt portar öppnade sig här och där några toma platser, där stadens allmänna bryggor sköto ut i elfven. Ty i stället för att det förut funnits endast en brygga, den s. k. tullbron, täflade nu hvarje kvarter, som nådde ned till stranden, om äran att hafva en egen stenbrygga, hvarutom det äfven fans några bryggor af trä [1]). Bakom och ofvanom den förmur, som bildades af den långa magasinsraden, höjde sig en oregelbunden massa af tätt sammangyttrade hus och byggnader längs sluttningarna af Rådstu- och Slottsbackarna. Denna massa genomskars ställvis af en gata, en brink eller en smal återvändsgränd [2]). På den låga stranden längst bort i öster, där kyrkan nu står, syntes en mängd nybygda gårdar, Girstenskvarteret, och där bortom framskymtade ännu varfvet med sin backe, hvit af spånor. I vester åter, där åsen småningom sluttade mot „Danviksstranden", funnos öppna platser vid kyrkan och skolhuset äfvensom längst borta kålländer ända till stakettet. Öfver hela detta virrvarr af gårdar, plank, gator, gränder, backar och öppna platser reste sig stadens tvänne förnämsta offentliga byggnader, rådhuset med sitt torn och kyrkan med sin klockstapel.

Rådhuset och torget. Rådhuset bestod nu, såsom på 1600-talet, af en tvåvånings träbyggnad. Sannolikt var det ock rödmäladt. Åtminstone hade det 1774 blifvit bestruket med rödfärg och försedt med gula fönsterkarmar. Tornet hade ur med förgylda siffror och visare. Sessions-

---

[1]) Stenbryggorna voro: Tullbron, nedanför rådhuset; Skolstrands- eller Fattighusbryggan i Kyrkokvarteret nedanför skolan (bygd 1779); Kvarngatsbryggan i Slottskvarteret och Slottsbryggan äfvenledes i Slottskvarteret i ändan på den ifrån Hagaplanen kommande Slottstvärgatan. Då denna brygga skulle byggas 1782, yrkade Girstensboarne att den skulle placeras vid Rutula-stranden, som låg nedanför deras stadsdel; men magistraten, som ansåg denna anhållan härröra af trångbröstadt knutintresse, beslöt att den skulle byggas litet vestligare vid Nummelins strand. Girstensboarne fingo nöjas med en träbrygga i ändan på sin Nygata.

[2]) T. ex. Kyrkobrinken, Strandgränden, Slottsbacksgränden.

bordet i nedra salen var betäckt med ett kläde af mellanblå färg. Byggnaden var för öfrigt redan gammal och rummen trånga, hvarför landshöfdingen 1797 vid sitt besök i staden föreslog att en ny rådhusbyggnad af sten med det snaraste skulle uppföras [1]). Detta hade ock borgerskapet lofvat göra, så snart behöriga medel stode till buds. — Utanför rådhuset utbredde sig torget, omfattande ungefär en tredjedel af nuvarande rådhusskvären. Enligt den förut omnämda, af Weber målade taflan, omgafs det till en del af tvåvåningshus med brutna tak.

Kyrkan stod på sin gamla plats omgifven af kyrkogården. Af det flitiga begagnandet under två och ett halft sekel hade begrafningsplatsens yta höjt sig fyra alnar öfver den utanför löpande gatan, och man måste stiga några trappor ned för att komma in i slägtgrafvarna, som voro bygda invid den omgifvande ringmuren. Sjelfva kyrkan var rödmålad och dess tjärade spåntak hade blifvit nylagdt åtminstone 1772. Innantill hade den så till tak som väggar redan 1752 blifvit af målaren Hjulström från Vasa prydd med målningar, föreställande den heliga trefaldighet, englarne äfvensom scener ur bibliska historien. Öfver dörrar och fönster hängde gardiner med sirliga festoner och på korväggen stodo, på hvardera sidan om altaret, tvänne af vinrankor omslingrade pyramider. Läktarna voro äfvenledes vackert marmorerade eller ock prydda med bilder ur den heliga skrift. Äfven stolarna voro blå marmorerade på ljus grund. En af det gamla templets ypperstа prydnader var dock den nya orgeln. Förfärdigad af klockaren i Vaxholm Gabriel Lind, hade den blifvit uppsatt år 1774 [2]). — Omkring kyrkan utbredde sig kyrkoplanen, på hvilken stodo skolhuset och fattighuset, båda något förfallna och i behof af ständiga reparationer, det senare redan före branden afsedt att h. o. h. nybyggas. Norr om kyrkan befann sig ock på samma plan packhuset, hvartill gamla kvarnhuset blifvit omändradt, sedan accisen börjat uppbäras vid tullarna (1773). Förslag om uppförandet af ett nytt packhus af sten hade redan 1786 blifvit framställdt, men lemnadt därhän, „i anseende till den allmänna svaghet uti sjöfart och handel, som då rådde och återhöll all styrka och munterhet".

Kyrkan.

Skol- och fattighuset.

Stadens förnämsta gator voro: Strandgatan, Kungsgatan och Tavastgatan. Den förstnämda var lifligt trafikerad i synnerhet som-

Gatorna.

[1]) Magistratens protokoll $^{16}/_{2}$ och $^{21}/_{2}$ 1797.

[2]) Orgeln bestod af 8 stämmor med 396 ljudande och 31 blindpipor. Medlen till det nya värkets bekostande, 4,000 d:r k:mt, hade hopbragts genom subskription, och Lind, som flyttat till staden, blef dess första aflönade orgelnist.

martid, då lossning och lastning pågick vid bryggorna. Därinvid hade ock vintapparen sin försäljningslokal. Kungsgatan löpte i söder och norr ungefär midt emellan rådhuset och kyrkan, motsvarande i det närmaste våra dagars Vladimirsgata, om denna skulle fortsättas rätt öfver Otava fram mot elfven. Äfven denna gata, som kom från Hästtorget och Malmtullen — hvardera belägna i den trakt där nu Vladimirs- och Konstantinsgatorna korsas — var en af stadens viktigaste trafikleder. Den var ock stenlagd „ifrån Malmtullen ända till Bäckmans hörn“ [1]). Tavastgatan åter hade ända sedan stadens grundläggning utgjort farvägen för alla dem, som från Hagatullssidan skulle fram till torget och de centrala delarna af staden. Den har sin ungefärliga motsvarighet i vår tids Nikolaigata. Från det ställe där den korsade Kungsgatan och till Hagaplanen — d. v. s. på sträckan emellan nuvarande Otavaporten och Vidbomska gården — genomskars den af trenne tvärgator: Stora rådhusgatan, som vid nuv. Esplanaden ledde till torget och rådhuset, Kvarngatan, gående öfver nuv. Alftanska gården till Slottsbacken och stranden, samt Fabriksgatan, så benämd efter den därinvid liggande tobaksfabriken, började ungefär vid porten till nuv. gården 17 vid Nikolaigatan. Vid det 1775 väntade kungabesöket hade förordnats att samtliga hus och plank vid stadens ofvannämda hufvudgator, äfvensom de vid Stora rådhusgatan, skulle rödmålas [2]).

Hagaplanen. För den som från stadssidan gick längs Tavastgatan åt öster, öppnades — ungefär vid nuv. Vidbomska gården — den s. k. Hagaplanen. Denna fordom vidsträckta slätt hade nu krympt ihop till en lång smal öppen plan, som sträckte sig genom staden fran Haga tullport ända till Slottsbacken, d. v. s. ungefär från midten af nuvarande salutorget öfver en del af Vidbomska, Juseliuska, Satakunta tryckeriots och Rambergska gårdarna till inemot Liliuska huset vid Alexandragatan. De bebygda tomterna hade inkräktat det öfriga af slätten och skulle kanske inkräktat den hel och hållen, därest icke de gamla bodarna och magasinerna, som till ett antal af omkring sextio stodo där ställvis i dubbla led, hade utgjort liksom ett värn för den minnesrika platsen, där sedan urminnes tider stadens militär-

[1]) Magistratens protokoll 10/6 1774. — 8/11 1794 hade landshöfdingen anbefalt allmän stenläggning inom 1796 års slut. Borgarena förklarade emellertid 2/3 1796 att en sådan stenläggning nu fölle sig omöjlig, emedan allt arbetsfolk var sysselsatt vid skeppsarbetena på varfvet. Då Kungsgatan stenlades (1774) beslöts därjämte „att om en och annan nödvändig gata här i orten skulle komma att stenläggas, betalas halfva lön ur stadskassan, resten af gårdsegarene“.

[2]) Magistratens protokoll 15/4 1775.

kår anstält sina exerciser och fältöfningar. Det var s. a. s. stadens „marsfält“ och hade förut utgjort en utkant af staden. Men nu låg där bortom ännu en hel stadsdel, Girstenskvarteret, med en talrik befolkning, i de trakter, där i våra dagar Petrellska och Nevanderska gårdarna samt kyrkan är belägen.

Slottsbacken. Tog man vägen öfver Haga plan mot norr och vek man därvid i dess nordliga ända af mot vester, befann man sig snart på Slottsbacken, belägen där Holmbergska huset nu står. Äfven den sista kvarnen hade numera försvunnit och gifvit plats för nya hus, men stenarna, som hertig Johan samlat dit för sin borg, lågo ännu kvar. De hade skyddat denna plats för nybyggarnes inkräktning, liksom bodarna skyddat Hagaplanen. Ännu erbjöd backen från vissa punkter, där de nybygda husen icke stodo i vägen, en vidsträckt utsikt, och många antydningar i tidens handlingar gifva vid handen att den fortfarande var en af stadsboarne omtyckt promenadplats. Möjligen hade stadsmyndigheterna, då de — såsom förut är nämt — 1787 ville reservera en del af slottsbacken för stadens räkning, för afsikt att där anlägga någon allmän promenad eller plantering.

Staketet och tullportarna. Åt landssidan ändtligen presenterade staden främst sitt staket, som ännu liksom på 1600-talet i en oregelbunden båge omslöt densamma, gående från varfvet öfver vår tids salutorg längs nuvarande Konstantinsgatan ungefär till det ställe där vestra linjegatan nu når stranden. Det utgjordes sedan 1781 af en sned gärdsgård af 3 eller minst 2 $^{1}/_{2}$ alnars höjd [1]). Här och där var det afbrutet af ett hus, som stod i staketlinjen och sålunda sjelf utgjorde stängslet. De flesta af dessa byggnader voro uthus, som vettade åt landssidan endast med en tom vägg med några fastspikade gluggar. År 1784 hade nämligen landttullbetjeningen förordnat att alla fähus- och andra gluggar, som stodo öppna mot landsvägen, skulle igenstängas till förekommande af inpraktisering och tullförsnillning. Vid tullportarna funnos numera s. k. trissor, sannolikt anbragta för fotgängares bekvämlighet [2]). Framför staketet gick en smal landsväg emellan båda tullportarna, och öster därom dessutom en väg till Aittaluoto, dit numera öfver Herreviksundet ledde en lång bro, som uppbars af fem träkistor [3]).

Sådan var staden i slutet på 1700-talet. Åtminstone i sina hufvuddelar torde den varit rätt välbygd, om man får döma af en

[1]) Magistratens protokoll $^{8}/_{12}$ 1781.
[2]) De tre tullhusen hade blifvit ånyo täckta 1783.
[3]) Aittaluoto-bron synes blifvit bygd 1781. Den var då 123 alnar lång.

samtida uppgift, att den „i synnerhet i senare tider erhållit ett antal vackra byggnader“ [1]). Icke heller stenhus voro numera h. o. h. okända i staden. Redan 1778 säges att „smeden Rothman på sin gård uppfört en varaktig byggnad af sten“ [2]). — Men inom några timmar skulle denna stad, som bestod af inalles 272 tomter, med alla sina hopade förråder så godt som spårlöst försvinna från jorden.

den 1801. Den 10 juni 1801, kl. 10 minuter före 12, bröt elden lös i aflidna handlande-enkan Björkmans arfvingars gård. Efter flere veckors hetta och torka hade vädret slagit om, och en kall nordvest blaste öfver staden [3]). I densamma voro, i följd af att många tomter blifvit delade emellan flere egare, på sina ställen en hop smärre byggnader och kyffen trängda tätt tillsammans, hvilka efter den långvariga torkan gafvo ypperlig näring åt elden. Hela stranden åter var — såsom vi sett —, upptagen af hundratals bodar och magasiner, endels bygda på pålvärk, så att lastbåtarne kunde lägga till vid deras bryggor. Detta försvårade i hög grad vattentillförseln til brandstället, ehuru det, beläget ungefär där Rosenlewska huset nu står, icke lag långt ifrån stranden. Den skarpa vinden förde i hvirflande fart skyar af gnistor långt ut öfver staden. Några tjärupplag, som funnos på gårdarna, fattade eld, och den brinnande tjäran spred sig kring gator och gränder, förande med sig de fräsande lågorna till ställen, hvilka möjligen eljes kunnat räddas. Hela den s. k. Hagatullssidan af staden, hvilken låg närmast under vinden, lades med sådan hastighet i aska, att innevånarne ej ens hunno rädda sin lösegendom. Den bestörtning, som i följd af denna eldens otroligt hastiga spridning grep de arma innevånarne, förlamade ifrån början släckningsarbetet, hvilket i anseende till elementets vilda framfart också varit alldeles lönlöst.

Man hoppades emellertid att den ofvan vinden liggande kyrkotrakten skulle undgå förstörelsen. Men „vinden gick i hvirflar“ och elden spridde sig äfven i denna stadsdel, som till största delen nedbrann, äfven den. Endast vid kyrkan, till hvars räddning en mängd landsboar ilat, pågick en ihärdig kamp emot lågorna, hvilken slutligen kröntes med framgång. Det berättas att den förut omtalade Anna Lagerblad under branden uppehöll sig i kyrkan bedjande fram-

[1]) Gårdarna voro ock försedda med nummertafla öfver porten (Mag:s prot. $^{4}/_{3}$ 1782).

[2]) Magistratens protokoll $^{30}/_{11}$ 1778.

[3]) Skildringen af branden grundar sig för det mesta på de berättelser, som därom ingå i Åbo Tidningar n:o 48 och 49 för 1801, äfvensom på texten i Finland framställdt i teckningar, sid. 122.

för altaret, och att hon icke ens, då kyrkan från de närbelägna brinnande husen omhvärfdes af lågor och redan syntes omöjlig att rädda, kunde förmås att aflägsna sig därifrån. Då det gamla templet slutligen dock, liksom genom ett under, räddades, tillskrefs denna sällsamma händelse af folket den gudfruktiga kvinnans böner. För öfrigt försvann uti det fräsande eldhafvet, ur hvilket människorna med möda kunde bärga sig med lifvet, den ena gården efter den andra, tills efter 8 timmar hela staden med alla sina offentliga byggnader, utom kyrkan, och med sina 272 gårdar var förvandlad till en hop af glödande aska. Endast en koja, belägen i vestra delen af staden, hade genom en sällsam ödets lek undgått lågorna, och stod jämte kyrkan ensam kvar såsom ett sorgligt minnesmärke på denna förödelsens plats [1]).

Om aftonen voro närmare 2,500 människor husvilla och de flesta i saknad af en brödbit för den kommande dagen. „Eländet är“ — skrifves i Åbo Tidningar för den 20 juni 1801 — „obeskrifligt och allmänt: kringvandrande husvilla, späda barn, ålderstigna krymplingar, kvidande sjuklingar, de flesta hvilande under bar himmel kring fälten, blottstälda för hunger och luftens våldsamhet, samt utsigten af rysliga ur gruset ännu rykande ruiner, väcka en hemsk frätande känsla“. Också ett människolif hade förspilts, i det tobaksfabriksdrängens Mickel Fagerdahls 11 åriga son innebrändes i gården, som var belägen midt emot det ursprungliga brandstället på andra

[1]) En resande, som ett par dagar efter branden besökte staden, skrifver: — — „Vid efterfrågan om tillgången vid denna grufliga förödelse berättades mig af de få personer, som voro kvar på stället och sysselsatte sig med gräfning i ruinerna: att elden den 10 i denna månad eller sistlidne onsdag kl. 10 minuter före 12 på dagen utbrustit å taket hos fältskären Måsbergs enka nära till strandgatan i den östra delen af staden; att stadens sprutor genast sattes i gång och alla anstalter vidtogos till eldens släckande, men att densamma, i anseende till den då varande starka nordvestliga stormen, icke dess mindre med en faslig häftighet utbredde sig öfver flere kvarter, hvarvid den s. k. Hagatullssidan, jämte 2 sprutor, måste blifva lågornas rof. Under tiden hade man icke förmodat, att elden skulle tränga sig åt kyrkan, såsom liggande ofvan vädret, men strax på eftermiddagen fans äfven den trakten af staden itänd och innan kl. 10 om aftonen fullkomligen ödelagd.

Stadens innevånare voro nu så spridda uti närmaste byar och lägenheter af Ulfsby socken, att de med säkerhet icke visste af hvarannan: och den fattigare hopen nödgades bebo de ännu kvarblifna riorna och strandbodarne samt kyrkan: hvarvid den i dessa dagar inträffade ovanliga kölden ökt deras jämmer.

Under återresan måste jag redan på landsvägen finna för mig flere vandrande från Björneborg, som husville och blottstälde på allt sett sig tvungne att gripa till tiggarstafven“. (Åbo Tidningar N:o 48).

sidan gatan. Dessutom blefvo flere personer, som deltogo i släckningsarbetet, skadade af elden, äfvensom af ramlande hus och skorstenar.

Öfverläggningar om stadens återuppbyggande.

Redan dagen efter branden hade prosten d:r Lebell sammankallat en mängd stadsboar för att med dem rådgöra om de första undsättningsåtgärderna. Några dagar senare anlände till staden å landshöfdingen v. Willebrands vägnar lagmannen Olof Vibelius för att å ort och ställe vidtaga anstalter för stadens återupphjälpande. Den 17/6 egde i hans närvaro, i kyrkan, ett möte med borgerskapet rum, hvarvid diskuterades om de åtgärder, som i detta afseende närmast voro af behofvet påkallade. Nu, såsom 1640 och såsom 1698, blef det i fråga satt, huruvida staden mera skulle på sitt gamla ställe åter uppbyggas, eller om det ej vore skäl att flytta den ned till Sandudden eller Räfsö. Men borgarena, som ej ville förlora närheten af sina åkrar och ängar, och som ansågo sig vid ateruppförandet af sina gårdar ännu hafva gagn af de å tomterna kvarvarande källarena och grundmurarna, röstade enhälligt emot en utflyttning till de föreslagna orterna, helst de ock trodde att där icke skulle finnas tillräckligt utrymme för staden [1]).

Man beslöt emellertid att densamma skulle omregleras, gatorna göras bredare, stranden befrias från lador och bodar, nya tomter upptagas å Bärnässidan, kyrkogården utflyttas till Hampusbacken, Skrifvarholmen lemnas till upplagsplats för tjära o. s. v. Därjämte anhöllo stadsboarne i en särskild skrift: att staden skulle benådas med understöd ur publika fonder; att de 12,000 rdr, som för 1802 voro anslagna för strömrensningen i Kumo, skulle förunnas staden till byggnadshjälp; att på kronans bekostnad vid byggnadsarbetet få nyttja soldater, helst af Österbottens regemente; att — „då till icke ringa del tillförseln af landtmannavaror till staden skulle befordras, därest tullarna afskaffades“ — all tullafgift skulle efterskänkas på 20 år, och staden under samma tid varda befriad för alla bade ordinarie och extraordinarie utlagor. Därjämte bönföllo innevånarene att skolhuset skulle återuppbyggas på kronans — eller åtminstone hela länets — bekostnad, samt att en „stambok öfver hela riket“ skulle staden medgifvas.

Brandstodskomitén och kompromissrätten.

Vid ofvannämda möten hade ock tillsatts en brandstods- och fattighjälpskomité för utdelande af de brandstodsmedel och bidrag, hvilka nu ifrån alla håll inflöto för de nödlidande ända till ett belopp

[1]) Landshöfdingeskrifvelserna i Sv. Riksarkivet. Åbo landshöfdings bref om Björneborgs stads återuppbyggande 1801.

af 24,776 rdr, äfvensom en kompromissrätt, hvilken utan appell skulle afdöma tvister, uppkomna i anledning af den nya tomtregleringen och bidragens fördelning [1]). Efter mycket motstånd fick magistraten senare genomdrifvet att till stadskassans förstärkande skulle erläggas s. k. tomtören. Sådana hade — såsom redan förut blifvit framhållet — härtills icke i staden för dess tomter uppburits, utom att tomterna i Nystaden voro underlagda slik skatt åt kronan.

Staden förunnade frihetsår m. m.

Konungens resolution uppå borgerskapets ansökningsskrifter är daterad i Stralsund $^{9}/_{10}$ 1804. Staden förskonades för 10 år från utgörande af de personella utskylderna; däremot skulle den erlägga båtsmansvakansen och ordinarie räntan, äfvensom bevillningen, med den lindring bevillningsförordningen kunde medgifva [2]). Hvad angick stadens anhållan om eftergift af tullen, „så enär sadan eftergift, sedan landttullinkomsten blifvit af staden arrenderad, numera icke kunde äga rum“, ville Kongl. Maj:t af tullarrendemedlen anslå en summa af 300 rdr på tre år till understöd vid återuppbyggandet af stadens publika byggnader. Några allmänna medel till skolhusets byggande kunde icke åt sökandene anordnas. Redan tidigare, $^{2}/_{7}$ 1801, hade konungen resolverat att strömrensningsmedlen ej kunde användas till annat ändamål än det hvartill de voro bestämda, samt $^{13}/_{7}$ 1801, att tvänne kompanier af Björneborgs regemente fingo vid

[1]) Ledamöter i brandstods- och fattigmedelsdirektionen: Fredr. Lebell, Carl Wahlroos, F. Clouberg j:r, J. v. Schantz, David Arxell, A. Gyllenbögel, Henr. Joh. Moliis, N. G. Norman, N. Lindqvist, Jak. Lindebäck; i kompromissrätten: Carl Stjernvall, Fr. Lebell, J. M. Gottschalk, J. Lindebäck, Joh. Selin, David Arxell, F. Clouberg j:r, Henr. Joh. Moliis, Daniel Björkqvist, Nils Jungberg, Joh. Indrenius, Joh. H. Moliis. — Brandstods- och fattigmedelsdirektionen upphörde först 1807 med sin värksamhet och redovisade då för de medel den omhänderhaft. Den hade från $^{11}/_{8}$ 1801 till $^{10}/_{2}$ 1807 emottagit inalles 24,776 rdr 7 sk:r 8 rst i riksgäldssedlar. Däraf hade utbetalts omkring 9,000 rdr under titel brandstod, som tilldelats alla brandskadade till 26 procent af det värde deras gårdar vid uppskattningen till förmögenhetsafgiftens erläggande den 2 sept. 1800 blifvit ansedda. Till nybyggnadshjälp, af hvilken alla, som förbundo sig att hafva sina gårdar färdigbygda sist inom september 1806, kunde blifva delaktige, hade utgifvits omkring 11,700 rdr. Det öfriga hade åtgått till ersättningshjälp för förlorade varulager, lösegendom och handtvärksredskap äfvensom till den egentliga nödhjälpen. I kassan kvarlågo ännu 800 rdr.

[2]) Borgerskapet hade i särskilda skrifter dessutom anhållit om befrielse fran alla utskylder, bevillnings- och förmögenhetsskatten i 15 års tid, äfvensom från gäldandet af resterna af fyra års uteblifna bevillningar (1804) samt om förlängning på 10 år af de för publika byggnaderna ur tullmedlen, härtills för 2 år, anslagna 300 rdr (1804). Resolutionerna på dessa ansökningar äro icke kända, men beträffande ansökta befrielser från gäldandet af bevillningsresterna föreslog regeringen, att staden under 4 år kunde desamma inbetala.

byggnadsarbetet biträda mot betalning efter öfverenskommelse med stadsboarne.

Frågan om fristadsprivilegier för staden.

I sammanhang med frågan om stadens återställande och upphjälpande efter branden framstäldes ock ett förslag, som därest det förvärkligats, skulle blifvit af stor betydelse för ortens framtida utveckling. Landshöfdingen, möjligen påvärkad af stadens framstegsparti, hemstälde nämligen till regeringen om icke Björneborg „såsom egande god belägenhet och seglation äfvensom tillförsel af alla nödvändighetsvaror för bättre pris än andra städer i riket, kunde till sin förkofran och uppmuntran förklaras för fristad, där alla fabriker och manufakturinrättningar i ylle och linne finge obehindradt idkas samt folk af alla nationer ägde tillstand att i afseende på sadana inrättningar sig bosätta“ [1]). Man afsåg härmed förvärfvandet för staden af en vidtgående frihet i afseende å manufakturer och handtvärk, hvilken skulle befriat dessa näringar från skråväsendets bojor, liksom stapelfriheten redan befriat handeln från merkantilsystemets fjättrar.

Möjligen hafva vi att finna orsaken till förslagets förkastande å högsta ort uti den i staden värkande oppositionens motstånd. Säkert är att åtskilliga handtvärkare och borgare uti en särskild skrift hos K. Maj:t protesterade mot det föreslagna fristadsprivilegiet. Därför ansåg K. Maj:t betänkligt att sådan fristadsrätt at staden bevilja, men hvad frågan om en oinskränkt näringsfrihet för de under skrå lydande handtvärk beträffar, förordnades, i anseende till de för Björneborg sig företeende särskilda omständigheter, „att salu-, slagteri-, bryggeri- och bagerinäringarne må i Björneborgs stad få utan föregångna läroår och de öfriga i skråförfattningen stadgade vilkor af hvem som helst utaf god fräjd, hvilken sig hos magistraten därom anmäler, obehindradt idkas och utöfvas, samt att hvar och en handtvärksgesäll, han må hafva såsom gesäll arbetat längre eller kortare tid, hvilken jämte betyg öfver god fräjd kan förete nöjaktigt mästareprof, ma utan alla andra afgifter än de, som burabrefvet åtfölja, få sig i staden nedsätta och sitt handtvärk därstädes idka“.

Den nybygda staden.

Smaningom reste sig dock Björneborg åter ur sin aska. Vi lemna emellertid den närmare skildringen af stadens återuppbyggande — som fortgick långt utöfver den nu föreliggande perioden — till nästa kapitel, och erinra blott att vid de breda regelbundna gatorna snart åter sågos en mängd prydliga gårdar, hvarjämte ett provisionelt rad- och skolhus inom kort ficks till stånd. Stranden var nu öppen och fri, ty strandbodarna, som utdömts, hade ersatts af rymliga

[1]) Se Kongl. Majestäts resol., dat. Stralsund $^{8}/_{10}$ 1804 i F. S. A.

magasiner nere vid Karjaranta. En färja hade anlagts i östra delen af staden, sedan den 1807–1808 bygda landsvägen öfver Storsand till Rosnäs blifvit färdig. Stranden pryddes med trädplanteringar och likaså vägen åt Lillraumo till [1]). Redan 1808 kunde en därstädes vistande främling tala om „den trefliga staden, hvarifrån utsigten öfver den förbiflytande elfven var fri och liflig". Mycken fördel väntade sig den nybygda staden i synnerhet af de nu åter påbegynta strömrensningarna i Kumo elf, som med tiden lofvade densamma en kommunikationsled inåt landet af stor betydelse [2]).

Men länge varade dock känningarna af branden. Ehuru i Sverige redan 1776 ett brandstodsbolag inrättats, hade högst få haft sina gårdar försäkrade. 1797 var kapellanen Wahlroos den enda i staden, som ännu försäkrat sin gård, och 1800 funnos därstädes endast 6 brandförsäkrade gårdar. Det ekonomiska betrycket var därför så mycket allmännare, som högst få förmått uppbygga sina gårdar, utan att mycket skuldsätta sig. Dessutom gick handeln, under de närmaste åren efter kriget, dåligt; en ytterst häftig vårflod förorsakade ock borgerskapet 1802 ansenliga förluster. Några cessioner inträffade, som, ehuru de icke voro af större betydelse, likväl vittnade om den allmänna osäkerheten i de ekonomiska förhållandena. Detta ekonomiska betryck gjorde sig kännbart gällande ännu långa tider bortåt.

Kriget 1808–9.

Och liksom staden, efter 1698 års brand, skulle till råga på sin olycka ytterligare få vidkännas fiendens hemsökelser, så skulle den också nu, endast till hälften uppbygd, blifva utsatt för alla de besvärligheter ett krigstillstånd, om än så mildt, alltid medför.

Ryska truppernas inmarsch.

Sedan de klingsporska trupperna om aftonen den 17 mars 1808 dragit ur staden, anlände påföljande dag kl. $^1/_2$ 10 f. m. en trupp kossacker anförda af en kapten, samt på eftermiddagen kl. 2 ett dragonregemente, hvilket några dagar vistades i staden. Den 19 ankom furst Bagration jämte flere generaler samt ett jägareregemente, hvaraf ungefär 600 man kvarblefvo i staden såsom garnison [3]). De förlades endels i Malmriorna, endels i inkvartering hos borgerskapet. Såsom högvakt tjenade den provisionella rådstugan, hvarför rådsturättens sammanträden höllos hos rådman Clouberg.

---

[1]) Magistratens protokoll $^6/_{10}$ 1806.

[2]) Redan under Gustaf III:s tid hade rensning pågått i Niska fors, och 1803 vidtogs med uppgräfvandet af en kanal från Kolhijärvi i Hvittis till Sonnila å i Kumo, hvarmed en hel mängd forsar i elfven skulle kringgås. Arbetet afbröts emellertid senare i anledning af kriget.

[3]) Magistratens protokoll $^4/_4$ 1808.

Det provisionella skolhuset åter var inrymdt till sjukhus för de ryska soldaterna, och lektionerna höllos en tid bortåt i kyrkan.

Sålunda intog Bagration „den starka och välbefästade staden Björneborg“, såsom det om Ryssarnes inmarsch i denna h. o. h. öppna plats påstås för tiden i fråga hafva stått att läsa i en tysk tidning. Något annat krigiskt hade dock ej inträffat än att ett par finska officerare — ryttmästar Forskåhl och löjtn. Lybecker — som fördröjt sig på apoteket, hvilket tillika var likörkrog, togos till fånga af Ryssarne [1]).

Trohetseden. Den 2 april meddelades stadsboarne kommenderande generalen grefve Buxhoevdens skrifvelse af den 22 mars, enligt hvilken Finlands samtliga innevånare anbefaldes att blifva vid sina hemorter, och den 14 i samma månad förständigades samtliga innevånarne att lemna alla kanoner, studsare, bössor och pistoler ifrån sig för att ryska befälhafvaren tillställas. Den 22 maj aflade borgerskapet i kyrkan tro- och huldhetsed åt kejsaren.

Om sommaren spred sig ett rykte att eldfängda ämnen blifvit samlade å åtskilliga ställen för att därmed antända ej allenast förrådshusen utan ock sjelfva staden, samt att ungt manfolk skulle tvingas att ingå i rysk krigstjenst. Därför förmanade magistraten (den 4/7 1808), under hänvisning på den goda disciplin ryska trupperna hela tiden de varit i staden förlagda iakttagit, befolkningen att ej sätta tro till slika af illasinnade personer hopspunna dikter. Inga våldsamheter begingos heller af fienderna. Stadens hemmavarande skepp togos väl i rekvisition för ryska transporter och det i anseende till

---

[1]) Rancken, Weissmans dagbok, sid. 30. — Hvad kriget för öfrigt beträffar, tog Björneborgs regemente en synnerligen ärorik del i fosterlandsförsvaret 1808—9 och dess namn har sålunda skänkt en viss historisk klang åt namnet på den ort efter hvilken det bar sitt namn. Regementet, som hade sin mötesplats å Kissanmäki malm utanför staden, utgjordes af 1,025 man och 500 man vargering. Dess officerare 1808 voro: chef generalmajor J. F. Aminoff, öfverstlöjtnant J. Grönvall, majorer C. J. Stjernvall och J. F. Eek. Rusthållsbataljonens chef var major E. Furuhjelm. Sedan de finska brigaderna sammanträffat vid Nykarleby, blefvo alla björneborgska regementets bataljoner sammanförda till 2:a brigaden, hvars befäl uppdrogs åt öfverste v. Döbeln, hvilken för evärdeliga tider i denna egenskap sammanknutit sitt namn med Björneborgs regementes, som utgjorde hufvuddelen af denna brigad. Vid Siikajoki, vid Lappo, vid Kauhajoki, vid Jutas utmärkte sig Björneborgarne, och i dessa strider knöts emellan Döbeln och hans utmärkta trupp ett band af kärlek och förtroende, som af inga öden kunde rubbas. Vid Lappo stupade af Björneborgarne: löjtnant M. F. Blume och fänrik H. G. v. Qvanten, sårades löjtnant D. Gyllenbögel, fänrikarna G. A. Gripenberg, C. F. och A. Lagermarck samt H. G. Wirtzén och J. F. Jägerskjöld.

den hämmade sjöfarten sysslolösa sjöfolket tillfrågades, huruvida det ej ville ingå i kejserlig tjenst, men intet tvång, hvarken i det ena eller andra afseendet, förekom. Af de i staden kommenderande officerarne gjorde sig några särskildt omtyckta, sasom genralmajor Knieper, hvilken i anseende till den utmärkta disciplin, som han bland sina trupper städse upprätthållit, till den grad tillvunnit sig stadsboarnes sympati, att dessa af Buxhoevden anhöllo att få bibehålla honom äfven öfver vintern såsom kommendant, äfvensom platsmajoren Andrejeff, som gjort sig känd för sträng rättvisa och ordning.

Om hösten ökades ansenligen de i staden förlagda truppernas antal[1]). Den 12 nov. säges att sedan två månader en sådan myckenhet kejserliga trupper varit inkvarterade att flere gårdar varit betungade med 30 och 40 soldater, hvarigenom stadsboarne blifva sjelfva husvilla och utblottade, då de nödgas anskaffa ljus och ved, som de af landsboarne måste uppköpa, ehuru de, då all näring afstannat, ej hafva förtjenst till egen bärgning och de flesta ej mäktat skaffa sig nödiga hus, sedan staden brann. Man anhöll därför hos Buxhoevden om en del truppers förläggande å landsorten äfvensom inkvarteringstungans jämna fördelande emellan innevånarne, så att ej allenast borgerskapet, som utgjorde föga mer än hälften af sta- Inkvarteringen.

[1]) Om krigets händelser hade man i Björneborg de stridigaste underrättelser. Några innehöllo att Ryssarne framträngt och att Svenskarne retirerat. Men i slutet af augusti förmärktes en allmän oro hos såväl befäl som manskap af den i staden förlagda garnisonen. Utom den vanliga färja, som begagnades till den dagliga kommunikationen emellan staden och elfvens norra strand, begynte allt hvad arbetsfolk hette att sättas i värksamhet för att tillvärka fyra nya, af så stora dimensioner att de kunnat hvar och en inrymma och bära 3 à 400 man. På dessa färjor arbetades både natt och dag, och det dröjde ej länge förrän de voro i brukbart skick. Ehuru man således ej hade någon dess säkrare kännedom om krigshändelsernas gång, drog man emellertid af de brådstörtade färjbyggnaderna den slutsats att ryssarne antingen beredde sig på reträtt eller ock ärnade draga nya trupper öfver Björneborg till Österbottniska gränsen.

Den 29 aug. stod sedan slaget vid Lappfjärd, där v. Vegesack, som dagen förut landstigit, besegrade Bibikoff. Ryssarne, som förlorat 300 döda och sårade, drefvos i vild flykt på andra sidan Ömossa, på vägen åt Björneborg. De förutnämda fyra nya färjorna, jämte den gamla, voro i 2 à 3 dagars tid upptagna med transport af endast blesserade. Nu var det för stadsboarne ingen hemlighet mera att krigslyckan vändt sig, och man började i tysthet göra tillrustningar till de sinas emottagande. Detta hopp om återseende varade dock icke länge, ty de segerrika finska trupperna måste omedelbart återvända för att förstärka den i Österbotten kämpande hufvudhären.

dens befolkning, utan ock därboende tjenstemän, presterskap o. a. skulle däruti deltaga[1]).

Staden, som emellertid den 20 juli 1808 hade utsett till medlem i Stora deputationen, hvilken i Petersburg skulle framlägga landets angelägenheter för kejsaren, handlanden Israel Rosnell, och den 22 februari 1809 enhälligt valt handlanden Johan Ascholin att såsom dess representant närvara vid Borgå landtdag, hade i och genom de här skildrade händelserna åter inträdt i alldeles nya förhållanden, för hvilka vi skola gå att i det följande redogöra.

Återblick. Vi vilja här blott ytterligare erinra om den betydelse den nu skildrade perioden haft i stadens historia. Under densamma hade Björneborg från en obetydande uppstad, hvars enda privilegium var en inskränkt handel på Tyskland, höjt sig till en stapelstad af icke så ringa anseende. Dess sjöfart hade blifvit utsträckt till Medelhafvet, dess industri och öfriga näringar hade blomstrat upp. Det allmänna välståndet hade ökats, kulturlifvet antagit mera vexlande former, innevånareantalet nära nog fördubblats. Väl hade 1801 års brand och det någon tid därefter infallande kriget varit egnade att i väsentlig mån minska det gynnsamma slutresultatet af tidehvarfvets sträfvan och flit. Men de störingar dessa hemsökelser medförde kunde ej mera blifva lika fruktansvärda som de hvilka dylika händelser ett par sekel tidigare medfört. Ty den nyvunna handelsfriheten — denna fasta hörnsten för stadens framtida bestånd — försäkrade densamma nu om ressurser och utvägar att inom jämförelsevis kort tid kunna återhemta sig från äfven de hårdaste pröfningar. Hvad man i staden äfven efter den ödesdigra branden vågade tänka om dess framtid, framgår till fullo af ett yttrande i ett af borgerskapet år 1804 gifvet utlåtande, där det bl. a. heter, att då frukterna af den ånyo påbörjade strömrensningen hunnit skördas, „Björneborg, hvilket torde då kunna anses för nyckeln till Finlands förnämsta handel, lofvar sig en ljuf tillfredsställelse att i betydlig mån kunna gagna statsverket och det allmänna, lofvar sig måhända den äran att blifva upplyftad till första rangen af rikets handelsstäder“.

---

[1]) Suomenmaan hallinnollista kirjeenvaihtoa vuodelta 1808 II,2, sid. 316—18.

Femte kapitlet.

Tiden från 1809 till 1852 (1856).

Den stora rederivärksamhetens tid.

1809—1852 (1856).

Den period i Björneborgs stads historia, som börjar efter landets förening med Ryssland, påminner i många afseenden om motsvarande tidskede i vårt lands historia öfver hufvud. Det är en period väl kännetecknad af ett jämt framatskridande, men utan några större förändringar, vare sig i stadens förvaltning eller näringsförhållanden, hvilka skulle värkat nydanande eller lifgifvande på stadssamhället i dess helhet. Alla de gamla från merkantilsystemets blomstringstid öfverkomna bestämmelserna och reglerna voro ännu i hufvudsak gällande i det borgerliga lifvet. Borgerskapet, såsom officiel korporation betraktadt, bildade liksom ett stort skrå, som afstängde de icke burarättegande från all delaktighet i de municipala angelägenheternas behandling. Inom borgerskapet åter skilde sig fortfarande de olika societeterna, en hvar för sig förskansande sig bakom sina „privilegier“ och „rättigheter“. Hela samhället var ännu genomträngdt af den förgångna tidens skråanda, som uteslöt möjligheten för en kraftigare uppblomstring på de allmänna intressenas gemensamma grundval. Att staden äfven under sådana förhållanden i viss mån lyckades fylla det af borgerskapet 1804 uttalade hoppet att den skulle blifva en af landets främsta handelsstäder, var en följd af den merkantila utveckling, som grundlagts redan under föregående period, och berodde sålunda ytterst på den 1765 vunna stapelfriheten.

Vi skola emellertid återupptaga tråden af vår skildring med att först redogöra för stadens återuppbyggande efter branden 1801, hvilket — såsom förut är nämdt — var långt ifrån slutfördt, då krigshändelserna medförde den afgörande förändringen i de allmänna förhållandena, som ligger till grund för vår periodindelning.

Stadsplanen af år 1801.

Vid stadens nybyggnad och omreglering skulle följas den nya plankarta, som uppgjorts straxt efter branden och $^{2}/_{7}$ 1801 blifvit af konungen stadfäst. Denna karta visar oss först och främst att nu inom stadsområdet intagits ny mark savål i vester å Karjarantasidan som ock i söder, där hela den emellan nuvarande Konstantinsgatan och Esplanaderna liggande trakten föll inom staketet. Därnäst framgår af denna karta, huru man tänkte sig den skeende regleringen. Före 1801 års brand hade staden i det väsentligaste ännu bibehållit den oregelbundenhet i afseende å tomternas storlek och gatornas inbördes afstånd, som härrörde från 1600-talet. Enligt den nya plankartan skulle allt blifva snörrätt och likformigt. Tomterna bildade jämna kvadrater och de raka gatorna fördelade hela planen i lika stora kvarter, liknande rutorna på ett schackbräde. Fem torg voro upptagna på plankartan: tvänne större inne i staden, „Stortorget", framför rådhuset, och „Hästtorget", som ersatt gamla Hagatullplanen, samt trenne mindre vid tullarna: Varfstorget i östligaste delen af staden vid stranden, där färjan gick öfver elfven, „Bärnästorget" vid Bärnästullen, som nu trädt i stället för den gamla Malmtullen, samt „Ny"- eller „Fisktorget" vestligast, nere vid Karjarantastranden. I dagligt tal benämdes dessa små torg också endast östra, södra och vestra tullplanerna.

Brist på utrymme i staden.

Men snart visade det sig att stadsplanen, äfven med den utvidgning den 1801 erhallit, var alldeles för inskränkt för behofvet. Tomternas antal hade väl ökats med några och tjugu, men då de ej skulle få delas emellan flere egare, hördes snart en allmän klagan öfver brist på utrymme i staden. Behofvet af en ny utvidgning af stadsplanen gjorde sig allt kännbarare dag för dag. En sådan utvidgning lät emellertid icke med bekvämlighet göra sig åt något annat håll än åt öster på kronomarken. Man hade nämligen kommit under fund med att de ställen, som nyss i vester och söder af stadens egen mark intagits inom dess stakett, ej voro rätt lämpliga för åbyggnaders uppförande. Karjarantatrakten var så lågländ att den höst och vår låg under vatten, så att man icke så sällan måste färdas med båt emellan gårdarna. Trakten åt söder åter bestod af en djup jäslera, där grundmurarna, äfven om de anlades med kostsam underbädd, icke kunde ega bestånd.

Under sådana förhållanden kastade borgarena åter begärliga blickar på kungshagarna med deras fasta sandmark. Redan kompromissrätten hade hos svenska regeringen anhållit om att staden finge utvidgas på kronomarken i öster, men erhållit afslag på denna sin ansökan. Den nya tiden visade sig vara gynnsammare i afseende å dessa stadens önskningsmål. 1810 hade borgerskapet vid en öfverläggning om ny brandordning ånyo framhållit nödvändigheten af att staden finge utvidgas åt ifrågavarande håll [1]). Därjämte inlemnade magistraten kort därpå en underdånig ansökan om att denna utvidgning finge ske till en areal af 91 tunnland, anhållande därjämte, att enär endast 16 1/4 tunnland af den till bebyggande afsedda marken vore staden tillhörig, kronan skulle afsta för ändamålet 74 tunnland 27 1/2 kappland af de gamla kungshagarna.

I motiveringen af denna sin anhållan framhöll magistraten och borgerskapet, „hurusom enligt mantalslängden för detta år 507 hushåll inträngdes på 298 tomter, af hvilka hvar och en för sig vore otillräcklig äfven för en enda åbyggare". Dessutom ökade inkvarteringen den allmänna trängseln. Det hade händt att en tomt af 50 alnars längd och bredd blifvit så delad och styckad mellan flere åbyggare att där ej fans det ringaste utrymme kvar. Skulle stadens ansökan bifallas, vunnes därigenom en tillökning af 150 nya tomter om 15 kappland hvarje, „oundgänglig icke allenast för nybyggare utan äfven för utflyttningar från de gamla af flere hushåll bygda tomter, hvilken trängsel magistraten, i brist af nödigt utrymme, nödgats tillåta, ehuru stridande mot den ordning, som vid stadens reglering 1801 faststäldes emot tomtklyfningar".

Den 28/12 1810 tillstyrkte landshöfdingen, hvars utlåtande infordrats, bifall till stadsboarnes anhållan, och 31/1 1811 afgaf intendentsembetet det utlåtande att det för sin del ej heller hade något att i afseende å frågan anmärka. Slutligen tillstyrkte ock regeringskonseljen, jämte det den till högsta ort insände de i ärendet tillkomna handlingarna, bifall till sagda anhallan, dock under förutsättning att marken skulle få användas endast till tomter. Den 25/4 1811 underskref H. M. donationsbrefvet. Donationen af 1811.

Den tillökning i stadsplanen, som härigenom vans, bildade en, i förhallande till den rektangulära hufvuddelen af staden, åt sydost utskjutande triangelformig utvidgning, hvars bas utgjordes af Herreviksstranden och hvars spets sträckte sig bort mot Hagriorna. Det i centrum af det donerade området belägna torget, Alexanderstorget, bevarar ännu i sitt namn minnet af den monark, med hvars begifvande staden sålunda tillstaddes att så godt som fördubbla sin areal. »Gamla staden» och »Nya staden».

De båda delarna af staden, den „gamla" och „nya staden", hvilka endast på en kort sträcka berörde hvarandra, representerade

[1]) Magistratens protokoll 17/11 1810.

tvänne olika tidehvarf i stadens utveckling. Den ena rotade med sina minnen i den gamla svenska tiden, medan den andra var en skapelse af den nya æran. Härom vittnade bl. a. en del gators namn. I den äldre delen af staden funnos sålunda gator benämda Drottnings-, Kongs- och Kronprinsgatorna. De genomskuro staden i öster och vester och motsvarade till sitt läge ungefärligen de gamla Öfra Slotts-, Kyrko- och Tavastgatorna. I nya staden däremot uppkallades gatorna endels efter samtida stormän, som gjort sig bemärkta under de nya förhållanden, som i landet inträdt efter 1808, såsom Armfeltska och Steinheilska gatorna på hvardera sidan om Alexanderstorget. Kvarteren i gamla staden bibehöllo sina gamla namn: kyrko-, slotts-, torg- och Malmkvarteren, medan däremot Nystaden betraktades såsom en stadsdel för sig [1]).

Nyreglerings-arbetet. Emellertid fortgick nybyggnadsarbetet, och magistraten hade all möda ospard att öfvervaka det de allmänna och enskilda byggnadsföretagen skedde i enlighet med kartor och byggnadsordningar. Borgarena, vana vid den i det gamla Björneborg rådande oregelbundenheten, hade svårt att finna sig i den nya regimen. Redan 1806 hade magistraten, med anledning af att några borgare vid stadens hufvudgator uppfört hus, som i högsta måtto vanprydde staden och stredo bade mot smak och regler, ålagt innevånarne att innan de påbörjade något byggnadsföretag för borgmästaren uppvisa sina planritningar. I annan händelse skulle de få skylla sig sjelfva, om deras byggnader nedrefvos. 1811 förbjödos gardsegarne, som den nya plankartan till trots ville stycka sina tomter, att under något vilkor inga med hvarandra sådana aftal, hvarigenom skulle hända att några tomter blefve mindre, andra större [2]).

Särdeles stötte myndigheterna på svårigheter, då det gälde att förma borgerskapet till iakttagande och värkställande af besluten rörande vissa för stadens nyreglering nödigbefunna allmänna åtgärder. 1809 måste magistraten sålunda ytterligare inskärpa hos vederbörande att de då ännu vid stranden kvarstående 52 bodarna, som oaktadt upprepade tillsägelser ej blifvit bortförda, nu ovilkorligen skulle af egarene nedtagas eller flyttas till Karjaranta. Eljes skulle de utan vidare för stadskassans räkning bortauktioneras [3]). Då Slotts-

[1]) Hela stadsplanen upptog nu 168 tunnland samt var indelad i 449 tomter. — Det nyförlänade området utgjorde, enligt donationsbrefvet, 74 $^1/_2$ tunnland.

[2]) Magistratens protokoll $^{27}/_4$ 1811.

[3]) Magistratens protokoll $^1/_7$ 1809. De som ville flytta sina lador fingo, enligt magistratens aftal med befälet, använda ryska soldater till arbetet om de så önskade.

och Skolstugubackarna enligt förut fattadt beslut skulle fällas och planeras för vinnande af jämnare tomtplatser, visade sig borgerskapet ånyo ytterst motsträfvigt. Magistraten måste slutligen tillkännagifva att arbetet likväl skulle värkställas och kostnaderna sedan utsökas af de tredskande.

Svårigheterna vid nybyggnads-arbetet.

Men äfven oafsedt borgerskapets ringa intresse för de beslutna innovationerna var det en ingalunda lätt sak att i en handvändning omskapa den flere hundra år gamla stadsgrunden: att undanskaffa de gamla grundmurarna, af hvilka några kanske stått på sina platser ända sedan stadens första tider, i trots af alla de eldsvådor, som härjat staden; att fylla de gamla källarena, där de nu i följd af den nya regleringen kommo att falla in på gator och torg; att genomgräfva hela Slottsbacken till en jämn plan och därifrån bortskaffa de ända sedan hertig Johans tid kvarliggande stenmassorna. Det var sålunda icke att undra öfver om arbetet i detta afseende gick något trögt. När landshöfdingen baron Cedercreutz 1817 besökte staden, fann han orsak att klaga öfver ej mindre kvarterens inom staden än gatornas och vägarnas obestand, hvartill magistraten undfallande svarade att med gatornas och torgens omlagning fortsattes, men att stenläggningen öfvergick stadens förmåga och aldrig kunde annorlunda än småningom och efterhand värkställas [1]. Ännu 1833 heter det: att Drottninggatan — gamla Slotts-, nuvarande Alexandragatan — var stenig och ojämn, att Kongs- och Kronprinsgatorna, — den senare motsvarande ungefär 1700-talets Tavastgata, men dragen något sydligare än där denna gått — delvis voro alldeles bristfälliga, likaså å Elfgatan diverse delar från Varfstorget till Björnbergs bod. Stora Nygatan (i det närmaste nuvarande Konstantinsgatan), som gick ungefär där staketet förr stått, och hvilken sålunda åtskilde de gamla tomterna från de nya, behöfde fyllas. Varfstorget, som stod på gamla kungsgårdens plats, bar ännu spår af hertig Johans källare, var gropigt och måste jämnas [2].

Och ingalunda raskare gick det med uppförandet af de offentliga byggnaderna. Af dessa hade endast en enda, nämligen fattighuset, blifvit färdigt före kriget, ty äfven packhuset och saltlagerrummet, ehuru uppsatt redan 1807, saknade ännu tak och inredning. Rådhuset och skolan hade man tillsvidare uppfört endast provisionaliter af trä, i tanke att med det första ersätta dessa byggnader med tidsenliga stenhus.

[1] Magistratens protokoll $^{5}/_{11}$ 1807.
[2] D:o d:o $^{3}/_{5}$ 1833.

Det nya skolhuset.

Det första allmänna byggnadsarbetet, som företogs efter kriget, var uppförandet af det nya skolhuset. Ritningen var uppgjord af språkläraren vid trivialskolan Karl Kristian Johnsson, som vid denna tid uppträdde i staden såsom improviserad arkitekt. Han hade förut gifvit „desseinen“ till det nya fattighuset och erhöll 1816 af magistraten intyg öfver att ega „den färdighet i utöfningen af byggnadskonsten, som röjer både smak och naturlig fallenhet“ [1]). Han biträdde ock sjelf vid skolhusets uppförande, som påbörjades i maj 1811. Kostnadsförslaget lydde på 4,657 rubel 44 kop., men byggnadsfonden, som insamlats genom kollekter och frivilliga bidrag, utgjorde endast 590 rubel. Därför vände sig magistraten till ärkebiskop Tengström, som da för tiden vistades i S:t Petersburg med anhållan att han skulle hos H. M. insinuera om hjälp för nybyggnaden. Denna sin anhallan grundade magistraten „på H. M:s egna genom excellensen Sprengtporten nådigast gifna löfte härom till doktorn, professor Lebell sasom deputerad för Åbo stift 1809, hvartill originalet legat hos den sistnämnde“. Hvad ärkebiskopen i saken åtgjorde är icke bekant, men några andra offentliga anslag för sin skola erhöll staden icke än tvänne allmänna kollekter 1819, som inbragte endast 321 rubel 14 kop. b:co assign. samt 227 rdr 28 sk:r [2]). Byggnaden blef emellertid färdig 1812 och invegs högtidligen $^{12}/_{10}$ s. a. Den stod pa det gamla skolhusets plats vester om kyrkan. Genom den gentemot kyrkan vettande ingången på östra gafvelväggen inkom man, efter att hafva passerat en förstuga, i den väldiga skolsalen, som upptog hela huset och erhöll sin belysning från 7 à 8 fönster, belägna a hvardera långväggen. Med sin stora sal, hvaraf intrycket ännu förhöjdes genom det hvälfda taket, var byggnaden utan tvifvel pa sin tid ett af de prydligaste skolhus i landet.

Kyrkobyggnadsplaner.

Då vi af tillgangen vid skolhusbyggnaden funnit, huru svårt det föll sig för borgerskapet att anskaffa erforderliga medel till sina offentliga byggnaders återställande, kan det ej förvåna oss, om byggnadsplanerna endels blefvo orealiserade, endels uppskjutna för årtionden. Bland de byggnadsföretag, som icke under hela denna

[1]) Magistratens protokoll $^{7}/_{10}$ 1816. — Byggnadsfonden hade insamlats genom kollekter och frivilliga bidrag.

[2]) Den $^{20}/_{11}$ 1811 hemstälde dock domkapitlet om ej 1,000 rub. s:r ur statsmedel kunde beviljas till understöd vid arbetet, hvilket afslogs. De ofvannämda tvänne kollekterna beviljades pa grund af ekonomiedepartementets redan $^{13}/_{3}$ 1813 gjorda hemställan. — Ännu 1824 häftade skolbyggnadsfonden för en skuld af 777 rdr 20 sk:r 4 rst. b:co och 479 rub. 20 kop. b:co assign., hvarför ränta erlades ur stadens kassa.

period kommo till utförande, var den redan tidigt påtänkta nya kyrkobyggnaden. Sedan nämligen den gamla undan branden räddade kyrkan, för vinnande af ökadt utrymme, 1825 blifvit förvandlad till korskyrka, befans densamma emellertid ganska snart vara alltför trång för den år för år tilltagande befolkningens behof. Den $^{12}/_{5}$ 1833 antogs därför på allmän kyrkostämma ett förslag att uppföra å den gamla kyrkoplanen en ny kyrka af sten. Ritningen faststäldes af H. M. redan $^{4}/_{11}$ 1834, och arbetet skulle sedan medel hunnit anskaffas påbörjas år 1846. Emellertid uppstodo stridigheter emellan stads- och landsförsamlingarna ej mindre om grunderna för deras skyldighet att deltaga i uppförandet af en ny kyrka, än om tiden när sagda kyrka borde vara färdig; och innan man sålunda kommit till år 1846, fann man ock att en kyrka, uppförd på grund af den tolf år förut utförda ritningen, icke mera motsvarade behofvet. Byggnadskomitén ingick därför år 1846 med anhållan om en ny ritning till en rymligare kyrka, hvarjämte den projekterade att den nya kyrkan skulle uppföras å en annan plats än den 1834 föreslagna, nämligen „söderut invid stranden af elfven". Härtill vans ock nådigt bifall; ett nytt kostnadsförslag uppgjordes och lydde på 46,084 rubel 82 kop.[1]). Men förrän arbetet, som åter uppsköts, hufvudsakligast i följd af brist uppå medel, hann påbörjas, inträffade 1852 års brand, och kyrkobyggnadsplanerna fingo åter hvila, för att först — såsom vi framdeles skola se — tio år senare blifva en värklighet.

Men det byggnadsföretag, som ända sedan branden framför alla andra upptog borgerskapets uppmärksamhet, var det nya rådhuset. Vi hafva förut nämt, huru det redan under sista svenska tiden varit fråga om att ersätta det gamla trähuset med ett nytt af sten. Branden påskyndade planens utveckling, och medan magistraten tillsvidare höll sina sammanträden först i hyrda lokaler och sedan i det för ändamålet inrättade provisionella rådhuset, samlades materialier för det nya huset. Ritningen, som framstälde en tvåvåningsbyggnad utan torn, stadfästes $^{1}/_{6}$ 1807, och man beredde sig att snart taga ihop med byggnadsarbetet. Men då kom kriget emellan, frågan måste ånyo uppskjutas, materialierna förskingrades, och magistraten, som upplåtit det provisionella rådhuset till vaktrum, tog åter sin tillflykt till hyrda lokaler.

Den nya rådhusbyggnaden.

Byggnadsplanerna upptogos sedan efter kriget icke förr än 1825, då borgmästar Johnsson, i anledning af väckt fråga om inrät-

[1]) Magistratens protokoll $^{9}/_{4}$ 1851.

tandet af ett nytt fanghus, föreslog att den flygel af nedre våningen af stadens rådhus, som skulle inrymma fängelset, borde oförtöfvadt byggas, hvarvid några af de äldste yrkade att hela nedre våningen skulle uppföras med samma. Då det nu emellertid befans att den gamla för tjugu år sedan uppgjorda ritningen i mångt och mycket behöfde förändras, och då man dessutom ville hafva torn å byggnaden för att uret skulle kunna ses åt alla väderstreck [2]), anhölls hos regeringen att ny ritning finge uppgöras. Bifall härtill erhölls $^{21}/_{6}$ 1826.

Emellertid förgick sedan åter någon tid utan att arbetet af brist på medel ficks i gång. Magistraten hade väl $^{6}/_{2}$ 1832 förordnat att den afgift af 18 sk:r riksg. för hvarje skattöre, som borgerskapet tidigare för rådhusbyggnaden åtagit sig, skulle utgå med 1 rdr, men då borgerskapet vägrade att betala den förhöjda afgiften, hvilken ock af landshöfdingen upphäfdes, lemnades frågan åter hvilande. Ännu 1838 förklarade den för rådhusbyggnaden tillsatta komitén att borgerskapet ej med egna tillgångar skulle mäkta uppföra byggnaden [3]), och föreslog därför att staden skulle anhålla om ett lån af 30,000 rubel b:co assign. ur allmänna medel. Denna anhållan blef emellertid afslagen, enär staden ansågs tillräckligt rik för att kunna bygga sitt rådhus utan sådan hjälp.

Först $^{1}/_{5}$ 1839 gjordes ändtligen början med den länge påtänkta byggnaden, och $^{22}/_{6}$ försiggick den högtidliga grundläggningsakten. Arbetet fortsattes nu oafbrutet till 1841, då omsider det nya rådhuset, ett storvärk för sin tid, stod färdigt, från sin höjd domine-

---

[1]) Stadsäldstes protokoll $^{24}/_{1}$ 1825 och Magistratens protokoll $^{21}/_{3}$ 1825. — På rådhusets plats stod ett häkte af trä, hvilket i anseende till dess mindre tjenliga belägenhet redan 1823 skulle flyttas till södra tullplanen. Följande år ändrades dock beslutet därhän att det gamla huset finge stå kvar och ett alldeles nytt häkte byggas å tullplanen. Det var sedan med anledning däraf att kostnadsförslaget för det nya huset steg för högt, som Johnsson framstälde ofvannämda förslag om uppförandet af den del af rådstugan, hvari häktet skulle inrymmas.

[2]) Härvid yttrade dock kommerserådet P. A. Moliis att „uret kunde blifva som det var utan något torns inrättande, hvilket mera hörde till den äldre än nyare arkitekturen“.

[3]) Kostnadsförslaget beräknades då till 85,092 rub. 5 kop. b:co assign. — För öfrigt är att märka att den nya rådhusbyggnaden nu skulle uppföras ett litet stycke nordligare från det ställe där det gamla rådhuset under 1600- och 1700-talen stått. Då de närmast rådhuset norrut belägna tomterna emellertid voro privata personer tillhöriga, hade magistraten och stadens äldste redan $^{24}/_{12}$ 1832 beslutit inköpa gården n:o 135 för att bereda utrymme åt det nya rådhuset och dess gardsplan. (Se magistratens protokoll $^{7}/_{2}$ 1835).

rande den omgifvande staden[1]. Vid det högtidliga invigningstillfället uppläste borgmästaren Ignatius en kort historik öfver stadens framfarna öden, hvari ock berördes de skiften, som den ofvan skildrade byggnadsfrågan genomgått.

Nybyggnadsarbetet slutfördt.

Med rådhusbyggnaden hade s. a. s. kronan blifvit satt på nybyggnadsvärket i staden, hvilket ock härmed kan anses hafva blifvit slutfördt. Med hvilken framgång äfven det enskilda byggnadsarbetet vid denna tid bedrifvits, finna vi däraf att antalet byggnader, som 1824 utgjorde 14 hus af sten samt 369 af trä, under årtiondet 1825—35 förökats med 5 af sten och 186 af trä, till ett sammanlagdt värde af 76,395 rub. s:r, — en förökning således af inemot 50 procent.

Medan staden sålunda ånyo reste sig ur sina ruiner, hade ock de borgerliga näringarna, svårt rubbade genom branden och det därpå följande kriget, småningom åter stadgat sig.

Det var i synnerhet handeln och — såsom vi strax skola närmare framhålla — rederivärksamheten, som under denna period gaf staden dess betydelse.

Handeln. De dåliga konjunkturerna.

Väl voro handelskonjunkturerna till en början mycket dåliga[2]. Ända sedan århundradets ingång hade nämligen revolutionskrigen värkat hämmande på folkens fredliga samfärdsel. Också Björneborgs sjöfart hade lidit under det allmänna ofredstillståndet. Isak Björkmans fartyg hade 1802 blifvit uppbringadt på Medelhafvet af tripolitanska kryssare och G. A. Björnbergs skonert „Apparence" hade blifvit konfiskerad i Lübeck vid de franska truppernas inryckande i nämnda stad 1806. Seglationen inskränkte sig återigen till Stockholm och Tyskland, äfvensom till Nordsjökusterna. T. o. m. nederlagssaltet, hvilket brunnit 1801, mäktade handlandena icke upplägga förr än 1811. Ur stadens handelsflotta försvunno så småningom alla fartyg, som förtjenade namn af skepp.

Ännu år 1817 finner landshöfdingen i Åbo anledning att meddela senaten att stapelstäderna i hans län högeligen lida af oför-

---

[1] Byggnadskostnaderna hade stigit till 16,555 rub. 83 kop. s:r, oberäknadt köpeskillingarna för tomterna n:ris 134 och 135, hvilka inlösts för 1,776 rub. 75 kop. s:r. — Se i öfrigt härom Ignatii historik om Björneborg i Finlands Allmänna Tidning 1850 n:ris 272, 273 och 274.

[2] Den tidens dåliga handelskonjunkturer värkade ock ett stående minus i landets handelsbalans. 1813 t. ex. utgjorde totalvärdet af Finlands export endast 5,882,684 rub. 47 kop. b:co assign., äfvensom värdet af importen 6,662,040 rub. 38 kop. 1814 utgjorde landets förlust ännu 410,241 rub. 45 kop. b:co assign. Först år 1815 visade sig ett vinstöfverskott, i det då exporten steg till öfver 6,400,000 rub., medan importen endast belöpte sig till omkring 5½ miljon.

delaktiga konjunkturer, „af en nästan allmän stagnation i europeiska staternes handel“. „Särdeles anmärkningsvärd“ — tillägger han — „är vådan af de afrikanska Barbareskernes kaperier, så fort resan sträckes utom Nordsjön eller Engelska kanalen“. Kusterna vid dessa haf hade ock för en längre tid varit och voro då ännu de hufvudsakligaste afsättningsorterna för stadens längre gående laddningar. Dock var äfven denna handel nu mindre lönande, enär de höga umgälderna, som därstädes besvärade fartygen, återtogo en högst betydlig del af varupriserna. „Endast nödvändigheten att anskaffa salt, hvilket, sedan Barbareskernas kaperier för oss afstängt Atlantiska och Medelhafven, blott från England kunnat erhållas, har påtvingat Finland denna ofördelaktiga handel“ [1]).

Handelskonjunkturerna förbättras.

Men småningom började den politiska himmeln ljusna och därmed äfven vilkoren för folkens ömsesidiga samfärdsel förbättras. Redan 1819 säger magistraten att oaktadt den allmänna klagan, som fortfarande föres öfver de mindre fördelaktiga handelskonjunkturerna, har likväl rörelsen i denna stad på senare år ansenligt tilltagit och i synnerhet i år varit liflig. Året förut 1818 hade lästetalet af de skepp, som besökte England, redan utgjort 584, af dem, som gått till Holland, 182, äfvensom af dem, som varit destinerade till Bordeaux, 39 läster. År 1819, hvilket af magistraten så lofordades, gjorde skeppet „Wilhelmina“ tvänne resor till London, hvarjämte fyra briggar besökte Liverpool. Ja — en skonertbrigg „Frigga“ vågade sig t. o. m. ända till Lissabon [2]). De af regeringen till skydd för Barbareskernes sjöröfverier utvärkade turkiska „firmanerna“ öppnade småningom äfven Medelhafvet, och 1825 kunde redan briggen „Teodora“ åtaga sig frakt från Livorno till S:t Petersburg.

Särdeles gynnsamt för handeln synes 1830-talet hafva varit.

Senare, i början på 1840-talet, lemnade handeln väl åter mindre gynnsamma resultat, i följd af då rådande prisfall å de utrikeshamnar, där de finska exportvarorna afsattes. Handelshuset Björkman & Rosenlew jämte handlanden C. F. Björnberg, hvilka erhallit rättighet att bygga en såg vid Susikoski i Lavia äfvensom privilegium på en buldansfabrik, anhöllo 1843 om rätt till uppskof med sågens byggande och om diverse lättnader med afseende å fabrikens drifvande, „enär de ofördelaktiga handelskonjunkturerna haft ett ytterst menligt inflytande på afsättningen så väl af skogsprodukter som

[1]) Landshöfdingens berättelse om länets tillstånd 1817.

[2]) Magistratens beskrifning om handelns och näringarnas tillstånd i Björneborg m. m. för åren 1818 och 1819.

segelduk". Men allt sedan 1845 var rörelsen i jämt stigande såväl i anseende till de höga prisen å landets exportartiklar, som äfven i följd af de ovanligt förmånliga frakter, som å utrikesorter då för tiden erbjödos. De oroligheter, som 1848 och 1849 voro rådande i de flesta länder i Europa, samt i följd däraf befaradt allmänt krig, invärkade väl störande å handelsrörelsen äfven i Björneborg, men redan 1850 återtog denna näring sin förra lifaktighet, hvilken den ock bibehöll till 1852, ehuru klagan öfver mindre goda handelskonjunkturer äfven då stundom förspordes [1]).

Exporten.

Under sådana förhållanden tilltog ock stadens handelsrörelse ansenligt under periodens förlopp. Hvad särskildt exporten af skogsprodukter beträffar, finna vi att utförseln af bräder och plankor ökades år för år, medan däremot den förut öfliga utskeppningen af sparrar, bjälkar och läkter började minska [2]). 1815 utfördes 1,646 tolfter bräder, och 1817, då plankor första gången särskildt nämnas på exportlistan, exporterades endast 722 tolfter sådana. 1850 steg plankutskeppningen däremot till 26,440 tolfter, förutom 2,386 tolfter battens. Ja — brandåret 1852 utfördes icke mindre än 46,000 tolfter plankor. Medeltalet för plankutskeppningen under periodens senare hälft synes varierat emellan 25,000 à 30,000 tolfter. — Minskningen i afseende å utförseln af sparrar och bjälkar framgår t. ex. däraf att år 1815 utfördes resp. 9,420 och 2,818, men 1850 endast 528 och 165 stycken. Läkter hade 1818 utskeppats öfver 6,000 tolfter, 1850 steg utförseln däraf endast till något mer än 1,000, 1852 till 2,336 tolfter.

Utförseln af tjära synes hafva stigit till 1840-talet, men sedan börjat något aftaga. 1815 utfördes af denna vara 2,702 tnr, 1843 5,000 tnr, under trienniet 1848—50 resp. 2,779, 2,289 och 1,821 tnr. En viss betydelse fick under denna period också exporten af pottaska, hvilken i stor mängd producerades i socknarna norr om Björneborg, sedan major Printz i Siikais lärt allmogen tillvärka densamma. Sitt kulmen nådde pottaske-utförseln 1826, då däraf exporterades inemot 6,000 lisp. 1850 utfördes ännu omkr. 1,800 lisp. pottaska.

I afseende å utförseln af öfriga landtmannavaror märkes en fortsatt stigning i smörexporten, medan däremot stadens af gammalt idkade kreaturs- och köttexport, som särdeles på 1600-talet varit så

[1]) Guvernörernas berättelser i F. S. A.

[2]) Alla dessa och följande uppgifter rörande handeln grunda sig på guvernörernes treårsberättelser äfvensom på de uppgifter som ingå i Gyldéns beskrifning öfver de finska städerna på 1840-talet.

betydande, småningom aftog. Smör utfördes t. ex. 1843 5,800 lisp. Under trienniet 1848—50 varierade utförseln emellan 10,000 och 12,000 lisp. årligen. Kött utfördes 1842 ännu 650 lisp., men 1848—50 förekommer denna exportartikel alls icke.

Bland fabriksvaror, som utgingo öfver stadens hamn, må nämnas: järn — 1848 1,670, 1849 1,056 och 1850 572 Sk:₶ —; glas — 1850 132 kistor fönsterglas och 5,600 buteljer —; tvål o. s. v.

Importen. Bland importvarorna intogs främsta rummet af saltet, som inkom 1810 (fr. Stockholm) 600 tnr, 1814 5,375 och 1843 10,200 tnr. Stadens stående saltlager ökades 1839 till 1,200 tnr, hvaraf vid inträffande saltbrist uttogs efter behof, såsom t. ex. 1847 600 tnr. Då spannmålsbrist yppades 1837, hade landshöfdingen Cronstedt yrkat att staden också borde uppsätta ett stående spannmålslager. Därtill förklarade sig de handlande villiga, i händelse äfven öfriga städer skulle inrätta dylika lager, men framhöllo tillika att de under den rådande dyra tiden importerat ej mindre än 20,000 tnr råg och 1,000 tnr korn samt 150,000 lisp. rågmjöl, hvilket väl försloge ej allenast för ortens behof utan ock räckte till för export till andra städer. — Importen af kaffe- och andra kolonialvaror äfvensom af manufakturvaror och tyger var också i starkt tilltagande.

Handelsomsättningens värde. Vi erhålla en ungefärlig föreställning om värdet af stadens handelsomsättning under denna tid ur de uppgifter, som ingå i 1843 års export- och importlista, hvarvid dock bör ihågkommas att handelskonjunkturerna — såsom ofvan nämdes — detta år icke ansågos vara fullt tillfredsställande. Nämda år exporterades trävaror för 86,800, tjära för 10,300, smör för 11,600, järn för 3,300, pottaska för 1,100 äfvensom diverse varor för 11,080 rubel s:r. Däremot importerades salt för 15,300, spannmål (mjöl och gryner) för 15,700, kaffe (3,000 lisp.) för 9,700, socker och sirap (7,000 lisp.) för 20,000, viner och spirituosa för 6,600, järn- och stålarbeten för 10,400, bomullstyger för 17,800, sidentyger för 3,600, ylletyger för 9,200, bomullsgarn (7,100 lisp.) för 11,400 rubel s:r o. s. v. — Totalvärdet af hela exporten belöpte sig till 114,180, äfvensom af importen till 158,875 rubel s:r.

Tullen för inkomna varor utgjorde 27,392 och för exporterade 3,173 rubel, eller tillsammans 30,565 rub. s:r.

Trävaruexportens tillväxt. Såsom ett slutresultat af ofvanstående framställning rörande stadens utrikeshandel vilja vi ytterligare framhålla den stora betydelse utförseln af plankor och bräder nu erhållit för orten. Denna handelsgren började nu blifva s. a. s. karaktäriserande för stadens handel öfver hufvud. Såsom den man, hvilken företrädesvis tillvunnit sig äran af att hafva varit banbrytare för den nya riktning ortens handel sålunda tagit, framstår onekligen amiralitetskaptenen F. F. Wallenstråle, hvilken sedan 1807 var s. k. kontingenthandlande i staden. Det hette om honom att „han först i stort börjat drifva denna för orten viktiga handelsrörelse", äfvensom att „handlandena före hans inflyttning saknade begrepp om exporten af skogsprodukter, hvilken handelsgren han lärde dem" [1]). Senare fortsattes denna handel med framgång af C. F. Björnberg, handelshuset Björkman & Rosenlew, J. Grönfeldt, M. Hellström, Isak Carström, J. Selin m. fl. Trävarorna dels uppköptes af allmogen, dels afvärkades enkom för handlandenas räkning, hvilka för detta ändamål på 1820-talet sysselsatte omkr. 200 man årligen i skogarna. Senare anlade ock särskilda handlande några sågar på landsorten i stadens handelsgebit [2]). Men invid sjelfva staden fans ännu icke någon såganläggning.

Såsom redan nämdes utgjorde stadens handelsflotta under denna tid dess ära och stolthet. Handlandena utförde med egna skepp sina exportartiklar, och då rörelsen med hvarje årtionde tilltog, var det ock nödigt att öka handelsflottan i öfverensstämmelse härmed. Enligt stapelrättsprivilegiet af år 1765 egde utländska skepp icke rätt att inlöpa i stadens hamnar. Handlandena voro sålunda från början hänvisade till egna skepp och vinnlade sig så mycket mera om handelsflottans ökande, som de merendels goda utrikesfrakterna gåfvo fartygen vinstgifvande sysselsättning äfven för den händelse att de ej skulle behöfts för egen export. Och i samma mån som stadens egen flotta ökades, synes man också varit mån om att för densamma utestänga främmande konkurrens. Handelsflottan.

Man fäste åtminstone ännu under periodens tidigare skede vikt vid att det i privilegiibrefvet af 1765 nämda förbehållet noga skulle efterlefvas. I sin år 1818 till landshöfdingen inlemnade beskrifning öfver stadens näringar hemställer magistraten både af egen kännedom Förbudet mot användandet af utländska skepp.

---

[1]) Handlingar rörande C. J. Carlssons ansökan om burskap af år 1845.

[2]) Förutom de äldre, redan förut omtalade sågarna: Norrmark, Lampis, Lautjärvi, Oxjärvi, Koskis eller Levanpelto och Luvia, tillkommo åtskilliga nya. 1837 anhöll handelshuset Björkman & Rosenlew jämte handlanden C. F. Björnberg om rättighet att anlägga en finbladig sågkvarn vid Kainofors i Parkano. 1841 gjorde handlanden Grönfeldt ansökan om enahanda rättighet till sågvärks anläggande vid Vahonkoski i Ikalis, hvartill honom dock företrädesrättigheten bestreds af förenämda handelshus, hvilket följande år dessutom förskaffade sig privilegium på en dylik inrättning vid Susikoski fors i Mouhijärvi. Äfven handlanden Selin är år 1845 antecknad såsom egande såg.

och i synnerhet på grund af de trafikerande handels- och borgaresocieteternas i detta ärende förda klagan att högvederbörligt förbud måtte meddelas mot stapelrättighetens utsträckande utöfver ofvannämda privilegium. Följande år upprepas samma anhållan. Stadens skepp skulle eljes fruktlösa ruttna i egen hamn och dess sjöfolk i brist på seglation vara tvunget att föda sig förmedels andra mindre gagneliga näringsfång. Ännu år 1835, då Wallenstråle, som detta år genom skeppsbrott förlorat sina tvänne stora fartyg „Orion“ och „Venus“, inlemnat ansökan om att få begagna utrikesskepp till export af sina uppköpta trävaror, stötte han på kraftigt motstånd af stadens skeppsredare. „Efter mångårigt och rastlöst fortsatt sträfvande“, hette det i deras svaromål, „att medels kostsamma fartygsbyggnader och egen handelsindustri bringa staden till uppkomst och välmåga, sågo de nu sitt bemödande motarbetas af skadeliga inflytelser och deras rättigheter i fara att kränkas“. „De gåfvo sig således“ — sade de — „till ett alvarsamt försvar. För exporten af ortens utskeppningsprodukter, saknade staden med sitt årligen ökade lästetal ingalunda något bistånd af utländska fartyg“. De anhöllo därför att, alldenstund befraktning af utländska fartyg för exporter från Björneborg stred emot stadens af ålder gällande privilegier och i längden komme att kväfva dess drift och välstånd, „varda utan intrång bibehållna vid de allernådigst för stadens sjöfarts och handels uppkomst beviljade förmåner“ [1]).

Utländska fartyg i Räfsö. Men ju mera rörelsen tilltog desto omöjligare blef det att upprätthålla det gamla, från merkantilsystemets dagar härrörande förbudet. Redan 1818 måste magistraten medgifva att tvänne handlande icke varit med om att godkänna dess anhållan om förbud mot utländska fartygs befraktande. Samma år befinnes ock engelska fartyget „Canada“ om 305 tons (omkr. 150 läster) legat i Räfsö hamn, befraktadt af någon stadsbo, och äfven 1819 besöktes hamnen af ett brittiskt skepp „Jane“, som där intog last. Också synes småningom stadens magistrat såväl som de högre myndigheter, af hvilka frågans afgörande närmast berodde, börjat hysa liberalare åsikter i afseende å densamma, än skeppsredarne. Senaten tillstadde redan 1827 C. F. Björnberg att befrakta engelska fartyg för att därmed utföra 700 tolfter plankor. Då samma handlande år 1831 ånyo in-

[1]) Handlingar rörande Wallenstråles ansökan om rättighet att begagna utländska skepp 1845. Wallenstråle sade sig d. å. hafva uppköpt trävaror för öfver 90,000 rdr riksgälds, hvilket påstående dock de andra skeppsredarne ansågo innebära en öfverdrift.

lemnade ansökan om tillstånd till begagnande af utländska skepp, yttrades väl i Senaten olika asikter. Somliga ansago skäl till bifall icke föreligga, enär Björneborgs stad anhallit om stapelrätt med det uttryckliga förbehåll att ej annorlunda än med egna och finska fartyg besörja sin utskeppning. Andra däremot yrkade på bifall, en del dock under det vilkor att de afgifter, som för slik utförsel med utländska fartyg enligt författningarna voro faststälda, skulle erläggas. Sistnämda åsikt segrade, och vi finna engelska barkskeppet „Exmouth“ om 321 tons drägtighet sagda år liggande i Räfsö, sannolikt befraktadt af Björnberg. Då sedan — såsom nämdes — Wallenstråle 1835 anhöll om rättighet att till exporterande af trävaror få anlita utrikes skepp för omkr. 1,800 lästers utskeppning, medgafs honom tillstånd därtill, dock — sannolikt med anledning af redarenas ofvananförda protest — under vilkor att det befraktade lästetalet ej finge öfverstiga 500 läster. Senare hafva, såvidt vi funnit, ansökningar i ofvanantydt syfte icke mera inlemnats till Senaten. Antingen hade tillgången på egna skepp nu blifvit så stor, att befraktande af utländska fartyg alls ej mera kom i fråga, eller ock togs möjligen det i privilegiibrefvet af år 1765 faststälda förbudet ej mer till tals, i händelse undantagsvis något utländskt fartyg anlöpte Räfsö.

Huru härmed än må förhålla sig, så är en hastig blick på den utveckling, hvilken stadens egen flotta under perioden vunnit, egnad att öfvertyga oss om att den ringa utländska konkurrens, som förekommit, ingalunda hindrat densamma att småningom höja sig till rangen af den främsta i landet.

Under de första åren efter kriget, då — såsom ofvan antyddes — handelskonjunkturerna voro betryckta, försvunno småningom de fyra skeppen, som nämdes ännu 1809, ur stadens flotta, hvilken slutligen bestod endast af mindre fartyg: briggar, skonertar, galeaser. Ännu 1813 finnes intet „skepp“ upptaget på stadens fartygslista [1]). *Handelsflottan vid periodens början.*

Följande år tillkommo emellertid redan tvänne fregattskepp, „Wilhelmina“ om 150 läster, tillhörigt Wallenstråle, och „Eolides“ om 159 läster, hvilket egdes af rådman P. A. Moliis och intressenter. I tretton år förblefvo så dessa de enda skepp staden egde. Flottan ökades väl med hvarje år, och lästetalet steg från 967 läster, år 1813, till omkr. 1,600 år 1825. Men man bygde endast briggar [2]), sko-

[1]) De förnämsta fartygen voro då för tiden 6 briggar, af hvilka de två största („Orfeus“, 123 l:r, och „Eurydice“, 110 l:r) just nämda år, 1813, blifvit bygda af Wallenstråle.

[2]) Wallenstråle „Juno“ 1815, Ascholin „Delphin“ 1815, Moliis „Theodora“ 1817.

nertar och galeaser, endels ännu, efter gammal sed, på klinck. Det var ännu de små fartygens tid.

Rederiväiksamheten begynner. Från ock med år 1826 inträder emellertid en förändring, härrörande af de då inträffande bättre handelsförhållandena i utlandet. Detta år bygdes nämligen de stora skeppen „Storfursten“ och „Orion“; det förra om 250 läster, på Räfsö varf, af ett bolag; det senare, om 200 läster, på Lyttskär af Wallenstråle, som dessutom 1828 ersatte sitt förolyckade „Wilhelmina“ med det nya „Bellona“. De följande åren (1829—30) nedgingo från varfvet å Lyttskär ytterligare fregatterna „Venus“, 266 l:r, och „Gloria“, 275 l:r, om hvilka Wallenstråle, som nu hade på böljorna ett halft dussin större och mindre fartyg, dragande sammanlagdt omkr. 1,000 läster, med en viss stolthet kunde säga att de voro „de största, som i senare tider utgått från Östersjöhamnar“. Och då samtidigt handlanden J. F. Bäckman, handelshuset Björkman & Rosenlew samt handlanden M. Hellström riktade stadens marin med hvar sitt barkskepp („Johannes“, „Aurora“ och „Ida“), räknade densamma vid 1830-talets ingång redan sju stora skepp, och lästetalet nådde den höga siffran 2,877 l:r, hvarmed sjelfva Åbo var öfverflygladt.

Dess tilltagande på 1830-talet. 1835 förolyckades väl Wallenstråles „Venus“ och „Orion“, men den outtröttlige fartygsbyggaren lät nu från varfvet i Lyttskär nedlöpa de ännu större kolosserna „Columbus“, 274 l:r (1836), samt „Castor“, 350 l:r, och „Pollux“, 326 l:r (hvardera år 1838). Sistnämda tvillingsfartyg, jämte det firman Björkman & Rosenlew tillhöriga fregattskeppet „Olga“, 325 l:r, förblefvo under en tid bortåt jättarne bland stadens fartyg.. Kring dem sällade sig emellertid, ännu under 1830-talet, ett tjugutal icke stort mindre fartyg, dels fregatter, dels barkskepp. Ty hvarje år medförde nya tillskott i fartygens antal [1]). Det timrades och hamrades vår och vinter igenom på stadens varf. Och då detta ingalunda räckte till för behofvet, anlades ytterligare ett varf på Räfsö, hvarjämte stadens handlande hade ett dylikt på Laitakari i Luvia. Tidtals gingo äfven för stadsboarnes räkning nya skepp ned från varfven i Sastmola och Källfjärd [2]). 1839 utgjorde flottans sammanlagda drägtighet 6,463 läster.

[1]) 1832 och 1833 tillkommo för hvardera året 2, 1834 4, 1836 2, 1837 7, 1838 2 och 1839 4 skepp. Bland dem må endast nämnas M. Hellströms „Ocean“, 270 l:r, Tornbergs „Dygden“, 250 l:r, J. Selins „Echo“, 250 l:r, Grönfeldts „Fama“, 250 l:r, Sourander & Grönfeldts „Triton“, 226 l:r, Björkman & Rosenlews „Eurydice“, 275 l:r, M. Wahlroos' „Bror“, 220 l:r, A. L. Wahlroos' „Angelique“, 265 l:r, Timgrens „Josephina“, 200 l:r, o. s. v.

[2]) Där bygdes 1834 „Atlas“, 1839 „Angelique“ och „Najaden“, 1840 „Gustaf“ och „Primus“, 1847 „Hebe“.

Skeppens antal var nu 23, briggarnas och de mindre fartygens 18. Wallenstråle, som 1838 hade på sjön fyra skepp och en brigg, tillsammans 1,363 läster, var nu landets näststörsta redare, — endast Chr. P. Malm i Jakobstad hade skepp af sammanlagdt högre lästetal än han, nämligen 1,808 läster, — och Wallenstråles „Castor" var det i anseende till lästetalet största fartyg i hela landets handelsflotta på den tiden [1]).

Men det var först på 1840-talet rederivärksamheten nådde sin höjdpunkt i afseende å fartygens såväl storlek som antal. Såsom stadens främste skeppsredare framträda under detta årtionde handlanden C. F. Björnberg äfvensom handelshuset Björkman & Rosenlew. Den förstnämde är i Wolffs skeppskalender för år 1846 uppförd främst på stadens fartygslista såsom redare för skeppen „Gustaf", „Freden", „Dygden" och „Minerva" äfvensom briggen „Emma", hvilka alla tillsammans räknade 1,093 läster. 1849 åter intages främsta rummet af firman Björkman & Rosenlew, egande de tre fregatterne „Adonis", „Eurydice" och „Victoria" äfvensom barkskeppen „Delphin" och „Aurora", tillsammans 1,214 läster. Närmast dessa stora rederier nämnas såsom hufvudredare under detta årtionde: M. Hellström (1844 för skeppen „Hoppet", „Ocean" och „Josephina" samt briggen „Ellida", tillsammans 871 l:r; 1848 för „Hebe" och „Ida" samt briggen „Ellida", 601 läster), I. Carström (1844 för skeppen „Fäderneslandet", „Nikolai I" och „Dido", 811 läster), C. Timgren (1840 för skeppen „Ocean", „Atlas" och „Josephina", 740 läster), Jakob Sourander (1842 för skeppen „Gustaf", „Triton" och „Argo" samt galeasen „S:t Göran", 730 läster), E. Rosenberg (1840 för skeppen „Primus" och „Philip", 660 läster) och Johan Grönfeldt (1842 för skeppen „Fama" och „Dido", 502 l:r [2]). Lästetalet under årtiondet varierade i allmänhet emellan 6,000 och 7,000 läster, men nådde åren 1840 och 1847 t. o. m. till

Dess högsta utveckling på 1840-talet.

[1]) För jämförelses skull må nämnas att hela Finlands handelsflotta vid denna tid hade en sammanlagd drägtighet af omkring 39,500 läster, medan åter summan af alla svenska städers och socknars fartyg af öfver 10 lästers drägtighet utgjorde 67,154 läster. Af svenska städer hade endast Stockholm, Gäfle och Göteborg större lästetal än Björneborg, nämligen resp. 10,370, 9,126 och 7,185 läster.

[2]) Bland öfriga redare från denna tid må ytterligare nämnas: Johan Selin (för „Echo" och „Iris", 368 l:r), R. Sourander (för skeppen „Richard" och „Sourander", 490 l:r), H. J. Oldenburg (för „Primus", 375 l:r), J. Svanström (1849 för „Nicolai I" och „Jacob", 370 l:r), G Sohlström (1848 för „Fäderneslandet", 317 l:r, och briggen „Henriette", 68 l:r), J. F. Bäckman (för „Johannes", 130 l:r), B. M. Wahlroos (för „Hugo", 255 l:r), A. J. Steen (för „Onni", 165 l:r), S. J. Franck (1850 för „Dido", 250 l:r) o. s. v.

något öfver 7,400 läster, det högsta som någonsin uppnåtts i Björneborg [1]). Skeppens antal åter utgjorde i medeltal per år omkring 25 och de mindre fartygens omkring 10 eller 12. Det största skeppet i stadens flotta, och därjämte i hela landet, var på denna tid „Primus“, om 375 läster, bygdt 1840 på Källfjärds varf af handlanden Rosenberg, men sedermera försåldt till H. Oldenburg. Det var de stora skeppens tid.

De år, som närmast föregingo stadens brand, visa väl en minskning i handelsflottans numerär och lästetal. Flere fartyg förolyckades [2]), och endast tvänne nya tillkommo, nämligen Hellströms „Solide“ och Ekelunds „Salomon Heine“. Skeppens antal, som 1850 varit 23, nedgick sålunda till 19, och minskades, våren 1852, ytterligare med tvänne. De mindre fartygens antal nedgick likaledes från 15 till 11. Likväl var stadens flotta ännu, då olycksåret 1852 inbröt, med sina omkring 5,000 läster den största i landet.

Det var för visso en minnesvärd tid, denna den björneborgska flottans storhetstid, och har väl förtjenat den något utförliga skildring här egnats densamma. Skeppsflottans bemanning utgjorde en hel befolkning för sig. Antalet af det i stadens sjömanshus inskrifna manskapet var i jämt tilltagande. 1824 utgjorde det ännu blott 242, men tio år senare hade det redan stigit till 521 och nådde år 1846 till inemot 600 man [3]). Sjömanshusets inkomster stego ensamt under 1840-talet från 5,000 till 8,000 rubel, hvilken summa dess behållning utgjorde vid utgången af år 1851. De från sina resor i främmande länder återkomne sjömännen, hvilka till en stor del voro stadsbarn, medförde ofta såsom minnen från sina färder koraller, perlor och andra sällsynta saker, med hvilka de prydde sina enkla hem. Mången grundade ock under sitt sjömannalif genom sparsamhet en förmögenhet, som betryggade hans ålderdom.

Fraktresorna på verldshafven.

Stadens skepp plöjde för öfrigt numera alla verldens haf. Redan 1820 nämnes Moliiska briggen „Theodora“ vara destinerad till San Domingo, för så vidt vi funnit det första björneborgska fartyg, hvilket seglat öfver oceanen och besökt nya verlden. 1825 seglade ock Wallenstråles „Eurydice“ till Pernambuco i Brasilien. Senare gingo stadens skepp allt oftare på fraktresor till aflägsna verldsdelar, sär-

[1]) År 1850 steg lästetalet till omkr. 6,500 l:r, medan Finlands hela handelsflotta räknade inalles 51,551 l:r.

[2]) 1850 „Hugo“, „Josephine“, „Triton“ och „Dido“ och 1851 „Pollux“, „Minerva“ och „Freden“.

[3]) 1824 utgick i hyror till stadens samtliga sjömanskap 56,013 rub. 76 kop.

Räfsö hamns stigande betydelse.

deles till de transatlantiska länderna. Då skeppen om höstarna hemkommo från sina resor, erbjöd lifvet nere i Räfsö en liflig anblick. Det hände stundom att mer än ett tjugutal af stadens fartyg, större och mindre, voro förankrade i hamnen för att där blifva vinterliggare. Om somrarna var det likasa lif och rörelse vid inlastningar och lossningar. Sedan 1826 började — heter det — kustfararen pa färd till Uleåborg anlöpa Räfsö, som sålunda trädde i förbindelse med vestkustens öfriga hamnar.

Räfsö började ock småningom antaga utseendet af en modern hamn. Det var vanligt att en mängd af stadens handlande och affärsmän tillbragte en del af sommaren därute, dels för att vederkvicka sig af den friska sjöluften och hafsbaden, dels för att vara närmare det merkantila lifvet i hamnen. Ett par villor och några boningshus syntes redan på den fordom öde stranden, och de första tecknen till vara tiders lilla hamnstad började visa sig.

En särskild hamnkassa för bålvärkens och hamnens underhåll bildades under denna tid, sedan skeppsumgälderna blifvit närmare bestämda. Redan 1813 beslöts införandet af särskilda hamnafgifter för egna och främmande skepp [1]). Då dessa afgifter emellertid ej voro öfverhetligt faststälda och i anledning däraf icke så sällan stridigheter inträffade vid deras erläggande, uppgjorde borgerskapets kommitterade redan 1845 förslag till ny såväl tolags- som hamnafgiftstaxa. Enligt denna skulle för stadens egna fartyg så i hamnafgift som bråbänkspenningar erläggas 2 kopek per läst, medan samma afgifter för främmande inhemska och utländska fartyg skulle utgå med resp. 6 och 10 kop. per läst. För ved som uppradades på broarna skulle erläggas af stadens borgare 1 och af andra personer 2 kop. silfver för finsk famn. Mätarepenningarna åter erlades nu åt två mätare, för 100 tunnor, med 36 kop. o. s. v. Tolagen skulle upptagas med 1 procent af alla inkommande och $^1/_2$ dito af alla utgående varor. Denna taxa faststäldes i hufvudsak, dock skulle hamn- och bråbänkspenningar utgå till lika belopp både för stadens

[1]) Dessa afgifter bestodo för egna eller stadsboarne tillhöriga fartyg i hamnpenningar 2 sk:r banco hvarje gång hamnen af dem besöktes och i bålvärksafgift engång om året 2 sk:r b:co för hvarje läst fartyget innehöll. Främmande fartyg skulle däremot erlägga dubbel såväl hamn- som bålvärksafgift, den senare dessutom för hvarje gång bråbänken af dem begagnades. Tolagen skulle enligt kongl. taxan af $^{18}/_{3}$ 1771 uppbäras med $^1/_8$ procent af värdet af ut- och inkommande last. Äfven upptogos vågpenningar, 8 runstycken för victualielispundet, mätarepenningar 4 runstycken för tunnan samt vräkarepenningar 2 skillingar äfvenledes för tunnan.

egna och främmande inhemska äfvensom för sådana utländska fartyg, som på grund af traktater tillgodonjöto i Finland lika rättigheter med inhemska, hvaremot de i taxan för utländska fartyg uppförda afgifter egde rum endast beträffande dem, hvilka icke hade traktatsenliga rättigheter i landet.

Med de penningar som sålunda influtit i hamnkassan reparerades redan 1813 det yttre eller vestra bålvärket äfvensom nedslogos duc d'alber, vid hvilka fartygen kunde förtöjas. 1849 synes ock en ny kölhalningsbrygga blifvit anlagd, vid hvilken sistnämda fartygen kunde lossas.

Kommunikationen med hamnen. Muddringen.

Hvad slutligen kommunikationen med hamnarna beträffar, förblef densamma nu som förr underkastad alla de svårigheter farledens tillgrundande för sjöfarten medförde. Inderö- och Lanaådrorna begagnades fortfarande, åtminstone ännu på 1820-talet, såsom segelleder till och från Räfsö. Någon muddring hade ej förekommit sedan stadens brand; 1807 hade t. o. m. mudderprämarna sålts på auktion, utom en som försvunnit i obekanta öden, och hvilken ännu 1809 förgäfves efterlystes af magistraten. Under par årtionden var det ej sedan tal om någon rensning af farlederna. „Till farvattnets uppmuddring äger staden ej styrka, ehuru nödvändig den är", heter det i 1818 års landshöfdingerelation, och samma klagan upprepas, med ungefär liknande ord, de följande åren intill 1823. 1824 tillägges att varutransporten till och från Räfsö, för det grunda farvattnets skull, måste ske med båtar „till 3 à 4 fot djupgående", och 1828 heter det „att farvattnet emellan staden och hamnen numera till den grad uppgrundat att endast halflastade mindre lastbåtar kunna till staden framkomma".

Sistnämda år synes man emellertid anyo vidtagit med muddringsarbetet, ty detta och följande åren anmäler magistraten hos guvernören: „den så nödvändiga muddringen i elfven emellan staden och Räfsö har borgerskapet nu företagit och fortsatt, så vidt dess tillgångar medgifvit". Men att resultaten af den påbörjade muddringen ej voro synnerligen varaktiga, finna vi af handlandena J. F. Bäckmans och C. F. Björnbergs 1840 inlemnade anhållan om rättighet att få uppköpa och inlasta trävaror i Sastmola, hvilken de motivera bl. a. därmed „att vattnet emellan staden och hamnarne är så lågt att prämarne ofta med mindre än full last måsta där framgå". Ocksa värkställdes åren 1846—50 återigen muddring vid

[1]) Uppgifterna rörande muddringen äro för det mesta hemtade ur magistratens berättelser för de resp. åren.

elfförgreningen strax nedanom staden medels en handmudderskopa, nedskjuten från en å floden förtöjd flotte. Att häraf dock ej kunde vinnas några synnerliga resultat, är lätt insedt.

För att afhjälpa de olägenheter, som voro en följd af Björneborgs stads aflägsenhet från Räfsö hamn, öfverenskommo ock redan 1836 en mängd af stadens trafikanter att bygga ett ångfartyg af 20 eller 40 hästars kraft. Men då de vände sig till öfverheten med anhållan om rättighet till planens realiserande, stötte de pa oväntadt motstånd. Regeringen fann nämligen skäligt höra fiskeriegarene vid Kumo elf, innan den i saken gaf sitt utlatande. En del fiskeegare ansågo sig väl ej böra protestera mot Björneborgs stadsboars anhållan, „i händelse höga öfverheten funne för godt att densamma bifalla". Men arrendatorn af kronovärken, kapten Fock, som menade „att ångfartens begagnande ej vore af ett värkligt behof påkalladt, enär ju stadsboarne härtills kunnat forsla sina varor till Räfsö utan ångfartyg", förbehöll sig att densamma åtminstone ej skulle få förekomma under kronotiden, ifrån den 23 juni och intill den 20 september. Andra fiskeriegare trodde sig genom fiskens aftagande blifva urståndsatte att afbörda dem ålagda arrenden och andra onera, Swartsmarksbyamän förklarade sig helt enkelt „missnöjde med att Björneborgsboarne skulle bygga eldskeppet". Följden af detta fiskeriegarnes motstånd var att regeringen $^{14}/_{11}$ 1838 gaf sitt bifall till planens realiserande endast under det vilkor „att ångfartyget åtminstone tillsvidare och intill dess erfaras må, hvad värkan det kan hafva å fisket i Kumo elf, icke finge begagnas emellan staden och Räfsö hamn å den tid kronofisket fortfar". I denna form var det gifna bifallet liktydigt med ett afslag, och uppfattades också såsom sadant af stadsboarne. Ångfartygsplanerna 1836.

Nära nog ett decennium förled, utan att man inlät sig på några nya ångbåtsplaner. Men det visade sig altmer omöjligt att i längden komma till rätta med de gamla kommunikationsförhållandena. Lastbatarna, beroende af väder och vind, dröjde ofta dagatal på färden emellan staden och hamnen, till stor kostnad och tidspillan för handel och vandel. Och icke mindre besvärligt var persontrafikens förmedlande. För att då för tiden komma ned till Räfsö, hade man endast att tillgå de s. k. kopeksbåtarne (t. ex. Höckerts „Vappu"), hvilka ofta för motvind och dimma nödgades lägga till vid Kivins eller något annat ställe vid farleden, hvarvid den resandes tålamod icke sällan sattes på hårda prof, i det han, utom tidsförlust, fick lida både köld och väta. Sådana förhållanden kunde naturligtvis i längden icke ega bestånd, synnerligen som man redan på andra orter Det första ångfartyget.

pröfvat fördelarna af ångfartens begagnande. Den $^{22}/_{11}$ 1847 köptes genom handlanden Oldenburg, af ett bolag, för 9,000 rdr b:co det svenska, i Kalmar bygda ångfartyget „Öland“ om 15 hästars kraft, hvilket omdöpt till „Sovinto“ blef stadens första ångfartyg.

Öfversikt af sjöfartens utveckling.

Detta om sjöfarten och hvad därmed gemenskap egde. Staden hade, under periodens förlopp, drifvit upp sin plankexport från 722 till 30,000 à 40,000 tolfter om året. Den hade tiodubblat sin handelsflotta, ökat den från 740 till 7,400 läster. Hvart årtionde hade sett allt större och ståtligare skepp utlöpa från hamnen, tjugutalet „Eolides“ och „Minerva“, trettiotalet „Castor“ och „Pollux“, fyratiotalet „Primus“ och „Argo“. Så till lästetal som fartygens storlek var den björneborgska flottan utan motsägelse den första i landet, och dess skepp gingo nu på alla verldens haf. 1500-talets Stralsundsresor och 1700-talets Marseille-färder hade efterträdts af 19:de seklets fraktfarter till New-York, Rio de Janeiro, Cap, Hongkong o. s. v. Den gamla hamnen vid Sandudden var nu öfvergifven och tjenade på sin höjd blott till invikningsort för de små båtarne, hvilka gingo från staden till Räfsö, som nu började blifva en af landets mest besökta hamnar.

Landtmannahandeln. Landttullens afskaffande.

Beträffande åter landtmannahandeln, bör främst ihågkommas att den i periodens början nådde en vändpunkt, i det att lilla tullen och acciserna, dessa merkantilsystemets sugrör, redan under kriget aflyftades. En omedelbar följd häraf var landttullkammarens indragning, tullhusens slopning och tullportarnas afskaffande samt ersättande med enkla tullbommar. En hundraårig kamp hade härmed nått sitt slut och den friare samfärdseln värkade utan tvifvel förmånligt på landtmannahandeln, som då för tiden försiggick på Stortorget.

Författningarna rörande denna handel tolkades ock i början temligen liberalt, så att t. ex. landtmännen tillätos utförsälja bröd samt malen och omalen spannmål i små partier, hvaraf följde att stadens bagare och viktualiehandlare, som på slik handel vunnit burskap, ledo afbräck i sin rörelse. Först med anledning af den lägre befolkningens klagan öfver, att bröd ej mera stod att köpa hos stadens bagare, ålades fiskalen och vederbörande stadsbetjente tillse att de i ämnet utkomna författningar och särdeles kongl. brefvet af den 10 maj 1790 efterlefdes [1]). 1837 förenade sig stadens handlande om att upphöra med den s. k. bondeförplägningen, hvilken öfverenskommelse 1845 förnyades, under åsatt vite af 10 rubel för den som

[1]) Magistratens protokoll $^{10}/_{5}$ och $^{4}/_{8}$ 1833.

framdeles trakterade landtmannen med starka drycker, som menligt invärka på sedligheten. Utan tvifvel berodde detta beslut endels på den större tillförsel, som efter de inträdda nya förhållandena stod till buds, och hvilken gjorde att man ej mer med sådan extraförplägning behöfde locka bonden till sin bod.

Landtmarknadernas upphäfvande.

Här bör för öfrigt ihågkommas den förändring, som i början af perioden tilldragit sig i afseende å landtmarknaderna, vid hvilka under tidigare århundraden stadsboarnes köpslagan med landtmannen hufvudsakligen försiggått. Dessa marknader ansågos numera föga bidraga till landtmannaproduktemas afsättning, men i stället i oroväckande grad bidraga till sedeförderf, lyx och oordningar bland allmogen. Da de sålunda icke mera fylde det med dem afsedda ändamalet, hemstälde Senaten 1821 om icke samtliga landtmarknader i länet, med undantag af den som hölls vid Salo bro, kunde helt och hållet afskaffas. Detta förslag godkändes genom kejs. brefvet af $^{13}/_{12}$ 1821. Sålunda försvunno nu såväl Sastmola marknad, hvilken tidigare varit föremål för så många städers rivalitet, som ock öfriga af Björneborgsboarne besökta marknader, — i Tyrvis, i Hvittis, i Ikalis.

I det stora hela synas stadsboarne varit nöjda med den nya ordningen, ty då nu äfven Sastmolamarknaden, hvilken, såsom vi erinra oss, 1801 förklarats fri och tillgänglig för alla, indrogs, kunde de med bättre hopp om framgång åter tänka på att ensamma draga vinsten af norra Satakuntas rika skatter. År 1840 inlemnade handlandena C. F. Björnberg och J. F. Bäckman till Senaten anhållan om rättighet att af bönderna från Sastmola- och Siikaistrakterna få emottaga och inlasta deras trävaror vid Sastmola strand, hvarigenom vunnes fördel såväl af en lättare transport af varorna till Räfsö som af en ansenlig tidsbesparing för allmogen i den delen af länet, hvilken eljes hade 5 à 6 mil till staden. Med anledning af denna anhallan förklarade stadens handlande och skeppsredare, hvilkas utlåtande i saken infordrades, att de, utan att likväl kunna gilla handlandena Björnbergs och Bäckmans företag att sålunda för sig enskildt söka utvärka en slik förman, öfverlemnade till H. K. M:s nådiga pröfning, om ej stadens privilegier kunde erhalla den utsträckning, att dess handlande och skeppsredare i Sastmola finge utan intrång af andra städers handlande uppköpa och å lastageplatsen därstädes upplägga sina trävaror. Ett liknande utlåtande afgafs ock af magistraten och stadens äldste, hvilka senare därjämte framhöllo att staden med så mycket större skäl trodde sig kunna anhålla om omförmälda förman, som stadsboarnes anhallan om privilegium att medels ångfartyg underlätta kommunikationen med Räfsö 1838 blifvit afslagen, och som handeln på Sastmola dessutom varit staden förunnad genom kongliga resolutionen af den 13 nov. 1765. Då emellertid guvernören, rådfrågad i saken, invände att en slik handel, i anseende till otillräcklig kronobetjening, hvilken ej ständigt hunne närvara å hamnplatsen, åtminstone borde inskränkas till endast vissa dagar och lika rättigheter medgifvas äfven andra städers handlande, afsvalnade stadsboarnes intresse för frågan väsentligen, hvarjämte Senaten $^{9}/_{9}$ 1840 resolverade, att den ej fann skäl förekomma att berörda anhållan bifalla.

Sista striden om Sastmola-marknaden.

Med sin ofvannämnda anhållan hade Björneborgsboarne emellertid satt Åbohandlandena i rörelse. Dessa, som nu antagligen sågo sig i afseende å handeln på norra Satakunta öfverflyglade af Björneborgarne, ansträngde sig nämligen af alla krafter att återvinna sin förra ställning. År 1844 anhöllo de — utan att dock särskildt nämna Sastmola — om tillstånd att få uppköpa och inlasta trävaror från kusttrakterna i Björneborgs stads grannskap. De björneborgska affärsmännen, som hördes i anledning af Åboboarnes anhållan, motsatte sig naturligtvis på det kraftigaste den ifrågasatta rättighetens beviljande [1]). Men några år senare upptogs frågan ånyo med anledning däraf att länets guvernör, möjligen på initiativ af handlandesocieteten i Åbo, i sin till Senaten år 1848 ingifna treårsberättelse öfver näringarnas tillstånd i länet hemstälde huruvida ej tillstånd kunde meddelas till anställande af en trävarumarknad någonstädes vid hafsstranden i Sastmola socken i slutet af april månad hvarje år. Allmogen i det inre landet skulle, menade han, sålunda försättas i tillfälle att föryttra sina produkter till handlande i flere sjöstäder än den närmast intill bondens hemvist belägna exportorten, hvilket ovilkorligen komme att invärka särdeles förmånligt på allmogens i hela Öfre Satakunta öfredels och flere socknar i medledels och Nedre Satakunta härader ekonomiska ställning. Härmed var signalen gifven till en ny fejd emellan städerna vid Aura å och Kumo elf.

En sista genklang af Björneborgs under 1600- och 1700-talen utkämpade strider med Åbo försporjes förvisso i det utlåtande borgerskapet (genom handlandene Carl Martin och Isak Carström) äfvensom magistraten år 1854 afläto med anledning af det väckta förslaget. Hänvisande till kongl. brefvet af år 1765, hvilket förbehöll handeln på Sastmola de till nämda socken närmast belägna städer, bland dem främst Björneborg, och bestämdt afsåg förbud för handlande borger-

---

[1]) Magistratens protokoll $^{22}/_{1}$ 1842.

skapet i Åbo att något slags handel med allmogen i berörda socken idka, afstyrkte de på det lifligaste förlänandet af tillstånd till den ifrågasatta marknadens inrättande. Därigenom skulle — menade de — endast den olaga landthandel, som köpmän från Åbo och Nystad redan länge drifvit i Sastmola och dess omnejd, hindrande tillförseln till Björneborg, blott vinna vidsträcktare omfang.

Slutet på striden blef att Björneborgarne ännu en gång fingo fröjda sig öfver en seger för det gamla systemet. Resolutionen lydde nämligen: att då kejs. brefvet af $^{13}/_{12}$ 1821 upphäft alla landtmarknaderna såsom skadliga, framställningen om återupplifvandet af den i Sastmola ej kunde förtjena något afseende, helst Björneborgarne motsagt densamma [1]).

Merkantilsystemets fortbestånd.

Såsom vi af ofvanstående funnit, lefde man ännu i merkantilismens tid. Allt skulle baseras på privilegier, allt skulle regleras genom tillstånd och förbud. Man motsatte sig 1809 Raumos och Nystads anhallan om erhållande af stapelrätt [2]), anförande därvid bl. a. att dessa städer saknade tillgång på dugligt skeppstimmer och sådant utskeppningsvirke, bjälkar, bräder och tjära, som till utrikes orter utom Östersjön kunde afsättas. Ja — sade man — de hade ock ringa tillgang på läkter, hvarmed handel idkades å tyska orter, hvarför å dessa sistnämda stor skilnad gjordes emellan de läkter som utfördes från Björneborg och dem som utskeppades från Raumo och Nystad. Skogarna omkring dessa städer voro mestadels så uthuggna, att därifrån ej vidare kunde erhållas någon duglig vara [3]).

Och huru ängsligt man ännu lurade på hvarje obehörig täflan, finna vi däraf att en del skeppsredare i staden 1834 anförde klagomål däröfver att kapten Wallenstrale, till skada och förfang för stadsboarne samt med kränkande af deras privilegier, å dess egande Lyttskärs rusthåll bedrifvit landsköp. Han hade där upphandlat diverse exporteffekter, hvarför de anhöllo att landshöfdingen skulle anbefalla vederbörande kronobetjening att inskrida [4]). — Ändtligen kom ock det gamla slagordet „förköp", som ända sedan 1500-talet varit af så stor betydelse i merkantilsystemets terminologi, till heders i magistratens år 1854 afgifna utlåtande rörande Sastmola marknad. Det heter där att genom en slik marknad „alla förut gjorda förköp med

---

[1]) Senatens resol. 1856.

[2]) De äldstes protokoll $^{11}/_{12}$ 1809. Frågan hade varit före redan 1803, och äfven då från stadens sida bemötts med afstyrkande utlåtande.

[3]) De äldstes protokoll $^{11}/_{12}$ 1809.

[4]) Magistratens protokoll $^{18}/_{1}$ 1834.

allmogen skulle vinna lagligt skydd". Sålunda höll det gamla systemet ännu segt i sig, trots den större frihet som i vissa afseenden karaktäriserade handelsförhållandena under denna tid.

Nya landsvägar. Emellertid blefvo, såsom redan nämdes, förbindelserna med landsorten nu lifligare än de varit någonsin förut. Därtill bidrog äfven anläggandet af särskilda nya landsvägar. 1807 och 1808 hade redan vägen från Björneborg till Rosnäs blifvit anlagd. Af vikt för staden blef i synnerhet den nya vägen, som från Norrmark gick öfver Kankaanpää till Ikalis. Redan $^{13}/_{3}$ 1817 anbefaldes landshöfdingen att i afseende å föreslagen kommunikationsväg emellan Björneborg och Kankaanpää kapell i Ikalis socken låta genom landtmätare och kronobetjente undersöka genaste vägen från sagda stad genom Påmark till Kankaanpää samt därifrån vidare till Parkano kapell och Ruovesi kyrka. Landshöfdingen ansåg väl vägens fortsättande ända till Ruovesi blifva ett alltför dyrt företag, men på 1820-talet bygdes emellertid sträckan från Norrmark till Kankaanpää och Ikalis. Förut hade Ikalisboarna för att komma till Björneborg måst göra omvägen öfver Kyrö, Karkku, Tyrvis och Hvittis. Under sådana förhållanden hade ock norra Satakuntas handel naturligen dragit sig till det närmare belägna Tammerfors, och Björneborg hade för en tid nästan helt och hållet gått förlustigt all därifrån kommande trafik. Men den nya vägen förändrade väsentligen förhållandena. Björneborgska firmor, Björnberg, Björkman & Rosenlew, Grönfeldt o. a. började redan tidigt draga trävaruhandeln från dessa trakter till Björneborg, liksom de äfven anlade sågar i dessa skogrika nejder. Utom denna nya väg tillkom senare äfven vägen från Björneborg öfver Lavia till Mouhijärvi, hvilken ock väsentligen bidrog till samfärdselns befrämjande. I synnerhet ansågs dock den nya Påmarksvägen vara för sin tid ett storvärk, snarlikt det, som under Gustaf III:s tid utfördes genom anläggandet af den nya vägen från Björneborg till Österbotten.

Handelsbodarnas antal. Att landtmannahandeln, befordrad genom lilla tullens afskaffande och de nya kommunikationerna, var i ständigt tilltagande, finna vi äfven af det ökade antal öppna handelsbodar, som i staden nu tillkom [1]. 1814 funnos sådana endast 12, 1817 tillkommo tvänne hökare med öppen bod. 1830 var handelsbodarnas antal redan 20,

[1] Guvernörens treårsberättelse 1848–1850. — Samtliga handlandes antal i staden hade ökats i samma proportion. 1809 funnos endast 21 handlande, men 1850 utgjorde deras antal 56, hälften med och hälften utan öppen bod, samt 3 hökare med öppna bodar.

och hökarbodarnas fortfarande tvänne. Under senare hälften af 1840-talet funnos i staden i medeltal 25 handlande och 7 hökare med öppna bodar. Högsta antalet före branden nåddes år 1850, då de resp. talen voro 28 och 9. Bodarnas antal hade således under perioden tredubblats.

Om sålunda sjöfarten och handeln under perioden ansenligen tilltagit, visade sig nu ock på industrins och handtvärksnäringarnas område en stegrad värksamhet.

Af de industriella inrättningar, som i periodens början funnos i staden, hade några öfverlefvat branden 1801 eller åtminstone haft sina föregångare redan på 1700-talet, medan andra däremot tillkommo först efter nämda brand [1]). Industrin.

Tobaksfabriken, privilegierad 1761, hade nu öfvergått i kapten Wallenstråles ego. Fabrikshusen voro af sten och tillvärkningen bedrefs i stort under seklets andra årtionde. För press- och rulltobakstillvärkningen fans i fabriken ett bord för en spinnare, 2 drängar och 6 pojkar, hvarjämte vid kardusvärket fans en karfmaschin och knif, som sköttes af en värkmästare och 2 drängar. 1818 utgjorde tillvärkningen 3,900 stycken karduser af utländska och inhemska blad, 3,800 d:o af ryska och inhemska samt 370 lisp. press- och rulltobak af inhemska blad. 1819 tillvärkades åter 5,400 karduser och 450 lisp. rulltobak o. s. v. Wallenstråle hade äfven på Lyttskär anlagt ett ansenligt tobaksplantage, från hvilket han årligen skördade omkr. 500 lisp. tobaksblad. Fabrikens öfriga förnödenheter uppköptes från andra städer i Finland och från utrikes orter samt från Ryssland. — Ifrån och med år 1820 började emellertid fabriken småningom minska sin värksamhet samt nedlades 1825 helt och hållet, efter det ock tobaksplanteringen, sedan skördarna under flere år slagit fel, upphört. Tobaksfabriken.

Det gamla klädesväfveriet synes äfven efter branden ånyo blifvit satt i gång af den yngre Johan Fjellman [2]), som 1807 af magistraten erhöll burskap å klädesväfverihandteringens idkande i staden. Han hade då en väfstol, vid hvilken han sysselsatte fyra arbetare, och tillvärkade omkr. 320 alnar valkadt och öfverskuret kläde. Fabriken synes emellertid blifvit nedlagd omkr. 1820. Klädesväfveriet.

Det färgeri, som mäster Matts Stenberg i århundradets början egde, var ock möjligen en fortsättning af den inrättning af samma slag, som funnits i staden redan före branden. Stenberg idkade där- Färgeriet.

---

[1]) Efterföljande redogörelse för fabrikerna är hemtad ur stadens till guvernörerna inlemnade årsberättelser öfver stadens tillstånd.

jämte, i förening med färgeriet, klädesväfveri, vid hvilket han sysselsatte fyra drängar [1]). Färgeriet och väfveriet nämnas såsom varande i värksamhet åtminstone under åren 1807—25, då de efter Stenbergs död torde blifvit nedlagda.

Sockerbruket. Ett sockerbruk hade kapten Wallenstråle år 1812 ärnat inrätta i staden. Den $^{14}/_{3}$ nämnda år erhöll han privilegium på detsamma och uppförde för ändamålet ett större stenhus invid det gamla kyrkotorget. Sockerfabriken blef emellertid sedan aldrig satt i gång [2]), och det stora stenhuset förhyrdes af Wallenstråle till upplagsmagasin för kronans räntespannmål. Räddadt undan branden 1852 står byggnaden ännu kvar och har på senare tider blifvit inredd till ölbryggeri.

Tvålfabrikerna. Ett tvål- och såpsjuderi anlades 1819 (privil. $^{14}/_{3}$ 1821) af rådman P. A. Moliis, handelshuset Sarin & Sourander, löjtnanten Isak Nummelin och handlanden Jakob Sourander. I fabriken sysselsattes en värkmästare, tvänne drängar och hjälpkarlar efter behof. Rudimaterier till värkets bedrifvande, såsom smör, talg, pottaska m. m., uppköptes antingen inom landet eller i S:t Petersburg. Tillvärkningen var rätt stor för sin tid och utgjordes i medeltal årligen af omkr. 30,000 ℔ ordinarie och 2,000 ℔ röd parfymtvål, 150 fjärdingar grön såpa, 2 à 300 L℔ refflade talgljus och par tre lispund pomada. Tillvärkningarna försåldes till en del i eget land, men exporterades ock till Sverige, Danmark och Tyskland. Fabriken, bland hvars egare sedan 1829 äfven nämnes handlanden J. Grönfeldt, nedlades emellertid redan i början af 1830-talet, och dess byggnad jämte tomt vid vestra tullplanen blef år 1834 af P. A. Moliis donerad åt staden till feberlasarett. — En annan tvålfabrik hade ock 1822 anlagts af rådman Johan Sourander, men nedlades efter att endast en kort tid hafva varit i gång.

Kardfabriken. En kardfabrik, inrättad af handlandene Jakob Björkman och Sandell om hösten 1822, drefs, utan att därå något privilegium utfärdades, af en värkmästare och nödiga lärgossar. Fabriken tillvärkade (1824) diverse sorters kardor för ett värde af 4,000 riksdaler

---

[1]) Äfven spinnerskor nämnas såsom anstälda i Stenbergs tjenst åtminstone under tiden 1803—1808.

[2]) Enligt uppgift af äldre personer torde det icke varit Wallenstråles afsikt att fullfölja planen i afseende å sockerbruksanläggningen. Han skulle sökt privilegium å detsamma endast för vinnande af andra ändamål. Huru härmed förhåller sig, torde dock ej mera kunna närmare utredas.

i riksgäldssedlar. Den synes sedan öfvergått i handlanden Johan Bäckmans ego, men torde nedlagts redan före branden[1]).

Oljeslageriet. Ett oljeslageri anlades år 1828 af hattmakaren Thomas Lindqvist, som ansåg att tillräcklig tillgång på frön i närmaste landsort skulle finnas. Emellertid synes inrättningen endast en kort tid hafva varit i gång[2]).

Buldansfabrikerna. Tvänne buldans- och segelduksfabriker funnos i staden på 1840-talet. Den ena, privilegierad $^{12}/_{11}$ 1842, och tillhörig handelshuset Björkman & Rosenlew, handlanden C. F. Björnberg och C. Timgrens sterbhus, var belägen å Aittaluoto. Inrättningen, som omfattade, utom värkstaden, äfven rum för arbetarne, hade 10 väfstolar och tillvärkade år 1844 350 stycken segelduk, till ett värde af c:a 4,900 rubel silfver. De följande åren angifves tillvärkningens värde hafva stigit till omkr. 5,800 rubel. — Den andra buldansfabriken åter var grundlagd af handlanden C. A. Björnberg, som därå $^{20}/_{12}$ 1848 erhöll privilegium. Ungefärliga värdet af dess tillvärkningar beräknades till 4,500 à 5,000 rubel silfver årligen.

Ölbryggeriet. Ett ölbryggeri, den första inrättning i staden i sitt slag, som förtjenar detta namn, anlades år 1847 på Aittaluoto af handlanden Indrenius.

Ångkvarnen. En ångkvarn anhöll handlanden Selin sistnämda år att få anlägga på Varfsudden. Detta var, för så vidt kändt är, första gången ångan varit ifrågasatt att användas såsom drifkraft vid industrin i Björneborg.

Fajansfabriken. En fajansfabrik anlades år 1849 af handlanden G. Sohlström utanför staden på sandmalmen till venster om den till Lill-Raumo ledande vägen. Fabriken tillvärkade år 1850 varor för ett uppgifvet värde af 1,472 rubel. Vid fabriken arbetade en mästare, 3 gesäller och 4 lärgossar.

Tegelbruken. Lägga vi nu till ofvannämda fabriksanläggningar ytterligare trenne tegelbruk å stadens mark, — det äldsta nämdt redan 1818 och då tillhörande enkefru Rosnell, afl. kapellanen Wahlroos' sterbhus och borgaren Sundelin, det andra anlagdt 1820 af handlanden Joh. Fredr. Bäckman, som där tillvärkade i medeltal 100,000 tegel om

[1]) Under stadens hallrätt lydde dessutom tvänne liknande fabriker, hvardera i Panelia by i Eura, den ena anlagd af kardmakaren Gustaf Rosendahl, enligt privilegium af $^{11}/_{2}$ 1829, och den andra af kardfabrikören Mickel Thurman, enligt privilegium af $^{12}/_{11}$ 1835. Bägge synas dock varit mindre betydande inrättningar.

[2]) Oljeslageriet skulle inrättas efter mönster af den liknande inrättning garfvaren A. Haggren kort förut anlagt i Tammerfors.

året, och det tredje inrättadt 1826 af guldsmeden C. I. Rosnell, A. W. Tallberg, färgaren Sigfrid Stenberg och kakelugnsmakaren G. Rosendal, — äfvensom ett taktegelslageri, hvilket 1829 inrättades af kakelugnsmakareåldermannen Mickel Stenberg, så hafva vi uppräknat samtliga i staden befintliga fabriker af någon betydelse [1]).

»Manufakturisterna».

Närmast fabriksegarena kommo på den tidens industriella rangskala „manufakturisterna“ eller „fabrikörerna“, hvilka direkte underlydde hallrätten. Såsom sådana uppföras i längderna vanligen ofvannämda kardmakare, klädesväfvare och färgare [2]), ehuru deras värkstäder å andra sidan äro intagna bland fabrikerna. Till dem hörde också urmakarne, hvilkas antal under perioden ökades från en till fyra. Till dessa yrkesidkares klass böra äfven hänföras: strumpväfvaren C. Rindell, hvars etablissement var i värksamhet åtminstone under åren 1814—1819; fiskalen P. Wettberg, hvilken 1828 „vunnit förening med hall- och manufakturrätten såsom fabrikant af barometrar, termometrar m. m.“; instrumentmakaren G. W. Nordlund, som 1833 nämnes i stadens handlingar; äfvensom snickaregesällen A. Wellroos, hvilken 1850 anhöll om tillstånd att i staden få tillvärka och föryttra tändstickor, varande hans värkstad sålunda en anspråkslös föregångare till den sedermera så berömda tändsticksfabriken.

De gamla skråna.

Hvad slutligen de egentliga handtvärkarne angår, voro de i skrå organiserade yrkena såväl de mest ansedda som ock de talrikast

[1]) Till stadens industriella inrättningar kunde man slutligen ock räkna åtta väderkvarnar, af hvilka ett par, belägna på andra sidan elfven, gåfvo lif åt de fordom öde holmarna Storsand och Skrifvarholmen, de öfriga däremot voro belägna på Hampusbacken, Aittaluoto och annorstädes på stadsmarken. De malade alla mot tull af 20 à 24 skillingar riksgälds för tunnan. — Under stadens hallrätt lydde dessutom några fabriker på landet. Glasbruket i Torsnäs, egdes i början af 1840-talet af bruksidkaren F. Lebell, men senare af apotekar Rickstén och dess arfvingar. Dess tillvärkning varierade (på 1840-talet) emellan 4,000 och 6,000 rubel årligen. Ett annat glasbruk hade fiskal Wettberg enligt privilegium af $^{8}/_{2}$ 1835 ärnat anlägga i Pänäs, men fabriken kom icke till stånd. Ett pappersbruk (egare Joh. Liljeblad) hade anlagts i Långfors i Sastmola (enl. priv. af $^{17}/_{7}$ 1840). Ett klockgjuteri i Luvia, grundlagdt (enl. priv. af $^{28}/_{11}$ 1828) af Mickel Rostedt, hörde ock under stadens hallrätt, likasom äfven trenne mindre betydande kardfabriker, ett i Ulfsby och två i Eura (1845 nämnas kardmakarena Mickel Thurman, Johan och Mickel Rosendahl). — Af landsortsindustrier, som kommo stadens handel till godo, må nämnas pottaskebränningen, som bedrefs i socknarna norr om staden. Denna industri hade i orten först införts af majoren Carl Georg Printz, som innehade en landtegendom i Siikais, och lemnade, såsom ofvan nämts, en af stadens mera betydande exportvaror på den tiden.

[2]) Färgarenas antal ökades under perioden till fem. Dock synes endast Stenbergs färgeri, hvilket var förenadt med väfveri, hänförts till fabrikerna.

representerade. Snickare-embetet, hvars alderman under större delen af perioden var Abraham Rothsten, räknade i allmänhet omkring tio representanter. Äfven smedernes och garfvarnes antal förblef något så när oförändradt, varierande emellan 5 och 8. Däremot förmärkes någon minskning i svarfvare-, skräddare- och skomakareskrånas resp. numerärer, från 12, 11 och 10 (1815) till 7, 7 och 6 (1851). Starkast var dock minskningen i linväfvare- och hattmakare-embetet. Det förra, stadens äldsta skrå, som i periodens början räknade endast tvänne mästare, upphörde h. o. h. redan år 1813, och på 1830-talet försvinner ur förteckningarna den sista „linneväfvaren". Hattmakare-embetet åter, som ännu år 1829 räknade nio medlemmar, bestod vid periodens slut af endast tvänne mästare och upphörde, äfven det, några år senare (omkr. 1856) med sista åldermannen Tomas Lindqvists afgång.

Men i stället tillkommo under perioden icke mindre än fyra nya skrån, om ock tvänne af dessa endast hade en kort varaktighet. Redan 1812 hade krukmakarne och bagarne hos regeringskonseljen anhållit om rättighet att få inrätta egna embeten, hvilket dock afslogs, „emedan något sådant värk ännu icke finnes i landet inrättadt, hvarifrån skråbref utfärdas kan, och skråembetes inrättning dessutom för de i ofvannämnda handtvärkerier arbetande endast medförde kostnader, som vore öfverflödiga, då krukmakarne och bagarne i staden njuta burarätt med öfriga borgareförmåner". Vid förnyad ansökan 1814 erhöllo väl bagarne ånyo afslag, enär deras yrke hörde till dem, som enligt kongl. reskriptet af $^{9}/_{10}$ 1804 finge i staden fritt idkas, men krukmakarne bekommo genom finansexpeditionen sitt skråbref 1818. Tio år härefter bildade ock kopparslagarne eget skrå, och kort därpå inrättade äfven guldsmederne (1829) och målarne (1830) egna embeten. Bägge dessa skrån upphörde dock åter snart. Guldsmedsembetet, hvars ålderman var C. I. Rosnell, nämnes endast under åren 1829—1833. Målareskrået åter förekommer i handlingarna blott för tiden 1830—1837. Nya skrån.

Bland yrken, hvilka ock, åtminstone tidtals, räknade trenne representanter, utan att de dock bildade skrån, må nämnas — utom bagarne, hvilkas försök att organisera eget embete, såsom vi sett, misslyckats, och glasmästarne, hvilka ock, såsom förut nämts, tidigare umgåtts med planer på skråinrättning — bleckslagarne, sadelmakarne, gelbgjutarne, bokbindarne, gördelmakarne, vagnmakarne, slaktarne, murarne och tunnbindarne. Mindre än trenne representanter hade åter vanligen bokbindare-, hampspinnare-, handskmakare-, hjulmakare-, hofslagare-, messingsslagare-, nålmakare-, perukmakare-, Handtvärkare utan skrå.

repslagare- och stolmakare-yrkena. Sin första bundtmakare, mäster Anton Petrin, fick staden 1833. Redan tidigare hade en sockerbagare (1818) slagit sig ned på orten.

Under skråna i Björneborg lydde fortfarande en mängd handtvärkare i grannstäderna. Åtminstone ännu i början af detta århundrade subordinerade snickarne i Raumo, Nådendal och Kristinestad under stadens snickare-embete. Likaså torde, på sätt redan i slutet på 1700-talet var fallet, skomakarena i Raumo hört till stadens skrå. Svarfvare-embetet åter hade under sig svarfvarne i Raumo (åtminstone 1825), i Nykarleby (åtminstone 1825), i Tavastehus (åtminstone 1833).

Kopparslagare-embetets sigill.

Af de i staden befintliga yrken, hvilka ej bildade egna embeten, lydde åter de flesta under skrå i Åbo, t. ex. vagnmakarne (åtm. 1817), glasmästarne (åtm. 1826), bokbindarne (åtm. 1845) och — enligt uppgift — gelbgjutarne. Stadens sadelmakare synas först underlydt skrå i Helsingfors, men sedan äfven de subordinerat under dylikt i Åbo.

Handtvärkarnes antal. Öfver hufvud taget var totalantalet handtvärkare äfven under denna period i stigande. 1809 utgjorde deras antal 74, hvilka sysselsatte 21 gesäller och 32 lärlingar. 1852 voro de 106 med 46 gesäller och 153 lärgossar. Såsom ett medeltal för stadens mästarenumerär kan i allmänhet för denna tid antagas 100, i början något mindre, senare något mera. Gesällernas antal hade mer än fördubblats och uppgick slutligen till hälften af mästarenas. Af dem synas åtminstone skräddaregesällerna bildat någon slags förening, eftersom de hade eget sigill.

För öfrigt var handtvärket ännu oförändradt underkastadt skråväsendets tvång. Mästarena höllo envist på sina privilegier; de gamla kongl. resolutionerna och förordningarna angående bönhasar och fuskare kommo tidt och ofta till användning, t. ex. 1814, då målarne och skräddarne klagat öfver intrång i deras näring af obehöriga; 1836, då en mängd landsortsmurare börjat arbeta i staden, stadsmurarne till förfång; 1846, då en person, som utöfvat glasmästarehandtvärket, dömdes för fuskeri till 10 dalers (= 4 rub. 80 kop.) böter, o. s. v. Då hattmakar Falin 1824, med stöd af den frihet, som 1804 förunnats vissa handtvärkare i staden, ville uppsäga sitt yrke och utan vidare slå sig på bageri, väckte detta en storm af ovilja hos samtliga bagare, hvilka, menande att 1804 års förordning endast varit en temporär undantagsåtgärd för att hindra nöden i Skråväsendet.

Skräddaregesällernas sigill.

den nyss uppbrunna staden, bestämdt motsatte sig att en olärd skulle intränga sig i deras yrke. Äfven magistraten fann det otillständigt att Falin så lättvindigt skulle öfverflytta sitt burskap från en näring till en annan.

På hvilken ståndpunkt det handtvärksmässiga arbetet under perioden öfver hufvud befann sig, därom hafva inga uppgifter kommit till vår kännedom, såvida man ej fäster afseende vid magistratens år 1833 fälda uttalande, som främst rörde handtvärkarne, nämligen „att de ej med samma drift och omtanka, som på andra orter är vanligt, och deras egen fördel skulle fordra, sysselsätta sig med sina näringar“. Det säkra är att den klagan öfver handtvärksvarornas dyrhet, hvilken vi redan funnit gängse i slutet af förra århundradet, fortfor, och att skråväsendet, genom att utestänga en hel mängd personer från möjligheten till sjelfförvärf, blef allt mera tryckande.

Uttalanden mot skråväsendet.

Redan tidigt uttalades ock här och hvar åsikter, som afsågo om icke hela systemets totala upphäfvande, så atminstone dess inskränkande. Redan ar 1819 framhöll länets landshöfding C. Mannerheim skråtvångets upphäfvande sasom bästa medlet att upphjälpa städerna i länet, specielt Åbo och Björneborg, från det aftagande, i hvilket de hemfallit med anledning af då rådande ogynnsamma konjunkturer. „Skråtvånget", säger han „nödgar nu ofta en kunnig arbetare att inskränka dess värksamhet inom ganska trånga gränsor och att alldeles afhålla sig från användande af ett lönande handtvärk, hvarmed dess egen utkomst och konsumenternes fördel af en lätt fången duglig tillvärkning vore förenade" [1]). Äfven de uttalanden, med hvilka senaten år 1812 och 1818 motiverade sitt afslag på bagarenes anhållan om rättighet att inrätta skråembete, häntyda på att man också på högsta ort ej var så synnerligen intresserad för åldermannaväldets ytterligare ökande. Skråembetens inrättning vore, heter det, öfverflödig, då ju bagarne äfven eljes njuta burarätt och öfriga borgareförmåner i staden, och strede dessutom mot kongl. reskriptet af år 1804, som förklarat att slakteri-, bryggeri- och bagerinäringarna i Björneborgs stad finge af hvem som helst, utan föregångna läroår och öfriga i skråordningen stadgade vilkor, obehindradt idkas.

Äfven stadens magistrat vädjade ofta till det kongl. reskriptet för att vid inträffande fall befordra burarättsökande handtvärkares bästa. Så t. ex. pröfvade magistraten år 1844, då färgaregesällen Mickel Hellström af hall- och manufakturrätten erhållit afslag på sin ansökan att varda till färgare i staden antagen, rättvist upphäfva detta utslag bl. a. på den grund „att kongl. resolutionen af den 9 okt. 1804 tillstadde att hvar och en handtvärksgesäll, han må såsom gesäll hafva arbetat kortare eller längre tid, hvilken kunde förete nöjaktigt mästareprof, som af magistraten, sedan vederbörande blifvit hörda, borde pröfvas, må få sig i staden nedsätta och sitt handtvärk nyttja".

Men frånsedt de inskränkningar, hvilka sålunda på grund af den gamla svenska förordningen af år 1804 kunde åläggas skråtvånget

---

[1]) Äfven dåvarande prokuratorn Gyldenstolpe ansåg, i likhet med Mannerheim, närings- och handelsfrihetens utvidgande förtjena synnerlig uppmärksamhet såsom medel att förbättra det ekonomiska tillståndet i landet, men höll före, att enär detta ämne angick dels ett stånds välfångna privilegier, dels ock ändring i landets allmänna lag, borde det vid en framdeles blifvande landtdag underställas landets ständers yttrande.

i afseende å bageri-, slakteri- och bryggerinäringarna samt i vissa fall äfven i afseende å de öfriga handtvärken, egde åldermannaväldet orubbadt bestånd hela perioden igenom. Genom accisernas afskaffande (1808) hade dock yrkeslifvet beredts en varaktig lättnad, hvarjämte den ständigt tilltagande rörelsen i staden gaf sysselsättning åt handtvärkare af de mest olika slag. Äfven hemindustrin, särdeles väfnaden af bomulls- och ylletyger, bedrefs af mången med fördel och vinst. Med sina tolf skråembeten intog sålunda Björneborg äfven i afseende å handtvärksindustrins utveckling en ingalunda obetydlig plats bland städerna i vårt land på den tiden. Enligt statistiska uppgifter, insamlade af hushållningssällskapet 1830, hade Björneborg då näst Helsingfors och Åbo det största antalet handtvärkare [1]).

Näst handeln och handtvärket utgjorde jordbruket fortfarande stadsboarnes indrägtigaste näringskälla. Särdeles hade en stor del af den lägre befolkningen sin utkomst af denna näring. En kort öfversikt af stadens jordbruksförhållanden skall för oss närmare utvisa denna närings dåtida utveckling och ståndpunkt. Jordbruket.

Utom donationen af år 1811, hade staden vid samma tid erhållit äfven en annan mindre tillökning i sin jord. Sedan nämligen borgmästar Sarin redan 1807 påvisat nödvändigheten af skeppsvarfvets utvidgning, och stadens representant pa Borgå landtdag, Johan Ascholin, ytterligare framhållit dess betydelse för staden, intogs varfsplatsen, ansenligen utvidgad, på den år 1810 officielt faststälda plankartan såsom stadens tillhörighet. Något särskildt donationsbref följde icke härpå, men den öfverhetligen faststälda plankartan ansågs i detta afseende vara tillfylles. Den $^{18}/_{5}$ 1814 förordnade magistraten „att skeppsvarfvet skulle utvidgas till den utsträckning som Hans Kejserl. Maj:s till stadens utvidgande stadfästade plankarta utvisar". Då några stadsboar, som hade kålländer och andra planteringar på den till varfvets utvidgande bestämda marken, i anledning häraf yrkade på vederlag för hvad de i så måtto skulle förlora, afslog magistraten denna anhållan med följande anmärkning: „Hvad saken angår tillhörde denna mark ursprungligen Hans Kejs. Majestät och Höga kronan och vid det arrendetiden för staden till Kungshagarna utgick, försvann i och med detsamma rättigheten till kålländernas begagnande för deras innehafvare. I följd häraf och då H. K. M. efter magistratens tanke täckts i nåder skänka denna mark till varfsplan, så borde densamma och för detta behof Områdes-tillväxt.

[1]) Den s. k. Böckerska samlingen i F. S. A.

öppen hållas och förblifva och aldrig annorlunda begagnas, hvilket skulle strida mot donationens ändamål, däri stadens innevånare icke hafva makt att efter godtycke göra ändringar"[1]). Sålunda hade varfvet tillerkänts staden — en donation, hvars giltighet emellertid senare blifvit ifrågasatt. Trakten emellan varfvet och Nystaden var däremot fortfarande kronan tillhörig, och då stadens societetshus 1825 skulle byggas, „lemnade K. M:ts befallningshafvande särskildt därtill plats å kronomark"[2]).

Kronohagarna. Äfven tilläts staden fortfarande att under särskilda dels på kortare, dels på längre tid utsatta arronden få bibehålla de s. k. kronohagarna. Redan på Borgå landtdag hade stadens representant, Johan Ascholin, såsom sina valmäns främsta önskningsmål framhållit, att staden, hvilken — såsom vi erinra oss — af svenska regeringen blifvit från sitt „eviga arrende" skild, fortfarande måtte bibehållas vid dess ovilkorliga arrenderätt till kronomarken. „I händelse denna mark frånginge staden, skulle denna försättas i lidande, staden och skeppsbyggnaden trängas, enskilda personer förlora påräknade frukter af omtanka och flit och fordringsegare med allone gå förlustige den underpant dem blifvit gifven för de till sjelfva odlingarna tillskjutna penningeförsträckningarna". Något „evigt" arrende medgafs vidare icke, men genom att vid auktionerna bevaka sitt intresse, förblef staden fortfarande i besittning af ofvannämda för densamma oumbärliga mark.

Åkerarealen. Åkerarealen, hvilken — sasom vi erinra oss — vid slutet af föregående period uppgafs till omkr. 340 tunnland, tillväxte äfven under nu i fråga varande tid med halft annat hundrade tunnland. År 1825 uppgifvas stadens åkrar ännu omfatta endast c:a 290 tunnland äfvensom potatis- och kålländerna 50 tunnland, men 1844 beräknas den odlade markens areal redan till 480 och 1850 till 512 tunnland[3]).

Största delen af dessa åkrar voro fortfarande i enskild ego, och för dem erlades inga afgifter till stadskassan för såvidt man undantager åkerskattsspannmålen och tiondet. Dessa gamla ursprungligen

---

[1]) Varfsplanen beräknades 1816 till 9 tnl. 4 3/4 kpl.

[2]) Nagon annan nämnvärd omradestillväxt erhöll staden ej under denna tid. Rårna mot Rosnäs, Hjulböle och Torbonäs uppgingos ånyo 1831 — särskildt vid råängen vid Rosnäs, Hjulböle och Torbonäs viken — och de emot Lillraumo och Koivisto 1832.

[3]) Vid en senare affattning (1859) befunnos dock åkrarna med diken och vägar utgöra endast omkr. 464 tunnland. — Då borgmästar Ignatius 1841 uppgaf stadens åkerareal till 649 tunnland, torde han häri inberäknat äfven kronohagsakrarna, och möjligen dessutom Ulasöre- och Tommila-åkrarna.

Den privata besittningsrätten.

kronan tillkommande skatter, af hvilka hälften var anslagen magistraten till lön, betalades för öfrigt af enhvar efter tycke och smak [1]). 1831 hade väl en ny refning af åkerjorden värkstälts i syfte att utreda dess areala innehåll äfvensom „huru stor egovidd enhvar i densamma innehar, på det att åkerskatten jämt må utgå efter åkrarnes tunne- och kappetal och icke såsom hittils bero på godtyckliga uppgifter“. Men egarena visade sig „föga hugade att närvara vid förrättningen“, och någon väsentlig förbättring torde åtgärden därför icke medfört. I statskassans intägtsbudget från denna tid förekomma icke andra åkerarrenden än de som efter urgammal plägsed erlades för Bärnästegarna, äfvensom de, hvilka i slutet af 1700-talet blifvit faststälda för de då upptagna nyodlingarna vid Måsa och Kissanmäki [2]). Också säger Ignatius 1841 att stadens åkerjord brukas af åtskilliga stadsboar emot utgörande af fastställd åkerskatt, „med undantag af en del åker, som stadsboarne med full eganderätt besitta“.

Åkrarnas afkastning.

Med hvilken framgång borgerskapet under denna tid odlade sin jord, känna vi icke närmare. Men det synes som om jordbruket icke mera gifvit lika goda resultat som under „nyttans tid“. Kanhända låg orsaken härtill endels däruti, att borgarena — såsom magistraten 1833 fann sig föranlaten framhålla — „icke med samma drift, som annorstädes var vanligt, sysselsatte sig med sina näringar“. Samtliga åkrar ansågos enligt uppgift af år 1824 efter 6:te kornet gifva omkr. 600 tunnor årligen. Tobaks- och hampeodlingen hade så godt som helt och hållet upphört: tobaken hann i följd af klimatets hårdhet sällan mogna, och den hampa, som odlades på stadens sandiga åkrar, blef ej tillräckligt oljig, hvarför den icke heller dugde till tågvirke. Men från stadens potatis- och kålländer skördades i medeltal 6 à 7,000 tnr potäter, 50 skockor kål och 100 tunnor kålrötter, hvarförutom i stadens kryddgårdar uppdrogos allehanda köksväxter, något frukträd och bärbuskar. — År 1850 uppgifvas de å stadens åkrar odlade sädesslagen gifva följande korntal: rågen 7:nde, kornet 5:te och hafran 9:nde kornet.

Boskapsstocken.

Ängsarealen beräknades under perioden till omkr. 1,400 tunnland [3]). Boskapsstocken uppgifves 1810 hafva bestått af 175 hästar,

---

[1]) I början af perioden synas dessa skatter beräknats utgå med ungefär 12 strukna kappar för tunnlandet.

[2]) Naturligtvis voro äfven de af staden arrenderade kronohagsåkrarna för stadskassans räkning utarrenderade.

[3]) Holmarna i skären hade blifvit uppmätta ²/₄ 1810 och utgjorde då 866 tunnland 20 ¹/₂ kappland.

400 kor, 50 ungnöt och 300 får. För treårsperioden 1848—50 angifves antalet hästar till 332, äfvensom det af kor till 526 [1]). Senare räknades t. o. m. öfver 500 hästar i staden. Den starka ökningen i dragarnes antal, hvilket aldrig i Björneborg nått en så hög siffra som då, torde berott därpå att en stor del af borgarena under denna tid i egenskap af „formän" egnade sig åt fraktresor med köpmännens varor till Tammerfors och andra orter uppe i landet.

Fisket.

Hvad slutligen angår fisket, som fordom spelat en så stor roll i stadens näringshistoria, synes det varit stadt i aftagande. Väl heter det ännu 1823 att strömmingsfiske fortfarande idkas med „nötter, nät och sköt", men sillfisket sades redan 1819 vara obetydligt. Dock fortsattes ännu länge de häfdvunna fiskefärderna till Kallo notläger [2]). Hvarje midsommarafton kommo delägarene, hvaribland flere af stadens förnämsta borgare, med 12 båtar ned till skären. Af seglen, 24 till antalet, bygdes ett gemensamt tält, där hela intressentskapet med hustrur och barn sökte sig skydd för nätterna. Det var ett improviseradt samhälle i smatt: borgaren Sohlström kallades „konung", man „höll rådstuga", och på „fiskalens" angifvelse fäldes de försumlige till „böter" — allt plägseder, som sannolikt hade för sig århundradenas häfd [3]).

Sedan vi nu redogjort för näringarnas tillstånd i staden under förra hälften af innevarande sekel, återstår det oss att kasta en blick också på kyrkans och skolans värksamhet under denna tid.

Kyrkliga förhållanden.

Beträffande den kyrkliga församlingens yttre organisation vidtogos nu atgärder, som gingo ut på att närmare bestämma och ordna tillvägagaendet vid de kyrkliga valen. I anledning af uppkommen fraga om den rösträttighet, som vid skeende kyrkoherdeval tillhörde Björneborgs stadsförsamling inom Ulfsby pastorat i förhållande till landsförsamlingen därstädes, faststäldes år 1823 den öfverenskommelse, som i saken fattats pa allmän kyrkostämma den 16 februari sagda år, enligt hvilken stadens rösträttighet skulle vid ifrågavarande

---

[1]) Under närmast föregående triennium (1845—47) hade medeltalet hästar utgjort 254, och medeltalet kor 412. Ännu 1860 funnos 510 hästar.

[2]) Den [29]/[7] 1817 hade staden bekommit resolution på rättigheten att såsom tillförene okvaldt få gemensamt med jordegaren idka sill- och strömmingsfiske med not vid Kallo klippa, som lydde under Ytterö rusthåll, utan landslotts erläggande, sedan jordegaren njutit 2 fridagar att draga det första notvarpet. Detta fiske utarrenderades sedan för stadskassans räkning.

[3]) Borgerskapet anhöll 1817 att „till understöd vid uppförandet af ännu bristande publika byggnader få å stadens mark alla tider på året begagna tvänne notvarp efter lax och sik" — en ansökan som dock torde afslagits såsom kränkande såväl arrendatorernas af kronofisket som privata fiske-egares rätt.

val ansetts svara mot den för 48 mantal å landet. Två år senare, $^{21}/_{1}$ 1825, faststäldes ock en dylik öfverenskommelse angående kapellansvalen i staden, vid hvilka staden borde beräknas till dubbelt emot landsförsamlingen, som bestod af 35 mantal, hvarigenom stadens röster således skulle svara emot 70 mantal, hvarjämte de öfriga i valet deltagande landsförsamlingarna skulle enligt egande mantal sina röster afgifva. Denna öfverenskommelse grundade sig på gammal praxis och var lämpad efter det förhållande, i enlighet hvarmed stadens innevånare och landsförsamlingens medlemmar deltogo i stadskyrkans uppbyggande och underhållande [1]).

I afseende å de kyrkliga förhållandena må för öfrigt nämnas att i periodens början ännu förmärktes spår af den andliga rörelse, som i slutet af 1700-talet varit så mäktig i staden och dess omnejd. Det var äfven nu en kvinna, som genom sina predikningar åstadkom väckelser i vidsträckta kretsar. Hon var hemma från Ikalis och hade efter år 1810 nedsatt sig i Björneborg, där hon var känd under namnet „lilla mor“ (pikku muori). Sammankomsterna höllos vanligen hos borgaren Olof Sundelin, och till dem strömmade äfven nu folk från närmare och fjärmare trakter, om ock rörelsen icke på långt när var lika omfattande som på Anna Lagerblads tid. Det nyvaknade andliga lifvet urartade ock inom kort till hvarjehanda villor, hvilka dock blefvo häfda genom inflytande af sansade personer inom de väcktes egna led [2]).

Presterskapet å sin sida vinnlade sig, med samma nit som förut, om sedlighetens höjande och läskunnighetens befordrande inom de lägre klasserna. Särdeles hade prosten doktor Ignatius namn om sig att vara en nitisk kyrkans man, som egnade mycken omsorg åt det andliga lifvets höjande inom församlingen.

Hvad stadens skolförhållanden beträffar kännetecknades de, i likhet med de flesta andra kulturlifvets företeelser under denna tid, af ett visst stillastående, för att icke säga tillbakagående. Förut har framhållits, huru den björneborgska skolan genom Kraftman, som där först införde modernare lärometoder och ämnen, blifvit höjd till en af de förnämsta läroanstalterna i landet, äfvensom huru den under Branders rektorat i hufvudsak fortgått på den salunda inslagna vägen. Och ehuru denna riktning icke länge förblef bestående inom trivialskolan, såg det ut som om den redan vunnit fotfäste på orten, i det

Skolan.

[1]) Kyrkoprotokollerna $^{8}/_{3}$ 1825 och B. D. $^{22}/_{3}$ 1824.
[2]) Akiander, Historiska upplysningar, del. II, sid. 295.

dit i början af perioden förlades landets första i egentlig mening reala lärovärk.

Gripenbergska anstalten.

Det var den s. k. Gripenbergska uppfostringsanstalten, som efter att året förut hafva öppnats i Tavastehus, i oktober 1813 flyttades till Björneborg. Dess grundläggare och ledare var den för undervisningskallet varmt intresserade kaptenen O. H. Gripenberg, hvilken under en studieresa utrikes gjort bekantskap med Pestalozzis idéer och system. Anstaltens ändamål var att „väcka, befordra och underhålla en religiös och moralisk värksamhet hos den uppvexande ungdomen på ett sätt som leder till grundliga kunskaper om Gud, människan och naturen, användbara för alla medborgare". Bland läroämnena stodo främst: moderna språk, matematik, naturlära, historia, filosofi, moral [1]). Språkundervisningen bedrefs praktiskt af utländska lärare, fransmannen Limouzin och tysken Ulrici.

Institutet, som utgjorde ett blandadt externat och internat, tillvann sig inom kort ett stort förtroende. 1815 uppgick elevantalet till 26, men under dess mesta lysande tid skall det stigit t. o. m. till 47. Tyvärr såg sig dock Gripenberg af ekonomiska skäl tvungen att redan 1818 flytta lärovärket till sin egendom Voipala i Sääksmäki, hvarest det efter några år alldeles upphörde (1822) [2]).

Klassiciteten i trivialskolan.

Med den Gripenbergska anstaltens bortflyttande från orten var det ock slut med den moderniserande riktningen inom stadens skolförhållanden. Ty vid den gamla trivialskolan hade den under förra seklet något tillbakasatta klassiciteten åter intagit högsätet. De under „nyttans tid" på skolprogrammet upptagna ämnena: principia economiæ och jurisprudentia naturalis m. m. lästes icke mer, och valet af de öfriga reala ämnena var alltför sväfvande, för att de skulle kunnat bilda en motvigt mot den allrådande klassiciteten.

„Gamle rektor Johnsson" (1804—1839), den lilla, magra gubben med silfverlockarna, i den gammalmodiga drägten, var en varm beundrare af den gamla skolregimen. Under hans auspicier egnades främsta studiet åt de antika språken, och särdeles bedrefs af honom sjelf under-

[1]) Läroämnena voro: språk (svenska, ryska, franska, tyska och latin), räkning, geometri, geografi, naturalhistoria, naturlära (fysik och kemi, astronomi och mekanik), allmänna kunskaper om människans fysiska och moraliska natur jämte de viktigaste reglerna för helsans bevarande, historia, moral, filosofi, religion och musik.

[2]) Leinberg, En Pestalozzis lärjunge. Särtryck ur Pedag. tidskrift. Såsom vid anstalten använda läroböcker nämnas: Lacroix', N. Smids, Mullers, Beckmarks arbeten i rena matematiken, Steins, Galettis, Heusingers, Hartmans, Silfverstolpes, Bergmans, Insulins och Malets arbeten i geografi och världsbeskrifning; Mozellis franska, Heinsii tyska samt Bröders latinska språkläror.

visningen i hebreiskan, detta språk, på hvilket — såsom han sade — Gud sjelf och hans heliga änglar talat, med den framgång, att hans närmaste efterträdare, förvånad öfver elevernas skicklighet i detta ämne, utbrast: „här tala ju sjelfva väggarna hebraiska“ [1]).

Men tiden fordrade redan annat af skolan än hebreiska och latin. Dessutom bidrogo ock vissa andra omständigheter till att skolans värksamhet ej mer kröntes med den framgång, som i äldre tider varit utmärkande för den björneborgska lärdomsanstalten. Genom gymnasiets i Åbo inrättande (1830) betogs stadens trivialskola den rättighet den egt ända sedan sin grundläggning att dimittera direkte till akademin. Detta värkade ett hastigt sjunkande af elevantalet. Härtill bidrog ock i sin mån den praktiska och merkantila riktning borgerskapets sträfvanden öfver hufvud antagit, hvilken föranlät många föräldrar att egna sina söner åt handel och näringar [2]). Rekommenderande för skolan var icke heller det öfverdrifna användandet af riset, som några af lärarne — Fogelholm, Forsman och Frosterus — tilläto sig, och hvaröfver stadens äldste, anförde af borgmästaren, framstälde klagomål vid biskopsvisitationen 1835 [3]). Under sådana förhållanden nedgick elevantalet från något öfver 200, i slutet på 1820-talet, till 82, såsom det var under trivialskolans sista år 1841. Därjämte befunnos de elever, som därifrån dimitterades till universitetet [4]), och efter 1830 till gymnasiet i Åbo, „stå efter valedicenterna från andra skolor i stiftet“ [5]).

Skolans nedåtgående.

Medan sålunda trivialskolan, arbetande under trycket af klassicitetens tunga luft, såg sin tillvaros andra sekel nalkas sitt slut, förblef ock lifvet inom densamma oberördt af alla tidens framsteg. Bruket att eleverna vintertiden kommo till skolan med vedträn under armen och sjelfva tände brasan i spiseln var väl redan öfvergifvet, men många andra af den gamla tidens „opera serviliora scholastica“ fortlefde ännu i praktiken. Åtminstone en gång i veckan skulle apologisterna, under vaktmästarens tillsyn, sopa skolgolfvet. Äfven tillvärkandet af „klobban“, detta af smidiga björkkvistar flätade straffredskap, som på denna tid, då man ännu hyllade satsen: „kuta koulu

Skollifvet.

[1]) Se „Skoltidning“, november- och december-numrorna, 1848.

[2]) Högsta antalet elever trivialskolan denna tid haft var 218 (1829).

[3]) Med anledning af dessa klagomål infördes ett disciplinsreglemente, som gjorde straffen delvis beroende af skolkollegiet. Förhållandet blef härigenom icke stort bättre, enär eleverna nu fingo vänta på straffet till exekutionsdagarna. Reglementet kom ock snart ur bruk.

[4]) På 1820-talet dimitterades till akademin i medeltal 8 à 9 elever årligen.

[5]) Färling. Några grunddrag etc., sid. 27.

kovempi, sitä pappi parempi", var ett af skolans förnämsta undervisningsmedel, ålåg egentligen apologisterna, hvilka också främst fingo vidkännas dess värkningar. Tidigt hvarje morgon skulle en elev från enhvar af de olika klasserna springa hem till resp. lärare och underrätta honom om hvad tiden led samt särskildt „indicera" det betydelsefulla 7-slaget, då arbetet skulle begynna. „Clavarius", en apologist, som stod vid dörren och öppnade för lärarne — äfvensom för rektoristerne — egde därjämte passa på rådstu-urets gång och med ljudelig stämma tillkännagifva timslagen: „hora nona", „decima" o. s. v. — ett åliggande, som sedan skolan fått sitt eget ur, inskränktes till söndagsringningarnas anmälande under rop af „prima", „secunda", „tertia vice singulit". „Ostiarius", en rektorist, som under lärarnes frånvaro skulle upprätthålla ordningen i skolan, vandrade med riset i hand från klass till klass, ofta ganska hårdhändt utdelande sina tillrättavisningar. Inom hvarje klass egde dessutom „primus" hålla reda på och till erhållande af näpst anmäla alla „strepentes", „ridentes" o. s. v., hvarjämte „longus" (d. v. s. „ultimus") skulle torka dammet af bordet vid lärarens inträde [1]).

Högre elementarskolan. En förändring i stadens skolförhållanden af icke så ringa betydelse inträffade väl, då den gamla trivialskolan, som under en tidrymd af 200 år varit Satakuntas främsta bildningshärd, genom förordningen af $^{21}/_{6}$ 1841 förvandlades till en högre elementarskola med 4 klasser, medan apologistklassen afskildes därifrån till en särskild inrättning för sig under namn af lägre elementarskola. Dock medförde denna förändring af skolans yttre organisation icke omedelbart någon märkbarare förändring af dess värksamhetssätt och väsende.

Under sin första tid synes högre elementarskolan fortgått i trivialskolans fotspår. Elevantalet, som till en början höll sig emellan 80 och 90, steg dock på slutet af 1840-talet till något öfver 100. Då domprosten J. A. Edman i maj 1848 förrättade biskopsvisitation, ansåg han sig hafva skäl till den anmärkning, att „uti läroanstalten visserligen röjde sig ett framåtskridande till något bättre, men att det mål till hvilket den sökte och borde komma ännu var aflägset", hvarför — enligt hans öfvertygelse — högre elementarskolan i Björneborg stod efter åtminstone en del af de öfriga elementarskolorna i stiftet. Öfver detta uttalande anförde lärarne klagomål i domkapitlet, hvilket väl icke kunde finna att vare sig rektor eller öfriga skolans lärare gjort sig förtjenta af det af visitator summariskt fälda ogillande

---

[1]) A. Varelius, Muistelmia Porin koulusta, i „Tervehdys" 1881, äfvensom Nordlund, Skolförhållanden.

omdömet, men icke heller kunde neka „att ett än fördelaktigare förhållande i skolan än det närvarande varit både möjligt och önskvärdt“ [1]).

Trots de förändringar den björneborgska skolan under perioden undergått, såväl genom förlusten af rättigheten att dimittera till akademin (1830) som genom dess omorganisation till elementarskola (1841), hade — såsom vi sett — lärosättet och regimen vid densamma ännu i hufvudsak förblifvit vid det gamla. Också mången gammal skolsed fortlefde ännu oförändrad, medan en och annan endast motsträfvigt gaf vika för de nya förhållandena. Till dessa senare hörde t. ex. de s. k. valedicenternas triumftåg. Det hade nämligen under trivialskolans tid varit brukligt att valedicenterne, klädda i högtidsdrägt, bärande höga silkeshattar, som lånats än här än där, af olika snitt och ålder, samt omvirats med fingersmala gröna band, hvilka fladdrade för vinden, promenerade partals arm i arm gata upp och gata ned. I två århundraden hade staden vant sig vid detta skådespel, hvilket därigenom vunnit ett slags helgd, och hvilket man ej så lätt ville frångå. Också fortsatte rektorn, sedan dimissionen till universitetet redan upphört, ännu några år att utnämna valedicenterne till gymnasium på samma sätt som han förut utnämt dem till akademin. Sålunda fortforo dessa egendomliga hattprocessioner intill medlet af 1830-talet, då de emellertid småningom upphörde och hemföllo åt glömskan [2]).

Gamla skolseder.

Hattprocessionen.

Längre tid än valedicenternas triumftåg bibehöll sig firandet af luciefesten, aftonen före Lucie dagen, den 13 december, då ungdomen hemförlofvades till julferierna. „Festens glans utgjordes af den jämförelsevis storartade illuminationen samt af den därmed förenade tunnbandsdansen, som exequerades under afsjungandet af latinska karminalier, hvilka till en del bestodo af julpsalmer, till en annan del af sånger af blandadt innehåll“. Det var en enkel tvåstämmig sång, som inlärdes blott efter gehör. Man började prestationerna vanligen med den i långsam psalmtakt hållna jubelsången: „ecce novum gaudium, ecce novum mirum“, och slutade med den i hastigt tempo fortlöpande skolsången: „o scholares, voce pares, jam mecum concinite etc.“. Lika enkel som sången var dansen, hvarvid deltagarne, i den takt de olika sångerna angåfvo, skulle träda in under det hvalf, som bildades af tunnbanden, hvilka höllos af de i leder uppstälda eleverna, och åter ut därifrån i motsatta ändan,

Tunnbandsdansen.

[1]) Färling, Några grunddrag etc., sid. 31.
[2]) Nordlund, Skolförhållanden, sid. 93—96.

gående hvarannan åt höger, hvarannan åt venster. Under uppehållen mellan sångerna bjödos förfriskningar, bestående i äppel och konfekt, at den tillstädeskomna publiken, bland hvilken märktes stadens honoratiores i högtidsdräkter, ryska officerare i granna uniformer, fruntimmer i toaletter efter den tidens moder. Mot denna moderna omgifning bildade de antika danserna och de åldriga sångerna en egendomlig kontrast, hvars värkan ytterligare stegrades af illuminationen, som utstrålade från hundraden af talgljus, uppstälda dels i de gamla träkronorna i taket, dels i de för ändamålet i fönstren anbragta vinkelbågarne, och hvilken kastade öfver det hela ett gulaktigt skimmer, likt julmorgonsbelysningen i en gammal klosterkyrka. Bruket att på detta sätt fira luciefesterna fortgick i Björneborgs skola ända till några år efter branden, då ändtligen de gamla danserna och sångerna, dessa till det 19:de seklet fortplantade minnen från medeltiden, upphörde [1]).

Från skolan utgångna framstående stadsboar.

Bland Björneborgare, som under denna tid gjorde sig bemärkta utom sin födelsestad, var Johan Fredrik Sacklén [2]) — som, bosatt i Nyköping, på 1820- och 1830-talen började utgifvandet af sina stora arbeten rörande Sveriges läkare och apotekare — redan öfver medelåldern då perioden ingick. Den tidens yngre generation åter tillhörde Fredrik Hertzberg, Johan Ernst Wirzén och Erik Gustaf Eurén. Den förstnämde [3]), linväfvareson från Björneborg, gjorde sig känd genom sina utgifna skrifter. Wirzén [4]) åter, son till apotekaren

---

[1]) Skildringen af luciefirandet grundar sig dels på Nordlunds Skolförhållanden, dels på uppsatsen Skolnöjen i Skoltidning, december månad 1848.

[2]) Johan Fredrik Sacklén, f. $^{19}/_{9}$ 1763. Son till borgmästaren Lars Sacklén och Eva Elisabet Jeansson. Stud. i Åbo 1778, men begaf sig 1782 till Upsala, hvarest han 1788 blef medicine doktor. Sedan han förestått särskilda läkarebefattningar i Sverige, blef han regementsläkare vid Södermanlands regemente, i hvilken egenskap han bivistade 1788—90 års krig i Finland. Efter fredsslutet återvände han till Sverige och bosatte sig i Nyköping, hvarest han bodde till sin död, $^{12}/_{3}$ 1851. Hans arbete Sveriges läkarehistoria utkom 1822—35 och Sveriges apothekarehistoria 1833. G. med Maria Elisabet Ihlström.

[3]) Fredrik Hertzberg. Son till linväfvaren Johan H. och Maria Fagrén. F. $^{1}/_{10}$ 1808. Stud. 1827, mag. 1836, docent i grek. litt. 1837, fil. d:r 1840, lektor vid Åbo gymn. 1843 och rektor därstädes 1850; kyrkoherde i Loimijoki 1858, † $^{9}/_{11}$ 1865. G. med Johanna Matilda Hummelin. Han var fader till skriftställaren och skalden Rafael Hertzberg.

[4]) Johan Ernst Wirzén. F. $^{20}/_{1}$ 1812. Stud. 1826, mag. 1832, vistades vid univ. i Kasan 1833—35, och gjorde under denna tid botaniska forskningsresor i särskilda delar af Ryssland; med. lic. 1837, med. adj. och botanices demonstrator 1839, värkstälde vidsträckta botaniska resor i Finland 1837—41, samt reste i Sverige, Danmark och Tyskland 1846—47, † $^{18}/_{1}$ 1857. G. med Sofia Lovisa Forstén.

Joh. Jak. Wirzén i Björneborg, förvärfvade sig ett namn genom de vidsträckta naturvetenskapliga forskningsresor han företog, såväl i hemlandet, som utrikes, i Sverige, Ryssland, Danmark och Tyskland. Erik Gustaf Eurén [1]) slutligen framstod såsom stor kännare af finska språket, grammatiker och lexikograf.

I staden framträdde, i synnerhet mot slutet af perioden, en tilltagande sträfvan att sprida vetande och bildning i allt vidsträcktare kretsar. Där fans utom de nämda statslärovärken på 1840-talet äfven en privat elementarskola för gossar med 10 elever, äfvensom tvänne pensionsanstalter för flickor, i hvilka 1850 undervisades tillsammans 33 pensionärer [2]). Flickskolor.

För första gången riktades nu ock uppmärksamheten på nödvändigheten att bereda det lägre folkets barn tillfälle till kunskapers inhemtande. Den 4 dec. 1825 förenade sig stadens innevånare enhälligt därom att en lancasterskola skulle inrättas, och anslogs för ändamålet 2 kollekter årligen. 1829 bestämde landshöfdingen stadens torgkassa till fond för den blifvande inrättningen, som dock ej kom till stånd före branden. Däremot nämnes redan 1830 en s. k. fattigskola, bland hvars elever funnos några, som lifnärt sig med bettlande, hvarför de skulle understödas med medel från fattigkassan. Dessutom hade i början på 1840-talet en med enskilda bidrag af stadens fruntimmer inrättad skola för fattiga flickebarn kommit till stånd, och räknade anstalten i medeltal omkring 15 elever i året. Fattigskolor.

Ett viktigt framsteg i afseende å förbättrandet af handtvärksidkarnes utbildning gjordes på 1840-talet genom söndagsskolornas inrättande. Redan 1840 hade stadens handtvärkare hos guvernören anhållit att lärlingar ej måtte få till gesäller utskrifvas, ej heller gesäller till mästare antagas, om de icke, utom i författningarna fordrad kompetens, egde handstil, kunde räkna qvattuor species och afkopiera Söndagsskolan.

---

[1]) Erik Gustaf Eurén, son till borgaren Erik Eurén och Juliana Sigström. F. $^{24}/_{6}$ 1818. Sedan han blifvit inskrifven vid gymnasium i Åbo, måste han för medellöshets skull redan efter ett år skilja sig därifrån. Kontorist vid Fredriksfors bruk. Fortsatte därjämte sina studier. Blef student 1841, mag. 1844. Gymnasiiadjunkt i Åbo 1845. Flyttade 1857 till Tavastehus, hvarest han blef lektor i historia vid där inrättade gymnasium. Rektor därstädes 1857—63. Publicerade 1846 Grunddragen till finsk språklära, 1849 Finsk språklära, 1851 Finsk språklära i sammandrag, 1852 Suomalainen kielioppi Suomalaisille, och 1860 Suomalais-ruotsalainen sanakirja. Dessutom utgaf han 1857 en hebreisk grammatik. † $^{13}/_{4}$ 1872. G. 1:o 1852 med Konstantia af Lefrén, och 2:o 1871 med Katarina Boldt.

[2]) Den ena af dessa pensioner, fru Winters, öppnades i början på 1840-talet.

modeller. Enligt förordningen af den 7 jan. 1842 angående handtvärkarnes utbildning öppnades d. ä. i staden en söndagsskola för handtvärkslärlingars och tjenstefolks undervisande [1]). Anstalten frekventerades flitigt af ungdom från stadens handtvärks- och tjenstefolkspersonal (1852 102 elever).

Hela antalet af elever i stadens samtliga skolor, fattigskolan undantagen, om hvars elevfrekvens inga uppgifter finnas, utgjorde således vid 1850-talets ingång omkr. 250 eller 300.

Fattigvården. Medan Björneborg — såsom vi ofvan funnit — fortfarande häfdade sitt anseende såsom Satakuntas hufvudort såväl i egenskap af landskapets näringscentrum, som ock i egenskap af dess främsta bildningshärd, tillgodosågs där ock, såvidt sig göra lät, tidens fordringar i afseende å förbättrande af de hjälpmedel, som afsågo den allmänna nödens lindrande inom dess område.

Fattigvården, som fortfarande omhänderhades af presterskapet, måste i anseende till befolkningens, särdeles den lösa befolkningens, starka tillväxt draga försorg om allt flera nödlidande. 1817 inrättades, enär det 1803 uppförda nya fattighuset af ler sannolikt då redan befans vara för trångt, en ny fattiggård på tomten 348 i Nystaden, och 1818 påbörjades, i likhet med hvad som redan skett på 1700-talet, en allmän „fattigtaxering" till fattigkassan. Denna, som uppkommit genom öfverskottsmedlen af 1801 års brandhjälp, diverse kollekter och hyresmedlen för det i fattiggården inlogerade ryska militärsjukhuset, hade år 1829 innestående 560 rdr banco och 500 rub. bancoassignationer samt utlånade 533 rdr och 800 rub. samma mynt. Samma år underhöllos i fattighuset 11 och i staden 44 fattiga, kostande de förra 50 rdr riksgälds och 8 rdr banco, de senare 208 rdr 32 sk:r banco. Men under treårsperioden 1848—50 [2]) utgjorde de af kommunen underhållna fattiges antal redan resp. 190, 192 och 157 personer, hvilka dels voro intagna i fattighuset, dels erhöllo direkt understöd, och dels underhöllos af enskilda på bekostnad af fattigkassan, hvars utgifter under nämda trenne år stego till omkr. 1,300 à 1,500 rubel årligen. Dessutom hade kommerserådinnan Moliis genom testamenten af den 20 aug. 1843 och den 1 april 1847 lagt

[1]) Till aflönande af en lärare i ritning sammansköto yrkena 50 rubel, sålunda att silfverarbetarne åtogo sig en utgift af 5, skomakarne en af 4, skräddarne en af 3 rubel o. s. v.

[2]) 1844 underhöllos, enligt Gyldén, 113 fattiga för en kostnad af 642 rub. 54 kop. Årliga kostnaden för hvarje fattig utgjorde då 5 rub. 68 kop.; och på 1,000 innevånare belöpte sig i medeltal 23 fattiga.

grunden till en donationsfond, ur hvilken räntorna skulle betalas till medellösa bland ståndspersonsklassen [1]).

Då därjämte den tilltagande befolkningen allt mer ökade behofvet af ständig läkarehjälp och nödiga sjukvårdsanstalter, där särdeles den lägre befolkningen finge söka bot vid tillfälle af sjukdom, vidtogos åtgärder för att äfven i detta afseende räcka den nödlidande en hjälpsam hand.

Redan 1847 hade C. F. Björnberg föreslagit att utom den stadsläkare, som redan var af staden anstäld, en annan läkare, som i sjukvården skulle biträda den förre, borde antagas, samt att den afgift af 16 kop. s:r, som hvarje mantalsskrifven person under namn af läkaremedel årligen erlagt, därför borde höjas till 20 kop. Men flertalet af stadsboarne, hvilka det sålunda tillkom att genom förhöjd läkareafgift utgifva den föreslagna nya läkarelönen, vägrade gälda nämda afgift till högre belopp än förut. Magistraten ansag sig under sådana förhållanden ej kunna godkänna förslaget, och dess utslag fastställdes såväl af landshöfdingen som af Senaten. Men tre år senare upptogs frågan ånyo med bättre framgang. 667 skattören voro då för förslaget och endast 28 emot. Den $^{9}/_{11}$ 1850 beslöt alltså magistraten att en andra stadsläkaretjenst i staden för framtiden skulle inrättas, och följande år nämnes redan L. Häggroth såsom biträdande stadsläkare. Biträdande stadsläkaren.

Äfven vidtogos under perioden särskilda atgärder för allmänna sjukvårdens förbättrande. På d:r Björnlunds initiativ hade — såsom förut blifvit framstäldt — redan år 1807 vidtagits anstalter för inrättande af ett beständigt veneriskt kurhus i Björneborg, hvartill inköpts gården n:o 243 i torgkvarteret för de af Serafimerorden för ändamålet anslagna medel. Knappt hade emellertid sjukhuset kommit i gång, innan kriget afbröt dess värksamhet. Då emellertid den veneriska smittan i oroväckande grad utspridt sig i den björneborgska delen af länet, öppnades i februari 1811 ånyo i staden ett „provisionelt“ eller ambulatoriskt veneriskt kurhus med 20 sängar, „hvarvid de numera finska kronan tillhöriga och i slikt ändamål förut använda rummen åter skulle begagnas“. Men då enligt landshöfdingens kungörelse sjuka från hela länet skulle begifva sig till lasarettet i Björneborg för att läkas, befans inrättningen redan i början vara alldeles otillräcklig för behofvet. Den $^{8}/_{3}$ 1811 hemstälde därför magistraten att ytterligare tio sängar finge anskaffas, Provisionella kurhuset.

[1]) Ofvanstående uppgifter äro hemtade ur guvernörsberättelserna för de angifna åren. 1848 hade uppgjorts förslag till fattigordning för Björneborgs stad.

äfvensom att assessor Lindebäck skulle förordnas Björnlund till biträde vid inrättningen. Senaten afslog denna anhallan för sa vidt den afsag sjukplatsernas ökande, men tillstadde Lindebäcks antagande till Björnlunds biträde. Den salunda tillkomna anstalten synes sedan varit i värksamhet till 1817. Detta år föreslogs nämligen af collegium medicum, att det provisionella kurhuset i Björneborg skulle indragas [1]).

Feberlasarettet. I stället erhöll staden kort därefter sin första egentliga lasarettsinrättning. 1834 donerade nämligen kommerserådet P. A. Moliis för detta ändamal den gamla tvålfabriksbyggnaden vid vestra tullplanen. Några stadsboar förbundo sig därjämte att genom årliga bidrag sammanskjuta medel för underhållandet af 12 sjukplatser i bemälda feberlasarett. Den $^{9}/_{21}$ juni 1841 beviljades ur allmänna statsmedel i ett för allt 428 rub. 57 kop. s:r „till ett vedermäle af H. K. M:ts höga välbehag om Björneborgs stadsboars genom sagda inrättning ådagalagda nitälskan för stadens väl“. Med feberlasarettet förenades 1845 en accouchementsinrättning, som 1850 hade 2 sjuksängar, och för hvilken kostnaderna samma år utgingo ur stadskassan med 114 rub. 12 kop. Däremot synes den 1846 af medicinalstyrelsen väckta frågan om inrättande i staden af ett allmänt sjukhus, hvartill staden lofvade afstå tomt om kronan åtoge sig underhållet, ej hafva ledt till någon påföljd [2]).

Styrelsen. I likhet med näringarna samt kyrko- och skolförhållandena, förblefvo ock stadens styrelse och förvaltning i hufvudsak på gammal fot. Den anmärkningsvärdaste förändring som i afseende å dem vidtogs var magistratslönernas reglering, en förändring som dock lemnade sjelfva den gamla organisationen oberörd.

Borgmästare-embetet bekläddes i början af perioden af assessoren Christian Johnsson, som efter Mörtengrens afgång 1812 tillträdde befattningen. Enligt utslag af $^{16}/_{12}$ 1828 vardt han emellertid på tvänne år skiljd från utöfningen af sin tjenst, hvarunder rådmannen Erland Rosenback i egenskap af viceborgmästare omhänderhade stadsstyrelsen. Då Johnsson sedermera, år 1831, på begäran

---

[1]) Åtgärden torde gått i värkställighet, enär lasarettet sedermera icke förekommer omtaladt i handlingarna. 1828 försåldes för kronans räkning på auktion den gamla af Serafimerriddarne inköpta gården åt Aug. Magn. Lagermarck. — Se för öfrigt BD. $^{280}/_{215}$ 1810, $^{55}/_{106}$ 1811. I kurhuset hade 1814 i juli varit inskrifna 33 patienter.

[2]) I staden hade dessutom vid koleratider funnits särskilda kolerasjukhus, t. ex. 1831, 1832 och 1834. Å Kappelskärs holme nämnes 1832 en karantänsinrättning.

erhållit afsked, valdes i hans ställe assessoren Gust. Henr. Ignatius (1832—1844). Dennes borgmästaretid var i många afseenden en af stadens märkligaste epoker. Då nadde dess handelsflotta sitt högsta lästetal, da uppfördes det nya radhuset. I anseende till Ignatii om staden inlagda förtjenster föreslogo ock stadens äldste att Ulasöre, som arrendevis nyligen öfvergått i borgmästarens disposition, skulle räntefritt åt honom öfverlåtas [1]). Efter Ignatii död, $^5/_6$ 1844, blef sedan

Gustaf Henrik Ignatius.

Clas Wahlberg (1844—1859) stadens borgmästare. Efter branden 1852 medvärkade han kraftigt till stadens återuppbyggande och förskönande.

Bland rådmännen, hvilkas antal fortfarande var fyra, ma nämnas: Per Anton Moliis, som $^{22}/_6$ 1835 hugnades med kommerserådstitel, Erland Rosenback, hvilken 1834 blef kämnerspræses, och Erland Sourander († $^{27}/_5$ 1856), den sista magistratsperson i Björneborg.

[1]) Detta förslag synes dock icke gått i värkställighet, i anledning af däremot anförda besvär.

som åtnjöt sina löneförmåner efter det häfdvunna sättet, i form af jordräntor och andra intrader [1]).

I afseende å borgmästarens och rådmännens löner inträffade nämligen — såsom redan antyddes — under denna tid den förändring, att de nu bestämdes att utgå i ett för allt ur stadskassan. Sedan uråldriga tider hade, såsom särskilda gånger framhållits, dessa löner bestått af vissa jordräntor och andra staden donerade intrader. Sålunda uppbar ännu borgmästaren för sig räntorna från Tommila, 18 tnr spannmål, 9 lisp. smör, 1 slaktnöt och 12 famnar ved, eller alltsammans beräknadt i penningar, 87 rubel 70 kopek, och från Tahkoluoto holmar, 10 tnr strömming, 16 lisp. fjällfisk, 13 lisp. smör och 6 slaktfår, hvilket reduceradt till gångbart mynt motsvarade 58 rubel 80 kopek. Dessutom hade han tre tunnland åker i Bärnäs och 40 tunnland äng, hvilka hvardera anslag, med afdrag af odlingskostnaderna, ansågos tillsammans lemna en inkomst af 66 rubel. För en ängslapp i Lattomeri beräknade han sig i arrende 5 rubel, och för fisket i Herreviken, hvilket så aftagit, att därför i arrende erlades blott ett kok färsk fisk, — 30 kopek! Härtill kom ännu 20 tnr spannmål ur stadens tiondeboda, i värde motsvarande 70 rubel, äfvensom ersättning för krog- och mulbetsafgifterna, hvilka Ignatius afstått åt stadskassan, 68 rubel 57 1/7 kopek. — Hvarje rådman åter beräknade sig 4 tunnor spannmål ur stadens tiondeboda (= 14 rubel), afkomsten af 20 kappland åker och 10 tunnland äng (med afdrag af odlingskostnader motsvarande en inkomst af 15 rubel 75 kop.), arrende för en ängslapp i Lattomeri (= 2 rubel) samt ersättning från stadskassan för krog- och mulbetsafgifterna 34 rubel 28 4/7 kop. — Således hade borgmästaren en lön af inalles 356 rubel 37 1/7 kopek samt hvarje rådman en sådan af 66 rubel 3 4/7 kopek! Med slika löner kunde dessa tjenstemän icke rimligen subsistera under de förändrade lefnadsförhållanden som inträdt sedan de tider, då dessa anslag först bestämdes [2]).

Också hade borgmästare och råd vetat att skaffa sig ett lönebidrag, hvilket ensamt för sig var större än sjelfva denna grundlön. Detta tillskott togs af tolagsmedlen, hvilka på 1600-talet, då de ännu voro högst obetydliga, hade blifvit staden donerade, utan att dess närmare bestämningar gjorts i afseende å deras användning. Sedan hvilken tid magistraten börjat för sig använda dessa medel, och om

[1]) Till magistraten och rådstuturätten inkommo vid medlet af perioden, på 1830-talet, i medeltal omkring 125 kriminal- och 950 civila mål om året.

[2]) I aflöningsstaten för 1834 uppgifves borgmästarens lön till 1,500 rub. b:co assign.

den därpå hade något kungligt bref, kunde ej mera konstateras. Men säkert är att atminstone på 1780-talet tolagen, som då ej steg till mera än omkr. 20 rdr om året, gick till delning emellan borgmästaren, som erhöll hälften, och rådmännen, som fingo $^1/_8$ hvarje. Efter 1801 ars brand synes under en längre tid ingen tolag blifvit uppburen hvarken för magistratens eller stadskassans räkning. Men sedan Ignatius blifvit borgmästare började magistraten, stödjande sig på precedensfallen från 1780-talet, åter att uppbära tolagen sasom en densamma sedan uråldriga tider tillkommande inkomst. I anseende till handelns kolossala tilltagande hade också tolagen stigit och utgjorde vid denna tid omkring 5,000 à 6,000 rubel b:co assign. eller 1,200 à 1,300 rub. s:r årligen. Häraf utgjorde t. ex. ar 1842 borgmästarens andel 639 rub. 50 kop. s:r och hvarje radmans 159 rub. 87 $^1/_2$ kop. Tolagsmedlen utgjorde sáledes den hufvudsakliga delen af magistratens inkomster under 1830- och 1840-talen.

Men då emellertid borgmästare och rad ej kunde uppvisa något laga stöd för sin påstadda rätt att sig emellan dela tolagen, hvilken öfver hufvud ansags tillkomma staden sasom en donation till dess vidmakthållande, inlemnade C. F. Björnberg jämte flere af borgerskapet år 1844 besvär till högsta ort öfver detta — sasom de menade — magistratens egenmäktiga tilltag och yrkade på tolagsmedlens aterbärande till stadskassan. Såväl guvernören som Senaten resolverade dock att de dåvarande magistratsledamöterna skulle orubbadt bibehallas vid sina gamla lönevilkor samt att ifragavarande tolag först efter deras afgang, vid skeende ny lönereglering, skulle till stadskassan indragas.

En sådan lönereglering hade ock redan 1835 af borgmästar Ignatius föreslagits och frågan hade $^2/_{11}$ s. a. diskuterats af borgerskapet och $^{12}/_3$ 1836 af dess elektorer. Men de föreslagna nya lönerna ansagos af magistraten vara alltför knapphändigt tilltagna, och man kunde ej komma till enighet rörande tidpunkten för tolagens indragande. I anledning häraf förföll fragan för den gången. De gamla lönevilkorena skulle emellertid gälla endast för dåvarande innehafvarene. Häraf blef följden att på 1840-talet en del magistratspersoner, nämligen de, som varit med om de år 1836 vidtagna besluten, voro temligen väl aflönade, medan däremot de nya, som sedermera tillträdt sina tjenster, voro „eländigare lönte än den sämsta jordtorpare". På grund af detta missförhallande inträffade bl. a. att en rådman, Erland Sourander, ensam atnjöt större lön än alla tre öfriga rådmännen tillsamman.

Löneregleringen.

Efter borgmästar Ignatii död upptogs emellertid löneregleringsfrågan ånyo, och denna gång med bättre framgång. Borgerskapet „utsåg stadens äldsta till elektorer“, hvilka skulle upprätta förslag till ny stat, som sedan af magistraten och borgerskapet skulle granskas. Det ansågs vara för borgmästaren betungande att indrifva den på flere håll fördelade jordelönen, „hvarvid dessutom för jordbruket en vidlöftig ekonomi måste vara förenad“. Man föreslog således att, i händelse borgmästaren afstode från sina jordräntor, honom skulle ur stadskassan beräknas en ersättning af 450 rubel s:r, hvilken summa lägenheterna efter högsta beräkning ansågos kunna inbringa. Dessutom tillerkändes den nya borgmästaren ett vilkorligt tillskott af 350 rubel, hvaraf dock 150 rubel skulle afgå, i händelse borgmästaren

Hall- och manufakturrättens nya sigill.

ej ville emottaga magistratssekretariatet. Radmännen däremot, ansåg man, kunde nöjas med sina gamla jordlöner; och tolagen, hvaraf nu mera Sourander ensam var delaktig, skulle framdeles återgå till stadskassan. Härmed voro naturligtvis de nye radmännen missnöjde.

Magistratens nya stat. Frågan afgjordes dock redan 4/8 1845 vid ett magistratssammanträde, hvarvid guvernören Cronstedt närvar. Enligt den nya staten, som nu antogs, skulle borgmästaren i ett för allt i lön erhålla 800 rubel, justitieradmannen 200 och politieradmännen, hvardera 150 rubel. För kämnerspreses bestämdes en lön af 250 rubel. Kassören tilldades en lön af 150, och polisbetjente en af 50 rubel, för hvarje. Alla jordräntor, likasaväl som tolagen, skulle härefter tillfalla stadskassan. Härmed upphörde för alla tider det gamla ända från 1500- och 1600-talen härrörande aflöningssättet för stadens magistrat[1]).

[1]) Om löneregleringsfrågan se SD. 636/13 1844, FE. 407/8.

Af de särskilda rätter, som på 1700-talet förekommo i staden, och i hvilka stadens rådmän för det mesta voro bisittare, funnos numera kvar endast hall- och kämnersrätterna. Accisrätten hade blifvit indragen år 1811 efter lilla tullens upphörande, och par år senare upphäfdes ock stora sjötullrätten. De mål, som i dessa bägge rätter handlagts, hänskjötos nu till rådsturätten, som vid deras afdömande adjungerade särskilda bisittare. I likhet med hall- och manufakturrätten egde ock naturligtvis skrånas embetsrätter fortfarande bestånd. Hallrätten.

Kämnersrätten, som efter branden ånyo, år 1802, organiserats, afgjorde fortfarande de mindre målen. Den hade sin särskilda ordförande samt tvänne hvarje halfår bland borgerskapets medlemmar utnämde ledamöter. Ordförande i rätten voro under ifrågavarande period Jakob Tudeer, Erland Rosenback, G. N. Carlborg och Otto Jakob Sohlström. Kämnersrätten.

Stadens äldste slutligen, vid hvilkas val man ännu under närmast föregående period tillåtit sig hvarjehanda af förhållandena påkallade oregelbundenheter, valdes nu i regel i den ordning kongl. resolutionen på städernas besvär af $^{16}/_{10}$ 1723 föreskref. Hvart tredje år utsågos sålunda 8 representanter för hvarje af borgerskapets resp. klasser, så att stadsrepresentationen i fulltalig session utgjordes af 24 medlemmar. Mot slutet af perioden synes man dock velat införa en väsentlig förändring i afseende å varaktigheten af de äldstes mandatskap. Af en kort efter branden af särskilda supplikanter ingifven ansökning om att stadsäldste, „som härtills valts på lifstid", skulle väljas hvart tredje år, ser det nämligen ut som om den förut på bestämd tid valda stadsrepresentationen blifvit ersatt af en, hvars medlemmar innehade sin myndighet på lifstid. Om så är, ledde emellertid detta försök till förändrande af den gamla institutionen ej till någon varaktigare påföljd. Stadens äldste.

Stadens utlagor till kronan voro desamma som förr, med undantag af att bevillningarna nu upphört. I stället hade staden åhvälfts inkvarteringsskyldigheten. 1825 stego stadens samtliga utlagor till in summa 1,603 rubel 50 kop.[1]). Härtill kom båtsmansvakansen — enligt manifestet $^{20}/_{7}$ 1810 beräknad till 92 rubel 40 kop. I 1850 års landsbok uppföres kronouppbörden under rubrikerna: 1:o skatter Stadens utlagor.

[1]) De skilda posterna voro: boskapspenningarna (upptogos enl. resol. af $^{19}/_{1}$ 1757 och utgjorde nu 2 rub. 88 kop.), tomtöresafgift (enl. utslag af $^{20}/_{10}$ 1788 för 15 tomter; 96 kop.), mantalspenningarne (för 1,869 personer à 36 kop. — 672 rub. 84 kop.), kronosakören (230 rub. 85 kop.), viteshöter (113 rub. 64 kop.), slottsbyggnadshjälpen (115 rub. 23 kop.), medicinalfond (11 rub. 85 kop.), sterbhusprocentor (6 rub. 60 kop.) och 1826 års brännvinsarrende (448 rub. 65 kop).

af jord och lägenheter: boskapspenningar 2: 88, båtsmansvakans 92: 40, tomtöre —: 96; 2:o personella utskylder: mantalspenningar 1,181: 88, slottshjälp 178: 29, medicinalfond 20: 7: 2, djeknepenningar 67: 72: 2; 3:o indirekta skatter: brännvinsarrende 629: 82: 1, sterbhusprocenter 447: 25: 2, samt 4:o tillfälliga intrader: saköresmedel 105: 69: 1 — utgörande hela uppbörden således 2,736 rubel[1]).

[In]kvarteringstungan. I hvilken mån inkvarteringen betungade staden kan ej med siffror angifvas, enär en del af denna skyldighet presterades in natura. Enligt inkvarteringsreglementet af $^{31}/_{1}$ 1812 hade staden att för militärens räkning hålla: 6 officersrum, hvaraf ett beräknades till omkr. 120 rdrs hyra, 2 till 180 rdrs tillsamman, och de 3 öfriga till 300 rdrs hyra tillsamman. Vidare skulle presteras ett fältväbelsrum för omkr. 60 rdrs hyra samt rum för 50 underofficerare och och soldater, rummet à 20 rdr. Kostnaderna, som borgarena hade för hållen inkvartering, utgjordes till hälften af borgerskapet efter skattöretal, och till andra hälften af stadens öfriga innevånare samfäldt med borgerskapet efter gårdarnas värde. En inkvarteringskomité egde draga försorg om alla med denna skyldighet sammanhängande omständigheter. Då emellertid ständiga oredor och tvister i anledning af denna tungas fördelande egde rum, utsågos 1825 särskilda revisorer af inkvarteringslikviderna. Inkvarteringskostnaderna stego ocksa till rätt betydliga belopp. Sålunda beräknades denna tunga 1850 utgöra 2,961 rub. 57 kop.

Redan 1812 hade dessutom för ryska militären upplatits tvänne gårdar till sjukhus (Rosnellska och Branderska), hvarjämte de grekiska gudstjensterna försiggingo i särskilda hyrda lokaler (t. ex. 1824 i borgmästar Johnssons, 1825 i enkan Rosenbacks gård samt senare

[1]) Båtsmansvakansen utgick fortfarande likmätigt kongl. brefvet $^{12}/_{12}$ 1786 för hvarje af stadens sju båtsmän med 9 rdr 8 sk:r, hvilka i grund af kejs. manifestet af den $^{20}/_{7}$ 1810 beräknades till 13 rub. 20 kop. Slottsbyggnadshjälpen och medicinalfonden beräknades till $^{1}/_{4}$ af lön- och taxeringsafgiften i grund af kongl. förordningen af $^{5}/_{6}$ 1739 och landshöfdinge-embetets bref af den $^{9}/_{8}$ 1808. Djeknepenningarna slutligen utgingo, likmätigt kongl. brefvet af den $^{18}/_{11}$ 1780 och landshöfdingens memorial af den $^{18}/_{6}$ 1833, med 6 öre eller $4^{1}/_{2}$ kop. för hvarje af stadens matlag, hvilka 1850 voro 1,505. Brännvinsarrendet åter beräknades efter s. k. bränntunnetal. För 1,685 män, à 12 kannor pr man, skulle taxeras 20,220 kannor, för 2,083 kvinnor, à 6 kannor per kvinna, 12,498 kannor, in summa således 32,718 kannor, hvaraf dock afdrogs 5 procent, så att taxeringskanntalet blef 34,353 kannor. Da 18 kannor beräknades ga pa hvarje bränntunna, utgjorde tunnornas antal 1,908, för hvilka afgiften à 33 kop. per tunna blef den ofvananförda, 629 rub. 82 kop.

i den s. k. Petrellska salen, hvilken ock stundom begagnades såsom manège vid militärens öfningar [1]).

Hvad åter borgarenas direkta afgifter till stadskassan beträffar, utgjordes de af tomtören, vaktpenningar, landsvägs- och snöplogspenningar, rådhus- och sprutafgifter samt läkarelön. För öfrigt hade stadskassan sina stående inkomster, bestående af bura-, kontingent- och näringsafgifter, äfvensom af jordräntor, vågpenningar, sakören och krogafgifter. Från medlet af 1840-talet inflöt också, såsom vi sett, tolagen i stadskassan. I allmänhet var stadskassans ställning under perioden synnerligen god. Magistraten säger år 1844: „stadskassan, på hvars bekostnad stadens rådhus nyligen blifvit uppbygdt, äger genom de af regeringen tid efter annan staden gjorda donationer så betydliga inkomster att den, oaktadt borgerskapet därtill icke kontribuerar det ringaste, lemnar ett årligt öfverskott af omkring 2,000 rubel s:r". Ur en annan källa hemta vi följande yttrande: „Stadens inkomster, oberäknadt tolagen, befinnes genom en omtänksam förvaltning i det blomstrande skick att desamma, sedan stadens allmänna utgifter blifvit bestridda, lemna ett öfverskott af ungefär 1,000 rubel s:r årligen". Stadskassan.

År 1850 utgjorde stadskassans inkomster sammanlagdt 6,319 rubel 74 kopek [2]). Utgifterna från densamma utgingo under året under följande titlar: aflöning för stadens tjenstemän och betjente, expenser, reparations- och underhallskostnader, grundränta, postporto, fångtraktamente och andra tillfälliga utgifter. Sedan dessa utgifter blifvit betäckta utgjordes behållningen för året af 793 rubel, hvilken summa sammanslogs med kassans förra kontanta tillgangar, 2,578 rub. 28 kop.

Taxeringarna till stadskassan voro således jämförelsevis obetydliga. Mera betungande voro naturligtvis taxeringarna för kronoutlagorna, särdeles de som härrörde af inkvarteringsskyldigheten. De värkställdes fortfarande af stadens äldste i samrad med magistraten, och vid dem följdes i regel den princip att lägsta penninge- Taxeringarna.

[1]) Af i staden under ifrågavarande tid förlagd militär må nämnas: 2:dra kompaniet af lätta 23:dje artilleribrigaden, kapten Bytschkoff, (1819—1837). 3:dje karabinierkompaniet af 46 jägareregementet, 140 man, major Lisenko 1831—18), 1:sta lätta batteriet af 19:de artilleribrigaden (1835), tvänne kompanier af 12:te finska linjebataljonen, furst Aktjurin och Reinwall (1837—1852). Åtminstone 1816 var ock ett kossackkommando under öfverste Kaschkin, inkvarteradt i staden.

[2]) Äfven borgmästar Ignatius uppger i sin 1841 affattade historik öfver staden att stadskassans inkomster under de sistförflutna åren utgjort omkring 6,400 rubel.

talet beräknades till 3 och högsta till 40 skattören, samt att blott en person årligen betungades med högsta öretalet. Denna taxeringsform, som i staden af ålder följts, ehuru den icke blifvit af öfverheten faststäld, ansågs vara mycket ändamålsenlig. Då 1834 års stadsäldste afveko från ofvannämda principer och åsatte Björnberg 50 skattören, hvilket öretal aldrig förut i staden förekommit, anfördes däröfver besvär, hvilka dock på högsta ort förtkastades.

Utgifter för det allmänna.

Men om, såsom vi funnit, stadskassan lemnade årlig behållning, och taxeringarna under denna tid ock öfverhufvudtaget voro temligen mättliga, gjorde man sig ej heller några synnerliga utgifter för det allmänna. Man offrade så godt som intet på gators och offentliga platsers underhall och förbättrande. Om allt sådant skulle de enskilda gardsegarne draga försorg, och först i händelse dessa ej i godo bekvämade sig till arbetet, betalade man detsamma ur stadskassan och sökte sedan ut kostnaden hos den tredskande. Då t. ex. en ny stenkaj 1847 skulle byggas, uppbadades de gamla rotarna, hvilka ända sedan 1600-talet utfört slika arbeten, och da en gårdsegare vägrade atlyda rotmästarens kallelse, engagerades till förutnämda arbete dagsvärkare på hans bekostnad. Ej heller vågade man sig — såsom redan förut blifvit nämdt — den tiden på någon kostsam muddring, ehuru man ansag en sadan ytterst nödvändig. Den öfversteg, tyckte man, stadens förmåga. 1833 hade väl införts gatubelysning, men ehuru ett framsteg, motsvarade den ej närmelsevis ens våra tiders begrepp om belysning. Här och där i gatuhörnen tindrade om aftonen en usel dank, liksom sörjande öfver att vara ditsatt för att visa huru mörkt det var. Också i afseende å stadens politi iakttog man all möjlig sparsamhet. Inhysingarna skulle gratis sopa stadens torg. Såsom ordningens väktare fungerade 3 eller 4 poliser med en bricka eller s. k. „smörgås“ på bröstet, och en sömnig nattvakt lät nattetid vid de olika timslagon höra sitt entoniga: „klockan är tio (elfva o. s. v.) slagen“.

Folkmängd.

Folkmängden var under perioden i starkt tilltagande. Enligt mantalslängderna utgjorde stadens befolkning år 1809 2,140 personer fördelade på 523 matlag. 1830 och 1850 voro dessa siffror resp. 4,198 och 5,450 personer samt 1,111 och 1,505 hushall. Kyrkoböckerna angifva däremot Björneborgs församlingsmedlemmars antal, 1810 till 2,484, 1830 till 4,567 och 1850 till 6,243 personer [1]). Då branden öfverraskade staden, hade denna således omkring 6,000 —

[1]) 1830 angifves i kyrkoböckerna stadsförsamlingen till 4,567 och landsförsamlingen till 3,261 personer, summa i hvardera församlingarna 7,828.

enligt mantalslängden 1852 5,744 — innevånare, hvilket antal under de närmaste åren något minskades, eller åtminstone höll sig oförändradt, så att en stigning ej förmärkes förr än efter år 1855. Befolkningen hade således under perioden mer än fördubblats och hushållens antal i det närmaste tredubblats.

Inom borgerskapet hade en mängd nya slägter höjt sig till betydelse, såsom Björnberg, Grönfeldt, Rosenlew, Sohlström, Hellström Borgerskapet.

C. F. Björnberg.

o. s. v., medan åter många af de äldre tidernas ledande slägter sjunkit till betydelselöshet, flyttat till andra orter eller helt och hållet försvunnit, Ståhlfoot, Gottleben, Indebetou o. s. v. Några inflyttningar från Sverige hade ock förekommit: Wallenstråle 1806, Hampus Oldenburg (1841), C. J. Carlsson (1845), äfvensom C. I. Lönegren, hvilken i egenskap af stadsfysikus redan 1818 inflyttat till orten. Stadens infödde handlande sågo ej alltid med blida ögon detta „inflyttande af främmande spekulanter, de där efter vunnet välstånd till hemlandet återvända med deras här förvärfvade kapitaler“. Men onekligt är å andra sidan att dessa främlingar, hvilka s. a. s. kommo från stora verlden, i många hänseenden voro egnade att gifva mäktiga impulser åt ortens merkantila och kommersiella utveckling. Wallenstråle säges varit den första som i Björneborg påbörjat en export i stort af skogsprodukter, Oldenburgs namn är åter förbundet med införandet af viktiga nyheter i ortens kommunikations- och fabriksförhållanden o. s. v.

Förmögenhetsförhållanden. Förmögenheten var, såsom sjelffallet är under den utveckling rederivärksamhet och handel tagit, under denna tid i ständigt stigande. Under periodens förra hälft ansågs kapten Wallenstråle såsom stadens förmögnaste man. Han egde, förutom hälften af Norrmarks bruk och därunder lydande lägenheter, Lyttskärs rusthall och andra jordagods inom landet, i sjelfva staden societetshusinrättningen samt flere gårdar och magasiner. Han bedref därjämte — såsom förut framhållits — en stor rederivärksamhet och utskeppning af skogsprodukter [1]). Men den egendomliga ställning han såsom blott s. k. kontingenthandlande intog, äfvensom hans vistelse utom staden, i det han vanligen bodde på landet, tills han ändtligen flyttade till Sverige, gjorde att stadens handlande i allmänhet ansågo honom mera skada än gagna ortens merkantila intressen. Under periodens senare skede var onekligen C. F. Björnberg stadens främsta affärsman [2]). „Han hade", sade stadens äldste redan år 1836, „med den framgång och ovanliga lycka idkat sin handel att han på mindre än tjugu år svingat sig upp till en så stor förmögenhet, att han ostridigt är den rikaste borgare i staden och ibland alla sina medbröder idkar den mest utvidgade handel". Får man döma af taxeringslängderna, i hvilka Björnberg på 1830-talet påfördes 50 skattören, voro, näst honom, de förmögnaste männen i staden, handlandena A. W. Björkman (35), Joh. Grönfeldt (30), P. A. Moliis, Sam. Broberg, Johan Selin och Jakob Sourander (25), J. F. Bäckman (16), Jak. Ekclund, G. M. Fagerlund, C. Timgren, Magnus Hellström och enkan Asplöf (15) äfvensom handlandena Jak. Björkman, Carl Duvaldt och G. A. Bäckman (12). Bland handtvärkarne stodo högst i öretal garfvarene Lithenius (12) och Renfors (10). Högsta öretalet bland borgarene hade Henr. Haikkonen (20), G. B. Thurman (16) samt A. W. Tillman och Aron Indrenius (12). Dessutom påfördes fjorton borgare 10 skattören.

[1]) Wallenstråle fick kontingentburarätt $^{11}/_{6}$ 1806 och uppsade sitt kontingentburskap först 1856.

[2]) C. F. Björnberg, son till borgaren Carl Björnberg och Margareta Helena Wadén, var född $^{18}/_{11}$ 1791 och afled $^{11}/_{4}$ 1849.

Naturligtvis voro dock förmögenhetsförhållandena då, såsom de alltid äro det, äfven under en jämförelsevis kortare tids förlopp underkastade större eller mindre förändringar, och taxeringslängderna närmast före branden gifva oss redan delvis andra namn för de högst taxerade, än trettiotalets förteckningar. Salunda var t. ex. enligt 1850 års taxeringslängd för slottshjälpen den högst taxerade i staden handlanden Isak Carström med 45 skattören. Närmast honom stodo handlandena A. W. Björkman och Johan Selin hvardera med 40 skattören, ett öretal som äfven innehades af enkefruarna Björnberg och Grönfeldt. Handlandena Hellström och Svanström voro hvardera påförda 35 skattören, Anton Björnberg 30, Petrell och Oldenburg 25, Martin och Svensberg m. fl. 20 o. s. v. Bland handtvärkarne hade endast en, färgaren Stenberg, 15 skattören.

Handlandes burskap.

Såsom förut är nämdt, bar det borgerliga lifvet ännu under denna tid skråväsendets prägel. För att vinna burskap inom de olika klasserna erfordrades i regel en lång lärotid och undergången pröfning i särskilda för den blifvande medborgaren nödiga kunskaper. För att blifva handlande var det ej nog med att aspiranten hade tjent vid handel den i författningarna stadgade tiden, utan han skulle också inför särskilda därtill utsedda examinatorer undergå förhör i de för handelns bedrifvande nödiga kunskapsstyckena. Enligt kongl. reglementet af $^{9}/_{12}$ 1734 var tjenstetiden beräknad till 12 år, men i praktiken ansågs i regel 6 eller 8 år vara tillräckliga för den unga köpmannens praktiska utbildning. Ehuru den föreskrifna examen för det mesta „bestod i nöjaktigt besvarande af några enkla och enfaldiga frågor i handelsvetenskaperna“, kunde den dock i vissa fall, t. ex. när partihänsyn eller andra mindre oegennyttiga bevekelsegrunder fingo tillfälle att spela med, bereda den burarättsökande allvarsamma svårigheter. Ofta hände ock att då magistraten gifvit en person burskap såsom handlande, de äldre ståndsbröderna besvärade sig öfver stadsmyndigheternas liberalitet gentemot nybörjare[1]).

Handtvärkares burskap.

Af hvad förut blifvit anfört hafva vi funnit att svårigheterna för handtvärkare att vinna burskap kunde vara om möjligt ännu större. Då magistraten 1843 åt färgaregesällen Mikael Hellström,

[1]) Så t. ex. hände det 1846 att en mängd handlande besvärade sig öfver magistratens åtgärd att meddela burskap åt bokhållaren Carl Johan Carlsson, som likväl förut tjent den bestämda tiden på handel och var färdig att undergå det stadgade förhöret inför rådman Duvaldt samt handlanderna Selin och Bäckman. Man framhöll denna gång att det ej vore skäl att tilldela borgarerätt åt inflyttade utlänningar, särskildt Svenskar, hvilka i likhet med hvad Wallenstråle gjort med sina samlade kapitaler, skulle återvända till hemlandet igen.

hvilken såsom gesäll uttjenat de i färgerireglementet af 15/11 1756 stadgade fem åren, ehuru han först 1839 blifvit från läran utskrifven, besvärade sig samtliga färgaremästare öfver detta magistratens utslag. I sin svarsskrift stödde magistraten sin atgärd på ofta nämda kongl. resolutionen af 9/10 1804, hvilken förmälde „att hvar och en handtvärksgesäll, han må såsom gesäll hafva arbetat längre eller kortare tid, hvilken jämte bevis öfver god fräjd, kunde förete nöjaktigt mästareprof, som af magistraten, sedan vederbörande blifvit hörda, borde pröfvas, må få sig i staden nedsätta och handtvärk nyttja".

Frälsemäns burskap. Frälsemän egde, enligt ridderskapets och adelns privilegier af 16/10 1723, rätt att mot en särskild afgift, „kontingent", drifva borgerlig rörelse, men voro för öfrigt befriade från kronans och stadens tunga. Sålunda hade kapten Wallenstråle blifvit s. k. kontingentborgare i staden, och under samma vilkor blefvo sedermera handelsbokhållaren C. F. Rosenlew, kapten Lars Magnus Björkenheim, sergeanten J. A. C. v. Jordan m. fl. handlande i staden. De förhållanden, under hvilka Rosenlew vann burarätt, äro väl egnade att belysa en frälsemans ställning i det dåtida borgerliga lifvet. Efter att i åtta år hafva tjenat hos kommerserådet P. A. Moliis, under hvilken tid han gjort flere utrikesresor och förvärfvat sig goda insikter i handelsfrågor, hade Rosenlew 1820 ansökt och erhållit burskap såsom handlande. Tio år bedref han sedan gemensam handelsrörelse med handlanden Aug. Wilh. Björkman, med den framgång att han redan vid 1830-talets ingång „var redare i fem särskilda större fartyg och därjämte räknades bland stadens förnämsta köpmän". 1831 års nyvalde stadsäldste funno emellertid att en oegentlighet blifvit begången, då Rosenlew, ehuru adelsman, erhållit burarätt såsom vanlig handlande, och påförde honom nu en kontingent af 200 rubel b:co assign. Rosenlews i anledning häraf framstälda anhållan att få „bibehålla sina borgerliga rättigheter orubbade" ledde ej till åsyftadt resultat. Kontingenten nedsattes till 150 rubel, men i öfrigt fastslogs att adelsman ej under andra vilkor, än mot sådan afgifts erläggande, egde att borgerlig näring idka.

Borgares burskap. I afseende å borgares burskap höll man sig under periodens tidigare skede, intill år 1841, till kongl. brefvet af 10/11 1796, enligt hvilket inga läroår behöfdes för erhållande af rättighet till den s. k. torg- eller finskborgare- och bondehandeln. Men att man äfven på detta område visste att begagna sig af minsta tillfälle för att hindra uppkomsten af ny konkurrens, visar oss bl. a. det s. k. Tocklinska buramålet från år 1815. Bernt Wilhelm Tocklin, hvars romantiska förhållanden till den på sin tid ryktbara skönheten Fredrika Charlotta Mörck[1]), hvilken han hjälpt på flykten ur hennes förtryckares den ryske generalen Demidoffs hus, och med hvilken han sedermera blifvit gift, hade nämda år anhållit om burarätt i sin fäderneastad. Men ryktet visste berätta att Tocklin, då han fördes till Åbo för att svara för sitt deltagande i mademoiselle Mörcks rymning, hade varit „smidd i brottslingars bojor", liksom ock blotta den omständigheten, att han i detta mål stått för rätta, var egnad att — ehuru han blifvit frikänd — gifva belackarene tillfälle till ogynnsamma utlåtanden om hans person. Alltnog, när magistraten, hvilken i allmänhet leddes af liberalare synpunkter, gifvit Tocklin, som presterat intyg öfver god fräjd och oklanderlig vandel, burarätt, funno en mängd af stadens borgare och äldste anledning att besvära sig häröfver. De anhöllo „att i sitt härtills obefläckade samfund icke nödgas upptaga en person, hvars goda namn och rykte härstädes är misskändt och i vidrigt fall skulle lemna oss ett skadligt efterdöme". Innan Regeringskonseljen hunnit slutbehandla målet, afled emellertid Tocklin, så att saken af sig sjelf förföll.

Men om sålunda kompetensvilkoren för vanliga borgare i början af detta århundrade ej voro synnerligen svåra att fylla, blefvo däremot fordringarna längre fram något skärpta genom 1841 års förordning. Där stadgades nämligen att de, som söka burskap å den mindre handeln, eller s. k. torg- eller bondehandeln, skola, jämte företeende af bevis om god fräjd, kunna skrifva och räkna samt hafva tjent i yrket minst 6 år. Burskapssökande å hökare- eller viktualiehandel borde åter, enligt nämda förordning, dessutom kunna föra lagenliga handelsböcker. Tidens anda gick sålunda fortfarande ut på att detaljera och begränsa en hvars värksamhetsområde.

Ehuru en finsk- eller torgborgare, eller — såsom det ock hette — en handelsborgare, var berättigad att drifva utrikeshandel inom Östersjön, och det sålunda förefaller såsom om det bort vara temligen lätt för en person att ifrån denna ställning svinga sig upp till den egentliga handelsklassen, finna vi emellertid att så ingalunda var fallet. Handelsborgaren Carl Fredr. Achander, hvilken i sin ungdom frekventerat apologistklassen och där lärt sig både att räkna och skrifva samt därtill religion, geografi och historia, hade sedermera i tio år drifvit handel på Östersjön och från fattigdom bragt sig upp till den förmögenhet, att han kunde tänka på en vidsträcktare rörelse. Han anhöll därför, år 1816, om burarätt på handel i öppen bod, d. v. s. att få blifva handlande. I anseende till hans

Svårighet för borgare att blifva handlande.

[1]) Fredrika Charlotta Mörck, född i Sunds socken på Åland $^{16}/_{4}$ 1796, vigd med B. W. Tocklin $^{30}/_{10}$ 1814.

skolstudier, hvilka väl ansågos motsvara en köpmannaexamen, och hans på Östersjöresorna förvärfvade tyska språkkunskap samt erfarenhet i handelsfrågor öfver hufvud, tvekade ej magistraten att utan vidare meddela honom den ansökta burarätten. Men — handelsklassen klagade att om Achander, „som ej lärt på handel såsom erfordras", blefve upptagen i deras stånd, „skulle med samma skäl hvilken bonddräng som helst efter ett eller annat års innehafvande burskap, utan hvarken språk- eller skrifkunskap, kunna uppflyttas i handelsklassen". Dessa besvär förkastades väl af Regeringskonseljen, men visa oss emellertid, huru trånga skrankorna ännu voro för den borgerliga näringsfriheten.

Partier. I allmänhet rådde fortfarande en stark rivalitet emellan handlandena å ena sidan och borgarena å den andra, hvilken nu som förr visade sig i synnerhet då det gälde beviljandet af anslag från stadskassan för allmänna ändamål. Inom stadens ledande kretsar intogo för öfrigt Björnberg, Rosenlew och Björkman en dominerande ställning, medan Ignatius och Grönfeldt[1]) sträfvade att bilda en motvikt emot dem.

Borgerskapets antal. Beträffande det burarättegande borgerskapets antal må, till hvad förut nämts, ytterligare framläggas några siffror, som äro egnade att gifva en öfverblick öfver dess talrikhet under periodens olika skeden. Handlandeklassen hade ökats från 21 (1809) till 58 (1851), hvaraf 25 med öppen bod. Dessutom funnos sistnämda år 16 hökare, af hvilka 7 handlade i öppen bod. Handtvärkareklassen hade under samma tid ökats från 74 till 106. Borgaresocieteten slutligen räknade 1809 84, i slutet af 1820-talet 105, men 1851 endast 53 medlemmar, hvadan i dess antal, efter en tillfällig stegring på 1820-talet, en stark minskning är att förmärka. Totalantalet buraegande var således i periodens början omkr. 180, i slutet på 1820-talet 262 och 1850 omkr. 230 personer.

Det lägre borgerskapets starka minskning härrörde utan tvifvel främst af den redan under föregående period vidtagna strängare kontrollen öfver de burskapssökandes kompetens. Såsom en medvärkande orsak framhålles ock de under denna tid i Sverige införda högre tullafgifterna för s. k. „ätande varor", hvilka gjorde att det ej mer för någon ville bära sig att „såsom finsk borgare slå sig på Stockholms handel med fisk och boskap".

Icke-burarätt egande. Utanför det egentliga borgerskapet stod fortfarande en ständigt tilltagande befolkning af icke burarättegande, hvilka ej voro delak-

[1]) Johan Grönfeldt, kommerseråd, f. 1/4 1798, † 26/7 1848.

tiga i stadsstyrelsen eller i de allmänna ärendenas behandling. I staden vistades en mängd adelspersoner och afskedade militärer, hvilka senare här slagit sig ner på sin ålderdom. Äfven inom stånds-persons och tjenstemannaklasserna funnos flere, som ej hörde till borgerskapet i egentlig mening. Talrikast var dock fortfarande det under stadens försvar stående arbetsfolket, hvilket ej heller egde någon delaktighet i de borgerliga rättigheternas utöfning. Då emellertid mantalslängderna ej äro uppgjorda efter de olika klasserna, är det svårt att närmare angifva det förhållande i hvilket dessa element af stadsbefolkningen i afseende å antal och betydelse stodo till det egentliga borgerskapet. År 1830 funnos i staden 53 personer af frälseståndet, sammanräknadt män, kvinnor och barn, samt 208 ståndspersoner, oberäknadt presterskapet.

Huru för öfrigt de föråldrade förhållandena, i hvilka man lefde, redan började kännas brydsamma finna vi af några händelser, som äro egnade att belysa såväl stadsstyrelsens svårigheter å ena sidan som ock borgerskapets växande missnöje å den andra. Det inträffade nämligen alldeles i periodens början, att då magistraten och de äldste funnit skäligt att i och för de publika byggnadernas återuppförande belägga stadens tomter med ett visst skattöre, en del gårdsegare, ståndspersoner och arbetskarlar, vägrade att underkasta sig denna afgift på grund af att de ej voro borgare. Denna protest blottade ett svårt missförhållande i det kommunala lifvet. Likasom det egentliga borgerskapet enständigt höll på sina privilegier, likaså enständigt ville de utom burarätten stående undandraga sig alla skyldigheter gentemot kommunen. Förr, då stadsbefolkningen till största delen utgjordes af värkliga borgare, kunde frågor af denna beskaffenhet knappt uppstå, men nu, då ensamt tjenstemännen innehade en fjärdedel af stadens samtliga tomter, antog saken en principiel karaktär. Förgäfves förklarade magistraten att det nu icke var fråga om en personel afgift utan om en afgift för den af dem begagnade stadsjorden, hvilken de voro skyldiga att erlägga, likaväl som de erlade arrende för åkrarna och afgift för begagnandet af mulbetet. Saken skulle slutligen i landshöfdingens præsens afgöras å rådstugan och man sammankallade denna gång ej blott borgerskapet utan i allmänhet alla gårdsegare, och då hela denna massa ej kunde inrymmas i lokalen, beslöts att par tre representanter skulle utses från borgerskapets resp. societeter äfvensom af ståndspersonerna. Det var en delibererande församling, sådan sannolikt icke förut sammanträdt i staden. Magistraten framhöll härvid hurusom ståndspersonerna njuta af alla förmåner staden har att erbjuda utan att

Kommunala missförhållanden.

vilja ikläda sig denna ringa afgift, hvaraf dock de liksom alla andra hade fördel. „De fingo bebo gardar i staden, fingo köpa och bruka stadens akrar, fingo beta sin boskap pa stadens mark, fiska i stadens fiskevatten, begagna sig af tillförseln i strand och pa torg, använda stadens timmerkarlar, murare och andra nödiga handtvärksmän. Ja — ibland dem funnos tvänne, som hafva flera rättegangsmål och mera besvära politie- och exekutionsvärket i staden än 30 borgare tillsammans. Och ändock ville de ej bidraga med sin skärf till upprätthallande af ordning och skick i staden och till uppförandet af den byggnad, som man för korthetens skull kallar radstun, där fridstöraren göres oskadlig, där gäldenären insättes, där utmätt egendom försäljes och framför allt där magistraten och stadens öfriga rätter med anständighet kunna sammanträda". Landshöfdingen stadfäste naturligtvis magistratens beslut.

Det gamla drätselvärkets brister. Om denna händelse visar oss huru de gamla exklusiva ståndsskilnaderna redan började medföra praktiska olägenheter, framgår åter af följande under periodens sista skede timade händelser huru sjelfva stadsförvaltningen, och närmast hushållningen med stadsmedlen, ej längre var egnad att tillfredsställa de mera tänkande bland borgerskapet. 1847 föreslog handlanden Bäckman att förvaltningen af stadens kassa, som härtills varit åt enskild person öfverlaten, borde för framtiden underställas en direktion, bestående af 6 medlemmar, 2 af hvarje klass. Magistraten afslog emellertid förslaget. Ännu längre syftade emellertid det förslag, som framstäldes under de svåra tiderna efter branden 1852. Ett antal stadsboar inlemnade nämligen detta år till magistraten en framställning om behöfligheten af en kommission för handhafvande af stadens kommunala och drätselangelägenheter. En med anledning häraf tillsatt komité föreslog då tillsättandet af en „provisionel stadsbestyrelse", bestående af fem medlemmar, pa tre år. Men magistraten, ehuru inseende behofvet af ett drätselvärk, fann dock den föreslagna bestyrelsen alltför revolutionär, „i det — såsom det sades — därmed afsetts tillskapandet af en interimsmyndighet, som oberoende af stadens magistrat och äldste egde att utan afseende å de fundamentallagar, som bestämma städernas styrelses åliggande och värkningskrets, ingå i egenvilliga förfoganden". Något vidare afseende fästes därför icke vid förslaget, utom att magistraten enades om att ett nytt projekt till drätselvärkets inrättande framdeles borde göras. — Man var sålunda nog medveten om de gamla institutionernas brister, ehuru tiden ännu icke var mogen för några förbättringar.

Societetslifvet var i allmänhet lifligt och gladt. De förmögnare familjerna bodde jämförelsevis komfortabelt. De rymliga lokalerna voro försedda, förutom med hvardagsrum, äfven med sal, förmak och främmanderum. De enskilda hade ofta stora tillställningar och baler, vid hvilka man utvecklade en komfort och liberalitet, som vittnade om det välstånd, hvari man lefde [1]. Den fashionabla drycken då för tiden var „punschen“, som ännu i regel bryggdes hemma. Sommartiden mottog man ock sina gäster i de sma trädgårdar, som funnos vid de flesta gårdarna i staden. Under den varma årstiden flyttade ock flere familjer ut till Räfsö, där åtminstone ett par stadsboar redan hade „villor“, af hvilka den ena vanligen plägade kallas „himmelriket“, medan den andra fick bära namn efter dettas motsats. De öfriga sommargästerna däremot inlogerade sig på magasinsvindarna, hvilka förseddes med kaminer och på bästa sätt omdanades till trifsamma sommarbostäder. Societetslifvet.

Tvänne klubbar samlade en gång i veckan stadsboarne till gemensamma samkväm. Den ena var de förnämes klubb, den s. k. Societetshusklubben, den andra borgarenas och handtvärkarenas klubb, som sammanträdde i Keckoniuska salen. Dessutom hade man ock subskriberade soireer med dans, vid hvilka klockaren Caselius såsom klarinettblåsare serverade musiken. Man dansade för det mesta qvadriller, bland hvilka särdeles den franska quadrillen, som vid denna tid infördes, var mycket gouterad, pourpourrier med många turer, valser o. s. v. Talgljusen i de på hvardera sidan af salen hängande fyra-armade träkronorna flämtade och dröpo af luftdraget och värmen, och måste för att ej h. o. h. somna bort tidt och ofta undergå en grundlig „snoppningsprocess“. En stege inhemtades i balsalongen, hvarpå en surtoutklädd vaktmästare klättrade upp och värkstälde den nödvändiga förrättningen med säker hand. Emellertid fortgick dansen under allmän glädje in på sena natten, tills Caselius, trött af sitt ansträngande arbete, utan vidare afbröt musiken, stoppade klarinetten under armen och vandrade sin väg.

Sedan 1825 hade staden ock ett Societetshus, med paviljonger, uppfördt af trä, af enskilda aktie-egare, på en därtill af H. K. M:ts befallningshafvande beviljad plan vid östra ändan af staden. Där fans en stor salong, afsedd för baler och större tillställningar, och inrymmande väl 300 à 400 personer. Invid societetshuset var den Societetshuset.

[1]) Särskildt voro begrafningarna ofta storartade. När borgmästar Ignatius aflidit, reste landskamrer Schauman, iklädd full uniform och trekantig hatt, i vagn och delade ut notifikationskort i gårdarna.

s. k. „societetshusparken“, nuv. Johannislund, hvarest sommartid kringvandrande lindansaresällskap och andra dylika konstnärssamfund plägade förevisa sina prestationer för den skådeslystna allmänheten.

Teater. Och likasom man samlades i societetshuset till baler och soiréer, likaså samlades man i den s. k. „Keckoniuska eller Petrellska salen“, också „börsen“ kallad, för att åse de teatraliska föreställningar, som där tid efter annan gåfvos af kringresande skådespelaresällskap (det Westerlundska, Bonvierska o. a.). Äfven gåfvos mimiska skådespel af den här stationerade ryska militären. Särskildt nämnes att då kapten furst Aktjurin vistades i staden med sitt kompani, gåfvos här spektakler af de ryska soldaterna. Men snart började ock amatörer bland stadsboarne ställa till sällskapsspektakel, hvilka äfven ofta gåfvos i den Petrellska salen. 1848 gafs sålunda det första sällskapsspektaklet, hvarvid uppfördes „Skärgårdsflickan“ och „Rika morbror“. Detta första försök efterföljdes sedan af flera dylika föreställningar, hvarvid inkomsterna oftast voro anslagna för något välgörande ändamål. Brandåret 1852 togo sällskapsspektaklen sin tillflykt till det nyligen uppförda corps de logiset i Sofiegarten.

Musik. Också det musikaliska lifvet på orten gjorde ett väsentligt framsteg under denna tid. År 1850 anhöllo några stadsboar om bidrag ur stadskassan af 150 rubel i tre års tid för ett musikkapell, som skulle införskrifvas från Tyskland. Detta anslag beviljades, om ock efter starkt motstånd från borgerskapets sida. Man hade sålunda redan före branden kommit sig till möjligheten af en ordentlig musikalisk aftonunderhållning i staden. Men år 1854 afslogs anhållan om förnyadt understöd, på grund af att stadskassan efter branden ej tålde vid utgifter för detta ändamål.

Nöjen, seder, m. m. Lägger man till det ofvan anförda att det sträfsamma affärslifvet stundom afbröts af tillfälliga nöjen: slädpartier om vintern, färder om sommaren till Klockarsand, där vad höllos om notvarpen, 1 maj resor till Lill-Raumo, illuminationer under allmänna festdagar o. s. v., finna vi att den tidens societetslif ingalunda saknade omvexling.

Också handtvärkarena och borgarena synas haft medel nog för ett efter deras förhållanden komfortabelt och frikostigt lif. Åtminstone säger magistraten redan 1833 med anledning af att dessa klasser motsatt sig förhöjd taxering för rådhusbyggnaden, att „de å kalaser och andra i sig sjelf oskyldiga nöjen årligen använda betydliga medel“.

Sida vid sida med det moderna samlifvet, som särdeles genom de i staden bosatta adelspersonerna fick en något aristokratisk och förnäm grundton, förmärktes ännu en viss gammaldags kärfhet och småborgerlighet i sederna. Ännu fortgick det urgamla bruket att titulera sina grannar med särskilda vedernamn, t. ex. „Luu-Tornbergi“, „Krasna-Jaakko“ o. s. v., hvilket vi redan funnit vara rådande på 1600-talet. Såsom ett småstadsoriginal från den gamla goda tiden ihågkommes ännu af mången gubben Tocklin, känd bl. a. äfven för sina verser. Icke heller torde det dåtida lifvet h. o. h. saknat sina tragiska moment. Händelser, som timat i staden och dess närmaste omnejd, uppgifvas ligga till grund för de romantiserade skildringarna i Vandas „Den fallna“ och Ingelii „Det gråa slottet“.

Det första boktryckeriet.

Också det litterära lifvet började småningom utveckla sig å orten. År 1844 erhöll K. F. Sjöblom efter ansökning tillstånd att i staden inrätta en bokhandel. I den gamla skolstaden behöfde sålunda eleverna icke mera rekvirera sina böcker från Åbo, eller förskaffa sig sådana genom handlandena, hvilka stundom bland sitt öfriga lager också hade till salu några exemplar af de vanligaste skolböckerna. Några år senare inrättade Sjöblom ock ett boktryckeri i staden. Den första bok som här trycktes var en af G. A. Avellan till finskan värkstäld öfversättning af Peder Herslebs „Jumalan lasten jokapäiväinen lähestyminen armoistuimen eteen“, hvilken utkom år 1850. T. o. m. började den om sin fädernestads utveckling lifligt intresserade Sjöblom (1852) äfven utgifvandet af ett veckoblad, som under namn af „Björneborgs notis- och annonsblad“ salunda var stadens första tidning. Branden vållade dock, att af densamma endast ett par numror hunno utkomma. Banan för det tryckta ordets makt var emellertid för första gången bruten också i Björneborg.

Stadens utveckling.

Vi hafva i det föregående skildrat stadens utveckling och tillstånd under förra hälften af innevarande århundrade intill branden 1852, och vi hafva därvid anmärkt alla de framsteg och förändringar, hvilka under denna period blifvit gjorda på de olika kulturområdena inom stadens lif. Såsom ett slutresultat af denna skildring kvarstår ovedersägligen, att staden trots de föråldrade administrativa och kommunala institutionerna, hvilka redan började visa sig hindersamma för en raskare utveckling, likväl i anseende till det stora uppsving handeln, särdeles i följd af den högt uppdrifna rederivärksamheten, tagit, höjt sig till en ny grad af välstånd och betydelse. Redan 1833 kunde Senaten fälla det yttrande, att „Björneborgs stad ibland alla finska städer för det närvarande idkar den betydligaste handelsrörelse och sjöfart“, och ännu vid ingången af år 1852 var den björneborgska skeppsrederivärksamheten den utan all jämförelse största i hela landet [1]).

Men midt under denna sin utveckling skulle staden ånyo undergå en hemsökelse, af samma slag som de, hvilka redan fyra gånger så godt som totalt förstört densamma. Brandsignalerna skulle åter ljuda öfver staden, såsom de gjort de ödesdigra dagarna den 5 aug. 1603, den 4 maj 1640, den 28 maj 1698 och den 10 juni 1801. Åt stadens brandvärk hade väl egnats behörig uppmärksamhet, och det ansågs vara i förträffligt skick; hvarjämte 160 hus voro brandförsäkrade för sammanlagdt inemot 300,000 rubel, men i alla händelser skulle en vådeld af den omfattning, som nu öfvergick staden, medföra de kännbaraste följder för densamma.

Topografisk öfversikt af staden.

Innan vi emellertid gå att skildra tillgången vid sjelfva branden skola vi här i förbigående söka meddela läsaren en bild af hufvuddelarna af staden, sådana de presenterade sig vid tiden före den olycksdigra händelsen [2]).

Stortorget och rådhuset.

Den onekligen märkligaste platsen i staden var då för tiden Stor- eller Rådstutorget, motsvarande nuv. Rådhusskvären, men ansenligt mindre än denna. De hus, som omgåfvo torget i söder och vester, stodo nämligen ett godt stycke inom den nuv. skvärens omfångslinje. För den, som från torgets södra del tog platsen i betraktande, erbjöd den en anblick, som ingalunda saknade intresse. Från denna sida sedt genomskars torget, ungefär vid tredjedelen af sin sträckning, af en i öster och vester löpande tvärgata, Kongsgatan, som gick där i våra dagar Otava- och teaterhustomterna mötas. För öfrigt var platsen så godt som h. o. h. kringbygd. Till venster emellan sydvestra torghörnet och nämda gata befann sig Rickstenska apotekshuset, en prydlig tvåvaningsträbyggnad, gulmålad och stående några alnar åt sidan från torgplanen, så att den lemnade rum för de små planteringar af klipta häckar, hvilka befunno sig på ömse sidor om den på byggnadens midt befintliga ingången. På andra sidan om tvärgatan låg Rosenlewska gården, ett envånings gråmåladt trähus. Det var här, hvarest, såsom vi strax skola få tillfälle att närmare beskrifva, elden först begynte. Endast sex kvarter från sistnämda hus reste sig på den branta backen mot råd-

[1]) Senare på året och efter branden, då flere skepp såldes, nedgick dock lästetalet till 4,789 l:r, och staden hade redan d. å. öfverflyglats af såväl Åbo (6,315 l:r) som Uleåborg (5,298 l:r).

[2]) Skildringen stöder sig för det mesta på muntliga uppgifter af äldre personer.

huset det höga Grönfeldtska tvåvåningshuset, hållet i gråviolett färgton. På andra sidan om den på norra sidan om rådhuset ledande Drottninggatan syntes närmast intill rådhuset handlanden R. Souranders hus, hvitmåladt och brädfodradt.

Till höger, på andra sidan af torget och midt emot apoteket, var en obebygd tomt, omsluten af ett plank, framför hvilket vanligtvis sutto en mängd månglerskor, säljande kringlor och knäckor o. a. På andra sidan Kongsgatan, ungefär gentemot Rosenlewska huset, låg den s. k. Keckoniuska eller Petrellska gården, som mot torget presenterade ett stort rödmåladt trähus. En hvälfd port, belägen vid byggnadens midt, ledde in till gården, hvarest, vettande mot Kongsgatan, stod ett envåningshus, där den förut omtalade Petrellska salen, hvilken turvis begagnades såsom militärmanege, grekisk kyrka, skola och teaterlokal, var belägen. Strax ofvanom Petrellska gården på backsluttningen reste sig det Souranderska tvåvåningshuset, som gulmåladt och välunderhållet var ett af de prydligaste i staden. På andra sidan Drottninggatan, invid rådhuset och begränsande torget i nordost, befann sig den Ignatiuska gården, hvars gulmålade tvåvåningshus med sin paradingång ocksa erbjöd en treflig anblick.

Rådhuset, som upptog midtelpartiet af fonden, var sådant det ännu är, med undantag af att tornet då var spetsigt såsom vi se det afbildadt i den kända planschen i „Finland framställdt i teckningar“.

I söder slutligen midt emot rådhuset begränsades torget af trenne väl bebygda gårdar. I sydöstra hörnet låg Indreniuska gården, med en gul tvåvåningsbyggnad. Mellerst var Numerska (senare Oldenburgska) gården, som mot torget presenterade ett envånings grönmåladt hus med frontispis. I sydvestra hörnet slutligen, på andra sidan om en söderut gående gata, stod i vinkel mot apotekshuset, och liksom detta bakom en häck af klipta buskar, det ljusröda Ekelundska envåningshuset.

Sådant var stadens torg vid 1850-talets ingång. Samtliga därinvid liggande gårdar voro snygga och välvårdade. I sin infattning af olika färgade hus, af hvilka en del voro envånings-, andra åter tvåvåningsbyggnader, erbjöd det gamla Stortorget sålunda en rätt målerisk anblick. Särdeles var detta förhållandet, när där sågs den köpslagande allmänheten, som i synnerhet marknadsdagarna böljade kring de fylda allmogelassen och de brokiga handtvärkarstånden. Ett lifligt skådespel erbjödo ock de på torget tidt och ofta exercerande ryska soldaterna i sina pittoreska drägter, de svarta frackarna med de högröda uppslagen, och de ofantligt höga lädermössorna, „kivrarna“, hvilka först senare blifvit ersatta af pickelhufvorna och de nuvarande uniformsmössorna.

Kyrkotorget. Kyrkan. Gick man längs Kongsgatan åt vester, stod man snart på Kyrkotorget. Där hade man i söder den stora Wallenstråleska sockerbruksbyggnaden, som reste sig högt öfver de omgifvande envåningshusen. Bland dessa må endast nämnas den Renwallska gården, som med sin långa grönmålade träbyggnad begränsade torget i vester. Längst borta i nordöstra hörnet syntes bakom det gula Amnorinska huset assessor Johnssons (I. Carströms) gråa, omålade tvåvånings trähus, en ansenlig byggnad med vidsträckt utsikt öfver elfven. På torgets norra sida stod ännu den gamla 1701 uppbygda kyrkan kvar. Flere gånger reparerad och tillskarfvad, och senast 1825 ombygd till korskyrka, var den ett minne från 1700-talets Björneborg, hvilket i så många afseenden var olikt 1850-talets stad. Omgifven af lummiga lönnar, som planterats på Kyrkotorget, den forna begrafningsplatsen, hade det gamla templet bevarats från 1801 års brand. De gamla bibliska malningarna syntes ännu på läktargaflarna, och väggarna pryddes ännu af några rostiga, med sorgflor beklädda svärd, hvilka fordom uppsatts till minne af några i de gamla familjegrafvarna jordade krigare. Äfven sågs där ännu den gamla taflan, som föreställde Stortorget, sådant det var före 1801 års brand, och på den mot skolan vettande kyrkodörren fans ännu kvar den förut omnämda röda stenen, hvari stod inristadt stadens fundationsår 1558.

Skolhuset. På andra sidan kyrkan, i nordvestra hörnet af torget, stod skolhuset, bygdt — såsom förut beskrifvits — af sten åren 1811 och 1812. Med sin stora sal med det hvälfda taket och de höga fönstren hade det utanpå hvitrappade huset — såsom redan framhållits — i sin tid varit ett af de prydligaste skolhusen i landet. Men uppfördt på opålad grund hade det redan tidigt börjat förfalla och var sedan i behof af ständiga remonter. Redan vid biskopsvisitationen 1835 befans skolhuset bristfälligt, „så att taket och en del väggar möjligen kunde inramla i händelse med reparation en längre tid kommer att uppehållas“. Ocksa ålades stadsboarne, hvilka under förevändning, att reparationen egentligen ålage kronan, velat undandraga sig dess värkställande, att skyndsamt sätta sitt skolhus i stånd. 1845 anmälde rektor Florin att skolrummet var så kallt att man svårligen, ehuru försedd med öfverplagg, därstädes kunde tillbringa två på hvarandra följande timmar, hvarför å nyo en grundlig reparation var af behofvet. Sommaren 1847 hade ändtligen en så betänklig lutning i byggnaden gjort sig märkbar att fråga uppstod om anskaffandet af ett nytt skolhus, en fråga som redan 1850 avancerat därhän att

Senaten anmodat guvernören träda i författning därom, att en ny plats för skolan blefve af stadsboarne anvisad[1]). Emellertid reparerades ännu en gång det gamla skolhuset, hvarunder lektionerna höllos i Petrellska salen. Skolhuset stod således ännu kvar, då branden inträffade, väl i förtid brutet, men ännu ingifvande en känsla af vördnad hos den förbigaende. — Längre nedåt, mot Karjaranta, lågo ännu, i samma linje som skolan, packhuset, på hvars veranda skolgossarna plägade leka krig, samt stadens feberlasarett.

Sådana voro stadens hufvudcentra. De aflägsnare delarna däraf åter voro för det mesta bebygda med smärre envånings trähus, af hvilka en stor del voro omålade och på sina ställen gåfvo åt det hela en gråaktig, enformig färgton. Denna enformighet afbröts stundom af någon öppen plats, någon trädgård eller någon högre byggnad. Bland dessa sistnämda framstod också på sitt sätt, såsom en af det gamla Björneborgs märkvärdigheter, det s. k. Wahlrooska tornet i Malmkvarteret. Det var en hörnbyggnad, uppförd af trä i trenne våningar, så att den öfre våningen var något mindre än den närmast lägre, hvadan det hela presenterade sig som ett torn af trenne på hvarandra staplade tärningar. Stadens aflägsnare delar.

Af gatorna voro de förnämsta Kronprinsgatan och Strandgatan. Den förra, också Stora gatan kallad, motsvarande 1700-talets Tavastgata och var tids Nikolaigata, var en af de mest trafikerade, och äfven en af de bäst bebygda. Om man från Stortorgets sydöstra hörn förbi Indreniuska gården gick tvärgatan söderut, befann man sig snart på Kronprinsgatan, i hörnet där Bäckmanska och Selinska gårdarna lågo. Fortsatte man vägen Kronprinsgatan framåt mot öster och tog man sedan, efter att hafva passerat tvänne gathörn, af at höger, befann man sig snart på det s. k. Nytorget, den gamla Hagaplanens moderna efterträdare, — våra dagars Salutorg. Kronprinsgatan och Nytorget.

Af Strandgatan, som nu icke mera skymdes af några strandbodar, lemnar oss bilden i „Finland framstäldt i teckningar“ en ungefärlig föreställning. Vi se där först tvänne invid hvarandra belägna tvåvånings stenhus, det Björkmanska och Ascholinska, i hvars hörn — vid gatan som fran rådhuset gick ned till stranden — handelshuset Björkman & Rosenlew hade sin bod. Några farkoster skymma för oss de Martinska och Moliiska (Lundborgska) envånings trähusen, hvilka lågo rakt nedanför rådhuset. Emellan dessa gårdar och sist- Stranden.

[1]) Det var ock beslutet att för ändamålet inköpa slaktaren Nordqvists och borgaren Salins vid landsvägen liggande tomt.

nämda hus fans då för tiden ett tätt bebygdt kvarter, hvarest ibland en mängd envanings träbyggnader reste sig ett gammalt stenhus, öfver hvars dörr i hög skrift lästes namnet „Johan Ascholin". I detta hus, som stod på nuvarande rådhusgården, hade lägre elementarskolan sin lokal i öfra vaningen, medan den nedra vaningen upptogs af magasiner. Bortom Lundborgska gården visar oss bilden — bakom ångfartyget, som dock ej torde mycket påminna om gamla „Sovinto" — tvänne dominerande byggnader, hvilka skola föreställa de Björnbergska och Timgrenska stenhusen. Ännu längre österut — i den trakt där kyrkan står — låg Varfstorget eller östra tullplanen, med några magasiner invid stranden, där färjstället var beläget. Af bilden synes vidare att stranden redan var planterad med träd, men någon sammanhängande kajbyggnad prydde ännu icke den på sina ställen låga åbrädden.

Slottsgatan och landsvägen. Gick man från färjstället upp längs Stora Slottsgatan, hvilken skilde „gamla staden" från „nystaden", hade man till venster — på nuv. skvären framför Johanneslund — Societetshuset med dess trädgård. I Societetshusets stora salong höllos baler och andra festliga tillställningar, medan däremot de teatraliska föreställningarna företrädesvis egde rum i Petrellska salen vid Stortorget. Fortsatte man promenaden från Societetshuset uppåt längs Slottsgatan, eller såsom den ock med anledning af sina trädplanteringar plägade kallas „boulevarden", passerade man en trakt af staden, som endels ännu var obebygd och upptogs af trädgårdar, bl. a. den Björnbergska, hvars port pryddes af ett i trä snidadt lejon med gapande mun, hvilket i dagligt tal af de förbigående kallades „leipäkarhu". Slutligen kom man, efter att hafva passerat några gathörn, fram till landsvägen, som begränsade Gamla staden i söder. Den motsvarade våra dagars esplanader. Åtminstone i sin vestligaste del var den beskuggad af pilträd, hvilka voro planterade på ömse sidor om vägen, bildande en allé, som sträckte sig bortom „bommen". På andra sidan landsvägen funnos en mängd stadsboarne tillhöriga trädgårdar. I dem stodo här och där små lusthus, omgifna af träd, alléer, bärbuskar och blomsterrabatter. Här plägade stadsboarne ofta under vackra sommardagar samlas för att intaga sitt kaffe och eljes njuta af den friska sommarluften. Här och hvar trängde sig ock någon flik af Bärnäsåkern fram till landsvägen. Längre bort vid vägen åt Lill-Raumo lågo först de ofantligt långa „artilleristallen" och fajansfabriken samt, på andra sidan, begrafningsplatsen på Hampusbacken.

BJÖRNEBORG på 1840-talet.

(UR „FINLAND FRAMSTÄLDT I TECKNINGAR“).

Sådant var, enligt äldre personers beskrifning, stadens utseende före branden 1852 [1]). Tillgången vid sistnämda händelse åter skildras på följande sätt.

Den 22 maj, som var en het och solvarm dag, visade sig kl. 3 $^1/_4$ e. m. rök å Rosenlewska husets tak. Faran observerades först af tvänne drängar, hvilka, efter att hafva underrättat gårdsfolket därom, genast skyndade upp på det brinnande taket. Elden hade brutit lös å det ställe, där taket sträckte sig ut öfver en inåt gården uppförd lägre köksbyggnad, i hvilken man under dagen varit sysselsatt med bakning. Drängarna, biträdda af gårdsfolket och tvänne provisorer, som skyndat till hjälp från det på andra sidan gatan belägna apoteket, sökte till en början med uppbringadt vatten släcka elden, utan att denna dock i ringaste mån minskades. Den spridde sig tvärtom öfverallt inne a vinden till den mot torget vettande hufvudbyggnaden, och snart sågo sig de å taket befintliga personerna af de samtidigt å flere ställen utslående lågorna tvungna att begifva sig ned. 1852 års brand.

Emellertid ljödo redan dofva eldsignaler från rådhustornet och kallade stadens eldsläckningsmanskap till brandstället. Man ansträngde sig främst att rädda det endast sex kvarter fran brandstället aflägsna Grönfeldtska tvavaningshuset, hvars mot elden vettande del oafbrutet öfverspolades med vatten från trenne sprutor. Samtidigt sökte man med sprutor inne på gården hindra antändning från denna sida, medan ytterligare tvänne sprutor tjenstgjorde å gatan emellan brandstället och apoteket. Elden hade emellertid under taket af den Rosenlewska byggnaden vunnit en sådan kraft, att detta inom några minuter uppslogs, och lågorna hvälfde sig allt valdsammare upp mot den höga grannbyggnaden, hvars tak, som icke naddes af vattenstralarna fran sprutorna, redan rykte af hetta. En flygande eldtunga, som girigt sökte sig ett fotfäste, kastade sig under takbandet till nämda hus, och oaktadt tvänne portativa sprutor införts och arbetade å vinden af samma byggnad, stod denna dock inom kort i ljusan låga.

Den vestliga vinden, som härtills ej varit synnerligen stark, öfvergick nu till fullständig storm, samt kastade elden från tinnarna af det höga Grönfeldtska huset öfver hela staden till det $^3/_4$ verst aflägsna Societetshuset. Medan man kring Nytorget ännu ansåg faran

---

[1]) Gamla staden var fortfarande indelad i de fyra kvarteren: Kyrko-, Slotts-, Torg- och Malmkvarteren. Den hade inalles 299 tomter, medan Nystaden räknade 146 sådana.

långt borta, drefvos hela moln af gnistor och bränder öfver denna stadsdel, som antändes på flere punkter på en gång. Inom en kvart timme hade sålunda antändts, utom Societetshuset, fyra andra på skilda trakter under vind belägna gårdar, hvilka, oaktadt folk öfverallt å taken sökte med vatten hindra antändning, ögonblickligen fattade eld [1]). I hopp att likväl förekomma eldens spridning mot vinden, och att kunna skydda ej mindre å ena sidan apoteket och därmed nära sammanbygda andra större trähus, än å andra sidan rädda stadens rådhus, fortsattes släckningsarbetet både där och öfverom vinden mot gårdarna närmast kyrkan.

Men stormen vände sig nu till nordlig, eldens valdsamhet tilltog och hettan blef så stark att lacket å rådhusrättens uppspikade anslag smälte inom radhustornet, innan detta ännu var antändt. Nu fattade emellertid också tornet eld och utkastade från höjden gnistor och bränder åt alla håll. Luften upphettades [2]) till den grad att icke blott de på andra sidan det 170 alnar breda torget stående husen antändes, utan äfven de skyddsdörrar, som uppställdes framför sprutornas strålförare. Apoteksbyggnaden, nästan helt och hållet betäckt med brandsegel, tog slutligen kl. 4-tiden eld öfverallt på en gang, och med obeskriflig valdsamhet hvälfde sig nu lågorna öfver närmaste kvarter. Handlandena John Grönfeldts och Isak Carströms tvåvåningsträhus antändes samtidigt och ledde elden till kyrkan, hvarefter för denna del af staden ingen räddning mera var möjlig.

Fem åt detta håll och långt ifrån brandstället belägna gårdar antändes sa godt som samtidigt. Kyrkan förstördes med alla sina minnen och likaså skolhuset, ur hvars biblioteksrum nagra dåvarande elever [3]) räddade där befintliga böcker och samlingar. Kl. 5 vidlag kastade vinden plötsligt om till ostlig. Förvirringen och nöden tilltogo. Alla brandsegel hade gatt förlorade vid Grönfeldtska huset, apoteket och gården närmast radhuset. En del af brandkarlarna öfvergafvo nu sina poster, medan andra räddade sprutorna undan elden. Släckningsarbetet sa godt som afstannade. Förskräckelsen nådde öfver all beskrifning. Man såg personer, förlamade af skrämsel, utan besinning gifva all sin egendom till spillo. Några bärgade

---

[1]) Nämligen: Ignatiuska och Souranderska vid torget, Sjöblomska och Mannelinska (n:ro 176 o. 184) längre borta i Slottskvarteret.

[2]) Ett ögonvittne säger: Hettan på det först hotade Stortorget blef olidlig. och troligt är att den upphettade luften utvidgade sig i hvirfvelvindar, ty emot aftonen gick elden emot vinden och antände gamla kyrkan samt däromkring belägna stadsdelar.

[3]) C. F. Ignatius, J. Forsman och bröderne v. Schantz.

hö från vindarne, medan deras redbaraste egendom lemnades att brinna. Andra bragte däremot med sällsynt rådighet bade egnas och andras saker i säkerhet[1]). I detta kaos af elände och förvirring hördes bland braket af ramlande murar och lågornas smattrande hjärtslitande rop efter vänner och anhöriga, som troddes vara förkomna, äfvensom tjutet af innebrinnande boskap, som ej hunnit räddas. Man såg genom rökmolnens dunkel sjuklingar, ålderstigna, barn bäras på skuldrorna eller dragas i kärror, likt annat gods, som räddades undan lågorna.

En privatperson, som strax, vid första underrättelsen om eldens löskomst, från sitt hemvist i östra delen af staden, hvilken han ansåg vara utom all fara, skyndat till brandstället, skildrar i ett bref till en svensk tidning i lifliga färger den ödesdigra dagens händelser. Han hade knappt en half timme deltagit i räddningsarbetet, innan tillropet: „Societetshuset brinner" varskodde honom om den fara, som hotade äfven den aflägsna stadsdel, där han bodde. Skyndande tillbaka samma väg som han kommit, fann han redan gatorna öde och insvepta i tjocka rökmoln. Öfverallt hväste lågorna och husen störtade brakande ned, hvarvid hvirfvelskyar utaf gnistor flögo upp i rymden, likt antändningsraketer förande elden allt vidare omkring. Genom den glödande atmosfären skönjdes solens skifva blek som månens, spridande ett dystert hvitaktigt skimmer öfver all denna hemska förödelse. Från en aflägsen plats sag han ändtligen sitt hem redan förstördt af lågorna. Han vände då resignerad tillbaka, hvarvid han tog vägen till stranden. Dit hade de husvilla stadsboarne räddat en del af sin egendom, och inhöljda i rök och kringhvärfda af gnistor, stora som brinnande kol, ansträngde de sig nu att med skopor och andra kärl upphemta vatten från elfven och därmed öfverösa sina saker för att de ej skulle antändas.

Vid nattens inbrott liknade staden ett eldhaf, hvars rök och gnistor drefvos vida omkring öfver slätterna i vester. Kl. 10 pa kvällen började emellertid — sedan man fått nytt manskap till sprutorna — släckningsarbetet å nyo, och fortgick sedan inpå natten såväl pa gränsen emellan Gamla och Nya staden, som ock vid lasarettsbyggnaden å vestra tullplanen. Stormen vände sig återigen till sydlig och jagade ännu engång lågorna tillbaka öfver deras utgångspunkt

---

[1]) „Några af köpmännen lära räddat hälften, andra tredjedelen af sitt varulager, flere så godt som intet, hvarför stora förluster emotses", säger samma ögonvittne, som vi ofvan citerat. En enda, som bodde vid stranden, lyckades att rädda det mesta af sitt.

och den redan afbrända delen af staden. Först efter midnatt började vindens häftighet smaningom att aftaga. Denna omständighet i förening med eldsläckningsmanskapets ansträngningar, gjorde att man vid Sandellska huset i Nystaden lyckades sätta en gräns för eldens vidare framfart kl. 4 på söndagsmorgonen.

Men en ringa återstod var då mera öfrig af staden, ett hundratal mindre gårdar, för det mesta fattiga kojor, skilda från hvarandra genom potatisländer[1]). Rådhuset, kyrkan, skolhuset, sjelfva varfvet blef lågornas rof, i likhet med köpmännens flesta magasiner med högst betydliga nederlag af salt, spannmål, kolonial- och manufakturvaror. Däremot undgingo de på andra sidan elfven belägna stora trävarulagren den allmänna förstörelsen.

Orsakerna till branden och förlusternas storlek.

Angående orsaken till eldens uppkomst och vidden af stadsboarnes genom densamma lidna förluster meddelas i „Undersökning om Björneborgs brand", som ingår i Helsingfors tidningar för den 12 juni, följande: „Det synes fullkomligt utredt att branden uppkommit af gnistor, som från skorstenen till Rosenlews kök — det enda ställe i gården, där eld vid tillfället förefans brinnande i en s. k. hällspis — kastats under takbandet till hufvudbyggnaden och där i brytningen mot köksbyggnaden en längre tid fått obemärkt sprida sig intill den med säng- och gångkläder samt andra brännbara ämnen fylda vinden. Af stadens 392 bebygda tomter äro 295 af elden ödelagda, oberäknadt stadens kyrka, klockstapel, ständiga saltnederlagsmagasin, militärens tre proviantmagasiner, östra vakthuset och 62 enskilda magasinsbyggnader, alla af träd, samt högre elementar-

[1]) I Gamla staden räddades förutom lasarettet endast 13 gårdar: n:o 41 borgaren Karl Sjöbloms, 42 arbetskarl Elias Fagerholms, 43 enkan Juliana Ståhlstens, 44 enkan Seppéns, alla i malmändan pa Karjaranta sidan, 288 borgareenkan H. L. Juselius', 289 arbetskarl Efraim Lagergrens, 290 enkan Ulrika Malmbergs, 291 enkan Regina Lovéns, 292 underofficer And. Kolomentienkos, 293 sjöman Mickel Lindgréns, 298 svarfvar G. Brandthills och 299 forman J. H. Rostedts, alla invid landsvägen i Torgkvarteret.

I „Nystaden" brunno, förutom Societetshuset, följande gårdar: n:o 301 handlanden J. Svanströms, 302 handlanden K. A. Björnbergs, 306 densammes, 307 fru Liljebäcks, 308 arbetskarl Gustaf Helenius' och kopparslagar J. L. Westerbergs, 309 borgare-enkorna A. L. Sjöbloms och M. H. Nordströms, 317 enkefru A. Fridéns och 318 smeden G. O. Idbergs. — I Nystaden räddades inalles 84 bebygda tomter, kronans spannmålsmagasin, stadens fattighus, repslagarebanan, trenne på varfvet belägna bodar och det s. k. vestra vakthuset. (Se: Kertomuksia Porin kaupungin historiasta, af Kanerva, i Satakunta 1890, n:o 79).

skolans hus af sten. Å förenämnda tomter hafva stadens radhus samt 24 andra byggnader af sten och 991 af träd nedbrunnit. Af dessa gårdar, som haft sig påförda utgifter till staden efter ett sammanräknadt taxeringsvärde af 205,575 rubel s:r, motsvarande ungefär hälften af det värkliga värdet, voro 169 brandförsäkrade till ett värde af inalles 291,391 rub. 55 kop. s:r. Alla kassor och det hufvudsakligaste af stadens arkiv och embetsmyndigheternas handlingar äro räddade, hvaremot enskildes förluster i lösegendom, särdeles köpmännens förlust af betydliga varulager samt proviant och andra skeppsförnödenheter äro större, än desamma, så kort tid efter branden, kunnat med säkerhet beräknas. Dock antages med visshet att totala förlusten, brandförsäkrade gårdar oberäknad, uppgår till ett värde af 800,000 rubel silfver. Förutom ett större antal personer, hvilka vid släckning och bergning mer eller mindre dock icke obotligt skadats, har endast en kvinna blifvit innebränd samt en mansperson tillsatt lifvet i följd af slag, ådraget af omåttlig ansträngning". — De husvilla innevånarne spridde sig till grannstäderna, en del ända till Åbo, och till byarne i närmaste landsort. En del inlogerade sig nu, såsom man ock gjort efter 1801 års brand, i riorna och i tillfälligt uppförda skjul och kojor utom staden.

Från alla håll skyndade emellertid välgörenheten att bispringa den olyckliga staden. I Åbo, välbekant för sin hjälpsamhet, blef olyckan känd på tisdagsmorgonen, och redan samma dag på e. m. afgick „Storfursten" lastad med lifsmedel och klädespersedlar till Björneborg. Från Helsingfors afgingo den 28 maj med posten 1,000 rubel silfver sammanskjutna af borgerskapet samt dessutom 500 rub. insamlade i Wasenii & C:is bokhandel. Flere remisser skulle dessutom ofördröjligen afsändas; en köpman därstädes, herr Scharin, skickade 50 mattor mjöl. Från Kristinestad afsändes ett fartyg med förnödenheter, beräknade till 600 rub. s:r, och i Vasa utsattes, genast efter det händelsen där blifvit känd, en anteckningslista för de nödlidande i bokhandeln, o. s. v. I Borgå föranstaltade amatörer en konsert för de nödlidande, hvarvid sångerskan fröken Indebetou, som då för tiden vistades där på orten, stadd på besök hos sina anhöriga, lofvat biträda. Hjälpsändningar.

Efter erhållen underrättelse om olyckshändelsen hade ock guvernören Cronstedt ankommit till staden och lemnat de nödlidande en första handräckning förmedels en utanordning af 1,000 rub. s:r och 200 tnr spannmål. Genast dagen efter branden hade ock tillsatts en undsättningskomité, som egde att utdela de från olika trakter af landet insända bidragen [1]). Kronan bisprang äfven rikligen med understöd och medgaf at staden befrielse från de personella utskylderna pa 10 ar.

Fråga om stadens flyttning. Ännu må i sammanhang med skildringen af stadens brand nämnas att nu, liksom åren 1641, 1698 och 1801, fråga uppstod om stadens flyttning närmare till hafvet. „Helsingfors tidningar" för den 2 juni meddelade nämligen att „Borgå tidningar", som uppskattade förlusten till 1 miljon rubel s:r, gifvit offentlighet åt ett rykte att egendomsinnehafvarne på landet i anledning af Björneborgs brand vore sinnade att inrätta ett nytt brandstodsbolag, emedan de riskerade för mycket på städerna, något som „Helsingfors tidningar" dock syntes betvifla. „En annan fråga är" — fortsätter nämda blad — „om Björneborg, som härtills haft nära tre mil till Räfsö hamn, skall efter sin totala brand till egen fördel flyttas närmare Räfsö. Om denna fråga hör man mycket talas pro et contra; men visst är att Uleåborgarne ångrade sig, när de för kvarstående källarhvalf och andra mindre hinder icke flyttade sin stad efter branden 1822".

Sedan man emellertid något hemtat sig efter branden, började man så småningom, efter skedd ny reglering af tomter och gator, att återuppbygga staden på dess gamla ställe. Men innan nybyggnadsarbetet, för hvilket vi längre fram skola blifva i tillfälle att närmare redogöra, hunnit slutföras, blef det snart, i likhet med hvad som under enahanda förhållanden skett efter eldsvådorna 1698 och 1801, afbrutet, eller åtminstone länge fördröjdt af krig och fientliga hemsökelser. Det torde därför vara på sin plats att här i ett sammanhang redogöra för det kort efter branden utbrutna orientaliska krigets händelser, för så vidt de röra Björneborg.

1853—56 års krig. De första följderna af krigets utbrott var att stadens stora handelsflotta blef utan sysselsättning, hvarigenom trafikanterna redan drabbades af kännbara förluster. Inga nya skepp bygdes, och de gamla såldes, såvidt man kunde få köpare. På varfvet, äfvensom

[1]) Till denna komité hörde: såsom ordförande prosten, d:r Hellén, viceordförande borgmästar Claes Wahlberg, kassör rådman C. Duwaldt, medlemmar handlandena I. Carström, K. J. Ek, Anton Björnberg, J. Sohlman, K. Nummelin, kapten G. A. Moliis, snickaremästaren A. Rostedt, målaremästaren F. Hellsten, guldsmedsmästaren G. W. Mansner, krukmakaremästaren R. R. Rosendahl, arbetskarlarne G. Helenius, G. Lagerroos och G. Stenwall. Såsom notarier fungerade rådsturättsnotarien J. Ekblom och sedan bokhandlaren K. F. Sjöblom. För denna komité egde enhvar, som lidit skada genom branden, anmäla sina förluster, och steg beloppet af enskildas för komitén angifna förluster till 1,542,351 mark 92 penni. (Se: Kertomuksia Porin kaupungin historiasta, af Kanerva, i Satakunta 1890, n:o 79.

nere i Räfsö, bygdes kanonbatar för ryska marinens räkning. Den 12 april 1854 förordnade Senaten att en del af vestra brigaden af den till landets försvar bestämda roddflottiljen skulle i Björneborg förses med sjöprovision, beräknad för 825 man, och några dagar senare kom befallning om förhyrandet af erforderligt roddarmanskap, 540 man, bland ortens raska karlar, till de för kustförsvaret anskaffade kanonsluparne. Den 27 i samma månad fann staden säkrast att engagera en vakt för att på Ytterö och Räfsö hålla utkik, och den 9 maj tillsattes en komité för att draga försorg om inloppens till staden stängande förmedels nedsänkning af prämar och andra farkoster. Om ock icke något vidare hände under detta år, var man emellertid, äfven sålunda, midt uppe i krigshändelserna.

Emellertid uppfördes vid Lotsöre batterier, som bestyckades med fyra gamla skeppskanoner. Ofvanför lades på elfven tvänne flottor med tjärtunnor och andra brännbara ämnen, för att, i händelse af fara, nedsläppas mot fiendens fartyg. Nedanför åter afstängdes an förmedels en järnketting.

Den 30 juni 1855 beslöto stadens äldste, i anledning af att fienden, som nyligen hemsökt Nystad och Kristinestad, yttrat hotelser äfven emot Björneborg, där allt försvar saknades, att hos generalguvernören anhålla om ditkommenderandet af en militärstyrka, som vore tillräcklig att förhindra fiendens uppkomst med barkasser längs ådrorna. Därjämte fattades beslut att alla de lastbåtar och transportfarkoster, som ej oundgängligen behöfdes i staden, fodersammast skulle bortskaffas från dess närhet.

I början af juli ankom sedan till staden en mindre militärstyrka under anförande af major Bruun, äfvensom generalguvernörens tillkännagifvande att stadens innevånare skulle hafva tillstånd att, om de så önskade, beväpna sig för att jämte militären bidraga till fiendens afslående. Dock skulle de ej få operera på egen hand och i särskildt afdelta partier, utan underordna sig den på stället kommenderande militärbefälhafvaren. Detta tillstånd begagnades ock af en del stadsboar, hvilka detacherades till de nere vid Lotsöre uppförda batterierna [1]).

Fienden var ock redan i närheten. Den 17 juli uppbringades jakten „Flickan“ utanför Stora Enskär af franska fregatten „D'Assas“, hvarvid skepparen, på frågan om Björneborg vore befäst och om

[1]) Om den björneborgska frivilliga bataljonens, ocksä kallad „punschbataljonen“, lägerlif på Lotsöre, se: Kertomuksia Porin kaupungin historiasta, af Kanerva, i Satakunta 1890, n:ris 53, 54 och 58

där funnes militär, meddelade att han väl ej kände till kanonernas antal, men att stadens försvarsstyrka utgjordes af väl 16,000 man. Fienderna gjorde emellertid en tur norrut och återvände först den 23 juli till Säbbskär, därifrån de började göra landgång här och där i skären och på Ytterö för att förse sig med proviant.

»Konventionen«. Den 9 augusti 1855 blef ändtligen den afgörande dagen. Då gjorde nämligen fienden längs de mindre ådrorna en anfallsrörelse mot staden. Fruktan för förestående plundring äfvensom insikten om militärens otillräcklighet synes hafva från början förlamat försvaret. Kommendanten på Lotsöre lät utan att det ens kommit till någon skottvexling vräka de fyra kanonerna i sjön och drog sig med sitt kommando af soldater och frivilliga till Björneborg. Där trodde man att ett bombardemang förestod; sprutorna höllos beredda för släckning af möjligen utbrytande eldsvåda och en del innevånare beredde sig till flykt. Emellertid begaf sig borgmästaren ned till fienden och ingick med honom en sorts konvention, hvarigenom ångbåten „Sovinto“ och en mängd lastbåtar samt annan egendom utlevererades — en åtgärd som dock väckte mycket missnöje i staden. Då man emellertid nu funnit att den ringa militärstyrka, som var å orten förlagd, ej var tillräcklig att hindra fienden från att utmed de många grenarna af elfven uppkomma till staden, och enär man fruktade en ny brandskattning, anhöll magistraten ånyo om förstärkning af trupperna, hvarjämte, på framställning af major Bruun, beslöts att uti Lana- och Inderö-ådrorna samt, i händelse af att sådant skulle anses nödigt, jämväl i Raumo-ådran värkställa försänkningar medels stock och sten. Stadens arkiv beslöt man att uti särskilda för sådant ändamål inrättade lårar försända till Friby i Ulfsby socken, för att där tillsvidare förvaras.

Stadens förluster genom kriget. Något nytt anfall skedde emellertid icke mer, och följande året slöts freden. Stadens direkta förlust genom kriget uppskattades till något öfver 70,000 rubel och den indirekta till omkr. 83,000, häri dock ej inberäknadt hvad som förlorats genom handelns och näringarnas stagnation. Fienden hade tagit, utom de vid kapitulationen utlemnade farkosterna, 2 större och 17 mindre fartyg, om inalles 521 läster. Skeppsflottan, som före kriget nått till 5,000 läster, hade reducerats till 1,723.

Sålunda hade den uppgående handelsstaden inom förloppet af ett quinquennium först genom branden förlorat större delen af sina byggnader och sin lösa egendom och sedan genom kriget större delen af sin flotta. Äfven befolkningen hade nedgått med ett tusental personer och de fattigas antal stigit till den utomordentligt höga siffran af 427 individer. Sålunda var tillståndet i Björneborg vid orientaliska krigets slut föga bättre än hvad det varit efter de tidigare eldsvådorna och ofredstiderna.

Branden 1852 och det därpå följande kriget utgöra sålunda naturliga afslutningspunkter för den period i stadens historia, som vi betecknat med namnet „den stora rederivärksamhetens tid". Sin betydelse af att vara landets främsta rederiort skulle staden ej mera återvinna. Men sina under denna tid vunna materiella ressurser hade den främst att tacka för sin återupprättelse efter olyckorna. Frågan var emellertid om Björneborg, äfven utan att ega den största handelsflottan, skulle kunna häfda sitt anseende såsom en af landets främsta handelsstäder. Att härtill erfordrades en bredare grund för stadens handel, än den dittills haft, insågs till fullo af den tidens stadsboar, och stadens föregående historia utvisade nogsamt hvar denna grund främst borde sökas. Minnet af 1500-talets tavastehandel hade aldrig fullkomligt förbleknat, trots 1600-talets vedermödor och trots alla merkantilsystemets begränsningar. Därom vittnar bl. a. det vakna intresse hvarmed stadsboarne på 1700-talet och ännu i detta sekels början följde med strömrensningarna i Kumo elf, hvilka troddes kunna återställa dess afbrutna förbindelser med dess naturliga handelsgebit. Äfven nu, då det åter gälde att söka en ny grund för stadens framtida utveckling, trängde sig frågan om förbättrade kommunikationer med inlandet oafvisligen i förgrunden. Redan 1850 utbad sig magistraten — i sin till guvernören ingifna berättelse öfver stadens tillstånd — att få meddela, „att den enda kända utvägen till ett stigande välstånd i staden förefinnes i en på fulländandet af allmänna vägen till Tammerfors beroende lifligare kommunikation med inre landet". Härmed hade den i få ord angifvit det onekligen viktigaste spörsmål, som denna period lemnade den närmast följande tiden att lösa.

Sjette kapitlet.

Tiden från 1852 till 1895.

De nya näringslagarnas och den nya kommunalstyrelsens tid. De nya kommunikationerna.

Den period i stadens historia, som begynner efter 1852 års brand och hvilken ännu fortvarar, karaktäriseras främst genom införandet af de nya näringsförordningarna och den nya kommunalförvaltningen äfvensom af kommunikationsväsendets förbättrande. Med skråordningens upphäfvande och den nya stadsstyrelsens införande följde en ny anda i stadens inre lif, hvilken står i det närmaste samband med den utveckling staden öfver hufvud under senaste tid uppnått. Nya sträfvanden, nya partier hafva under de sista årtiondena framträdt äfven i Björneborg, påminnande om de nya förhållanden, som, hvad landet i dess helhet beträffar, följde på det politiska lifvets återvaknande. Därjämte har i senaste tid stadens förening med det inre af landet — och med den öfriga verlden — förmedels den moderna tidens förnämsta kommunikationsmedel, järnvägen, varit för densamma af epokgörande betydelse, likasom vårt järnvägsnäts utveckling öfver hufvud varit det för hela landet. En reflex af landets allmänna utveckling återfinna vi således äfven under denna tid i stadens lif.

Framställningen af stadens utveckling under denna period sönderfaller emellertid genom de i dess historia sorgligt minnesvärda åren 1867 och 1868, hvilkas värkningar gjorde sig kännbara så godt som ända till tiden för den nya kommunalordningens införande (1875), i tvänne afdelningar, för hvilka hvardera vi i korthet skola redogöra inom ramen af detta vårt slutkapitel.

Efter branden år 1852 förnyade sig händelserna från 1801 Likasom man då tillsatte en brandstods- och fattigmedelsdirektion med prosten d:r Lebell såsom ordförande, så tillsattes äfven nu en „undsättningskomité“ under prosten d:r Helléns presidium. Likasom då lagmannen Wibelius, å landshöfdingen v. Willebrands vägnar, vidtog de första åtgärderna för lindrandet af nöden, så äfven nu landshöfdingen Cronstedt, som oförtöfvadt bisprang de behöfvande med understöd från sina dispositionsmedel. Efter 1801 års brand hade staden för 10 år befriats från utgörandet af de personella utskylderna; genom bref af $^9/_{11}$ 1853 erhöll staden nu en liknande förmån, hvilken äfven utsträcktes till enahanda befrielse från militärinkvarteringen. 1801 hade regeringen anslagit 300 rdr specie till de publika byggnadernas återuppförande och dessutom ställt ett militärkommando till deras disposition, som ärnade ånyo uppbygga sina gårdar, — en hjälp, som enligt landshöfdingens förslag främst borde reserveras dem, som ville bygga „hus af ler". Efter 1852 års brand erhöll staden ur allmänna medel ett understöd af 250,000 rubel utan återbetalningsskyldighet, afsedt att användas till inlösen af tomter samt för den skeende nya planeringen, äfvensom dessutom ett räntefritt lån af 150,000 rubel, hvaraf lånebidrag skulle utgifvas vid uppförandet af privata hus, dock sålunda att $^2/_3$ af lånen skulle beräknas för sten-, och $^1/_3$ för trähus. Däremot afslogs stadens anhallan om tullfrihet för exporterade trävaror, likasom 1801 dess ansökan om efterskänkandet af lilla tullen hade rönt ett liknande öde.

1801 års „kompromissrätt" för afdömande af tvister uppkomna i anledning af den då vidtagna nyregleringen af tomterna fick äfven nu sin motsvarighet, hvarjämte en värderingskommission tillsattes, som skulle uppskatta de till inlösen bestämda gamla tomterna.

Den nya plankartan. Den 17 nov. 1852 fastställdes ny plankarta för staden. Enligt denna skulle staden helt och hållet omregleras, äfvensom ansenligt utvidgas mot söder. Hela det hörn, som härtills skurit in emellan Gamla och Nystaden, och som gifvit 1810 års karta ett så egendomligt utseende, skulle nu intagas i stadsplanen. Det område, som utgöres af trakten emellan nuv. Esplanad- och Södra linjegatorna, och hvilket därtills varit ett böljande sädesfält, fördelades i anledning häraf i tomter.

Stadsdelarna. Stadens gamla kvartersindelning med dess historiska namn utdömdes och hela stadsområdet indelades i fem s. k. „stadsdelar". Första stadsdelen motsvarade de forna Slotts- och Torgkvarteren, medan den andra i sig upptog de gamla Kyrko- och Malmkvarteren. Tredje och fjärde stadsdelarna däremot reste sig på den jungfruliga jord, som nu intagits till staden, och åtskildes från hvarandra genom Rådhusesplanadens fortsättning åt söder. Femte stadsdelen slutligen utgjordes af hela den år 1811 tillkomna Nystaden.

Stadens omreglering.

Redan 1801 hade regelbundenheten trädt i stället för den labyrintform, som varit kännetecknande för det gamla Björneborg. Nu lades därtill ett vidsträckt utrymme. Gatorna gjordes vida bredare, torgen vida större, än hvad de förut varit. Emellan tomterna inrättades brandgator, som skulle planteras med träd. I sin hufvuddel genomkorsades hela staden af tvänne stora esplanader, den ena gående i norr och söder, rätt framför rådhuset, den andra i öster och vester, där fordom landsvägen, som i söder begränsat staden från 1801 till 1852, gått fram. Afståndet emellan de parallella gatorna blef nu så stort, att man på tvänne af de nya i den gamla staden kunnat räkna tre. Huru mycket rymligare staden nu byggdes, framgår bäst däraf att den nya stadsplanen, som omfattade 168 tunnland, upptog endast 326 tomter, då däremot den äldre på 153 tunnland räknat 449 sådana.

Nya gat- och torgnamn.

Det var i sanning som om en ny stad höjt sig från den gamlas ruiner. Med de gamla kvartersnamnen försvunno nu ock de gamla benämningarna på gator och torg och ersattes med nya, till största delen hemtade från det regerande kejserliga husets namnregister: Alexandragatan (förut Drottnings- och än tidigare Öfra Slottsgatan), Nikolai-, Konstantins-, Elisabets- och Mikaelsgatorna, med riktning i öster och vester, samt Georgs-, André-, Wladimirs o. s. v. gatorna, gående i norr och söder. Endast i femte stadsdelen bevara ännu i den dag, som är, några små gator, egentligen utgörande ändarna af de gamla i och genom 1852 års brand försvunna gatorna, sina forna namn, såsom Kongs-, Kronprins-, Nygatan. Likaså leder Slottsgatan, som skiljer Nystaden från den öfriga staden, genom sitt namn, om också icke genom sitt läge, minnet tillbaka till stadens uräldsta tider.

Stortorget, det forna Rådhustorget, omdöptes nu till Nikolaitorget. Ett torg i den nyaste delen af staden benämndes Elisabetstorget. De gamla småtorgen, Bärnäs-, Varfs- och Fisktorgen, eller — såsom de ock kallats — Södra, Östra och Vestra tullplanerna, försvunno helt och hållet. Inom den nyreglerade delen af staden bibehöll sitt gamla namn endast Nytorget, af hvilket, såsom vi sett, större delen ända sedan stadens grundläggning under namn af Haga tullplan, Hagatorget, Hästtorget, varit en öppen plats, där fordom Haga tullport stått.

I afseende å byggnadssättet, som skulle iakttagas vid stadens återuppförande, bestämdes att tomterna omkring Nikolaitorget äfvensom de emellan rådhuset och kyrkan samt söder om Alexandragatan belägna gårdarna endast skulle få bebyggas med stenhus.

Å alla öfriga tomter skulle ock trähus få uppföras, dock icke i flere än en våning.

Nybyggnadsarbetet.

Sedan allt sålunda blifvit vederbörligen bestämdt och regleradt, började man taga i hop med byggnadsarbetena. Tyvärr fördröjde och försvårade det infallande kriget i väsentlig mån stadens återuppbyggande. Ehuru prisen på materialier äfvensom arbetslönerna då voro lägre än under fredstider, gjorde man sig emellertid icke i afseende å de allmänna arbetena någon synnerlig brådska. Endels torde ock den gamla kommunalstyrelsens brister medvärkat härtill. Äfven den privata företagsamheten var nedtryckt i följd af de osäkra tiderna.

Packhuset.

Först efter vunnen fred och sedan en del stadsboar föreslagit tillsättandet af en särskild kommission för att handhafva och värkställa alla till stadsregleringen hörande angelägenheter, började tydligare resultat af nybyggnadsvärket att skönjas. Det nya packhuset, en af Strandgatans prydnader, reste sig, och utmed hela elfstranden där nedanför sträckte sig småningom en prydlig kaj, byggd 1864 och 1865. I Esplanaderna höjde småningom de nyss planterade träden sina unga kronor, lofvande att i en snar framtid bereda stadsboarne angenäma promenader. Äfven den enskilda byggnadslusten hade stigit. 1856—1860 uppfördes 24 sten- och 176 trähus, hvilkas anläggningskostnader, inberäknadt utgifterna för särskilda å 33 äldre trähus värkstälda reparationer, stego till 228,000 rubel. 1861—1865 bygdes åter 28 sten- och 46 trähus för omkr. 300,000 mark.

Men de största och mest i ögonen fallande byggnadsföretagen från tiden efter branden voro dock pontonbron (färdig 1855) och nya kyrkan (färdig 1863).

Pontonbron.

Likasom den 1808 anlagda färjan utmärkte ett för sin tid storartadt framsteg framför det äldre kommunikationssättet förmedels båtar, likaså utgjorde nu den nya, breda, prydliga pontonbron, med sin sluss för den genomgående flodtrafiken, en epokgörande förbättring i ortens samfärdsmedel. Och i likhet med färjan hade ock pontonbron i väsentlig mån kriget att tacka för sin uppkomst. Under sin vistelse i staden hade nämligen generalguvernören grefve Berg, främst ur militärisk synpunkt, insett nödvändigheten af en lättare kommunikation emellan elfstränderna. Då i anledning häraf ett privat bolag bildat sig för planens realiserande, med rättighet att under 12 år, mot den gamla färjlegans uppbärande, underhålla en pontonbro, medgafs detsamma för ändamålet ur statsmedlen ett räntefritt lån af 11,500 mark. Snart var så den nya bron blifven en värklighet och uppläts för trafiken i maj 1855.

Byggandet af nya kyrkan, hvars uppförande af sten, såsom förut nämts, beslutits redan år 1833, ehuru det sedermera i följd af brist på medel uppskjutits, vidtogs nu äfven. För att tillgodose det första behofvet uppfördes emellertid en provisionel kyrka af trä å planen framför Johannislund. Strax norr därom, å södra elfstranden, på det ställe där fordom hertig Johans palats stått, började så godt som samtidigt grundningsarbetena för den nya stenkyrkan, till hvilken arkitekterna Chiewitz och von Heideken uppgjort ritningarna. Det nya templet reste sig småningom, för att, i sin smäckra götiska stil påminnande om en medeltida katedral, blifva en af landets prydligaste stadskyrkor. Det 121 alnar höga tornet krönes af en väldig spira af malm, gjuten å mekaniska värkstaden; och det inre af kyrkan prydes af en utaf hofmålar R. V. Ekman målad altartafla, föreställande Kristi uppståndelse, äfvensom af ett 28-stämmigt orgelvärk, bygdt af G. A. Zachariassen. Den väldiga byggnaden har ock sedermera blifvit försedd med en af bolaget Atlas tillvärkad ångvärmeledning. Byggnadskostnaderna, som stego till omkr. 600,000 mark, åsamkade staden en ansenlig skuld, som betalas genom ett amorteringslån, hvars ränta och amortering utgör något öfver 14,000 mark om året, och hvilket blir till fullo guldet först år 1908. Den år 1863 färdigblifna byggnaden invegs $^1/_1$ 1864 högtidligen till sin bestämmelse. Den nya kyrkan.

Sålunda hade staden i början på 1860-talet åter rest sig ur askan, vida ståtligare och prydligare än någonsin förut. Redan 1860 skrifver en korrespondent i Björneborgs Tidning: „En ny Fenix, uppstigen ur sin aska, är Björneborg i alla afseenden. Åtta år äro förgångna sedan staden jemnades med jorden, men knappt ser man mera några spår af förstörelse. Välplanerade breda gator, ehuruväl ännu oförsvarligt gyttjefulla, korsa regelrätt hvarandra, och på hvilkas ömse sidor vackra små täcka hus dels af träd dels af sten äro uppförda. Isynnerhet är gatan som leder utmed elfven i arkitektonisk betydelse den ståtligaste. Där lefver och värkar en stor del af vår förmögnare handelsverld med stadens nya pontonbro utanför sina fönster och det egendomligt vackra packhuset vid sin sida. — — Nyanlagda esplanader komma att i en framtid förläna staden en skugga „unter den Linden“, som man ännu saknar. En kyrka i götisk stil reser sig småningom i fonden af vår Slottsgata, som därigenom kommer att förhöjas betydligt“ [1]). Stadens utseende 1860.

[1]) Björneborgs Tidning 1860, n:o 15. Med de af kronan erhållna räntefria lånen hade intill 1860 uppbygts 100 trä- och 59 stenhus (Porin kaup. Sanom. $^{10}/_{11}$ 1860).

Gropstaden.

Men vid sidan af denna stad, som ordningsfull och prydlig reste sig inom de officiella linjerna, bildade sig ock en förstad, som därmed stod i hjärt kontrast. En stor del af den fattigare befolkningen hade efter branden ej mäktat inlösa sig tomter i den egentliga staden, ej ens haft råd att tänka på uppförandet af ordentliga hus. De gräfde sig i stället gropar i sandmon, borta vid den till Lill-Raumo ledande vägen, försedde dessa hålor nödtorftigt med golf och väggar samt betäckte dem med ett tak af halm eller bräder. En eldstad i ena hörnet och ett litet fönster uppe vid takranden fulländade den enkla boningen, som mer påminde om de forna sagornas troglodytkulor, än om människoboningar i ett civiliseradt samhälle i 19:de seklet. Denna förstad, „Kuoppakaupunki" (= Gropstaden) kallad, räknade slutligen omkring 500 invånare och var på sitt sätt en af det nyuppstandna Björneborgs märkvärdigheter, hvartill knappt ett motstycke torde funnits i någon annan del af vårt land.

Näringarna från 1856 till omkr. 1870.

Uti den nyuppbygda staden utvecklades under de närmaste tio åren efter kriget en utomordentlig energi på olika värksamhetsområden. Det såg ut såsom om man genom att raska på farten, t. o. m. med risk att våga för mycket, velat återhämta den tid man genom branden och kriget förlorat. Vi vilja här, förr än vi gå att redogöra för stadens tillstånd i våra dagar, kasta en kort öfverblick på dess utveckling under nämda tioårsperiod, hvilken fann sin afslutning med nödåret 1867 och då efterträddes af en tid utaf afmattning, hvars värkningar gjorde sig kännbara så godt som intill medlet af 1870-talet, vid hvilken tid ock den nya kommunalstyrelsen infördes.

Handeln. Exporten.

För att börja med handeln, antog den, särdeles trävarurörelsen, under sagda decennium större dimensioner än någonsin förr. Då staden förut, under vanliga förhållanden, ej utskeppat mera än c:ca 25,000 tolfter plankor om året [1]), steg nu denna utförsel i regel till tre gånger så mycket, eller ännu mera. 1865 exporterades öfver 88,000 tolfter plankor och 31,000 tolfter bräder. I afseende å trävarurörelsen öfverträffades Björneborg endast af Viborg, hvilken stad under sistnämda år utskeppade 175,000 tolfter plankor och 200,000 tolfter bräder. Konkurrensen vid trävaru-uppköpen, hvilka förmedlades af „halare", stegrades ända därhän, att trafikanterna ej alltid togo tillbörlig hänsyn till varans godhet, hvilket hade till följd att de björneborgska plankorna började falla i pris. Ortens anseende räddades emellertid genom de kraftiga anstalter till plankhandelns

[1]) Sjelfva brandåret 1852 gjorde dock härifrån ett undantag, i det att då utskeppades omkr. 46,000 tolfter.

ordnande, hvilka vidtogos af den år 1860 bland trävaruexportörerne bildade „handelsföreningen".

Beträffande importen under artiondet 1856—1865 må här endast anföras några siffror, utvisande årliga medeltalet för införseln af de viktigaste förnödenhetsvarorna. Sålunda importerades salt årligen omkr. 16,000 tunnor, spannmål omkr. 160,000 lisp., kaffe c:a 20,000 och socker c:a 9,000 lisp. Importen.

År 1865 steg värdet af hela exporten till omkr. 2,700,000 och värdet af importen till omkr. 2,400,000 mark. Totalvärdet af hela varuomsättningen öfversteg redan detta år 5 miljoner mark. Tulluppbörden utgjorde samtidigt något öfver 468,000 mark, men hade, den s. k. sågningsafgiften inberäknad, par år tidigare (1863) redan nått den höga siffran af omkr. 610,000 mark.

Stadens handelsflotta räknade 1865 något öfver 5,000 och 1866 5,844 läster, det högsta lästetal densamma efter branden öfver hufvud uppnått. Den utgjordes af några och tjugu segelfartyg äfvensom af trenne ångbåtar: „Salama", hjulbåt såsom gamla „Sovinto", „Joetar", en mindre ångslup med propeller, bygd 1861 på mekaniska värkstaden, och „Necken". Handelsflottan.

Räfsö hamn besöktes i medeltal årligen under decenniet 1856—1865 af 126 inkommande fartyg, medan de utklarerade skeppens antal utgjorde 128 per år. Sammanlagda beloppet af de till Björneborg ankomna och de därifrån afgångna fartygens lästetal utgjorde 7,64 procent af totalsumman för lästetalet af ut- och ingående fartyg i hela Finland. I detta afseende öfverträffades Björneborg endast af Viborg (24,98 procent) och Helsingfors (11,89 procent). Närmast dessa trenne städer kommo Uleåborg (6,75 procent) och Åbo (5,32 procent). Sjöfarten.

I afsikt att förbättra kommunikationen med hamnen hade staden år 1857 påbörjat en muddring, som årligen kostade omkring 10,000 mark. En ny kommunikationslinje öppnades år 1864, då regelbundna turer förmedels en ångare anordnades emellan Björneborg och Lübeck.

I sammanhang med frågan om stadens handelsförhållanden på den tiden bör ock ihågkommas den regelbundna sjöfartsförbindelse, hvari orten nu trädde med den finska vestkustens öfriga hamnplatser. Redan 1857 hade, sedan för ändamålet beviljats ett räntefritt statslån af 150,000 rubel, ett aktiebolag bildat sig med syfte att förmedels ångfartyg underhalla oafbruten kommunikation emellan Finlands norra sjöhamnar och S:t Petersburg. Bolaget, hvars kapital utgjorde 225,000 rubel, fördeladt på 2,250 aktier à 100 rubel hvarje, kallade sig det „Österbottniska ångbåtsbolaget". Det hade Det »Österbottniska ångbåtsbolaget».

till en början sin styrelse i Åbo. Men $^{11}/_{5}$ 1861 flyttades direktionen från Åbo till Björneborg, till hvars handelsflotta nu också de tre österbottniska ångfartygen vanligen räknades.

Penningerörelsen.

Under dessa så utvecklade kommersiella förhållanden, hvilka här ofvan skildrats, var ock penningerörelsen på orten blifven mycket lifligare än förut. 1861 hade Finlands bank här inrättat ett vexelkontor och 1863 Föreningsbanken en filial. De besparade kapitalerna i stadens sparbank (grundl. 1846) stego till omkr. 120,000 mark.

Industrin.

Om vi sålunda funnit att stadens handel på 1860-talet vunnit en förut oanad lyftning, framträdde den nästan feberaktiga värksamhetsifver, som kännetecknade nämda årtionde, ännu märkbarare på industrins område. En mängd nya fabriker anlades dels utom staden, främst på kronoholmen Storsand, dels inom densamma.

Tändsticksfabriken.

Tändsticksfabriken i Sofiegarten, den första i sitt slag i vårt land, grundlades redan 1856 af H. J. Oldenburg och erhöll sina privilegier 1866. Fabriken, som på sin tid var en af de största i hela Europa, sysselsatte omkr. 300 arbetare och tillvärkade t. ex. år 1860 tändstickor för omkr. 85,000 rubel. Dess utmärkta fabrikat vann genast ifrån början ett sådant anseende äfven utrikes, att de björneborgska tändstickorna voro eftersökta t. o. m. i de transatlantiska länderna och i Australien. På skämt kunde man säga: „att Finland utan de björneborgska tändstickorna mångenstädes utrikes vore ett alldeles okändt land“ [1]).

Mekaniska värkstaden.

1858 grundlades, också på Storsand, Björneborgs mekaniska värkstad (priv. $^{29}/_{9}$ 1858) af bruksegaren K. J. Lönegren och handlanden A. Björnberg, hvilka $^{12}/_{2}$ 1860 i bolag med sig upptogo handelsfirman I. Carström & C:i. Äfven denna anstalt vann snart stort förtroende och fick i uppdrag att förfärdiga ångmaskinerna till de ryska kronofartyg, som bygdes på det af I. Carström jämte några andra anlagda s. k. „Räfsö varfsbolagets varf“. Värkstaden sysselsatte i slutet af 1860-talet redan 7 mästare och öfver 300 arbetare, och värdet af dess tillvärkningar uppgafs 1869 till 736,000 mark.

Storsands ångsåg.

År 1862 begynte den af handlanden C. Borg jämte några intressenter [2]) grundlagda „Storsands ångsåg“ sin värksamhet. Om man undantager den på 1780-talet anlagda Lotsöre-sågen, som drefs med vindkraft, var Storsands ångsåg den första såginrättning i sta-

[1]) En annan tändsticksfabrik, den Larssonska, anlades 1867, men upphörde redan 1869 med sin värksamhet.

[2]) J. Grönfeldt, I. Carström, F. Wahlgren och F. Borg. Sågen var första gången i full värksamhet den 7 juli 1862.

den. Med sitt maskineri från Bolinder i Stockholm afvärkade sågen i dygnet 250 stockar, nedflottade ända från Ruovesi, Keuru, Orives och Virdois.

Till alla dessa inrättningar kom ännu den s. k. spikfabriken, på hvars inrättande handlanden C. Borg $^{16}/_{1}$ 1864 erhöll privilegium. Följande året voro vid fabriken anstälda ett 30-tal arbetare och värdet af dess tillvärkningar uppgafs till omkr. 80,000 mark. Spikfabriken.

Alla dessa fabriker voro belägna på nyssnämda kronoholme. Med sina höga skorstenar, sina arbetarebostäder och andra byggnader, med den vackra karaktärsbyggnaden vid Sofiegarten och dess nyss planterade alléer, började det fordom öde Storsand småningom presentera sig såsom en fabriksförstad till Björneborg.

I sjelfva staden åter grundades af C. H. Lampe en ny tobaksfabrik, privilegierad $^{30}/_{10}$ 1855, som sysselsatte 1 mästare och 40 à 50 arbetare samt tillvärkade för omkr. 15,000 à 20,000 rubel årligen. Bland dess för god kvalitet väl renommerade fabrikat gick en sort karduser under namn af „Björneborgs vapen". Denna fabrik efterträddes senare af handlanden J. Hellströms, privilegierad $^{11}/_{3}$ 1863, hvilken dock efter trenne års tillvaro upphörde med sin värksamhet. I mindre skala arbetade sedan den Gestrinska tobaksfabriken. Tobaksfabriker.

1857 hade handlanden G. Sohlström, med privilegium af $^{22}/_{5}$ d. å., i staden inrättat en knappfabrik, hvilken gaf sysselsättning åt ett tiotal arbetare och tillvärkade omkr. 13,000 gross knappar om året. Denna fabrik nedlades dock redan 1863. Knappfabriken.

Den $^{29}/_{6}$ 1859 erhöll fabrikanten G. Gehler privilegium på inrättande af ett engelskt lädergarfveri, hvars tillvärkningsvärde under vissa år steg till 12,000 och 13,000 mark. Engelska garfveriet.

Slutligen började år 1865 en manufakturvärkstad i staden sin värksamhet med ett uppgifvet tillvärkningsvärde af 80,000 mark under dess första år. Manufakturvärkstaden.

Dessutom funnos i staden trenne ölbryggerier: Bolagsbryggeriet, som var äldst, det Grönwallska och det Bäckmanska, hvardera nämda sedan 1863; — tvänne spritfabriker, S. J. Francks och P. Larssons, hvardera privilegierad $^{13}/_{6}$ 1866; — par tre lerpipsfabriker: J. G. Kellanders, nämd 1856—1860, F. A. Stenbergs, privilegierad $^{23}/_{8}$ 1860, och G. O. Idbergs, privilegierad $^{3}/_{12}$ 1862; — äfvensom tvänne kardfabriker, E. Fredriksons, privilegierad 1856, och C. Cajaléns, priv. $^{22}/_{12}$ 1858; samt en taktegelfabrik och sex tegelbruk, hvilka 1866 innehades af J. Blom, M. Bäckman, I. Carström, M. Hellström, G. A. Stenberg och C. L. Hallongren. Ölbryggerier och andra fabriker.

Däremot hade buldansfabrikerna numera blifvit nedlagda, hvarjämte fajansfabriken, hvilken sedan 1850 egts af hrr G. Sohlström, G. Svensberg och C. W. Selin, uppbrunnit 1856. Samtliga fabrikers tillvärkningsvärde uppgafs 1868 till 424,500 och 1869 till 934,000 mark. Med sina många industriella inrättningar hade staden sålunda under denna period otvifvelaktigt gjort sitt inträde bland landets mera betydande fabriksstäder [1]).

Handtvärks-näringarna.

Men om ock sålunda handeln och industrin under tiden närmast efter branden och kriget gjort stora framsteg, märkes däremot ett omisskännligt aftagande på handtvärksnäringens område. Antalet af de i staden förefintliga såväl yrkena som yrkesidkarena minskades år för år. Ännu 1858 funnos därstädes 30 olika yrken representerade. Men tio år senare var antalet reduceradt till 25. Hattmakare-, nålmakare-, repslagare-, tapetserare-, vagnmakare- och sämskmakareyrkena hade det ena efter det andra upphört att finnas till, och endast ett nytt yrke hade i staden blifvit representeradt, nämligen pipslageriet, hvars idkare dock endast under ett par år synes fortsatt sin rörelse på orten. Elfva yrken bildade ännu egna skrån, näml. skomakare-, skräddare-, snickare-, garfvare-, svarfvare-, smeds-, kakelugnsmakare- och kopparslagare-yrkena äfvensom målare-, sadelmakare- och bagare-yrkena, hvilka nu vunnit skrärätt.

I likhet med yrkenas antal aftog, såsom nämdt, äfven deras idkares. 1858 arbetade i staden 120 mästare, hvilka sysselsatte omkr. 250 gesäller och lärlingar, — således inalles 370 handtvärksidkare. 1865 är mästarenas antal uppgifvet till 65, gesällernas och lärlingarnes till 123, hvadan totalantalet handtvärkare då steg till endast 188. Således hade decenniet att uppvisa en minskning i handtvärkarnes antal med ungefär hälften.

[1]) Af fabriker, för hvilka under denna tid privilegier uttogos, men hvilka icke sattes i gång, må nämnas: handl. F. Borgs ättiksfabrik, priv. $^{9}/_{3}$ 1859; kapt. H. B. Westzynthius' fabrik för tillvärkning af pistoler och jagtbössor, priv. $^{23}/_{2}$ 1860; handl. F. Borgs fabrik för tillvärkning af sirap af potatismjöl, priv. $^{20}/_{6}$ 1862.

Af industriella inrättningar i landsorten, som underlydde stadens hallrätt, vilja vi nämna: Långfors pappersbruk och fajansfabrik, hvardera tillhörig possessionaten A. Ahlström; Sahakoski oljeslageri, hvars privilegium, ursprungligen utfärdadt $^{7}/_{4}$ 1852 för handlandene A. W. Wallin, C. Borg och J. Ekelund, $^{23}/_{5}$ 1860 öfverflyttades på läraren S. P. Dahlbeck; Harju och Kuvaskangas glasbruk, bägge privilegierade $^{9}/_{11}$ 1859, det förra grundlagdt af apotekaren E. Sourander, det senare af apotekaren F. W. Palander, hvilken vid denna tid äfven var innehafvare af det gamla glasbruket i Tor-näs; Karlsmarks yllespinneri, privilegieradt $^{26}/_{8}$ 1863.

Förordningen af 1859.

Hvilken orsaken till ofvannämda företeelse inom handtvärket än må hafva varit, det säkra är att den gamla skråordningens bestämmelser redan voro alldeles föråldrade och i hög grad hämmade handtvärksindustrins vidare utveckling och fortkomst. Också blef just denna period af epokgörande betydelse för handtvärket genom de liberala förordningar som under densamma gjordes gällande. Förordningen af $^{12}/_{12}$ 1859 tillstadde hvarje i stad mantalskrifven person att till egen försörjning ensam eller med biträde af maka och barn, äfven utan burskap och mästerskap, idka hvad yrke han ville. Denna på administrativ väg tillkomna „förklaring af 1720 års skråordning" efterföljdes nio år senare af den nya näringslagen af

Nya näringslagen af 1868.

Bagare-embetets sigill.

$^{24}/_{2}$ 1868, hvarigenom all tillämpning af stadgandena i den gamla skråordningen upphörde.

Skråväsendet upphäfvet.

Skråna upphäfdes nu och ersattes af de fria handtvärks- och fabriksföreningarna. En del skrån skänkte sina kassor till en gemensam handtvärkarepensionskassa, men skomakare-embetet säges vid firandet af sitt skrås 100-åriga minne hafva kalaserat upp sina medel af fruktan att de eljes i en snar framtid skulle komma att detsamma affordras. Sålunda hade en af det dåvarande borgaresamhällets viktigaste frågor, hvilken sedan seklets början stått på dagordningen, funnit sin lösning. Antalet af dem, hvilka till egen försörjning idkade handtvärk, uppgifves år 1873 till 135.

Jordbruket från 1856 till omkr. 1870.

I motsats mot handtvärksnäringen visade däremot jordbruket, hvilken viktiga förvärfskälla under denna brytningstid med förkärlek omfattades af de om sin utkomst bekymrade handtvärkarne, vissa tecken till förbättring. 1856 skördades 600 tnr råg,

300 tnr korn och 450 tnr hafra, efter ett utsäde af resp. 120, 100 och 150 tnr. 1865 utgjordes däremot afkastningen från stadens åkrar af 910 tnr råg, 660 tnr korn och 725 tnr hafra, efter en sådd af resp. 130, 110 och 150 tnr. Potatisskörden lemnade, efter ett utsäde af 600 tnr 1856 3,000, men 1865 omkr. 5,000 tnr. Höafkastningen höll sig temligen konstant och utgjorde under perioden i regel inemot 2,000 åmar om året. Däremot var boskapsstocken i nedåtgående. Enligt uppgift räknades i staden år 1860 510 hästar, 670 kor och 46 oxar. Fem år senare är dessa husdjurs antal reduceradt till resp. 300, 560 och 8. 1859 utgjorde åkerarealen 464 tunnland; intill 1871 tillkommo 133 tunnland nyodlingar, förutom 247 tunnland, afsedda att återlemnas till allmänt bete. Ängsarealen var 1859 1,216 tunnland och skogsmarken 2,361 [1]).

Fisket och andra näringar.

Fisket hade, såsom borgerlig näring betraktadt, förlorat det mesta af sin forna betydelse, hvaremot den ringare befolkningen mera egnade sig åt husbehofsslöjd. Därjämte sysselsatte väfnaden af bomullstyger fortfarande ett fyratiotal personer, som däraf hade sin näring.

Sådant, som ofvan i korthet skildrats, var under 1860-talet näringarnas tillstånd i staden, för så vidt man får bedöma dem efter förhandenvarande statistiskt material och andra tillgängliga källor. Om man frånser handtvärksindustrins och några mindre betydande binäringars aftagande, framstår ovedersägligen den materiella utvecklingen i Björneborg under nämda årtionde i en fördelaktig dager. Spåren efter den ödesdigra katastrofen år 1852, äfvensom efter näringarnas under kriget lidna afbräck, hade helt och hållet igensopats.

Första folkskolan.

Men det framåtskridande, i hvilket orten befann sig, gjorde sig vid denna tid, om ock i mindre grad, märkbart äfven på andra kulturområden. På den andliga odlingens gebit märkes öppnandet af vetandets skatter för ett allt större antal individer. Den allmänna folkbildningen blef nu för första gången föremål för stadsmyndigheternas omsorg. Redan 1856 vidtog här en folkskola sin värksamhet, räknande i medeltal 150 elever om året. Såsom dess egentliga grundläggare framstår den för folkupplysningen nitälskande prosten, d:r Hellén. Genom hans försorg erhöll staden en ambulatorisk lärare, hvilken sommartid höll skola för 170 barn, fördelade på tvänne klasser, en svensk och en finsk. Något senare beslöto

[1]) I dessa tal torde ej inberäknats Tommila med 23 tunnland åker och Ulasöre med 27 tunnland.

några stadsboar inrättandet af en fast folkskola, Sjöblom testamenterade 5,000 rubel för ändamålet, och äfven magistraten bisprang med understöd. 1868 räknade anstalten redan 200 à 250 elever. I sammanhang härmed må ock nämnas att ingeniören Clas v. Schantz, som jämte några yngre tjenstemän inrättat ett lånebibliotek, år 1863 skänkte detta åt Björneborgs stads- och landsförsamling, beredande därigenom tillfälle till läsning för den stora allmänheten.

Fruntimmersskolan.

Äfven frågan om kvinnobildningen rönte nu större uppmärksamhet från allmänhetens sida än förr. Redan före branden funnos väl, såsom tidigare blifvit nämdt, privata flickskolor i staden. År 1860 utgjorde flickskole-elevernas antal 65. 1849 hade ock i staden bildats en fruntimmersförening, som underhöll en liten uppfostringsanstalt för 15 fattiga flickebarn. Men år 1864 upptogs för första gången frågan om inrättandet af en fruntimmersskola, hvilken ock ett par år senare (1866) kom till stånd.

Framstående stadsboar.

I sammanhang med föregående må här ock nämnas att äfven denna period i stadens historia har att uppvisa några namn, hvilka förtjenat sig en plats i fäderneslandets häfder. Förutom Erik Gustaf Eurén, hvars värksamhet delvis ännu infaller under denna tid, äro såsom sådana att ihågkomma Johan Esaias Waaranen [1]) och Philip Johan v. Schantz [2]).

Särskilda föreningar.

Det intresse med hvilket ortens materiella och andliga spörsmål omfattades visade sig ock såväl i de många lifaktiga föreningarna, som datera sin uppkomst från tiden emellan branden och nödaren, som äfven däri att den periodiska pressen nu började sin värksamhet. Segelföreningen, stiftad 1856, bragte snart sluparnas antal, som i den gamla sjöstaden ännu år 1845 ej voro flere än 4, upp till ett

[1]) Waaranen, J. E., f. $^{2}/_{3}$ 1834, † $^{11}/_{10}$ 1868. Son till guldsmeden Joh. Jak. Tortberg och Vilhelmina Krist. Kylén. Stud. 1852, mag. 1857. Begaf sig följ. år till Sverige och egnade sig främst åt forskningar i 1600-talets historia. Publicerade 1860: „Öfversigt af Finlands tillstånd i början af 17:nde seklet“ och 1862 „Landtdagen i Helsingfors 1616“ samt 1863—66 tre delar af: „Samlingar urkunder rör. Finlands historia 1600—1611“ (arbetet senare fortsatt med 2 delar till 1618). Vistades sedan i Ryssland, från hvars arkiv han medförde rika afskriftssamlingar G. 1862 i Sverige med Henrietta Maria Samuelsson.

[2]) v. Schantz, Ph. J., f. $^{17}/_{1}$ 1835 i Ulfsby, † i H:fors $^{24}/_{7}$ 1865. Föräldrar: kommissionslandtm. Phil. Wilh. v. S. och Henrika Krist. Gyldén. Stud. 1853. Begaf sig 1856 till konservatoriet i Leipzig för att utbilda sina musikaliska anlag. Återvände till H:fors 1858. Kapellmästare vid teatern därstädes 1860—63. Begaf sig sedan med sitt kapell på en konserttourné till Sverige och Danmark. Af hans kompositioner må nämnas: Kullervo-ouvertyren, Ainamo, Sorgmarsch. G. m. Charlotta Eufrosyne v. Fieandt.

trettiotal. Den väckte ock först tanken på Lotsörebackens omdaning till en rekreationsplats för stadens allmänhet. Frivilliga brandkåren, stiftad $^4/_6$ 1863, en af de äldsta i landet, och med sin militäriska ordning och sina uniformer icke så litet påminnande om det forna borgargardet, värkade, lifvad af en sträfsam kåranda, äfven utom sitt egentliga fack, grundläggande bland sina medlemmar en läsesal, ett bibliotek, en sångförening. — Den 1 juli 1860 såg „Björneborgs Tidning", stadens första i egentlig mening publicistiska organ, dagens ljus, redigerad af d:r Tigerstedt (hrr K. Rosendahl, C. Selin, I. A. Borgroth) och utgifven på f. d. Sjöblomska tryckeriet, hvilket nu genom köp öfvergått först till H. Oldenburg och sedan till dennes faktor Thiesen. Icke många dagar senare utkom äfven ortens första finskspråkiga tidning „Porin kaupungin Sanomia", redigerad af hrr O. Palander och A. Lindgren. Sedan bägge dessa blad upphört (1864, 1863), och äfven en ny finsk tidning, „Lännetär", i början på 1864 rönt samma öde, utkom i staden under sextiotalets senare hälft endast en tidning „Björneborg", ugifven af hr O. Palander, som köpt tryckeriet år 1864.

Tidningar m. m.

Ofvannämda föreningar och tidningar gåfvo stadslifvet en modern prägel, okänd före branden. Härtill medvärkade ock i sin mån en mängd andra nyheter, hvilka nu för första gången gjorde sitt inträde i staden: telegrafen, som sedan 1857 förenat Björneborg med den öfriga verlden, fotografiska ateliern, öppnad här 1863 af Charles Riis, chandorinska lampan, som 1862 började undantränga talgljusen från gatlyktorna, ischvoschikarna, af hvilka den första år 1861 visade sig på stadens gator, o. s. v.

Stadslifvets materiella riktning.

För öfrigt utgjorde sällskapsspektaklen i Otava (öfre salen) ett af tidens bildande element, så mycket mera värdt att ihågkommas, som staden i allmänhet hade namn om sig att för mycket skatta åt de materiella intressena. „Björneborg är en ort med ganska markeradt framträdande merkantila tendenser men föga lifliga literära sträfvanden", heter det 1866 i en Åbotidning. De raska framstegen på näringarnas område äfvensom frånvaron af en ansedd societet, som skulle fört de andliga intressenas talan, höjde ofta nog affärssynpunkterna till de ensamt dominerande. Medan sålunda de ideella sträfvandena skötos åt sidan, förskaffade „kortpartierna" och den dominerande societetens „highlife" staden på andra orter en icke alltid så smickrande uppmärksamhet.

Vi afsluta härmed vår öfverblick öfver stadens tillstånd, sådant det gestaltade sig under decenniet, som inföll emellan kriget och nödåren. Det hade i många afseenden varit en minnesvärd epok i stadens historia. Dess innevånare hade vid återställandet af dess näringar ådagalagt en energi, jämlik med den, som besjälat förfädren efter de fruktansvärda händelserna 1698 och 1801. Också hade ansträngningarna krönts med en synbar framgång, som snart bragte 1850-talets dystra minnen i glömska.

Bland de män, hvilkas värksamhet inföll under denna tid, och hvilka särskildt bidragit till denna stadens kommersiella och industriella utveckling, må här nämnas några, hvilkas namn närmast

Stadens ledande affärsmän.

C. J. Borg.

anknyta sig till densamma. Såsom ledande män i många af den tidens företag framstodo bland andra Carl Johan Borg [1]) och Carl Anton Björnberg. Den förre grundlade med några andra affärsmän stadens första ångsåg, Gamla ångsågen, hvilken därjämte var en af de äldsta i landet. Affären, till hvilken äfven hörde Kolsinkoski såg

[1]) C. J. Borg, f. $^{2}/_{1}$ 1824 i G:la Karleby, † $^{8}/_{4}$ 1883. Son till handl. i G:la Karleby Fredr. B. o. Maria Elisab. Forsén. Efter att först hafva tjenstgjort å apotek, blef han 1850 handlande i Björneborg. G. $^{22}/_{11}$ 1855 med Johanna Charlotta Björkman.

i Kumo äfvensom ett stort antal hemman och skogar i inlandet, var på sin tid en af de mest omfattande i Finland. Borg har sålunda i icke ringa mån medvärkat till att höja staden till en af landets främsta trävaruexportorter. Utom såsom ledare af denna affär framstod han äfven såsom intressent i många betydande handelsföretag, hvarjämte han gjorde sig känd ej allenast för sin stora välgörenhet utan äfven såsom varm befordrare af konsten och dess idkare. — Carl Anton Björnberg [1]) åter, son till den förut omtalade handlanden och skeppsredaren Karl Fredrik Björnberg, var jämte Isak Carström en af grundläggarna af det å Räfsö holme förlagda varfvet äfvensom ordförande i Österbottniska ångfartygsbolagets direktion efter dess hitflyttning år 1861. Ordförande i hamndirektionen och Björneborgs brobolag, deltog han därjämte såsom värksam medlem i särskilda komitéer, såsom t. ex. i komitén för utdelande af understöd åt de brandskadade år 1852 och i stadens nybyggnadskomité. Han var ock en af stiftarene af stadens sparbank och handelsunderstödskassa. Såsom medlem i januariutskottet, och stadens representant vid 1863—64 års landtdag, gjorde han sin förmåga och sina insikter gällande äfven i det offentliga lifvet.

Äfven namnen Hampus Julius Oldenburg [2]), Carl Johan Lönegren [3]), Isak Carström [4]) m. fl. höra denna period till. Såsom grundläggare, Oldenburg af tändsticksfabriken, Lönegren af mekaniska värkstaden, inlade de båda förstnämda icke obetydliga förtjenster om stadens industriella utveckling, medan åter Isak Carström framstod såsom dess största skeppsredare på sin tid.

Nödåren 1866–68. Men lyckan varade icke länge, och efter de gyllene tiderna kommo de hårda åren, förlamande den dådkraftiga generationens äflan. Nödåren 1866 och 1867 skulle kännbarare hemsöka denna ort, än kanske något annat samhälle i landet. Redan 1866 blef penningeställningen ytterst svår och urartade senare på hösten till en formlig kris. Bankerna vägrade kredit och de många nya företagen, som, ehuru grundade på en sund spekulation, ännu ej hunnit bära frukt, började vackla. Under september och oktober månader inlemnade åtskilliga af stadens mera betydande affärsfirmor sina cessionsansök-

[1]) F. $^{6}/_{3}$ 1821, † i Wien $^{29}/_{11}$ 1866. Burskap såsom handl. redan 1845.

[2]) H. J. Oldenburg, f. $^{28}/_{3}$ 1819, † $^{18}/_{2}$ 1876. Son af grosshandl. i Stockholm Henr. Jul. O. och Anna Ulrika Engel. G. m. Sofia Alb. Sourander.

[3]) C. J. Lönegren, f. $^{26}/_{2}$ 1823, † $^{2}/_{7}$ 1895. Son af d:r Fredr. Isak L. och friherinnan Charlotta Lovisin. G. m. Anna Helena Björnberg.

[4]) I. Carström, f. i Uleåborg $^{2}/_{6}$ 1818, † $^{15}/_{1}$ 1892. Son af rådman Isak C. och Katharina Montin.

ningar, bland dem Räfsö varfsbolaget och ångsågen, Björneborgs manufakturvärk, spikfabriken. Inalles åtta större och sju mindre konkurser inträffade ensamt under nämda tid. Många värksamma män trädde nu ur de aktiva köpmännens led, medan — under denna tid af allmän penningebrist och varors nödtvungna nedgående i pris — en ny klass af affärsmän, minuthandlandena, med delvis nya idéer och syftemål, arbetade sig upp. Det var med ett ord en omhvälfning i affärsförhållandena, sådan man väl aldrig förr sport uppå orten.

Störingarna gjorde sig gällande öfver allt. Sparbanken, bestormad af aktionärerna, kunde ej likvidera, och måste skrida till ackord. T. o. m. fruntimmersföreningens värksamhet och den däraf beroende flickskolan berördes af den allmänna förvirringen. Situationens allvar fördystrades än ytterligare af den tilltagande arbetsbristen och det däraf i de lägsta samhällsklasserna förorsakade eländet. Händelser af beklagansvärdaste art inträffade. Natten mot den 4 oktober 1866 signalerades eld på ej mindre än tre särskilda ställen i riorna, och dessutom å tvänne något längre bort belägna platser, medan samtidigt försök till inbrott gjordes å olika ställen i staden. Man lefde i ständig oro för den kommande dagen, och indelta bataljonens manskap beordrades att gå patrull för att upprätthålla den allmänna säkerheten.

Nöden på sin höjdpunkt.

Men den egentliga nöden inträdde först följande året. Tyfus och andra smittosamma sjukdomar började härja, samtidigt som skaror af halfnakna tiggare från andra orter öfversvämmade staden. Dödslistan med öfver 40 dödsfall i månaden öfversteg 6, 7 à 8 gånger de aflidnes antal under vanliga förhållanden, oberäknadt det 50-tal af främmande tiggare, som, efter att hafva dukat under på gator och vägar, hvarje månad jordades i stadens kyrkogård. Då den provisoriska träkyrkan, nu flyttad till annan plats och under namn af „Rakennusseura“ inredd till arbetarebostäder, uppläts till fattighärbärge, strömmade dit vid dess första öppnande i april 1868 400 utsvultna och i trasor höljda uslingar. Tvänne provisionella lasarett, ett allmänt och fattigvårdens, skötte, det förra från februari till juli sagda år 141, och det senare från början af juni till och med första veckan i juli 103 sjuklingar [1]). Nödhjälpsarbeten vidtogos, nödbrödskomitéer och soppkokningsanstalter täflade med hvarandra i sträfvandet att lindra den allmänna nöden.

[1]) Kostnaderna, som staden vidkändes vid inrättandet och upprätthållandet af det förstnämda lasarettet, stego till 4,775 mark, medan åter fattigkassans utgifter för det senare belöpte sig till 580 mark.

Först om hösten 1868 började nöden aftaga, och äfven affärskrisen gaf småningom med sig. Auktionsprocenterna, som 1866 stigit till öfver 5,000 och 1867 till 10,227 mark, nedgingo efter hand. Några efterdyningar af den hårda tiden förmärktes dock ännu de följande åren i form af ett par större cessioner, hvarjämte en af stadens förnämsta industriella inrättningar, mekaniska värkstaden, nedbrann genom vådeld 1870.

Uttalanden om nödårens värkningar.

Det hade i sanning för staden varit en svår pröfvotid. Innevånarantalet reduceradt med öfver 300 personer, handeln inskränkt till en svag import af salt och spannmål, de industriella inrättningarna i ovärksamhet, öfvergångna i andra händer, nedbrunna. Med rätta skrifver därom en samtida: „Skickelsens oberäkneliga vexlingar och — det måste erkännas — äfven missräkning på den enskilda kraftens förmåga att behärska desamma, hade i ruiner störtat företag, om hvilkas flertal dock kan sägas, att de ursprungligen fotats på solid grund och ytterst utgått från handlingskraftens begär att utveckla och förkofra äldre tiders anspråkslösa värksamhet“.

Värkningarna af den utstándna katastrofen gjorde sig länge kännbara. Ännu 1873 skrifves i Björneborgs tidning: „mer än hälften af senaste decennium har åtgått till återhemtning från den förstämning, som dessa störingar i vidsträcktaste kretsar på platsen kvarlemnat, och mången, som däraf förleddes att glömma samfundets mindre tillfälliga lifsvilkor, begynte redan förtvifla om detsammas framtid. En sådan åskådning har understundom förnummits vid tillfällen, då åtgärder till stadens framåtskridande stått i fråga“.

Afmattningstillståndet efter nödåren intill början af 1870-talet.

Också förmärktes ända in på början af 1870-talet en viss afmattning i stadens näringslif. Totalvärdet af handelsomsättningen, som 1865 stigit till öfver 5 miljoner mark, nådde icke åter denna siffra förrän år 1872. — Äfven på industrins område var det jämförelsevis flau. Endast ölbryggerierna och brännvinsbrännerierna synas nu haft en gynnsam tid för sin utveckling. Från 1870 till 1874 inrättades nämligen icke mindre än fyra nya spritfabriker (fabrikör Joh. Ahlqvists 1870, handlandene F. Petrells och J. Milans, hvardera 1871, äfvensom handlanden K. A. Nordgrens 1874), äfvensom trenne nya ölbryggerier (W. Södermans 1870, E. Wessmans och F. E. Grönvalls, bägge 1874), hvartill ännu 1875 kom ett fjärde (L. G. Östlings). Staden hade alltså redan vid denna tid fem spritfabriker och sex ölbryggerier. Men i öfrigt har man ej att för nämda tid anteckna tillkomsten af några nya industriella värk, förrän de nya ångsågarna 1872 och 1874 anlades. — Också handtvärksindustrin låg fortfarande under. Ännu 1874 var handtvärkarnes antal endast 72, med 187 arbetare, och klagan förspordes att handtvärksindustrin öfver hufvud stod på dålig fot. — Hvad stadens jordbruksförhållanden beträffar, hade väl magistraten och stadens äldste 1869 vidtagit den åtgärden att åkerarrendet förhöjts från 8 till 12 mark för tunnlandet. Men för öfrigt hade — för så vidt vi funnit — hvarken af staden eller af enskilde något nämnvärdt tillgjorts för jordbruksnäringens utvecklande, oaktadt redan under nödåren röster höjt sig för vidtagandet af Lattomeris odlande i större skala. — Korteligen: under quinquenniet närmast efter nödåren finner man ej i staden något viktigare framsteg hafva gjorts på näringarnas område.

Under nödåren, likasom efter branden 1852, hade allt tydligare framträdt olägenheterna af den gamla kommunalstyrelsen, som med sina anor från 1600-talet ej mer stod i harmoni med det moderna samhället. De äldstes råd, som på 1700-talet varit en så lifskraftig institution och väl hade motsvarat det Gustavianska tidehvarfvets behof af sjelfstyrelse, hade med den utveckling samhället nu nått i Björneborg, liksom i landets öfriga städer, icke mera visat sig mäktigt att behörigen bringa till lösning de frågor af mångfaldig art, som den nya tiden förelade stadsstyrelsen. År 1868 i mars angifves i Björneborg ej mindre än sju viktiga kommunala ärender såsom „onödigt försinkade". Af dessa hade ett varit under handläggning 10 års tid. Med allmän tillfredsställelse helsades därför förordningen om den nya kommunalförvaltningen af den 8 december 1873, hvars införande föregåtts af kämnersrättens indragning år 1869, samt utfärdandet af en ny arbetsordning för magistraten och rådsturätten.

De nya stadsmyndigheterna voro nu Magistraten och Rådsturätten, Drätselkammaren och Stadsfullmäktige. Magistraten utgjordes af borgmästaren såsom ordförande samt en justitie- och en politierådman. Rådsturätten var fördelad i tvänne afdelningar. Första afdelningen handlade mål, som före 1869 afgjorts af rådsturätten såsom första domstol, och bestod af samma ledamöter som magistraten. Andra afdelningen afgjorde öfriga ärender, däri inbegripna brottmål af den beskaffenhet att dess utslag borde underställas öfverrätts bepröfvande. Ledamöterna i densamma voro tvänne justitierådmän, af hvilka den ena var ordförande, en politierådman och en notarie. Magistraten och rådsturätten undergingo 1883 den förändring att justitierådmanstjensten i magistraten och rådsturättens första afdelning indrogs. Bägge rätterna handlägga ock gemensamt vissa allmänna ärender.

Den nya stadsstyrelsen.

Drätselkammaren, som vidtog sin värksamhet 1876, ärfde af den forna magistratens funktioner administrationen, för så vidt den rörde stadens ekonomi. Den omhändertog sålunda samtliga fonder och kassor, äfven sådana, hvilka förut förvaltats af särskilda af stadsmyndigheterna tillsatta bestyrelser. Den utgöres af en ordförande och tvänne ledamöter, alla för tre år valde af stadsfullmäktige. Under denna myndighet subordinera ej mindre de sedan gammalt befintliga stadsfunktionärerna hamnfogden, hamnkontorsföreståndaren, tolagsskrifvaren, vågmästaren och kassören, än ock de nytillsatta såsom stadsingeniören, agronomen, kamreraren, uppsyningsmannen, trädgårdsmästaren, o. s. v., hvilka jämväl alla utses af stadsfullmäktige.

Stadsfullmäktige, 24 till antalet, ega beslutanderätt i alla allmänna kommunen rörande ärender. Denna institution har sålunda trädt i stället för de forna stadsäldste. Stadsfullmäktige väljas, enligt kommunalförordningarna af 1873 och 1883, af stadens samtliga röstberättigade innevånare. Bland dessa göres ej mera skilnad emellan „borgare“ och „icke-borgare“, hvadan den gamla klass-skilnaden och det burarättegande borgerskapets företrädesrätt för alla tider blifvit en öfvervunnen ståndpunkt, likasom embets-skrånas privilegier blifvit det genom 1859 års förordning och nya näringslagen af 1873.

De nyvalda stadsfullmäktige, hvilkas första ordförande blef tullförvaltaren Jerngren och viceordförande handlanden W. Rosenlew, sammanträdde för första gången den 4 januari 1875. En manstark sångarkör, som uppstält sig på torget utanför sessionssalen, bragte genom afsjungande af vårt land sin hyllning åt den nya institutionen.

Näringarne från 1870-talets början intill 1895.

Den epok, som härmed begynner i stadens historia, har under det kvartsekel, som förgått, visat sig som en fortsatt framåtskridandets tid, under hvilken staden ej allenast sopat igen spåren efter nödåren 1866 och 1867 utan jämväl höjt sig vida öfver den ståndpunkt, på hvilken den befann sig vid deras inbrott.

Handeln. Exporten.

Handeln har antagit allt mera storartade proportioner. År 1869, förrän de nya sågarna ännu anlagts, utskeppades, förutom andra trävaror, 68,500 tolfter eller omkr. 2,1 miljoner kub. fot plankor samt 134,143 tolfter (= 356,000 kub. fot) bräder. 1885 exporterades plankor, battens och bräder redan till ett belopp af 7,1 miljoner kub. fot, och 1892 ändtligen 8,6 miljoner kub. fot [1]). Utförseln af smör, som ännu 1872 utgjorde endast 15,222 L℔ och 1885 14,600 L℔, hade 1892 stigit till 204,884 kg. (omkr. 25,000 L℔). Hafre, som förut ej in-

[1]) 1896 uppgick trävaruexporten till dryga 78,000 standert.

gått i stadens exportlista, har under åren 1890, 1891 och 1892 utgått med resp. 1,8, 3 och 1,5 miljoner kg. Järn har utförts 1890 220,530, 1891 251,000 samt 1892 408,200 kg. Äfven har årligen exporterats ansenliga kvantiteter kött, tjära, hö, kräftor m. m. Däremot har läkterutförseln aftagit, äfvensom den af pottaska, glas och tobak h. o. h. upphört. 1893 exporterades plankor, battens och bräder (238,000 kub. meter) för c:a 6,5 miljoner mark, andra trävaror för c:a 460,000 mark, smör för 410,000, hafre för 231,000 mark o. s. v. Importen.

Äfven importen har tilltagit. 1875 t. ex. importerades mjöl och gryner för omkr. 430,000 mk, 1893 däremot för 620,000 mk. 1875 inhemtades kaffe för omkr. 365,000 mk, men 1893 redan för 706,000 mark. 1875 importerades viner, konjak, arrak och rom för omkr. 310,000, men 1893 för 421,000 mark. Importvärdet för väfnader och tyger har under samma tid stigit från 290,000 till 360,000 mark, för socker och sirap från 100,000 till 112,000, för petroleum från 34,000 till 105,000 mark o. s. v. — för att endast nämna de viktigaste införsvarorna. Införseln af järn och stålvaror synes under sista tjuguårs perioden hafva hållit sig ungefärligen vid oförändradt belopp, med ett värde af omkr. 250,000 mk. Saltimporten åter har stundom något öfver- stundom något understigit 100,000 mark.

År 1875 steg värdet af stadens export till omkr. 4,5 miljoner mark, hvarjämte värdet af importen utgjorde omkr. 3 miljoner. 1893 voro resp. siffror 7,7 och 3,2 miljoner mark och 1894 förblefvo de i det närmaste oförändrade. I medeltal utgör således för närvarande totalvärdet af stadens hela varuomsättning omkr. 10 à 11 miljoner mark årligen. Häraf kommer på exportens del 7,5 [1]) och på importens 3,5 miljoner. Rörelsens tilltagande framgår ock af tullinkomsternas jämna stigning — 1865 472,000, 1875 489,000, 1885 522,000 och 1893 682,766 mark, hvarvid dock är att märka att sjöfartsafgiften upphört 1872 och att sågningsafgiften utgår med endast halfva beloppet mot förr. Medeltalet för tulluppbörden i Björneborg under decenniet 1884—1893 har öfver hufvud utgjort 612,751 mark. Handelsomsättningens storlek.

I början på 1870-talet voro de förnämsta exportörerne: Björneborgs ångsågsbolag, Räfsö ångsågsaktiebolag, Fredriksfors aktiebolag, Storsands nya ångsåg, W. Rosenlew & C:i, A. Ahlström, John Grönfeldt, G. Sohlström, F. W. Petrell, C. Pettersson, Ad. Bergius (trävaror); — G. Wentzel, Ad. Rohde, O. Wahlgren, J. Leineberg (trävaror, smör).

[1]) 1896 steg dock totala exportvärdet redan till omkr. 9,9 miljoner mark. Öfver hufvud skall varuexporten under femårsperioden 1892—96 stegrats med icke mindre än 50 procent.

För närvarande äro de förnämsta trävaruexportörerne: Björneborgs ångsågsbolag (W. Rosenlew & C:i), som 1893 utskeppade omkring 19,000 standert, firman A. Ahlström, hvars utskeppning nämda år utgjorde omkr. 14,000 standert, Räfsö ångsågsaktiebolag, med en export af c:a 10,000 st., och Sofiegartens ångsåg (Petrell & Juselius) med omkr. 3,000 standerts utförsel. Smör exporteras företrädesvis af firman F. E. Köhler & C:i (1893 omkr. 130,000 kg.), hafre af hr Bruno Juselius (1893 omkr. 1,2 miljoner kg.), järn af kommerserådet A. Ahlström (1892 c:a 400,000 kg.). Dessutom förtjenar nämnas att firman Petrell & Juselius (Herr F. A. Juselius) drifver en storartad export, företrädesvis till Spanien, af handsågad vara, afvärkad från skogar i så godt som i alla landets län, hvilken export, utgörande omkr. 18,000 standert, dock till största delen går öfver andra hamnar.

Handelsflottan. Stadens handelsflotta, ehuru ökad med några å mekaniska värkstaden bygda komfortabla och snabbgående ångare: „Concordia" (1885), „Södern" (1887), „Norden" (1889), „Fredrik Wilhelm" (1893), hvilka alla trafikera särskilda linjer (B:borg—S:t P:burg, B:borg—Åbo, B:borg—Vasa, B:borg—Viborg), samt den stora stålångaren „Constantia" (1890), gående på England, har dock ej mer nått det anseende den hade före branden. Väl bildades på initiativ af G. Sohlström 1872 ett nytt rederibolag, som bygde ett par större segelfartyg, men af någon märkligare betydelse blef icke dess värksamhet [1]). 1894 utgjordes stadens handelsmarin af inalles 37 fartyg, af sammanlagdt 3,928 tons drägtighet. Af dessa fartyg användes trenne segel- och två angfartyg, af tillsammans 2,707 tons, till sjöfart på öppna hafvet, samt 15 ång- och segelfartyg, af inalles 774 tons, till skärgårds- och lokaltrafik. De öfriga fartygen äro pramar och mindre farkoster, afsedda för trafiken emellan hamnen och staden. Såväl hvad antal som drägtighet beträffar står den björneborgska handelsflottan mycket efter flertalet af våra kuststäders. Staden har i detta afseende öfverflyglats af grannstaden Raumo, ja t. o. m. af inlandsstaden Joensuu, hvarjämte flere kustsocknar hafva en större handelsflotta än Björneborg. Endast i afseende å ängbåtsrederiet intager Björneborg ännu ett framstående rum bland landets städer. Med sina 10 större och mindre ångfartyg, kan den, i afseende å deras drägtighet — sammanlagdt 1,274 tons — räknas såsom den fjärde,

---

[1]) Den 7/6 1873 nedgick från varfvet bolagets skepp „Björneborg", åsedt af en talrik människomassa, som samlat sig kring varfvet och på bron. Det var förenadt med icke ringa svårighet att få fartyget transporteradt ned till Räfsö.

äfvensom i afseende å deras antal, såsom den femte bland landets städer.

Stadens export sker till största delen på befraktade fartyg. Dess hamn, Räfsö, till hvilken farleden från staden numera efter den 1889 vidtagna stormuddringen är trafikabel för inemot 9 fot djupgående fartyg, torde på senare tider haft att uppvisa den lifligaste rörelsen bland alla landets hamnar. 1876 besöktes den af 507 fartyg, och där har samtidigt legat för ankar 134 fartyg, förutom 100 galeaser, lodjor och jakter. 1893 ankommo och afgingo inalles 451 fartyg, hvaraf 239 ångare och 212 segelfartyg, af tillsammantaget 163,000 reg. tons drägtighet. De flesta utgående fartygen, 151, gingo till England, 57 till Sverige, 39 till Tyskland, 31 till Frankrike, 24 till Belgien och Holland, lika många till Ryssland, 20 till Spanien o. s. v.[1]). Sjöfart.

Räfsö har under de sistförflutna årtiondena alltmera antagit utseendet af en stad i smått. Enligt 1890 års folkräkning hade denna ö och de dithörande holmarna då 1,126 innevånare. Där räknades nämda år 87 gårdar med 225 byggnader. 1876 har på initiativ af hrr G. Sohlström och W. Nordblad förmedels frivilliga bidrag uppförts ett litet bönehus för öbefolkningens behof. Till templet, som ersatt den urgamla predikoplatsen på Kapellskär, hvilken numera icke begagnas, skänktes ett harmonium af firman Rosenlew och en kyrkoklocka af makarna Vidbom. Emellan „kyrkan" i söder och sågen i norr ligger utmed stranden den lilla hamnstaden. Om vintern, när ishöljet betäcker land och haf, ligger Räfsö liksom i dvala. På gatorna synas endast några skolbarn och sågarbetare, hvilka på bestämda klockslag skynda till sitt arbete och åter därifrån. Men knappt hafva vårsolens strålar befriat hafvets böljor, innan där liksom genom ett trollslag spirar upp det mångbrokigaste lif. En skog af mäster fyller redden, små ångbåtar korsa hvarandra oafbrutet, än kilande snabbt framåt, än mödosamt släpande efter sig långa rader af tungt lastade pråmar. En hel sommarbefolkning af arbetare och halare strömmar till från när och fjärran, för några månader fördubblande innevånarnes antal på ön. De på redden liggande väldiga ångarena, hvilka såsom „Brookfield" och „Northgate" kunna draga öfver 1,500 reg. tons eller såsom „Midas" inrymma sina 900 standert, de främmande sjömännen af alla nationer, bland hvilka icke Räfsö.

[1]) 1896 besöktes Räfsö hamn af inalles 554 fartyg med en drägtighet af in summa 195,620 registertons, af hvilka omkring 140,000 föllo på 335 utländska fartyg.

så sällan förmärkes en och annan neger och mulatt, de många olika tungomålen, främst det brittiska verldsspråket, som t. o. m. synts förekomma på bodarnas skyltar — allt detta gifver åt Räfsö sommartid en egendomlig, s. a. s. utländsk prägel. Åtskilliga för den finska floran ovanliga eller i densamma h. o. h. okända växter, hvilka slagit rot på den med utländsk barlast fylda strandplatsen, väcka också de hos den besökande tanken på de aflägsna länder, med hvilka denna hamnplats genom sina handelsrelationer står i förbindelse.

I anseende till den stora betydelse Räfsö eger såsom handelshamn, har staden 1885 ansökt om transitoupplagsrätt, hvilken dock icke medgifvits densamma, äfvensom par gånger petitionerat om den af 1888 års ständer beslutna Tammerfors—Björneborgsbanans utsträckning till det gentemot liggande Mäntyluoto, hvilka petitioner dock tillsvidare blifvit af ständerna förkastade, senast (1893) efter det ett stånd frångått sitt tidigare i frågan fattade beslut. Dock synes det troligt att Räfsö-Mäntyluoto, som lofvar att blifva en ypperlig vinterhamn, särdeles för trafiken på Sverige, i en snar framtid skall komma att blifva förenadt med landets järnvägsnät [1]).

Handeln med landtmannen. Lägger man till allt, hvad här ofvan nämts rörande utrikeshandelns utveckling under senaste tid, att äfven handeln med landtmannen blifvit lifligare, — de 1865 upphäfda marknåderna förnyades 1888 under namn af „torgdagar", den 2 februari och 10 oktober; stadens urgamla export på Stockholm af boskap, uppköpt vidt omkring i länet, upplifvades på 1880-talet („Ebba Munck") — samt att penningerörelsen fortfarande varit i stigande — Nordiska Aktiebankens filial öppnades 1874, Vasa aktiebanks och Kansallisosakepankkis filialer 1891; ny sparbank inrättades 1873 i stället för den gamla, som gick under 1867, — kan man bilda sig en föreställning om Björneborgs nuvarande betydelse såsom handelsstad.

För att icke gå till en jämförelse med förhållandena sådana de voro för hundra år tillbaka — då stadens hela utrikesexport bestod af 5 à 6,000 tolfter läkter, 400 tolfter bräder, några hundra tnr tjära, några hundra stycken bomsparrar samt ett par hundratal skoflar och småtråg, och hela dess import af två à trehundra ℔ socker och kaffebönor samt d:o kvantiteter risgryn och sveskon, förutom litet apoteksvaror och diverse kram — behöfver man, för att få ett begrepp om den björneborgska handelsrörelsens utveckling i senare tider, erinra sig att ensamt firman Rosenlew & C:i i våra dagar utskeppar fem gånger mera trävaror än hela Björneborg för 50 år sedan, och

---

[1]) Mäntyluotobanan har ock redan blifvit besluten af 1897 års ständer.

att firman F. A. Juselius & C:i ensam sysselsätter 10 gånger mera arbetare i skogarna, än hela staden på 1820- och 1830-talen.

Handelsfirmor.

Också har Björneborg under senare tider haft att uppvisa särskilda affärsmän och handelsfirmor af betydelse.

Bland dem intog ännu på 1870-talet kommerserådet Johan Fredrik Grönfeldt [1]) en bemärkt plats. Sedan han redan 1850 i eget namn öfvertagit sin faders rörelse, bedref han en längre tid en icke obetydlig handel med trävaror, spannmål och salt. Därjämte gjorde han sig äfven i många andra afseenden förtjent om det samhälles utveckling, i hvilket han värkade. Äfven har han i stadens historia förskaffat sig ett minnesvärdt namn genom sitt arbete i välgörenhetens tjenst. På hans initiativ har bl. a. i staden grundats pensionsanstalten för åldriga och värnlösa fruntimmer, för hvilket ändamål han jämte sin moder donerade ett grundkapital af 6,000 mark.

Af stor betydelse ej allenast för Björneborg, utan ock för landet öfver hufvud, har på senare tider varit firman Petrell & Juselius. Handlanden F. W. Petrell [2]) bedref utom en omfattande trävarurörelse också en storartad handel med salt. Han var på sin tid en af landets mest betydande saltimportörer och försedde ensam så godt som hela omnejden med dess behof af denna vara. Efter hans död (1890) har firmans trävarurörelse med framgång fortsatts af handlanden Arthur Juselius [3]), som bl. a. under flere resor till Spanien bidragit till öppnande af nya affärsförbindelser med detta land.

Ännu mer storartad har den värksamhet varit som utvecklats af kommerserådet A. Ahlström. Såsom en „selfmade man“ hade Ahlström från ringa början genom drift och lyckade spekulationer upparbetat sig till en af landets största affärsmän. Egare af fyra järnbruk och 13 dels ång- dels vattensågar, hvilka tillvärka omkring 36,000 standert om året, bedref han en storartad export af järn och trävaror. Känd därjämte för sina frikostiga donationer för

---

[1]) Johan Fredr. Grönfeldt, f. $^{30}/_{9}$ 1826, † $^{9}/_{1}$ 1884. Son till kommerserådet Johan Grönfeldt och Fredrika Sourander. Kommerseråd $^{1}/_{7}$ 1875. — Medlem af stadsfullmäktige ända sedan institutionens inrättande, var han ock deras ordförande åren 1877—82, i hvilken egenskap han gjorde sig känd för skicklighet och nit. Grönfeldt var ock vald till stadens representant vid 1882 års landtdag, men afsade sig uppdraget på grund af sin svaga helsa. G. m. Maria E. Björkman.

[2]) Fredr. Werner Petrell, son af handlanden Fredr. Petrell och Brigitta Christina Björnberg, f. $^{5}/_{3}$ 1843, † $^{9}/_{8}$ 1890. G. m. Edith A. Hammar.

[3]) Fritz Arthur Juselius, son af handl. C. F. Juselius och Amalia Josefina Gröneqvist, f. $^{13}/_{6}$ 1855. G. 1:o m. Blenda Moliis, 2:o m. Edith A. Petrell.

allmännyttiga ändamål, skänkte han bland annat under nödåret 1892 till de nödlidande 50,000 mark. Då han 1887 fylde 60 år, donerade han 60,000 mark till upprättande af fattigkassor vid hans etablissement äfvensom till Björneborgs stads fattiga. Till det i staden inrättade finska lyceet hade han gifvit 11,500 mark o. s. v. Samtliga af honom under lifstiden gjorda donationer stego till omkr. 314,000 mark. I det offentliga lifvet har Ahlström uppträdt såsom representant för

A. Ahlström.

Björneborgs stad på landtdagarna 1877—78 och 1894. Lifligt intresserad af den björneborgska järnvägsfrågan har han, såsom vi å annat ställe äro i tillfälle att närmare framhålla, mycket bidragit till denna frågas lyckliga lösning [1]).

Bland vår tids affärsfirmor i Björneborg intages dock onekligen främsta rummet af handelshuset W. Rosenlew & C:i. Med framgång

[1]) A. Ahlström, son af jordbrukaren Erik A. och Anna Norrgård, f. $^{7}/_{11}$ 1827, † $^{10}/_{9}$ 1896. Kommerseråd 1881. G. 1:o m. Anna Margareta Långfors, 2:o m. Eva Helena Holmström.

utvecklade firman den trävaruexport, som redan före branden bedrifvits af dess föregångare firman Björkman & Rosenlew. Särdeles tilltog dess rörelse, sedan den lagt sig till den under nödåren på obestånd komna Borgska trävaruaffären. Såsom den man, hvilken företrädesvis grundlagt firmans anseende, framstår kommerserådet Fredrik Wilhelm Rosenlew [1]). Under hans och hans yngre broders, handlanden Carl P. Rosenlews ledning intog firman såsom förädlare

F. W. Rosenlew.

af trävaror snart ett bland de mest framstående rum i norden. F. W. Rosenlew, hvars utmärkande egenskaper voro den största punktlighet och ordentlighet i förening med bestämdhet och ett vinnande sympatiskt väsende, omfattade också med varmt intresse de ideella sträf-

---

[1]) Fredrik Wilhelm Rosenlew, f. $^{22}/_{12}$ 1831, † $^{29}/_{4}$ 1892. Son till handlanden Carl Fredr. R. († $^{16}/_{1}$ 1852) och Johanna Margareta Ekström. Stud. $^{18}/_{6}$ 1851, kontingenthandlande i Björneborg 1853, kommerseråd $^{29}/_{3}$ 1885. G. m. Emma Carolina Björkman.

vandena. Han grundade och till största delen underhöll en förberedande skola med svenskt undervisningsspråk, liksom han ock var den ledande själen i svenska fruntimmersskolan. Han var ock stadsfullmäktiges ordförande och viceordförande intill 1888, äfvensom af borgareståndet särskilda gånger utsedd till bankrevisor. I järnvägsfrågan intog Rosenlew sin egen ståndpunkt, såsom vi få tillfälle att vid tal om denna fråga närmare framhålla. Firmans hufvudman är efter kommerserådet Rosenlews död (1892) den aflidnes äldste son konsul Hugo Rosenlew.

Ofvannämda namn beteckna dock endast den björneborgska affärsverldens stormän. Utom dem finnas på de tvänne sistförflutna årtiondenas exportlistor ännu upptagna namnen på särskilda firmor — G. Sohlström, Georg Wentzel, B. Juselius, J. F. Lojander, F. H. Malin, F. E. Köhler, H. Moliis, Th. Låstbom, B. Syrjänen m. fl. — hvilka äfven de representera stadens utrikeshandel. Jämte dem hafva åter andra — Widbom, Ramberg m. fl. — såsom importörer och bodhandlande bidragit till utvecklingen af ortens kommersiella lif och dess höjande till en af landets främsta handelsstäder [1]).

Industrin. Detta i korthet om handelns tillväxt i Björneborg under de senaste 20 åren. Granska vi nu den industriella utvecklingen i staden under nämda tid, skola vi finna att densamma gått jämsides med den kommersiella.

Anmärkningsvärd är i synnerhet sågvärkens snabba tillväxt.

År 1871 ombygdes gamla spikfabriken på Storsand till stäfsåg [2]), och på det enda året 1872 tillkommo ej mindre än tre nya ångsågar, nämligen Storsands nya ångsåg [3]), Seikku-sågen [4]) och Räfsösågen [5]). Två år senare (1874) tillkom ytterligare Pihlava ångsåg [6]) emellan staden och Räfsö, hvarjämte stäfsågar inrättats i sammanhang med de äldre sågarna å Storsand.

---

[1]) Antalet handlande i staden, som 1875 var 114, hvaribland 26 bodhandlande, utgjorde 1894 313 och 1895 353.

[2]) Öfvertogs 1873 af „Fredriksforska bolaget“, 1880 af handl. C. Pettersson och 1885 af handl. Petrell & Moliis.

[3]) Anlagd af ett bolag (Wentzel, Rohde och Thornberg), eges sedan 1885 af A. Ahlström.

[4]) Anlagd af firman Rosenlew & C:i.

[5]) Anlagd af ett bolag, bestående af svenska och finska intressenter. Hufvudintressent firman J. E. Francke i Stockholm.

[6]) Anlagd af Fredriksfors-bolaget. Sedermera öfvergången i A. Ahlströms ego.

Under de senaste tjugu åren hafva dessutom till de å orten förut befintliga fabrikerna[1]) ytterligare tillkommit följande: en tobaksfabrik (O. J. Gottleben) 1878, en fajansfabrik (Stenberg) 1879, en ångkvarn (K. Pettersson) 1881, en asfaltfabrik, ett ångmejeri, äfvensom trenne mineralvattenfabriker. År 1893 har å orten inrättats en träförädlingsfabrik, hvars hyfvelmaskin, importerad från Leipzig, skall vara en af de bästa i landet, och hvilken äfven förfärdigar hela hus på beställning. Därjämte har mekaniska värkstaden blifvit utvidgad med ett skeppsvarf (1885), en docka (1891) och en upphalningsslip för fartyg (1893).

Enligt magistratens årsberättelse för år 1894 funnos i staden följande fabriker och industriella inrättningar i värksamhet: Fabriker 1894.

Mekaniska värkstaden, grundlagd 1858, egare (sedan 1877) firman W. Rosenlew & C:i. Dess tillvärkningsvärde utgjorde 260,000 mark; Mekaniska värkstäder.

Herrar Jakobssons & Rosenbergs mekaniska värkstad, grundlagd 1890, med ett brutto tillvärkningsvärde af 26,700 mark;

Tändsticksfabriken, privilegierad $^{8}/_{6}$ 1866, egare: Björneborgs tändsticksfabriksaktiebolag. Fabriken tillvärkade 4,8 miljoner askar parfymerade och 9 miljoner dito svaflade tändstickor, och utgjorde värdet af dessa tillvärkningar 112,800 mark; Tändsticksfabriken.

Gamla ångsågen, priv. $^{1}/_{2}$ 1861, tillhörig W. Rosenlew & C:i, äfvensom Ångsågar.

Seikku ångsåg, priv. $^{19}/_{6}$ 1872, hvilken likaledes eges af nämda firma. Bägge dessa sågars sammanlagda tillvärkningsvärde uppgafs till 3,245,000 mark;

Räfsö ångsåg, priv. $^{1}/_{3}$ 1872, egare: Räfsö ångsågs aktiebolag, med ett angifvet brutto tillvärkningsvärde af 1,612,579 mark[2]);

fyra spritförädlingsfabriker: — F. W. Petrells (priv. $^{1}/_{4}$ 1870, t. v. omkr. 37,000 mark), Björneborgs bränneriaktiebolags (anlagd Spritfabriker.

---

[1]) År 1874 voro i Björneborgs fabriksdistrikt i värksamhet: mekaniska värkstaden, tändsticksfabriken, 7 ångsågar, en stäffabrik, 6 ölbryggerier, 5 spritfabriker, 3 tegelbruk, 3 fajans- eller kakel- och lerpipsfabrik, 1 kardfabrik, 1 snickeri- eller möbelfabrik, 1 engelskt lädergarfveri och en ättiksfabrik. I följd af bristande uppgifter kan produktionsvärdet för dessa fabriker ej noggrant beräknas för nämda år, men enligt de af industristyrelsen för år 1884 utarbetade tabellerna steg tillvärkningsvärdet vid stadens samtliga fabriker (däri inberäknade mekaniska värkstaden och trenne ångsågar) tio år senare till omkr. 4,670,000 mark.

[2]) En ångsåg, stäfsågen, anl. 1871, egare: F. A. Juselius, ej i värksamhet. Likaledes bedrefs å Storsands nya ångsåg, anlagd 1872 och nu tillhörig kommerserådet A. Ahlström, år 1894 icke någon afvärkning.

1876, t. v. omkr. 48,000 mark), V. Sjömans (t. v. omkr. 61,000 mark) och C. O. Lindgrens (anl. $^{7}/_{6}$ 1881, t. v. 4,000 mark);

Brännvinsbrännerier. trenne brännvinsbrännerier: — F. W. Petrells (anl. 1880, t. v. omkr. 288,000 mark), Björneborgs bränneriaktiebolags (anl. 1876, t. v. 78,200 mark) och V. Sjömans (anl. 1873, t. v. omkr. 11,000 mark);

Ölbryggerier. fem ölbryggerier: — Bäijerska ölbryggeribolagets (grundlagdt $^{12}/_{4}$ 1854, t. v. omkr. 31,000 mark), F. E. Grönvalls sterbhus (grundl. 1872, t. v. omkr. 35,000 mark), A. Östlings (anl. 1873, t. v. 24,750 mark), K. F. Bäckmans sterbhus (priv. $^{26}/_{2}$ 1874, t. v. omkr. 20,000 mark) samt A. W. Bergströms (anl. 1887, t. v. 14,000 mark);

Ångkvarnar. trenne ångkvarnar: — Wilh. Rantanens (anl. 1892, t. v. 5,400 mark), K. G. Rosenbergs (anl. $^{1}/_{11}$ 1891, t. v. 3,030 mark) och G. A. Konsts (anl. 1894, t. v. — ej uppgifvet);

Meijeri. ett meijeri, tillhörigt T. E. Låstbom, anlagdt $^{22}/_{5}$ 1885. Å meijeriet bereddes 1894 35,775 kg. smör för ett bruttovärde af omkr. 79,000 mark;

Ångsnickeri. en trädförädlingsfabrik (eller ångsnickeri), anlagdt 1893, egare: Eriksson & Lundgren. Tillvärkningsvärdet uppgifvet till omkr. 29,000 mark;

Asfaltfabrik. en asfaltfabrik, anl. 1883, tillhörig M. W. Björkroth, samt tillvärkande för omkr. 9,000 mark.

Ättiksfabrik. en ättiksfabrik, anl. 1879, tillh. J. F. Forsström. Tillvärkningsvärde: 8,000 mark;

Färgeri. ett färgeri, priv. $^{1}/_{2}$ 1846, egare: Sofie Stenberg, tillvärkande för 9,500 mark;

Orgelfabrik. en orgelharmoniumfabrik, anl. 1893, tillhörig H. J. Nisonen. Å inrättningen hade förfärdigats 29 orgelharmonier, och dess tillvärkningsvärde angafs till 9,730 mark;

Mineralvattenfabriker. trenne mineralvattenfabriker: — John Juselius' (anl. $^{17}/_{4}$ 1886, t. v. 3,000 mark), F. Cumlanders (anl. $^{27}/_{5}$ 1887, t. v. 5,100 mark) och K. F. Heinonens (anl. 1890, t. v. 2,250 mark);

Tegelslagerier. tvänne tegelslagerier, anlagda, det ena 1852, det andra 1891, egare: J. A. Blom, och tillvärkande 600,000 tegel årligen för ett bruttovärde af omkr. 24,000 mark; samt slutligen:

Skeppsvarf. tvänne skeppsvarf, ett i staden och det andra å Räfsö, för hvilka tillvärkningsvärdet ej finnes angifvet.

Sammanlagda värdet af produktionen vid stadens samtliga i värksamhet varande fabriker utgjorde således vid utgången af år 1894 omkr. 6,2 miljoner mark [1]). Det öfversteg produktionsvärdet

[1]) Härtill kunde ännu läggas tillvärkningsvärdet för Pihlava ångsåg — 1890 uppgifvet till 900,000 mark.

för 1884, hvilket uppgifves till 4,670,000 mark, med ett belopp af ungefär en och en half miljon mark. Häraf kan man sluta till i hvilken mån den industriella värksamheten å orten utvecklats endast under det sista årtiondet [1]).

Handtvärksnäringarna.

Äfven handtvärksnäringarna synas, att döma af förhandenvarande statistiska material, slutligen hafva gått bättre tider till mötes, så mycket man än, efter det 1859 års förordning trädt i gällande kraft, klagat öfver den fria konkurrensens menliga invärkan på yrkesindustrins utveckling. Väl förmärkes icke ännu under tioårsperioden 1874—1884 någon synnerlig förbättring i ortens handtvärksförhållanden [2]).

Om handtvärksindustrins kvalitativa ståndpunkt heter det i „Björneborgs tidning“ af den 11 okt. 1884: „rådfrågar man erfarenheten och den allmänna meningen på platsen, kommer man till den åsikt att förhållandet ej är lofvärdt. Man klagar på många håll öfver bristen på dugliga handtvärkare och mera framstående sådana klaga i sin tur öfver bristen på dugliga arbetare. Hvarifrån härleder sig detta förhållande? Handtvärkarne för sin del förklara att handtvärkerierne ej i allmänhet löna sig, i synnerhet sedan lagen om näringsfriheten alstrat stark konkurrens. De slå sig därför gerna på binäringar och upptaga med synnerlig förkärlek på denna ort jordbruket, hvartill stadens vidlyftiga arrendemarker gifva dem rikligt tillfälle. Huru härmed är, vilja vi ej nu söka utgrunda, utan blott påpeka förhållandet såsom faktiskt“.

Något bättre synas förhållandena hafva gestaltat sig tio år senare. Staden hade vid utgången af år 1893 flera rätt väl representerade yrken. Där funnos: 15 bagare (t. v. 75,600 mk), 15 skomakare (t. v. 24,100 mk), 13 målare (t. v. 37,500 mk), 12 skräddare (t. v. 29,000 mk), 10 slaktare (t. v. 6,700 mk), 9 snickare (t. v. 20,000 mk), 7 urmakare (t. v. 7,500 mk), 7 bleckslagare (t. v. 8,400 mk), 5 garfvare (t. v. 33,000 mk), 5 krukmakare (t. v. 17,600 mk), 5 smeder

---

[1]) Antagligt är ock att resultatet blifvit ännu gynsammare, därest ej den i början på 1890-talet infallna penningekrisen skulle värkat hämmande på fabriksrörelsen här, liksom annorstädes i landet.

[2]) 1874 voro, såsom ofvan anförts, handtvärkarnes antal i staden 72 med 187 arbetare, och tillvärkningsvärdet för samtliga handtvärkerier uppgafs d. å. till 397,000 mark, mot 344,000 föregående år.

1884 funnos väl i staden 117 handtvärkare, hvilka sysselsatte en arbetspersonal af 279 personer. Men ehuru antalet yrkesidkare och arbetare stigit, synes produktionens värde hellre hafva minskats än ökats, eller åtminstone icke nämnvärdt höjt sig öfver det belopp det utgjorde tio år tidigare. Det uppgifves nämligen sistnämda år hafva stigit till omkr. 360,000 mark.

(t. v. 13,500 mk), 4 bokbindare (t. v. 5,600 mk), 4 kopparslagare (t. v. 28,480 mk), 3 guldsmeder (t. v. 28,580 mk), 3 glasmästare (t. v. 1,800 mk), 3 murare (t. v. ej angifvet), 3 barberare (t. v. 3,218 mk), 3 sadelmakare (t. v. 3,172 mk), 3 svarfvare (t. v. 4,430 mk), 3 tapetserare (t. v. 3,820 mk), 2 mössfabrikanter (t. v. 8,800 mk), 2 tunnbindare (t. v. 6,390 mk), 2 färgare (t. v. 15,600 mk). Gelbgjutare-yrket, väfveriet, leksaksfabrikationen, sockerbageriet, strumpväfveriet hade en representant hvarje. Dessutom funnos en förkläds- och en kjolfabrik samt ett kappmagasin, alla med kvinlig arbetspersonal och sammanlagdt tillvärkande för 16,900 mk [1]).

Totalantalet handtvärkare utgjorde 1893 150 och arbetspersonalen i de olika värkstäderna bestod samtidigt af 365 personer, dels män dels kvinnor. Tillvärkningsvärdet åter vid samtliga handtvärkerier steg nämda år till omkr. 460,000 mark eller omkring 100,000 mark mera än tio år tidigare.

Huru olika förhållandena på handtvärksnäringens område gestaltat sig mot förr framgår bl. a. däraf, att många yrken, som tidigare i staden intagit en framstående plats, numera totalt försvunnit. Hvarken det urgamla linväfvareyrket, som bildat stadens äldsta skrå, ej heller hattmakareyrket, hvilket likaledes utgjort ett af dess äldre embeten, äro mera representerade i våra dagars handtvärkarelängder. Likaså förekomma ej mera å orten några karduansmakare, hjulmakare, hampspinnare, sämskmakare, vagnmakare, stolmakare o. a. d. yrkesmän, som ännu i början på detta århundrade nämnas i förteckningarna. Den gamla goda tiden med sina mäktiga åldermän och sin mångfald af yrken har försvunnit, och en ny tid af demokratisk konkurrens på alla arbetsfält har inträdt i stället. Men huru utvecklingen gått framåt skönjes bäst vid en jämförelse emellan förhållandena nu, då staden räknar sina 150 yrkesidkare, och t. ex. år 1738, då den bestod sig inalles 7 handtvärkare, alla „svaga i sin handtering“.

Jordbruket. Vi hafva af det föregående funnit att de egentliga stadsmannanäringarna, handeln, industrin och handtvärket, i Björneborg under

[1]) Får man lita på de statistiska uppgifterna hafva följande yrken på senaste tid haft bästa framgång på orten: bagarne (1874 5 med ett t. v. af 38,600 mk — 1894 15 t. v. 75,600 mk), skräddarne (1874 5 med t. v. 12,000 mk, 1884 4 med t. v. 17,000 mk, 1893 12 med t. v. 29,000 mk), snickarne (1874 4 med t. v. 7,000 mk, 1884 6 med t. v. 8,700 mk, 1893 9 med t. v. 20,000 mk) och målarne (1874 5 med t. v. 7,555 mk, 1884 6 med t. v. 7,900, 1893 13 med t. v. 37,500 mk). Skomakarnes antal har ökats, men värdet af deras produktion förminskats (1874 6 med t. v. 47,000 mk, 1884 7 med t. v. 17,300, 1893 15 med t. v. 24,100 mk).

senaste tjuguårsperiod ansenligen utvecklats. Då vi nu gå att kasta en blick på stadens jordbruksförhållanden under nämda tid, skola vi därvid finna, att äfven dessa gjort stora framsteg. Men förrän vi taga i betraktande denna närings nuvarande ståndpunkt, skola vi först redogöra för trenne frågor, hvilka stå i det närmaste sammanhang med stadens jord- och jordbruksförhållanden öfver hufvud och såsom sådana under de tvänne sista decennierna varit bland de mest brännande å orten: nämligen frågorna om åker-reduktionen, Aittaluotomarkernas inlösande och Lattomeris odlande [1]).

Hvad den första af dessa frågor, åker-reduktionen, beträffar hade den blifvit i fråga satt redan af den gamla kommunalstyrelsen, som dock inskränkte sig till att $^{13}/_{7}$ 1869, för det kommande quinquenniet, trots åkeregarnes protester, höja arrendet till 12 mark för tunnlandet i stället för 8 mark, såsom det varit förut. Men så snart de nye stadsfullmäktige vidtagit sin värksamhet, upptogo de åkerfrågans lösande till en af sina första uppgifter. I maj 1875 inlemnade ekonomie-utskottet till stadsfullmäktige en utredning i frågan, som ådagalade att åkerlotterna, hvilka härtills såsom annan fastighet sålts och gått i arf från man till man, voro stadens oförytterliga egendom, hvilken ej kunde åt enskilda öfverlåtas under eganderätt, hvadan således åkerinnehafvarene endast voro att betrakta såsom arrendatorer. En följd häraf var att åkerarrendet, utan egarnes hörande, ytterligare förhöjdes med 33 $^{1}/_{2}$ procent eller till 16 mark för tunnlandet. Åker-reduktionen.

Men härmed var endast första steget taget till frågans slutliga lösning. Missförhållandena voro för ögonskenliga för att mer kunna bestridas. Stadens åkrar, omfattande en areal af 600 tunnland, gåfvo, öfvergångna som de voro i innehafvarenas ärftliga ego, oaktadt afgifterna blifvit fördubblade, ej mera i arrende till stadskassan än 16 mark för tunnlandet. Kronohagsåkrarna däremot, hvilka ansågos hafva sämre jordmån än stadens egna, inbragte, då de för stads-

[1]) Af jordetvister under denna period må nämnas: den med Ytterö rusthåll angående rån emellan stadens hamnområde och sagda lägenhet, afgjord 1890 af Senaten sålunda, att rån skall gå från de s. k. Portremmarna rakt genom djupaste stället af Räfsö sund till något sånär medelpunkten af Trekantsgrundet; — samt den med Liinaharja rusthåll angående Lill-Raumo rån, hvilken sistnämda lägenhets innehafvare, främst på grund af en af landtmätaren Åhman 1764 uppgjord karta, vill föra i ett knä in på stadssidan på det ställe, där Peräperko ängarna begynna, medan staden åter förfäktar den raka råledningen emellan landsvägen och det gamla Kiviraja. Striden som begynte 1792 är ännu icke afgjord.

kassans räkning utarrenderades, ända till 30 à 50 mark. Ja — enskilde åkerinnehafvare, som åt andra bortarrenderade sina lotter, kunde t. o. m. erhålla 60 mark pr tunnland. Till den förlust staden sålunda led kom ännu att det fans åkrar och täppor, af hvilka stadskassan icke hade en pennis inkomst. Vid de s. k. lergroparna funnos sålunda hela 15 tunnland ypperlig åker, som innehafvarne odlade utan att för dem erlägga den ringaste skatt. Utom att staden förlorat dispositionsrätten öfver sin jord, gick den ock miste om halfva inkomsten af densamma. Detta var ett missförhållande, som, uppkommet under 1500- och 1600-talens vidt skiljaktiga förhållanden, fortgått med knappt några inskränkningar intill vår tid, men hvilket öfverensstämde hvarken med stadsjordens ändamål eller ordningen i ett välorganiseradt stadssamhälle i 19:de seklet.

Den $^{26}/_{10}$ afgjorde stadsfullmäktige ändtligen frågan genom en resolution af följande innehåll: de af åkeregarne, hvilka frivilligt afstodo från sin förmenta rätt, skulle ännu i 15 års tid mot förra arrendets erläggande få behålla sin jord, medan däremot de öfriga på laga väg skulle skiljas från de af dem innehafda åkrarna. Inseende det gagnlösa i en rättegång, som efter all sannolikhet hade utfallit till deras nackdel, gingo åkeregarne in på de af staden uppstälda vilkoren, hvadan således med utgången af år 1890 samtliga åkrarna på stadsjorden ånyo tillföllo staden.

Härmed var en sekler gammal stridsfråga bragt till lycklig lösning. Ty, såsom tidigare framhållits, hade medvetandet, såväl hos styrelsen som hos åkeregarne, därom att förhållandena ej voro på på det rätta, redan i äldre tider ledt till slitningar inom stadssamhället. Men härtills hade vederbörande ryggat tillbaka för att bryta med den urgamla häfden och låtit sakerna blifva som de voro, hvarigenom denna häfd blott vunnit yttermera styrka. Nu hade en ny tid randats. De under seklerna alstrade missförhållandena måste vika, och den reduktion, som redan Gustaf Adolf anbefalt, blef nu en värklighet.

Aittaluotofrågan. Aittaluotofrågans historia åter är i korthet följande. Aittaluoto och Storsand, dessa holmar, som åtråtts af stadsboarne redan på 1600-talet, och hvilka på 1700-talet varit dem upplåtna under schäferiets tid, hade numera, sedan en mängd industriella inrättningar, ja hela förstäder, där uppstått, blifvit alldeles oumbärliga för stadens vidare utveckling. Redan 1852, strax efter branden, hade staden sökt att komma i besittning af Aittaluoto, hvilket dock i anseende till den långa tid, som då ännu återstod af det Knorringska arrendet, ej kunde föranleda till någon åtgärd. När sedan tiden för detta arrende började nalkas sitt slut, föreslog, $^{22}/_{2}$ 1882 — jämt 100 år efter det frågan om inlösandet af Aittaluoto första gången väcktes — bokhandlaren hr O. Palander i stadsfullmäktige att åtgärder borde vidtagas därhän, att dessa marker efter oftanämda arrendetids utgång skulle blifva förenade med stadsområdet [1]).

Den $^{11}/_{2}$ 1886 inkom sedan den för frågans behandling tillsatta komitén med ett sakrikt, af kommunalrådet hr Edvin Avellan, som fungerat såsom dess sekreterare, uppsatt förslag till skrifvelse i ämnet, afsedd att inlemnas å högsta ort. Däri framhölls att det ifrågavarande jordområdet i alla tider utgjort ett föremål för stadens lifliga åtrå såsom varande nödvändigt för dess utrymme, men att frågan om nämda markers förenande med stadsgebitet numera, sedan där uppstått de förut omtalade fabrikerna och förstäderna, inträdt i ett nytt skede. „Ifrån att hafva varit en fråga endast om beredande af utrymme för utvidgad rörelse, hade densamma nu tillika blifvit en fråga om förebyggande af de missförhållanden och vådor uppkomsten af ett större fabriksdistrikt utanför stadens portar måste framkalla“. En deputation, bestående af hrr Molander och Junnelius, fick i uppdrag att till Senaten framlemna stadens anhållan om att få inlösa Aittaluotomarkerna.

Genom reskript af $^{21}/_{5}$ 1889 förordnades i anledning häraf, „att de kronan tillhöriga delar af Storsand, äfvensom holmarna Lill-Seikku och Spinken jämte Stor-Seikku, den del af Aittaluoto bröstmark, som faller vester om en linje, dragen från Spinkens ostligaste udde i sydlig riktning mot Koivisto rusthålls rå, samt dessutom, för vinnande af lämpligare arrendering, det till nästnämda område angränsande, emellan stadens varf och Aittaluoto bröstmark belägna hörn af Kongsviks betesmark, skulle, efter utgången af det nuvarande arrendet, den 31 december 1891 åt Björneborgs stad under full egande rätt aflåtas, emot lösen på grund af värdering“. — Den för löseskillingens beräknande tillsatta kommissionen föreslog ytterligare, att af Kungsviksbetesmarken skulle tilldelas staden, som därigenom erhölle naturlig gräns åt detta håll, all den mark, som ligger norr om en linje dragen i rak fortsättning af Södra linjegatan till Koi-

[1]) Frågan ansågs väl då för tidigt väckt och lemnades utan afseende. Men sedan densamma af förslagsställaren senare återupptagits, beslöto förstärkte stadsfullmäktige, $^{11}/_{2}$ 1883, tillsättandet af ett utskott (hrr Molander, Grönfeldt, Palander och Junnelius) för frågans noggrannare beredning. Sedan detta utskott inkommit med sitt betänkande, utsågs en ny komité (hrr Molander, Palander, Gräsbeck, Grönvall och Törnudd), hvilken egde uppgöra förslag till vederbörlig ansökningsskrift.

visto rusthålls egor. Detta förslag godkändes ock af Senaten, som mot ett åsatt pris af 168,000 mark öfverlät alla de ofvan berörda markerna åt staden [1]).

Det område, som staden genom ofvanrelaterade transaktion vunnit, var ingalunda obetydligt [2]). De delar af Aittaluoto-markerna, som nu förenades med stadsgebitet, hade en arealvidd af 384,94 tunnland eller 190,017 hektarer. Det hörn af Kongsviksbetet åter, som enligt värderingskommissionens förslag tillföll staden, utgjorde i areal 172,22 tunnland. Hela områdestillväxten belöpte sig således till 557,16 tunnland, motsvarande 275,032 hektarer [3]).

Genom inlösandet af Aittaluotomarkerna hade ett önskningsmål, hvilket under så godt som trenne århundraden hägrat för staden, blifvit en värklighet. Utom tvänne nya stadsdelar: den sjunde, Aittaluoto, och den åttonde, Storsand, vann staden härigenom äfven eganderätten till de af de industriella värken innehafda tomterna, äfvensom en ansenlig ängs- och något åkerjord [4]).

Lattomeri-markernas odlande.

Den tredje af de ofvannämda frågorna, nämligen den om Lattomerimarkernas odlande, hade blifvit väckt redan under nödåren och återupptogs med allvar i början på 1870-talet, då ock läneagronomen Forsberg undersökte dessa marker i ock för afgifvande af sitt yttrande i frågan. Redan 1876 funnos å Lattomeri en mängd odlade

---

[1]) Kommissionen bestod af herrar hofrådet C. Nummelin, ordförande, samt länelandtmätaren Henrik Wahlroos och länsman O. J. Malm å kronans, äfvensom doktor K. F. Walle och ingeniör F. J. Lindström, å stadens vägnar. — Till värderingsnorm antog kommissionen sjelfva jordvärdet och beräknade på den grund beloppet af den godtgörelse, staden borde till kronan erlägga för den inlösta marken, till 152,798 mark. Senaten höjde löseskillingen till 168,000 mark, men medgaf en nedsättning å arrendet för Kungsviksbetet, af hvilket nu en del genom nämda köp öfvergått i stadens ego, från 3,000 till 2,286 mark för året. Den 29 okt. 1891 godkändes det pris Senaten åsatt lägenheten af förstärkte stadsfullmäktige.

[2]) Den 18/10 1892 biföll Senaten att de af staden inlösta områdena i ecklesiastiskt, äfvensom 1893 att de ifrån och med den 1 jan. 1894 också i administrativt och judicielt hänseende skulle förenas med staden.

[3]) Undantagna från köpet voro — förutom fiskerättigheten — endast de tomter å Aittaluoto, där kronans magasiner äro belägna, äfvensom vägen öfver nämda land till Klockarsands kronofiske. Åt firman W. Rosenlew & C:i — som tidigare anhållit att få på femtio år arrendera de af densamma härtills innehafda delarna af Aittaluotomarkerna för det arrende kronan för godt funne — medgaf staden för sagda tid dess arrenderättighet under enahanda vilkor som härtills.

[4]) Stadens räntor och arrenden från de nyvunna områdena belöpa sig till omkr. 21,000 mark årligen.

lotter, hvilka då skulle till mulbete upplåtas. Därjämte skulle drätselkammaren uppgöra förslag till fortsatt uppodling af Lattomeri medels utarrenderande af nya lotter.

Sedan 1881 har frågan ständigt stått på dagordningen och varit föremål för beredning i flere utskott. Den $^{25}/_{1}$ 1886 antogs af stadsfullmäktige ett förslag, enligt hvilket dikena skulle rensas samt de torrlagda markerna besås med gräs, hvarjämte de till odling tjenliga lotterna skulle utarrenderas på 10 år. Sålunda fortgick odlingen, allt under det lottinnehafvarne, efter arrendetidens slut, lemnade jorden besådd med gräsfrö för att tjena till bete för stadens boskap. Ofta hände emellertid att de uppbetta lotterna sedan lemnades åt sitt öde och snart åter blefvo tufviga och mossbelupna.

Då sålunda vid odlingen ej iakttagits någon bestämd ordning, lät stadsingeniören Lindström utarbeta ett förslag till planmässigt skeende odling af Lattomeri. Detta förslag, som $^{19}/_{10}$ 1893 föredrogs inför stadsfullmäktige, biträddes dock icke, hvarken af stadsagronomen eller af det för frågans vidare behandling tillsatta utskottet.

Men oafsedt detta har emellertid, ett sekel efter Kraftmans storartade torrläggningsarbete, en icke ringa del af Lattomeri redan blifvit upprödd med plogen. Det till odling föreslagna området i Lattomeri torde omfatta en areal af 800 à 900 tunnland. Häraf hafva på ofvanangifvet sätt redan 700 tunnland varit under odling, men sedan delvis åter blifvit lagda till mulbete eller lemnats öde. Under arrende voro år 1893 omkring 150 tunnland. Icke alltför aflägsen torde således den tid vara, då hela den slätt, som fordom betäcktes af farleden, där skeppen seglade upp till det gamla Telje, skall vara ett enda böljande sädesfält. Därmed har, såsom man sagdt, staden vunnit en ny guldgrufva, hvars skatter skola sprida välstånd åt tusenden af dess innevånare.

Jämte det ofvanberörda trenne i stadens jordbrukshistoria så viktiga frågor blifvit bragta till lösning, har ock en helt och hållet ny ordning småningom gjorts gällande i afseende å dispositionen af stadsjorden. Redan 1880 vidtogs en omreglering af samtliga ängslotterna, hvilkas antal faststäldes till 168, omfattande en areal af 10 tunnland hvarje. Efter åkerreduktionen och Aittaluotomarkenas inlösning föreslogs en dylik omreglering äfven af åkerjorden. Samtliga åkerlotter skulle indelas i reguliera parceller, varierande från $^{1}/_{4}$ till 1 $^{1}/_{2}$ hektars, eller motsvarande $^{1}/_{2}$ till 3 tunnlands areal. Härigenom reducerades åkerlotternas antal (från 772) till 569. Äfven Tommila och Ulasöre fördelades i liknande parceller. Vid 1894 års utgång utgjorde arealen af stadens åkrar inalles 387,77 hektarer, och den af

Åker- och ängslotterna.

Åker- och ängsarealen.

nyodlingarna 96,8 hektarer. Stadens ängar åter beräknades hafva ett ytinnehåll af 1,245,14 hektarer [1]).

Då nämda åkerjord, efter skedd reduktion och omreglering, år 1890 ånyo utarrenderades, stego auktionsanbuden (för 513 tunnland) till omkr. 19,200 mark, i stället för att de förut utgjort endast omkr. 10,000 à 11,000 mark [2]). Ängsarrendet däremot har, oaktadt Storsands ängarna kommit till och äfven Tommila blifvit slaget i hö, visat en betänklig ansats att minskas. På 1880-talet hade nämligen staden omkr. 20,000 mark årlig inkomst från sina ängar, medan för dem år 1893 bjöds endast 15,300 mark. Stadens årliga inkomst från mulbetet torde stiga till omkr. 8,000 mark. Då till dessa summor läggas arrenden för tomter, fiskevatten, upplagsplatser m. m., blir stadens totalinkomst från dess innehafvande jord i rundt tal beräknad omkr. 100,000 mark årligen.

Boskapsstocken. Hvad slutligen angår jordbrukets afkastning torde därom för senare tider icke förefinnas några statistiska uppgifter, hvarför vi ej heller rörande densamma kunna lemna någon närmare utredning. Boskapsstocken däremot uppgafs år 1881 bestå af 237 hästar och 29 föl, äfvensom af 459 kor och 45 stycken ungboskapskreatur. Därjämte var fårens antal 148 och svinens 109. 1894 var hästarnas och fölens antal nästan lika, resp. 241 och 23, medan kornas och ungboskapens något ökats, resp. 592 och 74. Fårens hade minskats till 80, medan svinens ökats till 240.

Fisket. I sammanhang med redogörelsen för stadens jordbruk, återstår här att ock nämna några ord om fisket, hvilket emellertid icke numera utgör någon af sjelfva stadsboarne idkad näring [3]). Åt saltsjöfisket egna sig i våra dagar endast innevånarena å staden underlydande Tahkoluoto, Storkatava och Pihlava holmar. På nämda holmar bo ett tiotal hushåll, hvilkas uteslutande eller förnämsta näringskälla utgöres af strömmingsfiske, hvarvid användas 8 båtar och 40 skötor. 1894 utgjordes fångstens belopp af 42,000 L℔ strömming, förutom annan fisk. — Men om ock fisket i allmänhet taget ej mer spelat någon roll bland stadens näringar, skulle dock det sedan uråldriga

---

[1]) Magistratens berättelse om stadens tillstånd, afgifven $^{18}/_{2}$ 1895.

[2]) För tunnlandet hade förut i medeltal betalts 16 mark. Nu hade åkerarrendet stigit till i medeltal emellan 30 à 40 mark per tunnland. För några i stadens närhet belägna åkrar betalades ända till 120 mk för tunnlandet.

[3]) Om Kallofisket heter det 1890: att Björneborgs stad väl någon gång erhållit rätt att draga strömmings- och sillnot vid nämda holme, hvilken rättighet den ock ännu innehar, ehuru den icke begagnat sig af densamma på flera årtionden, sannolikt af orsak att detta fiske icke mera bär sig.

tider vid Räfsö idkade strömmingsfisket äfven under denna period blifva föremål för särskild spekulation. 1893 började nämligen „Räfsö fiskeri-aktiebolag“, inrättadt af herr R. v. Frenckell, sin värksamhet i syfte att höja fiskens värde såsom afsättningsvara förmedels dess insaltning och rökning efter bepröfvade metoder. Bolaget utrustade ock egna båtar, 10 till antalet, och antog i sin tjenst ett tjugutal fiskare. Till hvarje båt hörde 10, från Itzehoe i Holstein inhemtade nät, hvilka hade en längd af 35 och ett djup af 5 famnar. Men det beaktansvärda företaget hade icke framgång och nedlades, efter en kort tids tillvaro, med förlust.

Vi afsluta härmed vår redogörelse för stadens näringar under innevarande tid. Af det föregående torde nogsamt framgå att dess materiella välstånd varit i fortsatt framåtskridande, medan dess näringar utvecklat sig i enlighet med de nya betingelser, som tidens förändrade förhållanden medfört.

Gå vi nu att betrakta kulturlifvets utveckling i staden äfven i afseende å de företeelser, inom hvilka tidens andliga arbete kommer till uttryck, så skola vi finna att Björneborg, också från denna sida sedt, företer en annan bild än förr.

Kyrko- och skolförhållanden.

Beträffande kyrkoförhållandena är främst att anteckna det beslut, som redan blifvit fattadt rörande Björneborgs stads- och landsförsamlings afskiljande till eget pastorat efter nuvarande kyrkoherdens i Ulfsby afgång. Därmed kommer att förnyas en ordning, som redan för 300 år sedan, under stadens första välmaktsperiod, blifvit pröfvad — om ock endast för en kortare tid och i en annan omfattning, än hvarom nu är fråga.

Fyrklassiga lyceet. Dess indragning.

Hvad åter undervisningsväsendet angår har ingen period i stadens historia att uppvisa så stora förändringar som de sista tjugufemåren. I anledning af skolorganisationen af 1872 förändrades först högre elementarskolan till ett s. k. „fyrklassigt lyceum“ [1]). Det var en svår stöt för lärovärket, hvilket icke såsom sådant kunde uppbära konkurrensen med de enligt samma skolorganisation inrättade fullständiga 7-klassiga lyceerna. Därför petitionerade ock staden genom sin representant på 1872 års landtdag, borgmästaren Molander, om skolans förändrande till fullständigt lärovärk. Denna anhållan ledde emellertid ej till påföljd, och den något senare, 1879, inrättade finskspråkiga skolan bidrog äfven den till elevantalets aftagande

[1]) År 1873 hade stadens elementarskola, som ända sedan branden och återkomsten från Raumo, varit inlogerad i förhyrda lokaler, erhållit ett eget hus, i det staten för ändamålet inköpt den Lönegrenska gården i 2:dra stadsdelen.

i lyceet. På 1870-talet räknade det svenska lärovärket ett hundratal elever årligen, men från och med 1880, då elevernas antal var 75, minskades detta år för år, så att det 1892 var endast 17. Det var tydligt att lyceet under sådana förhållanden ej vidare kunde räkna på någon framtid. Den $^{14}/_{4}$ 1892 emanerade så det kejserliga bref, som förordnade att stadens fyrklassiga elementarskola skulle klass för klass indragas. Den $^{31}/_{5}$ 1895 upphörde i anledning häraf sagda läroanstalt med sin värksamhet.

Dess medtäflare, den nya finska skolan, blef nu dess efterträdare.

Finska lyceet. Sedan nämligen nationalitetskänslan hos folket vaknat och i anledning däraf striden för finska språkets rättigheter begynt, började man öfverallt i landet yrka på att folkets barn skulle beredas tillfälle att blifva delaktiga af vetandets skatter på dess eget tungomål. Äfven i Björneborg gjorde sig behofvet af ett finskt lärovärk redan tidigt kännbart. Den alltid varme fosterlandsvännen A. Ahlström gaf redan 1873 10,000 mark för inrättande af ett finskt lärovärk i staden och 1877 petitionerade stadens ene representant vid landtdagen om inrättandet af ett fyrklassigt finskt lyceum i staden. Då detta afslogs, och den enda åtgärd, som från regeringens sida vidtagits för att tillgodose ortens behof af en finsk skola, var lägre elementarskolans [1]) ombildande till en finsk realskola, väckte kommunalrådet E. Avellan på en kommunalstämma i januari 1879 fråga om planens realiserande på privat väg. I anledning häraf hölls under vintermarknaden den 17 febr. s. å. ett allmänt möte för frågans vidare behandling, hvarvid närvoro omkring 200 representanter från 20 olika församlingar. Intresset för den fosterländska saken och insikten om skolans nödvändighet ledde genast till en teckning af 8,000 mark, hvartill senare genom listor ytterligare inflöto rikliga bidrag [2]). Redan $^{1}/_{9}$ 1879 kunde sålunda Björneborgs finska lyceum öppna sina dörrar för ungdomen. Det nya lärovärket samlade snart i sina salar hundraden af elever [3]), medan elevfrekvensen i den äldre svenska syskonanstalten och i den finska realskolan år för år aftog. Också utvecklades anstalten (sedan 1882) efterhand till ett fullstän-

[1]) Lägre elementarskolan hade fr. $^{1}/_{9}$ 1842 till $^{14}/_{6}$ 1877 frekventerats af inalles 863 elever.

[2]) För finska lyceet insamlades i B:borg o. Satakunta inalles omkr. 50,000 mark, hvaraf 23,124 i staden.

[3]) Under åren 1879—1890 hade i privatlyceets matrikel inskrifvits inalles 209 elever. Till universitetet hade 1887—1890 blifvit dimitterade 69.

digt sjuklassigt lyceum, hvilket år 1887 utdimitterade sina första elever till universitetet.

Det var inför sådana fakta som styrelsen 1882 skred till indragning af den finska realskolan — hvilken sist och slutligen haft endast en elev, som kostade staten 7,000 och staden 2,500 mark — äfvensom 1883 beslöt inrättandet af en fyrklassig finsk elementarskola i Björneborg förmedels öfvertagande af privatlyceets lägre klasser. Samma åtgärd vidtogs 1890 också beträffande de högre klasserna. Sålunda var hela lärovärket nu blifvet en statens skola — den enda statsskola, som på orten fans — och såsom sådan inflyttade det kort härpå in i det emellertid upphäfda svenska lyceets lokal.

Den svenska skolans indragning och tillkomsten af det finska statslyceet innebär en betydelsefull förändring i ortens skolförhållanden. Såsom en fortsättning af högre elementarskolan och trivialskolan var det svenska lärovärket ett minne från det gamla Björneborg, från den tid, då svenska språket, näst latinet, ansågs såsom enda medlet för meddelande af vetande och bildning. Den finska skolan åter är en skapelse af den nya tiden, hvars förnämsta kännemärke varit det finska folkets vaknande till sjelfmedvetande och dess i anledning däraf förda segerrika kamp för sina rättigheter. I Björneborgs stads skolhistoria utmärka åren 1879 och 1895 sålunda en vändpunkt, nära nog lika så betydelsefull, som året 1640, då staden först erhöll sin trivialskola.

Finska fruntimmersskolan.

Här bör ytterligare tilläggas att samma förändringar, som gossskolan varit underkastad, också gjorde sig gällande i afseende å flickskolan. 1864 hade, såsom förut är nämdt, i staden öppnats dess första fruntimmersskola, hvilken en tid bortåt besöktes af ett ansenligt antal elever. Men samma år, då det privata finska lyceet grundlades, föreslog en insändare i „Satakunta“ inrättandet af en finsk fruntimmersskola i staden, och kort därpå ansöktes [1]) om tillstånd till en dylik anstalts öppnande härstädes. Om hösten följande år, 1880, började den finska fruntimmersskolan sin värksamhet. Väl medförde icke konkurrensen med denna för den svenska fruntimmersskolan lika påtagliga följder, som konkurrensen med det finska lyceet medfört för den svenska goss-skolan, men i alla händelser förelåg möjligheten att elevantalet äfven här med tiden skulle aftaga.

Svenska samskolan.

Den svenska undervisningens vänner på orten, som sålunda sågo de gamla läroanstalterna gå under, började nu arbeta för sam-

[1]) Genom kommunalrådet Avellan och prosten Stenbäck.

skoleidéns förvärkligande, för att dymedelst kunna bevara åt orten ett högre lärovärk med svenskt undervisningsspråk. I slutet af år 1887 inlemnade direktionen för svenska flickskolan till senaten en anhållan att en privat åttaklassig samskola med svenskt undervisningsspråk finge i Björneborgs stad inrättas och därstädes ersätta ej mindre den dåvarande af statsvärket underhållna svenska elementarskolan än ock privata svenska fruntimmersskolan, eller ifall bifall härtill ej kunde erhållas, att svenska fruntimmersskolan med bibehållande af sitt statsanslag finge rättighet att intaga jämväl gossar. Sedan vederbörande blifvit i saken hörde, afslogs emellertid för den gången direktionens anhållan. Men 1892 blef emellertid svenska fruntimmersskolans ombildande till 8-klassig samskola en värklighet. Beredande sina elever till universitetet tillgodoser sålunda detta lärovärk det på orten förefintliga behofvet af en högre läroanstalt med svenskt undervisningsspråk.

Folkskolan.

Men om sålunda stora förändringar under de senaste årtiondena inträffat på den lärda skolans område, hafva omställningarna ingalunda varit mindre betydande på den lägre undervisningens, folkskolans, gebit. År 1872 vans fastställelse på ett nytt folkskolereglemente, på grund af hvilket fem folkskolor, utom en aftonskola för äldre elever, följande år började sin värksamhet. I dessa skolor, som organiserades af dåvarande folkskoleinspektorn A. Berner (1873—1875), nådde emellertid elevantalet snart en siffra, „som hade gjort tio skolor i stället för fem erforderliga“. Särdeles kännbart blef med tiden behofvet af en egen lokal för folkskolan. Ett nytt folkskolehus uppfördes ock 1877 å tomten n:o 226 i 5:te stadsdelen. För närvarande finnas i staden fyra högre och två lägre folkskolor för gossar och flickor, samt en högre och en lägre sådan å Räfsö, hvartill ytterligare på senaste tid tillkommit folkskolorna på Storsand och Aittaluoto. Dessutom äro i värksamhet en aftonskola, äfvensom en skola för vanvårdade barn. Samtliga eleverne i stadens folkskolor utgöra nu ett antal af omkr. 1,300.

Fack- och yrkesskolor.

Utom de ofvan nämda nya läroanstalterna på den högre och lägre bildningsskolans område hafva dessutom under senaste tid äfven inrättats särskilda privata fack- och yrkesskolor. Sålunda öppnades år 1892 på initiativ af handelsföreningen, hvilken jämväl underhållit en aftonskola i staden, ett finskt-svenskt handelsinstitut. Härigenom förvärkligades ett önskningsmål, som redan föresväfvat staden under de goda tiderna på 1860-talet, då förläggandet af en dylik anstalt till denna ort var starkt ifrågasatt. Samma år inrättades ock i Björneborg en högre finsk handtvärksskola, hvilken läseåret 1892—93 räknade 24 elever och till hvars underhåll kommunen bidrog med 1,273 och staten med 850 mark. Äfven en väfskola, 1892 grundlagd af fruntimmersföreningen, och en slöjdskola äro i staden i värksamhet.

Folkbiblioteket och läsesalen.

Men äfven oafsedt de egentliga skolorna har mycket under senare tider blifvit gjordt särskildt för folkbildningen på orten. Folkeliga föredrag och sångföreningar hafva redan länge värkat förädlande på arbetsklassens lif och sträfvanden. Folkbiblioteket, som består af 2,850 volymer, utger omkr. 12,000 boklån om året. Redan 1876 öppnades en „läsesal för folket", hvilken 1881 efterträddes af en dylik inrättning, som på initiativ af folkupplysningssällskapets härvarande filial bekostades med medel, tillskjutna dels af staden dels af sagda filial. För denna läsesals räkning är för närvarande under uppförande ett eget hus.

Sammanfatta vi allt hvad ofvan blifvit framstäldt rörande skolorna och bildningssträfvandena å orten, måste vi erkänna att Björneborg fortfarande med framgång häfdar sitt anseende såsom Satakuntas gamla skolstad och bildningscentrum.

Framstående stadsboar.

Också denna period i stadens historia har att uppvisa namn, hvilkas egare — födde i Björneborg och elever af dess skola — utom fädernestaden utöfvat en för landet gagnelig värksamhet: senatorn Karl Emil Ferdinand Ignatius [1]), — professorn Fridolf Vladimir Gustafsson [2]), — lexikografen Frans Vilhelm Rothsten [3]), — kännaren af Finlands fauna Gustaf Wilhelm Grönfeldt [4]). Bland ännu lefvande personer af den äldre generationen, hvilka också hafva Björneborg till födelseort, må därtill äfven nämnas: professorn Carl Jakob Arrhenius [5]) samt författaren och skalden Emil von Qvan-

1) F. $^{27}/_{10}$ 1837. Son till vicepastorn Joh. Ferd. Ignatius och Sofia Fleming. Stud. $^{22}/_{9}$ 1855, mag. $^{31}/_{5}$ 1860, licent. $^{13}/_{5}$ 1862, filos. d:r $^{31}/_{5}$ 1864. Docent $^{26}/_{6}$ 1865. T. f. föreståndare för Statistiska byrån $^{1}/_{4}$ 1868: ordinarie $^{25}/_{10}$ 1870, direktor för nämda värk $^{21}/_{7}$ 1875. Senator $^{20}/_{6}$ 1885. G. $^{4}/_{1}$ 1863 m. Amanda Kristina Bergman.

2) F. $^{19}/_{6}$ 1853. Son till landskanslisten Karl G. och Maria Antoinette Rindell. Stud. 1869. Fil. kand. 1874, fil. d:r 1879; prof. i rom. literaturen 1882. G. 1877 m. Ebba Amanda Rosalia Grönholm.

3) F. $^{14}/_{9}$ 1833. Föräldrar snickareåldermannen Abrah. R. och Maria Sofia Hjulberg. Stud. 1851, kand. 1855, mag. 1857, utarbetat Latinalais-suomalainen sanakirja 1864 (ny uppl. 1884). Finska litteratursällskapets sekreterare.

4) F. $^{21}/_{6}$ 1829. Son till kommerserådet Johan G. och Fredrika Sofia Sourander. Stud. 1848, mag. 1857, † $^{21}/_{4}$ 1896.

5) F. $^{28}/_{6}$ 1823. Son till provinciallläkaren i B:borg Jean Elof A. och Anna Kristina Unonius. Stud. 1843, kand. 1849, mag. 1850; t. f. lektor i matem. i Åbo gymnasium 1849—57, lektor i naturvetenskaperna i T:hus gymn. 1857—61, lek-

ten [1]) äfvensom den för sin välgörenhet kända fru Aurora Karamsin [2]). Också senatorn frih. Johan Philip Palmén [3]) var född i Björneborg.

Teatern. På orten har för öfrigt intresset för konst och vetande ledt till uppförandet af ett teaterhus äfvensom till inrättandet af ett historiskt museum. Teaterhuset, som ännu var „en tanke blott“ vid den tid, då den nyskapade finska teatern i Björneborg år 1872 började sin värksamhet — uppträdande i den för de gamla sällskapsspektaklen inredda öfre salen å Otava — har sedan ett nytt teaterhusbolag år 1876 bildat sig numera blifvit en värklighet. Uppförd 1884 af arkitekten E. Stenberg, med dekorationer af Wuorio, presenterar sig den nya byggnaden, som inrymmer 403 sittplatser och är försedd med elektrisk belysning, för den besökande såsom en af de prydligaste landsortsteatrar vi hafva. Öfver dess scen hafva redan gått en mängd såväl utländska som inhemska skådespel, bland hvilka senare några författade af en stadsbo, numera hofrådet Karl Rosendahl [4]), och delvis behandlande ämnen af lokalt intresse. — Satakunta museum, inrättadt 1887 af Porin Suomalainen Seura, räknar redan omkring 1,600 numror. Ända till år 1894 sköttes museet såsom en afdelning af Suomalainen Seura, men $^{5}/_{4}$ sagda år stadfästes stadgarna för detsamma, och är dess förvaltning numera öfverlemnad åt en af bemälda förening utsedd bestyrelse. Museet är afsedt att blifva en skattkammare för den minnesrika stadens och det omgif-

(Satakunta museum.)

---

tor i samma ämne i Åbo 1861, rektor 1872—76 och 1886—90. Erhöll professors titel 1895. Framstående skolman. G. 1854 m. Elise Sucksdorff.

[1]) F. $^{22}/_{8}$ 1827. Föräldrar: kapt. Joh. Edv. v. Q. och Karolina Fredrika v. Kothen. Kadett. Stud. 1846. Flyttade till Sverige 1853. Skrifter: Fennomani och Skandinavism 1855, Finska förhållanden 1857—61. Karl XV:s bibliotekarie 1864. G. 1857 m. Aurora Magdal. Örnberg.

[2]) F. $^{3}/_{8}$ 1808. Föräldrar: öfv:löjtn. C. J. Stjernvall och Eva Gust. v. Willebrand. G. 1:o m. statsrådet P. Demidoff och 2:o m. öfverste A. Karamsin.

[3]) F. $^{31}/_{10}$ 1811, † $^{30}/_{3}$ 1896. Föräldrar: kronofogden Henr. Joh. Palmén och Amalia Lovisa Sourander. Stud. 1827, filos. mag. 1832, juris kand. 1836, juris d:r 1840. Professor 1844. Senator 1867. Prokurator 1871; t. f. vicekansler v. univ. 1873, viceordför. i Senatens just:dep. 1877. Adl. 1875; frih. 1883. G. 1:o 1840 med Johanna Charl. Bonsdorff, 2:o 1848 m. Adolfina Fredrika Amalia Sallmén.

[4]) Karl Gustaf Rosendahl, f. i Åbo $^{17}/_{3}$ 1831. Son af viktualiehandlanden Karl Gust. R. och Maria Kristina Lund. Tjensteman vid telegrafvärket i Finland vid kontoret i Björneborg 1859—91. Hofråd $^{6}/_{11}$ 1887. Egnat sig därjämte åt författarevärksamhet, hufvudsakligast dramatik, lyrik och publicistik. I Björneborg hafva af hans stycken gifvits: „En liten martyr“ 1879, „Ainamo“ 1887 o. 1889, „En ung Björneborgare“ 1891, „Ingen ros utan törnen“ 1894. Några af hans stycken hafva också uppförts i H:fors och Åbo (t. ex. „På Lemos strand“, „På julafton“), andra, bl. dem „Ainamo“, äfven i Sverige.

vande landskapets historia, för hvilken intresset å orten städse varit vaket.

Jämsides med intresset för bildning och vetande har gått hågen och förmågan att arbeta på lösningen af de mångahanda och olikartade spörsmål, som det moderna kulturlifvet uppställer. Om detta vakna intresse för det allmännas sak vittna främst de många sällskap och föreningar, som till ändamål hafva syften af dels allmännare, dels privatare natur: Bibelsällskapets Björneborgs afdelning, Musikaliska sällskapet (1877), Djurskyddsföreningen (1878), Suomalainen Seura (1883), Lutherska föreningen (1889), Nykterhetsföreningen, Arbetareföreningen, Folkupplysningssällskapets filial (1880; fond omkr. 200 mk), Nya fruntimmersföreningen (fond: 4,350 mk), Sparsamhetsföreningen (stip. fond 2,210 mk), Kvinnostipendiiförening (fond 12,500 mk), Dorcas-föreningen (fond 2,500 mk), Folkhjälpsföreningen, Segelföreningen (fond 825 mk och dess nya paviljongsfond omkr. 6,000 mk), Fängelseföreningen (fond omkr. 3,900 mk), m. fl. Därom vittna äfven de många kassorna, afsedda dels för särskilda allmänna ändamål, dels för att afhjälpa nöden hos de behöfvande: Pensions- och understödsinrättningen för ålderstigna, värnlösa fruntimmer (c:a 48,000 mk), Sjömanshuskassan (c:a 40,000 mk), Handtvärkarnes understödskassa (c:a 37,000 mk), Arbetsinrättningens för fattiga barn fond (c:a 20,000 mk), Borgerskapets i Björneborg stipendiifond (2,400 mk), Handelssocietetens i Björneborg understödskassa (c:a 83,000 mk), Understödskassan för ålderstigna arbeterskor och tjenarinnor (c:a 16,000 mk). Därom vittna slutligen ock de fonder och donationer, som antingen af enskilda eller föreningar blifvit anslagna för allmännyttiga ändamål: Alexander II:s stipendiifond (omkr. 10,500 mk), folkskolornas Sjöblomska donationsfond (omkr. 26,000 mk), Grönfeldts donation (omkr. 2,500 mk), Beklädnadsfonden för fattiga folkskolebarn (omkr. 5,000 mk), Utskänkningsbolagets stipendiifond (omkr. 14,400 mk), Elisabet Stenvalls donation (2,255 mk), Theodora Moliis' donation (omkr. 9,500 mk), Carl Duvaldts donation (10,000 mk), G. M. Görmanskys donation (665 mk), Folkbibliotekshusfonden (utgörande 1894 omkr. 84,500 mk), Fattig- och arbetshusinrättningens grundfond (omkr. 1,050 mk), Fru Fagers nödhjälpsfond (omkr. 6,000 mk), Carolina Sundvalls donation (omkr. 1,100 mk), Eva och Antti Ahlströms donation (10,000 mk), Otto Fredr. Köhlers fond (omkr. 2,100 mk), Reinh. Rosendahls fond (omkr. 315 mk), Frivilliga brandkårens sångares donationsfond (omkr. 820 mk), B:borgs stadslasaretts nybyggnadsfond (1894 utgörande omkr. 67,000 mk), Vilhelmina

Sällskap och föreningar.

Kassor.

Donationer.

Fagers stipendiifond (2,000 mk), Arvid Grönfeldts stipendiifond (1,000 mk) [1].

Fattigvården. Samtidigt som det allmänna välståndets källor i vår tid ökats, har också å andra sidan armodet och fattigdomen vunnit större terräng än förut. Redan den starka och hastiga tillväxt befolkningen under senaste tider varit underkastad förutsätter också en ökning af de obemedlades antal. Ett af vår tids viktigaste samhälleliga spörsmål rör sig därför om fattigvårdens ordnande i öfverensstämmelse med de betingelser, som å särskilda orter i detta afseende göra sig gällande. Också har den allmänna fattigvården och det allmänna sundhetsväsendet i Björneborg undergått samma nydaningsarbete, som gjort sig gällande i afseende å näringarna.

Fattigvården, förut omhänderhafd af kyrkan, blef efter den nya kommunalstyrelsens införande, och i sammanhang med den nya ordning, som då infördes i de kommunala angelägenheterna, s. a. s. sekulariserad genom fattigvårdsreglementet af år 1875, som lemnade densamma i händerna på den s. k. fattigvårdsstyrelsen. Också har numera realiserats den redan 1868 af den nitiska fattigvårdsordföranden hr O. Palander framstälda planen om inrättandet af en fattiggård, — hvilken plan genomgått många öden och föranledt uppgörandet af ej mindre än sju gånger förnyade ritningar till det ifrågavarande huset. Den nya fattiggården reser sig, sedan 1890, vid torget i den s. k. 6:te stadsdelen, i de trakter, där den förut omtalade Gropstaden efter branden var belägen. Denna hemort för elände och sjukdomar har nämligen redan år 1875 blifvit utdömd, och i dess ställe har invid vägen till Lill-Raumo en ny stadsdel blifvit uppförd, där den arbetande befolkningen varit i tillfälle att tillösa sig billigare tomter än i sjelfva staden. Med sitt rymliga torg, sina nyupp-

[1] Ofvanstående fonder och kassor äro upptagna i enlighet med magistratens berättelse öfver stadens tillstånd 1894. — Senare hafva ytterligare några större donationer tillkommit: fru Jenny Nordgrens (1895) gården n:o 260 i 5:te stadsdelen och 35,000 mk till underhållande af ett barnhem; rådman G. Duvaldts (1896) till B:borgs lyceum, fattigvård och folkskolor, 10,000 åt hvarje, samt dessutom en donation till stadens lutherska församling; magister G. Grönfeldts (1896) till folkskolorna, finska lyceet och finska fruntimmersskolan, 10,000 mk åt hvarje; till Satakunta museum, föreningen för kvinnostipendier och pensionskassan för värnlösa fruntimmer, 1,000 mk åt hvarje; till arbetshem för fattiga barn 3,000 mk; handl. G. Svensbergs (1897) till stadens kroppsarbetare 100,000 mk, till handelsinstitutet 100,000 mk, till feberlasarettet och ett arbetarehem, 50,000 mk åt hvardera, till frivilliga brandkåren 50,000 mk, till barnhemmet 75,000 mk, till pauvres honteux 29,000 mk, till grafkapellet 1,000 mk, äfvensom till stadens förskönande 100,000 mk.

förda trähus, och sina regelbundna gator, af hvilka en del uppnämts efter stadens forna borgmästare, Sacklénska, Johnssonska o. s. v., bildar denna lilla förstad i sanning en motsats till sin föregångare på samma plats. Denna arbetareförstads förnämsta byggnad är utan tvifvel den nya fattiggården, som i sina rymliga lokaler kan gifva skydd åt ett par hundratal behöfvande.

Hvad för öfrigt antalet af de af kommunen underhållna fattiga beträffar, har det från 1877 till 1893 stigit från 292 till 470. Sistnämda år voro i fattigvårdsanstalt intagna 207, äfvensom utackorderade 36 fattige, hvarjämte antalet af dem som åtnjöto årsunderstöd i hemmen utgjorde 154, och af dem, som fingo tillfälliga bidrag, 73. Samtliga kostnader för de fattigas underhåll har under samma tid stigit från 20,000 till 32,000 mark. Till fattigvården har ock under senare tider särskilda donationer blifvit gjorda: 1884 af enkefru Grönfeldt 500 mk, $^{7}/_{11}$ 1887 af kommerserådet A. Ahlström och kommerserådinnan Eva Ahlström 10,000 mark, 1889 af guvernören C. M. Creutz. Därjämte har af rådman Carl Duvaldt i Vasa testamenterats (1874) 10,000 mark, hvaraf räntorna skola utbetalas åt 9 de mest behöfvande enkor i staden.

I sammanhang med frågan om fattigvården må ock nämnas, att i staden sedan 1883 finnes ett arbetshus för fattiga barn, hvars elevantal varit i jämt stigande, och vid hvilket 1893 voro inskrifna inalles 97 barn.

Äfven sundhetsvården har blifvit omorganiserad och en sundhetsnämnd tillsatt (1883). Läkarenes antal är såsom förut tvänne, hvarjämte provincialläkaren fortfarande är bosatt i staden. Lasarettens antal har ökats 1864 genom ett på provinsialläkaren Ursins tillskyndan inrättadt extra veneriskt kurhus och 1875 genom ett likaledes af staten bekostadt allmänt sjukhus. Därjämte har det 1834 grundlagda privatlasarettet, som fortfarande var inlogeradt i den undan branden räddade Moliiska tvålfabriksbyggnaden, 1875 öfvertagits af staden. Dessutom har staden 1891 beslutit inrättandet af ett nytt kommunalt sjukhus, hvilket beläget i 6:te stadsdelen redan är färdigbygdt. I stadens lasarett vårdades 1893 103 och å allmänna sjukhuset 449 patienter. Helsovården.

Efter det också redan 1857 i staden inrättats ett andra apotek (af K. K. Bonsdorff), har ytterligare ett tredje sådant blifvit öppnadt 1893 (af J. B. Sundholm).

Sålunda hafva fattig- och helsovården, till en del med dryga kostnader från stadens sida, blifvit bragta på bättre fot än någonsin förr. Vid sidan af vår tids storartade fattig- och sjukhjälpsanstalter te sig både Gustaf Adolfs stora hospital, afsedt för 24 sjuklingar, och det nya fattighuset af sten, som uppfördes efter branden 1801, såsom högst oansenliga inrättningar. Men så är ock staden nu i stånd till vida större uppoffringar för det allmänna än förr, liksom ock dess ständigt tilltagande innevånarantal påkallat ett motsvarande utvidgande af de gamla inrättningarna.

Folkmängd, m. m. Hvad stadens folkmängd beträffar, visa oss nedanstående siffror dess tillväxt under de senaste årtiondena. Enligt kyrkoböckerna utgjorde innevånarantalet 1875 7,346 och 1880 8,718 personer. Under decenniet 1881—1890 tillväxte sedan befolkningen, enligt presterskapets uppgifter, med inalles 2,054 personer. Af detta tal utgjorde öfverskottet af födda öfver döda 568 och öfverskottet af inflyttade öfver utflyttade 1,486 personer. I likhet med hvad i andra städer är fallet tillväxer sålunda i Björneborg befolkningen främst genom inflyttningar.

Enligt Statistiska centralbyråns folkräkning den 1 dec. 1890 utgjorde stadens faktiska befolkning då 9,077 personer [1]), fördelade på 2,360 hushåll. Härvid bör dock erinras att i folkräkningen icke ingingo de då ännu icke af staden inlösta förstäderna på Aittaluoto och Storsand, hvilkas innevånarantal uppskattades till omkr. 1,200 personer. Af stadens innevånare uppgåfvo 7,537 finskan och 1,501 svenskan såsom sitt modersmål [2]). 83 procent af befolkningen var således finskatalande, 16,5 procent svenskatalande.

Totalantalet gårdar i staden var 856 med 2,038 byggnader. Af dessa gårdar egdes 24 af tjenstemän, 68 af handlande, 116 af fabrikanter och handtvärkare, 75 af sjöfarande och resten af öfriga näringsidkare och andra personer. Af byggnaderna voro 240 (114 bonings- och 126 uthus) af sten och 1,798 af trä. Inemot hälften (113) af samtliga stenhus funnos i första stadsdelen.

Ofvananförda siffror hafva dock väsentligen förändrats under det qvinqvennium som förgått sedan folkräkningen. Särdeles har staden genom förvärfvandet af Aittaluoto och Storsand vunnit en

---

[1]) Af detta antal, i hvilket äfven Räfsö är inberäknadt, var 4,148 man- och 4,929 kvinnkön. Fördelad på stadsdelarna, var befolkningen störst i 5:te stadsdelen, utgörande 3,280 personer, och minst i 3:dje, näml. 643 personer. Inom de öfriga stadsdelarna räknades: i 6:te 1,443, i 4:de 903, i 1:sta 844 och i 2:dra 838 personer. Räfsö hade en befolkning af 1,126 personer.

[2]) Därjämte hade 22 tyska, 12 ryska och 5 andra språk till modersmål. — Såsom belysande för bildningsgraden må anföras att af den finskatalande befolkningen 55,49 procent var läs- och skrifkunnig, medan samma procenttal för den svenska befolkningen utgjorde 85,30.

ansenlig tillväxt i sin befolkning. Denna utgjorde, vid ingången af år 1895, enligt kyrkoböckerna 12,016 och enligt mantalslängderna 11,334 personer [1]).

Värdet af staden tillhörig fast och lös egendom beräknades 1894 till omkr. 2,9 miljoner mark. Härvid äro dess tomter, byggnader och parker uppskattade till 612,000 mark samt dess arrendemark och fiskevatten till i rundt tal 1,8 miljoner mark; den öfriga fasta och lösa egendomen till 475,000 mark. Värdet af stadens egendom.

Samma år hade staden en ogulden skuld, belöpande sig till en summa af 913,000 mark, däraf amorteringslån c:a 30,000, obligationslån c:a 685,000 och andra lån c:a 197,000 mark. Dess finanser.

Stadens ordinarie inkomster stego sagda år till omkr. 280,000 mk. Däraf inflöto 113,000 mark under titel inkomstgifvande rättigheter, tolags-, hamn- och seglationsafgifter, äfvensom näringsafgifter, saköresmedel m. m. Inkomsterna af stadens jord belöpte sig till inemot 100,000 mark. Såsom statsbidrag uppfördes 15,850 mark, och såsom andel i brännvinsskatten omkr. 1,775 mark. Öfriga inkomster utgjordes af omkr. 50,000 mark.

Utgifterna åter stego samma år till omkr. 448,000 mark. Häraf gingo i runda summor: till administrationen 88,000 mark, till skolväsendet 80,000 mark, till helsovården 14,000 mark, till brandväsendet 15,700 mark, till räntor 61,000 mark, till byggnader och allmänna arbeten 65,000 mark, till gatubelysningen 6,200 mark, till allmänna onera 5,000 mark, och till öfriga utgifter 112,000 mark.

Sålunda uppstod i årets budget en brist af något öfver 160,000 mark, hvilken skulle fyllas genom uttaxering. I staden räknades detta år 12,491 skattören, hvarje af dessa motsvarande en inkomst af 400 mark. Hvarje skattöre taxerades således till 13 mark. Det hade dock varit år då taxeringsbeloppet varit ännu högre. En af de viktigaste frågorna i stadens inre lif har, ända sedan nya kommunalstyrelsens införande, varit den rörande kommunaltaxeringen. Man hade nu kommit långt ifrån den tid, då ingen sådan börda fans, utan då stadskassans inkomster räckte väl till för behofven, och ännu därtill lemnade årliga öfverskott. Det gamla borgerskapet, som ensamt fått vidkännas utgifterna för det allmänna, hade ej varit synnerligt intresseradt att nedlägga dyra kostnader på läroanstalter, kommunikationernas befrämjande o. s. v. Men den nya tiden har medfört nya fordringar, som måste tillgodoses, äfven om det måste ske med uppoffringar för den enskilda. Till en början kunde stads- Taxeringen.

[1]) Numera torde befolkningen uppgå till något öfver 13,000 personer.

boarne fröjda sig åt att för sina skattören icke taxeras till mer än 3 à 4 mark, men snart började det gå framåt med raska steg, till 5, till 10, till 12 — ja det har stundom nått till 15, t. o. m. till 20 mark per skattöre.

Men om ock de årliga taxeringarna varit betungande, bör å andra sidan ihågkommas att både det allmänna och enskilda välståndet under senare tider ofantligt tilltagit. Detta jämte det ökade innevånarantalet möjliggör utgifter för det allmänna i en omfattning, som förut icke varit känd. Erinras må ock att de i äldre tider för staden så betungande kronoskatterna nu ej stiga till 15,000 mark, hvadan innevånarenas utlagor sålunda till allra största delen komma sjelfva staden tillgodo såsom direkta bidrag till dess underhåll och och utveckling.

Kommunala lifvet och partierna.

I samma mån som näringarna utvecklats och befolkningen tilltagit hafva ock de i anledning häraf uppkomna kommunala frågorna blifvit allt talrikare och mera mångartade. Också har intresset för deltagande i dessa frågors afgörande blifvit lifligare, än det var under tiderna närmast före branden. Då, såsom redan är nämdt, borgerskapet ej mera bildar någon inom sig afsluten korporation, har det kommunala lifvet vunnit ett välbehöfligt tillskott i kraft och intelligens i de beståndsdelar af stadsbefolkningen, som förut varit därifrån uteslutna. Den nya tidens nationella sträfvanden, som främst vunnit spridning inom de genom den timade förändringen i det kommunala lifvet indragna nya elementen, hafva ock gifvit upphof åt en mängd nya frågor och bragt en ny partigruppering af stadens innevånare till stånd.

I stället för de gamla sinsemellan täflande societeterna, i stället för 1860-talets „kort-“ och „kälkborgarepartier“ trädde så småningom de svenskt- och de finsktsinnade. Det är kampen emellan dessa meningsgrupper, som här liksom annorstädes i många hänseenden har gifvit färg åt de kommunala sträfvandena under de senast förflutna årtiondena.

Tidningar.

Såsom vapen i striden har hvardera partiet haft sina skilda organ i den periodiska pressen, hvilken härigenom vunnit i betydelse. 1872 inrättade d:r Th. Tigerstedt ett nytt tryckeri och begynte 1873 utgifvandet af ett nytt organ, som i likhet med den af honom tidigare utgifna första svenska tidningen i staden erhöll namnet „Björneborgs tidning“. Bladet framträdde såsom bärare af den svensktsinnade riktningen. Samma år begynte bokhandlaren O. Palander i motsatt anda utgifvandet af den finskspråkiga tidningen „Satakunta“. Jämte nämda tidningar, hvilka hvardera efter hand utvidgats och ännu existera, hafva under olika tider några andra blad utgifvits hufvudsakligen såsom språkrör antingen för mera moderata eller ock mera radikala tendenser i hvardera riktningen. Missnöje med de alltför exklusiva åsigter „Björneborgs tidning“ förfäktade framkallade 1888 en sammanslutning af personer af hvardera riktningen för uppbärande af ett nytt organ „Vestra Finland“. Bladet, hvilket redigerades af mag. I. Färling, egde likväl endast kort varaktighet och upphörde redan med året 1893, hufvudsakligen af brist på uppbärande lika mycket från garanternes som från allmänhetens sida. Såsom representant för de ung-fennomanska sträfvandena framträdde år 1892 tidningen „Porilainen“, hvilken t. o. m. 1895 utgafs å särskildt tryckeri, med hofrättsauskultanten F. Lähteenoja såsom redaktör; och vid början af sistnämda år uppställdes dels för häfdande af de merkantila intressenas inflytande, dels för åstadkommande af en motvikt emot det gammalfinska partiets anspråk, tidningen „Sanomia Porista“ (upphörde vid 1896 års utgång), redigerad af mag. F. Warén, äfven tillhörande det unga finska partiet. Redan tidigare, år 1877, hade såsom motvikt mot „Satakunta“ på initiativ af d:r Tigerstedt en finsk tidning benämd „Länsi-Suomi“ utkommit i staden, men bladet, hvilket redigerades af folkskolläraren F. Finberg och kollegan E. V. Selin blef ett folkblad utan framträdande partisyften och upphörde redan efter tvänne års förlopp.

Här bör slutligen nämnas att det af d:r Tigerstedt vid uppställandet af „Björneborgs tidning“ i staden inrättade nya tryckeriet, sedan öfvergick till bankokassören Axel Bergbom, och numera, ifrån år 1895, eges af mag. F. Warén. Stadens äldre tryckeri åter, hvilket år 1864 ifrån boktryckaren Thiesen, såsom förut nämts, öfvergått till bokhandlaren O. Palander, försåldes af denne år 1881 till ett bolag, uti hvilket tidigare ingingo hrr handlanderne F. Petrell och A. Juselius, mag. O. Lilius, pastor R. Grönvall och bokhandlaren A. Öhrnberg, men numera utgöres af hrr Grönvall, Lilius och E. H. B. Krook.

Fråga om skattöresberäkningen.

Af ofvannämda tidningar hafva stadens kommunala frågor främst blifvit behandlade och belysta. Det finska partiet, som för det mesta består af tjenstemän och den mindre bemedlade stadsbefolkningen, har jämte det detsamma arbetat för utvidgandet af finska språkets rättigheter å orten, öfver hufvud intagit en folkelig och frisinnad ståndpunkt. Så t. ex. i fråga om beräknandet af skattöresbeloppet, hvilken fråga allt sedan det nya kommunalsystemets införande stått på dagordningen. Kommunalförfattningen var öfver hufvud frisinnad och dess bestämningar tillämpades äfven i början i temligen liberal anda. Hvarje skattöre medförde en röst, dock så att ingen fick rösta för mer än 25 skattören; skattörets belopp bestämdes af kommunen med full frihet. Det hände därför i början icke sällan att medlemmar af stadens lägre samhällsklasser, t. o. m. arbetare, fingo plats bland stadsfullmäktige. Då sedermera år 1883 kommunalförfattningen förändrades därhän att beloppet af den inkomst, som motsvarar ett skattöre, ej fingo understiga 200 och ej öfverstiga 400 mark, medan tillika första skattöret ej medförde någon röst, två skattören endast en och tre endast tvänne röster, kunde detta icke annat än värka till att i väsentlig mån förminska antalet af dem, som egde deltaga i afgörandet af stadens allmänna angelägenheter. Och en följd häraf åter var att brytningen emellan de svensktsinnade och affärsmannapartiet å ena och det finsktsinnade folkpartiet å andra sidan endast ökades. Medan det senare icke blott ifrade för en nedsättning af skattöresbeloppet till 200 mk utan äfven för en inskränkning af rösträtten till 10 skattören eller därunder, motsatte sig det förra däremot ifrigt hvarje dylik förändring, under åberopande däraf att genom en högre census den fattigare befolkningen befriades från erläggande af afgifter, hvilka för densamma kunde falla sig betungande. Denna kamp ledde slutligen därhän att skattöresbeloppet, hvilket förut städse varit 300 mark, år 1893 bestämdes till 400 mark, medan röstmaximum fortfarande bibehölls vid 25 skattören. Den naturliga följden häraf var att mer än tusen medlemmar af kommunen, hvilka eljes egt rätt att deltaga i den kommunala sjelfstyrelsen, nu därifrån utestängdes. Några arbetare hafva ej heller under senare tider ibland stadsfullmäktige invalts, medan äfven antalet af handtvärkare inom denna institution varit i nedgående. År 1891 t. ex. sutto i stadsfullmäktige 19 handlande, 9 tjenstemän och 2 handtvärkare.

I sammanhang härmed har frågan om en tidsenlig reglering af sättet för valrättens utöfvande vid landtdagsmannaval fortfarande varit på dagordningen. År 1884 beslöts visserligen, med frångående af det tidigare använda obegränsade röstsättet, att ingen vid landtdagsmannaval skulle få rösta för mera än 25 skattören, och detta beslut, ehuru öfverklagadt, vann sedermera nödig stadfästelse. Däremot har förslaget om en nedsättning af röstmaximum vid ifrågavarande val, hvilket af det fennomanska partiet upprepadt framstälts, icke kunnat genomdrifvas, och valresultatet är sålunda i hufvudsak beroende af det jämförelsevis färre antal medborgare, hvilka äro i besittning af en större förmögenhet [1]).

[1]) Enligt signaturen „Esa“ i „Satakunta“ 1895, funnos d. å. politiskt röstberättigade 970 personer med 4,513 röster. Af detta antal hörde till öfverklas-

Frågan om kommunala språket.

Det finska partiets sträfvanden hafva likväl icke varit fruktlösa. Vi hafva redan nämt, huru ortens skolfrågor, tack vare detta partis ansträngningar, blifvit ordnade. Finska språket har redan kommit till användning såsom protokollspråk i fattigvårdsstyrelsen och folkskoledirektionen, såsom kommandospråk i frivilliga brandkåren (sed. år 1879), hvarjämte notarien i rådsturätten från år 1880 utgifvit finskspråkiga handlingar åt sakägare, hvilka därom anhållit. År 1894 väcktes slutligen förslag om finska språkets upptagande till protokollsspråk hos Stadsfullmäktige. Förslaget föll med 12 röster mot 11, oaktadt enligt uppgift från år 1891 af stadens innevånare 8,997 hade finskan till modersmål, medan endast 1,005, eller ungefär en niondedel, voro svenskatalande.

De finskt-sinnades sträfvanden på det ekonomiska området.

Särskildt må här ock nämnas det finska partiets bemödande att äfven å det ekonomiska området vinna större inflytande, hvilket ledt därhän att år 1895 en sammanslutning af nationeltsinnade stads- och landtboar till ett bolag för idkande af handelsrörelse kommit till stånd. Bolaget, hvilket jämlikt öfverhetligen stadfästa stadgar grundar sig på ett aktiekapital af 100,000 mark och som bär namnet „Satakunnan kansallismielisten kauppa-osakeyhtiö" började sin värksamhet den 19 sept. nästnämda år.

De stora kommunikationsfrågorna.

Inga frågor, vare sig språkpolitiska eller ekonomiska, hafva dock i så hög grad varit egnade att intressera vår tids Björneborgare, som de rörande ortens kommunikationsförhållanden. De hafva under mer än ett kvart sekel utgjort liksom den röda tråden i stadens historia. Men också finnes det inga frågor, hvilkas rötter skulle tränga djupare i stadens förgångna lif än dessas, inga, af hvilkas lyckliga lösning stadens framtida utveckling vore mera beroende.

Vi hafva i det föregående upprepade gånger varit i tillfälle att framhålla hurusom frågorna om förbättrad förbindelse med hamnen å ena sidan och med inlandet å den andra städse gjort sig gällande under alla perioder af stadens tillvaro. Utprickningen af de villsamma farlederna nedanom staden på 1500- och 1600-talen, Inderö-, Lana- och Lotsöre-ådrornas muddring på 1700-talet, hvilken, hvad sistnämda ådran beträffar, med längre eller kortare afbrott fortsatts intill vår tid, vittna nogsamt om hvilken uppmärksamhet frågan om förbindelsen med hamnen i alla tider kräft från stadsboarnes sida.

---

sen, hvari dock medräknats 140 personer, som idka handtvärk såsom sjelfförvärf, 367 med 3,112 röster, till underklassen 603 med 1,391 röster. Öfverklassen egde 69 procent af hela röstetalet, underklassen 31 procent. Skulle röstmaximum nedsättas till 10, så skulle öfverklassens procenttal nedgå till 60, och underklassens stiga till 39,4 procent.

De stora elfrensningsplanerna, som redan föresväfvat Per Brahe, och sedan särskilda gånger till värkställighet upptogos under „nyttans tid" äfvensom af Gustaf III och Gustaf IV Adolf, de stora landsvägsbyggnaderna i slutet på sista och i början af innevarande århundrade, visa till fylles huru folk och regering städse varit medvetna om behofvet af nya trafikleders öppnande till inlandet för en ort, hvars betydelse ursprungligen grundade sig på dess handel med det inre Satakunta och Tavastland. Kanaliseringen, hette det 1804, skulle göra Björneborg till nyckeln för Finlands handel, och en ny farväg till Tammerfors ansågs 1850 såsom enda medlet att bringa staden till blomstring.

Det är dessa gamla kommunikationsfrågor, som nu delvis i modern form — under namn af „stormuddrings"- och „järnvägsfrågorna" — ånyo med tvingande nödvändighet trängt sig i förgrunden och ändteligen i hufvudsak blifvit bragta till en lycklig lösning [1]).

Muddringsfrågan.

Hvad först angår frågan rörande fördjupandet af farleden emellan staden och Räfsö underrättade hamndirektionen redan $^{11}/_{11}$ 1859 stadens magistrat att farleden uppgrundat därhän att endast 4 fot djupgående farkoster kunde färdas emellan hamnen och staden

[1]) En tredje kommunikationsfråga, som också redan länge varit diskuterad, ehuru den ännu väntar på sin lösning, är „brofrågan". Daterande sig från den tid, då terminen för pontonbrobolaget utgick 1867, avancerade den redan i början på 1870-talet därhän att ingeniör Lekve, efter å stället anstäld teknisk undersökning 1873, framlade ett förslag till anläggandet af en fast bro af trä på stenkistor för en kostnad af 235,000 mark, hvilket förslag dock på grund af bristande medel ej kunde realiseras.

Emellertid upptog den nyinrättade drätselkammaren å nyo frågan — första gången 1878, då yrkandet på Ulfsbyboarnes deltagande i brobyggnaden tillintetgjorde planen, och andra gången 1881 då den för frågans behandling tillsatta komitén, jämte det den höjde Lekveska kostnadsförslaget till 265,000 mark, ytterligare föreslog inlösandet af den gamla pontonbron för 30,000 mark (1884). Då likväl något senare ett tyskt bolag erbjöd sig att för 97,000 mark anbringa järnöfverbyggnad till de Lekveska stenkistorna, så att hela kostnadsförslaget inberäknadt lösen för pontonbron skulle stigit till 300,000 mark, antogs detta förslag af stadsfullmäktige. Då emellertid stadens anhållan om ett 200,000 marks räntefritt lån ur stadsmedel afslogs, förföll frågan för andra gången.

Sedan emellertid Aittaluoto- och järnvägsfrågorna började nalkas sin lösning, framstälde sig ock allt oafvisligare behofvet af en stadigvarande bro. Staden kan ej i längden undvara fast förbindelse med sin 8:de stadsdel där utan tvifvel nya fabriker snart skola uppstå och där trafiken och rörelsen med hvarje år äro i tilltagande. Brofrågan upptogs sålunda för tredje gången i slutet af 1880-talet, men har, oaktadt den blifvit behandlad i särskilda utskott och komitéer, icke ännu ledt till afgörande resultat.

samt föreslog dess fördjupande medels muddring. I anledning häraf inköpte staden 1863 af Räfsö varfsbolag ett muddervärk, hvarmed muddringsarbetet påföljande vår, 1864, vidtogs och sedan fortsattes under fyra somrar med den påföljd att 6 fot djupgående fartyg kunde passera Linderibank. Då emellertid ansenliga sandbankar bildat sig å särskilda ställen af farleden och man icke var säker om huruvida muddringsarbetet på ändamålsenligt sätt bedrefs, inkallades från Sverige ingeniörkaptenen P. J. Knös för att undersöka bankarna och afgifva utlåtande i frågan. I sitt betänkande af den $^{30}/_{11}$ 1870 föreslog kapten Knös att vattnet från Lana-, Inderö- och Raumo-ådrorna förmedels anbringande af en leddam emellan åmynningen och Puolikivi skulle afledas till Inderöviken, hvarigenom slammet från sagda vattendrag skulle hindras att inkomma i farleden och där bilda bankar. Kostnadsförslaget lydde å 65,760 mark.

Då emellertid det Knöska projektet icke biträddes af öfverstyrelsen för väg- och vattenbyggnaderna, hvilken i stället tillstyrkte muddringens fortsättande med ökad kraft, beslöt magistraten i samråd med borgerskapet $^{3}/_{4}$ 1872 anskaffandet af ett nytt muddervärk. Sedan sommaren 1873 voro sålunda tvänne mudderbåtar i värksamhet och farleden upprensades så småningom därhän att ända till 7 fots djupgående fartyg obehindradt kunde framgå emellan Räfsö och staden.

Emellertid stego år för år kostnaderna för denna muddring, hvilka bestriddes ur en s. k. mudderkassa, tillkommen på grund af borgerskapets redan 1857 fattade beslut sålunda att af alla in- och utporterade varor uppbars en afgift af en procent af deras värde enligt gällande tolagstaxa. Denna mudderafgift har på senare tider i allmänhet utgått med omkr. 50,000 mark om året. Man har beräknat muddringskostnaderna under 1860-talet, då endast ett muddervärk arbetade, till omkr. 14,000 mark om året, medan de under 1870-talet och i början af 1880-talet, sedan den nya mudderprämen tillkommit, stego till omkr. 28,400 mark om året [1]). En svårighet vid arbetets utförande uppstod därjämte i följd af laxfiskeriegarnes yrkan att ingen muddring finge försiggå från midsommar

[1]) Totalkostnaderna för muddringen hade således under 26 års förlopp stigit till i rundt tal 600,000 mark, hvartill ytterligare bör läggas 95,000 mk för inköp af muddervärken samt 32,700 mark i omkostnader för stenupptagning åren 1881—86.

intill senare hälften af september. Under sådana förhållanden fortsattes emellertid arbetet enligt förut fattad plan [1]).

»Stormuddringen».

I ett nytt skede trädde emellertid frågan med anledning af ett af stadsingeniören F. J. Lindström, i hvars hand arbetet nu öfverlemnades, afgifvet förslag af $^{19}/_{11}$ 1886. Detta förslag omfattade tvänne alternativ; enligt det ena skulle farrännan uppmuddras till 8, och enligt det andra till 10 fots djup under lägsta vattenstånd, slutande sig kostnaderna för det förstnämda alternativet till omkr. 178,000, och för det senare till 585,000 mark. Farledens bredd skulle blifva 200 fot ända upp till elfmynningen och därifrån uppåt 150 fot. Till arbetets slutförande ansågs komma att åtgå en tid af fyra år. Det till beredning af ärendet af stadsfullmäktige $^{3}/_{8}$ 1887 tillsatta utskottet (hrr rådman Sohlström, magister Lilius, handlanderne Lojander och Palmgrén samt apotekaren Nevander) föreslog i öfverensstämmelse härmed att farleden skulle uppmuddras och upprensas till 180 fots bredd i Portremmarfarleden och 150 fots bredd i den öfriga närmare staden belägna delen, samt till ett djup af 10 fot under lägsta vattenstånd. Den $^{23}/_{11}$ 1889 antogs förslaget definitivt af förstärkte stadsfullmäktige.

Härmed vidtog nu den s. k. stormuddringen, för hvilket ändamål 1891 från Tyskland införskaffades ett väldigt ångmuddervärk [2]). Arbetet hade om sommaren 1894 bragts därhän, att farleden då nått det djup, att 2,6 meter (9 fot) djupgående fartyg vid vanligt vattenstånd kunde passera densamma. Kostnadsförslaget hade emellertid redan öfverskridits, i det stadens samtliga utgifter för de senaste årens muddring då stego till inemot 650,000 mark. Utgifterna för sjelfva muddringen, oafsedt kostnaderna för materialen, hade stigit till något öfver 44,000 mark om året. Staden hade för ändamålet, 1892, anhållit om ett statslån af 200,000 mark, men mötts af afslag, och de till arbetets utförande behöfliga medlen hade upptagits i form af obligationslån. Då man betänker hvilka kostnader muddringen för staden medfört — öfver 1 $^{1}/_{2}$ miljon mark under förloppet af

---

[1]) År 1885 återupptogs väl af ingeniör J. O. Telén fördämningsplanerna från 1870-talet, i det han föreslog en fördämning af Kimba, Lana- och Raumoådrorna, hvaremot Inderö-ådran skulle lemnas öppen för stockflötning. Äfven förordade han upptagandet af en ny farled norr om Busö, hvilket allt skulle hafva kostat 650,000 mark. Förslaget tillstyrktes dock ej af öfverstyrelsen och ledde ej till vidare påföljd.

[2]) „Voima“ från Stettiner Maschinenbau Anstalt.

tre decennier[1]) — och de tvifvelaktiga resultat, hvartill den äfven i bästa fall kan leda, är det ej att undra öfver om en stark opposition städse gjort sig gällande i den s. k. mudderfrågan, och särskildt beträffande stormuddringen.

Hvilken betydelse frågan i öfrigt tillagts framgår af ofvannämda utskotts betänkande, hvari det bl. a. heter: Om farledens otillfredsställande tillstånd nu redan invärkar störande på ångbåtstrafiken samt hämmande för stadens merkantila utveckling, skola dessa missförhållanden likväl framträda ännu bjärtare, då järnvägen till Björneborg om några år blir en värklighet. Vid de berättigade sträfvanden, som härifrån utgått för att få Björneborgska banans anknytningspunkt med bestående banor förflyttad från Urdiala till Tammerfors, har bland många andra talande skäl framhållits att Björneborg är närmaste kusthamn till nämda betydande upplandsstad och såsom sådan bör genom järnvägens tillkomst kunna draga till sig större delen af Tammerfors export och import, som nu går öfver Åbo, Hangö, Helsingfors och S:t Petersburg". Genom ökade hamninkomster skulle Björneborg vinna emot kostnaderna svarande fördelar och gå en ny blomstringsperiod till mötes.

Järnvägsfrågan, denna lifsfråga för staden, har i mer än ett kvart sekel varit en af de mest brännande på orten. Redan på 1860-talet började man i Björneborg umgås med järnvägsplaner, hvilka likväl ännu på den tiden uppenbarade sig mera såsom fromma önskningar än såsom värkliga på säkra beräkningar grundade förslag. Emellertid avancerade den nya frågan, som uti stadens borgmästare F. E. Molander, vunnit en energisk och oförtruten förfäktare, snart så långt att en preliminär undersökning af en påtänkt bana Tammerfors—Björneborg redan år 1872 värkstäldes. I kostnaderna för denna undersökning, som värkstäldes af ingeniören K. Pipping, deltog staden med ena hälften. Sedan de björneborgska järnvägsplanerna sålunda trädt ut i offentligheten, hade de ännu att genomgå trenne olika stadier, innan banan blef en värklighet. Järnvägsfrågan.

Först tänkte man sig nämligen en järnväg från Björneborg till Tammerfors, antingen bygd af staten eller af enskildt bolag med bidrag af staten, — i enlighet med de af stadens representant, borgmästar Molander, på landtdagarna 1872, 1877 och 1882 framstälda petitionerna. För den händelse att koncession skulle erhållas, beslöt sta- Dess första skede. Frågan om en bana T:fors—B:borg.

[1]) Enl. Lindström har muddringen från dess början på 1860-talet intill 1895 kräft en totalkostnad af 1,555,000 mark, materialens pris jämväl häri inberäknad.

den i nov. 1872 att åt den blifvande koncessionsinnehafvaren i 10 års tid erlägga 25,000 mark att utgå med 1 procent af värdet för alla från utrikesorter inkommande och dit utgående varor, emot hvilket beslut dock besvär anfördes af firman W. Rosenlew & C:i. Då emellertid ständerna vid 1882 års landtdag uttalat sig för en subvention af 1 $^{1}/_{2}$ miljon mark för en järnväg till Björneborg från Loimijoki station eller någon annan närbelägen punkt å den nyss färdigblefna Åbo-banan, inträdde frågan därmed i ett nytt skede.

Dess andra skede. Frågan om en bana Urdiala—B:borg.

Man började nämligen nu arbeta för en privatbana, som skulle dragas från Björneborg till någon punkt på Åbo-linjen. På magistratens framställning beslöto stadsfullmäktige $^{26}/_{10}$ 1882 att för instrumentala undersökningen rörande lämpligaste sträckningen för en dylik bana, utgifva högst 10,000 mark. Därjämte tillsattes en järnvägsdelegation, bestående af herrar borgmästar Molander, kommerserådet J. Grönfeldt, handlanden W. Rosenlew, apotekar J. Nevander och stadsingeniören F. J. Lindström, hvilken skulle vidtaga de i ärendet af behofvet påkallade åtgärder. Härpå värkställdes om sommaren 1883 af ingeniör A. F. Hildén instrumentalundersökning af linjen Björneborg—Urdiala. Men då kostnaderna — något öfver 6 miljoner mark för en normalspårig bana — ansågos allt för höga och man därför inskränkte sig till planer på en bana af smalt spår, medan däremot regeringen uppstält såsom vilkor för subventionens erhållande att banan skulle byggas sådan att statens godsvagnar fullastade kunde löpa in på densamma, beslöts att på högsta ort anhålla om sådan ändring af de uppstälda vilkoren för statssubventionen, som de uppgjorda banprojekten betingade, samt att af allmänna medel en subvention af 3 miljoner mark skulle beviljas för den händelse banan bygdes normalspårig eller af 2,150,000 mk, därest den gjordes smalspårig eller med lätt öfverbyggnad. Därjämte förband sig staden att bidraga till företaget med 25,000 mark årligen i 40 års tid, om staten sjelf skulle bygga en normalspårig bana, äfvensom i 28 $^{2}/_{3}$ års tid, därest banan utfördes efter de senare alternativen. 1885 års ständer beslöto ock i enlighet härmed att en subvention af 3 miljoner mark skulle beviljas för en järnväg från Björneborg till någon punkt å Åbo—Tammerfors banan, men regeringen stadfäste icke detta beslut, utan tillsatte i stället en komité, bestående af herrar borgmästar Molander, kommerserådden W. Rosenlew, L. J. Hammarén och G. A. Lindblom, trafikdirektörsadjointen Hj. Lagerborg, possessionaterna frih. A. F. N. Cedercreutz och kommunalrådet E. Avellan, för att utreda hvilken bansträckning vore den för landet fördelaktigaste. Härmed tog frågan åter en ny vändning.

Dess tredje skede. Banan T:fors—Vitikkala—B:borg.

Komitén uttalade sig väl ännu för sträckningen Urdiala—Björneborg, men häremot inlade ledamoten Avellan, understödd af Hammarén, en sakrik reservation, hvari förordades banans dragande till Tammerfors, norr om Kumo-elf med slutpunkt i Räfsö, och denna åsikt omfattades äfven af förstärkte stadsfullmäktige, hvilka den $^{11}/_{1}$ 1888 anhöllo att regeringen vid snart infallande landtdag skulle framställa proposition om byggandet af en dylik bana. Trenne linjer hade emellertid kommit på förslag: en norr om elfven, en med öfvergång af densamma vid Vitikkala i Kumo, äfvensom en i synnerhet af kommerserådet Rosenlew förordad linje, hvilken skulle öfvergå vattendraget vid Vammaskoski i Tyrvis och därefter i Hvittis möta den tidigare undersökta linjen Björneborg—Urdiala. Å alla dessa linjer värkställdes 1887 okulär undersökning af ingeniör Hildén. Undersökningen af norra linjen bekostades af kommerserådet Ahlström, som för att utan dröjsmål få järnvägen till stånd vid denna tid äfven anhöll om koncession å dess byggande genom egen åtgärd, medan staden för sin del försträckte kostnaderna för undersökningen af bandelen Vammaskoski—Hvittis. Allmänna meningen hade alltmera återgått till den redan tidigare omfattade planen på en statsjärnväg, hvilken ifrån Tammerfors norr om elfven skulle dragas till Björneborg, och omedelbart före landtdagens inträde 1888 utfäste sig staden att ifall banan bygdes af staten och arbetet därå skulle börjas före 1890 års utgång deltaga i kostnaderna för järnvägens utförande med 25,000 mark om året i högst 40 års tid, dock sålunda att det utfästa bidraget skulle upphöra redan dessförinnan så snart banan afkastade sådan ränta som staten ansåg sig böra erhålla af sina järnvägar. Ehuru någon proposition om björneborgska banans byggande vid landtdagen icke förelades, vann frågan likväl mycken anslutning, och sedan ärendet af järnvägsutskottet behandlats i sammanhang med propositionen om Karelska banan, beslöto ständerna att förorda utförandet på statens bekostnad af en normalspårig järnväg ifrån Tammerfors till Björneborg, hvilken vid Vitikkala skulle öfvergå till södra stranden af Kumo elf. Denna ständernas framställning blef också å högsta ort stadfäst.

Banans byggande.

Arbetena på banan vidtogo redan år 1890 samtidigt på tre ställen, nämligen i Tammerfors, vid Siuro och i Kumo. Under år 1891 belades äfven mellanliggande delar af järnvägen med arbete. Såsom arbetschef fungerade öfveringeniörsadjointen O. Lindberg. Men arbetet afbröts sedan nästan helt och hållet i följd af bristande tillgång på erforderliga medel. Först sedan 1894 års ständer sammanträdt och regeringen anvisat ett förskottsanslag af 600,000 mark för järnvägsbyggnadens fortsättande, upptogs arbetet ånyo med kraft, så att bandelen Tammerfors—Peipohja på hösten 1894 kunde upplåtas för provisionel trafik. Skenläggningen på den återstående delen af banan Peipohja—Björneborg vidtog om våren 1895, och den 24 april s. å. nådde bansträngen ändtligen fram till Björneborgs station, där det första tåget emottogs af en folkskara uppgående till flere tusen personer. Stadsboarnes glädje öfver att ändtligen se sina i 25 års tid närda förhoppningar om en tidsenlig förbindelse med öfriga delar af landet förvärkligade fingo ock ett vältaligt uttryck vid den storartade fest, som af staden föranstaltades den 2 november 1895 i anledning af banans slutliga öfverlemnande under järnvägsstyrelsens förvaltning och upplåtande för regelbunden trafik.

Och dock var glädjen icke ens vid detta tillfälle helt och hållet ogrumlad. De många vexlingar frågan genomgått, de otaliga svårigheter staden haft att bekämpa vid genomdrifvandet af sina järnvägsplaner och ändtligen afbrottet vid sjelfva byggnaden hade satt allmänhetens tålamod på ett hårdt prof, och namnet „Finlands Panama" hade redan blifvit ett stående uttryck, hvarmed folkhumorn betecknade denna järnväg, hvilken aldrig syntes vilja komma till stånd. Och till alla sina tidigare motgångar i järnvägsfrågan hade staden nu ytterligare att lägga ständernas vid 1891 och 1894 års landtdagar gifna afslag på petitionerna om banans utsträckning till dess naturliga slutpunkt Mäntyluoto, hvarigenom hela järnvägens betydelse i icke ringa mån förminskats. Uppenbart är nämligen att denna järnväg först sedan den nått sin slutpunkt vid hafvet kan blifva hvad den borde vara: en tidsenlig kommunikationsled för förmedling af den uråldriga trafik, som i alla tider sökt sig väg från inlandet till kusten just genom de orter, där banan nu går fram [1].

Stadens nuvarande utseende.

Erinra vi oss allt hvad i det föregående framhållits rörande stadens näringar, dess utveckling i kommersielt och socialt hänseende, finna vi nogsamt att Björneborg äfven under senast förflutna kvartsekel, trots de svårigheter det haft att kämpa med för erhållande af tidsenliga kommunikationer, ansenligt gått uppåt. Redan till sitt yttre presenterar sig nu staden helt olika sina äldre föregångare. För den, som norrifrån nalkas densamma, erbjuder den redan på afstånd en anblick, som icke saknar sitt intresse. Synlig öfver hela den vidsträckta slätten, som utbreder sig långt mot nordvest och i öster sammandrager sig med det gamla Ulfsby i fonden, reser

[1]) Såsom redan ofvan nämdes har Mäntyluotobanan blifvit besluten af 1897 års ständer.

BJÖRNE

(1897

BORG.

7).

HELSINGFORS, AKTIEBOLAGET F. TILGMANNS BOK- OCH STENTRYCKERI SAMT KEMIGRAFI, 1897.

sig den vackra kyrkan med sin höga spira. Strax till höger ser man konturerna af en mängd stenhus, den forna Slottsbackens moderna byggnader, och invid dem dominerar på sin höjd det gula rådhuset med sitt egendomliga torn. En mängd höga skorstenar, hvilkas långa rökmoln förena sig till en sky öfver landskapet, angifva redan på långt håll antalet af stadens stora industriella inrättningar, dessa stockkonsumerande centaurer, som arbetande natt och dag omgärda sig med oändliga räckor af hvita plankstaplar, hvilka på afstånd se ut som en stad af likformiga byggnader och till en del skymma utsikten öfver den egentliga staden [1]).

Kommen närmare har betraktaren framför sig stadens sevärdaste partier: den stora pontonbron, den långa kajen, vid hvilken de hvita ångarena ligga förtöjda, kyrkan omgifven af sin grönskande esplanad, den breda strandgatan med dess trädplantering och präktiga stenhus, som fylla fonden från kyrkan ända till rådhuset, samt nedanför midt i elfven de nyanlagda planteringarna på Skrifvarholmen, och längst åt höger, på andra sidan, det täcka Sofiegarten med sina alléer och fabriker. Bland hus, hvilka företrädesvis tilldraga sig uppmärksamhet, synes nere vid stranden det höga Ahlströmska trevåningshuset. Längre bort uppe på backen till venster om rådhuset skönjas tinnarna af det nya Rosenlew-Junneliuska huset, hvilket bygdt i venetiansk stil är stadens prydligaste privata hus. Bakom kyrkan höjer det Nevanderska husets lilla torn sin spets utöfver trädplanteringarna på kyrkoskvären, och längst borta, på andra sidan rådhuset, observeras det Heineska huset med dess kupolprydda torn, beläget gentemot teaterhusets fasad, hvaraf en flik sticker fram närmast bakom rådhuset. Det hela är en vy af anslående värkan. Denna präktiga utsida ersätter i icke ringa grad den enformighet som i de inre delarna af staden möter ögat i form af breda sandiga gator omgifna af envånings trähus, de flesta väl bygda och målade, men alla uppförda i en och samma stil och utan några som helst nämvärda arkitektoniska egendomligheter.

Vi afsluta här vår skildring af stadens framfarna öden, hvilka vi följt genom tider, kännetecknade ömsom af välmakt ömsom af förfall, dock alltid medförande ett slutligt resultat af framsteg för orten. „Den första stapelrättens tid“ (1558—1641), motsvarande den

[1]) Bland större byggnadsföretag, som på senare tider i staden varit under utförande, må nämnas nedläggandet af kloakledningen, som nyligen påbegynts.

gamla svenska Vasatiden, var kännetecknad af stadens icke så ringa blomstring, ett resultat af den fria utrikesseglation, som då var tillåten, men hvilken upphäfdes ungefär samtidigt som staden härjad af vådeld hade förlorat i välstånd. Sedan följde uppstadstiden under 1600-talet, som med merkantilsystemet och de för Sveriges stormakts upprätthållande nödvändiga skatterna, krossade stadens välmåga, hvilken totalt skulle gå under i 1698 års brand och stora ofredens kaos. 1700-talets förra hälft, „nyttans tid", med sitt schäferi och andra ekonomiska företag, var åter en hvilans tid, under hvilken de gamla såren läktes. Den nyvunna stapelfriheten öppnade sedan 1765 en ny æra af välmåga, ett lif af nya intressen för staden, hvars utveckling, främst grundad på dess medelhafsseglation, dock ånyo skulle sättas på spel genom branden 1801 och de därpå följande ogynnsamma tiderna intill 1809. Sedan följde en ny period, den första under de nya förhållanden, i hvilka vårt land efter skilsmässan från Sverige inträdt, en period, konservativ lik den tid i verldshistorien, med hvilken den sammanföll, men — hvad stadens historia beträffar — kännetecknad af det anseende Björneborg då vann för att vara Finlands första rederiort, och slutande i likhet med sin föregångare med brand och krig. Efter branden 1852 hafva vi slutligen vår tids Björneborg, med dess nya kommunalstyrelse, dess storartade trävaruexport och dess nya kommunikationer. Och dock stå vi äfven med denna utveckling för ögonen åter inför en ny vändpunkt i stadens historia. Den nya järnvägen, som redan blifvit en värklighet, kommer helt visst att i många afseenden omgestalta förhållandena på orten och öppna för densamma ännu oanade vägar för dess framtida utveckling och förkofran.

Bilaga I.

Tjenstemän i Björneborg.

Borgmästare.

I Ulfsby.

Tomas Pedersson, nämnes 1427.
Anund Nilsson, n:s 1427.
Mickel Larsson, n:s 1541 och 1551.
Mårten Olofsson, n:s 1551.

I Björneborg.

[Staden hade intill 1630 tvänne borgmästare, hvarjämte fr. 1630 till 1646 ofta, utom ordin. borgm., en viceborgmästare samtidigt satt i rätten.]

Per Mickelsson, n:s 1562—1571. — Hans enka, Agneta, nämnes **1601**.

Erik Persson, n:s **1565** och **1566**. — Sannolikt samma som den E. P., hvilken **1560** var stadens repres. på riksd. i Stockholm.

Påval Olsson, n:s 1571—**1594**. — Hans hustru Margreta omnämnes **1601**.

Morten Henriksson, n:s 1572—1574.

Nils Larsson, n:s **1580**.

Matts Nilsson, n:s **1586—1588**. — Kallar sig i juli **1591** f. d. borgmästare i B:borg.

Joen Elvesson, n:s **1593—1612**. — Stadens repres. på riksdagarna i Upsala **1594** och 1607, äfvens. i St:holm **1609**, samt på landskapsmötet i Åbo **1612**. Joen E. var † **1631**. Hans enka Karin Mickelsdotter n:s **1633**.

Melkior Larsson, n:s **1600—1629**. — Son till borgaren Lars Larsson, hvilken för sina under danska kriget bevisade tjenster af kon. Erik XIV erhöll frihet på ett hemman i Pänäs. Melkiors broder var „herr Matts Larsson i Närpes". Stadens repres. på riksdagarna i St:holm **1617** o. **1629**, äfvens. på mötet i Upsala **1629**. Hans hustru hette Malin.

Bengt Markusson, n:s 1615 och 1617.

Påval Olsson, n:s 1621 och 1625; — kallas **1629** viceborgmästare, **1632** underborgmästare, **1633** viceconsul, **1634** och **1636** fordom borgmästare. Son till Olof Mårtensson. Tidigare varit stadsnotarie och rådman. Stadens repres. på utskottsmötet i St:holm **1636**. G. m. Beata, d:r till Simon Olofsson och dess hustru Gertrud. Hans syster Anna Olofsdotter g. m. Gustaf Ivarsson Stjernkors. Påval Olsson n:s såsom afliden **1647**.

Henrik Pålsson och Påval Olsson sutto, enl. rådets beslut $^{12}/_{5}$ 1629, i Melker Larssons ställe, då denna var till riksdagen.

Henrik Thomasson 1630—1646. — Möjligen tidigare tullnär. Riksdagsfullmäktig i St:holm 1634. G. m. Gertrud Simonsdotter, enka 1648.

$^{1}/_{3}$ 1646 sutto, sista gången, tvänne borgm. samtidigt i rätten, Henr. Thomasson och Johan Berntsson Röper.

Johan Berntsson Röper 1646—1650. — Son till tullnären Bernt Röper. Riksdagsfullmäktig i Stockholm 1647. G. m. Anna Andersdotter, som n:s enka 1651 o. 1652.

Eskil Grelsson satt $^{9}/_{1}$–$^{17}/_{4}$ 1647 i Johan Berntssons ställe.

Lars Larsson 1650—1652. — „Kom med Per Brahes fullmakt, gifven $^{17}/_{6}$ 1650, där ingen hvarken af borgmästare och råd ej heller af gemene borgerskapet kunde eller ville emotsäga utan godvilligt honom emottogo". † 1652. Hustru: Lisbeta, n:s 1652.

Eskil Grelsson „viceborgmästare" förestod tjensten 1652—1657.

Hans Hansson $^{28}/_{2}$ 1657—$^{21}/_{5}$ 1659. — Han var förut landtmätare och bodde i H:fors, hvarifrån han $^{27}/_{4}$ 1657 erhöll intyg öfver sitt „ärliga förhållande och uppriktiga lefverne". Efter att end. ett år hafva beklädt borgmästare-embetet i Björneborg, valdes han $^{3}/_{8}$ 1658 till rådman i H:fors, och aflade där sin rådmansed den $^{27}/_{10}$ s. å., men nämnes icke vidare i handlingarna därstädes. Troligen egnade han sig åter åt landtmätaresysslan. En hans refning nämnes 1658, och en af honom för handen gjord karta öfver Björneborgs stads omgifningar af år 1663 finnes i behåll. — Sannol. svensk till börden. Borgmästaren Bengt Arvidsson i Hjo och dess hustru kalla (1670) honom sin „son". Möjligen hade hans moder trädt i nytt äktenskap med bemälde borgmästare. Sjelf var H. H. sedan 1647 gift med Brita Henriksdotter, enka efter en Henrik Visenius, hvars söner voro konrektorn i H:fors Johan V. och borgerskapets ålderman därstädes Henr. V. Hans Hansson synes varit en förmögen man och egde gårdar i H:fors, Åbo och B:borg. Han dog sannolikt i börj. af år 1667. Enkan afled 1683 och begrofs $^{10}/_{6}$ s. å. i H:fors.

Gabriel Gottleben satt i borgmästares ställe särskilda gånger åren 1657—1659.

Eskil Grelsson satt i Hans Hanssons ställe 1659.

Gustaf Henriksson $^{12}/_{9}$ 1659 1671. — Son till borgmästaren Henrik Thomasson. Förut tullnär. G. m. Elisabet Johansdotter. Stallmästaren Nils Olofsson kallas ock hans svärfar (1659). Hans söner — Gustaf, sekreterare, sal. 1685, Johan, amiralitetssekreterare, adlad Adlerström, och Nils — antogo namnet Curnovius. Hans dotter Catharina Curnovia g. m. rektorn Gregorius Arctopolitanus. Gustaf Henriksson dog $^{19}/_{2}$ 1671 och hans enka Elisabet Johansdotter $^{26}/_{7}$ 1685.

Gabriel Keckonius $^{3}/_{8}$ 1671—1709. — F. 1646, † $^{5}/_{2}$ 1709. Son till kkh. i Hvittis Andreas Johannis K. och Katarina Göös. Stadens riksdagsfullmäktig i Upsala 1675. G. m. 1:o Margreta Evandra, † $^{25}/_{4}$ 1683, 2:o $^{23}/_{9}$ 1684 med Christina Arctopolitana.

Henrik Elfving $^{21}/_{7}$ 1710—1720. Son till rådm. i Nykarleby Markus Andersson och Marg. Alstadius. Förut stadsnotarie och kassör i B:borg. Stadens representant på utskottsriksdagen i Stockholm 1710. Jämte

Elfving, som var vald af borgerskapet, voro på förslag till borgmästaretjensten uppförda rådman Adrian Gottleben, hvilken afled innan tjensten besattes, och hofrättsadvokaten Joh. Villstadius äfvensom konsistoriivicenotarien Alex. Kepplerus, hvilka dock, i ans. till den befattningen åtföljande ringa lönen, återtogo sina ansökningar. G. m. Anna Catharina Klöfve, f. $^{18}/_{8}$ 1674. Skall vid Ryssarnas infall erhållit ett sabelhugg i hufvudet, i följd hvaraf han afled $^{3}/_{10}$ 1720.

Per Ståhlfoot $^{2}/_{10}$ 1721—1749. — F. $^{21}/_{1}$ 1690, † $^{17}/_{12}$ 1769. Stud. i Åbo, auskultant i Åbo hofrätt, företrädde landssekreterarebefattningen i Åbo och Björneborgs län under landssekreteraren Zanders flykt 1713, auditör vid Björneborgs regemente 1717, bivistade fälttåget i Norge, erhöll afsked från auditörstjensten $^{21}/_{3}$ 1719. Utsågs af de björneborgska flyktingarna i Stockholm till borgmästare $^{20}/_{11}$ 1720. Tjensten ansöktes ock af auditören Gustaf Sidberg. Riksdagsfullmägtig 1723. Lemnade i följd af ålderdom, sed. 1747, tjensten att skötas af vikarier mot halfva lönen. Anhöll om afsked $^{21}/_{3}$ 1749 och föreslog vicekronobefallningsm. Joh. Wadsten till sin efterträdare, men återtog denna ansökan, då borgerskapet, som ansåg sig kränkt i sin rätt i afseende å borgmästarevalet, protesterade däremot. Förnyade dock sin afskedsansökan ännu s. å. $^{8}/_{10}$. G. m. Magdalena Fortelia, f. $^{14}/_{11}$ 1697, † $^{27}/_{11}$ 1782. — Hans vikarier voro:

Nils Gottleben, interimsborgmästare 1747 och 1748.

Henrik Lidin, viceborgmästare, 1748.

Anders Gillborg, viceborgmästare, installerad $^{27}/_{3}$ 1749, men afsatt för tjenstefel i aug. s. å.

Erik Miltopæus, $^{4}/_{8}$ 1749 förordnad att förvalta borgmästaresysslan i B:borg, hvilken han innehade i 8 månaders tid, till april 1750.

Lars Sacklén $^{2}/_{6}$ 1750—1791. — F. $^{10}/_{11}$ 1724, † $^{16}/_{8}$ 1795. Son till kkh. i Virmo Lars Sacklinius och dess 3:dje hustru Marg. Christ. Göthe. Stud. 1738. Efter aflagda akad. studier ausk. i hofrättens kansli $^{27}/_{2}$ 1745, sedan maj 1747 förvaltat domaresysslan i Vehmo och Nedra Satak. härad. Af 7 sökande till borgmästaretjensten i B:borg erhöllo flesta rösterna: viceborgm. i Raumo Johan Eck 101, viceborgm. Erik Miltopæus 100 och notarien Harald Alfthan 76 röster. Sacklén, som erhållit endast 22 röster, kunde ej ens komma på förslag. Därjämte anhöll borgerskapet i särskild inlaga om Miltopæi utnämnande. Men ett med valets utgång missnöjdt parti, med handelsm. Adr. Gottleben i spetsen, återtog då sina röster, utom dem de gifvit åt Sacklén, och yrkade att också han matte uppföras på förslaget. Då Eck därjämte afsade sig förslaget, föreslog ock landshöfdingen Sacklén, hvilken $^{2}/_{6}$ 1750 till tjensten utnämdes. Stadens representant vid riksdagarna 1751, 1760, 1765, 1778, 1786 och 1789. Kommerseråd $^{23}/_{9}$ 1783. Anhöll på grund af försvagad helsa 1785 om tjenstledighet från borgmästaresysslans förrättande på obestämd tid så ofta och så länge hans helsa sådant fordrar och att under den tid han åtnjöt ledighet skulle förordnas den som han, med magistratens och borgerskapets samtycke, därtill föresloge. Denna ansökan blef dock afslagen $^{19}/_{9}$ 1785. Anhöll 1791 om afsked, med bibehållande af lönen, hvilken ansökan beviljades den $^{17}/_{5}$ 1791. — G. 1:o med Anna Maria Lagermarck, f. $^{2}/_{10}$ 1732, † $^{29}/_{4}$ 1756, och 2:o $^{27}/_{11}$ 1753 med Eva Elisabet Jeansson, f. $^{17}/_{8}$ 1738, † $^{20}/_{7}$ 1777.

Arvid Brander, viceborgmästare, vikarie för Sacklén.

Johan Sourander, viceborgmästare, under åtskilliga, ofta längre tider, t. ex. 1765 och 1789 förestått borgmästaretjensten.

Gerhard Backman, viceborgmästare, förestod borgmästaretjensten 1778 och 1786.

Carl Mörtengren $^{21}/_{10}$ 1791—1811. — F. $^{19}/_{10}$ 1763, † $^{28}/_{2}$ 1813 på Linnamäki i Nousis socken. Son till landträntmästaren i Åbo Lorentz M. och Magdalena Charl. Vessman. Stud. $^{29}/_{11}$ 1776, ausk. i Åbo hofrätt $^{17}/_{12}$ 1779, gjort såsom ordinarie kanslist tjenst vid generalbefälet i Finland, vicenotarie i hofrätten, varit adjungerad vid rådsturätten i Åbo, värkstält åtskilliga domareförrättningar och förestått domsaga, vicehäradshöfding. Förestod under ledigheten efter Sacklén borgmästaresysslan i B:borg. Vid valet, som förrättades den $^{24}/_{9}$ 1791, erhöll M. 267, kämn. præs. Christ. Johnsson 253 och viceborgm. Johan Sourander 240 röster. G. m. Cath. Johanna Eneskäld, f. $^{3}/_{8}$ 1768.

Georg Fredr. Mustelin, viceborgmästare, förestod tjensten 1798. — Kämnerspreses.

Otto Julius Brander, förestod borgm:tjensten 1801, då Mörtengren åtnjöt tjenstledighet.

Jakob Reinh. Sarin, t. f. borgmästare 1808—1812 under vancansen efter Mörtengren enl. hofrättens förordn. af den $^{21}/_{1}$ 1808.

Christian Johnsson 1812—1831. — F. $^{12}/_{6}$ 1761, † $^{28}/_{4}$ 1835. Son till domkapitelsnotarien Johnsson och dess fru Ingrid Christina Brander. Stud. $^{4}/_{7}$ 1777, ausk. i hofr. $^{13}/_{6}$ 1781, fr. 1784 särsk. gånger förestått borgmästaresysslan i T:hus, 1787 kämnerspreses i Björneborg, auditör vid Björneborgs regem. 1793, vid hvars indelning blef bibehållen enl. kejserl. manifestet af $^{15}/_{3}$ 1818. Hofrättsassessors titel med tur och befordringsrätt 1804. Erhöll vid borgmästarevalet $^{22}/_{8}$ 1812 369 röster (viceborgmästar Sarin 585). Utnämdes till borgmästare $^{16}/_{11}$ 1812, och tillträdde tjensten $^{17}/_{2}$ 1813. Enl. kejserl. Maj:ts utslag $^{16}/_{12}$ 1828 skild från utöfningen af dess innehafvande borgmästaretjenst under förloppet af tvänne år. Erhöll på begäran afsked 1831. G. m. Johanna Weissman, f. $^{7}/_{4}$ 1762 (? 1759). Hans vikarier:

Erland Rosenback 1828—1830.

Borgmästaretjensten bestriddes efter Johnssons afgång af:

Johan Hertell 1831—1832, fil. mag., hofr. ausk.

Gustaf Henr. Ignatius 1832—1844. — F. $^{2}/_{9}$ 1801, † $^{5}/_{6}$ 1844. Son till kkh. i Haliko, sederm. i Ulfsby Bengt Jak. I. och Sofia Barbro Ekestubbe. Stud. 1816, hofrättsausk. 1822, vicehäradsh. 1826, vicelandssekreterare i Åbo och Björneborgs län 1829. Borgmästare i B:borg 1832, kollegiassessor 1840.

Claes Wahlberg, t. f. borgmästare 1844 i aug.

Per Cederstein, t. f. borgmästare 1844 okt.—1846.

Claes Adam Wahlberg 1844—1859. — F. $^{4}/_{12}$ 1811, † $^{23}/_{3}$ 1874. Son till majoren Thomas W. och Sofia Maria Jägersköld. Ausk. i Åbo hofrätt $^{20}/_{12}$

1833, vicehhöfd. $^{20}/_{3}$ 1836, kanslist $^{11}/_{5}$ 1840, registrator $^{4}/_{8}$ 1841, extrafiskal $^{25}/_{4}$ 1842. Borgmästare i B:borg $^{11}/_{12}$ 1844. Tillträdde 1846. Häradshöfding i Raseborgs vestra domsaga $^{5}/_{4}$ 1859, landssekreterare i T:hus län $^{11}/_{6}$ 1868, hofrättsråd i Åbo hofr. $^{22}/_{2}$ 1866, Vicepresident $^{28}/_{4}$ 1871. G. 1845 med Emilia Fredrika Örn, f. $^{15}/_{4}$ 1818.

Tjensten vakant vid slutet af år 1859. Förestods af Alex. Hildebrand.

Abraham Vilh. Montin 1860—1866. — F. $^{26}/_{5}$ 1815, † $^{9}/_{1}$ 1866. Son till kkh. i Kalajoki, kontr:prosten Abraham M. och Susanna Magdal. Appelgrén. Stud. $^{30}/_{2}$ 1832, fil. mag. $^{21}/_{6}$ 1836, ausk. i Vasa hofrätt $^{18}/_{2}$ 1841, vicehäradshöfd. $^{23}/_{12}$ 1844. Förvaltat borgmästaretjensten i Uleåborg $^{20}/_{6}$ 1846—$^{30}/_{5}$ 1847, borgmästare i Nykarleby $^{11}/_{12}$ 1850. Borgmästare i B:borg $^{4}/_{1}$ 1860. G. i Vasa $^{5}/_{2}$ 1852 med Vilhelmina Lindebäck, omg. i B:borg $^{4}/_{2}$ 1867 med tulldistriktchefen Joh. Edv. Jerngren.

August Herman Alm 1867—1869. — F. $^{21}/_{4}$ 1837, † $^{20}/_{6}$ 1869. Son till sockneadj., sedan kapellanen i Koskis Samuel And. Alm o. Sofia Wegelius. Stud. $^{9}/_{10}$ 1855, domare-examen $^{30}/_{5}$ 1859, ausk. i Åbo hofrätt $^{21}/_{6}$ 1859, vicehäradshöfding $^{21}/_{6}$ 1862, kopist i Senatens finansexpedition $^{30}/_{6}$ 1863. Kanslist i Åbo hofrätt $^{8}/_{2}$ 1864. Borgmästare i B:borg $^{26}/_{10}$ 1867, men drabbades red. påfölj. året af svår sinnesrubbning och intogs å Lappvikens sjukhus, hvarest afled.

Frans Edvard Molander 1870—1896. — F. $^{9}/_{5}$ 1826, † $^{24}/_{10}$ 1896. Son till hofrättsassessoren Torsten M. och Sofia Augusta Wallenstjerna. Ausk. i Åbo hofr. $^{20}/_{6}$ 1850, extra notarie $^{21}/_{12}$ 1850; bestridt borgmästaretjensten i Nådendal $^{19}/_{9}$–$^{1}/_{11}$ 1851, förrättat särsk. ting 1853—59, vicehhöfd. $^{21}/_{6}$ 1855, utnämd till justitierådman samt därmed förenade magistratssekreterare och notarii publicibefattningarna i Björneborg $^{29}/_{3}$ 1860. Bestridt borgmästaretjensten härstädes $^{23}/_{7}$–$^{28}/_{8}$ 1861, maj och juni 1864, $^{7}/_{9}$ 1867–$^{1}/_{3}$ 1868 och $^{1}/_{1}$ 1869—$^{19}/_{3}$ 1870. Utnämd till borgmästare $^{19}/_{3}$ 1870. R. af St. O. 3 $^{18}/_{4}$ 1873 och St. Annæ O. 3 $^{18}/_{4}$ 1878. Varit utsedd till representant för Björneborgs stad vid 1872, 1877, 1882, 1885 och 1888 års landtdagar. G. m. Maria Katharina Kekoni, f. $^{27}/_{2}$ 1844.

Rådmän.

I Ulfsby.

Laurentius Pappi, 1511, proconsul ulsbycensis.

I Björneborg.

[Intill medlet af 1600-talet var rådmännens antal 12 — ännu 1646 sutto stundom samtidigt tolf rådmän i rätten. På 1650- och 1660-talen varierade de vid rättens sammanträden närvarande rådmännens antal i allm. emellan 6 och 10. 1692 bestämdes antalet till 5. Femte rådmanstjensten indrogs vid kämnersrättens inrättande 1782.]

Staffan Andersson, nämnes 1564—1573. — Förut borgare i Ulfsby och i Helsingfors 1553—1556. Inventerade Kumo gård 1574.

Per Selle, n:s 1564—1566. — G. m. Walborg.

Bengt Håkansson, 1564. — Var bland dem, som flyttade från Ulfsby till H:fors, där han bodde 1553—1556. Stadens representant på riksdagen i Stockholm 1560.

Mickel Eriksson, n:s 1564—1566.

Henrik Nurk, n:s 1564—1566. — Förut borgare i Ulfsby och i H:fors. Lefde ännu 1580.

Per Olsson, n:s 1564—1565. — Sannolikt Per Olsson Gröp, † omkr. 1582. Hustru Barbro, sal. Per Olssons, erhöll $^{21}/_{8}$ 1583 frihet på ett hemman i Kumnäs.

Erik Mattsson, n:s 1564—1571.

Olof Bonde, n:s 1564. — Var afliden 1572. Hans hustru hette Kirstin.

Morten Nilsson, n:s 1564—1571.

Nils Persson, n:s 1564—1565.

Olof Smed, n:s 1564.

Matts Jopsson, n:s 1564—1573. — Nämnes sal. 1587. G. m. Malin.

Frans Sifferssen, n:s 1565.

Olof Eriksson, n:s 1565.

Olof Jönsson, n:s 1565—1566.

Bertil Larsson, n:s 1565.

Matts Clementsson, n:s 1565—1572.

Olof Kowma, n:s 1565—1566.

Jons Björn, n:s 1565—1571.

Jakob Ikalainen, n:s 1565—1566.

Henrik Halko, n:s 1565—1573.

Jons Hendersson, n:s 1571—1573.

Henrik Kyröläinen, n:s 1571—1573.

Per Olsson Brijsse, n:s 1571—1573. — Möjl. den P. O., som år 1585 jämte andra inventerade Ulfsby gård.

Morten Hendersson, n:s 1571—1572.

Erik Persson, n:s 1571—1573.

Morten Sigfredsson, n:s 1571.

Jakob Mickelsson, n:s 1571—1573.

Henrik Olsson, n:s 1571.

Mårten Gullsmed, n:s 1571—1573. — Nämnes sal. 1581. Hustru Walborg.

Lasse Hendersson, n:s 1571—1573.

Lasse Jonsson, n:s 1571.

Olof Mortensson, n:s 1571. — Erhöll $^{18}/_{6}$ 1582 frihet på ett hemman i Ulfsby socken. Inventerade Ulfsby gård 1585.

Eskil Eriksson, n:s 1571.

Markus Eskilsson, n:s 1571.

Jons Karhu, n:s 1571.

Nils Larsson, n:s 1571—1572. — Omtalas sås. afliden $^{30}/_{1}$ 1590. Hustrun hette Brita.

Bengt Markusson, n:s 1573 och 1619. — Hans hustru, Agnes Nissilä, som n:s enka 1627, synes blifvit omgift med Matts Olsson Seppälä.

Bengt Hendersson, n:s 1573.

Eskil Mattsson, n:s 1599. — Inventerade B:borgs gård $^{16}/_{10}$ 1599.

Eskil Olsson, n:s 1599, 1608, 1619—1622. — Inventerade B:borgs gård $^{16}/_{10}$ 1599. Var „de fattiges föreståndare" (= hospitalsföreståndare) 1603.

Simon Andersson, n:s 1600 och 1618.

Per Olsson, n:s 1600.
Bertil Mattsson, n:s 1600.
Anders Sigfridsson, n:s 1600.
Jakob Thomasson, n:s 1600.
Nils Knutsson, n:s 1600—1631. — † 1633. G. m. Rachel.
Enok von Esen, n:s 1608. — † omkr. 1612. Hans enka Anna n:s 1625.
Simon Henriksson, n:s 1617—1624. — Stadens representant på riksdagen i Stockholm 1617. Hustru Margareta, sal. Simon Henrikssons, n:s 1627.
Påval Olsson, n:s 1618, 1626—1639. — Se borgmästarne.
Thomas Olsson, n:s 1619.
Henrik Jakobsson, n:s 1619.
Peder Ersson, n:s 1619—1621.
Henrik Mickelsson, n:s 1619—1629. — Var hospitalsföreståndare 1615.
Jakob Andersson, n:s 1621—1628, † 1629. — Hans hustru hette Anna.
Matts Markusson, n:s 1619—1659.
Matts Olsson, n:s 1621—1622. — Möjl. Matts Olsson Seppälä, som var g. m. rådm. Bengt Markussons enka Agnes Nissilä. Han var död 1633, då hustru Agnes nämnes enka.
Bertil Simonsson, n:s 1619—1624. — Hans hustru Karin nämnes 1621.
Frans Persson, n:s 1619—1633.
Jöran Sigfridsson, n:s 1621—1635.
Henrik Simonsson, n:s 1619—1623.
Lasse Karhu, n:s 1622.
Sigfrid Olofsson, n:s 1623—1628. — Broder till Påval Olsson, rådman och borgmästare. G. m. Karin Berntsdotter, hvilken n:s sås. enka 1631 och sedan var g. m. rådman Markus Larsson.
Anders Mickelsson, n:s 1623.
Lasse Månsson, n:s 1623—1633.
Matts Dalkarl, n:s 1623.
Thomas Jönsson, n:s 1623—1639. — Hans hustru Karin Jakobsdotter n:s 1650.
Henrik Larsson, n:s 1624—1646. — Han dog 1648 eller 1649. Hans hustru Margareta Söfringsdotter n:s 1648. Henrik Larssons systerson var kapellanen i B:borg herr Jöran.
Anders Eskilsson, n:s 1625—1639. — G. m. Helga, som n:s 1641.
Henrik Larsson den yngre, n:s 1625.
Bengt Jakobsson, n:s 1625—1650.
Anders Hermansson, n:s 1625—1657. — Stadens representant på riksdagen i Stockholm 1648. Kyrkovärd. Hans svärfar, sal. Påval Bertilsson, omtalas 1631.
Henrik Påvalsson, n:s 1626—1632. — Se borgmästarne.
Matts Clementsson, n:s 1626—1639.
Nils Eskilsson, n:s 1626.
Matts Larsson, n:s 1628—1634.
Henrik Persson, n:s 1629.
Morten Sigfridsson, n:s 1629—1639.
Eskil Grelsson, n:s 1633—1670. — † $^3/_6$ 1676. Son till Grels Olofsson i Torbonäs, som lefde ännu på 1650-talet. Eskil Grelsson kallas ock stundom „Stoukar“. Han gjorde sin borgare-ed $^1/_8$ 1630. Var „senior“ eller kyrkovärd sed. 1636. Stadens representant på riksdagarne 1664 och

1668. Viceborgmästare 1647, 1652—1657, 1659. G. m. Karin, som n:s 1647.

Mårten Mattsson Breda, n:s 1633—1659.

Matts Persson, n:s 1633—1659. — † 28/10 1680. 1684 nämnas hans söner Isak och Jakob Mattssöner.

Nils Eskilsson, n:s 1633.

Matts Hendersson Köyliäinen, n:s 1635—1659, 1674. — Kyrkovärd 1650.

Jöran Mickelsson, n:s 1635.

Matts Mattsson, n:s 1635—1636.

Simon Sigfridsson, n:s 1645—1646.

Sten Andersson, n:s 1645—1648. — Nämnes sal. 1652.

Jakob Carlsson, n:s 1645—1670.

Matts Markusson Skaffar, n:s 1646. — 7/8 1632 gjorde Matts Markusson fr. Korsnäs by i Närpes socken sin borgare-ed. Stadens representant på riksdagen 1644. Hans söner, bl. hvilka må nämnas kkh. i Kiulo herr Anders, antogo namnet Korsman. Matts Markusson n:s sal. 1682.

Olof Bengtsson, n:s 1646—1652. — Stadens riksdagsfullmägtig 1650. G. m. Lisbeta Nilsdotter, n:s 1648, hvars broder var Johan Nilsson i Härpö. Olof Bengtssons söner d:nus Johannes Olai och Nicolaus n:as 1675 och 1679.

Markus Larsson, n:s 1646—1659. — Riksdagsfullmäktig 1655. — G. m. Karin Berntsdotter, enka efter rådman Sigfrid Olsson (se ofvan).

Olof Simonsson, n:s 1646—1647. — Hans enka, hustru Malin, n:s 16/12 1648. Hans svärmoder var Margreta Karlsdotter.

Jakob Larsson, n:s 1648.

Matts Bengtsson, n:s 1649.

Markus Olsson, n:s 1650—1680. — N:s afl. 1684. Hans svärfader var rådm. Sten Andersson, se ofvan.

Matts Thomasson, n:s 1651.

Bengt Nilsson, n:s 1652—1654.

Simon Thomasson, n:s 1652—1675 och 1680. — † 30/11 1684.

Matts Henriksson Soroi, n:s 1652 och 1670.

Jakob Jöransson, n:s 1654—1659. — † 6/4 1679. En Jakob Jöransson fr. Lähteenoja aflade sin borgare-ed 16/12 1651. J. J:s enka, Karin Sigfridsdotter, n:s 1686.

Thomas Larsson, n:s 1654 (i rådmans ställe) och 1679.

Gabriel Gottleben, n:s 1657—1670. — † 10/8 1673. 30/8 1652 aflade Gabriel Gottleben sin borgare-ed. G. m. Kristina Grelsdotter, † 1687.

Lars Eriksson, n:s 1657—1659.

Peter Mille, n:s 1658—1690. — Begrofs 28/2 1692. Stadsuppsyningsman 1656. Stadens fullmäktig på landtdagen i Åbo 1676. G. 4/10 1681 m. Susanna Hansdotter, dotter till borgmästar Henrik Thomassons måg Hans Persson fr. Finby i Närpes, och enka efter koll. Mathias Epagius.

Mester Hans, ålderman, n:s 1659.

Anders Andersson, n:s 1674—1675. — Var egentligen stadsnotarie. G. 1/6 1677 m. Margreta Grelsdotter.

Filip Jöransson Ekman, n:s 1678—1689. — † 28/10 1690. G. 5/11 1666 med Elisabet Hansdotter, † 24/8 1689.

Nils Larsson Qvist, n:s 1678—1709. — † $^{12}/_{5}$ 1709. Från 1694 därjämte tullnär. G. m. Sara Christiansdotter, som n:s 1696.

Thomas Rördrom, n:s 1678, togs till rådman i sal. Markus Olssons ställe $^{16}/_{4}$ 1684. Förut stadsskrifvare.

Henrik Mattsson Melker, n:s 1678—1712 och 1722—28. — † $^{20}/_{10}$ 1731, 95 år gammal. G. m. Rachel Henriksdotter, f. $^{10}/_{11}$ 1671, † $^{22}/_{1}$ 1710.

Eskil Linman, n:s 1678—1703. — † $^{8}/_{6}$ 1704. G. $^{11}/_{9}$ 1691 m. Marg. Laxenia.

Adrian Gottleben, n:s 1688—1709. — † $^{31}/_{3}$ 1710. Stadens riksdagsfullmäktig 1689 och 1697. Föreslagen till borgmästare efter Keckonius, men dog innan tjensten besattes. G. m. Sara Nilsdotter Qvist, † 1739.

Gabriel Georgii Prytz, n:s 1692—1712. — † $^{22}/_{8}$ 1715. Son till kapellanen i B:borg, soderm. kkh. i Karkku, Gregorius Nicolai P. G. $^{9}/_{1}$ 1688 med Sofia Oselia, enka efter Peter Girs d. y. i Åbo.

Johan Kellander, 1705—1713 och 1722—1736. — F. 1658, † $^{13}/_{2}$ 1736. Son till borgaren Markus Mattsson Kellar. Stud. 1688. G. 1:o m. Christina Thelingia, † $^{4}/_{5}$ 1702, och 2:o m. Christina Keckonia, f. $^{7}/_{11}$ 1685, † $^{3}/_{10}$ 1764.

Johan Qvist, 1710—1712. — F. $^{8}/_{7}$ 1680. G. m. Anna Telin, f. $^{6}/_{2}$ 1687, som nämnes enka 1725.

Henrik Ekman, 1711—1712. — Broder till rådm. Filip Ekman.

Jakob Pavolenius, bisittare i rätten $^{22}/_{11}$ 1712.

Lars Björman, 1713—(1722 i Sverige). — † $^{17}/_{5}$ 1727. Lars Mårtensson B. från Nystad antogs 1709 till borgare. G. m. Brita Jöransdotter.

Nils Gottleben, 1722—1772. — F. $^{13}/_{5}$ 1692, † $^{6}/_{7}$ 1772, son till rådm. Adr. Gottleben. Interimsborgmästare 1747—1748. Viceborgmästare 1756. G. m. 1:o Maria Elfving, † 1733, och 2:o Christina Barck, f. 1713, † 1793.

Johan Indreen, 1722—1765. — F. 1689, † $^{12}/_{5}$ 1765. G. 1:o m. Chatarina Backman, och 2:o m. Kristina Belin, f. 1713.

Thomas Kellander, fr. 1722 extra och fr. 1731 ord.—1753. — F. $^{26}/_{2}$ 1696, † $^{12}/_{5}$ 1753. G. m. Sara Stenia, f. $^{4}/_{5}$ 1702. Son till Thomas Kellander, kkh. i Sastmola, en bror till rådm. Joh. K.

Henrik Elfving, fr. 1722 extra, fr. 1736 ord.—1758. — F. $^{13}/_{6}$ 1699, † $^{29}/_{4}$ 1758. Son till borgm. Elfving. G. m. Cathar. Kellander, f. $^{13}/_{9}$ 1712, † $^{14}/_{4}$ 1787.

Arvid Brander, 1741—1755. — F. $^{18}/_{7}$ 1712, † 1778. Son till häradsskrifv. Joakim B. och Kristina Paulina. Förut auskultant i rådsturätten. Erhöll på begäran afsked $^{9}/_{5}$ 1755. Viceborgmästare. G. m. Anna Novander, f. $^{26}/_{9}$ 1723, † $^{18}/_{8}$ 1772. Brander hade under ryska öfverväldet utstått många svårigheter.

Jonas Martin Svanström, n:s 1745—1751 vicerådman. Var extra-ordinarie 6:te rådman utan lön, enl. landshöfdingens fullmagt.

Johan Rancken, n:s 1748 och 1749 rådman, men var förmodligen extraordin. efter han ej dessa år undertecknat domböckerna och senare vanligen kallas blott handelsman. F. $^{16}/_{11}$ 1708, † $^{3}/_{4}$ 1776. G. m. Maria Novander, f. $^{6}/_{3}$ 1718, † $^{15}/_{9}$ 1775.

Johan Jöransson Prytz, möjl. omkr. 1750, han kallas i Lagus' studentmatrikel „senator Björnburgensis", men påträffas ej sås. sådan i domböckerna. F. $^{29}/_{6}$ 1690 (? $^{11}/_{3}$ 1694), † $^{31}/_{3}$ 1767. Son till kkh. i Korpo Joh. Georgii Prytz. G. m. Maria Gabrielsdotter, f. $^{28}/_{6}$ 1699 (? $^{4}/_{7}$ 1700).

Johan Sourander, 1753—1795. — F. $^{4}/_{11}$ 1726, † $^{21}/_{10}$ 1795. Son till borgaren Joh. Sourander. Förut stadsnotarie. Viceborgmästare 1765. G. m. Anna Mattsdotter Lönnrot, f. $^{8}/_{11}$ 1726. † $^{9}/_{1}$ 1800.

Otto Julius Brander, 1755—1809. — F. $^{24}/_{1}$ 1733, † $^{3}/_{4}$ 1809. Son till befallningsm. Joakim B. och Ingrid Ekman. Förestod borgmästaretjensten 1801. G. 1:o m. Cathar. Elis. Gottleben, f. $^{3}/_{4}$ 1738, † $^{8}/_{7}$ 1776 och 2:o $^{4}/_{4}$ 1777 med Magdalena Levan, f. $^{26}/_{4}$ 1744.

Henrik Backman, 1756—1780. — F. $^{23}/_{4}$ 1713, † $^{29}/_{8}$ 1780. Son till handl. Isak B. G. m. Catharina Fransman.

Carl Indebetou, n:s fr. 1759 års början ofta i handlingarna rådman, ehuru ej sås. sådan påträffats i längderna. Möjligen extra-ordinarie. F. $^{18}/_{12}$ 1696, † $^{26}/_{11}$ 1778. Var stadens riksdagsfullmäktig 1734. G. med Maria Gottleben, f. $^{16}/_{1}$ 1706, † $^{8}/_{7}$ 1796.

Pehr Ståhlfoot, fr. 1759—1805. — F. $^{28}/_{5}$ 1733, † $^{18}/_{3}$ 1805. Son till borgm. Ståhlfoot.

Gerhard Backman, 1773—1787. — F. 1721, † $^{1}/_{8}$ 1787. Tidigare förestått stadssekreterare och rådmanstjenst i Lovisa, under hvilken tid han ock för det mesta förrättat borgmästaresysslan därstädes. Haft såväl den afträdande borgmästaren Forsells som Lovisa borgerskaps anbud att emottaga borgmästare-embetet i bemälde stad, men afsade sig för sin sjuklighets skull denna tjenst. Förestått borgmästaretjensten i B:borg under ett års tid, och sedermera såsom rådman 1778 och 1786. Viceborgmästare. G. m. Margreta Christina Lagermarck, f. 1726, † 1784.

Eilardt Vilhelm Mentzer, fr. 1774 extra och från 1781 ord.—1786. — F. $^{23}/_{9}$ 1743, † $^{6}/_{4}$ 1786. Son till Jakob M., f. $^{4}/_{3}$ 1700. Förut stadsnotarie. G. m: Eva Brita Norrmén, f. $^{23}/_{2}$ 1751, † $^{20}/_{1}$ 1787.

Nils Ascholin 1781—1797 vicerådman. Vald $^{25}/_{4}$ 1781 till extraordinarie rådman utan lön. — F. $^{8}/_{3}$ 1719, † $^{25}/_{8}$ 1797. Handelsman. G. m. Lisa Novander, f. $^{24}/_{8}$ 1731, † $^{23}/_{12}$ 1798.

Joakim Gust. Brander 1781—1789. Vicerådman. Vald $^{25}/_{4}$ 1781 till extraordinarie rådman utan lön. — F. $^{23}/_{12}$ 1743, † 1789. Son till rådman Arv. B. Förut vice rådsturättsnotarie.

Fredrik Clouberg 1781—1789. Vicerådman. Vald $^{25}/_{4}$ 1781 till extraordinarie rådman utan lön. F. $^{27}/_{10}$ 1732, † $^{31}/_{10}$ 1789. G. m. Eunika Pihlman, f. $^{18}/_{5}$ 1740, † $^{10}/_{12}$ 1808.

Gabriel Thurman, 1787—1788. — F. $^{6}/_{3}$ 1749, † $^{30}/_{3}$ 1807. Son till skräddaren Baltzar T. Handlande. Stadsfiskal 1785. G. 1:o m. Maria Björkman, f. $^{15}/_{5}$ 1749, † $^{26}/_{3}$ 1779, 2:o m. Anna Cath. Löfgren, f. $^{20}/_{10}$ 1757, † $^{18}/_{1}$ 1809.

Nils Liungman, 1788—1807. — F. $^{15}/_{1}$ 1750, † $^{18}/_{10}$ 1807. Hofkvartermästare. G. m. Marg. Sofia Kepplera, f. $^{23}/_{7}$ 1733, † $^{27}/_{3}$ 1808.

Henrik Sareen 1788—1812 kallas vicerådman. I egenskap af notarie adjungerad. — F. $^{7}/_{1}$ 1750, † $^{11}/_{7}$ 1812. G. m. Ulr. Eleon. Roos, f. 1763.

Gustaf Adolf Nyberg 1797—1800. — F. $^{16}/_{2}$ 1766, † $^{17}/_{2}$ 1826. Son till fältväbeln Gust. Ad. N. Förut stadskassör och vicestadsfiskal. G. m. Gustava Fredrika Palmgren, f. $^{26}/_{9}$ 1777.

Lars Sacklén 1800—1808. — F. $^{21}/_{2}$ 1765, † $^{19}/_{11}$ 1808. Son till borgmästaren S. G. m. Fredrika Sofia Clouberg, f. $^{21}/_{8}$ 1768, † $^{2}/_{10}$ 1842.

Jakob Sarin 1800—1803. — F. $^{3}/_{2}$ 1747, † $^{5}/_{8}$ 1803. Förut stadsnotarie. Vicerådman. G. m. Henrika Crusell, f. $^{8}/_{1}$ 1755.

Jakob Reinhold Sarin, 1803—1808. — F. $^{9}/_{5}$ 1777, † $^{3}/_{6}$ 1836. Ausk. i hofrätten. Stadsnotarie. Kallas 1803 till 1808 rådman. Bestred enl. landshöfdingens förordnande af $^{21}/_{1}$ 1808 borgmästaretjensten efter Mörtengrens afgång. Viceborgmästare. Borgmästare i Nystad 1817. G. m. Lovisa Sneckström, f. $^{20}/_{7}$ 1791, † $^{28}/_{6}$ 1851.

Isak Björkman s:or } 1806 utsedda till extraordinarie ledamöter i anl.
Israel Rosnell } af rådm. Branders sjuklighet.

Per Anton Moliis, 1808—1839. F. $^{12}/_{1}$ 1777, † $^{18}/_{12}$ 1839. Son till handlanden Henrik Johan Moliis och Anna Långfors. Valdes $^{1}/_{2}$ 1808 till rådman efter aflidne rådman Liungman. Kommerseråd $^{23}/_{6}$ 1835. G. m. Theodora Charl. Tingelund, f. $^{9}/_{11}$ 1790, † $^{29}/_{12}$ 1847.

Johan Fredrik Clouberg, 1809—1832. F. $^{17}/_{11}$ 1770, † $^{24}/_{3}$ 1832. Son till rådm. Fredr. C. Stud. $^{15}/_{3}$ 1787. Handlande. Valdes $^{1}/_{2}$ 1809 till rådman efter aflidne rådm. Lars Sacklén.

Henrik Johan Moliis, 1809—1837 [1]). — F. $^{11}/_{5}$ 1769, † $^{18}/_{3}$ 1837. Son till borgaren Henrik Moliis och Stina Polvelin, f. $^{24}/_{7}$ 1745. Handlande. Valdes till rådman $^{19}/_{8}$ 1809 efter Brander.

Johan Sourander, 1816—1833. — F. $^{8}/_{5}$ 1778, † $^{8}/_{10}$ 1833. Son till handl. Erland S. och Rebecka Backman. G. m. Maria Helena Öhman, f. $^{18}/_{1}$ 1781, † 1828.

Erland Rosenback, 1827—1834. — F. $^{12}/_{4}$ 1797, † $^{29}/_{12}$ 1838. Son till handl. Gabriel R. och Maria Mogren, f. $^{22}/_{9}$ 1778, † $^{23}/_{3}$ 1831. Blef sedan kämnerspreses. G. m. Maria Ulrika Nordström, f. Björkroth.

Frans Anton Tamlander, 1834—1842. — F. $^{27}/_{11}$ 1807, † $^{23}/_{8}$ 1842. Vicekonsul.

Carl Gustaf Timgren, polit. r. 1834—1843. — Son till länsm. Gust. T. och Eva Hartlin. F. $^{23}/_{10}$ 1802, † $^{11}/_{9}$ 1843. Handlande. G. 1:o m. Fredrika Vilh. Kyrén, f. $^{21}/_{1}$ 1806, † $^{16}/_{6}$ 1835, 2:o $^{28}/_{3}$ 1837 med Agnes Amanda Stenberg, f. $^{10}/_{8}$ 1816, † $^{22}/_{5}$ 1867.

Erland Sourander, 1834—1856. — F. $^{6}/_{6}$ 1793, † $^{29}/_{5}$ 1856. Broder till rådm. Joh. S. G. m. Emma Marg. Silfverberg.

Otto Jakob Sohlström, 1837—1842. — F. $^{26}/_{3}$ 1801, † $^{30}/_{11}$ 1853. — Sedan kämnerspreses.

Olof Johan Amnorin, 1843—1853. — F. $^{16}/_{3}$ 1790 i Åbo, † $^{5}/_{12}$ 1852. Son till protokollssekreteraren Olof Amnorin. Vicehäradshöfd. Valdes den $^{23}/_{1}$ 1843 till rådman efter aflidne rådman Tamlander. G. m. Agatha Fredrika Löfberg, f. 1794, † $^{5}/_{12}$ 1852.

Carl Gustaf Duvaldt, 1844—1877?. — F. $^{1}/_{5}$ 1794, † $^{8}/_{5}$ 1877. Son till munsterskrifvaren Carl Fredr. D. och Helena Smedstén. Handlande. G. 1:o med Vivika Adolf. Gottleben, f. $^{8}/_{9}$ 1788, 2:o med Maria Kristina Limnell, f. $^{19}/_{7}$ 1814, † $^{3}/_{6}$ 1871.

Per Isak Cederstein, just. rådman 1844—1854. — F. $^{21}/_{4}$ 1800, † $^{28}/_{10}$ 1854 Son till rådm. i Raumo Pehr Cederstein. Inflyttade 1843 fr. Raumo. Bestridde borgmästaretjensten 1844. G. i Raumo $^{10}/_{10}$ 1843 m. Margareta Sofia Solin, f. $^{14}/_{3}$ 1818.

[1]) Såsom adjungerade rådmän fungerade: 1817 J. G. Wahlman.
1818, 1819, 1820 Magn. Boström.
1819 C. G. Sandell.
1819 och 1824 Dan. Em. Calonius.
1830 Aron Simelius.

Carl Jakob Ek, pol. rådm. 1853—1878. — F. $^{10}/_{6}$ 1797, † $^{8}/_{2}$ 1878. Rådman $^{16}/_{2}$ 1853 efter Amnorin. Erhöll guvernörens fullmakt $^{11}/_{4}$ 1853. Kopv. skeppare $^{28}/_{2}$ 1824, borgare i Åbo $^{26}/_{4}$ s. å.; borgare i B:borg 1831, handlande $^{20}/_{11}$ 1837; 1839 en af stadens äldste; ledamot i sjömanshus-direkt.; ordförande i brandstodskomitén; agent för sjöassuransföreningen. Hugnad med guldmedalj „för nit“ 1872. G. m. Sofia Elisabeth Thurman, f. $^{18}/_{5}$ 1810, † $^{7}/_{3}$ 1848.

Alexander Gotthard Hildebrand, just. rådm. 1855—1867. — F. 1820, † $^{29}/_{9}$ 1868. Just. rådm. efter Cederstein $^{17}/_{1}$ 1855. Bestridde borgmästaretjensten 1859—1860. Reste ut för att söka sin helsa, men dog i Stockholm.

Johan Fredr. Bäckman, pol. rädm. 1856—1863. — F. $^{11}/_{8}$ 1797, † $^{17}/_{5}$ 1863. Son till klensmedsålderman Matts Bäckman och Helena Starck. Rådman efter Erland Sourander. G. $^{25}/_{11}$ 1823 m. Helena Sofia Clouberg, f. $^{28}/_{10}$ 1805, † $^{8}/_{4}$ 1868.

Frans Edvard Molander, just. rådm. 1862—1869. — Se borgmästare.

Gustaf Ad. Sohlström, pol. rådm. 1863. — F. $^{4}/_{8}$ 1821. — Son till borg. Otto Jak. S. o. Anna Greta Alenius. Efter idkade studier i B:borgs trivialskola äfvensom två år i Åbo handelsskola, besökt Tyskland, Frankrike och England för studier dels af språk dels af handelsvetenskaperna. Etablerat in- och utrikeshandel $^{19}/_{11}$ 1845. Förestandare för hamnkontoret 1858; bitr. kassör vid Finlands Banks kontor i B:borg $^{27}/_{5}$ 1863. Förordnad att som vikarie förestå politierådmanstjensten $^{22}/_{8}$ 1862; ordinarie politierådm. $^{17}/_{10}$ 1863; dansk vicekonsul $^{28}/_{4}$ 1868; skolråd $^{3}/_{1}$ 1871, kontrollent vid Nord. Aktieb. $^{20}/_{5}$ 1874. Upprättat förslag till byggnads- och brandordning 1857, d:o till hamnordning 1868. Har under en lång följd af år varit invald dels såsom ordförande och dels såsom ledamot i flere komitéer som haft sig allmänna kommunala värf uppdragna. Handelsföreningens ordförande $^{9}/_{1}$ 1883. Af B:borgs köpmanskår genom deputerade förärad ett par silfver armstakar som vedermäle för mångårig, gagnelig värksamhet i kårens intresse 1873. G. m. Maria Vilh. Lindeqvist, f. $^{10}/_{8}$ 1829.

August Levonius, just. rådm. 1871. — Se ordförande i kämnersrätten.

August Fredrik Järnefelt, just. rådm. 1871—1876. — F. $^{7}/_{10}$ 1825, † $^{6}/_{12}$ 1876. Stud. $^{14}/_{6}$ 1842, domarex. $^{5}/_{6}$ 1846, kameralex. $^{4}/_{6}$ 1847; ausk. i Åbo hofr. $^{19}/_{6}$ 1846; extra notarie $^{19}/_{12}$ 1846; extra kammarskrifvare i Senatens ekon. departement $^{18}/_{6}$ 1847; vicehhöfding $^{21}/_{6}$ 1849, kanslist i Åbo hofr. $^{23}/_{1}$ 1851. Utnämd till just. rådm. samt magistr. sekr. och not. publicus i B:borg $^{25}/_{1}$ 1871. 1872 i 7 månader förestått borgmästaretjensten i B:borg. G. $^{1}/_{1}$ 1852 m. Emma Krist. Björnberg.

Axel August Barck, just. rådm. 1871—1874. — † $^{18}/_{12}$ 1874. Förut notarie Utn. just. rådman $^{23}/_{1}$ 1871. G. m. Karol. Gröndahl, f. $^{18}/_{6}$ 1840.

Karl Oskar Wahlman, just. rådm. 1873—1876. — † $^{17}/_{1}$ 1876. Vicehäradshöfding. Ordförande i rådsturättens 2:dra afdelning. G. m. Selma Stenberg.

Frans Viktor Mæxmontan, just. rådm. 1875—1889. — F. i Åbo $^{29}/_{8}$ 1834. † $^{6}/_{1}$ 1889. Ordförande i rådsturättens 2:dra afd. Stud. $^{23}/_{1}$ 1855, domare-examen $^{13}/_{12}$ 1857, ausk. i Åbo hofrätt $^{5}/_{2}$ 1858, vicehäradshöfding $^{21}/_{6}$ 1860, utnämd till just. rådm. i B:borg $^{6}/_{12}$ 1875. Förestått borgmästaretjensten i B:borg $^{20}/_{1}$ 1877—$^{27}/_{7}$ 1877 och $^{27}/_{9}$ 1877—$^{1}/_{2}$ 1878. G. m. Klara Hilma Therese Westman.

Fredrik Vilhelm Hellström, just. rådm. 1876—1893. — F. $^{5}/_{11}$ 1847, † $^{21}/_{4}$ 1893. Son till handl. Magnus Hellström och Augusta Ullner. Stud. $^{11}/_{9}$ 1868; domare-examen $^{28}/_{5}$ 1873; ausk. i Åbo hofrätt $^{9}/_{6}$ 1873; just. rådm. $^{29}/_{5}$ 1876; värkställt särskilda ting i Sastmola äfvensom Kumo sockens tingslag 1874, 1875. G. $^{9}/_{12}$ 1876 m. Hanna Roth.

Johan Arvid Hjorth, just. rådm. 1877. — F. $^{27}/_{2}$ 1848. Son till handl. Erik Joh. H. och Amanda Maria Sourander. Stud. $^{11}/_{9}$ 1868, domare-examen $^{28}/_{5}$ 1873; ausk. i Åbo hofrätt $^{9}/_{6}$ 1873; vicehäradshöfding $^{20}/_{12}$ 1876. Rådman $^{27}/_{6}$ 1877. Tillika magistratssekreterare och notarius publ. Förrättat ting i Ulfsby och Sastmola socknars tingslag 1874, 1875, förestått borgmästaretjensten i Raumo $^{18}/_{1}$—$^{1}/_{6}$ 1877 samt i B:borg under 2 månader från den 27 juli 1877. G. $^{22}/_{6}$ 1888 m. Emma Maria Grönfeldt.

Anders Axel Andersson, pol. rådm. 1878—1881. — F. $^{23}/_{3}$ 1822, † $^{11}/_{6}$ 1881. Förut notarie. Rådman efter Ek $^{16}/_{7}$ 1878. G. 1:o m. Edla Emilia Ahlholm, $^{31}/_{10}$ 1857, 2:o m. Maria Sofia Rostedt, f. $^{8}/_{10}$ 1835.

Julius Konst. Lönnbeck, pol. rådm. 1881—1889. — F. $^{24}/_{11}$ 1843, † $^{4}/_{8}$ 1889. Son till färgaren Henr. Lönnbeck och Aquelina Eleonora Lindgren. Stud $^{22}/_{9}$ 1862. T. f. lärare i Eknäs lägre elem. skola 1863, d:o i Åbo lägre elem. skola 1869—70. Föreståndare för förberedande skolan i B:borg 1875. Stadsfullmäktiges i B:borg sekreterare 1877—1887; politie rådman 1881. G. m. Anna Charl. Lönegren.

Oskar Emil Holmberg, just. rådm. 1892. — F. $^{12}/_{11}$ 1849. Stud. $^{11}/_{2}$ 1871; hofr. ausk. $^{31}/_{5}$ 1878; vicehäradshöfding $^{20}/_{12}$ 1880. Rådsturättsnotarie i B:borg $^{2}/_{12}$ 1882. T. f. just. rådm. 1889. Ordin. d:o $^{15}/_{10}$ 1892. G. 1880 m. Hilda Wallenius.

Karl Alexander Tigerstedt, just. rådm. 1893. — F. $^{18}/_{1}$ 1857. Son till professorn Karl K. T. och Evelina Theresia Degerman. Stud. $^{24}/_{5}$ 1875, domare-examen $^{31}/_{5}$ 1884; rättsexamen s. å. $^{1}/_{10}$. Ausk. i Åbo hofrätt 1885. Handhade förvaltningen af Janakkala domsaga under 5 mån. 1885. Notarie vid rådsturättens i B:borg 2:dra afd. $^{5}/_{4}$ 1886. Stadsfullmäktiges sekreterare. Vicehäradshöfding $^{20}/_{12}$ 1890. G. $^{24}/_{6}$ 1887 å Koivisto med Ingeborg Fredrika Josefina Låstbom, f. 1868 i Stockholm.

Stadsskrifvare, Stadsnotarier, Magistrats-sekreterare.

[I äldre tider hade staden icke särskild stads eller magistratssekreterare, utan skötte notarien också expeditionen. Ännu 1782 heter det: någon stads sekreterare är här icke bestådd. Senare och i början på detta århundrade bestridde borgmästaren äfven magistratssekreterare sysslan. Vid löneregleringen 1844 bestämdes dock att, därest borgmästaren ej ville mottaga stadssekreteriatet, 150 rubel af hans lön skulle afgå för aflönande af särskild sekreterare].

Lasse Larsson, n:s 1586, tull- och stadsskrifvare i Björneborg.

Simon Olsson, n:s 1600.

Matts Olsson, n:s 1600, 1601.

Påval Olsson, n:s 1608, 1611 och 1615. — Sedermera rådman och borgmästare.

Matts Markusson, n:s $^{20}/_{8}$ 1628, då han uppsade sitt embete.

Matts Melkiorsson, n:s 1630—1633. Antagen den $^{21}/_{12}$ 1630.

Gabriel Johansson, n:s 1639.

Alexander Woltersson Moliis, n:s 1642 och 1643, † 1673.

Matts Jöransson, n:s 1646.

Markus Jöransson, n:s 1648—1651. Död 1651, hvarvid rätten anhöll att borgmästaren stadsskrifvaretjensten förestå och sustinera ville, så länge Gud rätten med en duglig och skicklig person försörjer.

Lars Simonsson, 1654—1658. Antagen förstnämda år.

Henrik Eskilsson, n:s 1659, då han till tjensten antogs. Enkan Brita Nilsdotter nämnes 1687.

Anders Andersson, n:s 1674—1679. — Han blef $^{16}/_{4}$ 1679 för sitt odygdiga lefverne af rätten „vräkt från sin syssla". 1681 omnämnes f. d. stadsskrifvaren Anders Anderssons hustru Margreta Grelsdotter.

Thomas Henriksson Rördrom, 1679—1684. — † 1688. Stud. 1676. Stadsskrifvare $^{16}/_{4}$ 1679. Antogs $^{16}/_{4}$ 1684 till rådman i afl. Markus Olofssons ställe. G. 1:o med Brita Markusdotter Kellar och 2:o 1680 m. Helena Henriksdotter från Ytterö.

Henrik Elfving, 1692—1694. — Sedan borgmästare. Se ofvan.

Johan Moliis, n:s 1694—1711. Son till Alexander Woltersson.

Borgmästaren Pehr Stalfoot var på 1720-talet också notarie. Därom heter det 1724: „borgmästaren i denna stad Per Stålfoot är därjämte notarius".

Henrik Elfving, n:s 1733—1746 rådman och notarie. Se rådmän.

Johan Sourander 1750—1753. Sedan rådman. Se rådmän.

August Holst, —1764. F. $^{6}/_{10}$ 1724, † $^{16}/_{8}$ 1764. Son till tullskrifvaren Nils Holst. Stud. 1745.

Jakob Calonius, 1764—1769. F. $^{25}/_{6}$ 1730, † $^{2}/_{5}$ 1769. Förut stadsnotarie i Raumo. G. m. Catharina Tocklin, f. $^{2}/_{4}$ 1742.

Ellardt Wilhelm Mentzer, n:s 1769—1771 såsom notarie. Rådman. Se ofvan.

Anders Grönstedt, 1772—1773. Förut kämnersrättsnotarie i Åbo.

Jakob Sarin, 1773—1778. F. $^{3}/_{2}$ 1747, † $^{5}/_{8}$ 1803. Uppsade notariatet 1778. Sedan extraordinarie rådman. G. $^{3}/_{3}$ 1774 med Henrika Crusell, f. $^{9}/_{1}$ 1757.

Lars Johan Höökert, 1778—1780. F. $^{8}/_{11}$ 1753. Son till landsfiskal Mårten H. och Ulrika Demoen. Stud. 1773. H. beviljades den $^{6}/_{1}$ 1781 afsked från notariatet.

Eilardt Wilh. Mentzer, 1781—1783. Då M. i afl. rådman Henrik Backmans ställe valdes till ordinarie rådman, åtog han sig att förestå notariatet i rådsturätten och magistraten samt hallrätten, men ej sjötulls- och accisrätterna samt skråembetena, i hvilka protokollet fördes af:

Joakim Gustaf Brandor, vicerådman. Förut „vicerådhusrättsnotarie". Se rådmän.

Adam Ander, hade $^{29}/_{7}$ 1785 förestått notariatet i tre månaders tid.

Carl Jakob Stenman, $^{12}/_{8}$ 1785—$^{8}/_{2}$ 1786. — Anhöll sistnämda datum om intyg, enär han var sinnad att begifva sig till sin födelseort.

Ahrenberg (Jakob?), $^{8}/_{2}$—$^{1}/_{8}$ 1786. Sistnämde datum heter det: som nyl. antagne notarien Ahrenberg rest till Åbo och ej höres återkomma, åtager sig rådman Mentzer protokollen.

Henrik Sareen $^{15}/_{8}$ 1786—1800. F. $^{7}/_{1}$ 1750, † $^{11}/_{7}$ 1812. Förut stadsnotarie i Raumo. Extraordinarie rådman. G. m. Ulrika Eleonora Roos, f. $^{8}/_{11}$ 1765, † $^{2}/_{7}$ 1804.

Jakob Reinh. Sarin 1800—1803?. F. $^{9}/_{8}$ 1775, † $^{3}/_{8}$ 1836. Son till ofvannämde notarien Jak. S. Stud. $^{27}/_{6}$ 1794. Sedan han 1800 blifvit auskultant i hofrätten, började han genast tjenstgöra vid magistraten i B:borg. (Se ofvan). T. f. borgmästare 1808—1812. Erhöll vid borgmästarevalet 1812 585 röster mot 369, som tillfölle Johnsson. Borgmästare i Nystad. G. m. Lovisa Sneckström, f. $^{20}/_{7}$ 1791, † $^{28}/_{6}$ 1851.

Anders Henrik Lagervall n:s 1809—1814. F. $^{30}/_{4}$ 1790, † 1833. Löjtnant.

Gustaf Helsing 1816—1818. F. 1774. Från Tammerfors. G. m. Hedvig Maria Hellsten, f. 1759.

Daniel Emanuel Calonius, 1818—1828. F. $^{1}/_{4}$ 1793, † $^{8}/_{7}$ 1828. Föräldrar: vicelandtm. Joh. Jak. C. o. Katr. Elis. Rothovius. G. m. Maria Elis. Sohlström, f. $^{1}/_{3}$ 1804, † $^{26}/_{3}$ 1867.

Erland Rosenback, n:s 1832.

Otto Jakob Sohlström. Nämnes stadsnotarie 1837. Se ordförande i kämnersrätten.

Ernst Gustaf Sandell 1837—1844. F. $^{5}/_{9}$ 1812, † i Kauvatsa $^{21}/_{2}$ 1867. Son till handl. Karl Gust. S. o. Cath. Krist. Sourander. Stud. $^{28}/_{6}$ 1828. Kämnersrättsnotarie. G. m. Johanna Faller, † $^{24}/_{10}$ 1845.

Carl Joakim Ekblom n:s 1844—1848. G. m. Kath. Emerentia Kekoni, f. $^{9}/_{12}$ 1825, † $^{16}/_{5}$ 1848.

August Asmund Levonius 1848 (?)—1852. Sedan kämnerspreses.

Anders Andersson 1852—1871. F. $^{28}/_{3}$ 1822, † $^{11}/_{8}$ 1881. Bondson. Landskanslist i Åbo. G. 1:o med Edla Emilia Ahlholm, † $^{31}/_{10}$ 1857, 2:o $^{8}/_{7}$ 1858 m. Maria Sofia Rostedt, f. $^{6}/_{10}$ 1835.

Aug. Fredr. Järnefelt, 1871—1876. Magistratssekreterare och not. publicus. Se rådmän.

Johan Arvid Hjorth. Från 1877 magistr:sekret. och not. publ. Se rådmän.

Ordförande i Kämnersrätten.

[Kämnersrätten i Björneborg inrättad på grund af Kongl. bref af den $^{1}/_{2}$ 1783. Indr. 1869].

Gerhard Backman, 1783—1785. Interimsordförande, tills ordinarie ordförande hunnit vid rätten anställas. Den $^{26}/_{1}$ 1785 uppsade han presidiet från mars månads slut.

Georg Fredrik Mustelin, 1785—1787. Viceborgmästare i Nystad. Landsfiskal i Wehmo, Wirmo och Masku härader $^{28}/_{7}$ 1769.

Christian Johnsson, 1787—1793. Se borgmästare.

Georg Fredr. Mustelin 1793—1800. Se ofvan.

Jakob Tudeer, 1803—1833. F. $^{18}/_{8}$ 1764, † $^{31}/_{3}$ 1833. Löjtnant. G. med Christ. Fredr. Lagermarck. f. $^{8}/_{3}$ 1772, † $^{6}/_{2}$ 1830.

Efter Tudeers afgång var tjensten vakant 1834. Förestods af Erl. Rosenback.

Gustaf Napoleon Carlborg, 1839—1842. F. $^{29}/_{9}$ 1808, † $^{21}/_{3}$ 1842. Stud. $^{20}/_{4}$ 1825. Hofrättsauskultant. Vhhöfd. 1837.

Tjensten vakant efter Carlborgs död och ännu 1843.

Otto Jakob Sohlström, 1844—1853. F. $^{26}/_{3}$ 1801, † $^{30}/_{11}$ 1853. Son till borgaren Otto Jakob S. o. Lisa Eliædotter (Mossberg?). Stud. $^{16}/_{6}$ 1818. Hofrättsauskultant. Sedan rådman och kämnerspreses. G. $^{12}/_{10}$ 1844 m. Karolina Kjenberg.

Tjensten vakant 1855—1856.

August Asmund Levonius, 1857—1869. F. $^{25}/_{2}$ 1819, † $^{12}/_{1}$ 1883. Son till stadsfisk. i U:borg Gust. L. o. Rachel Rechardt. Stud. $^{16}/_{6}$ 1835. Vh:höfd.

Stadsfiskaler.

[I äldre tider voro stadsfiskals- och stadsfogdetjensterna förenade, och 1600-talets stadsfogdar fungerade således äfven såsom fiskaler liksom tvärtom stadsfiskalerna på 1700-talet därjämte voro stadsfogdar. Först i slutet på 1700-talet blefvo dessa tjenster åtskilda. Dock utsågos redan på 1600-talet s. k. stadsuppsyningsmän, hvilka i afs. å sina tjensteåligganden närmast svarade mot vår tids stadsfiskaler och äfven stundom så benämdes].

Morten Nilsson, n:s 1562 byfogde.

Lasse Jöransson, n:s 1604 byfogde.

Anders Andersson, n:s 1625. Den $^{8}/_{5}$ 1625 sattes Anders Andersson till stadsfogde. Samma dag utsågs Simon Larsson till kämnär.

Bengt Jakobsson, n:s 1631 stadsfogde.

Matts Markusson, n:s 1632 stadsfogde, 1633—1634 kämnär, 1634 stadsfogde.

Matts Dalkarl, n:s 1634. Flyttade till Sverige 1637.

Matts Humalainen, n:s stadsfogde $^{24}/_{11}$ 1637.

Wallerian Jonsson, n:s 1639. Utnämdes till stadsfogde $^{16}/_{1}$ 1639.

Matts Bengtsson, n:s 1647 stadsfogde.

Thomas Mattsson, n:s 1648 stadsfogde, 1649 torgfogde.

Thomas Kiloi, n:s 1649 stadsfogde. Möjl. samme som föreg.

Matts Bengtsson, n:s 1650 stadsfogde.

Peter Mill, 1657 och 1658 stadens uppsyningsman.

Johan Jakobsson, n:s 1674 stadens uppsyningsman.

Anders Andersson, 1674. — Förordnades $^{21}/_{3}$ 1674 till stadens uppsyningsman. Stadsskrifvare.

Nils Olofsson, n:s 1674, 1675, stadsfogde.

Lennart Gotthardtsson blef $^{17}/_{12}$ 1679 förordnad till stadens uppsyningsman.

Gabriel Prytz 1691.

Henrik Celenius, 1692—1697; uppsyningsman 1698—1701.

Ebberus Joensson Arsell eller **Arselius.** — Om honom säges att han före ryska kriget varit stadsfiskal, men sedan blifvit utskrifven till soldat och dött i fält före 1710. Enkan Brita Olofsdotter gifte 1714 om sig med Matts Lassander.

Henrik Celenius, n:s 1701—1708 uppsyningsman.

Erik Stoukerus, n:s 1711. Kallas än stadsfiskal, än uppsyningsman.

Henrik Celenius, 1712, åter uppsyningsman.

Anders Arvidsson Skaffar, n:s 1723—1735 stadsfiskal, † 1735.

Anders Artelius, n:s 1735. G. m. Anna Berg.

Christoffer Linman, n:s 1735—1738. F. $^{31}/_{1}$ 1700. Son till rådman Eskil Linman. G. m. Anna Gabrielsdotter Boge.

Johan Achander, n:s 1744—1750. F. $^{20}/_{6}$ 1703, † $^{27}/_{4}$ 1751. Son till borgaren Thomas Thomasson Achander. G. 1:o med Maria Bergbom, 2:o med Sofia Gustafsdotter, f. $^{3}/_{3}$ 1700.

Anders Törnelund, trol. 1750—1761. F. 1729, † $^{2}/_{7}$ 1767. G. m. Anna Henriksdotter Granqvist.

Matts Råberg, n:s 1772—1785. F. 1741, † $^{17}/_{2}$ 1794. Son till skräddaren Henrik Råberg. Stud. Suspenderad för vårdslöshet 1785. Hade en broder Henrik R., som var besökare. Stadsfiskal Råberg var g. m. Anna Steen, f. $^{5}/_{1}$ 1737.

Gabriel Thurman 1785—1787, vikarie, medan Råberg suspenderad.

Fredrik Stenberg n:s 1783—1788 fiskal, men var trol. endast vicefiskal. F. $^{24}/_{3}$ 1736. Förut stadstjenare. G. m. Anna Jöransdotter, f. $^{24}/_{3}$ 1734.

Matts Råberg 1787—1794. Restituerad i sin tjenst $^{3}/_{9}$ 1787.

Johan Henrik Carlsson 1794—1813(?). Postmästare. Kallas 1798 „ordinarie stadsfiskal", men var lam, hvarför tjensten sköttes af vikarier. Såsom sådana nämnas:

Israel Rosnell 1796, handlande, kallas ock stadsfogde.

Gust. Adolf Nyberg 1798, stadskassör, kallas ock vicestadsfiskal.

Carl Fredr. Björkroth, 1798—1813, stadsfogde. Han antogs till stadsfiskal förstnämde år, sedan Nyberg blifvit befordrad till rådman. F. $^{28}/_{7}$ 1763, † $^{6}/_{7}$ 1813. Son till borgaren Christian B. G. m. Hedvig Christina Norrmén, f. 1753.

Josef Westerlund 1816—1824. F. $^{8}/_{5}$ 1760, † $^{18}/_{3}$ 1824. Förut sergeant. G. m. Maria Christina Grönblad, f. $^{2}/_{8}$ 1778, † $^{30}/_{8}$ 1854.

Per Henrik Wettberg 1824—1839. F. $^{29}/_{8}$ 1793, † $^{17}/_{12}$ 1844. Son till kapellanen i Pulkkila Henr. Wettberg och Brita Kath. Kiellin. Stud. 1812. Förut stadsfiskal i Brahestad. Anhöll om afsked $^{15}/_{1}$ 1839. G. m. Elisabet Johansdotter, f. 1794, † $^{2}/_{1}$ 1868.

Johan Henrik Eklöf 1839—1856. F. $^{6}/_{7}$ 1796, † $^{1}/_{4}$ 1856. Sjötullvaktmästare. Kallas 1837 vicestadsfiskal. G. m. 1:o Katr. Junell, f. 1795, † $^{11}/_{11}$ 1837, 2:o Mariana Pelander, 3:o Maria Margar. Holsten.

Johan Jakob Holmberg. Ifrån 1856. F. $^{1}/_{12}$ 1825. Son till skom:ålderm. Jakob H. o. Maria Kristina Holmberg. Landskanslist $^{2}/_{8}$ 1845. Bestridt länsmanstjensterne i Pemar och Hvittis distrikter under särsk. tider 1848—50. Bestridt stadsfiskalstjensten i B:borg $^{1}/_{7}$ 1852—$^{1}/_{1}$ 1853 äfvensom under förra hälften af 1856. Stadsfogde. Stadsfiskal $^{17}/_{6}$ 1856. Kollegiiregistrator $^{11}/_{6}$ 1863; guvernementssekreterare $^{11}/_{5}$ 1869. G. $^{11}/_{6}$ 1856 m. Ida Karolina Nyström, f. $^{19}/_{3}$ 1836, † $^{20}/_{9}$ 1870, och 2:o m. Amanda Gust. Cumlander, f. $^{26}/_{10}$ 1852.

Stadskassörer.

[illegible] stadsfogdarne [illegible] af [illegible] vanligen också kassörer. [illegible] som [illegible] borgerskapet i [illegible] 1/2 daler [illegible] — [illegible] kopparmynt. [illegible] på [illegible] med stadsskrifvaresysslan [illegible] bastast [illegible] kassörer nämnts.

Matts Dalkarl. 1614. [illegible] i egenskap af stadsfogde, [illegible] han ej nämnes i denna [illegible] förr än 1634.

Matts Markusson. 1625. stadsskrifvare, [illegible] d. å. [illegible].

N[illegible] 1674–1675. Han [illegible] till stadsfogde „och skall han uppbära ordinarie [illegible] och [illegible] som annat hvad staden extra-ordinarie [illegible] kan och derföre för Magistraten på [illegible] bör honom ock närvara vid alla exe[illegible] samt föra ritt [illegible] och dagsvärkslängd".

Thomas Tiainen. n:s 1688 och 1689 såsom „stadens uppbördsman".

Henrik Elfving. 1692–1694. Hade [illegible] af [illegible] landshöfdingens fullmakt „att vara notarie och kassör här i staden". — Sedan borgmästare.

Johan Molin. 1694–1705. Notarie. Afsade sig kassörstjensten $^{23}/_{3}$ 1705.

Thomas Achander. 1705–1707. † 1729 72 år gammal. Son till borg. Thomas Mårtensson. Kallas ock Tiainen, hvilket var slägtens ursprungliga namn. Den $^{28}/_{3}$ 1707 heter det: „som stadskassören Thomas Achander ej skaffat sig nöjaktig kaution för innevarande år, sättes Lars Korsman i hans ställe". G. m. Kirstin, som n:s 1710.

Lars Korsman. 1707–1713. † före 1729, då enkan Maria Salandra nämnes. Tullskrifvare.

Henrik Elfving, —1733. Rådman. Afsade sig kassörstjensten 1733.

Henrik Granqvist, n:s 1734–1743. Var afliden 1749. Förut tullskrifvare. G. m. Maria Mattsdotter.

Johan Rosenlund, n:s 1759–1764. F. $^{1}/_{3}$ 1736. † $^{4}/_{11}$ 1766. Också postmästare.

Emanuel Tocklin. n:s 1767–1778. F. $^{2}/_{4}$ 1739. † $^{30}/_{4}$ 1821. T. hade blifvit stadskassör 1767. G. 1:o med Ulrika Elis. Mustelin, f. $^{25}/_{9}$ 1778, † $^{4}/_{8}$ 1797 och 2:o med Anna Stina Argilander, f. 1753.

Gustaf Adolf Nyberg, n:s 1793–1797. Sedan rådman. Se ofvan.

Clas R. Lithman. 1803–1823? — F. $^{26}/_{2}$ 1793, † $^{31}/_{10}$ 1833. G. m. Krist. Katr. Wilén, f. $^{10}/_{3}$ 1800, † $^{28}/_{4}$ 1865.

Gustaf Adolf Åkerblom, 1825–1828. F. i Åbo $^{27}/_{2}$ 1797, † i Åbo $^{19}/_{11}$ 1838. Kom 1825 från T:hus. 1827 stads- och kronokassör samt stadsfogde.

Lars Abraham Wahlberg, n:s 1829–1850. F. $^{30}/_{3}$ 1802 i Åbo, † $^{17}/_{3}$ 1862. Kom från Euraåminne. G. $^{27}/_{10}$ 1836 med Maria Elisab. Stenberg. † $^{11}/_{4}$ 1850.

Per Wettberg 1832.

Carl Johan Basilier, 1864–1868. F. $^{7}/_{3}$ 1836, † $^{13}/_{3}$ 1868. Son till urmakaren Carl Fredr. B. och Anna Magdalena Stenberg. G. $^{1}/_{1}$ 1864 m. Maria Vilhelmina Sundholm.

Gustaf Richard Polviander, 1869–1874. — F. $^{17}/_{1}$ 1838, † $^{2}/_{6}$ 1874. Son till kpl. i Påmark Gust. P. och Sofia Krist. Pontelius. Stud. $^{28}/_{2}$ 1858. Krono- och stadskassör $^{4}/_{12}$ 1869. G. m. Ingeb. Victoria Lov. Grönberg, f. $^{24}/_{8}$ 1851, omg. m. hdl. John Thomas Larsson.

Axel Berner, $^{3}/_{6}$ 1874—$^{1}/_{11}$ 1875. F. $^{2}/_{10}$ 1843, † $^{11}/_{2}$ 1892. Son till kapellanen i Mohla Henr. Ax. B. och Maria Sofia Kinberg. Stud. $^{12}/_{9}$ 1864, pedag. exam. $^{31}/_{5}$ 1870. Folkskoleinspektor i B:borg $^{2}/_{6}$ 1873. Biträde åt öfverinsp. för folkskoleväsendet $^{28}/_{9}$ 1875. Folkskoleinsp. i Åbo $^{25}/_{10}$ 1877. Distriktsinsp. i Viborgs län $^{30}/_{1}$ 1885. Folkskoleinsp. i öfverstyrelsen $^{30}/_{1}$ 1889. G. m. Matilda Elis. Arppe.

Otto Leonard Strömberg, 1876—1888. — F. i T:kyrö $^{11}/_{3}$ 1844, † $^{10}/_{2}$ 1888. Son till snickaren Esaias S. o. Klara Alarm. Förut hdl. G. $^{8}/_{5}$ 1872 med Amalia Kristiana Sevon, f. $^{20}/_{2}$ 1834.

Fritiof Emil Edvin Sjöstedt, 1888—1897. F. 1844, † $^{8}/_{1}$ 1897. Handlande.

Tullnärer och tullförvaltare.

Tullnärer vid sjötullen, af hvilka den sista äfven omhänderhade landttullen.

Morten Jakobsson, n:s 1583, tullnär.

Bernh. Röper, n:s 1611, 1614 tullnär.

Herman Schrou, n:s 1615 och 1616.

Erik Gullsmed, n:s 1626 tullnär i Björneborg och Nedre Satakunta (Åbo domb.).

William Friis, n:s 1628—1633. — Omhänderhade ock landttullen. G. m. Ingeborg Olsdotter.

Tullnärer vid landttullen.

Göstaf Henriksson, n:s 1649—1671. — † $^{10}/_{2}$ 1671. Från år 1659 borgmästare, men fick för dess löns ringhets skull sig efterlåtet att till sin dödedag jämte borgmästaretjensten jämväl förvalta tullnärsembetet,

Lars Nilsson Girs, 1674—1679. Nämnes 1674 och 1675 sås. tullnär, men hade sedan tullen arrenderad fr. o. med år 1676. Lemnade tjensten 1679 och blef befallningsman. Efter hans afgång i början på år 1679 stod tjensten ett år vakant, så att tullmedlen uppburos af tullskrifvarene, hvilka sedan nedsatte dem hos en rådman; och vid riksdagen 1680 anhöll stadens fullmägtig Peter Mill att dåvarande borgmästaren Gabriel Keckonius finge åtnjuta samma förmon, som hans företrädare, Gustaf Henriksson, hvilken jämväl förvaltat tullnärstjensten, men denna anhållan vann icke nåd. bifall.

Nils Larsson 1682, förestod d. å. tullnärstjensten. Rådman.

Benjamin Andreæ Paqvalin, 1682—1690. — † 1707. Den $^{28}/_{4}$ 1690 gafs attestatum åt Benj. Paqvalin „att han för sin fattigdoms skull ej mägtar resa postvägen till Stockholm och på undfången citation d. 1 maj sig i kammarkollegium infinna advokatfiskalen till svars, utan blir nödtvungen dermed tills seglation i vår begynner att differera“. I

Lagus' studentmatrikel finnes om honom följ. anmärkning: „Redituum vectigalium Biörneburgi inspector, postea duris vicis subiit".

Nils Larsson Qvist, n:s 1694—1705. Radman.

Gabriel Rydeen, n:s 1710—1728. Son till borgm. i Åbo Sven Rydenius o. Elis. Plagman. G. 1699 m. Eva Juliana Jordan, f $^{6}/_{6}$ 1680, † 1759.

Jakob Gadd l. **Gadde**, n:s 1723 tullnär och postmästare. F. 1698, † 1745 (l. 1747). Son till befallningsman Peter Gadd och Ingeborg. Blef sedan kronofogde i Öfre Satakunta. G. $^{28}/_{1}$ 1726 m. Sara Gottleben. Var fader till Per Adrian Gadd.

Johan Mellenius, 1736—1764. — F. $^{10}/_{3}$ 1707, † 1764. Förut tullskrifvare. Kallas vicetullnär redan 1731. G. 1:o m. Carin Thomasdotter Renner, f. $^{2}/_{3}$ 1707, † $^{30}/_{7}$ 1752. 2:o m. Agneta Polviander, f. 1712.

Thomas Tordelin, 1769—1777. — F. $^{25}/_{6}$ 1717, † $^{13}/_{4}$ 1793. G. m. Hedvig Ullberg, f. 1727. Tordelin synes icke de sista aren ensam förvaltat tullnärssysslan, enär samtidigt såsom tullnär nämnes:

Petter Bygdén, 1774—1777, hvilken uppgifves hafva kommit från Gamla Karleby, f. 1731. Tordelin erhöll, på egen begäran, genraltullarrendesocietetens fullmäktiges afskedsbref d. $^{12}/_{6}$ 1777.

Matts Palmgren, 1777—1778. — F. $^{18}/_{8}$ 1747, † $^{4}/_{7}$ 1800. Förut tullskrifvare. Fick $^{12}/_{6}$ genraltullarrendesocietetens fullmäktiges konstitutorial att vara tullnär i Björneborg och aflade tullnärseden inför accisrätten den $^{26}/_{6}$ s. å. Han afgick redan följande år från tjensten och blef „traktör och hökare". Hofkvartermästare. G. m. Margareta Backman, f. $^{30}/_{3}$ 1753.

Erik Bjugg, 1779—1782. — F. $^{2}/_{7}$ 1727, † $^{13}/_{12}$ 1806. Stud, 1746. Sedan vistats i Ekenäs. G. m. 1:o Anna Krist. Elfving, f. $^{4}/_{11}$ 1709, † $^{12}/_{8}$ 1766, 2:o Maria Charlotta Stengrund, f $^{15}/_{8}$ 1747, † $^{22}/_{6}$ 1764.

Daniel Ulrik Schröder, 1782—1794. F. 1756. Förut tullskrifvare i Vasa. Erhöll den $^{10}/_{6}$ 1782 generaltullarrendesocietetens fullmäktiges konstitutorial att tillsvidare vara tullnär i B:borg. Den $^{21}/_{3}$ 1787 blef Schröder af accisrätten skild tillsvidare från utöfvandet af tullnärs-tjensten, hvilken emellertid förestods af:

Johan Stecksenius, 1787—$^{22}/_{4}$ 1788, från Nådendal, f. $^{21}/_{1}$ 1746;

Mickel Ohlgren, i april 1788, sedan tullnär i Raumo; och åter af

Johan Stecksenius, från maj till juli 1788, hvarefter han flyttade tillbaka till Nadendal. Sedan nämnes Schröder åter utöfvande sin tjenst fr. juli 1788—1794. G. m. Catharina Elisab. Wasberg, $^{26}/_{3}$ 1755.

Adam Reinhold Nyberg, 1794—1808. — F. $^{12}/_{9}$ 1768. Den sista tullnären eller inspektorn vid landttullen i Björneborg. Blef sedan tullförvaltare.

Tullförvaltare.

Pehr Loning? 1765—1771. — F. 1721, † $^{19}/_{4}$ 1792. Möjligen första tullförvaltaren, efter tullkammarens inrättande år 1765. Nämnes såsom sådan städse i kyrkoböckerna. Vistades 1764 i Åbo. G. m. Maria Carlstedt, f. $^{29}/_{6}$ 1729.

Peter Nymansson, 1771—1777. F. $^{30}/_{3}$ 1740. Flyttade till Dalarö. G. m. Hedvig Fredr. Nyman, f. $^{1}/_{10}$ 1754.

Johan Hoffgardt, 1777—1778. F. 1745. Hoffgardt undfick den $^{19}/_{6}$ 1777 generaltullarrendesocietetens konstitutorial att vara tullförvaltare i Björneborg. G. m. Helena Marg. Lebell, f. 1755.

Wahlgren 1778 vicetullförvaltare.

Anders Fredrik Wennberg, 1779—1783. Den $^{28}/_{5}$ 1783 säges om Wennberg att han afträdt från sjötullkammaren och begifver sig snart härifrån till annan ort.

Johan Erik Ståhlborg, 1783—1815. F. $^{4}/_{8}$ 1755. E. o. betjent vid general stora sjötullskontoret 1772, kammarskrifv. 1775. Tullförvaltare i B:borg 1783. Transp. till Åbo $^{31}/_{8}$ 1815. Kollegiiassessor 1817. Afsked $^{24}/_{3}$ 1823. G. m. Ingrid Elisab. Backman.

Adam Reinh. Nyberg, 1816—1822. F. $^{12}/_{9}$ 1768, † $^{28}/_{7}$ 1822. Tullskrifv. i Raumo 1792. Tullnär i B:borg $^{30}/_{12}$ 1793. Tullförvaltare i Eckerö $^{2}/_{6}$ 1812. Transport till B:borg $^{4}/_{4}$ 1815. G. m. Juliana Gabriela Östman, f. $^{11}/_{10}$ 1770.

O. Söderström, 1822.

Clas Otto Boije, 1822—1825. F. $^{5}/_{6}$ 1778 i Lovisa, † $^{25}/_{8}$ 1854 i Åbo. Son till kaptenen Hans Georg Boije o. Gustava Märta Klingfelt. Ryttmästare 1812. Tullförvaltare i B:borg $^{8}/_{11}$ 1822. Transporterad till Jakobstd $^{17}/_{5}$ 1826. G. $^{6}/_{10}$ 1810 med Mariana Horn af Rantzien, f. $^{26}/_{5}$ 1782, † $^{25}/_{1}$ 1855.

Carl August Palmén, 1826—1828. F. $^{31}/_{12}$ 1798, † $^{16}/_{3}$ 1832. Ausk. i tulldirektionen $^{16}/_{5}$ 1817, kontorsskrifv. där $^{18}/_{6}$ 1819. Tullförvaltare i Jakobstad $^{12}/_{10}$ 1824; transport till B:borg $^{17}/_{5}$ 1825 och till Brahestad $^{16}/_{12}$ 1828. G. m. Mathilda Malm, f. $^{30}/_{8}$ 1800.

Peitzius, 1828

Per Gerhard Dahlbeck, 1829—1854. F. 1790, † $^{21}/_{9}$ 1866. E. o. kamm:skrifv. i landttullkammaren i Åbo 1806, ausk. i tulldirektionen $^{1}/_{11}$ 1816, e. o. kamm:skrifv. i Senaten $^{12}/_{7}$ 1817. Tullförvaltare i Brahestad $^{15}/_{7}$ 1820, transport till B:borg $^{16}/_{12}$ 1828. G. 1:o m. Anna Brita Gadelius, f. 1787, † $^{31}/_{12}$ 1858, 2:o $^{28}/_{8}$ 1860 m. Johanna Vilh. Lund.

H. v. Brandenburg 1830.

And. Gust. Holmberg 1834. Löjtnant, t. f. tullförvaltare.

Carl Henrik v. Hartmansdorff, 1854—1858. F. $^{11}/_{4}$ 1814, † $^{6}/_{10}$ 1858. Son till löjtn. Carl Jakob v. H. och Gustafva Wallin. Stud. $^{9}/_{6}$ 1834; hofrättsauskultant 1841, vicehäradshöfd. $^{20}/_{12}$ 1844. Senatskanslist $^{27}/_{11}$ 1849. Tullförvaltare i B:borg $^{23}/_{5}$ 1854. Med honom utgick ätten v. Hartmansdorff i Finland på svärdssidan.

Johan Edvard Jerngren, 1858—1862. F. $^{26}/_{4}$ 1823, † $^{24}/_{6}$ 1881. Son till konditorn i H:fors Joh. Dan. Jerngren och Katarina Svedin. Stud. $^{19}/_{5}$ 1839; dom:ex. $^{6}/_{12}$ 1845; ausk. i Åbo hofr. $^{7}/_{12}$ 1845; e. o. notarie $^{20}/_{6}$ 1846; kameralex. $^{14}/_{12}$ 1846; extrakammarskrifvare i Senaten $^{26}/_{10}$ 1847; kammarskrifvare i Fin:exp. $^{26}/_{3}$ 1850; förvaltare af sjötullkammaren i Vasa $^{14}/_{10}$ 1856. Tullförvaltare i B:borg $^{30}/_{11}$ 1858. Distriktchef i vestra tulldistriktet $^{1}/_{7}$ 1862; hofråd $^{1}/_{5}$ 1869. Tullförv. i H:fors $^{23}/_{8}$ 1875. G. $^{4}/_{2}$ 1867 m. borgm. Montins enka Mimmi Lindebäck.

Bror August Xenophon Björn Oldenburg, 1862—1881. F. $^{8}/_{2}$ 1826, † 1891. Son till länearkitekten i U:borg Joh. O. och Anna Ulr. Mytzell. Stud. i H:fors $^{17}/_{6}$ 1843; dom:ex. $^{10}/_{12}$ 1850; ausk. i Åbo hofr. $^{21}/_{12}$ 1850; kanslist i genraltulldirektion $^{15}/_{5}$ 1860; förvaltare af tullkammaren i

Läkare.

1) Barberare och fältskärer.

Henrik Meijer, n:s 1649, bodde i Pänäs.

Storker Jonsson, n:s 1658, 1659, 1660. Barberare.

Johan Gabriel Kiil, n:s 1728—1735. Regementsfältskär med kungl. fullmakt. Med honom hade ett antal borgare ingått kontrakt om viss ersättning för hans flyttning till B:borg. Men 1731 uppstod tvist emellan honom och borgarena angående innebörden af bemälda kontrakt, i det Kiil yrkade på att årligen bekomma den utlofvade aflöningen, medan motparten påstod att den blifvit honom gifven endast för en gång såsom ersättning för hans flyttning. G. m. Sofia Sandahl, f. $^{21}/_{11}$ 1729.

Johan Erasmus Haberend, n:s 1738, 1744. — † $^{7}/_{2}$ 1744. Förut stadsfältskär i Raumo. G. m. Magdalena Hammar.

Henrik Berg, n:s 1746—1763. F. $^{3}/_{10}$ 1712, † $^{30}/_{3}$ 1763. Berg sade sig ej hafva tjent vid något svenskt regemente, utan fått sin fullmakt af ryska öfverheten, hvilken han tjent vid Kiowska regementet. Satt i arrest på rådstugan 1748 för slagsmål. Se vidare om honom i texten. G. $^{22}/_{12}$ 1745 med Anna Catharina Qvist, f. $^{9}/_{8}$ 1712.

Johan Adam Mosberg, 1764—1782. F. $^{2}/_{5}$ 1740, † $^{23}/_{12}$ 1782. 1773 förbjöds fältskärsgesällen M. att befatta sig med rötfebers eller andra invärtes sjukdomars botande. 1780 säges att fältskären Mosberg på 18:de året betjenat denna stad och landsort i kirurgin. Kallas ock stundom stadsfältskär. G. m. Maria Christina Björkman, f. $^{12}/_{3}$ 1745.

Johan Hasselström, n:s 1779. — F. $^{22}/_{9}$ 1745, † på Gripsholm $^{23}/_{4}$ 1783. Son till borgaren Anders Rytter. Gick i skola i B:borg och åtnjöt undervisning i kirurgien af stadsfältskären Berg. Afreste 1765 från staden för att fortsätta sina studier hos stadsfältskären Sundberg i Stockholm. Utnämd till „kirurg vid kungl. hofvet“ $^{27}/_{1}$ 1773 och anhöll 1779 att blifva antagen till stadsfältskär här i sin födelseort. Han blef ock antagen därtill, dock utan lön. Ovisst om tillträdde. enär dog ss. hofkirurg på Gripsholm.

2) Stadsläkare.

Lars Larsson Hedberg, 1783—1805. — F. $^{19}/_{12}$ ($^{26}/_{11}$?) 1742, † $^{30}/_{5}$ 1805. Son till Lars H., häradsfogde i Höjentorps fögderi i Vestergötland. Stud. 1758 i Upsala. Hade betyg från kirurgiska societeten i Stockholm. Förut bataljonsfältskär vid Nylands infanteri och utöfvat medicinsk praktik i Ekenäs. Begaf sig 1783 till St:holm, tjenstgjorde vid Serafimerlasarettet och examinerad 1784. Kallad till stadskirurg i B:borg $^{8}/_{11}$ 1783, men tillträdde ej förrän i sept. 1784 Bivistade ss. regementsfältskär vid B:borgs regemente kriget 1789—90. Assessor $^{2}/_{6}$ 1790. G. m. Catharina Charl. Backman, f. $^{30}/_{12}$ 1759, † $^{16}/_{1}$ 1804.

Efter Hedbergs död stod stadsläkaretjensten ledig till 1812, och stadsboarne betjentes under tiden af provincialläkaren Björnlund och regementsfältskären Lindebäck, som bodde i staden. Sedan den sistnämde blifvit provincialmedicus och ej mera hann bestrida stadsläkaresysslan, antogs

Herman Erik Inberg, 1812—1813. F. $^{17}/_{11}$ 1781, † $^{25}/_{12}$ 1813. Son till liqvid:kommiss. Olof I. o. Maria Rein. Stud. $^{4}/_{11}$ 1800, mag. $^{28}/_{5}$ 1805. Medicinelicentiat.

Johan Lindqvist, 1814, antogs att bestrida stadsläkaretjensten, tills den efter Inbergs död hunne ordinariter besättas.

Karl Adrian Gottleben. Enl. „Sukukirja" var han stadsläkare i B:borg, f. $^{8}/_{2}$ 1778, † $^{16}/_{5}$ 1820.

Fredrik Isak Lönegren, 1816—1833. F. i Småland $^{21}/_{10}$ 1781, † på Räfsö $^{30}/_{11}$ 1852. Son till kapellanen i Lenhöfde Fredr. L. och Anna Marg. Widebeck. Stud. i Upsala 1803, fil. kand. 1808, prom. mag. $^{12}/_{6}$ 1809. Aflade 1814 det teoretiska och 1815 det praktiska profvet i medicin och gradual disp. 1815. Kirurgie mag. 1816. Med. d:r (frånvarande, i Upsala) $^{16}/_{6}$ 1817. På magistratens i Björneborg kallelse varit stadsläkare därstädes ifr. $^{24}/_{6}$ 1816, tills han blef ordinarie stadsfysikus $^{17}/_{3}$ 1818. Haft sig uppdraget att förestå det provisionela kurhuset i Björneborg, äfvensom han en tid bestridt prov. läkaregöromålen därstädes. På Finska Hushallningssällskapets anmodan vidtagit med framgång hvarjehanda atgärder emot smittkoppor, de där å orten härjat. G. m friherrinnan Charlotta Lovisin, f. $^{25}/_{2}$ 1781, † $^{29}/_{3}$ 1826.

Johan Fredr. Elfving, 1833, t. f. medan Lönegren var stadd på utrikes resa.

Tjensten vakant 1833—1834.

Johan Fredr. Elfving, 1834—1841. F. $^{12}/_{7}$ 1801, † $^{1}/_{7}$ 1891. Son till klensmeden i Lovisa Johan Elfving och Lovisa Caphan. Stud. $^{17}/_{3}$ 1821. Fil. kand. $^{9}/_{4}$ 1827. Fil. doktor och artium liberalium magister $^{10}/_{7}$ 1827. Medicinekandidat $^{14}/_{12}$ 1830. Med. licentiat $^{28}/_{3}$ 1833. Antagen $^{1}/_{5}$ 1833 att förestå stadsläkaretjensten i Björneborg. Stadsfysikus i Björneborg $^{10}/_{6}$ 1834. Fr. o. m. 1835 till 1842 utan arvode vårdat sjuka å det enskilda feberlasarettet i Björneborg. Provincialläkare i Ekenäs distrikt $^{18}/_{11}$ 1841. Provincialläkare i Åbo distrikt $^{18}/_{1}$ 1857. Jubelmagister 1877. Afsked med pension $^{20}/_{4}$ 1880. G. 1836 m. Vendla Sucksdorff, f. $^{31}/_{10}$ 1818.

Johan Ernst Sourander, 1842—1856. F. $^{8}/_{7}$ 1812, † $^{24}/_{4}$ 1857. Son till handl. Jakob Sourander och Anna Maria Moliis. Stud. $^{26}/_{6}$ 1827. Promov. med. och kir. d:r $^{15}/_{7}$ 1840. E. o. läkare vid medicinalstyrelsen 1841. Stadsläkare i B:borg $^{14}/_{8}$ 1842. Prov. läkare i Björneborgs distrikt $^{9}/_{11}$ 1856 (? $^{15}/_{1}$ 1857). G. $^{20}/_{7}$ 1848 m. Charlotta af Forselles.

Jakob Gustaf Appelberg, 1846—50 biträdande stadsläkare. F. $^{3}/_{1}$ 1811, † $^{9}/_{1}$ 1866. Son till kkh. i Pyhäjoki Gust. A. o. Katar. Charl. Chydenius. Stud. $^{1}/_{10}$ 1829. Fil. kand. $^{18}/_{6}$ 1838. Med. kand. $^{17}/_{6}$ 1845. Med. lic. $^{21}/_{6}$ 1846. Med. d:r $^{31}/_{6}$ 1847. T. f. stadsläkare i Björneborg $^{1}/_{10}$ 1846. Biträdande stadsläkare i Björneborg $^{18}/_{8}$ 1847. T. f. stadsläkare i Raumo $^{4}/_{11}$ 1850. Fullmakt å denna tjenst $^{29}/_{1}$ 1851. Andre stads-

[illegible] Knutsborg [illegible] 1842 [illegible] Karleby [illegible] 1841 [illegible] 1844 [illegible] Kataarina C[illegible]

J[illegible] Le[illegible] H[illegible] 1850 [illegible] F. [illegible] 1816. [illegible] 1833 [illegible] 1840 [illegible] 1846 [illegible] 1847 [illegible] Vasa [illegible] 1849.

1:ste stadsläkare.

Theodor Alb. Tigerstedt 1857—1879. F. [illegible] 1829. Son [illegible] Maria Gustava [illegible] 1843. [illegible] Prom. mag. [illegible] 1850. Med. kand. [illegible] 1853. Med. [illegible] 1857. Förste stadsläkare i Björneborg [illegible] 1857. Prom. med. o. kir. dr [illegible] 1860. Prov. läkare i Tavastehus distrikt 16/12 1879. G. [illegible] 1860 m. Ida Rosalie A[illegible]

2:dre stadsläkare (sed. 1852).

Jakob Ernst Appelberg 1852—1861. Se ofvan.

Oskar Fredrik Hornborg 1862—1869. F. på R[illegible] i A[illegible] 24/2 1825. † [illegible] 1889. Son till prosten Anders J[illegible] Hornborg och Catharina C[illegible]lander. Stud. 30/6 1846. Fil. kand. [illegible] 1850. Prom. mag. 19/6 1850. Med. kand. 10/6 1857. Med. lic. 30/3 1860. Med. o. kir. dr [illegible] 1860. Stadsläkare i Fredrikshamn 16/3 1860. Stadsläkare i Björneborg [illegible] 1862. Prov. läk. i Nyslotts distrikt 9/6 1869. Prov. läk. i Eknäs distrikt 31/10 1871. Prov. läk. i Åbo distrikt 17/11 1885. G. 1871 m. Irene Helena Sofia Charlotta Franzén.

Georg Avellan 1869—1870. F. 7/6 1830. † 16/6 1895. Son till lagmannen Karl Fredr. Avellan och Klara Federley. Stud. 13/2 1851. Fil. kand. 10/5 1857. Prom. mag. 29/5 1857. Med. kand. 10/4 1860. Med. lic. 6/3 1865. Med. o. kir. doktor 31/5 1865. E. o. läkare 1/11 1865. Stadsläkare i Gamla Karleby 6/12 1866. 2:dre stadsläkare i Björneborg 8/9 1869. Slotts- och lasarettsläkare i Kuopio 29/11 1870. Prov. läk. i Eknäs 13/4 1886. G. 1883 med Aina Maria Ranin.

Karl Fredr. Valle, 1871—1879. Andre stadsläkare i Björneborg 18/4 1871 och förste d:o 20/4 1880. (Se förste stadsläkare).

Karl Fredrik Valle, 1880—1891. F. i F:hamn $^{21}/_{10}$ 1841. Son till prosten Daniel Fredr. V. och Selma Augusta Alléen. Stud. $^{20}/_{9}$ 1859. Fys. mat. kand. $^{29}/_{5}$ 1863. Prom. mag. $^{31}/_{5}$ 1864. Med. kand. $^{18}/_{11}$ 1865. Med. lic. $^{28}/_{1}$ 1870. Legit. läk. $^{1}/_{2}$ 1870. Med. o. kir. doktor $^{30}/_{11}$ 1871. 2:dre stadsläkare i B:borg $^{18}/_{4}$ 1871. 1:ste stadsläkare därstädes $^{20}/_{4}$ 1880. Stadsfullmäktig 1875—82 och 1884— samt desse fullmäktiges viceordförande 1877—82, 1885 o. 1887. Ledamot i folkskoledirektionen 1873—77, i kyrkorådet 1876— , i hälsovårdsnämden 1880— , och därunder dess ordförande 1880—83 samt 1885 — , äfvens. dess viceordf. 1883 o. 1884. Provincialläkare i Lojo distrikt 1891. Hofråd. Representant för Björneborgs stad på landtdagen 1888. G. 1875 m. Hanna Fredrika Grönfeldt.

Ernst Schildt, fr. 1891. — F. i Heinola $^{6}/_{10}$ 1852. Son till rektorn Bror Ernst Hannibal S. o. Ida Eleonora Ottelin. Stud. $^{16}/_{9}$ 1871. Fil. kand. $^{19}/_{12}$ 1874. Prom. mag. $^{31}/_{5}$ 1877. Med. kand. $^{20}/_{12}$ 1877. Med. lic. $^{30}/_{12}$ 1881. E. o. läk. vid medicinalstyrelsen $^{11}/_{8}$ 1882. 2:dre stadsläkare i B:borg $^{11}/_{11}$ 1884. Stadsfullmäktig i B:borg 1886. Deras ordf. 1895. G. $^{15}/_{8}$ 1885 m. Jenny Rosenlew.

Gustaf Appelberg, 1880—1883. F. i B:borg $^{1}/_{9}$ 1847, † $^{1}/_{1}$ 1894. Son till prov. läk. Jak. Gust. Appelberg o. Anna Magdalena Chydenius. Stud. $^{31}/_{5}$ 1867. Fil. kand. $^{29}/_{2}$ 1872. Med. kand. $^{27}/_{5}$ 1874. Med. lic. $^{12}/_{10}$ 1878. Förste e. o. läk. vid medicinalstyrelsen $^{4}/_{2}$ 1879. Andre stadsläkare i B:borg $^{9}/_{11}$ 1880. Prov. läk. i Torneå distrikt $^{11}/_{10}$ 1883. Prov. läk. i F:hamn 1891. G. 1882 m. Mary Anni Huovinen.

Ernst Schildt, 1884—1891. Andre stads läkare $^{11}/_{11}$ 1884, förste stads läkare 1891. (Se förste stads läkare).

Johan Fritiof Liljeblad, fr. 1892. — F. i Euraåminne $^{1}/_{12}$ 1858. Son till prosten Johan L. och Julia Ingeborg Printz. Stud. $^{11}/_{9}$ 1877. Fil. kand. $^{30}/_{5}$ 1881. Prom. mag. $^{31}/_{5}$ 1882. Med. kand. $^{31}/_{5}$ 1883. Med. lic. $^{3}/_{5}$ 1886. Kommunalläkare i Eura $^{24}/_{8}$ 1886. Andre stadsläkare i B:borg 1891. G. 1883 m. Elise Hellberg.

3) Provincialläkare.

Jakob Hidén, 1760—1761. F. i Kauhajoki 1731. Tillträdde ej tjensten. Stadsfysikus i Norrköping.

Bengt Björnlund, 1762—1812. F. $^{6}/_{11}$ 1732, † $^{6}/_{12}$ 1815. Son till kkh. i Ryda församl. i Östergötland Teodor B. och Margreta Iser. Stud. i Upsala 1746. Efter aflagda specimina för mag. grad, egnade han sig åt medicinen och fullbordade sin anatomiska kurs under prof. Martin i St:holm

Johan Frans Sandlund, 1858—1873. F. i St:holm $^{3}/_{6}$ 1825, † $^{24}/_{6}$ 1888. Son till sjöfaranden Joh. S. och Anna Krist. Forsén. Farmaceut $^{12}/_{7}$ 1843, provisor $^{17}/_{1}$ 1850. Tillhandlade sig apoteket i B:borg $^{18}/_{3}$ 1857, priv. $^{9}/_{2}$ 1858. Apotekare $^{16}/_{12}$ 1857. Sålde apoteket $^{8}/_{1}$ 1873. Ledam. af F. läkaresällsk. $^{19}/_{3}$ 1864. G. $^{12}/_{8}$ 1859 m. Olga Katharina Wettberg, f. $^{21}/_{3}$ 1826, dotter till stadsfiskalen P. H. Wettberg.

Johan Vilhelm Moliis, 1873—1876. F. $^{23}/_{12}$ 1834, † $^{25}/_{10}$ 1876. Föräldrar: kapellanen i Vasa Henrik Moliis (f. $^{27}/_{7}$ 1801, † $^{10}/_{8}$ 1872) och Matilda Bergman. Farmaceut $^{28}/_{1}$ 1856. Provisor $^{8}/_{12}$ 1860. Erhöll priv. å apotek i Nyslott $^{26}/_{2}$ 1861. Förvaltade sin svärfaders, apotekar Ljungmans apotek i Nystad 1863—1872. Erhöll priv å 1:sta apoteket i B:borg $^{25}/_{2}$ 1873. G. m. Johanna Georgina Charlotta Ljungman, f. $^{22}/_{7}$ 1839, † $^{5}/_{4}$ 1890.

Robert Alex. Junnelius, 1876—1890. F. i U:borg $^{12}/_{12}$ 1843. Föräldrar: handlanden Karl Erik J. och Brigitta Krist. Damlin. Farmaceut $^{6}/_{3}$ 1867, provisor $^{28}/_{5}$ 1872. Köpte 1:sta apoteket i B:borg $^{25}/_{3}$ 1876 och erh. priv. därå $^{9}/_{5}$ 1876. Apotekare $^{22}/_{6}$ 1876. Stadsfullmäktig i B:borg 1877—87. Ordförande för stadsfullmäktige 1883—84. Representant i borgareståndet vid landtdagarna 1885 och 1891. Kommunalråd $^{17}/_{4}$ 1892. G. m. Ellen Rosenlew.

Karl Fredr. Heinonen, fr. 1890. — F. $^{17}/_{2}$ 1852. Farmaceut $^{20}/_{9}$ 1872, provisor $^{17}/_{3}$ 1877. Tillhandlade sig apoteket i Närpes och erhöll priv. därå $^{23}/_{11}$ 1880, äfvensom å apot. i Gamlakarleby $^{8}/_{10}$ 1886, apotekare $^{14}/_{1}$ 1881. Köpte 1:sta apoteket i B:borg o. erh. priv. därå $^{22}/_{4}$ 1890. G. $^{22}/_{3}$ 1881 m. Rosa Malin.

2:dra apoteket.

Karl Kristofer Bonsdorff, 1857—1859. F. $^{2}/_{7}$ 1812, † $^{8}/_{1}$ 1888. Son till prof. Joh. B. och Erika Emerentia Vasz. Farmaceut $^{18}/_{11}$ 1835, provisor $^{9}/_{6}$ 1841. Apotekare $^{17}/_{11}$ 1841. Köpte Nyslotts apotek 1841. Erhöll privilegium å inrättande af ett 2:dra apotek i B:borg $^{31}/_{3}$ 1857. Försålde detsamma $^{12}/_{1}$ 1859. G. $^{20}/_{7}$ 1843 m. Gustafva Petronella Gahmberg.

Nils Edvard Vahlberg, 1859—1872. F. $^{12}/_{8}$ 1833, † $^{5}/_{10}$ 1872. Föräldrar: kapellanen i Taipalsaari Abr. Jos. V. och Emilia Vilhelmina Lojander. Farmaceut $^{25}/_{9}$ 1854. Provisor och apotekare $^{16}/_{8}$ 1859. Erhöll priv. å 2:dra apoteket i B:borg $^{4}/_{8}$ 1859. G. $^{29}/_{12}$ 1860 m. Sofia Charl. Rosenlew, f. $^{1}/_{1}$ 1839, † $^{24}/_{6}$ 1888.

Johan Ferdinand Nevander, 1873—1890. F. $^{19}/_{11}$ 1846. Son till possessionaten Joh. Henr. Nevander och Agata Vilhelmina Valle. Farmaceut $^{6}/_{2}$ 1867, provisor $^{14}/_{12}$ 1871. Erhöll priv. å 2:dra apoteket i B:borg $^{23}/_{2}$ 1873. Apotekare $^{27}/_{3}$ 1873. Ordförande i B:borgs drätselkammare 1879—86. Stadsfullmäktig fr. 1886. G. $^{25}/_{3}$ 1876 m. Hildegard Matilda Borg, f. $^{7}/_{9}$ 1856.

Karl Johan Juselius, fr. 1890. F. $^{7}/_{7}$ 1864. Son till handlanden Karl Fredrik Juselius och Amalia Gröneqvist. Farmaceut $^{26}/_{6}$ 1884, provisor $^{3}/_{4}$ 1890. Erhöll priv. å 2:dra apoteket i B:borg $^{11}/_{6}$ 1890. Apotekare $^{26}/_{7}$ 1890.

3:dje apoteket.

Johan Bernhard Sundblom, fr. 1893. F. på Åland $^{15}/_{4}$ 1860. Föräldrar: kantorn i Jomala Joh. Aug. S. och Juliana Lovisa Jakobson. Farmaceut $^{22}/_{12}$ 1880. Provisor $^{12}/_{5}$ 1885. Bedref med statsunderstöd farmaceutiska studier vid universitetet i Strassburg samt praktiserade en tid å apotek i Berlin. Förestod 1:sta apoteket i Åbo sommarmånaderna 1889 o. 1890, äfvensom apoteket i Hangö 1890. Erhöll priv. på apotek i Kumo $^{27}/_{3}$ 1893. Apotekare $^{17}/_{6}$ 1893. Erh. priv. på ett 3:dje apotek i B:borg $^{16}/_{10}$ 1893, hvilket öppnades $^{1}/_{11}$ 1894.

Kyrkoherdar i Ulfsby och Björneborg.

Bengt Monsson, n:s 1529—1558. Nämnes åtm. ännu $^{28}/_{2}$ 1558.

„Herr Morten i Ulfsby“, n:s 1558—1560.

Jons Rautia, n:s 1561—1566, 1572—1573.

Morten Olai, n:s 1574—1578—1583, † $^{10}/_{1}$ 1583. — Förut kkh. i Tyrvis.

Christian Winter, n:s 1584—1586. Förut kapellan hos kon. Joh. III och kkh. i Umeå. Sannolikt var Christian Winter kkh. endast i Björneborg med därtill hörande Norra- och Näsefjärdingar af Ulfsby socken, enär herr Erik redan 1585 nämnes sås. kkh. i Ulfsby. Död i slutet på 1586 eller början af 1587. Enkan n:s omgift med Jöran Mickelsson (1589).

Jacobus Henrici Smogrodt, n:s 1588—1600. Förut pastor i Lempälä. Kom efter 1574 till finska nat. församlingen i Stockholm. Herr Jakob i B:borg n:s redan 1588. Erhöll $^{7}/_{7}$ 1590 kon. Johans bref, hvari han utnämnes till kkh. i „Björneborgs stad och socken“. Men sedan Björneborgs borgare $^{27}/_{11}$ 1599 hos hertig Carl anhållit att „den som kan förestå deras skolestufva också måtte bli deras kyrkoherde“, äfvensom att „Ulfsby socken, som för några år sedan blef åtskild, måtte igen samman blifva, efter som tillförene af ålders varit hafver“, — resolverade hertig Carl $^{8}/_{7}$ 1602 att — enär borgarne i B:borg „begärt herr Erik i Ulfsby till deras själasörjare och kyrkoherde, efter den de nu hafva icke kan sig med dem förlika“, förbem:de herr Erik må bli deras kyrkoherde och skolmästaren behålla sedan skolan och för:ne Ulfsby socken“. Jacobus Henrici underskref ss. pastor Upsala mötes beslut 1593.

Ericus Laurentii, n:s 1602—1615. Herr Erik n:s ss. kkh. i Ulfsby red. 1585. Har äfven ss. pastor i Ulfsby underskrifvit Upsala mötes beslut 1593.

Johannes Sigfridi Forskåhl, n:s 1616—1628. G. m. Anna, som n:s enka 1630.

Gregorius Thomæ Arctopolitanus, 1631—1662. † 1662. Tillstädes vid Åbo universitets invigning 1640. G. m. Agneta Mattsd:r.

Gabriel Gregorii Arctopolitanus, 1665—1682. — $^{10}/_{12}$ 1682. Son till företrädaren. Mag. 1656. Huspredikant hos grefve Horn på Kankais. Kapellan vid Åbo domkyrkoförsamling 1659; pastor i Ulfsby 1665. G. m. Christina Udnie.

Gabriel Erici Fortelius, 1683—1721. — F. 1637, † 1721. Stud. 1656, mag. 1667, regementsprest, konrektor i Åbo 1670. Rektor 1677. Ling. orient. professor 1682. Kkh. i Ulfsby 1683. G. m. Maria Arctopolitana.

Jacobus Garvolius, 1722—1734. — † 1734. Förut skolmästare i Neumünde. Pastor vid Österbottens regem:te 1699. Pastor i Euraåminne 1705. Under flykten riksdagsfullmäktig 1714 och innehade Fogdö pastorat i Strängnäs stift. Efter freden fullmakt å Ulfsby pastorat 1722. G. m. Beata Liljewalck.

Johannes Simonis Tolpo, 1735—1740. F. 1684, † $^{23}/_{5}$ 1740. Son till theol. d:r pastorn i N:dal Simon T. Mag. 1703. Rest 1706 utrikes för att besöka akademier i Tyskland, hvarest han vistades i 8 års tid. Misstänktes för pietism, blef efter pröfning och purifikation pastor i Birkkala 1721. Fyra gånger föreslagen till olika professioner, 1:sta ggn till eloquentia, 2:dra till lingu. orient., samt 3:dje och 4:de ggn till theologiæprofessionen. Förde presidium vid prestmötet i Åbo (1734?). G. m. Helena Enberg.

Gabriel Gabrielis Fortelius, 1742—1745. Son till kkh. i B:borg Gabr. F. (Se ofvan). F. 1700, † 1788. — Stud. i St:holm 1719, mag. i Åbo 1726. Gymnasiadjunkt och extra-ord. lektor i Borgå 1728. Assessor konsistorii. Archidiaconus vid domkyrkan i Borgå 1727. Filos. och moral. lektor 1732. Herredagsman för Borgå stift. Pastor i B:borg 1742. Erhöll $^{10}/_{6}$ 1745 transport till Borgå. Slutligen theol. d:r (1752) och biskop i Borgå stift (1762). G. 1:o med Christina Fridelin, 2:o Maria Charl. v. Heland, 3:o Eva Maria Schultz, 4:o Vendla Juliana v. Glan.

Michael Lebell, 1746—1786. F. 1714, † 1786. Son till rådm. Casper Lebell i K:stad, förut fänrik i polska armén vid namn Bronikowski, och Anna Holmius. Freqventerat B:borgs skola. stud. 1731, mag. 1738, archidiaconus vid svenska domkyrkoförsamlingen i Åbo, 1735—1737 substitutus sacellani i Närpes, 1737—1741 adjunctus archipropositi vid sv. domkyrkoförs. i Åbo, 1741 archidiacon. och kapellan vid samma församling. 1743, under dess flykt, sänd att förestå kyrkoherdetjensten i Jomala, hvarifrån andra gången nödgades fly undan fienden. Pastor i Ulfsby 1746. G. 1:o m. Maria Monsén, 2:o Maria Elisabet Eneschöld, mor till Fredr. L., 3:o Christina Bockelman, enka efter köpmannen i Åbo Enberg, 4:o Christina Dahlmark, f. $^{8}/_{1}$ 1734, † $^{20}/_{2}$ 1819.

Fredrik Lebell, 1786—1819. — F. $^{16}/_{9}$ 1752, † $^{7}/_{8}$ 1819. Stud. 1768, mag. 1772, huspredikant samma år hos riksrådet Adam Horn. E. o. artilleripredikant 1773. E. o. predikant hos hertig Carl af Södermanland 1778. Vid kronprinsens födelse hugnades fadren Michael Lebell med förordnande för dess son hofpredikanten Lebell att i dess ställe förestå B:borgs och Ulfsby församlingar äfvensom med nåd. försäkran om succession efter fadren till bemälde församlingar, men då fadren vid hertigens af Småland födelse anhöll om afsked och fullmakt för sonen, kunde till denna ansökning icke lemnas nåd. bifall ($^{30}/_{10}$ 1782), men „bör sökanden fullkoml. trygga sig vid K. M:ts meddelta nådiga försäkran“. Pastor i Ulfsby enl. fullm. af $^{22}/_{8}$ 1786. G. m. Eva Albertina von Willebrand, f. $^{17}/_{11}$ 1756, † $^{12}/_{1}$ 1813, 2:o $^{5}/_{9}$ 1813 med friherrinnan Charlotta Lovisin, f. $^{25}/_{2}$ 1781 i Öfver Järna i Sverige, sedan omgift med stadsfysikus i B:borg, med. d:r Lönegrén.

Bengt Jakob Ignatius, 1824—1827. — F. $^{16}/_{1}$ 1761, † $^{6}/_{11}$ 1827. Son till vicep. i Thusby Benedictus I. och Christina Malm. Stud. 1775, prestvigd $^{31}/_{8}$ 1780, sockneadj. i Sahalax s. å., e. o. esqvadr:predik. vid lifdragonerna 1783, kapellan vid Åbo domkyrko-svenska församling 1785, archidiaconus 1788, kkh. i Vichtis 1796, d:o i Halikko 1801, prost 1810, theol. d:r 1817, kontraktsprost 1820, kkh. i Ulfsby 1825 och s. å. kontr:prost i B:borgs nedre prosteri. Ledamot i handboks och finska psalmbokskomiteerne, äfvensom af finska hushållningssällskapet m. m. Död i Ulfsby och begrafven i familjegrafven invid Halikko k:ka. Utgaf bl. a. ur trycket „Uusia Suomalaisia kirkkovirsiä“, af hvilka några sedan upptagits i nya finska psalmboken. G. 1:o 1788 med Sofia Barbro Ekestubbe, f. $^{13}/_{7}$ 1765, † $^{8}/_{2}$ 1808, 2:o 1809 med Hedvig Avellan, f. 1775, † 1814, 3:o 1815 med Lovisa Cath. Saurén, f. $^{18}/_{1}$ 1791, † 1848.

Gustaf Renwall, 1829—1841. F. $^{23}/_{9}$ 1781, † $^{22}/_{1}$ 1841. Son till rusthållaren Simon Simonsson fr. Kaninkala by i Halikko och Kirstin Henriksd:r. Stud. 1801. Ord. $^{17}/_{12}$ 1806. Filos. mag. $^{6}/_{7}$ 1810. T. f. coll. inf. i Åbo s. å.; ord. $^{1}/_{8}$ s. å. Litt. fennicæ docens $^{9}/_{7}$ 1811, past:ex. $^{17}/_{12}$ 1812; adj. och lektor vid pedag. semin. i Åbo $^{20}/_{8}$ 1813. Pastor i Uskela $^{11}/_{6}$ 1819; prost $^{29}/_{3}$ 1820; erh. professorstitel $^{16}/_{7}$ 1827; kkh. i Ulfsby $^{9}/_{1}$ 1829. Tillträdde $^{1}/_{5}$ 1830; hon. teol. d:r $^{25}/_{6}$ 1830. G. 1817 m. Charlotta Revall fr. Åbo.

Johan Ferd. Ignatius, kuramgerens $^{1}/_{5}$ 1839—$^{1}/_{5}$ 1843.

Gabriel Hirn, 1842—1849. F. $^{16}/_{7}$ 1782, † $^{19}/_{4}$ 1849. Son till kkh. i Sjundeå, sed. i Janakkala och i Kimito Daniel Hirn och Beata Katrina Haartman. Stud. 1798; mag. $^{28}/_{6}$ 1805; docent i österl. språk $^{4}/_{12}$ 1807; kollega superior i Åbo 1809—11; prestvigd $^{3}/_{4}$ 1813. Skötte professionerna i österl. språk 1811—12 och i teologi särsk. ggr 1813—21; prost $^{29}/_{3}$ 1820; kkh. i Kimito $^{2}/_{1}$ 1824; kontr. prost $^{15}/_{2}$ 1826; teol. d:r $^{14}/_{7}$ 1840. Kkh. i Ulfsby $^{14}/_{12}$ 1842. G. m. Hedvig Charl. Hellenius, f. $^{22}/_{3}$ 1784, † $^{8}/_{5}$ 1854.

Johan Ferd. Ignatius, kuramgerens $^{1}/_{1}$ 1849—$^{1}/_{5}$ 1852.

Herman Hellén, 1852—1871. F. $^{4}/_{6}$ 1794. † $^{8}/_{4}$ 1871. Son till klockaren i Teisko. Stud. 1812, kapellansadj. i Teisko 1815. Sockneadj. i Sahalahti 1818. Stadspredikant i T:fors 1824. Kkh. i Keuru 1832, i Tyrvis 1836, prost s. å. Kkh. i Ulfsby $^{28}/_{2}$ 1851. Tilltr. $^{1}/_{5}$ 1852. Theol. doktors titel 1864. Ledamot i komitén för ecklesiastikstatens enke- och pupillkassa. Representant vid 1863 och 1867 års landtdagar. Utmärkt såsom talare och ordnare af församlingens angelägenheter. G. m: Margreta Sofia Sacklén, † $^{27}/_{11}$ 1862.

Johan Anton Nordgren, 1852—1863, pastorsadjunkt i B:borg.

Axel Gabriel Ylander, 1872—1873. T. f. kkh.

August Lilius, 1873—1876. F. $^{14}/_{9}$ 1820, † $^{21}/_{2}$ 1876. Stud. $^{22}/_{6}$ 1839, mag. $^{21}/_{6}$ 1844 gymnasiadj. i Vasa $^{22}/_{6}$ 1846, lektor i theologi Vasa gymn. $^{16}/_{6}$ 1853. Rektor. Fr. $^{1}/_{1}$ 1846 förestått handelsskolan i Vasa, prestvigd 1860, afl. pastoralexamen $^{7}/_{6}$ 1861. Kkh. i Kumo $^{6}/_{9}$ 1865, Ulfsby $^{12}/_{2}$ 1873, prost $^{21}/_{12}$ 1869, deputerad i presteståndet 1872, assessor i domkapitlet $^{1}/_{8}$ 1873. Kontraktsprost $^{9}/_{11}$ 1875. G. 1847 m. Karol. Emerentia Ahlstedt, f. $^{2}/_{8}$ 1825, † $^{7}/_{12}$ 1891.

Paul Hellén, 1877 t. f. kkh.

Honr. Osk. Elers, 1878 t. f. kkh.

Karl Emil Stenbäck, fr. 1878. — F. $^{30}/_{11}$ 1834. Son till proston Karl Fredr. S. o. Emilia Ottilia Krist. v. Essen. Stud. $^{2}/_{10}$ 1854, prestv. $^{1}/_{4}$ 1857; past:ex. $^{9}/_{2}$ 1869, vicep. $^{19}/_{12}$ 1860; kkh. i Ny Karleby $^{30}/_{12}$ 1873, i Ulfsby $^{2}/_{2}$ 1878, kontr. prost $^{23}/_{8}$ 1879. Assess. i domkap. 1890—97. Vid särsk. landtdagar varit repres. för Åbo ärkestift. Värkat på den finska andl. litteraturens område särsk. ss. öfversättare. G. m. Selma Josefina Grönberg.

Lorentz Vilh. Häggström, 1891—1892 t. f. kkh. Kapellan.

Reinhold Grönvall, 1892—1896 t. f. kkh.

Kapellaner.

Simon Olai, n:s 1578 kapellan i B:borg.

Laurentius Erici, n:s 1583—1587. Lars Eriksson, Guds ords tjenare i B:borg, n:s dock redan $^{30}/_{11}$ 1574.

Herr **Jöns**, n:s 1593 kapellan i B:borg. Sannol. identisk med den Johannes Pauli som s. å. underskrifver ss. kaplan Upsala mötes beslut.

Herr **Philippus Martini**, n:s 1601 och 1604 kapellan i B:borg. G. m. Elin Persdotter, hvilken ur ett annat, sannol. tidigare äktenskap hade sonen Simon Hendersson i Osmalax i Sagu.

Herr **Matts**, n:s 1614 kapellan i B:borg.

Sigfridus Matthiæ, n:s 1631—1639. Hans moderbroder sal. Hans Jakobsson n:s 1631. G. m. Karin.

Jöran Nicolai Pryts, n:s 1648—1670. — † 1677. Sedan 1672 pastor i Karkku. G. 1:o med Gunilla Andersdotter, n:s 1650, 2:o med Kirstin, n:s 1660, 1670.

Henrik Nicolai Melartopæus, 1672—1699. Begrafven i B:borg $^{4}/_{6}$ 1699. — Stud. 1653, kallades $^{23}/_{4}$ 1672 till kapellan i B:borg. G. m. Elisabeth Lönblad.

Joen Andreæ Paqvalenius, 1699—1706. † $^{12}/_{1}$ 1706. Stud. 1679. Esqv. pred., kpl. i B:borg 1679. G. $^{9}/_{1}$ 1668 med Catharina Henriksdotter Henricia, † $^{12}/_{3}$ 1715.

Henrik Granberg, 1707—1721. † $^{16}/_{3}$ 1721. Stud. 1698, kallas 1703 coadjutor, kapellan 1707. G. $^{16}/_{5}$ 1705 med Marg. Arctopolitana, rektor Anders Henricii enka, † 1742.

Gabriel Gottleben, 1722—1758. F. $^{18}/_{11}$ 1693, † $^{18}/_{5}$ 1776. Son till hdl. Adr. G. o. Sara Qvist. Stud. 1712, prestv. $^{14}/_{1}$ 1722, kpl. i B:borg $^{10}/_{2}$ 1722.

Efter att flere gånger hafva varit på förslag till olika pastorat 1758 kkh. i Kumo. G. 1:o m. Catharina Gravandra, f. $^{5}/_{4}$ 1709, † $^{1}/_{8}$ 1761, 2:o m. Anna Elisabet Sarén, f. 1733, † $^{29}/_{11}$ 1820.

Erik Johan Levan, 1759—1779. F. $^{31}/_{7}$ 1730, † 1793. Stud. $^{10}/_{5}$ 1746, mag. $^{28}/_{7}$ 1754, kapl. i B:borg 1759, kkh. i Vånå 1779. G. $^{18}/_{3}$ 1760 m. Eva Beata Enholm, f. $^{23}/_{9}$ 1731.

Johan Sourander, 1781—1791. F. $^{3}/_{12}$ 1748, † $^{12}/_{4}$ 1791. Son till rådm. Joh. S. o. Anna Lönnrot. Stud. $^{30}/_{1}$ 1767, mag. $^{22}/_{7}$ 1772, kpl. i B:borg 1781. G. m. Katar. Lovisa Vadén, f. $^{5}/_{7}$ 1765, † $^{6}/_{5}$ 1791.

Carl Wahlroos, 1793—1820. F. $^{23}/_{1}$ 1755, † 1820. Stud. $^{17}/_{6}$ 1773. Kapellan i B:borg 1793. Kallas vicepastor fr. 1803. G. m. Catharina Rickström, f. 1747 (? 1749).

Elias Ekbom, 1825—1856. F. $^{13}/_{4}$ 1788, † $^{19}/_{1}$ 1856. Stud. 1806; t. f. koll. inf. i B:borg 1810—12, prestv. $^{26}/_{5}$ 1813; t. f. koll. sup. 1814; interimspredikant i B:borg 1821; kapellan i B:borg $^{4}/_{5}$ 1825. Kuramgerens i Ulfsby och B:borg 1827—31 och 1838—39, v.-past. $^{21}/_{11}$ 1827. Sekret. för auxil. bibelsällsk. i B:borg 1818—48. G. m. Fredrika Lovisa Appelberg, f. $^{13}/_{8}$ 1788, † $^{18}/_{2}$ 1863.

Karl Fredrik Riedell, 1859—1869. F. $^{3}/_{6}$ 1809, † $^{13}/_{3}$ 1869. Stud. $^{1}/_{3}$ 1828, prv. $^{20}/_{12}$ 1831; brukspred. i Koskis $^{26}/_{4}$ 1834; kapellan i Pusula $^{21}/_{10}$ 1840; d:o i Nagu $^{20}/_{8}$ 1850; kapellan i Akkas $/_{7}$ 1855; kapellan i B:borg $/_{3}$ 59, tilltr. $/_{5}$ 1859. Vicep. $/_{12}$ 1865. G. 1:o $^{14}/_{7}$ 1835 m. Gustava Matilda Bodin, † $^{20}/_{10}$ 1848, och 2:o m. Josefa Aug. Bodin.

Amandus Amatus Achander, 1870—71 t. f. kapellan.

Berndt Vilh. Sjöroos, 1872 t. f. kapellan.

Axel Gabriel Ylander, 1872—1882. F. $^{19}/_{1}$ 1829 i Åbo, † $^{9}/_{7}$ 1882. Son till konsist. eckl. vaktmästaren i Åbo Henr. Joh. Y. Stud. $^{18}/_{6}$ 1851; prestv. $^{13}/_{6}$ 1855; past:ex. $^{21}/_{5}$ 1870. Pastor på Runö i Liffland $^{30}/_{9}$ 1862. Kapellan i Björneborg $^{15}/_{6}$ 1870 (tilltr. $^{1}/_{5}$ 1872); tjenstledig sed. 1878. G. m. Maria Elisabet Rudolfine Edding, f. $^{24}/_{11}$ 1845, † $^{22}/_{4}$ 1874.

Lorentz Vilh. Häggström, 1876—80 t. f. kapellan.

Henr. Hormonen 1880—81 t. f. kapellan.

Vilhelm Kaitila, 1881—86 t. f. kapellan.

Lorentz Vilhelm Häggström, fr. 1886. F. $^{8}/_{9}$ 1850. Son till kpl. i Maxmo Leonard Per H. Stud. $^{21}/_{6}$ 1869, prestv. $^{8}/_{7}$ 1873; past:ex. $^{20}/_{12}$ 1876. Kpl. i Ulfsby $^{18}/_{4}$ 1879, d:o i B:borg $^{18}/_{7}$ 1883 (att tilltr. fr. $^{1}/_{5}$ 1886). G. $^{8}/_{9}$ 1875 m. Olga Elisab. Hellström, f. $^{17}/_{9}$ 1848.

Skollärare i Björneborg.

Vid Pedagogin 1558—1640.

Martinus Olai, n:s 1577—1583. — Kkh. i Tyrvis n:s 1573, 1576, kkh. i Björneborg 1578, tillika skolmästare. Ville ej 1577 antaga liturgien, hvarför hans underhåll fråntogs, † $^{10}/_{1}$ 1583. Hans dotter g. m. Hans Ragvaldsson Rahm till Pänäs.

Christian Winter, 1584—1586. — Kon. Joh. III:s kapellan, kkh. i Umeå 1584, † i slutet af år 1586, eller i början af 1587. Enkan omgift med borgaren Jöran Mickelsson i B:borg.

Laurentius Johannis, n:s 1591—1595. — Underskrifvit Upsala mötes beslut 1593.

Johannes Clementis Mentzius, omn:s 1598, 1600. — Är antagl. samma Johannes Clements, hvilken såsom collega scholæ aboensis underskrifvit Upsala mötes beslut 1593, äfvensom den Johannes Clementis Mentz, hvilken var kkh. i Kumo fr. början af 1600-talet. Dedicerat en skrift: „Synopsis Rhetoricæ A. Tallæi et dialecticæ P. Rami", (Wittenberg 1600) till biskop Erici Erici son den yngre Ericus Erici.

Jacobus Canuti, n:s 1601, 1604—1606, 1608, 1611 och 1612. — G. m. Lucia. Hans måg var borg. Per Jönsson i B:borg.

Henricus Clementis, n:s 1614, 1616, 1625. — Möjl. identisk med den H. C. som tillträdde Hvittis pastorat 1627 och afled 1643. G. m. Dorde.

Gregorius Thomæ, n:s 1628 o. 1630. — Lefde ännu 1639. Var antagl. samme som den G. T. Arctopolitanus, som $^{14}/_{3}$ 1633 blef kkh. i Björneborg och Ulfsby och afled 1662.

Martinus Thomæ Stenius, n:s 1635—1640. — Kkh. i Vesilax 1644, † 1693. G. m. Anna.

Vid Pedagogin 1698—1717.

Henricus Olai Bonerus, n:s rector scholæ 1709 o. skolmästare 1712. Son till borgaren Olof Mattsson Bondila. — Stud. 1685, pastor i Sastmola. Mag. $^{14}/_{12}$ 1697, † $^{11}/_{10}$ 1717. G. m. Ingeborg Barck.

[**Simon Bernelius**, n:s 1711 herr Boneri vicarius, 1712 kollega. — Stud. $^{3}/_{10}$ 1696].

Vid Trivialskolan.

Rektorer.

Andreas Nicolai Mansnerus, 1640—1642. — Kkh. i Kumlinge 1642, † 1658.

Andreas Joh:is Keckonius l. **Keckoij**, 1642—1659, † 1675. — Stud. i Upsala 1636—1639, sed. i Åbo. Adj. i filos. $^{30}/_{7}$ 1640. Kkh. i Hvittis 1659. G. m. Karin, n:s 1650 o. 1658.

Jacobus Bartholli Lignipæus, 1659—1665. — Stud. 1640, konr. i B:borg 1644. Kkh. i Orivesi 1665. Var afl. 1690, då enkan Anna Danielsd:r Floor n:s.

Johannes Thuronis Thuronius, 1666—1674. — Son till kkh. Thuro Theodori i T:kyro, stud. 1648, mag. $^{5}/_{6}$ 1656, konr. i B:borg 1660. Kkh. i Kangasala 1674. G. 1:o m. Christina Henricia och 2:o m. Margareta Gode.

Gregorius Gregorii Arctopolitanus, 1675—1679. † 1679 o. begr. s. å. $^{18}/_{6}$. — Son till kkh. i Ulfsby Greg. Thomæ A. Stud. 1653, mag. 1664, konr. i B:borg 1666. G. m. Catharina Gustafsdotter Curnovia.

David Petri Petrejus, 1679—1691. † 1697. — Son till kkh. i Tenala Petrus Ingemari. Stud. 1664, mag. $^{4}/_{6}$ 1672, konr. härst. 1675. Kkh. i Nagu 1691, i Tenala 1696.

Andreas Henricius, 1692—1693. † $^{28}/_{5}$ 1693. — Stud. 1676, mag. $^{31}/_{7}$ 1685, vicesekr. vid akad. 1686, adj. i filos. 1688. G. $^{14}/_{8}$ 1688 m. Margareta Arctopolitana, † 1743.

Andreas Caroli Indrenius, 1693, † 1704. — Borgareson fr. B:borg. Stud. 1679, mag. $^{26}/_{7}$ 1688, kpl. i Euraåminne 1690. Kkh. i Ruovesi 1694. G. m. Elisab. Theet, hv:n sed. g. m. kkh. Andr. Pacchalenius i Ruovesi.

Georgius Ståhlberg, 1694—1698, i Raumo 1698—1703. † 1730. — Stud. 1688, ultimus $^{25}/_{11}$ 1691, konr. i B:borg 1693, kkh. i Raumo 1703.

* **Henricius Claudii Alanus**, 1703—1711. † $^{2}/_{8}$ 1721. — Son till kkh. i Korpo Claud. A., stud. 1684, mag. $^{26}/_{11}$ 1694, konr. härst. 1695, kkh. i Ingo 1711, i Spånga 1717.

* **Johannes Johannis Salmenius**, 1711—1713, † 1736. — Son till sederm. kkh. i Kuopio Joh. S., stud. 1688, mag $^{14}/_{12}$ 1700, konr. 1703. Kkh. i Rimito 1721.

* **Michael Simonis Polviander**, 1717—1721, † 1743. Stud. $^{21}/_{9}$ 1702, mag. $^{15}/_{2}$ 1712, adj. minist. i Tyrvis. Kkh. i Mouhijärvi. G. m. 1:o Sara Wegelius, 2:o Anna Kekonia, f. 1726, † 1765.

Claudius Renner, 1721—1732. † 1739. — Kollega superior 1698. Kkh. i Raumo 1732.

Friedrich Lundström, 1732—1738. † 1742. — Stud. 1705, konr. härst. $^{30}/_{9}$ 1728. Kkh. i Nagu 1738. G. 1:o m. Christina Berg, † 1734, 2:o $^{1}/_{5}$ 1735 m. Maria Beata Garvolia.

Isaacus Henrici Peldan, 1738—1746. † 1748. — Son till kpl. i Ilmola H. P. F. 1699, stud. 1717, mag. $^{25}/_{6}$ 1729, vicerekt. härst. 1738. Kkh. i Lappfjärd 1746. G. m. Rebecka Berg, hv:n sedan gifte sig med lagm. Joh. Mathesius.

Johannes **Mæxmontanus**, 1747—1748, † $^{26}/_{5}$ 1748. — Stud. $^{5}/_{6}$ 1711, koll. i Vasa 1724, konr. därst. 1735. G. m. Anna Maria Lignipæa, f. $^{24}/_{6}$ 1700.

Johannes **Kraftman**, 1748—1755, † $^{19}/_{8}$ 1791. — Son till rådm. i Borgå Joh. K., f. 1713, stud. 1731, mag. primus 1741, œconomie docens 1746, e. o. matheseos prof. 1755, afsk. 1758, ledam. af vetenskapsakad. 1778. G. m. Brita Polviander, † 1784.

Petrus Svebilius, 1755—1760. — F. $^{13}/_{6}$ 1713, † $^{21}/_{12}$ 1765. Stud. i Upsala och i Åbo 1743, mag. $^{13}/_{7}$ 1745, pedag. i Brahestad s. å., vicepastor i Kuusamo 1746, konr. 1749, kkh. i Föglö 1759. G. m. Beata Maria Mörner, f. $^{18}/_{12}$ 1725.

Fredr. Reinh. **Brander**, 1760—1791. — F. $^{12}/_{10}$ 1730, † $^{27}/_{10}$ 1800. Son till bef:man Joakim B. och Ingrid Ekman. Stud. 1746, mag. $^{30}/_{7}$ 1751, konr. i B:borg 1755, kkh. i Vehmo 1791. G. 1:o $^{4}/_{6}$ 1761 m. Johanna Lovisa Indebetou, f. $^{18}/_{6}$ 1744, † $^{13}/_{4}$ 1768, 2:o m. Maria Magdal. Pipping, f. $^{29}/_{6}$ 1740, † $^{3}/_{3}$ 1786, 3:o Barbro Helena v. Willebrand, f. $^{13}/_{11}$ 1753, † $^{30}/_{3}$ 1813.

Henricus Henrici **Wallenborg**, 1791—1804. F. $^{13}/_{12}$ 1740, † $^{2}/_{5}$ 1804. — Stud. 1757, mag. $^{25}/_{8}$ 1760, konr. i U:borg 1787. G. m. Fredrika Ulrika Holmberg, f. $^{13}/_{6}$ 1764.

Carl Fredr. **Johnsson**, 1804—1839. F. $^{11}/_{3}$ 1759, † $^{29}/_{5}$ 1839. Son till domkapitelsnotarien Christ. Johnsson. Stud, 1777, mag. $^{21}/_{6}$ 1786, jubelmag. $^{22}/_{6}$

---

* I Raumo.

1836, konr. härst. 1795, erhöll afsked och professorstitel 1839. G. m. Mariana Christina Brander, f. 28/8 1757. Hans vikarie:

Carl Rudolf Forsman, 1839—1840.

Joh. Isak Florin, 1839—1840. F. 1/8 1797, † 10/7 1845. Stud. 1815, fil. mag. 1823, koll. i T:hus 1827. Rektor vid högre elem. skolan här 1840.

Konrektorer.

Marcus Pauli Sadelerus, 1640, † 1664. — Son till Påval sadelmakare i B:borg. F. i B:borg, stud. i Upsala 1631, kpl. i U:borg 1636. 1640 transporterad till konr. i Åbo kated. skola, mag. 1647, kkh. i U:borg 1647, afsatt 1655, rektor i Nykarleby 1659, afsatt 1660. G. m. Beata Simonis Frosterus.

Martinus Thomæ Stenius, 1640—1644. † 1693. — Förut skolmästare vid pedagogin. Kkh. i Vesilax 1644.

Jacobus Bartholdi Lignipæus, 1644—1659. — Se ofvan bl. rektorer.

Johannes Thuronis Thuronius, 1659—1666. — Se ofvan bl. rektorer.

Gregorius Gregorii Arctopolitanus, 1666—1675. — Se ofvan bl. rektorer.

David Petri Petrejus, 1675—1679. — Se ofvan bl. rektorer.

Henricus Pauli Paulinus, 1679—1689, † 1713. Son till kkh. i Mouhijärvi Paulus Simonis Raumannus. Stud. 1666, kollega härst. Kkh. i Kumo 1689. G. 4/11 1679 m. Agneta Gabrielsdotter Arctopolitanus.

Abraham Johannis Thuronius, 1690—1691, † 1714. — Son till rektorn T. Stud. 1675, mag. 1685, konr. i Åbo skola 1691, kkh. i Rimito 1692, i Kangasala 1701. G. 1:o m. Catharina Arensbeck, † 1697 o. 2:o m. enkan Maria Agricola.

Johannes Utter, 1691—1693, † 1722. — Stud. 1677, mag. 1688, konr. i Åbo 1693, kkh. i Orivesi 1694.

Gregorius Ståhlberg, 1693—1694. — Se ofvan bl. rektorer.

Henricus Claudii Alanus, 1694—1703. — Se ofvan bl. rektorer.

* **Johannes Joh:is Salmenius**, 1703—1712. — Se ofvan bl. rektorer.

* **Johannes Jacobi Haartman**, 1712—1713(—1721). F. 19/3 1682, † 9/1 1737. — Son till kronof. i Haliko Jak. H. och Christ. Gottleben. Stud. 1699, mag. ultimus 1707, koll. sup. i Åbo s. å. Begaf sig på flykten 1713, rektor i Åbo 1721, logices o. metaphysices prof. i Åbo 1722, deputerad i finska kommissionen 1725 och riksdagsman 1727, theol. prof. 1735. G. m. 1:o Maria Fridelin o. 2:o Maria Sundenius, f. 1695, † 24/1 1752.

Ericus Fridéen, 1717—1722 interimskonr. under „ofreden“.

Anders Vinqvist, 1722—1728. — F. 8/2 1688, † 1735. Son till koll. sup. här Joh. Vinqvist, stud. 8/3 1706. Kkh. i Salo 1728.

Fredr. Lundström, 1728—1732. — Se ofvan bl. rektorerne.

Joh. Bergman, t. f. konr. 1730—1731. — Se koll. sup.

Isaac Henrici Peldan, 1732—1738. — Se ofvan bl. rektorerne.

---

[1] I Raumo.

Jacobus Salmenius, 1738—1742. — F. $^{22}/_{2}$ 1708, † $^{28}/_{12}$ 1774. Son till rektorn. Stud. $^{29}/_{2}$ 1724, mag. $^{11}/_{7}$ 1735. Rektor i U:borg 1742, kkh. i Paldamo 1755, † 1774. G. m. Magdalena Frosterus.

Michael Thomæ Forselius, 1743—1749. — F. 1705, † $^{1}/_{6}$ 1772. Son till kkh. i Messuby T. F. Stud. $^{2}/_{12}$ 1724, mag. $^{11}/_{7}$ 1735, koll. sup. här 1738. Kkh. i Euraåminne 1749. G. 1:o m. Anna Maria Tackou, kkhd:r fr. Euraåminne och 2:o m. Catharina Wanæus, prosted:r fr. Orivesi.

Petrus Svebilius, 1749—1755. — Se ofvan bl. rektorerne.

Fredr. Reinh. Brander, 1755—1760. — Se ofvan bl. rektorerne.

Joh. Pihlman, 1760—1775. — F. 1733, † $^{27}/_{1}$ 1811. Son till frälseinsp. Carl Pihlman. Stud. 1747, mag. 1754, chemiæ docens 1756, kkh. i Euraåminne 1775, theol. doktor 1779, honor. prof. 1786, riksdagsman 1778, 1786 och 1797, föreslagen i 3:dje rummet till biskopsemb. i Åbo 1802. G. m. Agatha Christina Thimm, brukspatronsd:r fr. Kautua, † 1796.

Johan Ström, 1775—1786. — F. 1731, † $^{6}/_{2}$ 1815. Kronofogdeson. Stud. $^{13}/_{7}$ 1748, mag. $^{28}/_{6}$ 1760, prestv. 1766, apol. här 1768. Kkh. i Nykyrka 1786, honorär professor 1800. G. m. Margareta Cathar. Alanus, prostedotter fr. Vehmo, f. 1750.

Henr. Henrici Wallenborg, 1786—1791. — Se ofvan rektorerne.

Josef Mollin, 1791—1795. — F. 1756, † $^{28}/_{4}$ 1810. Son till borgm. i U:borg Jonas M. Stud. 1775, koll. inf. i Vasa 1780, mag. 1782, koll. sup. i U:borg 1786, prestvigd 1790. Kkh. i Karkku 1795, Loimijoki 1806. G. m. Hella Sofia Westzynthius, f. 1766, d:r till prost. i Pyhäjoki, d:r Joh. W.

Carl Fredr. Johnsson, 1795—1804. — Se ofvan rektorerne.

Zachris Tamlander, 1804—1808. — F. $^{21}/_{10}$ 1770 (1767 enl. Lagus), † $^{5}/_{6}$ 1828. Skräddareson fr. Åbo. Stud. 1788, mag. 1792, t. f. apol. här 1792, ord. d:o 1797, koll. sup. 1800, prestv. 1801. Kkh. i Akkas 1808. G. m. Christina Moliis, f. 1775.

Adolf Kellander, 1809—1810. — F. $^{1}/_{3}$ 1767, † $^{5}/_{6}$ 1810. Son till handl. Engelb. Kellander. Stud. 1783, mag. 1792, prestv. 1795, apol. här 1801, koll. sup. 1806. G. m. Perpetua Albertina Soper, f. $^{8}/_{3}$ 1773, † $^{4}/_{3}$ 1812.

Matthias Enegren, 1810—1811. — F. 1768, † $^{12}/_{6}$ 1823. Bondson fr. Mustasaari. Stud. 1789, prestv. 1794, mag. 1795, rektor i Gamlakarleby 1797, koll. inf. i Vasa 1798 och d:o sup. 1808. Kkh. i Föglö 1811. G. 1:o m. Hedvig Maria Söderlund fr. Vasa, f. 1775, † 1814, 2:o 1815 m. Charlotta Catharina Svebelius, kapellansd:r fr. Brändö, f. 1785, † 1823, enka efter en major de Pont.

Carl Henr. Hollberg, 1812—1823. — F. 1784, † $^{9}/_{6}$ 1830. Son till kpl. i Vehmo Esaias H., stud. 1796, mag. 1802, vikarierat härst. fr. 1804, koll. inf. 1806, sup. 1809, d:o i Vasa 1811, dock ej tillträdt. Prestvigd 1823. G. m. Ernestina Svebelius, kapellansd:r fr. Brändö, f. $^{14}/_{3}$ 1795.

Fredr. Hellstein, t. f. konr. h. t. 1823.

Johan Elers, 1832—1843. — F. 1802, † 1860. Stud, 1821, mag. 1827, apol. här 1827. I följd af sinnesrubbning skiljd fr. tjensten o. inlöst i hospital.

Carl Rudolph Forsman, t. f. konr. v. t. 1833—v. t. 1836, utom v. t. 1835.

Eric Frosterus, t. f. konr. v. t. 1835 samt 1836—37.

Fredr. Julius Odenvall, t. f. konr. 1837—1840.

Osk. Ferd. Ignatius, t. f. konr. 1840—1841.

Collegæ superiores.

Thomas Bartholdi Rajalenius, n:s 1642. † 1688. Stud. 1640. Sockneadj. i Hvittis 1646; kpl. där 1648. Kkh. i Tyrvis 1668. G. m. Karin Molina.

Paulus Simonis Raumannus, n:s 1649–1660. — † 1682. Studerat i Åbo och vid flere universiteter i Tyskland. Kkh. i Mouhijärvi 1662. G. m. Agneta Henriksdotter. Han blef genom sin sonson och sina söner stamfader för adliga ätterne: Lindheim, Lillienstedt och Lagerflycht.

Henricus Pauli Paulinus, n:s 1672–1679. — † 1713. Se konrektorer.

Johannes Vinqvist, 1680–1698. † 1718 i S:t Petersburg, dit han blifvit af Ryssarne fängslig bortförd. Stud. 1669. Kkh. i Lappi 1698, i Ruovesi 1704. Predikade vid prestmötet 1703. G. m. en d:r till prosten Andr. Keckonius i Hvittis och Catharina Göös.

* **Claudius Renner**, 1698—1721. — Se ofvan bl. rektorer.

Ericus Fridéen, 1722–1728. — † 1748. Notarie vid rådsturätten i Raumo, vicekonrektor 1717. Placerad vid Raumo pedagogi 1728. Kkh. i Lappi 1744. G. m. Maria Höckert, f. 1679.

Johan Bergman, 1728—1738. — † $^{1}/_{3}$ 1738. Omnämnes såsom en berömlig lärare. G. $^{18}/_{1}$ 1730 m. Anna Keckonia.

Michael Thomæ Forselius, 1738—1743. — Se ofvan bl. konrektorer.

Jakob Olof Brander, 1743—1756. — F. $^{27}/_{7}$ 1714, † $^{7}/_{4}$ 1784. Son till häradsskrifv. Joakim B. och Kristina Paulina. Stud. 1743. Kapellan i Ulfsby 1756. G. 1:mo 1744 m. Helena Levan, f. $^{3}/_{10}$ 1721, † 1766 och 2:o 1770 m. Johanna Charl. Björnram.

Henrik Brander, 1756—1789. — F. $^{6}/_{1}$ 1707, † $^{18}/_{1}$ 1789. Broder till föreg. Stud. $^{5}/_{2}$ 1731. Kollega inf. 1737, kollega sup. 1756. Tjenstledig sedan 1763, ifr. hvilken tid tjensten sköttes af koll. inf. M. Backman 1763–68, E. Utter 1768–88 och C. F. Johnsson 1788—89. G. m. Elisab. Polviander, f. $^{22}/_{4}$ 1724, † $^{28}/_{3}$ 1795.

Carl Fredrik Johnsson, 1789–1792. — Se ofvan bl. rektorer.

Carl Reinh. Brander, 1792–1800. — F. $^{9}/_{8}$ 1765, † $^{13}/_{8}$ 1831. Son till rektorn härstädes Fredr. Reinh. Brander och hans 1:sta hustru Marg. Maria Pipping. Stud. $^{6}/_{7}$ 1780. Filos. mag. $^{22}/_{6}$ 1786. Kollega inf. i B:borg 1790, kollega sup. 1792. Tog afsked 1800. G. $^{14}/_{3}$ 1793 m. Brita Kristina Grönfors.

Zachris Tamlander, 1800–1805. — Se ofvan bl. konrektorer.

Adolf Kellander, 1805—1809. — Se ofvan bl. konrektorer.

Karl Henr. Hollberg, 1809—1812. — Se ofvan bl. konrektorer.

Fredrik Hellstein, 1812—1830. — F. $^{7}/_{1}$ 1780, † $^{4}/_{2}$ 1841. Son till skomak. Fredr. H. o. Brita Sundelin. Stud. 1798. Prestv. 1805. Apologist här 1806. Kkh. i Sääksmäki 1830. G. $^{29}/_{5}$ 1831 m. Maria Carström fr. Ulfsby.

Erik Frosterus, 1831—1840. — F. $^{15}/_{4}$ 1802, † $^{20}/_{8}$ 1843. Föräldrar: kapellanen i Haukipudas, sedan kkh. i Ijo Jakob F. och hans 1:a hustru Sara Kristina Cajaner. Stud. $^{4}/_{3}$ 1820. Fil. mag. $^{10}/_{7}$ 1827, prestv. $^{20}/_{6}$ 1829. Kollega sup. $^{12}/_{10}$ 1831. För sjuklighet tjenstledighet 1837. 1:sta kollega i Vasa $^{28}/_{5}$ 1842 [1]).

---

* I Raumo. [1]) Vikar.: C. F. Forsman, G. E. Fogelholm, O. F. Saxbeck, O. K. Strömsten.

Collegæ inferiores.

Sveno Petri Notenbergius, kollega, n:s 1643 — åtm. 1659. — † i B:borg $^{20}/_{6}$ 1669. Stud. 1640. G. m. Malin Henriksdotter, moster till stadsskrifvaren Johan Moliis.

Petrus Svenonis Notenbergius, n:s 1671, 1677—1681. — Stud. 1666. G. m. Anna Larsdotter, † $^{10}/_{4}$ 1681.

Mathias Mathiæ Epagius, n:s 1670, 1674, † $^{13}/_{5}$ 1680. — Stud. 1658. G. $^{29}/_{2}$ 1666 m. Susanna Hansdotter, n:s enka 1682.

Gregorius Gabrielis Gottleben, n:s 1686, 1691 och 1694. — † 1723. Stud. 1678. Kkh. i Pyhämaa 1698, kkh. i Eura 1719.

Petrus Gabrielis Arctopolitanus, 1698. F. $^{25}/_{8}$ 1670, † $^{7}/_{1}$ 1698 innan tillträdet. Son till kkh. i Ulfsby Gabriel A. Stud. 1686. G. $^{21}/_{1}$ 1697 m. Maria Oselia.

Simon Georgii Sonnerus, fr. 1699 i Raumo. Stud. 1677, sockneadj. i Nyby.

Simon Helin, 1717—1721. Under stora ofreden i Raumo.

Johannes Tenlenius, 1722. — † 1737. Stud. 1712. Kpl. i Eura 1722.

Jacobus Mathiæ Gummerus, 1722—1737. — † $^{13}/_{6}$ 1737. Stud. 1706. G. $^{10}/_{1}$ 1723 med Christina Henricia.

Henrik Brander, 1737—1756. — Se koll. sup.

Michael Barckman, 1756—1768. — F. $^{10}/_{8}$ 1711, † $^{9}/_{2}$ 1768. Stud. $^{21}/_{1}$ 1739.

Elias Utter, 1768—1788. — F. 1734, † $^{30}/_{1}$ 1788. Son till sockneadj. i Orivesi Joh. U. Stud. 1752, mag. 1760, vikar. koll. inf. 1763.

Carl Fredr. Johnsson, 1788—1790. — Se rektorerne.

Carl Reinh. Brander, 1790—1793. — Se coll. sup.

Anders Eldén, 1794—1800. F. 1759, † $^{10}/_{7}$ 1809. Stud. 1778, prestv. 1785, batalj. pred. vid B:borgs regem. 1790. Kkh. i Säkylä 1800.

Carl Gustaf Utter, 1800—1805. — F. $^{23}/_{12}$ 1774, † $^{31}/_{7}$ 1805. Son till kpl. i Kiukais Jak. U. Stud. $^{20}/_{6}$ 1791, mag. $^{23}/_{6}$ 1795, vicekoll. i B:borg 1797. G. m. Christ. Magdal. Avellan, f. $^{9}/_{6}$ 1783. Hans vikarier:

Fredr. Brander, 1801 och Fr. Hellstein, v. 1803, 1805—1806.

Carl Henr. Hollberg, 1806—1809. — Se konrektorerne.

Henrik Arenius, 1810—1818. — F. $^{18}/_{10}$ 1780, † 1818. Son till kpl. i Mietois Joh. A. Stud. $^{20}/_{6}$ 1797, mag. $^{23}/_{6}$ 1805.

Henrik Johan Hällfors, 1819—1824. — F. $^{9}/_{8}$ 1792, † $^{10}/_{3}$ 1866. Son till pedag. i K:stad, sed. kkh. i Ikalis Jak. Hällfors, prestv. 1813. Kapellan i Ilmola 1824, kkh. i Ikalis 1844.

Johan Abr. Jung, 1824—1833. — F. $^{21}/_{11}$ 1799 på Åland, † $^{14}/_{4}$ 1834. Stud. 1818, prestv. 1822. Koll. i Åbo 1833. G. m. Cathar. Sofia Tillman, f. 1802 i Åbo. Vikarier: L. R. Malmsten o. J. E. Grönlund.

Lars Reinh. Malmsten, 1833—1834. — F. $^{27}/_{5}$ 1805, † $^{14}/_{6}$ 1866. Stud. 1825, vikarie i B:borgs skola 1831, prestvigd 1832, mag. s. å. Kollega i Åbo 1834, rysk språklärare härst. 1836, kapellan i Lappo 1845, kkh. i Keuru 1850.

Gust. Erik Fogelholm, 1835—1837. — F. $^{17}/_{6}$ 1806, † $^{19}/_{7}$ 1873. Stud. 1826, mag. 1832. Koll. i Åbo 1837, rektor i U:borg 1839, kkh. i U:borg 1855. G. m. Henrietta Vilhelmina Riska $^{6}/_{10}$ 1807. Vikarie:

Otto Ferd. Saxbeck, 1836—1837.

Gust. Malm, 1838, tillträdde ej. — F. $^{29}/_{11}$ 1805, † 1851. Stud. 1824, mag. 1832, prestv. s. å., t. f. kollega i Vasa 1835—39, apol. i d:o 1839, koll. sup. 1844. Vikarie:

Ernst Vilh. Törnroth.

Henrik Joh. Hjorth, 1838. tillträdde ej. — F. $^{14}/_{8}$ 1806, † $^{13}/_{7}$ 1856. Stud. 1824, mag. 1832, prestv. 1834, luthersk predikant i Dünaburgsfästn. 1838, andre kollega i B:borg 1841, men tillträdde ej tjensten, predikant å Skarpans 1842, kkh. i Vichtis 1850. Vikarie:

Ernst Vilh. Törnroth, 1840 — ht. 1841.

Apologister (tillika directores cantus).

Joen Wrigstadius, nämnes 1646, 1654, 1655, 1657, 1658, 1660, 1678, 1681. — † $^{14}/_{3}$ 1686. Kallas vanl. kollega. G. m. Margreta Clasdotter.

Nicolaus Jonæ Wrigstadius, n:s 1683—1698, † omkr. 1714. Son till föreg. Den $^{29}/_{6}$ 1698 sades om honom att han i 14 år tjenat såsom apologist. Stud. 1679. Pastor i Euraåminne 1698.

Johannes Johannis Lagus, 1698—1736. — † $^{1}/_{1}$ 1740. Son till kkh. i Nystad Joh. L. Stud. 1692. Tjenstledig fr. 1 maj 1736. G. $^{3}/_{10}$ 1699 m. Maria Oselia, Petri Arctopolitani enka. Hans vikarie:

Andreas Eneberg.

* **Michael Höckert**, interimsapologist under ofreden i Raumo 1717—1721.

Andreas Michaelis Eneberg, 1740—1761. — F. $^{1}/_{11}$ 1712, † 1788. Stud. $^{30}/_{1}$ 1734. T. f. apol. i B:borg, ord. d:o 1740. Kkh. i Sastmola 1761. G. m. Sara Polviander, f. $^{24}/_{5}$ 1722.

Johan Lindell, 1761—1767. — F. $^{28}/_{12}$ 1716, † $^{17}/_{10}$ 1767. Stud. 1740, pastorsadj. i Sastmola. G. m. Maria Beata Fortelia, f. $^{6}/_{10}$ 1729.

Johan Ström, 1768—1775. — Se bl. konrektorer.

Anders Asp, 1776—1796. — F. $^{30}/_{3}$ 1723, † $^{26}/_{10}$ 1796. Tjenstledig fr. 1790. Vikarie stud. Zach. Calander. And. Asp var borgarson fr. Vasa. Stud. $^{7}/_{7}$ 1745, prestv. 1755, pedag. i K:stad 1763. G. m. Elsa Forselia, f. $^{11}/_{2}$ 1730, † $^{3}/_{6}$ 1800.

Zachris Tamlander, t. f. 1793—1797, ord. 1797—1800. — Se bl. konrektorerne.

Adolf Kellander, 1801—1806, — Se bl. konrektorerne.

Fredr. Hellstein, 1806—1812. — Se bl. koll. sup.

Nils Hellenius, 1812—1816. — F. 1786, † $^{23}/_{7}$ 1816. Son till sockneadj. i Sagu, sed. kpl. i Wirmo Simon H. Stud. 1804, prestv. 1810.

Wilh. Malmsten, 1816—1821. — F. $^{16}/_{4}$ 1786, † $^{31}/_{1}$ 1821. Fr. Hinnerjoki. Stud. 1806, prestv. 1812.

Carl Henrik Rislachi, 1821—1827. — F. $^{14}/_{2}$ 1793, † $^{29}/_{4}$ 1841. Stud. 1812, prestv. 1815. Kapellan i Wörå 1827, kkh. i Sotkamo 1836.

Henrik Schroderus skötte tjensten h. t. 1827.

Johan Elers, 1827—1832. — Se bl. konrektorer.

Carl Rud. Forsman, 1832—1833. — F. $^{15}/_{8}$ 1802, † $^{29}/_{7}$ 1882. Son till kkh. i Lillkyro Zach. Forsman och Eva Aurora Estlander. Stud. 1820, prstv. 1823, mag. 1827, t. f. apol. härst. 1831. T. f. koll. sup. 1833, t. f.

* I Raumo.

konr. härst. s. å., t. f. konr. i Åbo $^{30}/_{8}$ 1836, t. f. rektor där $^{25}/_{1}$ 1837, t. f. rektor härst. $^{30}/_{1}$ 1839, rektor i Åbo $^{2}/_{1}$ 1845, kkh. i Ilmola 1850, kontr. prost 1852, hon. theol. dokt. 1864, jubelmag. 1877. Utgifvit särsk. vetenskapliga arbeten. G. $^{28}/_{12}$ 1837 m. Sofia Charl. Björnberg, f. $^{29}/_{1}$ 1820.

Vikarierande apologister:

stud. Gust. Fredr. Johnsson, $^{8}/_{3}$ 1833—$^{9}/_{4}$ 1833.
mag. Gust. Erik Fogelholm, $^{9}/_{4}$ 1833—febr. 1835.
stud. Frans Josef Vadén, febr. 1835—$^{13}/_{7}$ 1835,
past:adj. Joh. Erik Grönlund, aug. 1835—febr. 1836,
prestmannen Gust. Ticklén, febr. 1836—1837.

Otto Ferd. Saxbeck, 1837—1840. — F. $^{4}/_{4}$ 1814, † $^{18}/_{6}$ 1874. Stud. 1830, mag. 1836 t. f. koll. inf. härst. $^{30}/_{9}$ 1836, t. f. koll. sup. $^{23}/_{8}$ 1837. Koll. sup. i T:hus 1840, konrektor där 1842 och i Åbo 1848. Kkh. i Haliko 1851.

Vikarier:

prestmannen Gustaf Lönnmark, jan. 1838--1839.
fil. kand. Otto Christ. Strömsten, v. t. 1839.
mag. Knut Vikt. Crusell, h. t. 1840.

Berndt Wilh. Wegelius, 1840. F. $^{9}/_{3}$ 1809, † $^{4}/_{9}$ 1867. Stud. 1828, mag. 1836, 3:dje koll. i T:hus högre elem. skola 1841, kkh. i T:hus och Wånå 1853.

Ryska språklärare.

Johan Kusmin, 1813—1814. — † 1821. Kollegiisekret., erhöll afsked.

Carl Christ. Johnsson, 1814—1818.

Johan Michelsson, 1819—1823. — F. 1799, † $^{21}/_{1}$ 1824. Stud. 1818, prestv. 1823.

Hans vikarie:

stud. Henrik Emanuel Söderborg, 1823, fr. 1 maj till v. t:s slut, $^{18}/_{2}$ 1824—$^{1}/_{8}$ 1825.

Karl Aug. Hjorth, 1824—1833. — F. $^{5}/_{12}$ 1797, † $^{14}/_{1}$ 1851. Mag. 1819, prestv. 1825, Kkh. i Bjerno 1833.

Hans vikarie:

pastorsadj. Jakob Kullhem, 1834.

Mathias Vilh. Vikström, 1834—1835. — F. 1804, † $^{23}/_{6}$ 1835. Stud. 1822, prestv. 1826, fånghuspredikant i Vasa 1830.

Hans vikarie:

mag. Henrik Joh. Hjorth, 1835—1836.

Lars Reinh. Malmsten, 1836—1842. — Se koll. inf.

Vid Högre elementarskolan och fyrklassiga lyceum 1840—1895.

Rektorer.

Johan Isak Florin, 1840—1845. — Se rektorer vid trivialskolan.

Osk. Ferd. Ingelius, 1845—1851. — F. $^{5}/_{4}$ 1812, † $^{26}/_{12}$ 1891. Son till kkh. i Sastmola Gust. Joh. I. Stud. 1830, mag. 1836, vikarierat vid särsk. lärov. 1837—40, t, f. konr. härst. 1840 och ord. dito 1843, rektor 26 nov. 1845. Rektor vid Åbo skola 1851, prestv. 1859, kkh. i Uskela 1859, i Hvittis 1866, jubelmag. 1886. G. m. Helena Sofia Josef. Bäckman.

Alex. Gust. Jul. Hallstén, utn. 31 mars 1852, men tillträdde icke tjensten.

Otto Christian Strömsten, 1852—1868. — F. $^{14}/_{3}$ 1813, † $^{30}/_{3}$ 1868. Stud. 1830, mag. 1840, vikarie vid B:borgs skola sedan 1839, 2:dre koll. härst. 1843. 1:ste dito vid Åbo skola 1844, konr. vid U:borgs skola 1849, prestv. 1851, rektor, härst. sept. 1852. G. m. Sofia Wettersten, f. $^{14}/_{9}$ 1831.

Carl Ferd. Nordlund, 1868 (1873)—1882. — F. $^{6}/_{12}$ 1820. Son till kpl. i Luvia Isak N. Stud. 1838, mag. 1844, första koll. härst. $^{14}/_{7}$ 1845, handhaft rektorslektionerna 1845—1846 samt konrektorstjensten 1846—1847, konrektor härst. ^{12} $_{7}$ 1847, t. f. rektor 1852—53 samt fr. v. t. 1868 till $^{6}/_{6}$ 1870, rektor vald af skolkoll. $^{2}/_{8}$ 1870, af kejs. sen. förordn. $^{24}/_{4}$ 1873. Efter högre elementarskolans ombildn. till lyceum koll. därst. i religion, finska och latin och af kejs. senaten utnämd rektor vid lyceet $^{9}/_{4}$ 1875, erh. afsked med full pension 1882, jubelmag. 1894 G. $^{29}/_{7}$ 1852 m. Johanna Elis. v. Schantz, f. $^{13}/_{3}$ 1831.

Karl Emil Granqvist, t. f. rektor 1882—86. — F. i Åbo $^{8}/_{11}$ 1830, † $^{3}/_{12}$ 1889. Son till kopparslag. Karl G. Stud. 1852, mag. 1860, t. f. koll. i mathem. och nat. hist. härst. fr. h. t. 1866 och ord. dito $^{30}/_{11}$ 1868, t. f. rektor i juni 1882, tjenstl. för sjukl. fr. $^{1}/_{10}$ 1886, erh. afsk. 1888. G. 1:o $^{6}/_{2}$ 1869 m. Maria Sofia Nyström, f. $^{10}/_{11}$ 1844, o. 2:o $^{15}/_{8}$ 1877 m. Maria Aug. Zitting, f. $^{22}/_{4}$ 1845.

Joh. Ismael Tamsén, t. f. rektor 1886—1891. — F. i T:fors $^{8}/_{5}$ 1837. Son till sadelmakaren Fredr. T. och Johanna Rosengren. Stud. 1858, mag. 1869, koll. i latin härst. $^{30}/_{11}$ 1868, vald konr. för 3 år $^{2}/_{5}$ 1870, t. f. rektor $^{16}/_{11}$ 1886—$^{25}/_{9}$ 1891. Uppförd å indragningsstat $^{15}/_{6}$ 1893. G. m. Anna Matilda Salvin.

Edv. Viktor Selin, t. f. rektor 1891—1895. — Se kolleger i ryska och tyska vid högre elem. skolan.

Konrektorer.

Joh. Elers, 1842—43. Se ofvan konrektorer vid trivialskolan. Vikarie: Osk. Ferd. Ingelius 1840—43.

Osk. Ferd. Ingelius, 1843—45. Se rektorer.

Henr. Gabr. Piponius, 1846—1847. — F. $^{14}/_{10}$ 1812, † $^{20}/_{2}$ 1847. Son till färgaremäst. i U:borg Elias P. o. Anna Jakobina Snellman. Stud. 1830. Mag.

1836. T. f. 2:dre lärare vid l. elem. skolan i G:la K:by 1842. 1:ste koll. i U:borgs h. elem. skola 1844. Konr. i B:borg 1846.

Karl Ferd. Nordlund, 1847—1870. Se rektorer.

F. J. Polviander, t. f. konrektor 1852—53.

Johan Ismael Tamsén, 1870—73. Se rektorer.

Förste kolleger.

Eric Frosterus, v. t. 1842. — Se koll. sup. vid trivialsk.

Vikarier:

mag. Otto Christ. Strömstén, v. t. 1842,

mag. Cnut Vict. Crusell, h. t. 1842.

Lars Reinh. Malmsten, 1842-45. — Se koll. inf.

Carl Ferd. Nordlund, 1845—48. — Se rektorer vid högre elem. skolan.

Georg Gust. Gonander, 1848—1851. — F. 4/7 1819, † 30/12 1851. Stud. 1836, mag. 1840, prestv. 1841, 2:dre koll. härst. 1/4 1845, t. f. 1:ste koll. fr. h. t. 1846 och ord. dito 29/11 1847.

Frans Jakob Polviander, 1852. — F. 3/10 1817, † 18/3 1883. Stud. 1837, mag. 1844, t. f. rektor vid l. elem. sk. i Skarpans 1846—51, t. f. 2:dre koll. vid h. elem. sk. i Vasa 1851—52, 1:ste koll. härst. 31/3 1852, t. f. konrektor härst. 1852-53, koll. i latin vid h. elem. sk. i Åbo 1866—71, erh. afsk. 2/3 1871.

Vikarie: mag. Herman Henr. Hellén, h. t. 1852.

Carl Anshelm Stenhagen, 1853—1858. — F. 31/3 1823, † 22/1 1888. Stud. 1840, lärare vid l. elem. sk. i Raumo 1845, prestv. s. å., 1:ste lärare vid l. elem. sk. i Ekenäs 1853, 1:ste koll. härst. 5/4 1853, koll. i mathem. härst. 1858, tjenstledig för sjukligh. fr. v. t. 1864 till ingången af v. t. 1868, då på begär. erh. afsk. G. 18/1 1849 m. Edla Brander, f. 28/7 1830.

Andre kolleger.

Henr. Joh. Hjorth, 1841—1843. — Se koll. inf.

Otto Christian Strömsten, 1843—1844. — Se rektorer.

Georg Gust. Gonander, 1845—1848. — Se 1:ste koll.

Mag. Ludv. Björkman, t. f. 2:dre koll. 1846;

Mag. Karl Gust. Renvall, dito 7/3 1848—slutet af v. t.

Mathias Leon. Gonander, 1848—1849. — F. 2/8 1822, † 4/4 1849. Stud. 1840, mag. 1844, t. f. 2:dre koll. i Vasa skola v. t. 1845, lärare v. l. elem. sk. i Ekenäs 1846, t. f. 2:dre koll. härst. h. t. 1846 och ord. dito 3/4 1848.

Stud. Georg Nest. Laurell, t. f. 2:dre koll. fr. 1/2 1849—slutet af v. t.

Volmar Theodor Renwall, 1849—1852. — F. 14/4 1821. Son till borgmästaren. i N:dal Henr. R. o. Agn. C. Cairenius. Stud. 1839, mag. 1847, 2:dre koll. i U:borg 1848, 2:dre koll. härst. 19/9 1849, d:o i Åbo 18/2 1852, koll. i hist. o. geogr. därst. 1856, erh. lektorstitel 1880, afsk. m. full pension 1886, jubelmag. 1897. G. 15/1 1850 m. Sofia Amanda Sjöstedt.

Karl Edvard Lindeqvist, 1852—1856. F. $^{5}/_{11}$ 1830, † $^{16}/_{12}$ 1894. — Son till kantorn Joh. Henr. L. Stud. 1847, mag. 1850, t. f. 2:dre koll. härst. 1852 och ord. dito $^{6}/_{12}$ 1852, erh. på begäran afsk. 1856, burskap ss. handl. i B:borg s. å., dispaschör för sjöassuransfören. i Finl. 1869, allm. dispaschör i Finl. 1875. Fullmäktig för B:borg vid landtdagarna 1863—64 och 1867. G. m. Fredrika Wilh. Grönfeldt, f. $^{27}/_{5}$ 1833, † $^{27}/_{2}$ 1875.

Tredje kolleger.

Knut Vict. Crusell, 1842—1844. — F. $^{27}/_{8}$ 1815, † $^{8}/_{12}$ 1844. Son till kronof. på Åland Sam. Gabr. C. Stud. 1833, t. f. apol. härst. 1840, mag. 1840, 3:dje koll. härst. 1842. G. $^{27}/_{2}$ 1840 m. Aug. Gustava Bergenstråle.

Carl Michael Candolin, 1846—1852. — F. $^{16}/_{10}$ 1816, † $^{7}/_{6}$ 1881. Stud. 1837, t. f. 3:dje koll. härst. $^{1}/_{5}$ 1846, ord. dito $^{22}/_{6}$ s. å., rektor vid l. elem. sk. i Skarpans $^{7}/_{7}$ 1852, rektor vid l. elem. sk. i Mariehamn. G. $^{16}/_{10}$ 1848 m. Joh. Maria v. Schantz.

Carl Gust. Renfors, 1852—1853. — F. $^{21}/_{3}$ 1827. † 1883. Son till borg. i B:borg Erik Joh. R. Stud. 1844, prestv. 1851, t. f. 3:dje koll. härst. h. t. 1852 och v. t. 1854 samt t. f. 2:dra koll. 1853. Ord. 3:dje koll. härst. $^{17}/_{1}$ 1853, läraro vid l. elem. sk. i Raumo $^{27}/_{11}$ s. å., koll. i finska o. svenska vid h. elem. sk. i Kuopio 1868. T. f. kpl. i Rautavaara 1871.

Rob. Fredr. Wennerberg, 1854—1857. — F. $^{2}/_{10}$ 1830, † $^{22}/_{9}$ 1885. Stud. 1848, 3:dje koll. härst. $^{29}/_{5}$ 1854, mag. 1857, bitr. koll. i hist. o. geogr. vid. h. elem. sk. i Åbo $^{28}/_{11}$ 1857, uppf. på indragningsstat $^{13}/_{8}$ 1874.

Kolleger i mathematik.

Carl Ans. Stenhagen, 1858—1868. — Se förste kolleger. Vikarier:

Karl Ad. Floor, 1864—65, stud.
Karl Henr. Wettersten, 1865—66, stud.
K. E. Granqvist, 1866—68.

Karl Emil Granqvist, 1868—1888. — Se rektorer.
Vikarier:
Reitto Rinne, 1886—88.
Ans. Fredr. Staudinger, t. f. kollega 1884—94.

Kolleger i historia.

Anton Vilh. Lindgren, 1858—1862. — F. i T:fors $^{17}/_{9}$ 1831. Stud. 1850. T. f. lärare vid l. elem. skolan i T:fors 1853, lärare vid l. elem. skolan i J:stad 1853, kollega i B:borg fr. v. t. 1852, bytte tjenst med efterträdaren fr. h. t. 1862. Bitr. translator för finska språket i senaten 1881, från hvilken tjenst numera tagit afsked. G. m. Maria Wettersten.

Edvin Avellan, 1862–1867. — F. $^{1}/_{5}$ 1830. Son till sekreteraren Gust. Ad. A. och Callista Fredr. Tennberg. Stud. 1848. 3:dje koll. vid T:hus skola $^{26}/_{11}$ 1855, äfvensom koll. i hist. o. geografi till utg. af v. t. 1862. Bytte tjenst med företrädaren $^{27}/_{5}$ 1862. Tjenstledig för sjuklighet 1865—67. Afsked på begäran $^{4}/_{9}$ 1867. Kommunalråd 1879. G. $^{6}/_{1}$ 1860 m. Katarina Ulrika Hahnsson, f. $^{16}/_{3}$ 1832. Vikarier:

Axel Wilh. Wessel, h. t. 1865, mag.

Frans Joh. Lehtonen, v. t. 1866, äfvensom l. å. 1866—67.

Karl Wilh. Hougberg, 1868—1877. — F. $^{16}/_{11}$ 1832, † $^{30}/_{4}$ 1877. Son till kkh. i Villmanstrand Gabr. Vilh. H. o. Gustava Marg. Kemmer. Stud. 1854. Fil. kand. 1860. Vikarierat vid lärovärk i Borgå, Lovisa o. Åbo 1861—68. Kollega i B:borg $^{11}/_{3}$ 1868. G. 1871 m. Charl. Vilh. Andersson. Vikarier:

Lorentz Vilh. Häggström, från början af v. t. till $^{1}/_{5}$ 1877.

J. A. Sundell, fr. $^{1}/_{5}$ till slutet af v. t. 1877, stud.

Joh. Vilh. Ruuth, l. å. 1877—78, fil. kand.

Arvid Nordgren, l. å. 1878—80, ped. kand.

Fredr. Ignat. Fårling, 1880—1895. — F. $^{17}/_{1}$ 1846. Son till kuramgerens i Kangasala Joh. Fredr. F. o. Amalia Vilh. Ignatius. Stud. 1865. E. o. amanuens vid universitetets hist.-etnogr. museum 1872. Mag. 1873, lärare vid priv. lyceum i Kuopio 1876, koll. i hist. m. m. i B:borg $^{19}/_{4}$ 1880, tilltr. h. t. 1881. G. $^{29}/_{10}$ 1882 m. friherrinnan Elin Ingeb. Aug. Math. Carpelan. Vikarier:

Kristian Oskar Lilius, h. t. 1880, mag.

August Leon. Beyrath, v. t. 1881, lärarekand.

Kolleger i latin.

Ivar Agaton Bergroth, 1858—1865. — F. 1831, † $^{20}/_{12}$ 1880. Son till kkh. i Punkalaitio Fredr. Efr. Bergroth och hans 2:dra hustru Kristina Sofia Hornborg. Stud. 1849, mag. 1853, kollega i B:borg $^{25}/_{5}$ 1858. Lektor i latin i T:hus gymn. $^{19}/_{7}$ 1865. G. $^{3}/_{6}$ 1858 m. Olga Elis. Österblad, f. $^{17}/_{10}$ 1831.

Samuel Vilh. Hellgren, l. å. 1865—67 och h. t. 1867, kand.

Sven Peter Dahlbeck, v. t. 1868, teknolog.

Joh. Parviainen, l. å. 1868—69, stud.

Johan Ismael Tamsén, 1868—1893. — Se rektorer.

Vikarier:

Axel Emil Rosendahl, maj 1890, stud.

Karl Jul. Hidén, h. t. 1890, stud.

Anselm Fredr. Staudinger, v. t. 1891, kollega.

Lars Hugo Sandelin o. Vilh. Nordlund, l. å. 1891—92.

Kolleger i religion.

E. V. Selin, t. f. 1868, se koll. i ryska.

Fredr. Salomon Sadenius, t. f. v. t. 1869 och l. å. 1869—70, stud.

Joh. Alb. Bergman, t. f. v. t. 1871, mag.
Joh. Axel Malmgren, t. f. l. å. 1871—74, mag.
Carl Ferdinand Nordlund, 1874—1882. Se bl. rektorer.
A. L. Beyrath, l. å. 1882—1884.
Isak Vilh. Kallio, h. t. 1884.
Jooseppi Mustakallio, 1884—1891. — F. 18/7 1857. Son till kpl. Henr. Schwartzberg. Stud. 1878, filos. kand. 1883. Kollega i B:borg 19/12 1884. Prestv. 1888. Lektor vid reallyceum i Nyslott 22/12 1891, vid lyceet i Kuopio 1894.
Lorens Vilh. Häggström, t. f. v. t. 1892—1895.
Gust. Emil Ramstedt underv. i finskan v. t. 1892.

Ryska språklärare.

Lars Reinh. Malmsten, 1840—42. — Se koll. inf. i trivialsk. Tjensten sköttes efter 1842 af mag. *Malmsten* 1842—1844, mag. *Joh. Petter Boström*. h. t. 1844, stud. *Karl Alb. Alfström* v. t. 1845, v. t. 1846, mag. *Aug. Engelberg*, h. t. 1846, h. t. 1847.

Fab. Ludv. Martinson, 1848—1853. — F. 8/1 1821, † 20/11 1896. Stud. 1841, rysk ex. 1844, studerat vid univ. i Moskva 1845—1847. Rysk språkl. i Vasa 1859, lektor vid univ. 1871, erh. på begäran afsk. 1883.

Nils Gust. Hammarén, 1854—1874. — F. 16/6 1820, † 22/8 1895. Stud. 1840, rysk. ex. 1845, stud. vid univ. i Kasan 1847—1849, t. f. r. språkl. i Vasa 1850—1854. Erhöll på begäran afsked 1874. G. m. Maria Lov. Himberg.

Kolleger i ryska och tyska.

Axel Wilh. Gripenberg, l. å 1874—75, bankokassör.
Jakob Björkqvist h. t. 1875.
Edv. Viktor Selin, t. f. 1876, ord. 20/6 1877. — F. 12/6 1844. Son till hdl. Joh. Edv. Selin o. Virginia Antoin. Eklöf. Stud. 1862, t. f. kollega i religion o. svenska 20/3 1868, h. t:s slut 1868 äfvensom 1/1 h. t. 1870, lärarekand. 1873, studerat vid univ. i Moskva 1873—1875, t. f. kollega i ryska, tyska o. kalligrafi i B:borg 1876 samt förra delen af v. t. 1877. Ord. d:o 20/6 1877. T. f. rektor 28/8 1891—1895. Erhöll lektorstitel 1895. G. 26/7 1873 m. Maria Amalia Rosenberg, f. 19/6 1849.

Lärare i sång.

Knut Viktor Crusell, 1841—1844, kollega.
Abraham Marell, 1845—1850, organist.
Gabr. Wilh. Poppius, 1850.
Frans Aug. Nordeman, t. f. v. t. 1852.
Karl Gust. Broman, v. t. 1853, hofr. ausk.
Efraim Maurell, v. t. 1853, organistelev.

Frans Aug. Nordeman, 1854–1882. F. i Eskilstuna $^{3}/_{8}$ 1819, † $^{6}/_{8}$ 1886. Öfverflyttat 1851 fr. Sverige till B:borg för att dirigera stadens musikkapell. T. f. sånglärare $^{30}/_{8}$ 1854 och gymnastiklärare $^{13}/_{9}$ s. å. Ord. sånglärare $^{12}/_{8}$ 1865. Tjenstledig fr. v. t. 1883. Afsked med pension $^{2}/_{10}$ 1883.

Adolf Negrin, l. å. 1882—83, kapellmästare, prof. musices.

Axel Leander Almqvist, $^{30}/_{11}$ 1883—1895. Folkskollärare. Tjenstledig l. å 1894—95, då tj. sköttes af

Hanna Törnroth, folkskollärarinna.

Lärare i gymnastik.

Fredr. Bergstadi, 1842—1844, t. f. kollega.

Knut Viktor Crusell, h. t. 1844, kollega, mag. (konrektorist K. F. Grönholm ledde öfningarne).

Ludvig Björkman, v. t. 1845. — V. t. 1846 t. f. kollega. mag. (Biträde rektorist C. J. Ahonius).

Karl Mikael Candolin, h. t. 1846. — $^{21}/_{4}$ 1849 kollega. (Biträde rektorist M. E. Caselius).

Gabr. Wilh. Poppius, $^{30}/_{10}$ 1850. — H. t. 1851, stud.

Tjensten vakant 1851—1854.

Frans Aug. Nordeman, h. t. 1854. — V. t. 1882, sånglärare.

Fredr. Ign. Färling, h. t. 1882—1895, kollega.

Lärarinna i teckning.

Maria Emilia Westzynthius, 1874—1895. F. $^{29}/_{9}$ 1830. Lärarinna i teckning $^{1}/_{11}$ 1874 o. jämväl i kalligrafi fr. v. t. 1885.

Riksdags- och landtdagsmän.

Riksdag i St:holm 1560, Bengt Håkansson och Erik Pedersson.
„ i Upsala 1594, borgm. Joen Elofsson och Lasse Larsson.
„ i Linköping 1600. Repr. okänd.
„ i St:holm 1602. Repr. okänd.
„ i Upsala 1607. Borgm. Joen Elofsson.
„ i St:holm 1609. Borgm. Joen Elofsson.
„ i Örebro 1610. Repr. okänd.
Landskapsmötet i Åbo 1612. Borgm. Joen Elofsson och Melker Larsson.
Landtdagen i H:fors 1616. Repr. okänd.
Riksdagen i St:holm 1617. Borgm. Melker Larsson, rådm. Simon Henriksson och borgaren Henrik Larsson.
Riksdag i St:holm 1629. Borgm. Melker Larsson.
Mötet i Upsala 1629. D:o.
Riksdag i St:holm 1633. Repr. okänd.
„ „ 1634. Borgm. Henrik Tomasson.
„ „ 1635. Repr. okänd.
Utskottsmöte i St:holm 1636. Rådm. Påval Olsson, fordom borgmästare.
Riksdag i Nyköping 1640. Borgm. Henrik Andersson från Raumo.
„ i St:holm 1642. Repr. okänd.
„ „ 1643. D:o.
„ „ 1644. Rådm. Matts Markusson.
„ „ 1647. Borgm. Johan Berendtsson.
„ „ 1649. Rådm. Anders Hermansson.
„ „ 1650. Olof Bengtsson.
„ „ 1654. Rådm. Matts Markusson.
„ „ 1655. Rådm. Markus Larsson.
Landskapsmöte i Åbo 1657. Synbarl. borgm. Hans Hansson.
Riksdag i Göteborg 1659—60. Borgaren Nils Olsson.
„ i St:holm 1660. Repr. okänd.

Riksdag i St:holm 1664. Rådm. Eskil Grelsson.
„ „ 1668. D:o.
Landskapsmöte i Åbo 1671. Repr. okänd.
Riksdag i St:holm 1672. Repr. okänd.
„ i Upsala 1675. Borgm. Gabriel Keckonius.
Landtdag i Åbo 1676. Rådm. Peter Mill.
Riksdag i Göteborg 1676. Rådm. Petter Stillman.
„ i Halmstad 1678. Rådm. Olof Snellman från Nystad.
„ i St:holm 1680. Rådm. Petter Mill.
„ „ 1682. Rådm. Filip Ekman.
„ „ 1686. Borgm. Nils Ahlqvist.
„ „ 1689. Rådare Adrian Gottleben.
„ „ 1693. Borgare Henrik Mickelsson.
„ „ 1697. Rådm. Adrian Gottleben.
Utskottsriksdag i St:holm 1710. Borgm. i Nådendal Jakob Walstenius, som transporterade sin fullmakt på borgm. i Nykarleby Isak Falander.
Riksdag i St:holm 1713. Rådm. i Nystad Wilhelm Rancken.
„ „ 1719. Repr. okänd.
„ „ 1720. Nils Ahlqvist.
„ „ 1723. Borgm. Peter Ståhlfoot.
„ „ 1727. Kapt. Thomas Pahlman.
„ „ 1731. D:o.
„ „ 1734. Carl Indebeton.
„ „ 1738. Michel Adam Bohle.
„ „ 1740. Kapt. Thomas Pahlman.
„ „ 1742. Handelsman i Raumo Henrik Tackou.
„ „ 1746. G. S. Weckström.
„ „ 1751 o. 1756. Borgm. Lars Sacklén.
„ „ 1760. D:o.
„ „ 1765. D:o.
„ „ 1772. Johan Gottleben.
„ „ 1778. Borgm. Lars Sacklén.
„ „ 1786. D:o.
„ „ 1789. D:o.
„ i Gefle 1792. Handl. Isak Appelberg.
„ i Norrköping 1800. Handl. Isak Björkman.
Finska deputation till St. Petersburg 1808. Handl. Israel Rosnell.
Landtdag i Borgå 1809. Handl. Johan Ascholin.
Januariutskottet 1862. Konsul A. Björnberg.
Landtdag 1863—64. Konsul A. Björnberg och mag. Carl Edv. Lindeqvist.
„ 1867. Handl. Carl. Edv. Lindeqvist.

Landtdag 1872. Borgm. Fr. Edv. Molander.
„ 1877—78. D:o och brukspatr. A. Ahlström.
„ 1882. D:o och handl. J. F. Lojander.
„ 1885. D:o och apotekar R. Junnelius.
„ 1888. D:o och dr K. F. Walle.
„ 1891. Dr K. F. Walle och apotekar R. Junnelius.
„ 1894. Handl. Henrik Malin och kommerserådet A. Ahlström (vald i st. f. kommunalrådet R. Junnelius, som af sjukdomsfall hindrats att bivista landtdagen).
„ 1897. T. f. borgm. J. A. Hjorth, häradshöfding T. L. Eck och handl. A. Juselius.

Bilaga II.

Näringsidkare i Björneborg.

Förteckning

öfver handlande i Björneborg år 1751.[1])

|Enligt 1751 års mantalslängd, den första i hvilken yrkestitlarna särskildt äro angifna|.

Henrik Backman, f. $^{1}/_{5}$ 1713, † $^{20}/_{8}$ 1780.
Carl Indebetou, f. $^{18}/_{12}$ 1696, † $^{28}/_{11}$ 1778.
Alexander Aveman, f. $^{25}/_{9}$ 1704, † $^{11}/_{2}$ 1793.
Gustaf Novanders enka Maria Söfring.
Isak Backman, f. $^{12}/_{12}$ 1721.
Johan Rancken, f. $^{15}/_{11}$ 1708, † $^{3}/_{4}$ 1776.
Nils Björkman, f. $^{28}/_{12}$ 1715, † 1756.
Isak Backman, f. $^{20}/_{4}$ 1723, † $^{1}/_{8}$ 1794.
Nils Gottleben, f. $^{25}/_{5}$ 1692, † $^{7}/_{7}$ 1772.
Matthias Scholberg, f. $^{12}/_{8}$ 1718, † $^{13}/_{7}$ 1755.
Carl Rajalin, f. 1720.
Johan Carlsson, f. $^{30}/_{9}$ 1711, † $^{24}/_{8}$ 1772.
Matts Wadén, f. $^{24}/_{2}$ 1724, † $^{27}/_{4}$ 1776.
Lars Roos, f. $^{10}/_{5}$ 1712, † $^{20}/_{4}$ 1793.
Nils Ascholin, f. $^{8}/_{9}$ 1719, † $^{25}/_{8}$ 1797.

---

[1]) I 1760 års bevillningslängd nämnas utom ofvanstående:

Henrik Ullenberg, f. $^{5}/_{1}$ 1712, † $^{25}/_{1}$ 1769.
Petter Bergéen, f. $^{7}/_{5}$ 1729, † $^{17}/_{2}$ 1791.
Anders Moliis, f. $^{1}/_{9}$ 1723, † $^{11}/_{1}$ 1766.
Johan Gyllenberg, f. $^{25}/_{1}$ 1729, † $^{20}/_{4}$ 1782.
Gabriel Algéen, f. $^{27}/_{1}$ 1728, senare sjötullvaktmästare, flyttade till Gamla Karleby 1787.
Michael Salgén, f. $^{25}/_{2}$ 1705, † $^{20}/_{4}$ 1771.
Gust. Malmberg, f. $^{10}/_{11}$ 1725, † $^{29}/_{4}$ 1791.

Förteckning öfver handlande i Björneborg år 1775.

[Enligt mantalslängden].

Johan Kekonius, f. 7/8 1739, † 28/2 1800.
Moliis' enka Maria Tocklin.
Jakob Wadén, f. 4/2 1745, † 28/1 1809.
Anders Rosenback, f. 17 , † 3/12 1792.
Gabriel Rosenback, f. 13/1 1737, † 25/8 1777.
Joakim Brander, ? = Simon Brander, f. 1711, † 1776.
Isak Björkman, f. 10/11 1750, † 30/7 1809.
Carl Indebetou, f. 18/12 1696, † 28/11 1778.
Isak Backman, f. 30/4 1723, † 1/6 1794.
Fredr. Clouberg, f. 27/10 1732, † 31/10 1789.
Henr. Joh. Moliis, f. 7/12 1742, † 5/3 1788.
Per Bergéen, f. 7/5 1729, † 17/2 1791.
Gustaf Henrik Tesche, f. 1747, † 15/9 1796.
Lars Roos, f. 10/5 1712, † 20/4 1793.
Matts Wadén, f. 24/2 1724, † 27/4 1776.
Björkmans enka Maria Backman.
Matts Strandsten, f. 4/2 1746, † 22/4 1782.
Isak Appelberg, f. 21/11 1742.
Simon Torrvik, f. 14/12 1735, (försvinner ur kyrkoböckerna i slutet på 1780-talet).
Nils Gottleben, f. 30/11 1729, † 8/4 1786.
Nils Ascholin, f. 8/3 1719, † 25/8 1797.
Abraham Borgelin, f. 1742, † 23/12 1789.
Erik Lignell, f. 18/4 1751, (försvinner ur kyrkoböckerna i slutet på 1780-talet).
Johan Gottleben, f. 1734, † 2/4 1795.
Lars Henrik Clouberg, f. 1739, † 25/8 1807.
Gustaf Malmberg, f. 19/11 1725, † 29/4 1791.
Fredr. Ahlqvist, f. 6/1 1725, † 30/10 1783.
Gabriel Backman, f. 24/12 1743, † 17/8 1802 (?1796).
Carlssons enka Maria Brunberg.
Jakob Björkroth, f. 26/1 1748.

Handlande i Björneborg år 1800.

[Enligt mantalslängdon.]

Jakob Wadén, f. 4/2 1745, † 28/1 1809.
Carl Fredrik Wadén, f. 12/8 1773, Jakobs son.

Petter Lönqvist, f. 1748, † ($^{11}/_{5}$ 1790?)
Lars Sacklén, f. $^{21}/_{2}$ 1765, † $^{19}/_{11}$ 1808.
Gabriel Wigelius.
Enka Clouberg.
Fredrik Joh. Clouberg, f. $^{17}/_{11}$ 1770, † $^{4}/_{3}$ 1832.
Johan Ascholin, f. $^{9}/_{10}$ 1756, † $^{24}/_{5}$ 1823 ($^{10}/_{5}$ 1824?)
Enka Anna Moliis.
Anton Moliis, f. $^{18}/_{1}$ 1777, † $^{13}/_{12}$ 1839.
Michel Carlstedt, f. 1761, † $^{20}/_{10}$ 1810.
Isak Björkman, f. $^{10}/_{11}$ 1750, † $^{30}/_{7}$ 1809. I. B. j:or f. $^{8}/_{9}$ 1780, † $^{28}/_{10}$ 1807.
Isak Appelberg, f. $^{21}/_{11}$ 1742.
Adolf F. Boije, f. $^{3}/_{11}$ 1757.
Carl Tim. Clouberg, f. $^{2}/_{9}$ 1778, † $^{24}/_{5}$ 1805.
Adrian Gottleben, f. $^{18}/_{6}$ 1778, flyttade till Stholm 1801.
Henrik Måsberg, f. $^{23}/_{5}$ 1771, † $^{16}/_{7}$ 1808.
Jakob Arvelin, f. $^{10}/_{7}$ 1749, † $^{18}/_{6}$ 1804.
Lars H. Clouberg, f. $^{25}/_{2}$ 1738, † $^{25}/_{8}$ 1807.
Leonh. Hasselgren, f. $^{12}/_{6}$ 1750, † $^{8}/_{6}$ 1808.
Enka Stina Ahlqvist.
Gabriel Backman, f. $^{24}/_{12}$ 1743, † $^{17}/_{8}$ 1802.
Erland Sourander, f. $^{24}/_{5}$ 1755, † $^{20}/_{4}$ 1810.

Handlande i Björneborg år 1825.

[Enligt mantalslängden.]

Handlande:

Matts Nordström, f. $^{13}/_{11}$ 1781, † $^{11}/_{9}$ 1828.
Aug. Wilh. Björkman, f. $^{3}/_{2}$ 1799, † $^{3}/_{2}$ 1860.
G. Sourander, f. $^{21}/_{7}$ 1785, † $^{16}/_{9}$ 1846.
Jak. Reinh. Carlsson, f. $^{1}/_{9}$ 1791, † $^{9}/_{4}$ 1867.
Enka Maria Rosenback, f. Mogren $^{22}/_{9}$ 1778, † $^{23}/_{3}$ 1831.
Isak Björkman, f. $^{10}/_{7}$ 1795.
C. F. Achander, f. $^{29}/_{11}$ 1786, $^{25}/_{7}$ 1827.
G. Sourander = ? Joh. Sourander, f. $^{8}/_{5}$ 1778, † $^{8}/_{10}$ 1833.
Magn. Boström, f. $^{7}/_{3}$ 1790, († omkr. 1830).
Kom:råd Ascholins enka.
Enka Sofia Carlstedt, f. $^{3}/_{3}$ 1765.
P. A. Moliis, f. $^{18}/_{1}$ 1777, † $^{13}/_{12}$ 1839.
C. G. Sandell, f. $^{25}/_{11}$ 1785.
Enka Anna Moliis.

Zach. Carhelin, f. $^{1}/_{12}$ 1795, † $^{12}/_{7}$ 1825.
Jakob Björkman, f. ($^{25}/_{4}$?) ($^{26}/_{7}$?) 1784, † $^{9}/_{11}$ 1838.
Enka Rosnell.
Carl Gust. Duvaldt, f. $^{1}/_{5}$ 1794, † $^{5}/_{5}$ 1877,
Erland Sourander, f. $^{6}/_{6}$ 1793, † $^{29}/_{7}$ 1856.
Johan Grönfeldt, f. $^{1}/_{4}$ 1798, † $^{28}/_{7}$ 1848.
C. F. Rosenlew, $^{8}/_{11}$ 1797, † $^{16}/_{1}$ 1852.
C. F. Björnberg, f. $^{13}/_{11}$ 1791, † $^{11}/_{4}$ 1849.
Enka Fredr. Måsberg.
Axel Tudér, f. $^{7}/_{9}$ 1794.
Johan Selin, f. $^{8}/_{12}$ 1794, † $^{27}/_{10}$ 1863.
Johan Henr. Björnberg, f. $^{8}/_{6}$ 1795, † $^{14}/_{4}$ 1826.
E. Wilsborg.
Gab. Tallroth, f. $^{6}/_{3}$ 1781.
J. F. Bäckman, f. $^{11}/_{8}$ 1797, † $^{17}/_{5}$ 1863.
Jak. Sourander, f. $^{21}/_{11}$ 1780, † 1856.

Hökare:

G. Rindell, f. $^{20}/_{8}$ 1797.
Isak Ekeroth, f. $^{18}/_{9}$ 1777, † $/_{1}$ 1842.
G. A. Bäckman, f. $^{5}/_{11}$ 1791, † $^{27}/_{1}$ 1856.
Clas Gust. Gottleben, f. $^{8}/_{7}$ 1787, † $^{25}/_{7}$ 1850.

Handlande i Björneborg 1844.

(Enl. en till Senaten inlemnad förteckning).

	Ålder	Födelseort	Förut innehafd tjenst	När vunnit burskap	Eger		Anmärkningar
					Fabrik	Fartyg lästetal	
Johan Grönfeldt	46	B:borg	Handelsbetjent	1822	—	560	
A. W. Björkman	45	—	—	1820	Buldansfabrik	832	Firma Björkman & Rosenlew
K. F. Rosenlew	48	Vehmo	—	1820			
G. M. Fagerlund	33	B:borg	—	1831	—	—	
Fr. Wallenstråle	73	Sverige	Officer	1814	—	326	
Carl Duvaldt	50	B:borg	Handelsbetjent	1816	—	—	
Magn. Hellström	42	—	—	1825	—	430	
C. F. Björnberg	53	—	—	1817	Buldansfabrik	714	Dessutom inom Östersjön gående skepp, 45 l:r.
Sam. Broberg	40	Raumo	—	1828	—	—	
Joh. Strömmer	45	B:borg	—	1832	—	—	
Joh. Selin	49	—	Stud.	1819	Tegelbr.	173	
Fredr. Petrell	42	Åbo	Kopv.-skeppare	1837	—	84	Inom Östersjön gående skepp, 7 l:r.
Joh. Fredr. Bäckman	47	B:borg	Handelsbetjent	1818	—	130	
Jak. Sourander	65	—	—	1802	—	317	
Reinh. Nordgren	40	—	—	1827	—	—	
Anton Nordgren	37	—	—	1835	—	30	Inom Östersjön gående skepp, 7 l:r.
Joh. Corell	31	Letala	—	1835	—	—	D:o d:o d:o
C. J. Ek	48	Åbo	Kopv.-skeppare	1824	—	123	
G. A. Lagerbom	41	Eura	Handelsbetjent	1839	—	—	D:o d:o d:o
Lars Gust. Mannelin	33	—	—	1839	—	—	D:o d:o d:o 6 l:r.
Johan Ekman	31	—	—	1838	—	—	D:o d:o d:o 7 l:r.
And. Tammelander	52	Ekenäs	Skeppare	1839	—	148	
And. Leand. Wahlroos	39	Kimito	Aptekare	1839	—	—	
Alex. Lundborg	31	Åbo	Handelsbetjent	1840	—	—	

	Ålder	Födelseort	Förut innehafd tjenst	När vunnit burskap	Eger Fabrik	Eger Fartyg lästetal	Anmärkningar
Erik Rosenberg	57	Kumo	—	1840	—	—	
Isak Carström	26	U:borg	Stud.	1840	—	732	
Bror Matts Wahlroos	42	Åbo	Skeppare	1841	—	220	
Hampus Oldenburg .	37	St:holm	Handelsbetjent	1841	—	—	Inom Östersjön gående skepp, 7 l:r
Jakob Svanström . . .	45	J:stad	Skeppare	1826	—	445	
Otto Åström	30	G. Adolfs socken	Handelsbetjent	1842	—	—	
Gust. Svensberg . . .	29	B:borg	—	1843	—	—	
E. W. Adamsson . . .	28	—	—	1842	—	—	
Carl Martin	29	—	—	1842	—	—	D:o d:o d:o
Maur. Roth	29	Orivesi	—	1843	—	—	
Erik Hjorth	30	Åbo	—	1843	—	—	
Gust. Görmansky . . .	35	H:fors	Handelsbetjent	1843	—	—	
Edv. Selin	28	B:borg	—	1843	—	—	Inom Östersjön, 9 l:r.
J. W. Ekman	25	—	—	1844	—	—	
Rich. Sourander	26	—	—	1844	—	—	
Joh. Steen	23	—	—	1844	—	—	
Villiam Wallin	27	—	—	1844	—	—	
Petter Inberg	24	—	—	1844	—	—	
Enk. Wilhelm. Eklund	35	—	—	1825	—	—	
Enk. Amanda Timgren	28	—	—	1824	—	322	
Enk. Kristina Tallroth	45	—	—	1817	—	—	

Victualiehandlande.

	Ålder	Födelseort	Förut innehafd tjenst	När vunnit burskap	Eger Fabrik	Eger Fartyg lästetal	Anmärkningar
Jak. Ellström	41	Pyhämaa	Glasmästare	1838	—	22	Inom Östersjön.
Clas Gottleben	57	Haliko	Handelsbetjent	1814	—	—	
Gustaf Silfversten . .	31	Eura-Åminne	—	1836	—	9	D:o
Gust. Bäckman	53	B:borg	—	1816	Tegelbr.	—	

	Ålder	Födelseort	Förut innehafd tjenst	När vunnit burskap	Eger Fabrik	Eger Fartyg lästetal	Anmärkningar
C. Ollonqvist	38	Hvittis-bofjärd	—	1829	—	—	
Joh. Sahlman	36	B:borg	—	1829	—	—	
Fr. Säfström	36	Sverige	—	1830	—	15	Inom Östersjön.
C. Tallberg	39	T:hus	—	1835	—	—	
Jos. Wallenius	43	Kulla	Borgare	1840	—	—	
Joh. Nordlund	51	Eura	—	1830	—	—	
Magn. Palmgren . . .	45	Borgå	Gårds-inspektor	1841	—	—	
Clas Nummelin	41	B:borg	Vakt-mästare	1842	—	—	
Isak Rosenberg	52	—	Skomak.	1842	—	—	
Kasimir Seppén	33	St.P:burg	Handels-betjent	1843	—	—	

Handlande i Björneborg 1856.

(Enligt till Senaten inlemnad förteckning.)

	Ålders år	Födelseort	Förut innehaft yrke	När vunnit burskap	Eger fabrik	Eger fartyg läster. Utom o. inom Östersjön gående		Anmärkningar
Aug. Wilh. Björkman	57	B:borg	Stud.	1820	Buldansfabrik och sågar	216	—	
Frans Wallenstråle .	85	Sverige	Amiral-kapten	1807	Järnbruk	—	—	Kontingenthandl. Boende i Sverige.
Carl Duwaldt	62	B:borg	Tjent vid handel	1816	—	—	—	
Magn. Hellström . . .	54	Ulfsby	D:o	1825	—	—	26	
Wilh. Rosenlew . . .	25	B:borg	Stud.	1853	—	—	43	Kontingenthandl.
Johan Strömmer . . .	57	D:o	Å handel	1832	—	—	—	

	Ålders år.	Födelseort	Förut innehaft yrke	När vunnit burskap	Eger fabrik	Eger fartyg, läster Utom o.	inom Östersjön gående	Anmärkningar
Johan Selin	61	B:borg	Stud.	1819	Tegelbruk, såg	253	—	
Fredr. Petrell	54	Åbo	Skeppare	1837	—	—	—	
Joh. Fredr. Bäckman	59	B:borg	Å handel	1818	—	—	—	
Carl Jakob Ek	60	Åbo	Skeppare	1840	Såg	—	—	
Lars Gust. Mannelin .	45	B:borg	Å handel	1839	—	—	—	
And. Leand. Wahlroos	51	Kimito	Apotekare	1839	—	—	—	
Alex. Lundborg	43	Åbo	Å handel	1840	—	210	—	
Isak Carström	38	U:borg	Stud.	1840	—	300	—	
Bror Matts Wahlroos	54	Åbo	Skeppare	1841	—	—	—	
Hampus Julius Oldenburg	41	Sverige	Å handel	1841	Tändsticksfabrik	—	—	
Gust. Svensberg . . .	41	B:borg	D:o	1843	—	—	—	
Carl Martin	41	D:o	D:o	1842	—	—	—	
Mauritz Herm. Roth .	39	Orivesi	D:o	1843	—	—	—	
Petter Inberg	36	Ulfsby	D:o	1844	—	—	—	
Albert Thurman . . .	35	B:borg	D:o	1845	—	—	—	
Anton Björnberg . . .	35	D:o	Stud.	1845	Buldansfabrik och sågar	120	—	
Joh. Daniel Moliis . .	34	D:o	Å handel	1846	—	—	—	
Carl Carlsson	40	Sverige	—	1846	—	—	44	Firma: Carlsson & Timgren.
Carl Timgren	33	B:borg	Stud.	1848	—	—		
Sten Joh. Franck . . .	36	Nousis	Å handel	1846	—	—	—	
Petter Gust. Grönholm	36	Ulfsby	D:o	1847	—	—	—	
Carl Fredr. Juselius .	37	Hvittis	D:o	1847	—	—	—	
Carl Johan Ekelund .	34	B:borg	D:o	1847	—	—	—	
Carl Mellgren	36	Sverige	D:o	1847	—	—	—	
Carl Alfthan	32	T:hus	D:o	1848	—	—	37	
Victor Stengrund . . .	31	B:borg	D:o	1848	—	—	—	

	Ålders år	Födelseort	Förut innehaft yrke	När vunnit burskap	Eger fabrik	Eger fartyg, läster. Utom o. inom Östersjön gående		Anmärkningar
Lars Magn. Björkenheim	59	Sverige	Officer	1849	Järnbruk	—	—	Kontingenthandl. Bor i Euraåminne.
Daniel Vidbom	33	T:fors	Å handel	1849	—	—	—	
Michel Thurman	31	Ikalis	D:o	1849	—	—	—	
Carl Joh. Borg	35	Nykarleby	Provisor	1849	—	—	28	
Anders Grundström	33	B:borg	Å handel	1849	—	—	—	
John Grönfeldt	32	D:o	Stud.	1850	Såg	265	25	
C. O. F. Wahlroos	31	T:hus	Å handel	1850	—	—	—	
Victor Sourander	31	B:borg	D:o	1850	—	—	—	
Gust. Neppenström	33	T:fors	D:o	1850	—	—	—	
Fredr. Rosenberg	34	Hvittis	D:o	1850	—	—	—	
J. F. Lojander	33	Borgå	D:o	1850	—	—	—	
J. G. Holmberg	32	Sjundeå	D:o	1850	—	—	—	
Jak. Dahlberg	33	T:fors	D:o	1851	—	—	—	Firma: Dahlberg & Selin.
Christ. Selin	33	B:borg	D:o	1846	—	—	—	
J. F. Grönblom	34	Ulfsby	D:o	1851	—	—	—	
C. F. Björnberg	32	B:borg	Stud.	1851	—	—	—	
Fredr. Lagerström	30	T:fors	Å handel	1852	—	—	—	Firma: Lagerström & Borg.
Fredrik Borg	28	Nykarleby	D:o	1852	—	—	—	
M. V. Sjöman	28	Raumo	D:o	1853	—	—	—	
Erik Hjorth	42	Åbo	D:o	1843	—	—	—	
Richard Sourander	38	B:borg	D:o	1844	—	—	—	
William Wallin	39	D:o	D:o	1844	Oljeslageri	—	—	
Jakob Ekman	37	D:o	D:o	1846	—	—	—	
Gustaf Sohlström	37	D:o	D:o	1849	—	—	—	
Carl Justander	31	T:hus	D:o	1851	—	—	—	
F. T. Sarin	35	B:borg	D:o	1853	—	—	—	
L. G. Clouberg	53	D:o	Skeppare	1853	—	76	—	

	Ålders år	Födelseort	Förut innehaft yrke	När vunnit burskap	Eger fabrik	Eger fartyg, läster. Utom o. inom Östersjön gående.		Anmärkningar
Ernst Nordenström . .	27	B:borg	Å handel	1853	—	—	—	
C. O. Nordgren	26	D:o	D:o	1854	—	—	—	
G. M. Brusin	25	D:o	D:o	1854	—	—	62	
Carl Gust. Corell . . .	26	Ulfsby	D:o	1854	—	—	—	
Ernst Hultin	24	T:hus	D:o	1854	—	—	—	
Oskar Paldani	25	D:o	D:o	1854	—	—	—	
Carl Rosenlew	23	B:borg	Stud.	1855	—	—	—	Kontingenthandl.
Joh. Hellström	23	D:o	D:o	1855	—	—	—	
Gust. Görmansky . . .	47	H:fors	Å handel	1843	—	—	—	
Gust. Sandell	41	B:borg	D:o	1855	—	—	—	
Alfred Söderborg . . .	26	D:o	D:o	1855	—	—	—	
Joh. Abrah. Blom . .	27	D:o	D:o	1855	—	—	—	
C. J. Lönnqvist	36	D:o	D:o	1848	—	—	—	
Aug. Vict. Timgren .	25	D:o	Stud.	1855	—	—	—	Firma: Viktor & Johan Timgren.
Joh. Timgren	27	D:o	Å handel	1855	—	—	—	
Villiam Bonsdorff . . .	28	K:stad	D:o	1856	—	—	—	
F. E. Wahlgren	26	Sverige	D:o	1856	—	—	—	
Enkefru Fredr. Grönfeldt	54	B:borg	—	1822	—	—	—	
D:o Amanda Timgren	43	D:o	—	1827	—	—	—	
D:o Sofia Björnberg .	57	D:o	—	1817	—	—	—	
D:o Charl. Lagerbom	44	D:o	—	1839	—	—	—	
D:o Sofia Ekman . . .	40	D:o	—	1838	—	—	—	

Viktualiehandlande.

Jakob Ellström	53	Pyhämaa	Glasmäst.	1838	—	—	22	
Carl Ollonqvist	50	Ulfsby	Å handel	1829	—	—	—	
Joh. Sahlman	48	D:o	D:o	1829	—	—	—	

	Ålders år	Födelseort	Förut innehaft yrke	När vunnit burskap	Eger fabrik	Eger fartyg, läster. Utom o. inom Östersjön gående		Anmärkningar
Josef Wallenius....	55	Ulfsby	Borgare	1840	—	—	—	
Johan Nordlund ...	63	D:o	D:o	1830	—	—	—	
Magnus Palmgren ..	57	Borgå	Gårds-inspektor	1841	—	—	—	
Clas Nummelin....	53	B:borg	Vakt-mästare	1842	—	—	—	
Isak Rosenberg....	64	D:o	Skomak.	1843	—	—	—	
C. J. Grönlund	32	D:o	Å handel	1849	—	—	—	
C. G. Selin.......	33	D:o	D:o	1849	—	—	—	
H. J. Strömborg ...	57	Nyland	Skeppare	1851	—	—	—	
Mauritz Ekman	33	B:borg	Å handel	1853	—	—	—	
Carl Sjögren......	30	D:o	D:o	1853	—	—	—	
Gust. Strömblad ...	27	D:o	D:o	1853	—	—	—	
Gust. Westerling...	35	Sjundeå	D:o	1853	—	—	—	
Carl Geffert......	28	Ulfsby	D:o	1853	—	—	—	
Carl Petter Nordgren	51	D:o	Stads-fogde	1853	—	—	—	
Jakob Tortberg....	59	B:borg	Guldsm.	1853	Såg	—	—	
Johan Hydén	28	D:o	Å handel	1855	—	—	—	
J. G. Kellander....	28	Ulfsby	D:o	1856	—	—	—	
G. A. Wallenius ...	30	D:o	D:o	1856	—	—	—	
J. G. Ahlfors	51	B:borg	Sjötull-vaktm.	1856	—	—	—	
Enkefru Sofi Gottleben.........	67	D:o	—	1814	—	—	—	
D:o Carol. Silfversten	48	D:o	—	1836	—	—	—	
D:o Maria Bäckman .	52	Sastmola	—	1816	—	—	—	
D:o Johanna Seppén.	43	Ulfsby	—	1843	—	—	—	

Förteckning öfver antalet handlande, handt-

	1809	1810	1811	1812	1813	1814	1815	1816	1817	1818	1819	1820	1821	1822	1823	1824	1825	1826	1827	1828	1829	1830	1831
Handl. med öppen bod	21	—	—	—	13	12	12	13	14	16	17	16	16	16	16	—	—	15	16	17	19	35	35
Handl. utan öppen bod		—	—	—	7	8	8	7	9	11	12	13	11	11	10	—	—	14	12	11	12		
Hökare med öppen bod	—	—	—	—	—	—	—	—	2	1	2	2	2	2	1	—	—	1	1	1	1	—	—
Hökare utan öppen bod	—	—	—	—	—	—	—	—	—	—	—	—	3	3	4	—	—	2	2	2	2	—	—
Borgare	84	—	—	—	62	64	68	66	69	111	124	—	90	84	92	—	—	97	101	105	105	91	90
Handtvärkare . . .	74	—	—	—	92	90	96	94	97	99	100	100	95	92	106	101	—	107	106	106	113	104	100

värkare och borgare under tiden 1809—1859.

1832	1833	1834	1835	1836	1837	1838	1839	1840	1841	1842	1843	1844	1845	1846	1847	1848	1849	1850	1851	1852	1853	1854	1855	1856	1857	1858	1859
37	31	10	—	—	15	—	—	—	18	—	20	24	25	26	29	26	28	26	25	20	—	27	30	—	—	—	32
		15	—	—	14	—	—	—	20	—	23	21	21	24	21	26	28	39	33	36	—	44	48	—	—	—	52
—	—	3	—	—	3	—	—	—	3	—	6	6	7	5	16	6	8	7	7	7	—	6	6	—	—	—	8
—	—	2	—	—	5	—	—	—	7	—	8	8	8	10	9	9	8	8	9	12	—	17	18	—	—	—	19
87	85	90	—	—	102	94	87	52	51	—	52	51	46	52	54	57	55	62	53	53	—	60	58	—	—	—	51
96	92	93	—	—	94	94	79	77	74	—	84	86	101	89	94	98	102	102	104	106	—	111	106	—	—	—	108

Åldermän.

Generalgillet på 1600-talet och i börj. af 1700-talet.

Mr Bengt skräddare, n:s 1655 „ålderman för embetsmän i Björneborg".
Mr Hans Eriksson, n:s 1658 och 1674 ålderman.
Jonas skräddare, n:s 1678.
Matts Johansson Carhelin, n:s 1753 o. 1755 ålderman. Skräddare.

Linväfvare-ämbetet (inr. 1762, upphörde 1813).

Georg Enqvist, 1764, 1769.
Jakob Levonius, 1774 och 1778,
Erik Helenius, 1798.
C. Wirman, 1813.

Skomakare-ämbetet (inr. 1763).

Erik Sjöberg, 1764, 1769, 1774, 1776 o. 1778.
Malm, 1788.
Hitke, 1788, 1789.
Fredrik Hellsten, 1795—1800.
Mikel Tillman, 1809.
Carl Rask, 1809—1823.
E. Asplund, 1824—1826.
Jakob Holmberg, 1827—1828.

Isak Rosenberg, 1829—1841.
Johan Weckman, 1843—1847.
Michel Johan Palin, 1848.
Johan Weckman, 1849—1851.
Johan Palin, 1852.
Johan Weckman, 1854, 1856.
Johan Michel Palin, 1859—(1869?)

Skräddare-ämbetet (inr. 1764).

Matts Björkqvist, 1764, 1769, 1774, 1778.
Anders Lang, vald 1775,
Matts Björkqvist, ånyo 1778, † $^{18}/_{12}$ 1792.
Gustaf Lindqvist, 1795—1800.
Daniel Gustaf Björkqvist, 1809—1830.
Isak Corell, 1831—1834 (1835?)
Gabriel Lindqvist, 1836—1846.
Johan Löfblom, 1847—1848.
Gabriel Lindqvist, 1849—1850.
Johan Löfblom, 1851—(1869?)

Snickare-ämbetet (inr. 1764).

Anders Engström, 1764, 1769, 1774, 1775.
Johan Wass, 1775, 1778.
Anders Engström, 1778, 1789.
Jakob Blomqvist, 1795—1807.
A. Engman, 1813—1815.
Petter Rostedt, 1816—1818.
Isak Lindman, 1819—1822.
Abraham Rothsten, 1823—1859.
Anton Rostedt —(1869?)

Garfvare-ämbetet (inr. 1792).

M. Kullberg, 1798.
Anders Lundberg, 1813.

Matts Dahlström, 1814—1817.
C. Hagnär, 1818—1819 (1820?)
G. Grönlund, 1821—1826.
Isak Lithenius, 1827—1856. † $^{13}/_{5}$ 1857.
Joh. Ludv. Helander, 1859—(1869?)

Hattmakare-ämbetet

(inr. 1795, men valde ej ålderman förr än 1797).

Johan Hagbom, 1797, 1798.
Johan Ekström, 1801.
J. Halin, 1813—1821.
Thomas Lindqvist, 1822—1826.
J. H. Halin, 1827—1846.
Gustaf Rosendahl, 1847.
Thomas Lindqvist, 1848.
Gustaf Rosendahl, 1849, 1852.
Thomas Lindqvist, 1854—1856. (Ämbetet upphörde omkr. 1856).

Svarfvare-ämbetet

(inr. 1795, men valde ej ålderman förr än 1797).

Henrik Asplöf, 1797, 1798, 1801.
G. Wahlman (? Wallman), 1813—1816.
Simon Filén, 1817—1821.
Carl Cavonius, 1822—1832.
Gustaf Grönroos, 1833—1856.
Fredr. Grönvall, 1859.
Grönqvist?

Klensmeds-ämbetet

(inr. 1795, men valde ej ålderman förr år 1797).

Matts Beckman, 1798, 1804.
C. Rostedt, 1813—1814.

Erik Ruckman, 1815–1829.
Matts Fristedt, 1830—1837.
Abraham Eklind, 1838–1839.
Isak Söderholm, 1840—1852.
Gustaf Idberg, 1854–(1869?)

Kakelungsmakare-ämbetet (inr. 1818).

Mikael Stenberg, 1819—1833.
Gustaf Stenroth, 1834—1839.
Gustaf Rosendahl, 1840–1848.
Gustaf Stenroth, 1849—1852.
Frans Aug. Stenberg, 1854–(1869?)

Kopparslagare-ämbetet (inr. 1829?)

Fredrik Fagrén, 1829–1846.
Gustaf Wikman, 1847—1852.
Anders Westerberg, 1854, 1856.
Joh. L. Westerberg, 1859–(1869?)

Guldsmeds-ämbetet (1829—33).

Carl Israel Rosnell, 1829–1833.

Målare-ämbetet
(skrå 1830 och 1834–37 samt fr. 1859).

Carl Fredrik Blom, 1830.
Gustaf Grönberg, 1834–1837.
Fredrik Hellsten, 1859–(1869?)

Sadelmakare-ämbetet.

Johan Grönlund, 1859–(1869?)

Åldermän för arbetsfolket.

Matts Smedsten, 1749 och 1750.

Samuel Lindström, n:s ålderman för timmermän 1832.

Bilaga III.

Handelsstatistik.

De viktigaste af de 1815—1852 exporterade skogsprodukterna.

	Pottaska.	Tjära tnr.	Skoflar st.	Tråg st.	Bjelkar st.	Bräder tolft.	Handspak dussin.	Läkter tolfter.	Plankor tolfter.	Pumpträd st.	Sparrar st.	Ved famnar.
1815	—	Till Stholm 172 2,530	—	127 1,950	2,818	1,519	—	st. 35,050	—	—	dussin. 785$\frac{1}{3}$	126 119
1816	Saknas uppgift.											
1817	Berkov. pud ℔. 94 + 7 + 4	2,129	200	950	1,385	1,875	—	tolft. 2,422$\frac{2}{3}$	—	—	dussin. 307 + 1,632	119
1818	Berkov. pud ℔. 205 + 7 + 5	1,712	50	900	1,431	1,721	—	st. 72,802	722	—	st. 3,943	139
1819	Pud ℔. 1,501 + 21$\frac{3}{4}$	1,781	—	1,400	—	946$\frac{1}{2}$	—	st. 56,480	1,081	—	6,710	212
1820	Pud ℔. 519 + 19	1,700	—	600	1,242	1,201	—	st. 19,740	1,415$\frac{1}{3}$	—	3,660$\frac{1}{3}$	104$\frac{1}{2}$
1821	Pud ℔. 351 + 34	2,781	50	150	1,097	1,516	8	st. 20,964	1,250$\frac{1}{2}$	—	4,444	353$\frac{1}{2}$
1822	Pud ℔. 2,183 + 20$\frac{1}{2}$	2,925	100	50	304	537	—	tolft. 2,320	849$\frac{1}{2}$	—	5,829	357
1823	Sk℔. L℔. ℔. 295, 5, 5	3,895	210	386	334	1,395$\frac{1}{2}$	56	1,149$\frac{1}{2}$	1,671$\frac{11}{12}$	6	4,689	207
1824	Sk℔. L℔. 140, 5	5,252	—	—	121	1,424$\frac{1}{2}$	416$\frac{1}{2}$	1,700$\frac{1}{2}$	2,042$\frac{1}{4}$	—	4,270	231
1825	L℔. 5,405$\frac{1}{2}$	3,669	—	200	72	2,085$\frac{5}{12}$	223	1,179	2,544$\frac{7}{12}$	—	2,341	189$\frac{1}{2}$
1826	L℔. 5,735	3,119	—	—	432	1,726$\frac{5}{12}$	17	1,036$\frac{5}{6}$	3,548$\frac{5}{12}$	—	3,139	152$\frac{1}{2}$
1827	L℔. 4,541$\frac{5}{6}$	5,076$\frac{1}{2}$	—	—	653	1,121$\frac{1}{4}$	—	1,953$\frac{1}{3}$	3,559$\frac{5}{6}$	—	3,280	213
1828	L℔. 1,054$\frac{1}{2}$	4,853	—	—	180	1,558	12$\frac{1}{2}$	1,611$\frac{1}{2}$	3,123$\frac{1}{12}$	—	2,148	159
1829	L℔. 1,135	4,140$\frac{1}{2}$	—	—	967	292	1	928$\frac{1}{2}$	3,186	—	2,802	274
1830	L℔. 3,704	4,629	—	—	679	3,619$\frac{5}{12}$	—	1,011	5,424$\frac{1}{6}$	—	1,317	257
1831	L℔. 5,138$\frac{1}{4}$	2,750	—	—	930	2,563$\frac{7}{12}$	—	691$\frac{1}{3}$	8,240$\frac{1}{12}$	—	870	335
1832	Sk℔. 741$\frac{1}{4}$	1,652$\frac{1}{2}$	—	—	509	1,308$\frac{1}{2}$	—	268	7,586$\frac{1}{2}$	—	569	350$\frac{2}{3}$
1833	Sk℔. 139	773	—	—	1,535	3,674$\frac{1}{3}$	st. 30	327$\frac{1}{3}$	11,389$\frac{1}{4}$	—	947	421
1834	L℔. ℔. 2,882, 7	1,233 + 960	—	—	1,270	5,110	dussin. 71	3,256	15,435$\frac{1}{12}$	—	518	458
1835	L℔ 2,570	2,012$\frac{3}{4}$	—	—	293	2,607$\frac{5}{6}$	15	606 + 1,192	15,027$\frac{3}{4}$	—	208	382$\frac{1}{2}$
1836	L℔. 7,518$\frac{7}{20}$	1,538$\frac{1}{2}$	—	—	821	1,922	16	438 + 583$\frac{1}{4}$	20,712$\frac{3}{4}$	—	1,020	722$\frac{1}{2}$
1837	L℔. 8,060$\frac{1}{2}$	3,459$\frac{1}{2}$	—	—	394	3,424$\frac{1}{6}$	2	72 såg- + 146 talj.	23,784$\frac{1}{3}$	—	1,649	596$\frac{1}{2}$

	Pottaska.	Tjära tnr.	Skoflar st.	Tråg st.	Bjelkar st.	Bräder tolft.	Handspak. dussin.	Läkter tolfter.	Plankor tolfter,	Pumpträd st.	Sparrar st.	Ved famnar.
1838	L㎗. 8,117	3,286	—	—	132	3,173$^{1}/_{6}$	8	1,008$^{2}/_{3}$	24,769$^{1}/_{2}$	—	1,380	641
1839	L㎗. 1,867	3,391$^{1}/_{2}$	—	—	318	1,514$^{7}/_{12}$	32	1,378$^{1}/_{2}$	18,369$^{5}/_{12}$	—	6,016	785
1840	Saknas uppgifter för d. å.									Battens tolfter.		
1841	L㎗. 228	3,389$^{1}/_{2}$	—	683	—	2,093$^{1}/_{12}$	19	—	25,607$^{7}/_{12}$ + 530$^{2}/_{3}$	3,318	779	768$^{1}/_{2}$
1842	Saknas uppgifter.											
1843	D:o.											
1844	D:o.											
1845	640$^{1}/_{10}$	3,129	—	—	—	1,835$^{3}/_{4}$	10	—	22,615$^{7}/_{12}$	1,065	—	711
1846	429$^{1}/_{5}$	2,085	—	—	184	2,832$^{1}/_{2}$	—	884$^{5}/_{6}$	21,036$^{9}/_{12}$	413$^{7}/_{12}$	951	519
1847	1,611$^{1}/_{10}$	1,918$^{1}/_{2}$	—	—	99	2,114	—	718$^{5}/_{6}$	14,753$^{1}/_{2}$	759	1,070	686
1848	L㎗ 30	2,479	—	—	74	2,790$^{3}/_{4}$	spakämnen tolft. 1	603$^{1}/_{3}$	18,226$^{11}/_{12}$	959	362	542
1849	L㎗ 76	2,289	—	—	20	3,865[illegible]	—	1,246$^{1}/_{2}$	22,004$^{10}/_{12}$	1,059	1,217	714$^{1}/_{2}$
1850	L㎗. ㏒. 1,788, 16	1,821	—	—	165	2,426$^{1}/_{3}$	spakämnen tolfter. 5	1,011	26,440	2,386	528	614
1851	L㎗. ㏒. 1,702, 17	3,165	—	—	184	7,806$^{3}/_{4}$	—	82$^{2}/_{3}$	20,370	5,237$^{1}/_{2}$	—	738
1852	L㎗. 606	2,132	—	—	229	5,176$^{1}/_{2}$	—	2,326$^{1}/_{3}$	45,987$^{1}/_{3}$	2,529$^{5}/_{6}$	1,456	514

Björneborgs export af sågade trävaror 1880—1895.

(Enl. firman Rosenlew & C:is sedan 1880 publicerade årsberättelser öfver B:borgs export och import.)

	Värdet af exporterade sågade trävaror.	Exporterade sågade trävaror i standert.		Värdet af exporterade sågade trävaror.	Exporterade sågade trävaror i standert.
1880	8,582,650	57,218	1888	6,555,433	48,559
1881	6,867,800	46,248	1889	7,329,338	48,862
1882	7,247,708	49,984	1890	5,788,636	46,511
1883	6,192,224	46,911	1891	6,762,171	57,100
1884	5,995,506	46,119	1892	5,735,080	44,116
1885	5,595,000	43,039	1893	6,514,496	50,895
1886	4,922,215	39,378	1894	6,586,548	52,692
1887	5,239,461	40,305	1895	7,212,315	59,599

Sjöfart och handel 1856—1894.

	Ankomna fartyg.		Afgångna fartyg.		Värdet af importen.	Värdet af exporten.	Totalvärdet af varuomsättningen.	Summa tulluppbörd.
	Antal.	Läster.	Antal.	Läster.				
1856	133	11,016	138	11,815	1,942,109	941,471	2,883,580	365,017
1857	145	14,228	151	17,933	3,078,123	1,296,283	4,374,407	307,263
1858	77	9,233	84	9,781	1,451,038	729,784	2,180,823	288,611
1859	122	13,492	133	15,986	1,743,397	623,391	2,366,789	278,392
1860	116	11,320	125	12,166	1,592,408	637,825	2,230,233	310,577
1861	101	10,220	98	10,147	2,336,921	954,904	3,291,826	376,024
1862	177	17,696	159	16,476	3,345,041	1,136,267	4,481,308	500,626
1863	134	15,764	139	17,248	2,294,869	1,772,402	4,067,271	609,110
1864	105	12,610	98	12,907	1,514,203	1,634,215	3,148,419	447,154
1865	156	22,681	161	24,213	2,403,389	2,759,554	5,162,943	468,395
1866	194	19,829	215	21,806	2,282,609	1,239,179	3,521,788	373,457
1867	197	22,082	218	23,405	1,606,889	1,355,663	2,962,553	301,788

	Ankomna fartyg.		Afgångna fartyg.		Värdet af importen.	Värdet af exporten.	Totalvärdet af varuomsättningen.	Summa tulluppbörd.
	Antal.	Läster.	Antal.	Läster.				
1868	212	25,644	213	25,545	1,639,514	1,679,792	3,319,307	255,077
1869	206	23,955	201	21,540	2,090,725	1,396,714	3,487,439	321,341
1870	156	20,117	168	19,745	1,535,581	1,299,631	2,835,212	263,669
1871	206	26,605	213	27,116	1,437,788	2,229,810	3,667,598	273,040
1872	274	34,337	303	36,959	2,289,523	3,492,130	5,781,653	347,073
1873	307	39,910	326	41,000	2,811,067	4,185,898	6,996,966	411,132
1874	376	48,659	418	50,955	4,257,131	7.876,791	12,133,922	585,736
1875	297	38,325	322	39,854	3,048,191	4,473,258	7,521,450	467,846
1876	469	65,986	507	69,832	3,665,915	8,018,791	11,684,707	555,026
1877	495	71,712	524	74,404	2,922,272	8,322,673	11,244,946	600,555
1878	428	58,952	382	53,013	2,143,464	5,833,965	7,977,429	547,804
		Reg. tons.		Reg. tons.				
1879	378	112,456	394	115,950	1,904,509	5,912,172	7,816,681	512,210
1880	514	143,488	520	145,318	2,924,067	8,613,601	11,537,669	630,321
1881	388	116,942	401	120,293	2,629,107	7,016,213	9,645,320	546,915
1882	472	137.917	486	140,721	2,382,858	6,452,715	8,835,574	608,573
1883	379	121,818	374	118,217	2,025,712	9,598,108	11,623,820	596,896
1884	387	117,734	397	121,713	2,464,464	8,559,833	11,024,297	701,134
1885	411	128,770	413	130,996	2,346,218	6,388,850	8,735,068	522,183
1886	387	121,070	385	121,100	2,411,487	5,767,776	8,179,263	489,169
1887	391	121,564	398	125,041	2,559,573	6,108,858	8.668,431	473,141
1888	376	121,438	419	130,385	3,204,789	7,809,368	11,014,157	600,840
1889	408	135,791	435	141,580	3,965,649	9,061,890	13,027,539	715,667
1890	392	126,529	444	137,741	3,356,325	7,106,640	10,462,965	677.019
1891	409	138,815	464	154,380	2,943,090	8,140,018	11,083,108	627,177
1892	445	140,791	452	140,829	3,830,375	6,660,812	10,491,187	638,411
1893	426	155,470	431	156,851	3,243,042	7,723,208	10,966,250	682,772
1894	—	—	473	—	3,163,736	7,672,118	10,835,854	—

De viktigaste importvarorna 1856—1893.

	Salt.	Spannmål.		Kaffe.	Socker.	Brännvin, arrak, rom.		Viner.		Järn, stål, värde i mark.	Väfnader, värde i mark.	Maskiner, värde i mark.
	tnr.	Lℓ.	Tnr.	Lℓ.	Lℓ.	Lℓ.	butelj.	Lℓ.	butelj.			
1856	12,904	102,445	—	10,170	13,605	—	—	—	—	—	—	—
1857	19,675	537,122	—	6,022	6,804	—	—	—	—	—	—	—
1858	18,326	12,584	—	18,964	7,085	—	—	—	—	—	—	—
1859	5,288	12,517	—	18,600	7,525	—	—	—	—	—	—	—
1860	11,322	17,844	—	22,495	5,612	—	—	—	—	—	—	—
1861	10,814	13,437	—	30,571	6,899	—	—	—	—	—	—	—
1862	25,749	420,720	—	42,308	9,282	—	—	—	—	—	—	—
1863	17,457	223,440	—	25,587	18,474	—	—	—	—	—	—	—
1864	26,356	152,500	—	14,255	5,695	—	—	—	—	—	—	—
1865	12,483	197,640	—	11,131	8,506	—	—	—	—	—	—	—
1866	17,661	201,861	—	12,363	10,894	—	—	—	—	—	—	—
1867	14	289,628	—	8,592	9,528	—	—	—	—	—	—	—
1868	10,670	227,614	—	4,167	6.173	—	—	—	—	—	—	—
1869	13,536	21,601	—	14,610	5,799	—	—	—	—	—	—	—
1870	28,213	15,360	—	11,354	6,071	—	—	—	—	—	—	—
1871	20,087	19,601	—	6,117	4,447	—	—	—	—	—	—	—
1872	21,545	65,316	—	13,956	6,051	—	—	—	—	—	—	—
1873	10,475	68,913	—	10,253	9,231	—	—	—	—	—	—	—
1874	9,711	116,435	—	17,276	13,150	—	—	—	—	—	—	—
1875	13,722	171,407	—	14,023	9,218	—	—	—	—	—	—	—
1876	17,570	161,353	—	20,667	6,591	—	—	—	—	—	—	—
1877	26,453	161,461	—	12,936	13,960	—	—	—	—	—	—	—
1878	15,616	106,352	—	11,984	23,862	—	—	—	—	—	—	—
1879	14,611	126,209	44	15,414	4,472	2,420	94	3,597	17	154,612	198,283	7,345
1880	11,086	32,230	2,336	16,818	5,003	3,548	261	7,025	341	668,268	433,620	9,840
1881	10,872	58,564	12,585	15,916	6,694	3,654	332	5,762	1,027	180,861	272,588	940
1882	13,382	58,768	2,393	19,298	8,998	3,792	318	5,972	515	185,760	209,826	51,820
1883	7,575	45,399	2,042	13,296	8,987	3,705	254	6,546	2,221	160,462	158,361	35,937
1884	21,448	55,288	4,331	14,270	25,031	4,483	235	6,789	1,397	229,591	252,903	37,791

	Salt.	Spannmål.		Kaffe.	Socker.	Brännvin, arrak, rom.		Viner.		Järn, stål, värde i mark.	Väfnader, värde i mark.	Maskiner, värde i mark.
	Tnr.	Ltr.	Tnr.	L/I.	Ltr.	Ltr.	butelj.	Ltr.	butelj.			
1885	20,341	78,050	5,257	16,954	4,283	2,980	714	4,715	2,083	214,455	96,695	42,003
1886	24,930	65,432	1,281	17,244	1,267	3,553	744	6,111	1,457	154,354	128,175	43,073
	Hektolit.	Kilogr.	Hektolit.	Kilogr.	Kilogr.	Kilogr.		Kilogr.				
1887	23,712	555 448	1,127	123,106	21,203	29,801	1,452	52,744	1,958	115,763	166,133	34,758
1888	43,709	752,913	269	157,066	11,331	32,358	4,386	56,580	2,894	272,368	161,190	24,167
1889	35,213	1,321,674	—	207,265	81,880	31,059	4,788	61,895	2,477	316,987	213,465	93,829
										Kilogram.		
1890	41,057	674,684	—	146,867	27,897	40,522	—	80,043	1,647	1,349,085	—	—
										Järnmalm. 886,730		
										Kilogram.		
1891	25,241	707,941	—	179,347	7,756	32,573	—	86,141	—	1,563,056	213,072	17,112
											Garn, ull. 216,987	
1892	48,544	6,297,866	—	226,242	45,617	39,269	—	70,651	—	1,134,316	—	28,646
1893	19,045	2,348,907	—	273,637	149,482	32,889	—	80,886	—	1,017,275	—	15,132

Förteckning

öfver

skepp och briggar i Björneborg under perioden 1809—1852 (1857).

a) Skepp.

	Namn.	Läster.	Tiden då fartyget nämnes.	Uppgift ang. fartygets förolyckande m. m.	Rederi.
FS	Wilhelmina	150	1814—1827	Förgicks vid Marseille.	Wallenstråle.
FS	Eolides	134	1814—1838	Förgicks vid Dragö.	P. A. Moliis & C:i.
	Storfursten	249½	1826—1839	Förolyckad vid Carthagena.	Bolag.
	Orion	$199^{65}/_{100}$	1826—1835	" i Spanska sjön.	Wallenstråle.
	Bellona	151	1828—1833	" vid Ystad.	Wallenstråle.
FS	Venus	266	1829—1835	" i Algiers redd.	Wallenstråle.
BS	Johannes	139	1829—1849		J. F. Bäckman.
FS	Gloria	275	1830—1838	" vid holländska kusten.	Wallenstråle.
BS	Aurora	174	1830—1852		Björkman & Rosenlew.
BS	Ida	174	1830—1832	" vid Alicante.	M. Hellström.
FS	Dido	252	1832—1850		J. Carström 43. S. J. Franck 46.
FS	Josephina	220	1832—1850	" vid Domesnäs.	C. Timgren 46.
BS	Minerva	225	1833—1851		C. F. Björnberg 43. C. Pettersson 49. C. F. Björnberg 50, 51.
	Björneborg	210	1833—1836	" vid Bornholm.	
	Argo	192	1834	" s. å. vid Räfsö.	
FS	Ocean	270	1834—1847		M. Hellström. C. Timgren 46.
	Rurik	258	1834—1838	" vid Gottland.	
	Atlas	264	1834—1835	" å Bottenhafvet.	
BS	Columbus	274	1836—1840	" vid Arholma.	Wallenstråle.
BS	Bror	220	1836—1845		M. Wahlroos.
	Castor	350	1838—1841		Wallenstråle.
FS	Pollux	326	1838—1851	" vid engelska kusten.	Wallenstråle.
FS	Dygden	250	1837		C. J. Thornberg 43. A. Björnberg 49. K. Martin 51, 52.
	Atlas	250	1837—1841		Bolag.
FS	Fama	250	1837—1845	" i Södra Qvarken.	Grönfeldt m. fl.
	Fredrik	139	1837—1839	" i öppna sjön.	C. G. Sandell.
FS	Olga	325	1837—1841		Björkman & Rosenlew.
	Nestor	129	1838	Förgicks s. å. i Nordsjön.	

	Namn.	Läster.	Tiden då fartyget nämnes.	Uppgift ang. fartygets förolyckande m. m.	Rederi.
FS	Echo	250	1838		J. Selin.
BS	Triton	226	1838—1850	Förliste vid Honduras.	Sourander & Grönfeldt.
FS	Eurydice	275	1839—1848	Förgicks i öppna sjön.	Björkman & Rosenlew.
BS	Angelique	265	1839—1841		Aptekar Wahlroos.
BS	Najaden	222	1839—1842		
BS	Iris	118	1839—1847		J. Selin.
FS	Neptun	295	1840—1841 1. 1842		Björkman & Rosenlew.
FS	Gustaf	285	1840—(1854?)		J. Grönfelt 43. A. Björnberg 41.
BS	Nicolai I	240	1840—(1854?)		I. Carström 43. J. Svanström.
BS	Philip	265	1840—1841		
BS	Primus	375	1840—1851	Försåldt till Bergen.	E. Rosenberg 43. H. J. Oldenburg.
BS	Freden	265	1839—1851	Förliste i Kattegat.	C. F. Björnberg 43.
FS	Fäderneslandet	338	1837—1848	Förgicks vid Lukö i Norge.	Isak Carström 43. G. Sohlström.
BS	Hoppet	291	1840—1845	Förolyckad.	M. Hellström 43.
BS	Venus	240	1840—1844	Förliste på Riga redd.	S. J. Broberg 43.
FS	Argo	180	1842—1845	Försåldt.	John Grönfeldt & Comp:i.
	Ida	226	1844—(1854?)		M. Hellström.
FS	Adonis	290	1844—(1854?)		Björkman & Rosenlew.
BS	Secundus	177	1846—1852	Förliste i Svarta hafvet.	C. Pettersson.
FS	Delphin	260	Nämnes endast 1846, om ej samma som freg. Delphin 248, som förgicks 1848.		J. Carström. J. Ekelund 48.
BS	Hugo	255	1846—1850	Försåldt.	B. M. Wahlroos.
BS	Delphin	216	1846		Björkman & Rosenlew. (J. Grönfeldt 1860).
BS	Onni	165	1846—(1854?)		A. J. Steen 49. W. Wallin 50. Joh. Grönfeldt 51.
BS	Hebe	277	1847—1849	Förolyckad vid irländska kusten.	M. Hellström.
BS	Richard	240	1847—(1854?)		R. Sourander 49. H. J. Oldenburg 50. K. J. Ek 51.
FS	Victoria	260	1847—(1854?)		Björkman & Rosenlew.
FS	Argo	376	1848—1853	Försåld till Wahl i Wiborg.	Isak Carström.

	Namn.	Läster.	Tiden då fartyget nämnes.	Uppgift ang. fartygets förolyckande m. m.	Rederi.
BS	Anna	249	1848—(1854?)		A. Björnberg 49. C. F. Björnberg 51.
BS	Väinämöinen	253	1848—(1854?)		C. Timgren.
BS	Sourander	253	1848—1860	Försåldt till England.	R. Sourander 49. J. Selin 50, 51.
BS	Jakob	110	1849—1853	„ till London.	J. Svanström.
BS	Solide	149	(1854?)		M. Hellström.
BS	Salomon Heine	178	1850—(1854?)		J. Ekelund.
BS	Foenix	258	1853—(1854?)		K. Martin.
BS	Argo	328	1853—(1854?)		A. Lundborg.
BS	Emelie	212	1853—1860	Förolyckadt vid Norge.	C. Pettersson.
BS	Alexandra	158	(1839)—(1854?)		J. Carström.
BS	Otto	265	1856—1860	„ vid Caplandet.	J. Grönfeldt.
BS	Maria	210	1856		A. Lundborg.
BS	Triton	300	1856		I. Carström.
BS	Annamooka	310	1856—1858	Förolyckades.	A. Björnberg.
FS	Harmonie	417	1857		I. Carström.
BS	Hilma	284	1857		M. Hellström.
FS	Norma	375	1857		A. Björnberg (C. Martin 58).
FS	Alexander	433	1857		A. Lundborg.
BS	Veritas	300	1859		W. Rosenlew & C:i.
FS	Argo	445	1859		F. Lagerström.
FS	Garibaldi	460	1860		C. Martin.
BS	Venio	232	1860		Carlsson & Timgren.

b) Briggar.

	Namn.	Läster.	Tiden då fartyget nämnes.	Uppgift ang. fartygets förolyckande m. m.	Rederi.
	Minerva	62	1813—1815	Förolyckad vid Skottland.	
	Amerika	97 1/2	1813—1816	„ vid Köpenhamn.	
	Najaden	103 4/13	1813—1817	Försåld till Flensburg.	
	Aeolus	80 1/2	1813—1814	„ till Liverpool.	P. A. Moliis m. fl.
	Eurydice	110 7/10	1813—1829	Förolyckad vid Ösel.	Wallenstråle.
	Orpheus	123 1/2	1813—1814	„	D:o
	Delphin	114 1/2	1815—1845	„ i Södra Qvarken.	Kommerser. J. Ascholin. Björkman & Rosenlew.

	Namn.	Läster.	Tiden då fartyget nämnes.	Uppgift ang. fartygets förolyckande m. m.	Rederi.
	Juno	104?	1815—1833	Förolyckad vid Engelholm.	F. F. Wallenstråle.
	Enigheten	42	1816		Weissman v. Wessenstein.
	Theodora	$76^1/_{12}$	1817—1826	Försåld.	P. A. Moliis.
SB	Charlotta	39	1818—1821	Förolyckad.	
	Adolf Fredrik	72	1818—1836	„ vid Gottland.	
SB	Najaden	65	1818—1827	Försåld till Kaskö.	
	Frigga	$56^2/_3$	1818—1820	Försåld.	
	Elisa	60	1818—1819	Förolyckad.	
	Nereiden	41	1819—1821	„	
	Josephina	$92^1/_2$	1826—1831	Försåld.	Joh. F. Bäckman.
	Maria	87	1828	Förolyckad s. å.	
	Emma	92	1827—1852	„ i Kattegat.	C. F. Björnberg 44.
	Tärnan	69	1827—1841 l. 1842		C. F. Thurman.
	Mathilda	75	1829	Försåld s. å.	
	Odin	138	1829—1838	Förolyckad vid Helsingborg.	
	Anola	103	1829—1841 l. 1842		
	Ellida	98	1830—1853?	(Möjl. såld 1854).	M. Hellström 43.
	Themis	110	1831—1834	Förolyckad.	
	Helena	124	1835—1845	„	J. Svanström 43.
	Bacchus	85	1837—1839	„ vid Helsingör.	
	Neptunus	94	1838—1839	„ vid Åland.	
	Victoria	98	1839—1847?		J. Svanström 43.
	Toivo	105	1847—1852	Försåld till Waterford.	A. J. Steen 47. W. Wallin 50. Joh. Grönfeldt 51.
	Henriette	68	(1843) 1849—1853	(Möjl. såld 1854).	G. Sohlström 50. A. Björnberg 52. A. Lundborg 53.
	Vänskapen	74	(1837) 1851—1852	Förolyckad i Kattegat.	A. Lundborg.
	1855 finnes ingen brigg.				
	Trident	120	1856		A. Björnberg.
	Toimi	162	1857		A. Thurman 57. L. G. Clouberg 58.
	Da Capo	164	1857		Carlsson & Timgren.
	Emma	135	1857		Rosenlew & C:i.
	Hanna	177	1857		J. Grönfeldt.

Bilaga IV.

Befolkningsstatistik.

Stadens folkmängd enligt mantalslängderna fr. 1634—1710.

	Folkmängd.		Folkmängd.		Folkmängd.		Folkmängd.
1634	464	1651	282	1665	390	1680	404
1635	470	1652	284	1666	402	1682	375
1636	364	1653	429	1667	425	1683	391
1637	405	1655	374	1668	420	1684	362
1638	443	1656	365	1669	405	1685	350
1639	443	1657	335	1670	396	1686	372
1640	555	1658	335	1671	412	1687	343
1641	446	1659	336	1672	433	1688	384
1644	409	1660	424	1674	461	1692	402
1645	400	1661	349	1676	402	1697	402
1647	390	1662	358	1677	381	1710	332
1649	366	1663	385	1678	382		
1650	337	1664	383	1679	389		

Björneborgs stads folkmängd 1721—1765.

(Enligt mantalslängderna.)

	Folkmängd.	Matlag.		Folkmängd.	Matlag.		Folkmängd.	Matlag.
1721	—	—	1736	—	—	1751	587	238
1722	307	—	1737	—	—	1752	619	244
1723	343	—	1738	471	—	1753	652	254
1724	338	—	1739	478	—	1754	659	260
1725	354	—	1740	502	209	1755	662	259
1726	369	—	1741	494	212	1756	654	256
1727	—	—	1742	—	—	1757	641	256
1728	380	—	1743	—	—	1758	660	259
1729	—	—	1744	484	—	1759	678	270
1730	—	—	1745	520	208	1760	723	267
1731	400	—	1746	538	217	1761	754	284
1732	—	—	1747	555	214	1762	806	296
1733	419	—	1748	554	215	1763	835	310
1734	444	—	1749	569	215	1764	863	314
1735	449	—	1750	—	—	1765	885	327

Björneborgs stads folkmängd 1766—1808.

	Folkm. enl. mantalslängd.	Folkm. enl. kyrkoböck.	Matlag.		Folkm. enl. mantalslängd.	Folkm. enl. kyrkoböck.	Matlag.
1765	885	—	327	1787	2,101	—	561
[1] 1766	1,501	—	340	1788	2,061	—	568
1767	1,523	—	386	1789	1,962	—	524
1768	1,500	—	366	1790	1,989	2,154	419
1769	1,523	—	373	1791	1,985	—	433
1770	1,581	—	387	1792	2,021	—	442
1771	1,607	—	379	1793	2,064	—	447
1772	1,622	—	382	1794	2,263	—	466
1773	1,617	—	385	1795	2,132	—	481
1774	1,655	—	408	1796	2,125	—	478
1775	1,746	1,749	460	1797	2,123	—	472
1776	1,767	—	451	1798	2,146	—	475
1777	1,798	—	480	1799	2,163	—	471
1778	1,758	—	454	1800	2,141	2,568	467
1779	1,845	—	470	1801	2,174	—	471
1780	1,951	2,196	490	1802	1,997	—	448
1781	2,315	—	521	1803	1,626	—	371
1782	1,818	—	504	1804	1,840	—	416
1783	2,207	—	534	1805	2,386	2,510	323
1784	2,247	—	594	1806	2,331	—	374
1785	2,296	2,164	612	1807	2,217	—	540
1786	2,177	—	586	1808	—	—	—

Björneborgs stads folkmängd 1809—1852.

	Folkm. enl. mantalslängd.	Folkm. enl. kyrkoböck.	Matlag.		Folkm. enl. mantalslängd.	Folkm. enl. kyrkoböck.	Matlag.
1809	2,140	—	523	1814	2,263	—	553
1810	2,040	2,484	407	1815	2,318	2,750	593
1811	2,158	—	532	1816	2,373	—	602
1812	2,285	—	544	1817	2,450	—	635
1813	2,274	—	564	1818	2,348	—	—

[1]) Ifrån detta år började upptagas i mantalslängden äfven de från mantalspenningar befriade, nämligen: 1:o privilegierade, 2:o barn under 15 år, och 3:o åldringar öfver 63 år.

	Folkm. enl. mantals-längd.	Folkm. enl. kyrkoböck.	Matlag.		Folkm. enl. mantals-längd.	Folkm. enl kyrkoböck.	Matlag.
1819	2.462	—	—	1836	4,442	—	—
1820	2,579	3,174	—	1837	4,479	—	—
1821	2,735	—	—	1838	4,581	—	—
1822	2.883	—	—	1839	4,610	—	—
1823	2,931	—	762	1840	4,682	5.353	—
1824	3,080	—	—	1841	4,822	—	1.315
1825	3,147	3,829	—	1842	4,927	—	—
1826	3,511	—	—	1843	4,964	—	—
1827	3,590	—	—	1844	5,015	—	1,386
1828	3,809	—	—	1845	5,121	5.739	—
1829	3,856	—	1,016	1846	5,192	—	—
1830	4,066	4,567	—	1847	5,270	—	—
1831	4,256	—	—	1848	5,254	—	—
1832	4,211	—	—	1849	5,340	—	—
1833	4,277	—	—	1850	5,450	6.243	1.505
1834	4,326	—	1,179	1851	5,515	—	—
1835	4,358	4.716	—	1852	5,744	—	—

Björneborgs stads folkmängd 1853—1896.

	Folkm. enl. mantals-längd.	Folkm. enl. kyrkoböck.		Folkm. enl. mantals-längd.	Folkm. enl. kyrkoböck.		Folkm. enl. mantals-längd.	Folkm. enl. kyrkoböck.
1853	4,776	—	1868	5,952	—	1882	7,778	—
1854	4,993	—	1869	5,758	—	1883	8,086	—
1855	5,284	6,320	1870	5,762	6,959	1884	8,054	—
1856	5,233	—	1871	5,770	—	1885	8,292	—
1857	5,386	—	1872	5,958	—	1886	8,589	—
1858	5,625	—	1873	5,962	—	1887	8,802	—
1859	5,875	—	1874	6,119	—	1888	8,946	—
1860	6,350	7,130	1875	6,288	7,346	1889	—	—
1861	6,365	—	1876	6,245	—	1890	9,758	10,010
1862	6,348	—	1877	6,434	—	1891	—	—
1863	6,356	—	1878	6,613	—	1892	10,551	—
1864	6,185	—	1879	6,663	—	1893	—	—
1865	6,345	7,270	1880	7,570	8,718	1894	11,334	12,016
1866	6,380	—	1881	7,738	—	1895	—	—
1867	6,250	—				1896	—	(13,018)

Födda, döda och vigda i Björneborgs stad. (1666—1895).

	Födda.	Döda.	Vigda. Par.		Födda.	Döda.	Vigda. Par.
1666	24	10	9	1705	14	18	8
1667	22	21	8	1706	24	12	3
1668	22	25	5	1707	26	15	2
1669	21	25	5	1708	15	11	7
1670	27	22	7	1709	23	18	1
1671	34	16	9	1710	10	17	3
1672	23	7	15	1711	19	8	4
1673	25	15	6	1712	21	16	2
1674	23	19	6	1713	13	10	2
1675	22	32	2	1714	11	18	2
1676	17	29	—	1715	16	10	6
1677	29	8	6	1716	7	5	5
1678	20	16	7	1717	7	30	1
1679	30	34	8	1718	18	9	3
1680	21	23	10	1719	12	15	2
1681	24	15	9	1720	8	9	3
1682	19	22	4	1721	21	18	7
1683	17	18	10	1722	24	16	15
1684	19	23	7	1723	27	12	5
1685	21	17	7	1724	21	19	6
1686	24	15	6	1725	30	46	9
1687	15 [1])	10 [1])	4 [1])	1727	29	20	1
1688	26	17	11	1728	27	16	8
1689	17	11	6	1729	37	17	10
1690	37	26	11	1730	19	21	4
1691	21	20	9	1731	23	29	3
1692	32	18	9	1732	32	8	10
1693	29	26	5	1733	33	24	4
1694	25	24	7	1734	37	16	10
1695	33	31	3	1735	30	14	14
1696	29	21	5	1736	47	32	6
1697	19	89	2	1737	36	15	5
1698	21	17	2	1738	30	19	9
1699	22	17	12	1739	40	32	4
1700	26	11	7	1740	33	67	8
1701	28	13	4	1741	35	47	5
1702	29	10	3	1742	27	30	4
1703	20	13	7	1743	30	42	8
1704	31	22	5	1744	29	21	11

[1]) Förteckningarna defekta.

	Födda.	Döda.	Vigda. Par.
1745	23	19	11
1746	40	25	7
1747	36	16	7
1748	33	25	13
1749	41	29	7
1750	41	52	11
1751	49	36	13
1752	48	34	12
1753	43	39	11
1754	56	26	11
1755	53	40	14
1756	46	49	9
1757	57	21	7
1758	49	39	8
1759	49	32	11
1760	51	25	3
1761	42	31	11
1762	40	73	10
1763	45	66	9
1764	48	59	14
1765	62	34	Inga antecknade.
1766	58	37	
1767	56	25	"
1768	46	40	"
1769	55	26	"
1770	52	41	"
1771	45	36	"
1772	55	81	10
1773	45	39	23
1774	58	28	20
1775	60	35	17
1776	55	85 (52 i koppor).	16
1777	66	53	26
1778	86	32	22
1779	74	40	22
1780	78	41	15
1781	77	76	27
1782	101	54	16
1783	56	57	Ej särsk. förteckn. för B:borg.
1784	68	51	
1785	70	134 (koppor).	"
1786	68	50	"
1787	66	36	"

	Födda.	Döda.	Vigda. Par.
1788	60	83	Ej särsk. förteckn. för B:borg.
1789	72	85	
1790	69	88	"
1791	73	71	"
1792	74	57	"
1793	71	56	12
1794	81	67	34
1795	89	90	31
1796	105	76	18
Från 1797 till 1807 hafva icke tillförlitliga förteckningar öfver födda, döda och vigde kunnat uppgöras.			
1808	83	100	10
1809	63	164	11
1810	90	80	29
1811	98	87	19
1812	98	85	15
1813	71	81	17
1814	89	127 [1])	15
1815	95	52	21
1816	108	97	23
1817	112	120	33
1818	118	94	27
1819	98	69	25
1820	113	114	35
1821	156	87	33
1822	132	112	22
1823	144	77	31
1824	152	114	34
1825	158	131	27
1826	156	140	43
1827	156	100	28
1828	167	183	42
1829	173	158	42
1830	167	128	36
1831	149	161	31
1832	164	170	32
1833	133	174	47
1834	179	152	39
1835	158	178	39
1836	144	182	40

[1]) Den höga siffran beroende därpå att kopporna d. å. hemsökte orten.

	Födda.	Döda.	Vigda. Par.		Födda.	Döda.	Vigda. Par.
1837	153	154	36	1858	225	140	51
1838	128	144	27	1859	236	147	47
1839	164	141	40	1860	234	171	66
1840	169	137	66	1861	272	189	54
1841	163	158	45	1862	212	184	60
1842	196	180	90	1863	259	252	41
1843	187	135	54	1864	218	192	53
1844	182	140	66	1865	235	194	62
1845	177	160	47	1866	222	181	80
1846	192	155	44	1867	187	351	28
1847	160	157	42	1868	153	342	42
1848	172	184	61	1869	188	166	59
1849	211	188	66	1870	208	121	46
1850	201	159	48	1871	190	147	41
1851	221	155	56	1872	208	232	48
1852	190	282	57	1873	154	256	61
1853	223	233	58	1874	205	167	77
1854	177	164	46	1875	204	195	74
1855	236	226	55	1876	218	169	66
1856	190	292	51	1877	242	164	79
1857	210	202	52				

	Lefvande födda.	Dödfödda.	Döda.	Vigda. Par.
1878	225	4	161	53
1879	245	6	183	57
1880	242	8	166	71
1881	236	11	232	58
1882	243	9	199	52
1883	213	2	177	61
1884	238	17	242	66
1885	267	18	217	81
1886	260	8	239	84
1887	282	14	162	90
1888	319	15	200	73
1889	292	15	198	67
1890	299	10	215	91
1891	284	11	333	77
1892	351	12	272	58
1893	347	20	210	79
1894	338	8	257	81
1895	388	19	286	84

Förteckning

öfver

släktnamn, som under tiden 1721—1809 förekomma i Björneborg.

A.

Achander.
Achtman.
Aemelæius.
Ahlberg.
Ahlfors.
Ahlgeen.
Ahlgrén.
Ahlqvist.
Ahlroth.
Ahlström.
Ahrenius
Alander.
Alanius
Albers.
Alén.
Almberg.
Amnelius.
Ankroos.
Andell.
Andolin.
Antoni.
Appelberg.
Appelqvist.
Arctell (Nissilä).
Arigilander.
Arppe.
Artelius.
Arvelin.
Arxell.
Achblom.
Asp.
Aspegrén.
Asplöf.
Auvlen.
Aveman.
Axner.

B.

Backman.
Barckman.
Bastman.
Becker.
Belterus.
Berg.
Bergbom.
Bergelius.
Bergeen.
Bergencrona.
Berggrén.
Bergman
Bergroth.
Bergstock.
Bergström.
Bergstrand.
Bernlund.
Bernstén.
Bernstedt.
Bernström (Bergström).
Biraath.
Bjugg.
Björk.
Björkblom.
Björklund.
Björkman.
Björkqvist.
Björkroth.
Björn, Björnberg, Kauko.
Björnlund.
Björnman.
Björnström.
Blom.
Blomberg.
Blomqvist.
Blomström.
Blum.
Boge (Båge).
Bohle.
Boije.
Bollstedt.
Boman.
Bomm.
Bonerus.
Borgelin.
Boström.
Brander.
Brandthill.
Brask.
Breedas.
Brun.
Brunberg.
Brusin.
Bryggman.
Bygdén.
Bäckman.
Bäckström.
Bäfverdt.
Bärnäs.
Böckerman.
Böckers.

C.

Cahelin.
Calander (Kattelus).
Calonius.
Carlberg.
Carlqvist.
Carlsberg.
Carlsson.
Carlstedt.
Carlström.
Caris.

Castorin.
Cavander.
Cavonius.
Cedercrantz.
Cederström.
Chora.
Cicain.
Clarén.
Clouberg.
Cohteri.
Colliander (Koljander)
Corell.
Crabstjert.
Crusell.
Cruus.
Cuplén.
Cuplenius.
Cuumnäs.

D.

Dahlberg.
Dahlrooth.
Dahlström.
Dansar.
Dittlof (Detlof).
Domars.
Dufva.
Duvaldt.

E.

Edman.
Ek.
Ekblad.
Ekblom.
Ekbom.
Ekholm.
Ekholtz.
Eklund.
Eklöf.
Ekman.
Ekroos.
Ekrooth.
Ekqvist.
Ekström.
Eldén.
Elfving.
Eneberg.
Engman.
Engström.
Enholm.
Enqvist.
Epagius.
Eurén.

F.

Fager.
Fagerdal.
Fagergrén.
Fagerlund.
Fagerström.
Fagren.
Falck.
Fernberg.
Fiellman.
Fjellman.
Filén.
Finberg.
Finne.
Fleischer.
Flinck.
Flinckenberg.
Flodström.
Florin.
Fogel.
Fousén.
Fontell.
Forjahr.
Forsberg.
Forsbom.
Forselius.
Forsell.
Forsén.
Forsman (Forssman).
Forström.
Forsvik.
Forthelius.
Franck.
Fransman.
Frendén.
Frese.
Freudenfeldt.
Fridelin.
Friden.
Friman.
From.
Frondén.
Frost.
Funck.
Fågelberg.

G.

Galle.
Gammal.
Garvolius.
Geting.
Gevalder.
Giers.
Glas.
Gottleben.
Gottschalck.
Graan (Gran).
Granholm.
Granlund.
Granqvist.
Gripenberg.
Gronovius.
Grundström.
Gråå.
Grön.
Grönberg.
Grönblad.
Gröndal (Gröndahl).
Grönfeldt.
Grönfors.
Grönhagen.
Grönhof.
Grönholm.
Grönlund.
Grönmarck.
Grönqvist.
Grönroos.
Grönvald (Grönvall).
Gummerus.
Gylander.
Gyllenberg.
Gyllstén.

H.

Hagberg.
Hagbom.
Hager.
Hageus.
Hagman.
Hagner.

Haistila.
Hakuri (Hakurin).
Halenius (Hallenius).
Halin (Hallin).
Hallström.
Hammar.
Hammarström.
Hara.
Harticka.
Hartman.
Hartvik.
Hasselgrén.
Hastfer.
Hauho.
Hauos.
Haveman.
Hedberg.
Hedén.
Helander (Hellander).
Helgas.
Hellenius.
Helling.
Hellstén.
Hellström.
Helmstedt.
Henricius.
Herkäpäus.
Hertzberg.
Heyter.
Hirch.
Hirvolin (Hirfvolin).
Hising.
Hjelm.
Hjerpe.
Hjertman.
Hjulberg.
Hochschiöld.
Holgardt.
Hollberg.
Holm.
Holmberg.
Holmeen.
Holmstén.
Holmström.
Holzt.
Hongelin.
Horn.
Housula.
Huida.
Huidander.
Hulting.
Hurtig.
Hvitting.
Hypping.
Hytke.
Hägg.
Häggroth.
Hällstén.
Höckert.
Högberg.
Höök.

I.

Inberg.
Indebetou.
Ingeman.
Ingerström.

J.

Jellman.
Johansson.
Johnsson.
Jungberg (Ljungberg).
Johnström.
Jung.
Justander.
Jute.
Jyleén (Julén).
Järf.
Järn.
Järnberg.

K.

Kalikko.
Kari.
Karström.
Kekonius.
Kukonius.
Kellander (Kollar).
Kellman.
Kerolin.
Kellstedt.
Kieko (Kiehö).
Kielberg.
Kielbom.
Kihlström.
Kijlas.
Kilander (Kilvander).
Kissa.
Kitti.
Kiöhler.
Kiälinen (Häyliäinen).
Kläckö.
Klöf.
Klöfve.
von Knorring
Kock.
Kolcki.
Korsman.
Koukker.
Kruus.
Kuhlberg.
Kuhlman.
Kuppén.
Kühl.
Kynäs.
Kyrenius eller Kyrén.
Kölling.
Käylinen.

L.

Ladde.
Lagerblad.
Lagerström.
Lagervall.
Lagus.
Laiberg.
Lang.
Langberg.
Langeen.
Lassander.
Laureen.
Laurin.
Lautila.
Laviainen.
Lebell.
Leikman.
Leinberg.
Leisten.
Lemberg.
Levan.
Levander.
Levin.
Levonius.
Licais, Liikas.

Liepstorff.
Lignell.
Liikanen.
Liljegrén.
Liljelund.
Linansson.
Lind.
Lindahl.
Lindberg.
Lindblad.
Lindbom.
Lindebaum.
Lindebäck.
Lindell.
Lindeqvist.
Linder.
Lindfors.
Lindgrén.
Lindholm.
Lindqvist.
Lindström.
Lingman.
Linman.
Linmark.
Lipponen.
Lips.
Ljungman.
Lovén.
Lund.
Lundberg.
Lundelin.
Lundgren.
Lundström.
Loning.
Loukku.
Lucis.
Lundstedt.
Lust.
Luviainen.
Luviander.
Lydman.
Långfors.
Löfberg.
Löfman.
Löfstén.
Löfving.
Lönberg.
Lönblad, Lönbladh.
Lönmark, Lönnmark.
Lönroth, Lönnroth.
Lönqvist.

M.

Maexmontanus.
Magnusson.
Malm.
Malmberg.
Malmqvist.
Malmstén.
Malmström.
Mandelberg.
Manninen, Mandell, Mannelin.
Mark.
Markusala.
Martell, Martin.
Martinus Michaelis.
Masia, Masiander.
Meijer.
Melcker.
Melander, Mellander.
Melartopaeus.
Mellenius.
Meltopaeus.
Menzer.
Merihärkä.
Messman.
Moberg.
Mod.
Mogrén.
Moliis.
Momma.
Mosberg.
Mårthensson.
Måsberg.
Mässberg.
Mört.
Mörtengrén.

N.

Naulamala.
Neckström, Sneckström.
Nervander, Närvä.
Nervelin, Nerfvelin.
Nocka.
Norberg.
Nordling.
Nordlund.
Nordman.
Nordqvist.
Nordström.
Nordvall.
Noorman.
Norrgrén, Nordgrén.
Norström.
Nothenbergius.
Novander.
Nummelin.
Nurkka.
Nyberg.
Nybohm.
Nyholm.
Nyman.
Nymansson.
Nyström.

O.

Olgreen.
Ollenqvist.

P.

Pacchalén.
Pachkj.
Pahlman.
Palin.
Palmberg.
Palmgrén.
Palmström.
Palus.
Passi.
Paturi, Björnman.
Paul.
Pavola.
Pavolenius.
Peccator.
Pekas.
Peldan.
Perander.
Petrejus.
Pettersson.
Philppu.
Pihlman.
Pihlroth.
Polvelin.
Polviander.

Pontelius.
Pumbulain.
Prytz.
Pytty.
Pyy.

Q.

Qvarnberg.
Qvist.

R.

Rahm.
Rajalin.
Ramberg.
Ramklo.
Ranck, Rancken.
Randelin.
Rask.
Raumannus.
Raumolin.
Rauvala.
Ravonius.
Reen.
Renner.
Renström.
Retij.
Revell.
Riman.
Rindell.
Rislund.
Rijssi.
Riutta.
Roos.
Roseen.
Roselius.
Rosell.
Rosenback.
Rosenberg.
Rosendahl, Rosendal.
Rosengrén.
Rosenholm.
Rosenlund.
Rosenman.
Rosenqvist.
Rosenström.
Rosnell.
Rostedt.
Rothman.
Rotkerus.
Ruckman.
Rudolph.
Rusin.
Rutuna, Rutulin.
Ryttare, Ryttar, Rytter, Riter.
Råberg.
Rönnholm.
Röördrummer.

S.

Sacklén.
Sadenius.
Sagittander.
Sahlman.
Salgén, Sallgen.
Salén.
Salin.
Salmelius.
Salmén.
Salonius.
Sandala.
Sandberg.
Sandell.
Sandelin.
Sareen.
Sarin.
Sarman.
Sassi.
Sastman.
Sauvo.
Savon.
Saxberg.
von Schantz.
Scholberg.
von Schele.
Schief.
Schröder.
Schultz.
Sedergrén.
Selenius, Silenius.
Selin.
Silfstén.
Silfverhjelm.
Sillberg.
Sillström.
Simolin.
Sineen.
Sjöberg.
Sjöblom.
Sjöman.
Sjöström.
Skaffare.
Skoglund.
Skogman.
Skråll.
Skutnabb.
Slant.
Smedstén.
Sneckström, Neckström.
Sohlstén.
Sohlström.
Soini.
Soltin.
Sorander, Sourander.
Sparf.
Sperre.
Spihlbom.
Spinck.
Spoof.
Spåre.
Stackel.
Starck.
Stecksenius.
Steen.
Steger.
Steller.
Stenberg.
Stengrund.
Stenius.
Stenman.
Stenroth.
Sticku, Stichel, Stichelius.
Stickselius.
Stjernvall.
Stoltz.
Storck.
Strandberg.
Strander.
Strandstén.
Stoukeros.
Ström.
Strömberg.
Stubbe.
Ståhlberg.

Ståhlbom.
Ståhlborg.
Ståhlfoot.
Ståhlstén.
Sundberg.
Sundelin.
Sundholm.
Sundius.
Sundqvist.
Sundvik.
Suur.
Suutari.
Svanström.
Svensberg.
Svebelius.
Svedbeck.
Söderling.
Söderborg.
Söderlind.
Söderlund.
Söderman.
Söderström.

T.

Tallberg.
Tallqvist.
Tammelander, Tamlander.
Tanlerus.
Tasainen.
Taxell.
Telenius, Tilenius.
Tesko.
Thalin.
Thomas.
Thordelin.
Thurman.
Thuronis, Thuronius
Tiainen.
Tillberg.
Tillman, Tilman.
Tillmeen.
Tocklin.
Thomasson, Tolcki.
Tollet.
Tornberg (Törnberg).
Torrvijk.
Tortberg.
Tynison.
Tårpa.
Törnberg.
Törnbom.
Törnelund.
Tudeer.

U.

Ullenberg.
Ullengrén.
Ursu.
Utter.

V.

Vadén.
Vahlbäck, Vachlbeck.
Vahlman.
Vahlroos.
Vahlsten.
Vallenberg.
Vallenborg.
Vallenstråhle.
Vallin.
Vallström.
Vangel.
Varnberg.
Vass.
Vassberg.
Vassbom.
Veber.
Veckman.
Veckström.
Veisman.
Velin.
Venander.
Vendelin.
Vendischau.
Vernell.
Verring.
Vessander.
Vessman.
Vesterberg.
Vestergreen.
Vesterlund.
Vestlin.
Vettberg.
Vidmark.
Vijdbom.
Vikman.
Vikström.
Villams.
Villén.
Villstedt.
Vimmercrantz.
Vinberg.
Vinqvist.
Virenius.
Virman.
Virzén.
Vitzberg.
Volling.
Vrang.
Vrede.
Vrigstadius.
von Wrigth.
Vulf.
Vuosberg.
Värre.
Vävy.

Y.

Ytter.
Yttermark.

Z.

Zidbäck.

Å.

Åberg.
Ådelin.
Åhman.
Åbäck.
Åkerström.

Ö.

Öberg.
Öfverman.
Öhman.
Örnbeck.
Örnberg.
Östberg.
Öster.
Österberg.
Österbäck.
Österlund.

Björneborg.

(Bostadsförhållanden enl. folkräkningstabellerna af 1890).

Stadsdel.	Gårdar tillhörande finska kronan.	staden.	korporationer och bolag.	enskilde. Embets- och tjenstemän samt deras enkor.	Handlande m. fl.	Fabrikanter o. handtverkare.	Öfrige näringsidkande.	Sjöfarande.	Alle andre.	Summa gårdar.	Byggnader. Boningshus och andra med uppvärmningsapparater försedda hus. Af sten eller tegel.	Med nedra våningen af sten och den öfra af trä.	Af trä m. m.	Summa.	Deraf med tak af plåt.	asfaltfilt.	skiffer eller tegel.	trä, pertor, papper o. a.	Uthusbyggnader. Af sten eller tegel.	Af trä m. m.	Summa.	Summa byggnader.
Första stadsd.	—	4	3	7	29	7	—	—	17	67	57	—	68	125	42	39	41	3	55	27	82	207
Andra stadsd. o. Rådm:holm.	1	2	2	8	11	7	—	10	42	83	21	—	108	129	11	71	34	13	21	69	90	219
Tredje stadsd. o. Malmriorna	—	—	—	2	4	5	4	9	32	56	1	—	67	68	1	49	3	15	4	48	52	120
Fjerde stadsd. o. Mellanrior	—	1	3	3	3	15	2	7	36	70	14	—	79	93	3	55	17	18	10	51	61	154
Femte stadsd. o. Hagrior . .	1	2	—	2	9	46	7	30	195	292	18	—	357	375	8	246	22	99	18	285	303	678
Sjette stadsd. med omnejd.	—	4	1	1	4	22	4	12	154	202	3	—	222	225	—	44	—	181	13	164	177	402
Räfsö	—	6	2	1	8	15	3	7	27	69	—	—	82	82	—	12	—	70	1	81	82	164
Summa	2	19	11	24	68	117	20	75	503	839	114	—	983	1,097	65	516	117	399	122	725	847	1,944

Björneborg.

(Bostadsförhållanden enl. folkräkningstabellerna af 1890).

Stadsdel.	Boningshus och andra med uppvärmnings-apparater försedda hus. Af sten eller tegel. 1 vånings.	2 vånings.	3 vånings.	Summa.	Med nedra våningen af sten och den öfra af trä.	Af trä. 1 vånings.	2 vånings.	3 vånings.	Summa.	Rum med uppvärmnings-apparater. Rum inom stenväggar.	Rum inom träväggar.	Summa.
Första stadsdelen	32	24	1	57	—	66	2	—	68	628	500	1,128
Andra stadsd. o. Rådm:holmen	12	9	—	21	—	108	—	—	108	206	636	842
Tredje stadsd. o. Malmriorna	1	—	—	1	—	67	—	—	67	2	397	399
Fjerde stadsd. o. Mellanrior	13	1	—	14	—	79	—	—	79	82	494	576
Femte stadsd. o. Hagrior	14	4	—	18	—	355	2	—	357	102	1,621	1,723
Sjette stadsd. med omnejd	3	—	—	3	—	222	—	—	222	80	690	720
Räfsö	—	—	—	—	—	74	8	—	82	—	411	411
Summa	75	38	1	114	—	971	12	—	983	1,050	4,749	5,799

Bilaga V.

Släkttaflor.

Nils Björkman, [1])

f. $^{22}/_{11}$ 1715. † 1756.
Handlande.
G. ^{26} 1744 m. Maria
Backman f. $^{13}/_{3}$ 1719.

Maja Stina,

f. ^{19} 1745, † ^{30} 1800.
G. m. fältskär Johan
Adam Masberg,
f. ^{3} 1740.

Ka

f. ^{12} 174

han Daniel,

1787. † ^{3} 1814.
Handlande.
1810 m. Brita
stina Öhman,
f. ^{23} 1794.

a Matilda,

1834.
60 m. nota-
rl. Georg
dberg.

Emma Karolina,

f. $^{8}/_{2}$ 1836.
G. $^{12}/_{2}$ 1856 m. kom-
merser. F. W. Ro-
senlew, f. $^{22}/_{11}$ 1831,
† ^{20} 1892.

rik Wilhelm,

1852, † ^{20} 1893.
Ingenjör.
1890 m. Naima
erg, f. $^{1}/_{3}$ 1870.

Matilda Gustava,

f. $^{25}/_{1}$ 1853.
Sjukgymnast.

Gustaf Leonard,

f. ^{22} 1864.
Senatskanslist.
G. ^{5} 1897 m. Evi
Laurén, f. $^{26}/_{3}$ 1876.

Karl,

f. $^{15}/_{11}$ 1873.
Jur. stud,

Elna,

f. $^{3}/_{3}$ 1874.

f. ^{10}

Kurt Runar.

f. ^{13} 1895.

1878.

1. ⁴) 2, 1780, os nder. ²⁸/₃ m. én, 1841.

2) Maja Lisa,
f. ⁵/₄ 1768, †
G. ¹¹/₃ 1790 m. Henr. Flodström,
f. ²⁷/₃ 1767.

a, 57. ndl.

Carl Fredrik, ⁵)
f. ¹²/₁₁ 1791, † ¹¹/₄ 1849.
Handlande.
G. m. Anna Sofia Tamlander
f. ²⁰/₁₁ 1800,
† ³/₆ 1859.

Johan Henrik,
f. ⁹/₄ 1795, † ²⁴/₄ 1826.
Handlande. G. m. Eva Bergsten,
f. ¹⁷/₈ 1803, fr. Wasa 1821.

Adrian Gabriel,
f. ³/₃ 1802, † ⁶/₁₀ 1847.
Vicepastor.
G. m. M. H. Tallroth,
† ¹¹/₈ 1857.

Anna Helena,
f. ¹⁴/₃ 1838.
. ¹⁰/₆ 1855 m. bruksegaren
arl Johan Lönegren,
²⁶/₈ 1823, † ⁹/₇ 1895

Zackris,
f. ⁸/₄ 1839.
† ²³/₃ 1880.
Handlande.

Isak Reinhold,
f. ⁷/₃ 1822, † ung.

Eva Eufrosyne.
Egde tapisserihandel,
† 1886.

Enrique,
/₁₂ 1859.
genlör.
9 m. Matilda
nfeldt,
/₃ 1866.

Carl Ricardo,
f. ⁹/₆ 1861.
Arkitekt.

co,

Margit Maria,
f. ²⁷/₁₀ 1892.

92 pedagog i Raumo 1765—70.

Johan Fredrik, [3])

f. $^{11}/_{8}$ 1797, † $^{17}/_{3}$ 1863. Handlande. Politierådman 1856—63. G. $^{25}/_{11}$ 1823 m. Helena Sofia (Lovisa) Clouberg, f. $^{26}/_{10}$ 1805, † $^{6}/_{4}$ 1868.

Helena Lovisa,

f. $^{30}/_{7}$ ($^{10}/_{7}$?) 1800, † $^{14}/_{1}$ 1891. G. $^{20}/_{11}$ 1827 med kopv. kapten Jakob Svanström, f. $^{3}/_{7}$ 1800, † $^{5}/_{12}$ 1856.

Maria Albertina,

f. $^{2}/_{6}$ 1803, † $^{19}/_{1}$ 1871.

Sofia Cecilia,

. $^{27}/_{8}$ 1847. G. 1870 m. nådårspred. i Närpes, sed. kkh. i Kumo, prosten Gust. Ferd. Starck, f. $^{10}/_{12}$ 1842.

Helena Sofia Josefina,

f. $^{29}/_{8}$ 1824, † $^{14}/_{3}$ 1858. G. $^{23}/_{3}$ 1845 m. konrektorn, sed. kkh. i Hvittis Oskar Ferd. Ingelius, f. $^{5}/_{4}$ 1812, † $^{26}/_{12}$ 1891.

Augusta Wilhelmina,

f. $^{10}/_{4}$ 1828. G. $^{23}/_{3}$ 1849 m. 1:ste läraren vid l. elem. sk. i Ekenäs, sed. gymnasiiadj. i T:hus, mag. Karl Gust. Renwall. f. $^{6}/_{7}$ 1823 i hans första gifte.

Maria Emilia,

f. $^{30}/_{8}$ 1830. G. $^{20}/_{8}$ 1857 m. kapt. vid 7 B:borgs indelta finska skarpskyttebataljon, sed. öfversten i rysk tjänst Herm. Brynolf Westzynthius, f. $^{28}/_{3}$ 1821, † $^{6}/_{12}$ 1870.

) **Thor Ragnar,**

f. $^{17}/_{1}$ 1884. Elev å samskolan i B:borg.

1) **Elna Mercedes,**

f. $^{6}/_{10}$ 1886. Elev å samskolan i B:borg.

2) **Anna Linnea,**

f. $^{27}/_{1}$ 1890.

2) **Ilse Regina,**

f. $^{10}/_{7}$ 1892.

2) **Karl Fredrik,**

f. posth. $^{15}/_{10}$ 1893.

Magdalena,

, † 10/3 1863.
gift.

Gustaf,

), † 23/11 1866.
idlande.
9 m. Carolina
a Thurman,
l. † 10/4 1894.
rnlösa.

Carl Gabriel,

f. 14/4 1812, † 13/4 1878.
Bokhandlare i Wiborg.
Kommerseråd 1/3 1869.
G. 18/11 1837 m.
Anna Maria Weber,
f. 4/2 1810,
† 19/3 1874.

Frans Fredrik,

f. 18/10 1815, † 1848.
Kopverdi skeppare.
Ogift.

Sofia Elisabet,

f. 23/2 1823. Flyttade
till Wiborg 5/8 1848.
G. 1) m. kapt. Karl
Weber, † 1855.
2) 19/9 1860 m. fängelse
predik. T. T. T. Tornell
† 14/7 1892.

Eva Emilia,

f. 28/10 1825, † 24/1 1889.
G. m. handl. Fredrik
Alb. Thurman,
f. 30/10 1821, † 27/9 1864.

ul Oskar,

), † 1896.
dlande.
unalråd.
5 m. Tekla
Oldenburg,
, 1846.

Ludvig Gustaf Leonard,

f. 4/1 1842 Stud. 22/6 1857.
Senator 1893.
G. 14/3 1888 m.
Johanna Katarina Alfthan,
f. 4/11 1855.

Hulda Anna Maria,

f. 3/11 1849.
G. 20/6 1869 m. Öfver-
Inspektorn i skolöfver-
styrelsen A. W. Floman.

Tyra Magdalena,

f. 7/3 1877.

Marita,

f. 3/3 1880.

32 m. Catharina Söderlin, enka efter borgaren Timotheus Kellman. Henrik Kloberg, dragon, n:s 1743, 29 år gl.

on **Kellar.**

Brigitta,
f. ³/₄ 1671.

Katharina,
f. ¹¹/₉ 1712, † ¹⁸/₄ 1787.
G. ²⁰/₁ 1737 m. rådman
Henrik Elfving,
f. ¹³/₆ 1719,
† ²⁰/₄ 1758.

Stina,
f. ²⁶/₁₀ 1746, † ¹⁸/₁₂ 1762.
G. m. snickaren
Johan Sjöström,
f. ⁴/₇ 1737, † 1764.

Enge
f. ²²/

Sofia Amalia,
f. ²⁰/₄ 1805, † ²⁴/₅ 1831.
G. m. prost P. Chr.
Chydenius,
f. ¹/₈ 1794, † ²³/₁₁ 1865.

Ebbn,

Carl Gustaf,
f. 1816

Johan Gustaf,
f. ⁴/₃ 1823.
Bokhållare.
G. ⁸/₁₀ 1848 m.
bondedottren Maria
Fredrika Gustafsdotter
fr. Torsnäs.

Gustaf,
f. ⁴/₁₀ 1848

Ernst Viktor,
f. 1828.

† ²⁴/₄ 1724; **Marja**, † ¹⁰/₅ 1724; **Erik**, f

Glasfabrikanten Frans Viktor Kellande

ın.

Johannes Sel

f. ⁵/₁ 1740, † ²⁸/₁ 1
Stud. Handlanc
G. ¹⁷/₈ 1763 m. M
Wrang-Indrenit
f. ³/₁ 1742,
† ²⁴/₁ 1785.

Maria,

'₃ 1765, † ²¹/₄ 1830.
G. ¹/₇ 1802 m.
ıren Anders Johan
dgren, f. ⁸/₁₂ 1764,
1818, förut ³⁰/₁ 1800
n. Anna Elisabet
rolin, f. ⁸/₁₂ 1777,
† ²⁵/₄ 1800.

Anna Elisabet,

f. ²⁸/₁₀ 1781,
† ²²/₁₂ 1817.
G. ³¹/₈ 1809 m.
kopv. kapten
Carl Fredrik
Thurman,
f. ¹⁹/₁₁ 1776,
† ¹⁹/₃ 1834.

Johan,

f. ⁸/₁₂ 1794,
† ²⁷/₁₀ 1863.
Stud.
Handlande.
G. ²⁰/₉ 1833 m.
Fredrika Cecilia
Souranđer,
f. ¹⁹/₉ 1816,
† ¹²/₂ 1877.

...as Isak,

f/₄ 1810.
†/₁₂ 1872.
pellan.
...pastor.
¹/₈ 1836 m.
a Helena
dersin,
/₃ 1817,
/₄ 1837.
₃ 1839 m.
va Ulrika
a Carlén,
/₄ 1813,
/₃ 1880.

Ernst Philip,

f. ¹²/₉ 1814,
† ¹/₄ 1858.
Navigations-
skoleförestån-
dare i Vasa.
G. ²²/₂ 1853 m.
Matilda
Henrika Elisa
Strömborg,
f. ⁴/₁₁ 1831,
† ³/₃ 1897.

Johan Edvard,[11])

f. ²⁷/₁₂ 1816,
† ³/₁ 1893.
Handlande.
G. ⁷/₉ 1843 m.
Virginia An-
toinette Eklöf,
f. ³/₃ 1821,
† ²⁹/₅ 1891.

Christian Wilhelm,[13])

f. ²⁸/₉ 1822,
† ²⁰/₃ 1893.
Handlande.
G. ¹/₁₁ 1857 m.
Alexandra
Aurora Printz,
f. ²¹/₁ 1830,
† ⁸/₃ 1891.

Ernst Justus Telemak,

f. ¹⁴/₂ 1854.
† efter ¹³/₄ 1875.
Ingeniör,
Afrikaresande.

Edvard Viktor,[14])

f. ¹²/₄ 1844.
Lektor.
G. ²⁸/₇ 1873
m. Maria
Amalia
Rosenberg,
f. ¹⁰/₇ 1849.

Hilma Aurora,

f. ¹⁴/₉ 1847.
G. ²⁸/₃ 1880
m. ångbåts-
befälhafva-
ren Matts
Johansson,
f. ⁸/₉ 1849.

Aina Alex.

f. ¹³/₁
1859,
† ²⁴/₄
1889.

Nanny Irene,

f. ²⁰/₁₂
1865.

Kaarle Yrjö Vilho,

f. ⁹/₁₀ 1870.
Vicehäradshöfd.
G. ²⁸/₇ 1894 m.
Olga Naima
Sandlund,
f. ⁹/₃ 1870.

...i Maria,

/₇ 1874.
...tud.

Niilo Johannes,

f. ³/₂ 1880.
Lyceist.

Into Erkki,

f. ¹⁰/₇ 1886.
Lyceist.

Aino Kyllikki Katri Kalevatar,

f. ¹⁶/₃ 1895.

Oras Väinämö Juhana Vilho,

f. ¹⁰/₉ 1896.

Ferdinand, ²⁴/₉ 1820, † ²³/₃ 1821.

...hold, f. ²¹/₁₀ 1824, † ⁷/₁₁ .

ertil.

Anders,
f. 5/10 1708. + 7/2 1790.
Borgare.
G. 1) m. Anna Johansdr,
2) m. Brigitta Jakobsdr,
f. 7/10 1713.

Ande
f. 3/8 173
Borga
. 7/8 1754
Lassan
f. 4/1 1'

Johan,
f. 9/12 1740.
G. m. Kristina
Höckert,
f. 1742.

Matts,
f. 29/1 1745.
Drunknade
1775.

Elisabet,
f. 1/11 1747.

Anna Maria,
f. 15/11 1749.
G. m. borgaren
Erik Spen-
senius,
f. 10/4 1748.

Gustaf
f. 1/12 1755.

Samuel,
f. 1/3 1767.
G. m. Lena
Henriksdr
f. 9/4 1753.

1856.
.
, 1844
rg.
.

Amalia Elisab.,
f. 9/3 1796, † 22/3 1866.
G. m. frabrikör
Isak Lithenius,
f. 10/12 1791.
† 13/4 1857.

Fredrika Sofia,
f. 9/9 1800, † 28/3 1876.
G. m. kommerse-
rådet Johan Grön-
feldt, f. 1/4 1800,
† 20/7 1848.

Johan Samuel,
f. 1795.

Maria Lena,
f. 1/11 1796.

t. Ferd., [8])
28/6 1817.
rend. sekr.
tatsråd.
/1 1850 m.
. Elisabet
n, f. 20/3 1826.

Erland Anders,
f. 1/9 1819.
† 24/11 1831.

Amanda Maria,
f. 20/6 1821,
† 25/4 1863.
G. 23/9 1845 m.
handl. Erik Joh.
Hjorth, † 1857.

cob,
0.
an i
m.
udd.

Axel Gerh.,
f. 21/9 1857.
Ingeniör.
G. m. Magda-
lena Meffert.

Joh. Wilh.,
f. 25/11 1859.
Revisor vid
poststyr. G. m.
Hilma Mellin.

Emma Maria,
f. 26/1 1862.
G. 17/8 1884
m. ingeniör
Verner
Lindberg.

Augusta Matilda,
f. 10/9 1865. G. m.
posttjenstem.
Ant. Reinh.
Nassokin.
f. 13/3 1861.

Karl Hjalmar,
f. 20/3 1870.
Student.
Ingeniör.

er
5,
90.

Akilles,
f. 19/1 1791.

[6])
[7])
[8])

Obser. Några ättlingar till bemälte Matts Sorander äro icke kända.

Utai

H‹

f. 24/11 17
Koff‹
G. 10/4 17
rina
f. ‹
† ‹

lhelm, 2) S‹

f.
).
ton.
olina
rkqvist,
.
f.
.qvist,
.

Ulrika,	Johan Fredrik,	Ebba Lovisa,	Engla Adolfina
1821, 1840 m. likapten Gust. än Collan, 1885.	f. 20/9 1829, † 1878. Rektor i Nykarleby. G. m. Sofia Konst. Törnroth.	f. 6/3 1826, † 10/1 1876. G. m. pastor Gustaf Grönholm, f. 15/11 1825, † 1/4 1859.	f. 20/3 1824, † 5/11 1896. G. 21/9 1858 m. sjökapten Carl Blomqvist, f. 21/10 1811, † 3/1 1872.

2) Wilhelmi‹
Albertin‹
f. 24/4 1850

ugust,	Aina Konstantia,	Hanna Sofia,
868. ter.	f. 1871.	f. 1874.

) Utom tabellen ‹
) ,, ,,
) ,, ,,

Matts Wadeén,

f. 22/1 1724, † 27/4 1776.
Handlande.
G. 19/12 1755 m.
Katarina Tocklin,
f. 1/6 1727,
† 20/1 1781.

ırik,

42, † 1814.
gare.
Maria Brita
, f. 22/9 1745,
790, och
m. Katarina
ter, f. 30/10
31/3 1815.

f. 4/2 ... G. 1) ... ber

Johanna,

f. 2/5 1757, † 11/6 1760.

Katarina Lovisa,

f. 1/7 1765, † 20/4 1791.
G. 19/4 1781 m.
kapellanen fil. mag.
Joh. Sourander,
f. 8/12 1748,
† 13/4 1791.

na,

1797?

4.

Josef,

f. 21/4 1796, † 30/8 1831.
Borgare.
G. 11/4 1815 m.
Maria Helena Eriksdotter Aakula fr.
Kumo, f. 17/12 1793,
† 19/11 1875, omg. m.
borg. Mikael Roslander,
f. 13/4 1809,
† 24/11 1867.

Ka

f. 12/4 17
Stud.
Af
G.
Anna K
der,

Frans Josef Wadén,

f. 19/3 1816, † 17/7 1867.
Kkh. i Karkku.
G. 1844 m.
Laura Maria Wadenstjerna,
f. 20/4 1826.

rd,

Karl Gideon,

f. 21/1 1848.
Vicehäradshfd.
Kassör i Öfv.styr. för
väg- och vattenbyggnaderna.

Daniel J

f. 27/7
Filos.
Kolle
G. 8/10 187
Rosalie St
f. 25/12

Johannes Nikolai,

f. 8/12 1876.
Student.

Josef Rein

f. 11/3 187
Student.

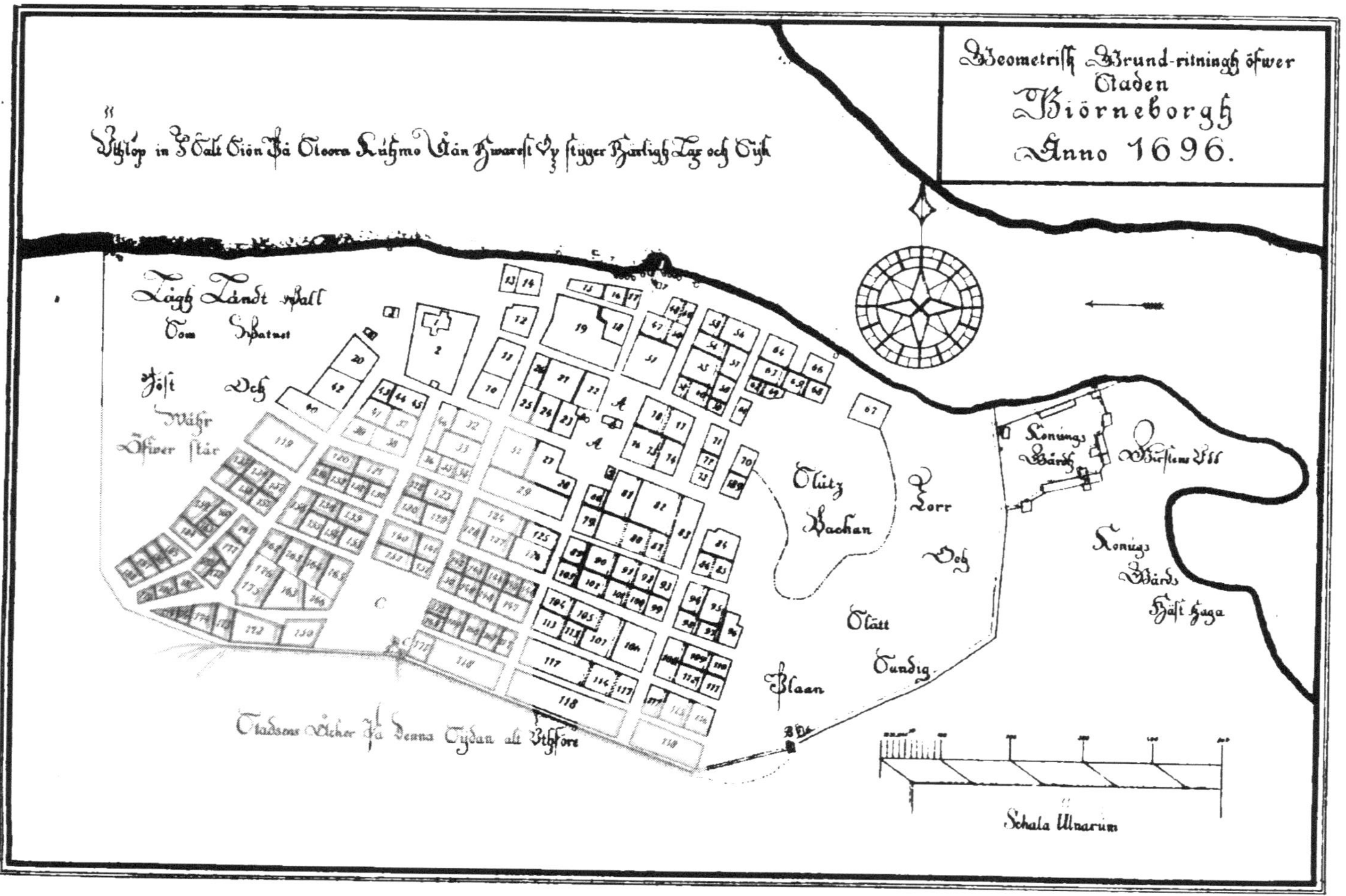
Geometrisk Grund-ritningh öfwer
Staden
Biörneborgh
Anno 1696.
Schala Ulnarum

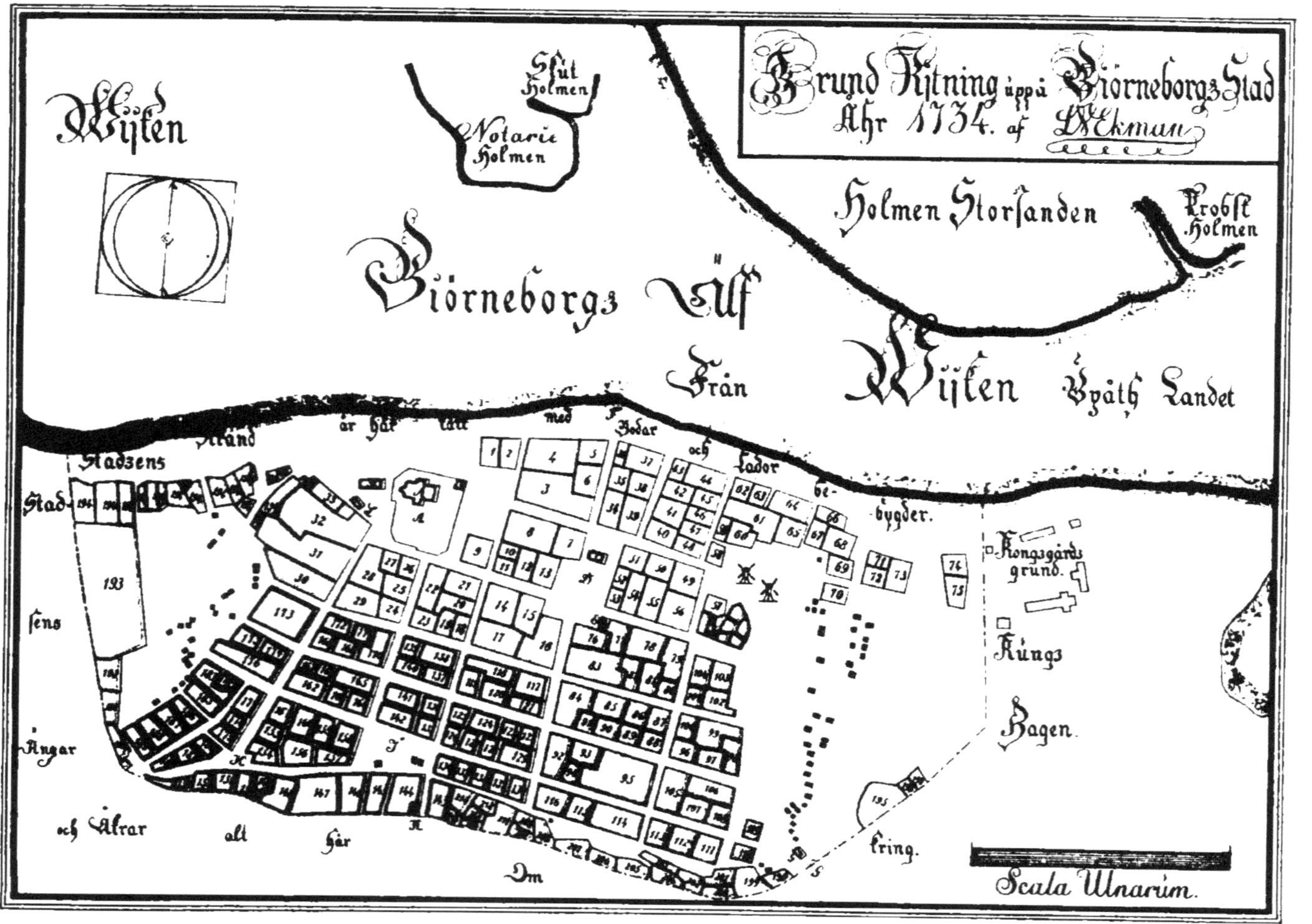
Grund Ritning uppå Biörneborgs Stad
Åhr 1734. af L. W. Ekman
Wijken
Slut Holmen
Notarie Holmen
Holmen Storsanden
Probst Holmen
Biörneborgs Älf
Från
Wijken
Utåth Landet
Stadzens Strand är här tätt med Bodar och Lador be-bygder.
Kongsgårds grund.
Kungs
Hagen.
Stadsens Ängar och Åkrar alt här Om kring.
Scala Ulnarum.

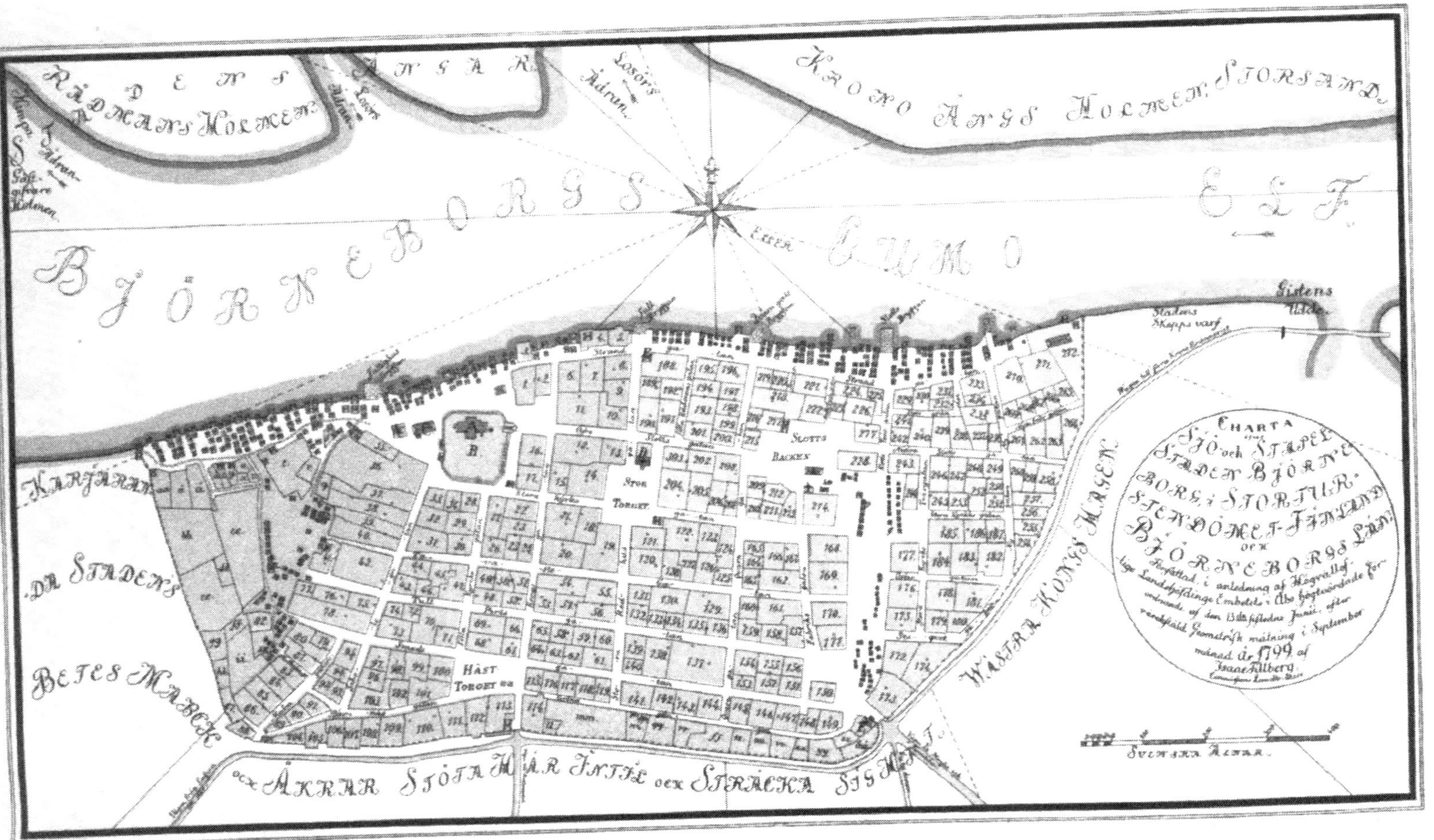
Charta
Sjö och Stapel Staden Björneborg i Stor-Furstendömet Finland
och Björneborgs Län
Isaac Ahlberg
Björneborgs Ström
Kokemäki elf
Krono Ängs Holmen Storsand
Rådmans Holmen
Losörs Ådran
Hästtorget
Stora Torget
Slotts Backen
Wästra Konungsmägen
Staden Betes Marck
Åkrar Stöta här intil och sträcka sig
Svenska Alnar

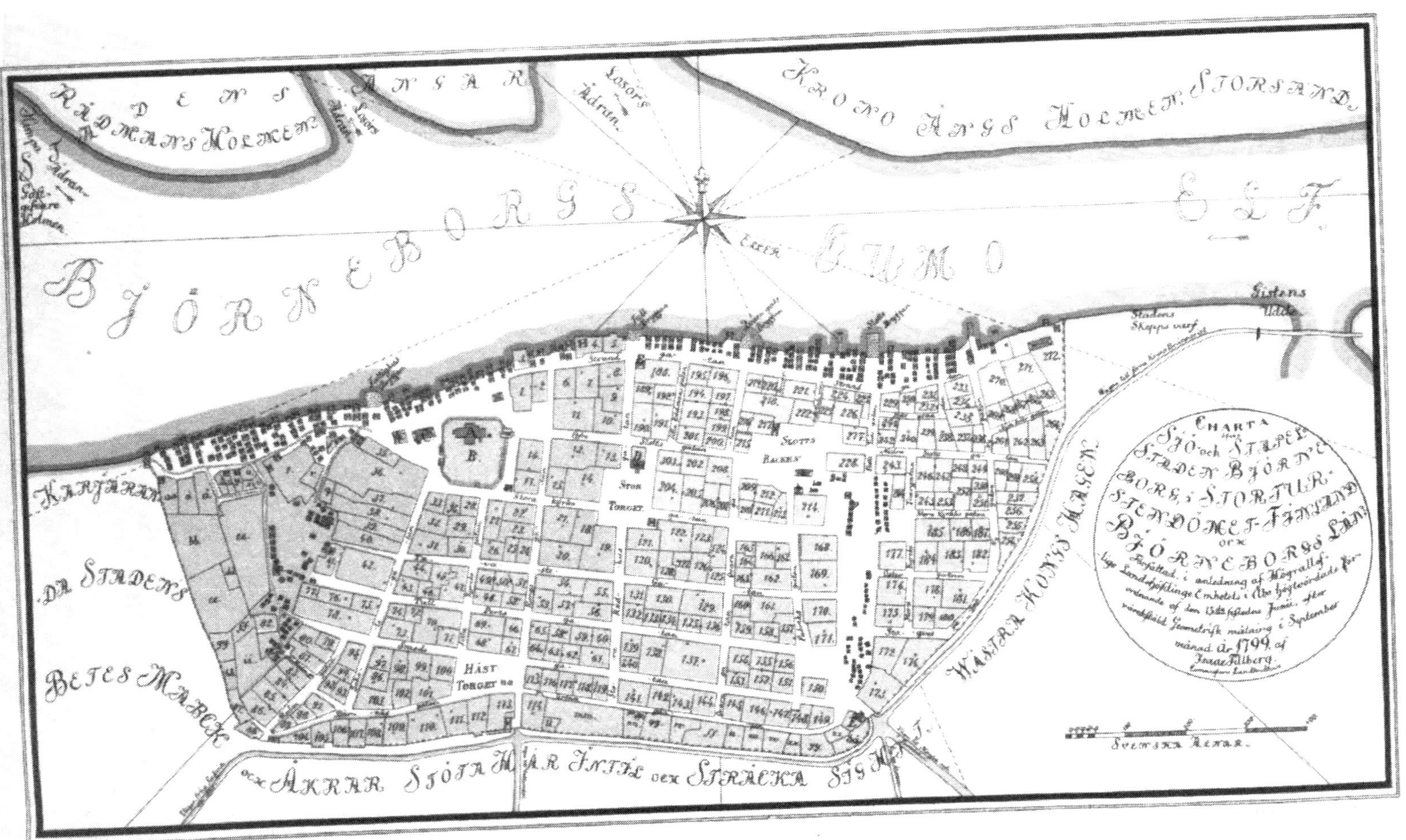
CHARTA
öfver
SJÖ och STAPEL STADEN BJÖRNEBORG, i STORFURSTENDÖMET FINLAND
och
BJÖRNEBORGS LÄN
månad år 1799
KRONO ÄNGS HOLMEN, STORSAND
RÅDMANS HOLMEN
BJÖRNEBORGS ELF
KUMO
STOR TORGET
HÄST TORGET
SLOTTS BACKEN
WÄSTRA KONGS WÄGEN
BETES MARCK
STADENS
KARJARAN
ÅKRAR SJÖTA MÄR INTILL och STRÄCKA SIG
Losörs Ådran
Sistens Udde
Stadens Skepps warf
SVENSKA ALNAR

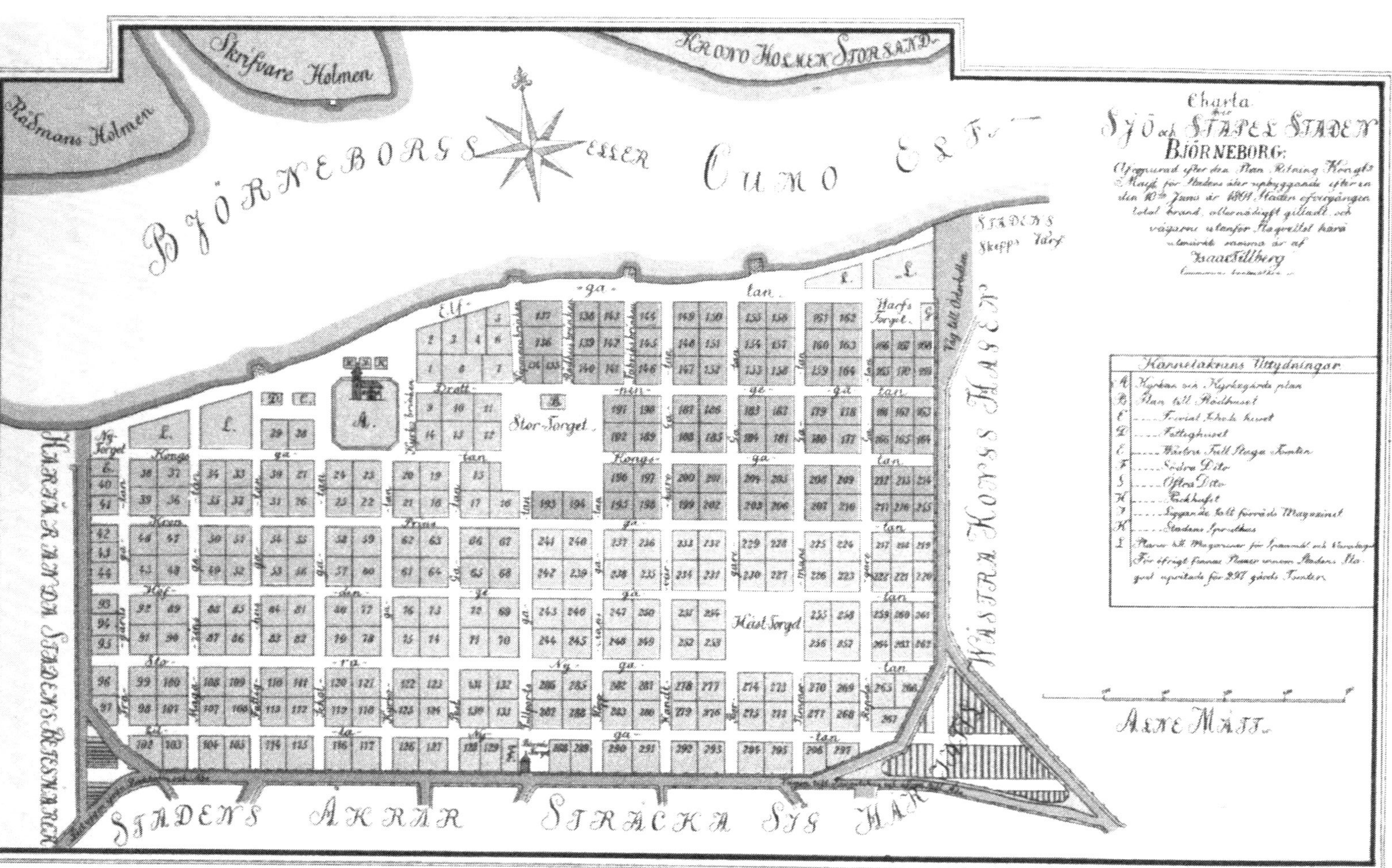
Charta
Sjö och Stapel Staden
BJÖRNEBORG:
Rådmans Holmen
Skrifvare Holmen
Krono Holmen Storsand
Björneborgs eller Cumo Elf
Stadens Skepps Varf
Stor-Torget
Häst Torget
Hafs Torget
Kännetäknens Uttydningar
Wästra Kopps Hagen
Härtärrande Stadens Betesmarck
Stadens Åkrar sträcka sig här
Alne Mått

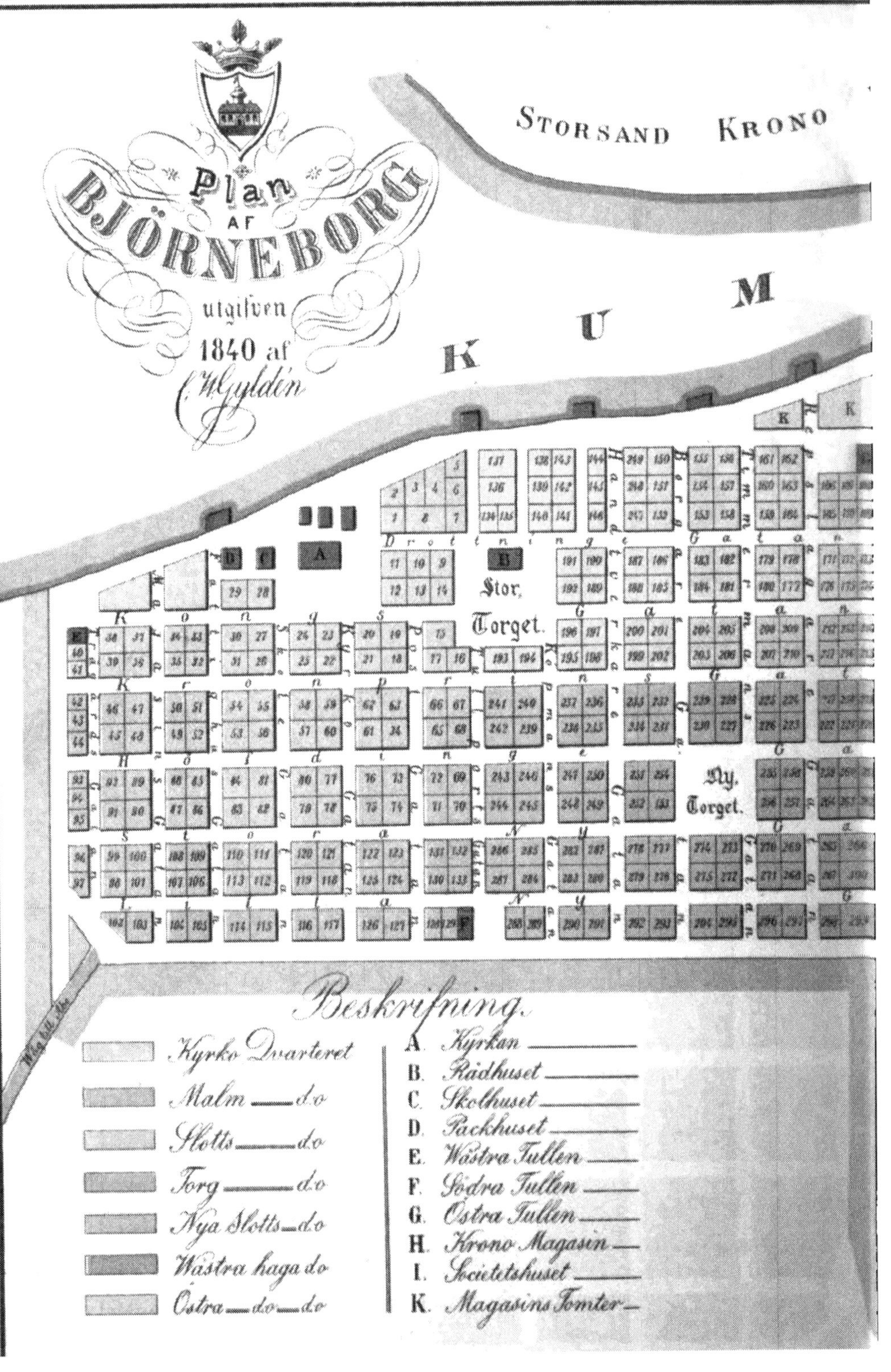
Plan af Björneborg utgifven 1840 af C. W. Gyldén
Storsand Krono
K U M
Drottninge Gatan
Stor Torget
Ny Torget
Beskrifning.
Kyrko Qvarteret
Malm — d.o
Slotts — d.o
Torg — d.o
Nya Slotts — d.o
Wästra haga d.o
Östra — d.o — d.o
A. Kyrkan
B. Rådhuset
C. Skolhuset
D. Packhuset
E. Wästra Tullen
F. Södra Tullen
G. Östra Tullen
H. Krono Magasin
I. Societetshuset
K. Magasins Tomter

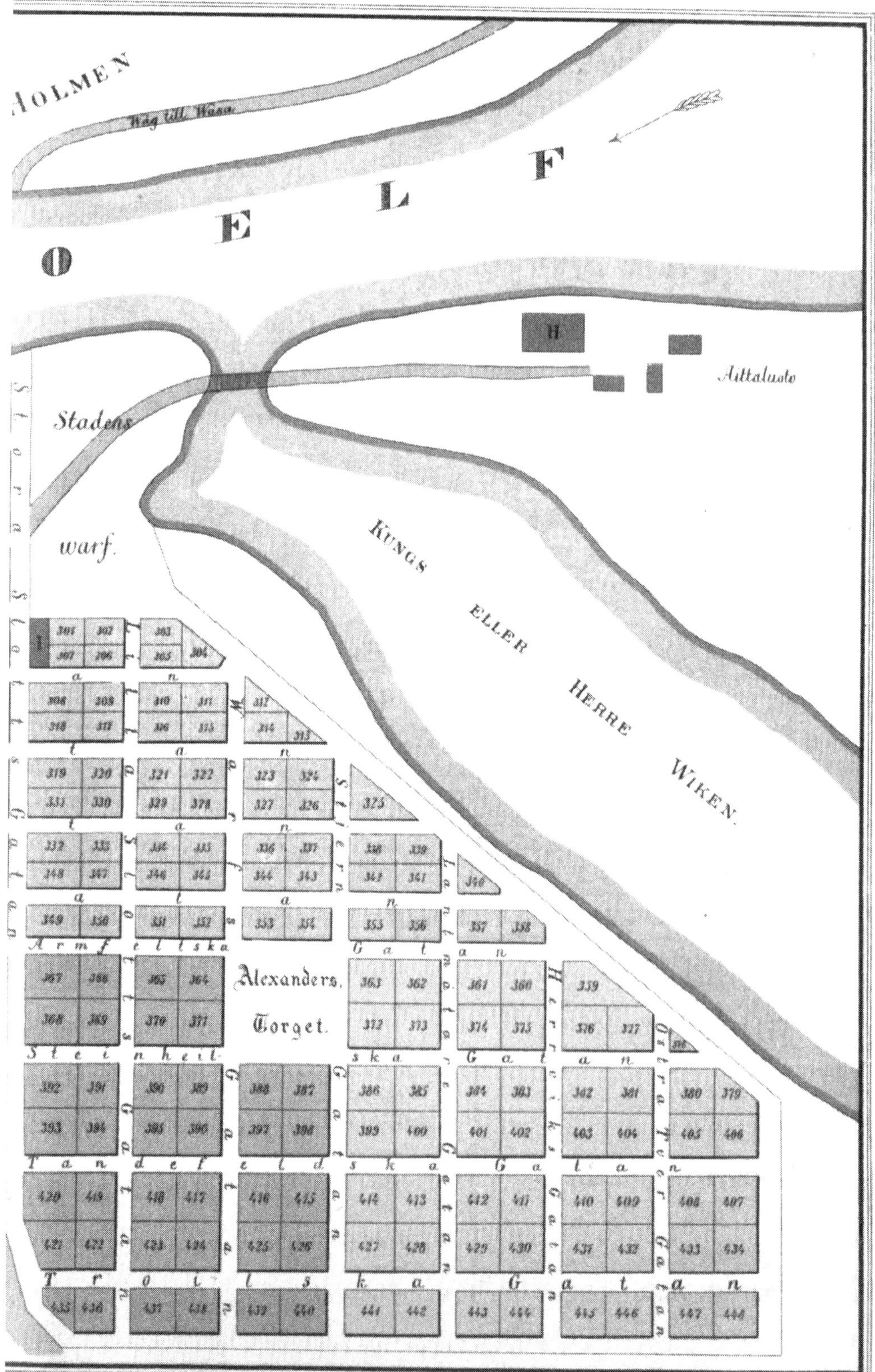
HOLMEN
O E L F
H
Stadens
warf.
KUNGS
ELLER
HERRE
WIKEN.
A r m f e l t s k a
Alexanders.
Torget.
T a n d e f e l d s k a G a t a n
T r o i l s k a G a t a n

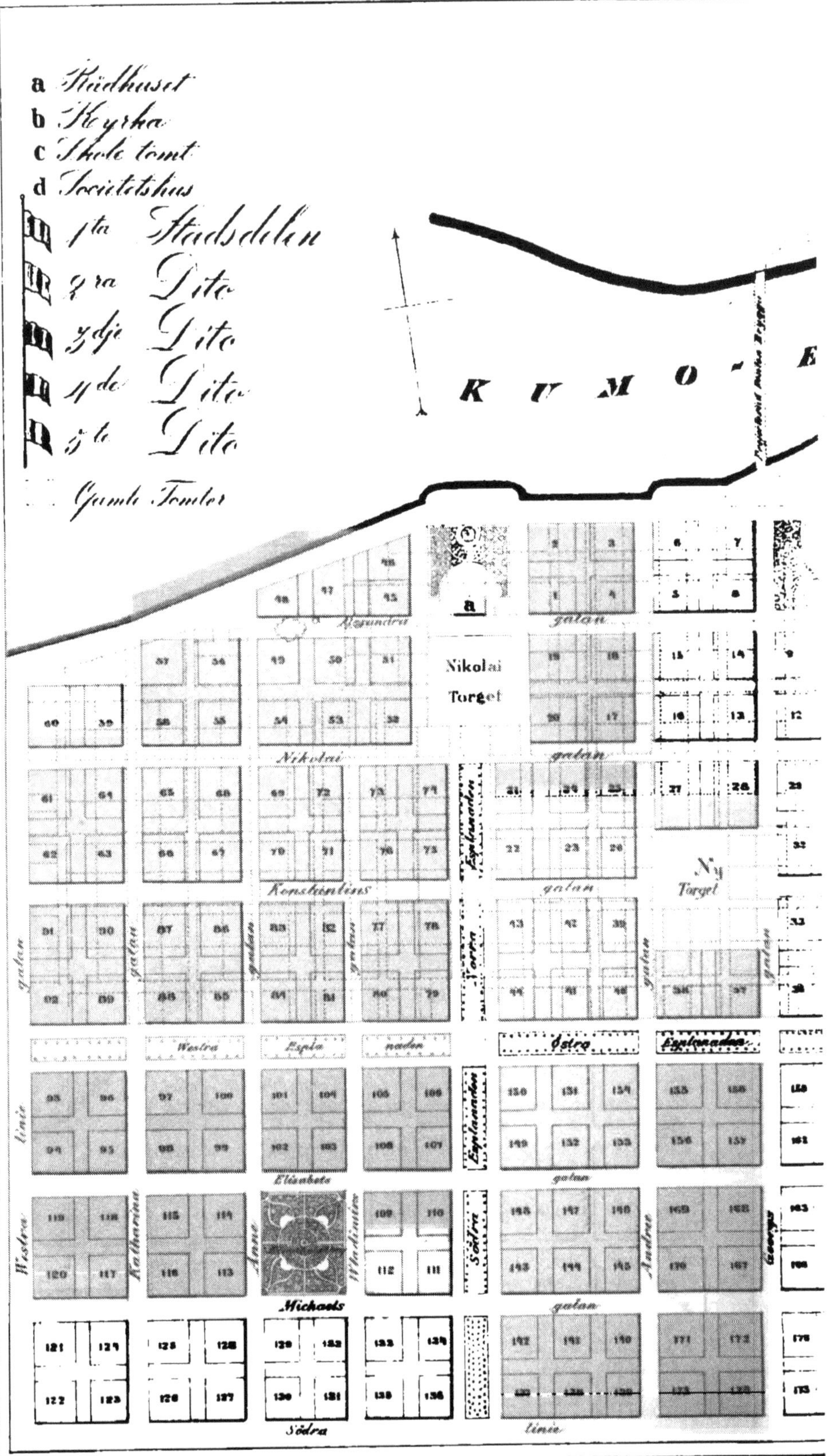

a Rådhuset
b Kyrka
c Skole tomt
d Societetshus
1sta Stadsdelen
2dra Dito
3dje Dito
4de Dito
5te Dito
Gamla Tomter
K U M O - E
Nikolai Torget
Ny Torget
Nikolai
galan
Konstantins
galan
Westra Espla naden
Östra Esplanaden
Esplanaden
Norra
Esplanaden
Södra
linie
Westra
Katharina
Anna
Wladimirs
Andre
Georgs
Elisabets
galan
Michaels
galan
Södra
linie

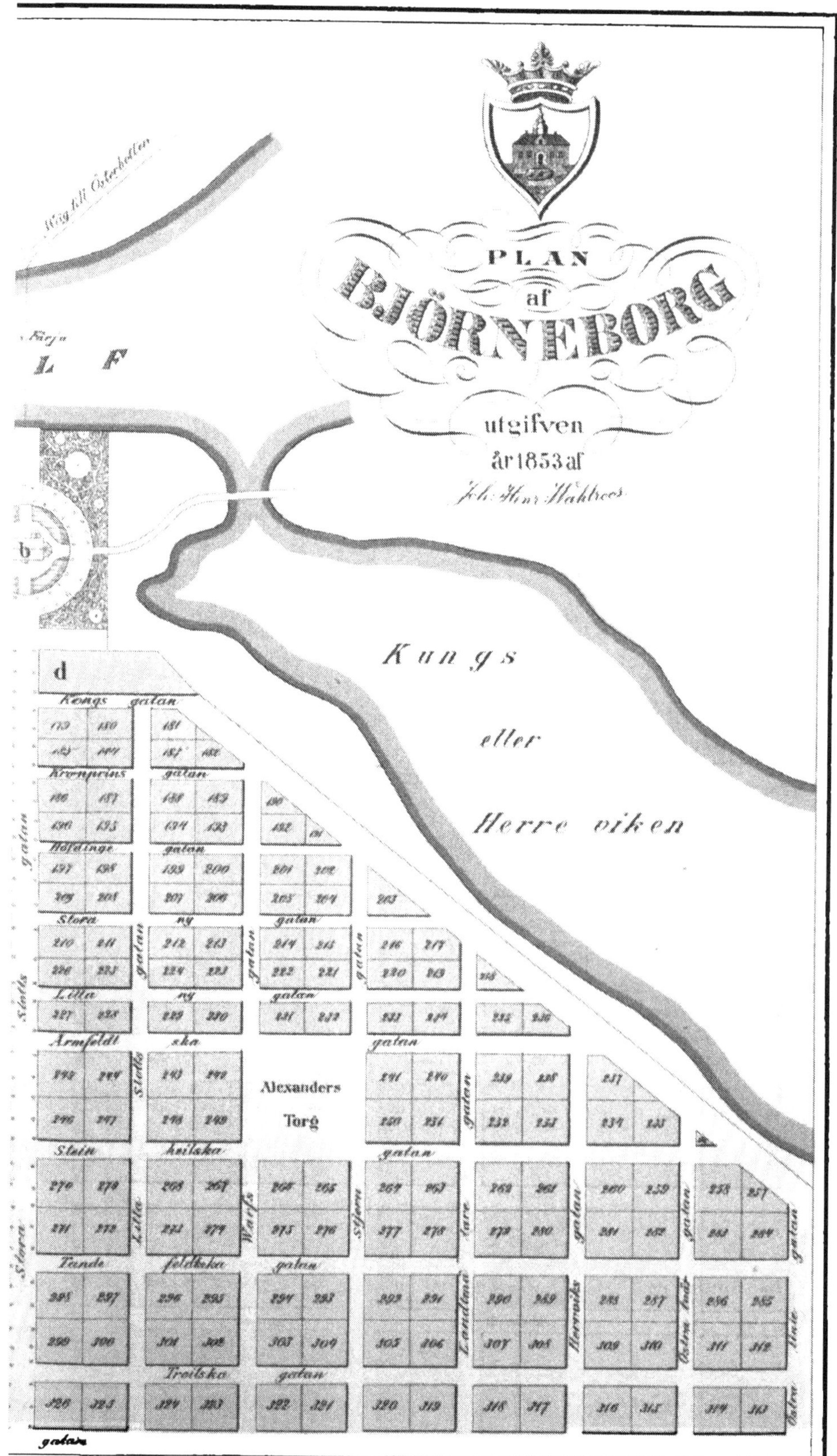

HELSINGFORS, AKTIEBOLAGET F. TILGMANNS BOK- OCH STENTRYCKERI SAMT KEMIGRAFI, 1907.

117 119 121 123

118 120 122 124

Register till texten.

Milton Keynes UK
Ingram Content Group UK Ltd.
UKHW030657161024
449706UK00006B/37

9 781247 950082